高校小球运动教学理论与训练实践指导教程

主　编　彭艳霞　陈兆维　魏朝晖

文化发展出版社
Cultural Development Press
·北京·

图书在版编目（CIP）数据

高校小球运动教学理论与训练实践指导教程 / 彭艳霞，陈兆维，魏朝晖主编．— 北京：文化发展出版社，2020.12（2024.1 重印）
ISBN 978－7－5142－3152－6

Ⅰ．①高… Ⅱ．①彭… ②陈… ③魏… Ⅲ．①小型球类运动—高等学校—教材 Ⅳ．①G84

中国版本图书馆 CIP 数据核字（2020）第 223582 号

高校小球运动教学理论与训练实践指导教程

主　　编：彭艳霞　陈兆维　魏朝晖

责任编辑：张　琪　　　　责任校对：岳智勇　马　瑶
责任印制：邓辉明　　　　封面设计：木　子
出版发行：文化发展出版社（北京市翠微路 2 号 邮编：100036）
网　　址：www.wenhuafazhan.com
经　　销：全国新华书店
印　　刷：三河市华东印刷有限公司

开　　本：787mm×1092mm　1/16
字　　数：650 千字
印　　张：24.75
版　　次：2020 年 12 月第 1 版
印　　次：2024 年 1 月第 2 次印刷

定　　价：78.00 元
I S B N：978－7－5142－3152－6

前　言

小球运动器械简单、开展便利、趣味性强，具有显著健身、健心、智育价值，深受广大学生喜爱，是高校体育教学与训练的重要内容。随着球类运动在校园的普及和推广，小球类运动以其独特运动魅力和多元价值在体育教学中的地位日渐上升，但就我国小球运动教学与训练现状来看，缺乏对整个小球运动体系的系统研究。基于此，特编写《高校小球运动教学理论与训练实践指导教程》一书，旨在进一步归纳小球运动发展、教学、训练规律，明晰小球运动教学与训练理念，为促进小球运动教学与训练的科学化发展提供理论和实践指导。

本教材以小球运动基本知识为切入点，从课程教学与科学训练两个方面对小球运动进行深入探讨与研究，具有科学性和系统性，对小球运动教学与训练的实践研究较为全面，且内容翔实，具有较强指导性。理论和实践部分有机结合，对当前我国小球运动课程教学与训练的科学组织与发展具有重要指导和启发作用。

整本教材共分十四章，从教学与训练两个角度对小球运动进行了研究，分为理论和实践两个部分。理论方面，重点对小球运动课程教学与训练进行了系统性的研究，主要包括小球运动基本理论知识、小球运动教学理论以及小球运动训练理论知识。然后对小球运动训练的实践知识进行梳理，主要对当今最热门的且在高校中非常常见的小球项目包括乒乓球运动、羽毛球运动、网球运动的基本理论知识和训练实践进行了重点研究，主要对这几大项目的基本理论知识、技术与战术训练实践提供了详细指导。本教材尤其对网球运动的理论知识、技战术训练、各项素质训练以及科学保障知识进行了大篇幅论述。整本教材的理论部分深入浅出、逻辑清晰、语言精练，为小球类运动的课程教学提供了系统理论指导；实践部分结构完整，实用性强，对高校学生科学从事小球运动学习与训练、全面发展身体素质、不断提高小球运动训练和实战水平具有较好指导意义。总的来说，本教材是一本关于小球运动教学与训练的科学读本。

本教材在编写过程中，参考和引用了大量有关小球运动方面的书籍，借鉴了国内外很多相关著作、期刊、论文等研究成果，在此向有关专家和学者致以诚挚感谢。另外，由于编者水平、时间和精力有限，有一些内容还有待于进一步深入研究和论证，敬请各位读者批评指正。

编　者
2020 年 4 月

目　　录

第一章　小球运动基本理论

小球运动项目多样，易于操作，适宜多类人群参加，具有许多其他类型体育运动无可比拟的价值。本章将详细阐述小球运动的概念、特点、价值以及各项科学理论，通过对以上内容的阐述与分析，促使运动者更加合理有效地参与小球运动，进而推动小球运动课程教学与训练的科学化发展。

第一节　小球运动概念界定

小球运动包括网球运动、羽毛球运动、乒乓球运动、毽球运动、门球运动、木球运动、珍珠球运动、台球运动、高尔夫球运动、保龄球运动、曲棍球运动以及壁球运动。这里主要对网球运动、羽毛球运动、乒乓球运动的概念进行介绍。

一、网球运动概念

网球运动，是指 2 人或 4 人在中间隔一网的场地上，用球拍往返击打橡胶小球的运动，又称作“贵族运动”。

二、羽毛球运动概念

羽毛球运动，是指在一块长方形的平地上，画上单打和双打合用的场地线（长 13.4 米，单打场地宽 5.18 米、双打场地宽 6.1 米），中间悬挂球网，参加运动的双方共用一个羽毛球，各备一只羽毛球拍，轮流击球的一项室内运动。

三、乒乓球运动概念

乒乓球运动是在一张长方形的球台上，中间悬挂球网，参加运动的双方共用一个乒乓球，各备一只乒乓球拍，轮流击球的一项室内运动。

第二节　小球运动特点与价值

一、小球运动特点

（一）小球是一种全身运动项目

无论是进行有规则的小球比赛，还是作为一般性的健身活动，都要在场地上不停地进行脚步移动、跳跃、转体、挥拍，合理地运用各种击球技术和步伐，将球在场上往返对击，从而增大了上肢、下肢和腰部肌肉的力量，加快了血液循环，增强了心血管系统和呼吸系统的功能。据统计，高强度小球运动者的心率可以达到每分钟 160～180 次，中强度运动心率可以达到每分钟 140～150 次，低强度运动心率可以达到每分钟 100～130 次。长期进行小球锻炼，可以使心跳强而有力，肺活量加大，肌肉耐久力提高。此外，小球运动要求练习者在短时间对瞬息万变的球路做出判断，果断地进行反击，能提高人体神经系统的灵敏性和协调性。

（二）小球是一种可调节运动量的运动

小球运动适合于男女老幼，运动量可以根据个人年龄、体质、运动水平和场地环境的特点而定，青少年可以将其作为促进生长发育、提高身体机能的有效手段进行锻炼，运动量宜为中强度，活动时间以 40～50 分钟为宜。适量的小球运动能促进青少年增长身高，培养青少年自信、勇敢、果断等优良的心理素质。老年人和体弱者可以将其作为保健康复的方法进行锻炼，运动量宜较小，活动时间以 20～30 分钟为宜，达到出汗、舒展关节的目的，从而增强心血管和神经系统的功能，预防心血管和神经系统方面的疾病。可将其作为儿童活动性游戏进行锻炼，在阳光下奔跑跳跃，并要求儿童击到球，培养他们不畏困难、不怕吃苦、不甘落后的品质。

（三）小球是一种简便性的运动

小球运动不受场地限制。以羽毛球为例，对设备的要求比较简单，只需要两个球拍、一个球和一条绳索即可。正规比赛场地面积仅 65～80 平方米，长 13.40 米，宽 6.10 米（双打）或 5.18 米（单打），平时进行羽毛球活动，只要有平整的空地即可。在风不大的情况下，可以在户外进行活动，只要把球网架起来，就可以在一定长度和宽度的空地上画几条线，双方对练。它不仅可以在正规的室内运动场进行，也可以在公园、生活小区等地进行。当它作为户外运动时，锻炼者还可以吸入新鲜空气，受到阳光照射，改善血液循环和新陈代谢，同时感受大自然的美丽，在运动中怡心健体。

小球运动是集体、个人皆宜的运动。小球运动既可以单兵作战（两人对练），又可以集体会战（双打练习或者三人对三人对练）。单人对练时，练习者可以随心所欲地打出任何弧线、任何远度、任何力量、任何落点的球；集体会战则可以使练习者养成协调配合的习惯，培养集体主义精神。

小球运动不受年龄、性别限制。游戏性强，运动量可大可小，身强体壮的年轻人可以将球打得又刁又重，拼尽全力扑救任何来球，尽情散发青春气息；年老体弱的练习者可以把球轻轻地击来打去，根据自己的要求变换击球节奏，从而达到锻炼身体、延年益寿的功效，既活动筋骨，又愉悦心情。不同年龄、不同性别以及不同体质的人，都能在小球运动中找到乐趣。

（四）小球运动具有明显的竞技性特征

小球运动比赛具有强烈竞技性。竞技双方对垒，毫不含糊，胜负立见分晓。把小球运动竞赛看成随着人类文化进步而发展起来的一种特殊的礼仪化的“战争”，说明了小球运动竞技性的显著特点。这种竞争意识对于当今社会中的每个人来说，都是一种必备素质。

（1）竞争性。小球比赛之所以吸引人，与其他运动相比最大的区别在于竞争性，最终要以输赢定胜负。攻防转换，胜负交替，使得小球比赛的竞争达到白热化，竞争气氛格外激烈。

（2）技艺性。小球运动是由一定的技术和艺术构成的，并有统一的规范。相同的技术由不同的运动员完成，人们可以进行比较、欣赏。

（3）规范性。小球比赛采用统一规则和严格制度，可以客观反映运动员水平，提供公平竞争的机会，体现竞技体育的精神。

（4）有技战术。所有的小球项目都是由一定技术构成。战术上采取合理行动，充分发挥己方优势，限制对方特长，以求取胜的竞争艺术。小球运动项目运动员高超的技术，灵活的战术，默契的配合，给人以天衣无缝、出神入化的感觉。

二、小球运动分类

小球运动各个项目的运动特点各不相同，我们以项群训练理论为指导，认识和概括同类竞技项目的共同特点，在一个较高的层次上去把握几个运动项目的训练规律，有助于人们对小球运动有一个完整的认识，并且有利于人们进行项目间的比较。由此，我们可以将小球运动大致分为两类：隔网对抗（持拍类）性项目、表现准确性项目。

隔网对抗（持拍类）性小球项目包括乒乓球、羽毛球、网球等项。与其他对抗性项群不同的是，对抗隔网进行，无身体接触，靠时间、空间的优势取胜，攻防转化快，球不能停留和连击；各种技术动作都可能得分或失分。我国的乒乓球、羽毛球等隔网对抗性项目处于世界优势地位，网球等项目也方兴未艾，处于上升阶段，研究其共同的训练规律，形成这个项群的训练理论，无疑会更快更好地提高我国隔网对抗（持拍类）性小球项目的竞技水平。

表现准确性小球项目包括台球、高尔夫球等项目。这些项目均属于间接对抗。它们在技术动作上的共同特点是要求姿势动作稳定、瞄得准、心理素质过硬。运动实践表明，我国运动员在这个项群的训练和比较中尚处于起步阶段，离世界高水平有一定距离，但进步非常明显。

三、小球运动的价值

（一）小球运动的健身价值

1. 小球运动在神经系统方面的健身价值

中枢神经系统和周围神经系统是人体神经系统的两个组成部分。神经系统支配着人体所有活动，机体运动器官的每一个动作、身体器官系统的生理活动都以刺激的形式作用于神经系统，并在神经系统的支配下完成动作。

在人身体的各个系统中，神经系统是人体发育最早、最快的系统。参与小球运动能有效提高运动者脑细胞的生理功能，使神经细胞的兴奋强度、反应速度、兴奋抑制转换的灵活性及均衡性都得到提高。例如，一般人的反应速度是 0.4 秒以上，而运动者的反应速度变为 0.332 秒，这就是经常参与运动的结果。研究表明，经常参加小球运动能有效预防神经衰弱。运动使大脑的兴奋与抑制两种功能保持平衡，以防止功能性神经衰弱疾病的发生。经常参加小球运动，可以使运动者大脑皮质兴奋性增强，兴奋和抑制更加集中，提高神经过程的灵活性，促进神经系统良好发育，同时还能有效预防各种疾病的发生。

2. 小球运动在呼吸系统机能方面的健身价值

呼吸系统是指参与呼吸的鼻、喉、气管、肺脏以及支气管等呼吸器官的总称。肺是气体交换的场所，而其他器官都是气体交换的通路（统称呼吸道）。成年人在安静状态下，每分钟需要氧气 250 毫升，即只需 1/20 的肺泡参与工作即可。但如果机体长期保持这种状态，呼吸系统就可能萎缩，对疾病的免疫功能也可能随之降低。

小球运动能使运动者在运动过程中增强对氧的需求量，表现为呼吸频率加快。为了适应机体对氧的大量需求，呼吸系统的各个器官逐渐改善自身机能，使更多的肺部组织参与气体交换，从而提高机体的摄氧能力。人体呼吸系统机能的改善，主要表现在以下两个方面。

（1）呼吸肌发达，肺活量增大。经常参加小球运动，能使运动者的呼吸肌增强，胸围增大。而扩大的胸廓，又有利于肺组织的生长发育和肺的扩张，使肺活量增加。一般人的呼吸差（尽量吸气时与尽量呼气时胸围差）只有5～8厘米，而经常参加小球健身运动的运动者的呼吸差可增加到9～16厘米。肺活量是衡量人体生长发育和健康水平的重要指标，胸廓发达，呼吸力度增加有利于回心血量的增加，对心脏的发育及提高心肺功能有重要作用。平常人肺活量一般只有3500毫升左右（女性为3000毫升左右），经常参加小球运动的人的肺脏弹性可大大增加，呼吸肌力量加大，肺活量可达4500毫升左右。

（2）呼吸深度加深，呼吸效率提高。一般人的呼吸浅而急促，安静时每分钟呼吸12～18次；而经常参加小球运动的运动者的呼吸深而缓慢，每分钟8～12次，这就使呼吸肌有较多的休息时间。这种差别在运动过程中更为显著。与一般人相比，经常参加小球运动的运动者呼吸深度普遍较深、呼吸频率普遍较高。经常参加小球运动的人，呼吸中枢的兴奋性高，对血液化学成分的改变敏感。随意停止呼吸时间的长短，是评价组织呼吸强度和呼吸中枢对缺氧和二氧化碳增多的耐受能力的重要指标。大量研究表明，优秀运动者随意停止呼吸的持续时间较长，而且对膈肌的控制稳定，在恢复呼吸时，血液的氧合作用也恢复得特别迅速。因此，经常参加小球运动，能够提高运动者的缺氧耐力，使其在缺氧条件下，仍能坚持完成复杂动作。

3. 小球运动在血液循环系统方面的健身价值

血液循环系统由心脏和血管组成，也叫心血管系统。首先，血管是供血液流通的通道，遍布人体。血液是担负运输养料和氧气、排除代谢产物和二氧化碳的载体。其次，心脏是生命的“发动机”，推动血液在血管里不断地流动，以便把氧气和营养物质运送到身体各处，同时把组织、细胞在新陈代谢过程中产生的二氧化碳和废物运送到肺、肾和皮肤等处，排出体外。经常参加小球健身运动，能使运动者的心血管系统的机能得到明显增强，使血管弹性增加、心肌变得肥厚、心动徐缓和血压降低。小球运动对运动者血液循环系统的影响主要体现在以下六个方面。

（1）安静时“心搏徐缓”。调查显示，一般人每分钟心跳频率为70～80次，经常参加小球运动的运动者的心跳频率可减少到50～60次，优秀运动者甚至能减少到40多次。这是由于经常参与运动，使机体的每搏输出量增加，因而减少了心跳频率，心脏可以得到更多的休息时间。我们将运动者心跳缓慢而有力的现象称为“心搏徐缓”现象。有人认为，人的心脏如同发动机一样，是有工作寿命的，一般能跳动30亿次，即能跳动80年左右，若心脏的工作频率降到一般人的70%，则人的预期寿命就可达115年。因此，长期参与小球运动有利于运动者心脏寿命的提高。

（2）心脏工作潜力增大。人在剧烈运动或在遇到紧急情况时，心脏应能迅速发挥机能，具体表现为心跳加速，心率可达180次/分钟。而优秀运动者的心跳频率每分钟可以增至200～220次，因此，我们认为，经常参加运动的人能承担大运动量的训练和大负荷的工作、劳动。遇到紧急情况时，比较容易成功化解危机，即生存和发展的机会更多一些。

（3）心脏运动性肥大。经常参加小球运动，还能有效改善全身的血液循环和心肌供血状况，使心肌得到更多的营养物质，心肌逐渐增强，心壁增厚，心脏容积增加。因此，经常运动的人心脏体积普遍比一般人大些，外形圆满，搏动有劲。我们把这种现象称为“运动性心脏肥大”。一个更强大的心脏，能使生命更加健康。

（4）血红蛋白含量增加。血液负责传输人体代谢所需要的氧并呼出二氧化碳，承担运输任务的主要是血红蛋白。1 分子的血红蛋白可以结合 4 分子的氧，每克血红蛋白可以携带 1.34 毫升的氧。因此，血红蛋白的含量越高，运输氧的能力越强。另外，血氧饱和度也直接影响氧运输的能力。与一般人相比，经常参加小球运动的运动者，机体内的血红蛋白含量高，血红蛋白的正常值，成年男性为每一百毫升 12～15 克，女性为 11～14 克。而运动者由于长期训练，机体出现适应，可达到男性每一百毫升 15～18 克，女性每一百毫升 14～17 克，血液运输氧的能力增强。运动时血液浓缩，血红蛋白含量相对增加，运输氧的能力提高；同时，肌肉组织氧分压的降低、血液温度的增加、血液 pH 值的下降及血中二氧化碳的增加，都提高了血液的氧运输能力，促使更多的氧释放进入运动的骨骼肌，帮助机体完成动作。

（5）血管弹性和表面积增大。经常参加小球运动，可以增加运动者血管壁的弹性，有利于进入老年阶段后，防止血管壁弹性逐渐下降，可预防或缓解老年性高血压等疾病的发生。

（6）强化血液微循环。血液微循环主要是指毛细血管的血流情况。人体在安静状态下，毛细血管仅有 20%～25%开放，而较剧烈的运动可使毛细血管开放数量增加几倍，有时可达 70%以上，毛细血管总表面积达 300～600 平方米，从而大大改善了跨越毛细血管的物质交换转运，还可引起体内血液的重新分布。血液循环不畅造成人体许多疾病的出现，如缺乏营养、早衰、脱发等现象，长期参与小球运动，能够强化运动者的血液微循环系统建设，有利于运动者身体健康。

长期参加小球运动，能够促使运动者骨骼肌和心肌的毛细血管出现增生，这不仅有利于适应肌肉工作的需要，也对于血管栓塞局部的侧支循环的建立有极为重要的作用。有人认为，坚持参加小球运动起码可以使心脏衰老推迟 10～15 年。美国科学家发现，人体内有一种高密度脂蛋白（HDL2）粒子，主要负责把沉积在血管壁上的脂肪和胆固醇去掉。经常进行身体锻炼，就会使体内的 HDL2 浓度明显增加，并能自动地在血管内筑起一道 HDL2 的防线，不断消除沉积物，使血液畅通无阻。当前，随着人们生活水平的提高以及科技的不断革新，如果人们的运动量不足，则各种“文明病”也将随之而来。迄今为止，世界上已有不少人死于心血管疾病。人们长期持续地参加小球健身运动，可以减少胆固醇在动脉壁上的沉积，预防或减轻动脉粥样硬化，预防或治疗高血压和冠心病。

4. 小球运动在消化系统方面的健身价值

（1）促进食物消化和营养吸收

胃肠是人体消化食物的主要器官，胃肠消化能力的好坏对身体健康的影响很大。经常参加小球运动，能促进机体消化腺分泌的消化液增多，进而增强消化管道的蠕动，胃肠的血液循环更能得到改善。发生了这些改变，就使食物的消化和营养物质的吸收更加充分和顺利。另外，运动者在进行小球运动时，呼吸会加深，膈肌大幅度地上下移动和腹肌大量活动，能对胃肠起到按摩作用，有利于增强胃肠的消化功能。故而，小球运动能增强运动者的胃肠对食物的消化能力和对营养物质的吸收，经常参加小球运动还能预防和治疗消化不良，防止胃肠神经功能症和溃疡病的发生，并有一定治疗效果。

（2）增进肝脏健康

肝脏是人体的最大腺体和重要消化腺。经常参与小球运动，能够提高运动者的肝脏机能，利于食物消化。运动者在参与小球运动过程中，能源物质——糖的消耗增加，这使得肝脏的“后勤供应”工作加重，从而使其机能受到锻炼而得到发展。经过训练的运动者，肝脏里储备的糖原比一般人多，在运动时向外输送也更快。肝糖原对肝脏的健康也极为重要，它能保护肝脏。肝脏机能水平的提高能增强机体对疾病的抵抗力。此外，经常参与小球运动的运动者，在动用肝糖原方面比一般人更为经济。小球运动能增进肝脏的健康，从而提高人的劳动和运动的能力。

5. 小球运动在运动系统方面的健身价值

（1）小球运动对肌肉结构及机能的影响

在人体中，肌纤维构成了肌肉的基本单位，许多肌纤维排列成肌束，许多肌束聚集在一起构成一块肌肉。人体在运动时，骨骼肌是运动系统的主动部分，人体的任何运动首先都表现为肌肉运动。参与小球运动过程中，骨、肉工作加强，血液供应增加，蛋白质等营养物质的吸收与储存能力增强，肌纤维增粗，肌肉就会逐渐变得更加粗壮、结实、有力量。由于肌肉中肌红蛋白的增加使其结合氧气的能力增强；储存的营养物质——肌糖原增加；肌肉内毛细血管的数量也增多了，更能适应运动或劳动的需要。一般人肌肉重量占体重的35%～40%，而经常参加小球运动的运动者，其肌肉可达到体重的50%以上。在青少年中，很多人肩窄、胸平、胸部根根肋骨显露，只要经常坚持小球运动，便会使自己的肌肉发达，比例匀称，健美有力。随着小球运动的不断进行，肌肉形态结构的改变会进一步提高肌肉机能，神经系统对肌肉的控制能力增强，肌肉的反应速度、准确性、协调性都有明显提高。肌肉工作时能量消耗下降，效率提高。经常进行小球运动的运动者在肌肉力量、速度、耐久力和灵巧性等方面都远远超过一般人，还可以避免人体在日常活动和运动过程中由于肌肉的剧烈收缩而造成各种运动损伤。

（2）小球运动对骨骼和关节的影响

骨骼是人体内最坚固的结构，是人体的支架，赋予人体基本形态，主要有保护脑、脊髓、心、肺等重要器官的作用。骨骼肌附着于骨，在神经系统支配下收缩和舒张，收缩时以关节为支点牵引骨改变位置，产生运动。骨骼还有造血机能。因此，骨骼的生长发育不仅对人体形态有重要影响，而且对内脏器官发育、人体运动能力也有重要影响。

首先，长期参与小球运动能促进身体中骨的结构的变化、增强骨质。运动能引起肌肉对骨骼的牵拉和重压，使骨骼不仅在形态方面产生变化，而且使骨骼的机械性能得到提高。骨骼在形态方面最明显的变化是：肌肉附着处的骨突增大，骨外层的密质增厚。而里层的骨松质在排列上则能适应肌肉拉力和压力的作用。这就使骨质更加坚固，可以承担更大负荷，提高骨骼抵抗折断、弯曲、压缩、拉长和扭转的能力。其次，长期参与小球运动能改善骨骼血液供应，增强新陈代谢，刺激骨骼生长，使其不断骨化。同时，小球运动中的各种动作对骨骼的生长也有良好刺激作用，可以促进激素分泌，对运动者身高的增长也有促进作用。此外，小球运动还可影响内分泌系统，促进磷与钙的吸收，增加制造骨骼原料的供应，有利于骨骼的发育成长。例如，长期从事网球运动的人上肢骨粗大。类似事例说明了小球运动对骨骼生长有着良好的提高力。有数据显示，经常参加小球运动比不经常参加的青少年，身高要高4～8厘米。最后，长期参与小球运动能促进关节柔韧性的改善。关节周围由关节囊、韧带和肌肉包围着，韧带能加固关节，而肌肉不仅能加固关节，还能牵引关节运动。关节是连接骨与骨之间的枢纽。科学、系统地参与小球运动，既可以提高关节的稳定性，又可以增加关节的灵活性和运动幅度。小球运动可以增加人体关节面软骨和骨密度的厚度，并可使关节周围的肌肉发达、力量增强、关节囊和韧带增厚，因而可使关节的稳固性及抗负荷能力加强。在增强关节稳固性的同时，由于关节囊、韧带和关节周围肌肉的弹性和伸展性提高，因此，可以大大增加关节的运动幅度和灵活性。

6. 小球运动在机体适应能力方面的健身价值

人对自然环境的适应力、对疾病的抵抗力以及机体疾病损伤后的修复力，是衡量人体适应能力的主要方面。人体适应能力是反映人体质强弱的一个重要方面，也是人体维持正常生命活动的一种重要能力。人们要想认识和改造世界，则需要强壮的身体和顽强的意志不断适应自然界以及社会的种种变化，这就需要人们进行各种适应性锻炼，而参与小球运动则是一种加强机体适应力的有效方法。一方面，长期在恶劣的环境或气候（严寒、酷暑、风雨、霜雪或空气稀薄等）中进行小球健身运动，能有效地改善运动者机体体温调节及其他相关机能，提高对外界环境的适应能力。比如，人体在受到寒冷刺激时，会引起体内出现不同程度的变化，神经系统也会及时指挥全身各器官系统加强活动，产生一系列防御性反射，如皮下血管急剧收缩以减少热量的散发，保持身体的正常体温。人体遇酷热时，也会在神经系统的指挥下，使皮下血管舒张，身体表面大量出汗来加强散热过程。在严寒与酷热到来时，有的人感冒或中暑，有的人则安然无恙，这就反映出不同的人在适应能力上的不同。小球运动锻炼能有效改善运动者对环境的适应能力。另一方面，运动者在参与小球运动的过程中，体内平衡及与外环境的平衡也会时常遭到破坏，机体本身必须及时进行调整，以保证正常的生命活动。当人体调节机能不足以维持这种平衡时，就会产生各种病变。机体的各种免疫机制和各器官的调节机制，对机体的各种病变有一定抵御作用，从而提高运动者机体的免疫力。

（二）小球运动的健心价值

伴随着社会的不断发展，人们的生活节奏不断加快，来自社会的各方面压力接踵而来，个体情绪处于较为紧张状态，这不仅给人们生理造成不适，而且给人们心理也造成不同程度的压力，如果一些心理问题得不到解决，最终会影响生理健康。通过小球运动可以磨炼意志，陶冶情操，发展情感，完善自我，并在活动中拓宽视野，增长才智，正确处理好个人与集体的关系，辨别真伪丑美，提高思想境界，树立正确的价值观。

1. 小球运动能够培养运动者良好的意志和道德品质

在小球运动中，尤其是在小球比赛中，运动者通过进攻防守、控制与反控制，既斗智又斗勇，锤炼个人的意志品质和心理素质，有利于培养拼搏进取的精神和胜不骄败不馁的道德风尚；有利于提高克服各种困难的勇气；有利于培养诚实公正的思想作风和光明正大的良好品德。

2. 小球运动有利于运动者团结协作，增进友谊

参与小球运动的运动者需要对手或球友，通过小球运动可以促使运动者交流球艺，增进彼此间的友谊，促使运动者建立相互信赖、团结协作、密切配合的合作意识。除此之外，运动者也可以将小球运动看作一项社交活动，通过小球运动促进与他人之间的沟通和理解。

3. 小球运动能够陶冶情操，愉悦身心

运动能够使人精神焕发，倍显活力。激烈的小球比赛可以促使运动者的心理素质得到很好的锻炼，强化运动者的进取精神，使运动者的智力、勇气和运动技能在竞争与对抗中得到升华。

通过参与小球运动，既增长了运动者的智慧又提高了其心理素质，不仅能在小球运动中应付自如，而且能以良好的心态、正确的人生观面对事业、家庭、荣辱等。小球运动可以使运动者陶冶美好情操，提高思想修养和艺术修养，将外在美和内在美很好地融合在一起。

（三）小球运动的娱乐价值

小球运动具有游戏性、竞赛性、艺术性等特征，在娱人娱己的同时，还能够使运动者业余精神文化生活需要得以满足。小球运动的娱乐价值主要体现在以下两个方面。

1. 观赏性

小球运动技术变化多样，具有很高的观赏性。进攻时似高屋建瓴、势如破竹；防守时如绵绵细雨、固若金汤。运动者所有的动作与技术均展示着小球运动的力与美，使观赏者像吟读一首动人的诗，浏览一幅悦目的画，令人心旷神怡，流连忘返。当运动者在竞技或表演过程中，以自己的能力、才智、战术、风格在创造美、表演美时，使观众欣赏到他们精湛的技艺和顽强的精神，从中受到情感陶冶。

2. 自娱性

小球运动不仅能供人娱乐观赏，而且还使人在亲身参加活动中直接体验娱乐欢快情绪。小球运动作为一种娱乐运动，参与者在球的对击过程中，通过不停地移动和身体姿势的变化，努力把球击到对方的场地。每当击球者在击出一记好球或赢得一球时，都能使自己兴奋并达到一种成功的喜悦。同时球有快慢、轻重、高低、远近、狠巧、飘转等变化，使运动本身充满了丰富的乐趣。

综上所述，积极参与并长期坚持小球运动，有利于提高运动者身心素质，增强社会主义精神文明，丰富百姓文化生活，增进人与人之间的信任与团结。

第三节　小球运动科学理论基础

一、小球运动的物质代谢原理

人体能够通过分解代谢将自身储存的或外界摄取的营养物质分解为小分子物质，也可以通过合成代谢将小分子物质合成自身的大分子。这两种代谢途径所进行的物质转化过程称为物质代谢。这里通过阐述运动时物质代谢原理的特点来分析小球运动的物质代谢原理，主要有以下四个方面特点。

（一）物质代谢相互联系的整体性

人体内如糖质、脂质、蛋白质、核酸、水、维生素和无机盐等物质的代谢并非是单独进行，而是同时进行的，并且相互联系；或相互转变，或相互依存，共同构成统一的有机整体。例如，糖质、脂质在体内的氧化分解所释放的能量，不仅满足运动时机体消耗，同时也满足生物大分子蛋白质、核酸、多糖等合成时的能量需要。

（二）严格精细的代谢调控性

一般情况下，机体存在严格精细的调节机制，从而使得各种物质代谢适应体内外环境的不断变化，使机体运动有条不紊地进行。当人体从安静状态进入运动状态时，调节系统能立即调节各种物质代谢的强度、方向、速度等，以保证运动时生理机能的要求和运动能力的实现。

（三）运动过程不同阶段物质代谢的侧重性

合成代谢与分解代谢是物质代谢的两个过程。从外界摄取的营养物质及体内的中间代谢产物的合成代谢，既是人体组织生长发育的基础，也是组织更新修复的基础。如人体在恢复期通过合成代谢在体内储存了能源物质，而运动时这些储存的能源物质就可以被分解利用。分解代谢消耗体内的物质，是组织更新不可或缺的过程。能源物质的分解代谢还可以释放能量被人体利用。然而，合成代谢和分解代谢并不是简单的可逆反应，它们有着不同的反应过程。物质的合成代谢与分解代谢十分重要。只是在运动过程的不同阶段，物质代谢有一定的侧重性。运动过程中，物质的分解代谢增加的具体表现是人体物质的减少，尤其是能源物质的减少；运动后，物质合成代谢增加的具体表现是人体物质的增多，如肌肉增长、能源物质储存量增加等，同时物质合成代谢的增加也有利于恢复人体生理机能和运动能力。

（四）能量生成形式的同一性

运动者在参与小球运动的过程中，糖质、脂质、蛋白质等物质在体内氧化分解释放的能量均被储存于三磷酸腺苷（ATP）的高能磷酸键中。机体能量生成与利用的共同形式均为三磷酸腺苷（ATP）。

二、小球运动的动机原理

（一）运动动机分类

运动动机是指推动运动者参与运动学习与体育锻炼活动的内部心理动因。运动动机是在运动的内在需要以及运动参与的环境诱因的相互影响下产生的，是驱力和诱因、推动和拉动两种作用相结合的产物。运动动机主要包括以下三种类型。

1. 直接动机和间接动机

依照运动者参与运动学习和锻炼活动的心理动因是指向体育活动过程，还是指向体育活动的结果，可以将运动动机分为直接动机和间接动机。心理动因指向运动学习和锻炼活动的内容、方法或组织形式等当前或直接特征的动机，即直接动机；而指向运动可能带来的生理、心理、社会效果等特征的动机，即间接动机。

2. 内部动机和外部动机

依照运动者运动学习和锻炼活动参与的心理动因主要由自身内在需要转化而来，还是由外界条件诱发而来，可以将运动动机划分为内部动机和外部动机。来自个体自身好动、好奇或好胜的心理，以及希望满足自尊心、荣誉感、义务感、归属感和自我实现等心理需要的动机，属于内部动机；由个体自身之外的诱因转化而来的动机，如师长的赞扬、朋友的欣赏、获胜后的奖金和荣誉，或迫于生活工作的压力、为了避免惩罚与逃避危险等原因而参加体育运动的动机，为外部动机。

3. 生物性动机和社会性动机

依照运动者运动学习和锻炼活动的心理动因的基础是生物性需要还是社会性需要，可将运动动机分为生物性动机和社会性动机。生物性动机是为了满足获得刺激、运动愉快感和宣泄身心能量等生理性需要而参加体育活动的动机。它是个体化的动机，对个体运动的心理和行为的影响较大。社会性动机是指为了满足在体育活动中得到认同、发展友谊、追求完美、施展才能、获得成功、赢得荣誉等社会性需要，而参加体育活动的动机。社会性动机的特点是持久性，该动机可以推动运动者在运动学习中的人际互动与相互学习，能够促进运动者对体育知识与运动技能的掌握，提高运动者的身体素质。

（二）运动动机的培养

1. 开发与利用各种需要

通过增加运动活动的趣味性、启发运动参与者的好奇心、满足其归属需要、增强其自主要求等方式来培养运动参与者的运动动机。

2. 提高体育成就动机

成就动机是一种较高级的社会性动机，是指个体积极主动地从事自认为重要或有价值的活动，并力求达到完美、取得优异成绩的心理倾向。它是在成就需要的基础上产生的，在社会交往中习得的内在推动力量。

3. 科学开展竞争，主动组织合作

竞争的主要形式包括个体间竞争、团体间竞争、自我竞争三种类型。为促使竞争对小球运动学习动机的培养和激发产生的积极作用得以保证，有效防止竞争消极影响，应注意以下五点。

（1）竞争活动要适量。

（2）应将团体间竞争作为主要形式。

（3）个体间竞争时，需根据能力分为高、中、低三组。

（4）应保证竞争内容的多样化和竞争形式的多样化，促使每个运动者均有展示自身才能的机会。

（5）提醒个体在竞争中注意发挥和展示能力，相互鼓励、团结互助，胜不骄、败不馁，避免出现骄纵与自卑心理。

4. 及时反馈，正面评价

社会性评价、客观性评价、标准性评价是小球运动的反馈形式。提供反馈和评价的目的在于促进运动者不断努力与进步。在进行多鼓励、严要求和适当、适度批评时，要力争做到表扬每个运动者的每一次进步，强化每一个人努力；针对不同年龄、性别、能力的运动者进行表扬和批评；要“对事不对人”，尤其要将表扬和批评的重点放在个体是否努力上，放在行为表现上，放在是否有所提高上；要树立个体评价标准，使运动者逐步做到自我表扬和批评；深入观察与了解运动者对表扬和批评的理解与评估；应做好公开表扬，私下批评，客观、明智地使用惩罚。

三、小球运动的负荷原理

（一）运动负荷的系统学原理

“运动负荷”是指运动者在受到一定外部刺激时，机体在生理和心理方面所承受的总刺激，并以这两方面所表现出来的机体内部应答反应程度来反映。运动负荷是外部刺激与机体内部应答反应的综合体，是一个由多因素、多层次结构组成的完整系统。从负荷的性质看，可分为训练负荷、比赛负荷、教学负荷与健身负荷；从负荷产生的机制看，可分为内部负荷与外部负荷；从对负荷刺激机体的特征看，可分为负荷强度、负荷量与总负荷，每一种负荷都有它的结构特点和功能特征（见图 1-1）。

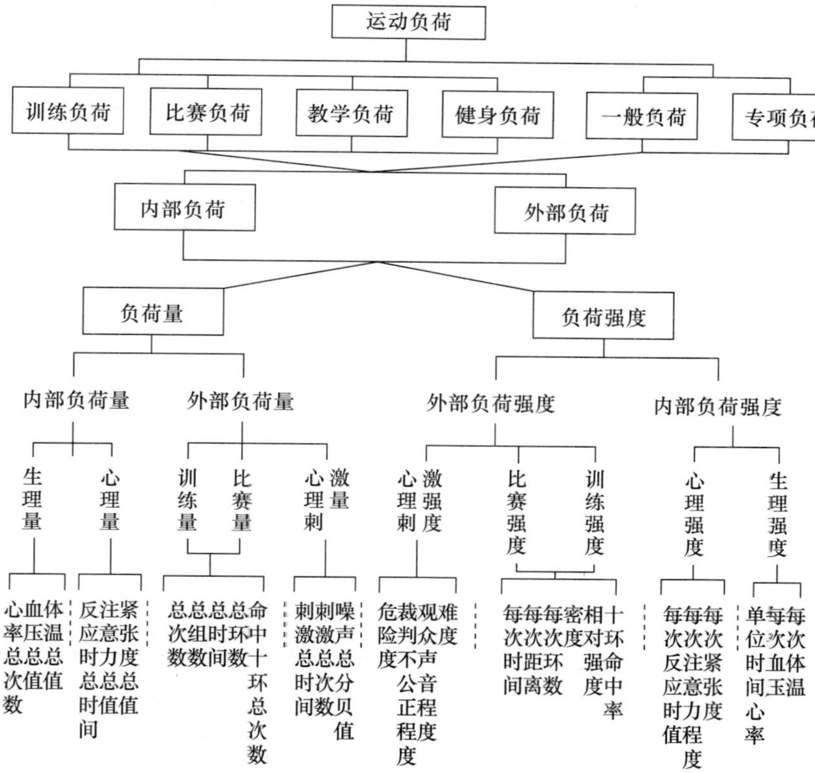

图 1-1　运动负荷系统

1. 训练负荷、比赛负荷、教学负荷与健身负荷

训练负荷是指运动者在提高全面竞技能力的训练过程中，机体所承受的负荷刺激；比赛负荷是指运动者在表现自身最高竞技水平和夺取胜利的各种比赛过程中或在平时训练过程中，完成具有比赛性质的训练内容时，机体所承受的负荷刺激；教学负荷是指运动者在学习和掌握动作技能的各种技术、战术训练中或在提高运动者智力能力的智力训练中，机体所承受的负荷刺激；健身负荷是指运动者在治疗伤病过程中或在为达到恢复、调整和健身作用而进行的恢复性、健身性身体练习活动中所承受的负荷刺激。

2. 外部负荷、内部负荷与百分相对负荷

外部负荷是指运动者外部的各种控制作用对运动者所施加的刺激；内部负荷是指运动者的有机体在承受外部负荷刺激时所表现出来的内部应答反应。百分相对负荷是指运动负荷的定量等级，用来反映外部负荷对机体进行刺激后，机体内部应答反应的程度。

3. 负荷强度、负荷量与总负荷

负荷强度是指在单位时间或单个（单组）动作中，运动者机体所承受的负荷刺激；负荷量是指在持续、连贯的身体活动时，运动者机体在承受一定外部刺激总量时，所表现出的内部应答反应的程度；总负荷是指在单个练习和连续作业中，运动者机体所承受的负荷刺激的总和。

（二）运动负荷的科学调控原理

运动负荷包括以下五个特点，这五个特点确立了相对应的科学调控运动负荷的基本原理。

1. 运动负荷调控的综合性

（1）外部负荷表面数据的多要素综合设计。

（2）负荷量、负荷强度、总负荷的综合设计。

（3）外部负荷与内部负荷的综合设计。

（4）生理（体力）负荷与心理负荷的综合设计。

2. 运动负荷的动态性

（1）负荷的程序性。

（2）负荷的周期性。

（3）负荷的连续性和系统性。

（4）负荷的渐进性、突变性和节奏性。

3. 运动负荷内容的目的性与选择性

（1）根据训练任务确定负荷的内容与手段。

（2）根据训练内容手段的专项性程度确定负荷。

（3）根据各内容手段的自身负荷特点，选择负荷的内容手段。

（4）根据各负荷内容手段的能量代谢特点及定量等级标准，确定与之相对应的最佳负荷手段和评定其负荷的水平，同时又据此确定各主要外部负荷的训练量与训练强度的定量指标。

（5）运动负荷内容目的性表现在主导因素任务、非主导因素任务和薄弱环节上。

4. 运动负荷的渐进性、极限性、应激性

（1）小负荷下产生的训练适应，对优秀运动者来说没有必要，然而在儿童少年运动者的早期基础训练阶段却十分必要。

（2）适中负荷下产生的训练适应，在青少年专项提高阶段和竞技保持阶段是必要的，然而对于高水平竞技阶段的优秀运动者来说意义不大。

（3）在应激负荷下产生的高水平训练适应，虽不适于早期训练阶段的儿童少年运动者、青少年专项提高训练阶段的青少年运动者和竞技保持阶段的专业运动者，却是专项高水平竞技阶段优秀运动者追求的目标，其应激水平也决定了他们所能达到的专项最高水平。

（4）不管运动者处于何种水平，过度负荷下产生的训练适应效果均是相反的。

5. 运动负荷与运动成绩的对应性与延缓传导性

运动成绩与运动负荷间的关系体现在运动负荷与运动成绩的对应性联系与延缓传导性联系上。对应性联系是指运动成绩与运动负荷之间的因果关系，运动成绩是运动负荷的必然结果，运动者通过承受不断增加的运动负荷，提高自身竞技能力的训练适应性水平。延缓传导性联系是指运动成绩的增长速度慢于总负荷的增长速度。

四、小球运动的应激原理

（一）应激的概念

人体对于包括生理刺激和心理刺激在内的外部强负荷刺激的一种生理和心理的综合反应，即应激。应激指当有机体受到一些如大强度的负荷、创伤、剧痛、冷热、缺氧、中毒、感染和情绪激动等超常的刺激时，身体就会引起一种紧张的状态，这种状态就是应激。在训练和比赛中，运动者遇到的激烈紧张的比赛、超常的比赛强度和训练强度、运动伤病以及对手的冲突等，都是能引起运动者应激状态的应激源。但这种应激源的刺激必须是超常的，即超过日常的刺激量和刺激程度，否则就不会产生应激状态。

（二）应激的阶段

警戒阶段、抵抗阶段、衰竭阶段是应激的三个阶段。

警戒阶段是指当某种应激源（即外部刺激）出现前，人体处于对这种应激刺激的戒备和防御状态。抵抗阶段是指在承受应激源的外部刺激后，机体由防御状态转为抵抗状态，这一阶段，机体在大脑皮层中枢神经系统的指挥下进行总动员，动员所有能量去抵抗这种应激源刺激对人体的影响。如若抵抗成功，并时常受到这种应激源的刺激，时常处于这种不超过机体承受能力极限水平的应激状态，则人体就会对这种应激源的刺激逐渐适应，应激水平提高，并表现出人体适应能力加强，即能量储备增加，而且经常处于一种易于动员的状态。衰竭阶段是指当应激源刺激强度过大，时间过长，机体就会逐渐由抵抗状态转为衰竭状态，机体工作能力下降，并出现各种异常反应。所以应激具有两面性，既能引起良性的应激反应和状态，也能造成非良性的应激反应和状态。

（三）应激与大负荷训练的关系

运动者参与各种球类项目进行锻炼与比赛的过程，就是一种人为形成的运动应激模拟过程，运动者运用各种方式为自身造成各种良性的（有时也有非良性的）应激源，其中承受训练和比赛负荷，给予各种心理和体力上的应激刺激是最重要的。除此之外，也有如寒冷、炎热的气候、高原的缺氧条件等各种非人为形成的应激源。运动者通过不断地承受这种应激源的刺激，就会逐渐产生训练适应，从而使超常的应激源变得不再超常。此时人体的应激水平就会下降，甚至不再产生应激反应状态，这表明机体出现了“节省化”趋势和平衡状态。故而，形成新应激反应的前提是不断提高应激源的刺激水平，这样才能促使机体的训练水平不断提高。这就是我们可以不断地、循序渐进地提高运动负荷水平、实施大负荷超量训练的依据。

五、小球运动的超量恢复原理

（一）能量代谢与恢复过程

人体是由许多器官和系统共同组成的完整统一体，故而疲劳和恢复也表现在人体各个器官系统上。能量的消耗与恢复、肌肉系统的疲劳与工作能力的恢复、心血管系统的疲劳与功能的恢复、大脑和神经中枢的疲劳与功能恢复、心理和精神状态的疲劳与功能恢复等是功能恢复的主要内容。此外，依照恢复过程的基本规律，还可以将恢复分为未完全恢复、完全恢复、超量恢复三种类型。未完全恢复是指负荷后，在人体机能和能量物质只恢复了一部分或大部分尚未恢复到原有水平时就进行下一次练习。完全恢复是指负荷后，在人体机能恢复到原有水平时再进行下一次训练。超量恢复实际也属于完全恢复，但超量恢复是指负荷后在人体机能恢复到超过原有水平时再进行下一次训练。

（二）超量恢复的特征

（1）根据生理学“强度法则”，在机体承受负荷的极限范围内，负荷越大消耗越激烈，超量恢复也越明显。但过大的负荷与消耗不仅无法产生超量恢复，反而会延长恢复时间。

（2）超量恢复的产生不仅取决于负荷刺激，还取决于负荷后是否给予充分必要的恢复和减量训练。

（3）机体承受负荷量与负荷强度刺激后，产生的超量恢复效果截然不同。负荷量较小、强度相对较大的15分钟训练之后，通过合理恢复措施，机体各种能量物质表现出“恢复速度快、时间短、恢复及超量恢复出现较早、超量恢复的水平较高、保持时间较短”的特点。相反，负荷量较大、强度相对较小的5小时训练之后，各种能量物质却表现出“恢复速度较慢、时间较长、恢复及超量恢复出现较晚、超量恢复的水平较低、持续时间较长”的特点。这一超量恢复的规律，对合理安排赛前负荷，以便出现更适合于专项比赛需要的超量恢复和最佳竞技状态十分重要。

（4）训练内容、训练手段、负荷量以及消耗的能量物质等各方面的不同，致使超量恢复的时间也不尽相同。同时，不同的训练内容、手段和与这些内容、手段有关的运动能力的超量恢复时间也不同。

（5）恢复过程的异时性规律，包括先快后慢特点以及恢复到原有水平的异时性特点。先快后慢特点，是指在负荷结束后的开始阶段速度最快，随后恢复速度减慢。从总体来说，各种不同负荷后的恢复期的前1/3中大约恢复60%，中间1/3中约恢复30%，后1/3中约恢复10%。恢复到原有水平的异时性特点，是指训练比赛后各项指标恢复到原始水平时的时间不同，例如，完成持续时间为30秒强度为90%的练习后，工作能力恢复到原有水平需要经过90～120秒，植物性神经系统的某些指标要30～60秒，其他指标需要3～4分钟，甚至更长。不同能量物质恢复速度不同，首先是机体内环境稳定性的恢复，其次是磷酸盐的恢复，最后依次是糖原、蛋白质和脂肪的恢复。不同器官的恢复速度不同，在各种器官中，首先是大脑和神经中枢的恢复，然后是心血管系统的恢复，最后是肌肉和心理精神的恢复。不同运动项目和训练内容手段恢复速度不同，消耗以糖原、蛋白质、脂肪为主的耐力性项目，比消耗以磷酸盐为主的速度项目恢复得要慢，力量项目比速度项目恢复得要慢。不同训练水平的运动者恢复速度不同，训练水平越高，恢复速度越快；训练水平越低，恢复速度越慢。不同负荷恢复速度不同，负荷越大，恢复越慢，负荷强度比负荷量恢复得快。健康状况不同，恢复速度不同。运动者健康状况越好，恢复越快；健康状况越差，恢复越慢。不同恢复能力的运动者身体恢复速度不同，恢复能力强的运动者恢复快，恢复能力弱的运动者恢复慢。

（三）超量恢复的方法

1. 训练方法科学化

（1）合理地安排好运动间歇与运动休息。

（2）根据运动者的身体状况和综合素质决定间歇时间与方式。

（3）根据生物节奏规律合理安排训练。

（4）选用一些轻松、愉快、节奏性强的练习手段。

（5）安排科学的训练内容，选择好训练手段和最佳训练程序的设计。

（6）合理安排负荷，注意负荷的节奏性。根据负荷性质决定间歇的时间与方式。

（7）根据负荷的大小决定间歇的时间与方式，如强度大、时间长的练习之后应安排较长时间间歇。

（8）通过变换负荷的方式和训练环境，来调节运动者的心理负荷。

（9）通过适当增加练习手段，减少局部肢体负担过重，减轻疲劳。

（10）通过增加强度来提高负荷，以促进机体产生更好的超量恢复效果。

2. 充分利用医学、物理学、生物学以及心理学的恢复方法

（1）及时有效地补充营养，科学安排和调节运动者的饮食，针对运动者的个体特征进行合理的营养调控。

（2）适当运用按摩、沐浴以及水疗等物理恢复手段。

（3）采用心理咨询、自我暗示等心理恢复手段。

（4）睡眠是最重要的自然恢复手段，运动者应保证充分的睡眠时间。

（5）选用吸浓度氧、电刺激、中草药等手段。

六、小球运动的肌肉运动原理

（一）肌肉运动的分类

根据运动者用力方式和运动效果的差异，可以将肌肉运动分为动力性运动和静力性运动两种形式。

动力性运动是指肌肉收缩产生的力使关节位置改变，肌肉长度发生变化。具体来分，动力性运动又可分为向心和离心运动两种。向心运动主要表现为肌肉收缩克服阻力，肌力大于阻力，使运动环节朝肌肉拉力方向运动；离心运动主要表现为肌肉在阻力作用下逐渐被拉长，阻力大于肌力，使运动环节朝肌肉拉力的相反方向运动。

静力性运动是指肌肉持续收缩，但长度不变，从而使关节在某种位置上固定以维持一定姿势的运动。肌肉的静力运动又可细分为支持工作、加固工作、固定工作三种。支持工作指位于关节某一侧的肌肉持续收缩，以平衡阻力矩，使关节保持一定姿势的工作状态；加固工作指位于关节周围的肌肉同时持续收缩，以对抗关节由于外力牵拉作用而分离的工作状态；固定工作指关节运动轴两侧相互对抗的肌肉同时持续收缩，使关节保持固定的工作状态。

（二）肌肉工作的杠杆原理

人体在运动中完成的任何动作都是以骨为杠杆，关节为支点，肌肉收缩为动力来完成的。从力学角度来讲，肌肉工作是完全遵循杠杆原理进行的。在人体运动中，肌肉工作的杠杆具有三个点：支点、力点、阻力点。其中，由支点至肌拉力作用线的垂直距离，称为拉力臂；肌拉力与拉力臂的乘积为肌力矩；阻力与阻力臂的乘积为阻力矩；肌力矩和阻力矩分别表示肌力和阻力对骨杠杆所产生转动作用的大小。在肌肉工作中，肌力矩和阻力矩的关系大致有以下三种情况。其一，肌力矩等于阻力矩：肌肉做静力工作。其二，肌力矩大于阻力矩：肌肉做向心工作。其三，肌力矩小于阻力矩：肌肉做离心工作。

七、小球运动的人体适应性原理

所有生物的基本特征与其生存的基本条件相适应。不管何种生物，如果不能适应就不能生存。当生物生存的环境发生变化时，生物有机体能产生一种变异来适应它，这就是生物适应。生物通过遗传保持特征，通过变异获得发展和进化。有机体在不断适应过程中，一些常用的器官会发达起来，而另外一些不常用的器官则会逐渐退化。生物机体在形态、组织、机能方面的变化，能更好地适应环境改变。以上“用进废退”的现象就是生物体不断进化的最基本的规律。

长期参与小球运动能很好地增强身体素质和运动水平，这是遵循生物进化和发展规律的结果。换言之，运动者通过参与小球运动，使机体承受运动负荷并逐步达到适应，然后再增加运动的负荷量，使机体在高一级水平上再适应。在这一过程中，有机体将不断提高适应能力和改善各器官、系统的机能和性状，于是运动者的体质就不断增强，运动成绩也不断提高。然而，运动者一旦停止运动，其身体机能亦将逐渐退化到一般水平或更差的状态。故而，养成长期参与小球运动的习惯十分必要。

八、小球运动的运动技能形成原理

（一）运动技能分类

1. 封闭性运动技能与开放性运动技能

依据技能操作中对环境的依赖程度，可以将运动技能分为封闭性运动技能和开放性运动技能。当一种运动技能的完成主要依赖于周围环境提供的信息，而正确感知周围环境成为运动调节的重要因素时，即开放性运动技能，如网球、乒乓球的传球等。开放性运动技能要求运动者具有处理外界信息变化的随机应变能力和对事件的预见能力，运动者要准确预测对手的动向，及时根据对手的变化确定和实施动作方式，同时还要参照同伴的情况进行决策和行动。封闭性运动技能是指运动技能的完成主要依靠运动者内部的本体感受器（指位于肌肉、肌腱和关节内的感受器，感受身体的空间运动和位置变更，向中枢提供信息）所介入的反馈来调节封闭性运动技能的练习时，环境特征和技能的程序大多固定不变，运动者完成技能的时间十分充足，但需要注意动作的准确性和稳定性。

2. 连续运动技能与非连续运动技能

依据动作开始和结束的特定位置，可以将运动技能分为连续性和非连续性运动技能以及位于连续非连续分类区间内的序列性运动技能。连续性运动技能是指没有明显开始和结束的运动技能，一般由重复性技能构成。连续性运动技能的主要特征是动作持续时间一般较长，动作以周期式的形式完成，动作过程重复相对较多。非连续性技能是有明确的开始和结束，一般由简单动作构成，如推铅球等。非连续性运动技能的主要特征是由突然爆发的动作组成，完成这种技能的时间相对较短，动作以非周期式的形式完成，各环节之间没有重复。序列性运动技能是由多个非连续性运动技能按照一定顺序组合而成的系列技能，这里的序列是指动作由多个动作组成，而成功的关键在于各环节之间的节奏。

3. 小肌肉群运动技能与大肌肉群运动技能

根据操作技能时参与工作的肌群大小，将运动技能分为小肌肉群运动技能和大肌肉群运动技能。小肌肉群运动技能要求控制较小肌群以达到技能目标，往往要求高度的动作精确性，尤其是那些需要手眼配合和涉及高精确度手指、手腕动作的技能，如羽毛球的网前吊球、乒乓球的台内轻搓短球等。在完成大肌肉群动作技能任务时，需要动用较大的肌肉系统才能完成的动作，如网球发球就属于大肌肉群运动技能，运动的流畅与协调是熟练操作这些任务的基础条件。

（二）运动技能形成阶段

1. 认知—定向阶段

运动者在开始掌握一种技能之前，要形成掌握这种技能的动机，学习与它有关的知识，在头脑中形成这种技能的表象，这就是技能的认知—定向阶段。该阶段的主要表现是动作显得呆板、迟缓、不稳定、不协调，特别是肌肉的紧张与放松配合不好；多余动作较多，整个动作显得忙乱紧张，完成动作在时间、空间上都不精确；对动作要有意识地进行控制。在这个阶段，运动技能的学习分为从个别的动作环节入手和从动作的整体入手两个方面，运动者应熟悉动作的要领，了解动作特点，把新学习的动作与之前学会的动作进行比较和区分，总结并吸取两者的相同点和不同点，避免受到不良习惯动作的影响。

2. 动作的联结阶段

运动者经过一定练习之后，初步掌握了一系列局部动作，并开始把各个动作环节或不同动作结合起来，以形成比较连贯的动作，或在了解一种技能的总体特征后，对其中个别动作做更多练习。这一阶段，个体会将注意力集中于如何成功完成技能，从认知转向运动，使从一次练习到下一次练习更具一致性。同时，个体也会将训练重点从个别环节转向动作的协调与组织，这是把个别动作连成动作系统的关键。在动作联结阶段，运动者的注意范围会扩大，紧张程度也在慢慢降低，但没有完全消失，稍微分心，动作还是会出现错误，多余的动作正在慢慢消除，动作的准确性也在慢慢提高。

3. 动作的自动化阶段

运动技能学习进入动作的自动化阶段时，动作的连贯性、流畅性可以得到保障，不需要特别注意和纠正，技能逐步由脑的较低级中枢控制，运动者可以一边从事熟练的活动，一边考虑其他的事情。许多体育技能的训练表明，运动者要达到自己的最高水平，需要多年练习。要保持这一最高水平，同样需要大量练习。诱因的大小对技能的改进有很大影响。国外对明星运动者给予重奖或高报酬，就是为了促进他们不断研究新技术，不断创造新的运动纪录。但是，要注意认知—定向阶段、动作的联结阶段和动作的自动化阶段属于连接紧密的完整体。运动者没有从一个阶段到另一阶段的突然变化，而是逐渐地转移或改变。这说明运动技能学习的各个阶段是相互联系、相互承接的，运动者通过练习，逐渐地从一个阶段过渡到下一个阶段。

（三）运动技能的取得途径

1. 练习

以掌握一定动作或活动方式为目标的反复操作过程，即练习。任何技能都是通过练习而逐步形成的，练习是形成一定运动技能最基本的条件。练习的进步前后比较一致，练习的进步先快后慢，练习的进步先慢后快，练习进步的起伏现象、高原现象，是练习过程中的一般规律。

2. 反馈

在运动技能形成过程中，信息反馈具有十分重要的作用。反馈能够对运动者后续学习行为的动机产生积极影响，同时还能给运动者提供适当的技能完成质量与效果的信息，从而有效促进技能学习。即时反馈与延时反馈是反馈的两种类型，即时反馈是指在动作完成过程中给予的，延时反馈是指在练习或比赛后给予一定的评价。针对小球运动的初学者，应给予即时反馈，而且反馈次数要足够多，用语要简练、准确，既能让运动者理解，又能将问题说清楚。反馈越延时，运动者所存留的动作感觉越少，甚至消失，相同的错误可能还会在下一次运动中出现。

第二章 小球运动教学的基本理论指导

要科学地开展小球运动课程教学，首先应对小球运动的相关理论进行深入了解与认识。本章将分别从目的与任务、内容与要求、原则与方法、组织与实施等方面，对小球运动课程教学的基本理论进行阐述。

第一节 小球运动教学的目的与任务

一、小球运动课程教学的目的

（一）小球运动课程教学目的的基本内涵

总体来讲，小球运动课程教学的目的与我国学校体育教学的目的是一致的。结合我国体育教学现状与体育发展的主要目标，从我国的教育发展现状和方针、社会的需要、学生的身心和年龄特点，以及学校体育的社会职能等方面来分析，我国学校体育教学的整体目的主要包括以下几个方面。

（1）促进学生正常生长发育，增强学生的体质，增进学生的身体健康。

（2）与学校各种教育相配合，培养学生良好的思想品德和意志品质。

（3）促使学生成为德、智、体全面发展的社会主义建设者和接班人。

（二）确定小球运动课程教学目的的依据

1. 我国当前的教育现状与教育方针

当前，我国教育的重点是传授文化知识，不断提高国民的整体素质，这是学校教育中的重点内容，居于主体地位。因而，学校教育更加注重学生文化课的教学，这就导致学校体育教学往往处于边缘状态，很大一部分学校对于体育教学并没有足够的重视。但是，体育是发展学生德、智、体全面素质的一种基本途径，具有不可忽略的意义。因此在确定学校教育目的时，应突出学校运动教学的重要性。

教育方针是国家为发展教育事业，在一定阶段根据社会和个人两方面发展的需要与可能而制定的具有战略意义的总政策或总的指导思想。现阶段，我国的学校教育应“坚持育人为本，德育为先，实施素质教育，提高教育现代化水平，培养德、智、体、美全面发展的社会主义建设者和接班人”。因此学校体育教学目的的制定应与国家现阶段的教育方针保持一致，这同时也是小球运动课程教学目的的重要依据。

2. 当前社会发展的客观需要

社会经济、政治、科学文化的发展都会影响学校教育的教学重点，同时也会对学校体育教学提出要求。这些要求主要通过社会对教育、体育的要求以及教育、体育对学校体育的要求表现出来，决定着教育以及学校体育应培养什么样的人才。这些要求体现出鲜明的时代特征，是确定学校体育目的的外部依据。

3. 学生的身心与年龄特点

学校教学的主体是学生，要想促进学生的全面发展就应充分考虑学生的身心和年龄特点。学生的身心和年龄特点指在不同的年龄阶段内，学生的身体和心理发展表现出一定的规律性特征。学生身体方面的发展主要是机体的正常发育，身体素质、适应能力和基本活动能力的全面发展和提高；心理方面的发展主要是认知能力、个性心理特征和思想品德的形成与发展。

学校体育教学的对象是学生，每个学生都会经历不同的年龄阶段和身心发展阶段，所以学校体育教学目的的制定要与不同年龄阶段的学生相适应，符合学生身心发展的需要。与之不符的体育教学目的必然是不科学的。

4. 体育与学校体育的社会职能

和其他学科教学不同的是，体育教学是以身体练习作为基本手段，以增强体质、丰富文化生活和提高运动技术水平为目的的人类有目的、有意识的社会活动，它具有健身功能、教育功能、娱乐功能、促进个体社会化功能等多种社会职能。作为体育的一大组成部分，学校体育也具有体育的一般社会职能。在此基础上，学校体育还有其独特的一面，即将教育功能与体育功能结合起来，发挥增强体质、个性培养、娱乐、竞技等功能。只有充分发挥这些功能，才有可能实现学校体育教学的目的。

（三）实现小球运动课程教学目的的要求

1. 提高学校体育教学的地位

长期以来，体育在我国学校教育中的地位一直很低。从我国学校教育现状来看，当前还是以向学生传授文化知识和技能为主要内容和任务。这种教育形式片面强调了学生的学习成绩，强调智力培育的同时却忽视体育，导致学生身心发展不平衡，有违我国现阶段的教育方针。因此，社会与学校应端正办学教学思想，通过有效的制度与措施，合理地保证学校体育教学的实施，保证学校体育教学目的的实现，并与德育、智育相配合，促进学生的全方位发展。

2. 促进学生身心健康发展

增强学生体质、培养学生良好的思想品德与意志品质是学校体育教学的重要任务与目标，学校体育教学最重要也是最首要的任务和目的，就是全面锻炼学生的身体、增强学生的体质、促进学生形成良好的心理与性格。

一方面，学校应有计划、有组织地对学生进行身体的全面锻炼，促进学生身体正常发育，并全面发展学生的身体素质和基本活动能力。目前，为了较好地完成学校体育教学目的，还必须以丰富多彩的内容与形式激发学生参与体育锻炼的积极性与主动性，培养学生的体育能力，养成锻炼身体的习惯。

另一方面，学校体育教学的目的并不是单纯提高学生的身体素质，同时还要与学生的德育、智育等相联系，培养学生团结友爱、顽强拼搏、艰苦奋斗等意志品质与文明行为，从而实现学校体育教学，促使学生成为德、智、体、美全面发展的社会主义建设者和接班人。

3. 加强体育教学的科学管理

加强对体育教学的管理，是实现体育教学目的的重要保障，同时也是实现小球运动教学目的的重要保证。要实现体育教学的科学管理，具体应注意以下几点。

首先，应建立一套体育教学的管理体制、规章制度，以及科学的评价标准，使学校体育工作更加规范化与制度化，同时充分发挥学校各行政部门的作用，保证学校体育目的的顺利实现。

其次，不断加强学校体育教学师资队伍建设，培养一批有能力、有学历、有经验的高水平学校体育骨干，努力提高体育教学的质量，优化体育教学效果。

再次，还应不断加大对学校体育教学建设的资金投入，使学校具备一定的体育场地与器材设施。

最后，学校体育教学工作还应与劳动、卫生保健等方面的工作相结合，这样才能更科学地实现学校体育教学的目的。

二、小球运动课程教学的任务

通过教师专业的指导，使学生小球运动专项身体素质、技术、技能、心理水平得到有效提高，使其身体运动能力达到更加理想的状态，从而形成一个健康的体魄，使其更好地投入到学习与生活中。具体来讲，小球运动课程教学的任务主要表现在以下几个方面。

（一）贯彻素质教育，促进学生正确世界观的形成

小球运动课程教学是一个培养人才的完整教育过程，在具体的教学过程中应重视寓思想教育、道德品质、文化修养以及集体主义教育于小球运动的课程中，同时还应结合小球运动的特征，培养学生顽强的意志与勇于斗争、敢于斗争的作风以及力争胜利的精神，从而最终促进学生正确世界观的形成。

（二）使学生掌握并提高小球运动相关的技战术与理论知识

小球运动课程教学具体包括理论、技术、战术等方面的内容。小球运动教学就是要使学生在掌握小球运动技战术的同时还应掌握相关的理论知识，理论知识是掌握小球运动技战术的重要依据，技术是战术的重要基础。由此可见，对于小球运动理论、技术、战术三方面的学习内容是相互作用和统一的整体，教学过程中应给予足够的重视。

（三）发展学生的身体素质，增强体质

良好的身体素质是从事各项体育运动的重要基础。小球运动本身需要运动者具备跑、跳、投多方面的运动技能，小球运动的学习有助于活跃运动者的身心，促进运动者身体的正常发育，提高身体素质，有效增强体质，而运动者运动素质的提高为小球运动技战术的学习提供了有力的保证。因此，发展运动者身体的力量、速度、耐力和灵敏等素质是小球运动教学的重要任务。

（四）不断培养学生的创新能力

在小球运动教学过程中，教师还应特别注意培养学生的创造能力。小球运动是一项创造性的活动，小球运动技战术的运用需要运动者具备复杂性、多变性以及随机应变等方面的能力，有助于培养学生的创新能力。

第二节　小球运动教学的内容与要求

一、小球运动课程教学的内容

小球运动教学内容是学校体育教育的重要组成部分，它是学生提高学习能力和身心健康水平的基础，也是体育教师进行课堂教学的重要内容。

（一）小球运动课程教学内容的概念

学校体育教学内容是以学校体育教育任务和目的为前提，将各种身体练习、运动技能学习和教学比赛等进行加工后，以教学形态的方式出现在课堂上的总称。它主要包括学生的身体练习和体育基本知识学习两大类，小球运动课程教学的内容也是如此。

（二）小球运动课程教学内容的特性

体育教学内容与一般学科的教学有所不同，与竞技体育也存在很大的区别。小球运动教学是一种学校体育教学，在与一般教学内容与竞技运动内容的比较中，能够更加清晰地看到小球运动教学内容的不同之处。重点分析如下。

1. 小球运动教学内容与一般的学科教学内容

作为学校体育教学的组成部分，小球运动的课程教学内容在选择和加工上是有一定要求的，它需要以学校体育教学目标为基础，根据学生发展需要和教学条件来完成，并最终达到锻炼学生身体素质、运动能力和比赛能力的目的。并且它也是在学校体育教学条件下进行教授的。

对于一般学科教学内容而言，如语文、数学等，这些学科知识的媒介不是运动，因此很少有人把这些学科教学内容中的课文和练习当作学校体育教学内容的一部分。当然，这些学科教学内容与体育教学内容的区别是非常明显的。

2. 小球运动教学内容与竞技体育训练内容

作为学校体育教学内容的有机组成部分，小球运动教学与竞技体育训练内容的区别主要表现在以下几个方面。

从目的方面看，小球运动教学内容的主要目的是教学，而竞技运动内容的目的并不是教学，它更多的是通过竞技运动达到娱乐和竞赛的目的。

从内容加工方面看，小球运动教学内容是以学生教育需要为根据，进行改造、组织和加工而成的，而在竞技运动内容中不需要这样的改造。

（三）小球运动课程教学的具体内容

小球运动的教学内容主要包括乒乓球、羽毛球、网球等运动项目的教学。由于小球运动的教学内容非常多，而且其中的技术、战术也相当复杂，呈现出相互依存、互相制约的密切关系，这就给教学内容的传授带来了一定的困难。通过该教学内容，能够让学生对小球运动的概貌以及小球运动比赛的共性特征有个初步的认识和了解，能够有针对性、有侧重点地掌握一至两项球类运动的基本技术和运用战术的技能，使学生有能力参加小球运动的相关比赛，同时熟练掌握小球运动相关的知识与技能。

小球运动课程教学的内容很多，根据不同层次的教学对象和教学目标应该采用不同的教学内容。小球运动教学侧重于让学生掌握基本技术动作、战术配合以及理论知识，是一个由不会到会的过程。具体来讲，教学内容主要包括以下几个方面。

1. 小球运动的技术动作

小球运动的技术动作是小球运动课程教学的主要内容。小球运动的技术动作包括技术规格、动作方法要领和技术的运用等内容。在教学过程中，应强调技术动作的规范，为学生进一步提高小球运动的技能打下坚实的基础。

2. 小球运动的战术配合

小球运动的战术配合同样是小球运动课程教学的重要内容。战术配合教学内容包括两三人的基础配合与全队配合等。在战术配合教学中，应逐渐培养学生优秀的战术素养，并使其在比赛实践中可以灵活运用。

3. 小球运动的相关理论知识

只有在相关理论的指导下，才能正确地从事小球运动。小球运动的相关理论包括技战术分析、规则裁判、竞赛的组织与教学训练理论等内容，这些理论共同构成了小球运动的学科体系。

二、小球运动课程教学的要求

（一）教师的主导性与学生的能动性相结合

现代教学是师生互动的多边教学活动，因此在小球运动的课程教学中，教师应根据学生的身心特点正确处理好师生之间的关系，充分发挥教师与学生双方的积极性，以教师为主导，充分调动学生的主观能动性。

（1）树立正确的教学观。在小球运动的课程教学过程中应正确处理师生关系，发挥教师和学生双方的积极性，克服“教师中心论”“学生中心论”等片面的教学思想与观念。

（2）以教师为主导。在教学实践中，教师应及时提高自身的教学水平与专业素质，做到学识渊博、技术全面、为人师表、平等待人。同时，教师还应不断提高小球运动教学的艺术性与启发性，培养学生良好的学习动机与兴趣。

（3）充分调动学生的能动作用。主观能动性是提高学生学习效率的有效动力，教师在教学中应充分调动学生的主观能动性，指导学生明确学习目标，开动脑筋积极主动地学习，同时大胆地去实践。

（二）循序渐进与系统性相结合

任何一项运动教学都是一个渐进的、系统的工程，小球运动的课程教学也不例外。循序渐进就是有关教学目标、教学内容、教学方法、教学手段等的安排要有一定的系统性和连贯性，符合学生年龄、学习基础等方面的特征，体现学生的个体差异，使教学目标得到提高与发展。一方面，教师在教学过程中应按照科学训练的规律，使教学内容由易到难，小球运动的练习方法与组织形式由简到繁，运动负荷由小到大地发展；另一方面，小球运动的教学应由不同周期组成，一个周期又可以分为不同阶段，各周期和阶段的教学和训练任务不同，教师在教学和训练中应注意不同周期阶段内容的互相关联和承接。

（三）综合性与实战性相结合

在小球运动课程教学过程中，综合性是指将小球运动技术、战术、身体素质、智力、心理等各方面有机地结合起来进行的综合性训练，使运动者的训练与实战更为接近。同时，根据比赛的客观规律与要求，在日常的教学训练中加入对抗的因素与模拟实战的条件，从而提高运动者练习的实战性。具体来讲，综合性与实战性的结合主要包括以下几个方面。

（1）技术与技术合理搭配。在小球运动教学过程中，教师应根据比赛的需要将不同球类运动的不同技术合理地串联和搭配起来组织学生进行练习，同时根据学生技术水平的高低决定技术搭配的多少与难易程度。

（2）技战术与意识的结合。意识是运动技战术的灵魂和生命，在小球运动教学中，教师应根据不同球类运动比赛的客观规律来设计与组织练习，加强对学生正确意识的培养，使学生提高运用技战术的能力。

（3）技战术与对抗能力的结合。很多小球运动中也表现出对抗性的特征。因此在小球运动教学过程中，教师应根据不同球类运动的特点加入适当的对抗性因素。

（4）技战术与身体素质的结合。良好的身体素质是运动技战术运用与发挥的重要基础。因此在小球运动的教学过程中，教师应科学安排练习的组数、时间、密度、强度以及运动量，从而使身体素质与运动技战术都得到提升。

（四）感觉、思维与实践相结合

小球运动的参与者往往需要集感觉、思维、实践于一身，灵活机动地处理运动过程中遇到的各种情况与问题，迅速进行分析并做出准确的判断。因此，在小球运动的课程教学过程中，教师应具体做到以下几点。

（1）利用多种直观感觉手段。在小球运动教学过程中，教师除了采用示范与语言提示等手段之外，还应尽可能采用图表、照片、幻灯、录像、电影等直观教学方法和手段进行教学和组织观摩比赛，使学生在较短时间内了解小球运动各项技术动作的重要特征，从而建立正确的技术动作表象。

（2）运用直观感觉手段要有针对性。由于学生的性别、年龄、身体素质、运动经历、理解能力、基础知识和技能等存在很大的差别，并且不同运动的技术表现形式也各有不同。因此，在小球运动教学过程中，教师应结合实际，针对不同的学生与不同技术采用相应的直观感觉手段：对于水平较低者相应多采用示范、图像等直观手段；对于水平较高者多使用形象化语汇描述小球运动的各项技术动作。

（3）正确处理感觉、思维与实践的关系。在小球运动教学实践中，直观感觉方式的运用有助于学生建立正确的动作表象，但是要达到对动作的结构、要点及动作正误界限的理解，还必须克服单纯机械模仿、重复，积极思考，加强运动思维，培养发现问题、解决问题的能力。同时，还应积极鼓励学生进行直观、思维与实践的有机结合。

（五）增强体质与全面发展相结合

小球运动的教学应建立在增强每个学生体质的基础上，让所有学生的身体素质、心理素质、智力水平、美育能力等各方面都得到发展。因此，小球运动的运动教学还应做到以下几点。

（1）树立现代化的教学价值观。现代体育教学的价值观对高校体育教学提出了新的要求。小球运动教学不仅应具有改变学生生物学特征的生物学价值，同时还应具备对学生进行心理学、教育学、社会学以及美学教育的价值。这些价值观是衡量小球运动教学质量的重要标准。

（2）做好具体的教学工作计划。教师在制订小球运动教学计划与编写教案时，不但要突出不同小球运动的专项特点，还应保证教学活动对学生身体的全面训练性，更要结合小球运动教学，促进学生身心的全面发展。

（3）做到教学内容和方法多样化。在小球运动教学的准备阶段、实施阶段、复习阶段以及评价阶段中，应结合学生的身心特点与个性特征，采用丰富的教学内容，运用多样化的教学方法和手段，促进学生的全面发展。

第三节　小球运动教学的原则与方法

一、小球运动课程教学的主要原则

小球运动课程教学的原则对于教学工作的具体实施具有很好的导向作用。具体来讲，小球运动课程教学的主要原则包括以下几个方面。

（一）巩固提高的原则

在小球运动教学过程中，体育教师与学生应充分沟通，促使学生对于所学的小球运动知识与技能进行复习和巩固，只有这样才会提高运动水平，并且不断地提高运动意识、运动能力和思想品质。而且通过交流，学生的学习情况能随时反馈给教师，让教师有效地调节、控制教学过程，提高教学效果。根据相关科学理论证明，学生学到的知识与技能只能维持一段时间，如不经常练习，就会逐渐消退、淡忘。另外，根据“用进废退”原理，学生对所学习的运动技能进行反复练习，有助于发展运动能力、身体素质和生理机能，起到强身健体的作用。因此，要注意巩固提高所学的知识和运动技能，遵循巩固提高原则主要包括以下几个方面。

1. 巩固与提高相结合原则的依据

巩固提高原则的依据主要为以下几个方面。

①根据遗忘规律和运动条件反射建立与消退的理论，学生学到的知识与技能如不经常复习就会遗忘或消退。因此，要注意巩固提高所学的知识和运动技能。

②根据“生命在于运动”和“用进废退”原理。学生经常重复练习所学的运动技术，有助于发展运动能力、身体素质和生理机能，起到健身的作用。

需要注意的是，在巩固与提高的过程中，应让学生进行反复强化练习，增加练习的密度，不断巩固运动条件反射，使其获得进一步的巩固和提高。制订合理的训练计划，使机体在巩固提高的过程中避免出现过度疲劳而损伤机体。

2. 可采用改变教学方式或者改变练习条件达到巩固与提高的目的

教学方式可以采用提问、测验、竞赛等。运用这些手段时，要根据课的目标和要求进行。教师对学生提出的问题要有启发性。在某一阶段的教学告一段落时，可采取竞赛的手段，观察学生在复杂多变的竞赛条件下，运用所学体育技术、知识、技能的熟练程度。还可以适当改变练习条件，对巩固提高小球运动基本技术、技能有着积极的促进作用。改变练习条件主要包括改变场地、器材以及动作结构、环境条件等。

（二）循序渐进的原则

小球运动课程教学应遵循循序渐进的原则，也就是要遵循由简到繁、由易到难、由已知到未知、逐步深化的原则。只有遵循循序渐进的原则，才能让学生更加牢固地掌握小球运动的相关知识。

为了有效保证教学效果，循序渐进的原则具体应达到以下几个方面的要求。

（1）应深入了解学生身心发展的规律与特点。作为教学对象，学生的特点是开展教学的重要基础。因此，作为一名合格的教师，应认真分析各个阶段学生的身心发展特点，这些特点为小球运动实施循序渐进的教学原则提供了重要基础与条件。

（2）认真钻研教材，了解教材的内外部系统性。教师应认真钻研教材，教材是教师与学生之间的中介。教师应善于了解教材外部之间的关系，分析它们的相通与不同之处，从而有助于在安排教学计划时关注教材之间的搭配。同时，教师还应善于分析教材内部的特点，包括教材单元的课次、重难点等问题。

（3）教学设计需要体现出层次性与连贯性。教师在教学预设过程中，要根据学生的特点与教材内外部特点进行小球运动教学设计。体育教师不仅要关注各类教学计划之间的关联性，还应注意某项教学计划的层次性，保证各类教学文件的连贯性与层次性，使运动项目的教学安排由易到难、由简到繁，符合小球运动教学的正确规律与循序渐进的要求，使教学设计前后衔接并逐步提高。

（4）对运动负荷与运动量应进行合理科学的控制。学生体能的发展与人体身心发展的特点表现出各类波浪形，因此体育教师在安排课程的运动负荷与运动量时，应控制好教学的节奏。节奏的合理安排，一方面使学生的机体得到足够的刺激量；另一方面还可防止过度疲劳对学生身体造成的伤害。

（三）因材施教的原则

因材施教原则是指在小球运动课程教学过程中，体育教师既要对所有学生提出统一的要求，又要根据学生各自的实情进行区别对待，以集体教学和个别指导相结合，使每个学生都能发挥各自优势并挖掘潜能。因材施教原则是依据学校体育教学受限于学生身心发展的特点规律提出的。学生经过成长和发育后，尽管其身心方面存在相对的普遍性和稳定性，但在环境、遗传等因素的影响下，其身心发展依然出现很大差异，在体育运动包括小球运动中表现得尤为突出。因此，在小球运动课程教学的实践过程中应遵循因材施教原则，使每位学生均获得良好发展。因材施教原则的要求具体如下。

1. 充分了解学生的个体情况

在小球运动课程教学中要贯彻因材施教的原则，第一件事就是了解学生的个体差异情况，为因材施教进行铺垫。教师需要通过实际访谈、调查问卷、咨询班主任等方法全面了解每一个学生的情况，从而了解每位学生对体育的态度、兴趣爱好、健康状况、运动水平等。得到学生的具体信息后，就要对学生的个性进行全面分析，在此基础上考虑区别对待的对策。同时，体育教师遵循因材施教原则还要考虑到教学环境。例如，本校所处环境的季节、气候、气温和场地设备等因素，均会对小球运动课程教学产生影响。此外，体育教师在制定教学目标时，应将教材、学生个体特征、组织教法以及影响小球运动课程教学的所有客观因素考虑在内，尽量做到万无一失。

2. 引导学生正确看待个体差异

在小球运动课程教学中要贯彻因材施教的原则，还需要引导学生正确对待个体差异。教师首先要对自己的行为举止严格要求，不能让学生认为自己受到了不公正的待遇，觉得老师偏向别人，不重视自己。教师要一视同仁，运用恰当的语言向学生解释个性差异的问题，向学生说明人在各个方面存在个体差异是很正常的，不要为这些差异而自卑，也不能因为自己能力强就骄傲自满，大家都有自己的闪光点和发展目标。另外，也要告诉学生不能用自己的长处对比别人的短处，引导学生正确看待个体间的差异，形成互尊互爱、互相学习、互相帮助的班级氛围。通过这样的活动和教育，使师生形成正确对待个体差异的认识和行为。

3. 总体把握，全面兼顾

在小球运动课程教学的具体过程中，体育教师努力的方向是促使所有学生得到提高和发展。小球运动课程教学计划、教学目标和要求的制定标准应是大部分学生经过努力后可以实现的，不能太高或太低。同时，还要兼顾两头，努力为个别身体素质好、有一定运动才能的学生创造更好的条件，鼓励他们利用课余时间参加小球运动训练，为小球运动专项技能的提高打基础。同时还要热情、耐心地帮助素质差的学生，使他们在原有的基础上逐步提高水平，完成小球运动课程教学的要求。

4. 因材施教与统一要求相结合

统一要求是面向多数学生，因材施教是面向全体学生；统一要求是客观标准，因材施教是主观评价标准；统一要求与学籍管理有关，因材施教与学习自觉性有关。总之，统一要求和因材施教都是小球运动课程教学的目标和手段，两者不可偏废。

（四）负荷适量的原则

负荷适量教学原则就是指在小球运动的教学过程中，根据学生的自身特点合理安排生理和心理负荷，并使练习与间歇合理交替，从而达到增进身心健康的目的。运动负荷是一个调节运动效果的常见指标。由于学生在生长发育的每个阶段，自身的生理机能都有相对的负荷极限，因此学生在练习中如果其生理负荷和心理负荷超越了极限，就会造成机体伤害。如果练习时负荷刺激量不足，机体的机能不能发生变化，则不能达到发展体能的效果。学生在负荷过程中还伴有间歇，间歇同样是体育教学的重要因素，它对于调节课的节奏、消除疲劳、提高学习效率等具有非常重要的作用。因此，负荷与休息是体育教学的两个基本方面，两者安排得越合理就越有助于提高运动教学的效果。

具体来讲，负荷适宜教学原则的基本要求包括以下几个方面。

（1）研究与掌握运动负荷与身心发展的原理。教师在进行小球运动课程教学时，首先要在职前教育过程中认真学习小球运动相关的体育生理学、心理学的基本理论知识与原理，同时在职后教学实践时不断体会与运用，从而更好地促进学生的身心健康发展。

（2）合理安排教学计划中的各种运动负荷。教师在制订各种学习计划时应对运动负荷与量的安排进行通盘考虑。教师在教学过程中要考虑不同年龄学生的身体特点，对教材与运动负荷进行合理安排；同时要注意教学的季节性特点，合理安排教材与运动负荷；教师在制订学期的教学计划时，要根据教材单元教学的特点，对各单元教材的运动负荷进行合理安排；教师安排教案时，要合理搭配多种教材，使运动负荷与休息合理交替，同时考虑季节、场地、器材、教材等因素。

（3）依照适应性规律不断调整运动负荷。运动负荷不能总是停留在一个水平，根据体能发展的规律，运动负荷是需要不断提高的。因此，教师在各类教学计划安排时不仅要注意安排科学的运动负荷，还应关注运动负荷在各个时期的节奏，只有对学生的机体产生足够的刺激，才能逐渐实现发展体能的目标。

（4）根据课型、教材、学生的不同合理安排运动负荷。由于学生的身体机能各不相同，同样的负荷对不同的学生可能产生不同的效果。因此，在小球运动课程教学过程中，不能只根据某些表面数据来衡量运动负荷的大小，教师要根据学生机体内部的变化情况对运动负荷进行相应调整。

（5）合理安排积极性休息的方式。合理休息的时间、方式与次数要根据学生身体的状况而定，同时还要考虑学生的心理和生理因素。

（五）身心全面发展的原则

身心全面发展的教学原则是指在小球运动课程教学中，不仅要发展学生的身体，而且使学生的心理品质和社会适应能力得到发展。具体来讲，身心全面发展教学原则的基本要求包括以下几个方面。

1. 身心全面发展原则概述

在小球运动课程教学过程中，只有以身体全面锻炼为基础，才能促进学生全面协调发展。选择和安排全面多样的教材内容，使学生身体的各个部位、器官、系统的机能，各种身体素质和基本活动能力都得到全面发展。除了身体素质发展外，还应注重学生的心理、意志品质和社会适应等方面的发展。因为学生在小球运动过程中身心发展是合一的、统一的、和谐的。小球运动课程教学体现了学生身体活动的特殊性，因此，身体活动对学生的身体必然有一定的刺激作用，对学生的身体会产生一定的影响。但同时，小球运动课程教学活动也对学生的心理产生了较大的影响，其中主要的影响包括两个方面：一是对学生的个体心理产生影响，如兴趣、爱好、思维、记忆、情绪、意志等；二是对学生的团体心理产生影响，如集体意识、班级纪律、合作意识、协助态度等。人是一个完整的有机体，不仅具有生物性，还具有社会性，只有身体与心理相互协调，全面发展，人体才能正常运行。

2. 身心全面发展原则的基本要求

在小球运动课程教学过程中，遵循身心全面发展的原则需要做到以下几个方面。

①在制订学段、水平、全年、学期、单元、课时等各种小球运动课程教学工作计划时，应注意各类教材的选择与合理搭配，要结合青少年生长发育的特点，在不同学段与水平上有所侧重。要切实关注学生体能的发展，遵循体能发展的规律，使学生在运动过程中有足够的运动量，对人体产生良好的作用。因此，在小球运动课程教学实践过程中，要特别注意教材对学生身体的作用。

如果某教材本身具有较大的运动负荷，那么可以针对不同年龄的学生进行适量安排；如果某教材本身的运动强度不够，那么可以在小球运动课程教学中搭配一些身体素质的练习，做好"课课练"，促进学生体能的发展。

②体育教师在实施小球运动课程实践课教学的过程中，要加强对学生身体健康知识、科学锻炼身体方面的教育，积极引导学生正确认识身体健康的重要性，养成科学锻炼、经常锻炼身体的习惯与爱好，并使学生在学习较为广泛的运动技术的基础上逐渐形成某些运动特长。

③体育教师在制定教学目标、安排教学任务、选择内容和方法时要注意小球运动课程教学育人的作用，不要轻易放过一个运动技术传习活动、一个竞赛过程的教育机会，因为这些活动本身隐含着体育道德的规范、体育精神的内涵、人际关系的功用等。我们在小球运动课程教学过程中不仅要培养身体健壮的社会人才，更为重要的是培养心理健康、人际关系良好、愿意为国家发展做贡献的合格人才。而要实现培育身心和谐发展人才的目标，仅靠其他学科是不够的，只有把各个学科的育人优势都淋漓尽致地发挥出来，才能产生最大的功效。

④在小球运动课程教学过程中，特别是在体育课上，体育教师要充分研究学生的心理，了解学生的心理特点，激发学生的主动性与积极性，并在教法与手段上实现多样化、灵活化，使学生愉快地学习小球运动、锻炼身体，从而纠正"喜欢体育活动而不喜欢上体育课"的现象。因此，作为一名合格的体育教师，不仅要分析教材内容、关注学生身体发展特点，更为重要的是深入研究学生学习体育的心理，研究学生的个人心理特征，这样才能有的放矢，促进学生身心和谐发展。

⑤由于教学评价具有教学导向性功能，因此，在进行小球运动课程教学评价时要注意学生身心发展的全面性，不仅要研究与确定学生身体健康方面的评价指标、运动技能方面的评价指标，而且要注意其体育学习态度、人格形成、体育道德与人际发展、社会适应能力的评价指标，把教学预设与结果评价合理地结合起来，使小球运动课程教学身心全面发展、和谐发展的理念得到落实。

（六）以学生为主体的原则

以学生为主体的教学原则主要包括两方面的内容：一方面指的是在小球运动课程教学过程中，应始终将学生作为学习的主体，教师在安排具体的教学内容时要以学生主体的需要与特点为依据；另一方面，学生主体应在教师的指导下主动积极地参与到教学活动中，从而使自己的自主性、创造性得到充分发挥。以学生为主体的原则是以素质教育的要求与教学的需要，以及教学活动所反映的规律为主要依据的。

具体来讲，以学生为主体的原则应达到以下几方面的要求。

（1）教师与学生都应不断转变传统的教学观念，树立以学生为主体的新型教学观念。

（2）教师应启发并引导学生积极主动地学习，让学生自主解决问题，同时熟练掌握小球运动课程的学习方法。

（3）教师应重视教学设计与准备，让学生积极参与到教学活动中，在小球运动课程教学中要做到学、练、问之间的有机结合，做到学习与创新相结合。

（4）不同的教学阶段，应自始至终保持学生的主体性精神。但需要注意的是，在不同的教学阶段，教师的指导方式、教学策略等都是根据教学任务的变化而变化的。

（七）运动技能不断提高的原则

1. 运动技能不断提高原则的含义和依据

运动技能不断提高原则是指在小球运动课程教学中，依据较好地掌握运动技能，有利于参与终身体育的规律和学校体育教学条件下运动技能的形成规律提出。

掌握小球运动技能既是体育教师"授业"之本职，也是体育教师"解惑"的重要基础，掌握小球运动技能是锻炼学生身体、发展学生运动素质的途径，更是学生体验运动乐趣和掌握小球运动锻炼方法的前提。因此不断提高学生的小球运动技能是小球运动课程教学的最基本要求，是判别小球运动课程教学是否有效和高质量的标准，也是判别体育教师教学能力的标准。

2. 运动技能不断提高原则的基本要求

在小球运动课程教学过程中，遵循运动技能不断提高原则应注意以下几方面的要求。

①正确认识小球运动技能提高在小球运动学习中的重要意义

如前所述，掌握小球运动技能既是体育教师“授业”之本职，也是体育教师“解惑”的重要基础，掌握小球运动技能是锻炼学生身体、发展学生运动素质以及体验运动乐趣和掌握小球运动锻炼方法的前提。体育教师要充分认识小球运动技能提高在小球运动学习中的重要意义，认真搞好小球运动技能教学。千万不能在小球运动技能掌握上“蜻蜓点水”和“低级重复”，不能让学生在 12 年的教育后在运动技能方面一无所获。

②明确学习小球运动技能的目的，有层次地掌握小球运动技能

学生掌握和提高小球运动技能与专业的运动员存在很大的差别，学生学习的目的在于娱乐与健身，因此小球运动教学中的运动技能传授应树立“健康第一”与为学生终身体育服务的教学思想，最终使学生对所需要的运动技能进行熟练的掌握。

③钻研“学理”和“教法”，提高教学质量

要让学生很好地掌握小球运动技能，就必须摸清小球运动技能掌握的规律，特别是在学校体育教学条件下的小球运动技能掌握规律。学校体育教学的时间相对有限、学生众多、教学场地和器材有限，这些条件与运动员训练和学生自由运动的条件相差甚远，因此我们必须研究小球运动课程教学中的技能提高途径和规律，这就是“学理”研究和根据“学理规律”的教法研究，这种研究能够为科学的体育课程的制定以及学校体育教学质量的提高创造有利的前提，并使其得到保证。

④创造提高运动技能的环境和条件

要让学生很好地掌握小球运动技能，还必须创造良好的技能学习条件，这其中包括教师自身的小球运动技能水平和教学技能，也包括对场地器材的设置和教学环境优化，还包括对学生集体的组织和开展学生的相互交流、相互评价等。

（八）兴趣先导的原则

1. 兴趣先导原则的含义和依据

兴趣先导原则是在小球运动课程教学过程中，首先要着力激发培养学生对小球运动的兴趣，然后在小球运动课程教学实践中有意进行强化，使这种能力在小球运动课程教学过程中保持长久，确保小球运动课程教学任务的完成。

兴趣引导实践强化原则主要是在两方面依据的基础上提出来的，具体如下。

①以现代学习理论为依据。对学生学习产生影响的动力因素很多，不仅包括智力因素，同时还包括非智力因素，非智力因素如动机、需要、兴趣、情感、态度等在学习中的作用甚至超过智力因素，其根本意义在于它的动力作用。所以在小球运动课程学习中，应把兴趣的培养放在首位。

②以终身体育要求为依据。终身体育要求一个人能终身进行体育锻炼和学习，而维持这种终身体育锻炼和学习的重要动力，就是体育兴趣。只有在兴趣的基础上才能养成良好的体育习

惯和体育能力。由此可见，要想养成良好的学习小球运动的兴趣与能力，一定要逐渐建立这方面的良好兴趣。

2. 贯彻兴趣先导原则的要求

①教师应广泛了解学生的体育兴趣，并在此基础上针对个体的不同兴趣来选择和安排多样化的教学。

②教师应精心设计教学（特别是课的开始），善于激发学生的兴趣，引导其兴趣向正确的方向发展。在教学中善于捕捉时机，因势利导，对学生兴趣进行积极强化。

③学生应根据自己的兴趣，积极配合教师教学，同时也要避免单从兴趣出发而忽视全面发展。

（九）主导性与自觉性相结合的原则

教师要教书育人，为人师表，同时还要严格要求学生，并满腔热情地关心和信任学生，使师生关系融洽和谐，感情息息相通。良好融洽的师生关系，有利于学生能动地参与到小球运动课程教学中。

1. 教师主导作用与学生自觉积极性相结合原则的含义和依据

本原则是处理教师与学生双方在教学活动中的地位、作用与关系的。教师主导作用是指教师在教学中代表着社会的、国家的要求，不仅做到“教书育人”，而且做到掌握教学的方向、控制教学的进程。学生自觉积极性是指在教师主导作用下，充分发挥自己的主观能动性，学习目的明确，态度端正，认真刻苦学习与锻炼，开动脑筋，高速度、高质量地完成学习任务。这种师生关系克服了单纯以儿童为中心或单纯以教师为中心的片面性，是正常师生关系的反映。

教师主导作用与学生自觉积极性相结合原则，主要是以师生关系是小球运动课程教学中的一对基本矛盾为依据。其矛盾的主要方面是教师，因为教师是国家意志的代表者，他们比学生站得更高，掌握着大量的知识、技能与经验，能满足教学生的需要。教师主导作用的实质在于调动学生的主动性和积极性，教学中没有教师的主导作用，完成小球运动课程教学任务是不可思议的。因此，小球运动课程教学既要重视教师的主导作用，也要重视学生的自觉积极性，二者很好地结合是提高小球运动课程教学质量的根本条件。

2. 贯彻教师主导作用与学生自觉积极性相结合原则的基本要求

①树立正确的教学观念，正确处理师生关系，克服“儿童中心论”“教师中心论”等片面认识。

②教师应做到教书育人，为人师表，师德高尚，学识渊博，技术全面，平等待生，树立威信。

③教师应不断提高教学的艺术性和启发性，培养学生良好的学习动机和兴趣。

④学生应有明确的学习目的，开动脑筋积极主动地学习，在教师的要求下，圆满地完成学习任务，并在实践中加以运用。

（十）注重体验运动乐趣原则

注重体验运动乐趣原则是指在小球课程教学中，让学生掌握小球运动技能和身体锻炼的同时，体验小球运动的乐趣，以使学生喜爱小球运动并养成参加小球运动的习惯。

1. 正确理解和对待小球运动中的乐趣

每项成熟的体育运动项目都有其固有的乐趣，这些乐趣来自该项运动特有的运动和比赛特征，我们必须正确地理解和对待。既不能无视它们的存在，也不能盲目地追求，要从“目标”

和“手段”两个层面的含义上深刻理解运动中的乐趣。

2. 注重从学生的立场理解教材

教师和学生对运动的理解有时并不相同，教师往往从“教育”和“传授”的立场来看待教材；而学生往往从“乐趣”和“挑战”的立场来看待教材。我们需要把两者紧密结合起来，把“小球运动学习”和“体验乐趣”紧密地结合起来。

3. 让每个学生都能不断地获得成功的体验

体育是一个与学生身体条件密切相关的文化活动，而学生的身高、体重、运动能力由于受遗传的影响，有着很大的差别，因此有一部分学生在集体的小球活动和学习中很容易体验到“劣等感”和“挫折感”。我们可以优化教材教法（如改变比赛条件、规则等），让每个学生都有机会体验到成功，这是让学生体验运动乐趣的基本方面。

4. 开发多种有利于学生体验乐趣的教学方法

在教学中，教师要在重视传授教学方法的同时，善于采用多种方法帮助学生体验运动的乐趣，如采用游戏法、挑战性练习法、让位比赛法、分组总分比赛法、领会教学法、发现式教学法等教学方法，通过情节化、游戏化、竞赛化、简化、生活化、变形化等多种手法，让学生能够充分地、平等地体验到小球运动课程中的学习、运动、挑战、交流和创造多种乐趣。

5. 体验乐趣不忘“磨炼”、体验成功不忘“失败”

“磨炼”往往是体验乐趣的必然过程，“失败”往往是成功之母。我们在重视让学生体验运动乐趣的时候，千万不能忽视小球运动中的“磨炼”和那些有意义的“挫折”和“失败”，更不能一味地迁就学生的兴趣，用休闲和玩耍来代替小球运动中的乐趣。

（十一）安全运动和安全教育原则

1. 安全运动和安全教育原则的含义和依据

安全运动与安全教育原则是指在小球运动课程教学中，使学生安全地从事运动的同时，对学生如何进行安全运动的教育。

安全运动与安全教育原则是依据以剧烈身体活动和器械上，身体活动为主要内容，小球运动课程教学既是安全的难点，又是安全教育的重点。

小球运动课程教学过程中，既有确保安全的难点，又有安全教育的重点。小球运动课程的“安全运动和安全教育原则”可以说是个一票否决性的要求，如果一堂体育课在安全活动上具有重大隐患，那么其他方面设计得再周到也是失败的。

2. 安全运动和安全教育原则的基本要求

①教师必须周到地设想所有可预测的危险因素

经过长期的学校体育教学实践的总结，一般说来，小球运动课程教学中的绝大多数危险因素是可以预测的。对于可以预测的危险因素，体育教师在上课前必须逐一进行思考和检点，以消除一切潜在危险。

②时时刻刻对学生进行安全运动教育

在小球运动课程教学中，要贯彻安全运动与安全教育原则，必须有广大学生的密切配合，因此体育教师要时时刻刻对学生进行安全运动教育，让每个学生都绷紧安全这根弦，利用专门时间讲解安全的知识和要领，教会学生互相帮助的技能。

③建立与运动安全有关的安全制度和安全设备

对于一些比较危险的内容，要制定严格的安全制度，限制那些危险部分的教学内容和教学手段；对于一些比较容易发生危险的体育设施，要安装必要的保护装置和必要的警示标志，警示学生在自主性学习时要注意防范危险。

④在小球运动课程教学中要安排负责安全的小干部，教师还要充分借助体育委员和其他学生干部共同防范危险，将一双眼变成几双眼睛，将一张嘴变成几张嘴，将一双手变成几双手来确保全班同学的运动安全。

二、小球运动课程教学的方法

在小球运动教学过程中，教师应根据具体项目技术的复杂程度及特点采用相应的教学方法。具体来讲，小球运动的教学方法主要有以下几种。

（一）完整教学法

完整教学法是指动作从开始到结束，不分部分与段落，完整地传授某种动作的方法。这里“完整”的概念是相对而言的，因为在一开始就要求学生掌握完整的动作技术并不能取得很好的效果，所谓的完整是在练习中有不同的重点与要求，逐渐使动作过程完善起来。完整教学法大多用于动作结构相对简单、协调性要求较低的教学内容；或者动作较为复杂但动作不易分解；或者学生运动能量储备较多、学习能力强的情况。运用完整练习法的基本要求主要包括以下几个方面。

（1）在进行动作简单、学生容易掌握的教学内容时，教师在讲解示范之后就能够立即组织学生进行练习，在练习中教师发现错误应及时指导纠正，帮助学生对动作进行完整的认识。

（2）在进行动作复杂的教学内容时，可以着重突破教材的重点。先教技术基础（动作的基本环节），之后再教技术细节。

（3）对具有一定难度的教材使用完整法教学时，可先简化动作的要求，通过辅助器材的使用和借助教师的各种帮助降低动作难度，再按照教材技术规格的要求进行教学。

（二）分解教学法

分解教学法是指将完整的技术动作科学地分解为几个部分或段落，逐个进行教授，最后完整教授动作技术的方法。这种体育教学方法的优点在于它把动作技术的难度相对降低，从而便于学生掌握教学重点和难点，同时有利于提高学生学习的自信心；其缺点是不利于学生对完整动作的领会，有可能形成对局部和分解动作的单独掌握，甚至可能影响动作完整地掌握。分解教学法体现出教学由易到难、由简到繁、由已知到未知的循序渐进的原则，它常常与完整法结合运用，这样有助于取得更好的教学效果。

具体来讲，分解教学法的基本要求主要包括以下几个方面。

（1）对分解后的各个部分进行教学时，教师要向学生讲清楚每个部分、段落在完整教材中的位置，让学生明确该部分与上下部分，尤其是与下部分的关系。分解动作的练习时间不宜过长，只要基本掌握即可与其他段落或部分连接起来进行练习。

（2）分解法要与完整法综合运用，最后达到掌握完整教学内容的目的。分解法是达到掌握完整教学内容的手段，使用的时间不宜过长，避免影响学生对完整内容的掌握。一般情况下，在学生对重点部分基本掌握时，就应立即转入完整法教学，不应进行分解的错误范例与分析。

（3）根据动作技术的特点，采取合理的分解方式分解完整动作可以按时间的先后、空间的部位以及时间空间的结合进行。另外，还可以不按照完整技术的动作顺序进行。

（4）划分技术动作的段落与部分，需要充分考虑各部分与段落之间的有机联系，不能破坏动作的根本结构。由于动作技术之间并不是孤立存在的，它们之间存在一定的因果关系，前一个环节是后一个环节的前因，后一环节同时又是前一环节的延续，只有有机的联系才能保证技术动作节奏的正确与环节的完整。

（三）系统教学法

系统教学法就是将小球运动教学视为一个完整的系统进行教学的方法。这种教学方法注重对小球运动教学的整体最优化，在具体运用时需要将每个技术项目的练习当作整个系统的子系统，同时对每个子系统之间的联系进行总结与研究，探究各个项目之间联系的促进与影响作用，并以此为依据进行小球运动课程的相关教学工作。

系统教学方法具有传统性，它有助于对知识的系统了解与学习。但是，由于这种方法只是单纯地建立在教师讲、学生接收的传统灌输性教学模式基础上，因此对于学生的主动积极性与创造性思维的发展存在一定程度的不足。

（四）模块教学法

模块教学法是指对小球运动项目进行分类，将技术特点相近的项目安排在一起组成一个模块进行教学的方法。

模块教学法不仅突破了传统教学课的固有模式，让学生更好地体会用力形式基本一致的动作，同时还极大地丰富了教学形式与内容，提高了学生学习的兴趣。模块教学法对于上课的器械、教具、场地要求较多，各项技术的转换也不易把握，不能顾全每个学生的学习要求，因此在具体运用时应更加灵活。

（五）动作示范法

小球运动教学过程中的动作示范法，指的是体育教师（或教师指定的学生）通过具体动作范例使学生直接感知所要学习的动作的结构、顺序以及要领的一种教学方法。由于体育教学是教师向学生教授动作技术，发展学生身体素质的过程，因此示范法是体育运动教学的一种重要方法。轻快优美的动作示范不但能够让学生直观地建立正确的动作概念，还能引起学生学习的兴趣，调动学习的积极性，树立学习的自信心。

1. 动作示范的“示范面”

由于小球运动的技术动作具有多样性，因此动作示范应特别注意“示范面”的问题。示范面是指学生观察示范的视角，同时还包括示范的速度与距离等要素。示范面包括正面、背面、侧面与镜面。

（1）正面示范：教师与学生相对站立所进行的示范是正面示范。正面示范有助于展示教师正面动作的要领，如小球运动中的持球动作多采用正面示范的方式。

（2）背面示范：教师背向学生站立所进行的示范是背面示范。背面示范有利于展示教师背面动作或左右移动的动作，以及动作的方向、路线变化较为复杂的动作。这种方式非常有利于教师的领做和学生的模仿。

（3）侧面示范：教师侧向学生站立所进行的示范是侧面示范。侧面示范有利于展示动作的侧面和按前后方向完成的动作。

2. 运用示范法的基本要求

（1）示范的目的要明确。体育教师（或教师指定的学生）每次进行动作示范时，一定要有明确的目的。教师在备课时，要根据课程的任务、教材特点、学生情况来安排示范的具体时间、示范的次数与示范的重点。在教新的内容时，为了使学生建立完整的动作概念，一般可先做一次。

完整动作示范之后，再根据教材情况对重点动作进行示范。动作的关键环节还应尽量放慢示范的速度，边示范边讲解。复习教材时，应根据学生对教材掌握的具体情况，做有针对性的示范。对于低年级学生，由于他们的抽象思维能力差，模仿能力强，因此应多示范少讲解；对于高年级学生，由于他们的认识已由具体形象思维过渡到抽象思维，因此可以适当减少示范的比重，加强对动作的技术分析。为了更好地达到示范的目的，教师应向学生明确讲清楚看什么、怎样看，使学生边看边想，必要时还可以用正误对比的方法进行示范，加深学生对动作的理解，避免并纠正错误的动作。

（2）示范力求正确，争取每次示范的成功。从生理学角度讲，学生掌握动作的过程本质都是条件反射的建立与巩固，是条件刺激物（示范、讲解等）与无条件刺激物（肌肉感觉）相结合的结果。如果教师的动作示范不准确，就会使学生对动作概念理解不清楚，出现错误动作，错误动作经过多次重复，就会形成错误的动力定型。因此，教师必须认真做好每一次动作示范并力争做到标准、熟练、轻快、优美。由于学生对新事物感兴趣，在教师第一次进行动作示范时，他们的注意力特别集中，印象也最深刻，因此教师要特别注意做好首次示范。

（3）注意示范的位置与方向。示范的位置与方向如何，会直接影响动作示范的效果。示范位置的选择要根据学生的队形（为了使学生看得清楚，调动队形也是必要的，但应尽量减少调动）、动作结构的特点和安全要求而定。一般而言，示范者要站在学生的正面，与学生视线平行，使全部学生都能看清楚。示范的方向，应根据动作的结构、要求学生观察的动作环节和要素（速度、方向、路线等）而定。示范位置与方向的选择，还要考虑阳光、风向、周围环境等情况，不要让学生面向阳光或迎风，尽量避免喧闹和有特殊物的方向，从而更好地集中学生的注意力。

（4）示范与讲解相结合，与学生练习相结合。示范与讲解相结合，能够让学生的直观（看到的）与思维（通过示范和讲解使学生思考动作的技术要求）结合起来，获得更好的效果。教师领着学生练习，把教师的示范与学生的练习有机结合，使学生将看到的（条件刺激）立即与肌肉活动联系起来，提高学生掌握动作的速度。

（六）预防纠错法

在小球运动技术教学过程中，学生从不会到熟练掌握运动技能的过程，同样是一个逐渐克服错误动作的过程。学生出现错误动作是正常的，特别是对于一些具有一定难度的动作。教师的作用在于仔细观察学生的动作，发现错误、分析原因，同时施以良好的教学手段与方法，让学生少走弯路，迅速掌握运动技术。但是，由于体育运动教学对学生掌握技能的情况没有实质性的评价标准，对体育教师的教学实效性也没有量化的要求，因此，学校对体育教师在运动技能教学成效方面缺乏相应的约束力，这也导致体育教师对于动作诊断与错误动作纠正技能的忽略。有的教师只关注预设的、实施的教学过程，很少关注学生在运动技能学习方面的效果。因此，探讨体育教师动作诊断与错误动作纠正技能，具有理论与实践方面的重要意义。

动作诊断与错误动作纠正有一定的步骤与程序。首先是观察发现，教学活动是双边的，体育教师主要的作用在于教会学生一定的运动技能，而这个过程并不是一蹴而就的，需要教师不断地给予学生指导和点拨。有效指导的前提是仔细观察，有的教师善于观察，能够很快发现学生学习过程中的错误，而有的教师却对学生练习中出现的错误视而不见。因此，仔细观察是诊断与纠正错误的基础，只有仔细观察，才能发现学生在小球运动技能学习过程中存在的问题。其次是分析成因，从整个过程来看，观察学生学习行为与发现问题虽然是一个重要环节，但我们不能只停留在这个阶段，它只是提供了一个问题意识，接下来就需要对问题继续进行分析，找到问题出现的根源。只有这样，才更加有针对性。再次是反馈指导，发现问题、找到成因，为解决问题做好前期准备。最后是寻找方法有效地解决问题。由于方法很多，不同的方法也具有不同的作用，同一方法对于不同的学生，效果也不尽相同，因此，选择合适的方法是纠正错误动作的关键所在，方法不到位也就很难实现预期的效果。

在运用预防纠错法时，应注意以下几方面的实施技巧。

（1）根据情况，预计可能。教学预设性是教学的一个基本性质，体育教学也是如此。体育教师在课堂教学之前要充分做好各项准备工作，其中备课是一项必需的任务。在教师备课的过程中，为了提高运动技能教学的有效性，体育教师应针对本课运动技能的特点，做好学生可能出现错误动作的预计工作，从而制定解决问题的各种预备方案。而预计学生可能出现的错误动作的前提，包含两个方面：一是教材的性质与特点，如教材的难易程度、个人项目或者集体项目、力量型还是技巧型的，等等；二是学生的特点，如学生的性别、特长、学习基础、身体条件等。

（2）通过手段，仔细诊断。“望闻问切”是中医学的常见手段，体育教学不同于中医诊断，但道理相通。由于体育教学具有特殊性，学生的运动动作具有外显性与直观性，因此，体育教师首先要学会认真观察，了解每一个学生在运动过程中的活动细节。其次，体育教师可以通过与学生交流的方式，了解学生的客观情况，这些交流信息对于教师诊断问题很有帮助。最后，体育教师还可以结合技术测量法、要素分析法等方法进行综合诊断，从而提高运动技术诊断的准确性。

（3）把握重点，切脉根源。学生出现错误动作的原因有很多：可能是没有看清教师正确的示范动作，在大脑里没有建立较为清晰的运动表象；可能是对动作理解不完整，导致学习重点不清晰；可能是学生的身体素质不好；可能是动作难度高，等等。这就需要体育教师进行综合分析，抓住问题的主要矛盾，把握原因的重点，才能够找到问题的根源，从而“对症下药”。

（4）针对阶段，捕捉时机。纠正的时机非常重要，时机晚了就很难纠正，时机早了反而错误连连，无法着手。因此，我们应根据学生掌握运动技能的不同阶段捕捉纠正的时机。在运动学习之初，学生的主要目的是体验运动的感觉，此时由于学生对运动技术的了解不够深入，必定会出现较多的错误动作与多余的动作。因此，这个阶段对学生运动技术的要求不要过高。在班级教学中，对于学生共同出现的错误动作可以集中纠正，对于个别学生的问题，可以采用个别指导的方式纠正。在运动技能掌握的第二阶段，即改进与提高阶段，学生神经系统与肌肉系统开始协调，出现的错误开始减少，这时教师对学生的要求应不断提高，尤其是运动技术的关键环节与重点环节，要求学生做好、做对、做准确。到运动技能的巩固阶段，重点是关注运动技术的细节，提高运动技术的质量。

(5) 妙用手法，讲究实效。纠正学生错误动作的方法多种多样，如教师示范法、语言提示法、正误对比法、声音刺激法、条件变换法、图表演示法、动作分解法、模仿练习法、助力阻力法、条件限制法等。这些方法并不一定适用于每一个学生，因此在选择具体的方法时应主要从纠正错误动作的实效性出发，根据学生的不同情况、出现的不同错误动作分别对待：教师示范法能帮助学生建立正确的运动表象；语言提示法、声音刺激法等能提示学生在运动练习过程中的注意点；正误对比法能让学生通过对比的方式区别正确的动作与错误的动作；条件变换法可以在降低难度条件下改进运动技术；助力阻力法通过教师的“手把手”式指导，使学生体会肌肉用力的时机与空间位置等。

（七）竞赛教学法

竞赛教学法是指组织学生通过运动比赛的形式来提高运动技能的方法。竞赛教学法表现出激烈的对抗性、竞争性以及高负荷性，这种教学方法不仅能够促进学生最大限度发挥机体的功能，还有利于培养学生良好的意志品质。运动竞赛法是体育课堂教学中一种运用非常普遍的教学方法，该方法的使用频率非常高，其原因就在于它能有效调节课堂气氛，将一节课的气氛推向高潮。

有关运动竞赛的概念有不同的表述，如（狭义）“就是体育比赛在各运动项目裁判员的主持下，依据各运动项目统一的规则，组织实施的运动员个体或运动队之间以争取优胜为目的的竞技较量的总称”。从教科书中也能够查找有关竞赛法的概念：“在比赛条件下，组织学生进行练习的方法。”这一概念非常简单，看不出有什么特别之处，但在提到运用竞赛法的注意事项时，我们或许可以看出些端倪：(1) 明确运用竞赛的目的。运用竞赛法时胜负并不是目的，而是为了更好地完成教学任务。因此，无论是内容的确定、竞赛方式的选择、结果的证实都要服务服从于教学任务。(2) 合理配对与分组。为了充分调动所有学生的积极性，在运用竞赛法时，无论个人与个人比赛还是组与组比赛，都要注意学生的实力应均衡或创造均衡的条件。(3) 适时运用。由于采用竞赛法时，学生往往把注意力集中于竞赛的结果，而忽视动作过程与动作要求，可能导致错误动作的产生。

运动竞赛方法的最大特点在于它是人与人之间能力的一种较量。要真正理解这个道理，我们应从人的本质进行思考。攻击性是人的本性之一，运动竞赛是缓解人类攻击性的一副良药。在长期的社会实践中人们发现，体育运动尤其是竞技运动对于发泄人类的情绪、缓解人类的攻击行为有着特殊的作用，它是一个无硝烟的战场，在体育运动中可以不分种族肤色、地位尊卑、男女老少，均以平等、公正的机会共同参与，享受运动带来的快乐。这就是运动竞技的本质所在，也是人们喜欢运动比赛的根本原因。同理，学生的确非常喜欢体育竞赛，比一比、相互较量一下适合任何年龄段的学生。就体育课堂教学而言，运动竞赛不只是完成教学任务的一个很好的方式，同时也是调节课堂气氛的一剂良方；不仅是提高运动强度、锻炼身体的手段，同时也是缓解学习压力、改善学生心理环境的重要措施。因此竞赛教学法非常适合小球运动的课程教学。

在运用竞赛教学法时，需要注意以下几方面的内容。

（1）明确运用竞赛法的目的，内容的确定、竞赛方式的选择、结果的证实都应服务服从于教学目标。

（2）合理配对、分组，不管是个人与个人比赛还是组与组比赛，都应注意学生的实力比较均衡或者创造较为均衡的条件。

（3）竞赛法一般是在学生较为熟练地掌握动作技术的前提下运用的，同时还应注意对学生完成动作质量的评价与要求。

（八）游戏教学法

游戏教学法是指在规则允许的范围内，充分发挥个人的主动性与创造性，并最终完成预定任务的方法。游戏法是一种形式相对简单并容易被学生接受的教学方法。

游戏教学法的特点主要表现在以下几个方面。

（1）游戏教学法依据形象或者象征性的内容来组织学生的游戏活动，同时在不断变化或者突然变化的条件下完成各种身体活动，达到预定的目的。

（2）游戏教学法只是对达到目的的基本行为要求进行规定，但不规定具体的行为方式，这就给予学生广泛独立的活动空间，对发挥他们的主动性、创造性、积极性及提高自我控制能力具有很好的作用。

（3）个人与个人或者队与队之间的模拟紧张关系，形成一种“冲突”的场面，表现出合作与竞争的关系，能够充分体现出学生的道德品质。

（4）由于游戏中个人的选择性与独立性比较强，因而在运动负荷安排以及动作控制方面受到了很大的限制。

要想取得较好的教学效果，在运用该教学方法时，首先应以教学目标为依据，选择合适的活动内容与形式，采取相应的规则与要求。在教育学生遵守规则的同时，鼓励学生充分发挥其主动性、创造性，以增强学生的自主学习能力。另外，还应认真做好游戏教学的评判工作，客观公正地评价游戏的结果，包括胜负，以及学生在游戏中的表现，以增进学生学习小球运动的积极性、主动性。

（九）组织练习法

通过教师的讲解与示范，在学生初步了解动作后，可以组织学生进行系统的反复练习，从而使他们正确地巩固并掌握动作。在练习过程中，学生要不断巩固正确的动作，发现并纠正错误的动作，逐步形成正确的动力定型。组织学生练习的方法通常包括以下几种。

1. 集体练习法

集体练习法是指在教师领做和口令指挥信号指示下进行集体练习。领做同样是示范的一种形式，要合理选择示范面与示范位置。进行口令指挥时，口令应洪亮而短促，还可穿插简明扼要的讲解提示。

2. 分组练习法

在学生初步掌握小球运动的技术动作之后，就可以进行分组练习。分组练习能够使他们在组内研究分析，互教互学，将动作分析得更加细致。还可以组织各组之间互相学习观摩，取长补短，充分发挥他们的主观能动性。需要特别注意的是，应指定那些认真负责和技术掌握得好的学生担任各组的小组长；同时，还要把技术掌握好的学生和差生进行混合编组，从而实现互帮互助。

3. 个别练习法

在集体练习和分组练习过程中，教师应注意认真观察，发现个别学生不能正确掌握动作时，教师就应对他们进行个别指导与帮助。

第四节　小球运动教学的组织与实施

一、小球运动课程教学的组织

（一）小球运动课程教学的组织要求

运动课的组织工作是教师根据教学内容、学生特点和作业条件等为实现课程的任务所采取的各种组织措施。在小球运动教学过程中，理论课没有天气、设施方面的要求，但是实践课包括教学常规、教学分组和分组教学、场地器材的布置以及教师行动的计划性等各项要求。小球运动实践课的组织工作是完成教学任务的重要保证，组织工作是否严密、合理，会对教学的最终效果产生直接影响。

1. 教学常规

教学常规是保证上好小球运动课的一项重要组织工作。一般情况下，教学常规包括以下基本内容。

（1）每个学期（或学年）开始时，教师应根据教学大纲与本学期（或学年）的实际情况制定小球运动教学工作计划和教学进度，并提前一周写好教案（包括雨天课）。

（2）上课前必须合理安排场地、准备好器材，提前到达上课地点。

（3）学生由于伤病不能正常进行小球运动实践课时，在课前应主动向教师说明情况。一般情况下，出现伤病的学生都应到场参加集合，由教师安排适当的活动或服务性工作，未经教师准许不能擅自离开。

（4）学生在上课铃响后应准时上课，由体育委员及时在指定地点集合整队，检查上课人数。教师应检查学生出勤的情况，做好记录并检查学生服装，宣布课的任务、内容，提出上课的要求。

（5）学生参与小球运动实践课时应穿轻便服装（最好是运动服）与运动鞋，不戴有碍锻炼的物品。

（6）教师要经常教育学生爱护公共财物，对破坏公共财物的学生要及时教育，学生上课时应自觉地爱护场地、器材。

（7）课前应检查场地、器材，课中要提出安全要求，做好准备活动和整理活动以及安全保护工作。

（8）提倡尊师爱生，教师要以身作则，言传身教，大胆管理，严格要求；学生要自觉遵守课堂纪律，认真学习，刻苦锻炼。

（9）下课前教师要集合全班学生，对本次课进行认真小结，按时下课。

（10）为了有效提高课程教学的质量，教师应有计划地布置课外作业，学生应自觉地完成。

2. 教学分组和分组教学

（1）教学分组

教学分组包括固定分组与临时分组两种，具体如下。

①固定分组

固定分组通常是按照学生的年龄、性别、健康状况、球类运动基础以及技术水平等条件，将全班学生分成若干小组。在分组过程中，通常是以某一条件为主，同时兼顾其他条件。

在男女生合班上课的学校，除了小学低年级之外，首先需要按性别分组，然后再根据学生身体健康状况和体育基础，把学生分成若干组（一般 2～4 组）。有的学校根据教学需要和本校实际条件，把同年级的几个班合起来再按男、女生编班上课。这样，可在男、女生班中分别按不同条件进行分组。这种编班分组，符合男女学生实际，有利于对不同班组的学生提出不同的任务和要求，也有利于根据男女生的特点安排教学内容，调动他（她）们学习的积极性。而对于高等学校专项球类运动课，除了按照上述性别编班外，还可按运动项目和学生的运动技术水平进行编班分组。

②临时分组

临时分组是在上课过程中，教师根据教材性质、学生体能、掌握技术情况等因素进行临时分组。如果按照某项基础技术与体能水平进行分组，按照基础技术分组的，在教学过程中随着学生掌握动作的变化情况，还可随时调整各组成员；按照体能水平分组的，要根据学生体能水平再重新组合。最后进行身体素质练习时，还可根据学生的各项身体素质基础相近者或自我友伴结组。以利于提高学生练习的积极性，更好地掌握动作技术和技能，有效地发展身体素质，提升教学效果。

（2）分组教学

分组教学有分组不轮换与分组轮换两种形式，具体如下。

①分组不轮换

分组不轮换是指将学生分成若干组，在教师的统一指导下，按照教材安排顺序依次进行练习。这种形式的优点是便于教师统一指导，全面照顾学生，合理安排教材顺序和运动负荷。但是，采取这种形式需要有一定数量的场地与器材设备条件，不然就会影响课程的密度与运动负荷。因此，在场地小、器材少的情况下不宜采取这种形式。

②分组轮换

分组轮换是指把学生分成若干组，在教师的指导和体育小组长的协助下，各组学生分别学习不同性质的教材，按预定的时间，互相轮换学习的内容。在场地器材不足的情况下，采用这种形式，可以使学生获得较多的练习机会，也有利于培养和锻炼学生的独立工作能力，开展互帮互学，而不足之处是教师不容易全面照顾和指导学生。

分组轮换的形式有很多，主要包括以下几种分类。

第一，两组一次等时轮换。在学生人数不多，教材比较困难，复习教材也比较复杂的情况下，宜采用这种形式。上课时，一组学习新教材，另一组复习旧教材，到基本部分的 1/2 时间互相轮换一次。以 45 分钟的课为例（以下同），如基本部分是 32 分钟，即到 16 分钟时互相轮换一次。

第二，三组两次等时轮换。在教学班学生人数较多，器材较少，教材比较容易或较简单的复习课，均适合采用这种形式。课中把学生分为三组，分别学习或复习三种不同的教材，到基本部分 1/3 的时间，三组依次轮换一次，到基本部分 2/3 的时间，三组再依次轮换一次。

第三，先合（分）组后分（合）组。这种练习形式在很多课程教学中都有运用，通常是在小球运动课的基本部分，先全班合起来学习教学大纲规定的基本教材，之后根据学生的兴趣爱好分为若干小组（2～4 组）进行选项练习。或者相反，先按照学生的兴趣爱好进行选项练习，然后合起来进行大纲基本教材的学习。这种组织形式把统一性和灵活性有机结合起来，把对大纲基本教材的学习和学生根据自己兴趣选项学习有机结合起来，有利于提高学生学习的积极性，有利于增大练习密度与运动负荷，有助于发展学生的个性与特长，使小球运动教学不仅在组织方式上生动活泼，而且在效果上有显著提高。

3. 教师行动的计划性

在每节小球运动的教学过程中，教师的站位与行动都应在备课时就设计好，使行动计划性、目的性和准确性都非常强，这不但有助于指挥和指导学生的行动与练习，同时还能表现出教师的组织才干及避免由于行动的盲目性而产生的忙乱。当然，在出现偶发事件时需要进行临时处理，这也是教师组织才能的具体表现。教师行动的计划性强，还有助于提高自身的威信和对学生组织才能的培养。实践表明，由这种教师授课，学生的学习信心也会增强。因此，教师在小球运动教学过程中行动的计划性是非常重要的，必须加强重视。

（二）小球运动课程教学的组织形式

小球运动课的组织形式就是课程的种类，不同类型的课具有不同的功能。深入认识课的分类，恰当选择课的类型，有助于教师了解各类课的性能。将教学目标落实到每一节课上，充分发挥各类课的功能，确保教学过程的完整性，这对于提高小球运动教学效率与保证教学质量有着非常重要的意义。

1. 教学课的类型

（1）理论课：可采取讲授课、自学答疑课和讨论课等形式。

（2）实践课：可采取技术教学课、战术教学课、教学比赛等形式。

（3）考试、考查课：可采取笔试、口试、技评、达标与比赛和作业等形式。

（4）比赛：竞赛组织等。

2. 训练课的类型

（1）身体训练课：主要发展球类运动素质，提高身体机能水平。

（2）技术、战术训练课：主要提高小球运动技战术的水平。

（3）比赛训练课：主要提高球类运动技术、战术运用能力与比赛适应能力。

（4）综合训练课：将几种训练课的形式结合起来进行，提高身体素质、技术、战术等多方的综合水平与能力。

（5）调整恢复训练课：主要用于过渡期，消除疲劳，恢复体力，保持技术水平。

（6）测验课：主要通过检测各种指标，评定训练水平。

二、小球运动课程教学的实施

（一）小球运动课程教学的实施步骤

小球运动课程教学的实施主要包括三个步骤：即教学前的准备、教学活动的具体实施以及教学效果的评价反思，具体如下。

1. 教学前的准备工作

小球运动教学前的准备工作主要包括对小球运动课程教学的目的与目标的明确，教学方法策略的选择、教学材料处理以及教学设计方案的编写等。在此阶段，要求教师在对小球运动教学任务熟练掌握的基础上将教学目的具体化，并设法通过问题情境等形式将学生的学习兴趣充分地激发出来，使其产生探究、理解新知识的需要。而在这一阶段，学生的任务是将自己的学习目的明确下来，为小球运动的学习活动做好充分的物质准备与心理准备。

2. 教学活动的具体实施

小球运动教学课程的展开过程是整个小球运动教学过程中最复杂、最关键的环节，这就需要师生围绕要达到的教学目标展开多种实际的交流活动。这些具体的教学活动主要包括以下几方面。

（1）对本次学习内容的概况有所了解

教师通过不同的方式与途径达到使学生了解小球运动技术动作概况的目的。具体包括三种方式：一种是使学生通过对新事物、新现象的感知形成正确的表象和概念；一种是通过观察、实验以及实际操作等方式形成直接感知；还有一种是借助有关事物的语言表述等进行间接感知，同时逐步由直观到概括。因此，在小球运动课程教学活动实施时，首先应将本次课程所学习的技术动作概况向学生表述清楚，让学生对所学知识有个感知过程，从而有利于学生在心理与身体方面做好充分的准备。

（2）对所学知识有比较清晰的了解

在小球运动课程教学过程中，教师应努力为学生理解小球运动新知识提供积极的帮助，并将新知识与原有知识经验联系起来，对新经验进行分析与综合、抽象与概括，弄清事物的结构、特性以及功能等。在教学过程中，其中心环节就是对所学知识有一定的了解，这是一个持续深化的过程。因此，这就要求学生积极地将思维活动贯穿其中，从而达到逐步提高理解的丰富性、灵活性与深刻性的目的。一般情况下，需要通过教师的动作示范、言语相传等各种教学方法，达到让学生深刻理解动作的具体含义，同时熟练操作的目的。

（3）对所学知识加强巩固

在小球运动课程教学过程中，巩固这一环节对学生保持与熟练小球运动技术动作知识有着非常重要的作用。巩固所学的知识，不仅是学生对学习的小球运动技术动作进行保持、熟练化的一种手段，同时还是让学生对知识进行复习、对技能进行操练的一种重要手段，不可忽视。

（4）对所学知识进行灵活运用

在小球运动的课程教学中，很多技术动作都是通过分解动作的方法进行教学的。运用所学知识就是让学生通过综合或者转化学到的新知识、新技能，对完整的技术动作或套路进行熟练的掌握，从而对知识技能向能力方面的转化起到积极的推动作用。

3. 教学效果的评价反思

在小球运动的课程教学中，教学效果的评价与反思，无论是对教师还是学生都具有非常重要的意义。所谓的教学评价反思，就是教师以学生对学习的新知识、新技能的掌握情况为主要依据，对教学目标的达成情况进行判断，并且确定需要采取何种调整或补救措施等，学生也需要对自己的学习情况进行自我监控。

另外，教师和学生都需要对教学活动进行反思，对教学过程中的教学的方法、产生的效果以及这种教学方法与效果之间的关系进行深刻的反思，从而检查和思考有没有更好的方法或策略等。这种评价反思活动不仅对实现理想的小球运动课程教学效果具有非常重要的意义，还有助于提高教师的教学能力与学生的学习能力。

（二）小球运动课程教学的具体实施

集体教学是体育课堂教学的主要方式，小球运动同样遵循体育课堂教学的组织方式进行，每一节课所学习的内容都是在体育教师的组织安排下进行的。具体来讲，完整的课程组织实施是由备课、具体组织实施、课后检查与总结等基本环节组成。

1. 小球运动课程教学的准备

备课是指教师在上课之前的教学准备，这是上课的必备条件。备好课不一定能上好课，但是如果没有充分地备课肯定无法保证上课的质量。教师在备课时，主要应注意以下几个方面的问题。

（1）认真钻研教材

一方面，教师应认真研究体育教学大纲，根据本学科总的教学目标以及各单元、本节课的具体教学目标，领会教学的基本要求以及教材的体系范围与深度。

另一方面，教师还应认真研究多项教材的重点与难点及其前后之间的联系，同时进行总结。

（2）了解学生的具体情况

为了更好地促进学生发展，体现“以人为本”的教学大纲要求，小球运动课程教学活动应切合学生的实际，教师需要全面了解学生的知识基础、身体健康状况、认知能力、运动能力水平、学习态度兴趣等内容。

（3）设计组织教学法

教师应根据教材性质、教学任务的要求及学生情况、场地器材等客观条件，设计合理的教学方法，确定教学活动的类型和结构。

（4）编写教案

教案就是指课时计划，它是教师进行课堂教学活动的直接依据。教案是对师生课堂上预期的教学活动的一种设计与描述，同时也是对每一堂课具体内容的教学准备。编写教案是备课的最终结果，教师通过对教学内容与教学对象的了解进行教案编写。教案的内容包括教学目标、教学内容、教学方法、本节课教学重点、运动负荷以及场地器材等。

（5）准备场地、器材

场地、器材是开展小球运动课程教学的重要物质保证，因此教师应认真规划场地与布置器材。

2. 小球运动课程教学的实施

上课是教师对一定班级的学生实施教案的活动，是小球运动教学的中心环节。为了保障课堂质量，小球运动课程的组织实施应做到以下几点。

（1）明确教学的目的

教学目的不仅是课堂教学的出发点，同时也是教学活动的归宿。对于教学的目的，不但要求老师明确，学生也应有一个清晰的了解，从而使教学活动在教学目的的指导下有序进行。

（2）采取科学的教学方法

教学方法应根据小球运动教学的目的与任务，遵循学生认知与身心发展规律，以启发式为教学指导思想，教学方式应具有灵活性。这样能够充分调动学生学习的积极性，从而实现传授知识与发展智力相结合、教书与育人相结合、统一要求与因材施教相结合。

（3）选择正确的教学内容

选择正确的教学内容是圆满完成教学任务的重要保证。正确的教学内容应体现科学性与思想性的统一。

（4）严密组织教学过程

对于教学过程来讲，一方面应使教与学密切配合；另一方面教学活动要结构紧凑，科学地分配时间，从而提高教学效率。

第三章　小球运动训练的基本理论指导

小球运动技战术的提升以及运动员对相应项目的更深理解需要通过训练来实现。为此，对小球运动训练的理论有一个深刻的认识就显得至关重要，它能够为运动员日后更好地参与小球运动训练实践提供帮助。本章重点对其中的训练理念、训练原则与方法以及训练计划的制订等内容进行阐述。

第一节　小球运动训练的理念分析

任何运动训练的理论都是基于某种理念而产生的，理念的存在指导着训练的目标与任务。小球运动的训练也不例外，它随着现代体育运动的快速发展而发展，其理念也在发生着变化。本节主要对小球运动训练的教育性、技术实践性以及人文操作性等训练理念进行分析。

一、教育性训练理念

（一）教育性训练理念的内涵

在运动训练过程中，教练员要重视对运动员的文化教育和素质培养，并强调这一方面的重要性，从而使训练和教育紧密地融合在一起，达到训练与教育相结合，相协调、相促进的效果，这对于促进运动训练效果的提高具有积极的作用。

（二）教育性训练理念的理论基础

教育性训练理念的理论基础是多方面的，为了对这一理念有一个更加深入、全面的了解，我们从以下两个方面介绍其理论基础。

1. 运动员的健康成长与自身文化教育水平有密切关系

运动训练是一种社会活动，这一社会活动能否顺利进行，主要取决于教练员、运动员、管理人员和科技人员等相关人员是否能够积极参与运动训练活动，并在活动过程中密切配合。由此可以看出，教练员与运动员这两个运动训练中的主体的知识水平是影响小球运动发展的重要因素。现阶段，在运动训练过程中，运动员主体性难以得到充分发挥，而且运动员文化素质的培养也没有得到应有的重视，导致以往运动训练中出现了一系列不科学的现象，具体表现为以下几个方面：训练方法与手段单一，过分强调身体素质、技战术修养、心理素质等的训练，轻视了对运动员文化和人文素质的培养，使得大部分运动员在激烈竞争的训练和比赛中显得力不从心。这就在很大程度上制约了运动发展，并且导致运动出现滞缓现象。

2. 运动员运动水平的提高与其文化素质水平相关联

现代运动的较量，主要表现在体能、技能、心智能力等几个方面。在某些条件下，心智能力要比体能、技能更重要，尤其是随着运动员年龄的增长，心智因素的影响就显得更为明显了。一般情况下，具有较高运动智能的运动员，其之所以能够大幅度提高竞技能力，除了能够较为深刻地把握运动的特点和规律，并且能够更准确地认识运动训练理论和方法外，还能够对教练员的训练意图有更正确的理解，在高质量地完成预定的训练计划中能够与教练员完美配合。与此同时，更准确地把握运动战术的精髓和实质，在比赛中灵活机动地运用战术，动员和控制自己的心理活动等，也是高智能运动员竞技能力水平较高的重要因素。

二、人文操作性训练理念

（一）人文操作性理念的内涵

运动训练中，人文操作性理念的内涵主要从以下四个方面体现出来。

（1）强调对运动员的尊严与独立的重视。

（2）对运动员思想与道德的关注。

（3）对运动员权利的关注。

（4）对运动员生存状况与前途命运的关注等。

（二）人文操作性理念的理论基础

人文操作性训练理念的理论基础同样是多方面的，下面主要从三个方面进行阐述。

1. 人的行为的实施在一定程度上受到其感知或信念体系的指导

人的行为受其感知或信念体系的影响。从人文主义、感知经验主义的角度来说，人之所以有行为，主要是因为人的感知或信念体系的指导。而从人本主义的角度来说，所谓的人文操作的方法，就是教练员或领导者必须按照他们的信念体系和他们要领导的运动员或人员的信念体系来认识领导工作。

2. 运动水平的提高，基础性的要求与自然规律和价值规律相符合

运动是自然规律和价值规律的双重存在。现代运动训练讲求科学性，并且符合该项目运动的客观规律。为了取得理想的训练效果，在运动训练时，不仅要符合科学规律，而且要在追求目标与实现目标的过程中符合人类正常的价值规律。除此之外，不仅要体现人文特征，还要将科学性与人文特征相结合、相统一，从而达到真与善的统一。

3. 人的主体性是人文的重点，人与技术的关系因此更加明确

人文不仅凸显了技术的灵动，而且也摆脱了“技术”对“人”的控制，这就明确了人的主体性以及人与技术的关系。运动训练的过程就是教育的过程，教育重视的是发展内在动力，行动力是由内在动力引导而来的。在运动训练中强调人文操作，不仅能够摆脱“技术”对“人”的控制，而且还能够摆脱金钱对运动的束缚，从而达到公平竞争、弘扬体育道德、培养人性、挖掘人的潜能的目的。除此之外，情感、责任感、态度、信念等，都在很大程度上决定着运动员的体能、技能、成绩等物化的成分，具有非常重要的现实意义。

三、技术实践性训练理念

（一）技术实践性理念的内涵

在运动训练过程中，运动员的训练不仅要符合运动训练的一般规律，还要符合竞技项目的本质特征及规律。运动员本身具有双重性，他们不仅是技术的主体，同时也是技术的客体。技术的物质手段作为客体，与作为主体的主观精神因素是统一的。

（二）技术实践性理念的理论基础

下面主要从两个方面介绍技术实践性理念的理论基础，同时这两个方面也是运动员在运动训练中要注意的两个要点。

1. 技术实践性理念要与事物的客观规律相符

技术实战性的基本要求就是求真。具体来说，就是运动的技术实践性训练要符合事物的客观规律，也就是说运动要与运动项目的本质特征及规律相符。所谓的求真，就是在运动训练过程中，要以运动的本质特点和规律为主要依据，科学指导运动训练过程，力争做到结合实际，并且与事物的客观规律相符合。

2. 技术实践性理念要遵循从实际出发的原则

在现代运动训练中，一切都要以符合实战为主，从实际出发和结合实战是对技战术进行训练最有效的方法。运动员只有通过不断地练习，才能在比赛中有轻松、熟练和优秀的表现。要想取得理想的比赛成绩，一定要积极训练，并且训练要与比赛的情况尽可能一致，最大限度地考虑比赛过程中出现的所有因素，这样才能取得良好的训练效果。

第二节　小球运动训练的原则与方法

一、小球运动训练的基本原则

小球运动训练的原则是小球类运动客观规律的反映，是人们长期体育锻炼实践的经验总结，是达到理想锻炼效果一定要遵循的基本准则。绕开这些原则开展的运动训练都不会顺利实现训练目标。因此，只有遵循这些原则，才能够保证小球运动训练的顺利进行，才能够取得理想的训练效果。

小球运动训练的原则种类众多，几乎涉及每一个训练行为。不过从实用性和普遍性的角度上说，小球运动训练的原则主要有以下方面。

（一）积极主动性原则

从事小球运动的需要是多方面的，但是人们一旦有从事小球运动的明确目的，就会提高锻炼的积极主动性，而积极性和自觉性对于是否能长期坚持锻炼很重要。参加体育锻炼要有一个明确目的才可以调动积极性。

在小球运动训练过程中，为了更好地贯彻实施积极主动性原则，应注意以下两个方面的内容。

1. 明确训练目的，端正训练动机

有的学生可以积极参加身体锻炼，是由于对身体锻炼的各种活动感兴趣，也有的是由于好奇心，还有的是害怕体育成绩不好，影响自己的学业等多方面原因。能正确认识锻炼的意义，明白“生命在于运动”的科学原理，认识锻炼的价值，正确使用科学方法，才可以取得最佳的锻炼效果。

2. 将训练转化为兴趣，充分调动参与训练的积极性

身体锻炼的积极性首先需要有正确的目的与动机，同时人们的兴趣也极其重要。当人们对身体锻炼产生兴趣时，总是会积极主动而且愉快地进行身体锻炼，并以此为乐趣，这在人体生理机能上也会发生良性循环，如人体内的血糖会上升、肌力增加和情绪饱满。兴趣的形成，与体育锻炼内容和方法的选择，以及运动负荷的承受力有着非常密切的关系。因此，在刚刚开始从事小球运动训练时，不仅应注意对内容、方法的选择和运动负荷的安排，更要注意培养兴趣，达到积极主动的锻炼原则。

（二）系统性原则

系统性是指从训练的最初阶段开始，直到达到一定技术水平并不断提高运动能力的整个训练过程，前后连贯、紧密相关而不中断。实践证明，运动员要取得较好的成绩，必须经过多年的系统训练。短期、零碎、彼此脱节的训练，是不可能培养出优秀运动员的。训练中的各个训练阶段、训练内容都是彼此相关、相互影响和相互促进的。学习和掌握运动技能的本质是建立运动条件反射。间断训练，容易使已建立起来的条件反射消退。要使已获得的条件反射得到巩固，必须经过长期不断的系统训练才能实现。

为了更好地贯彻系统性原则，在进行小球运动训练过程中，要求做到以下两个方面。

1. 坚持从小训练、多年训练和系统训练

优秀运动员出成绩，一般需要8～10年的训练时间。一般来说，应将这8～10年的训练时间划分为若干个训练阶段，并使每个训练阶段紧密相连成为一个统一的整体。

2. 训练周期以及训练阶段之间要有机地衔接起来，严禁出现隔断

课与课、周与周、周期与周期以及各训练阶段之间，在训练内容、重点、方法和运动负荷的安排上要有机地结合起来，使上一次训练（课、周、周期、阶段）成为下一次训练的准备，使下次训练成为上次训练的继续和提高。总之，应使每次训练都能取得良好的训练效果。

（三）全面性原则

全面性原则是指身体锻炼要全面发展身体的各个部位、各器官系统的机能、各种身体素质和活动能力，追求身心的和谐发展。所谓小球运动全面锻炼，所指的范围很广，不单单是指不同身体部位的活动，还包括多种项目和不同性质的活动。只有各身体部位、各个项目、各个性质的运动结合在一起，才能称得上是全面性锻炼。身体各系统都是相互联系、相互制约的，身体某一方面的发展必然会影响其他方面的发展，而全面发展，就能相互促进，共同提高。目前来看，参与小球运动的人群的年龄跨度较广，他们在不同的身体发育阶段拥有不同的特点。因此，小球运动训练的全面性原则应以这些特点为基础。由此可见，全面性原则在小球运动训练中具有非常重要的作用和意义，应较好地贯彻并实施。

（四）区别对待原则

区别对待原则是指在训练过程中，要根据运动员的个人特点，如年龄、性别、身体条件、承担负荷的能力、技术水平和心理品质、文化程度等方面，有针对性地确定训练任务、选择方法和手段和安排运动负荷。

由于每个运动员的年龄、身体素质、运动能力等方面都存在一定的差异性，如果对不同的运动员采取同一种训练方法，就不会取得理想的训练效果。这就需要根据各个运动员的实际情况，有针对性地选择运动训练方法和小球运动的项目、内容、方法和运动负荷，特别要注意改善和提高自己的薄弱环节。在训练中，不仅各人的起点不同，而且随着训练过程的发展而不断地发展变化。如有的运动员在训练初期进展不大，但到了某一阶段就可能突飞猛进；有的开始进展很快，但后来反而慢了下来；有的某些运动素质好，而有的则在另一些素质上表现突出；有的能适应大负荷量的训练，而有的则能承受大强度训练的刺激。他们存在的技术缺点也不相同。因此，在训练中必须区别对待，才能收到事半功倍的效果。

在小球运动训练过程中，为了更好地贯彻实施区别对待原则，应注意以下两个方面的内容。

1. 教练员要对运动员的实际情况进行详细了解，并以此为依据制定相应的训练方法

从运动员选拔到培养，教练员要了解和分析研究运动员生长发育过程中的特殊情况，如有的早熟、有的晚熟，有的出成绩快、有的慢，女运动员月经期间对训练的反应也不尽相同，等等。对于这些，教练员从训练一开始就应注意积累并建立运动员的档案资料，做到对每一个运动员都很了解。

2. 全面了解球队以及个人的特点

在制订训练计划时，要在全面了解球队和每个人的基础上，充分反映球队的特点和个人的特点，既有对球队的要求，又有对个人的要求。

（五）适宜负荷原则

适宜负荷原则，是指在训练过程中，要根据训练任务、对象水平与要求，科学合理地在各个训练环节中提高运动负荷量，直至达到最大负荷要求。为此，首先要根据训练任务和对象水平及练习的目的、要求、负荷来考虑运动负荷的安排。在训练过程中，运动负荷要经过加大、适应、再加大、再适应这样一个逐步提高的过程。

在小球运动训练中，加大运动负荷，直至最大限度，要先从训练任务和运动员身体状况、机能能力和训练水平出发，考虑运动负荷安排的合理性。训练过程的不同时期、周期、阶段及每一节训练课的任务都有所不同，运动员承受运动负荷的能力也不同，这主要反映在运动员承受负荷能力的大小和恢复的快慢上，以及对负荷强度和负荷量的承受能力上。因此，只有根据训练的不同任务和运动员的训练水平安排运动负荷，才是合理的。同时，在小球运动训练过程中，运动负荷的加大必须循序渐进。在加大运动负荷过程中要处理好负荷量和负荷强度的关系，掌握好负荷与恢复的关系。除此之外，需要注意的是，运动负荷的增加必须达到极限。因为只有极限负荷的刺激，才能将运动员机体的机能潜力充分挖掘出来。并且经过不断地训练形成超量恢复，才能够提高运动员的身体素质和运动水平，才能够达到参加激烈比赛取得优异成绩的要求。

（六）延续性与周期性原则

在训练过程中，小球运动技术必须通过多次重复练习才能逐渐掌握、熟练和巩固，身体素质必须通过多次重复练习才能逐步发展，运动成绩必须通过多次重复练习才能提高。因此，小球运动必须按计划进行系统的持续不断的训练。为使小球类训练不间断地进行，必须将各级训练组织形式衔接起来，坚持全年训练，有足够的训练日和训练次数，并在训练过程中采取有效措施防止伤病发生。

在小球运动训练中，周训练是阶段训练的基本单位，而阶段训练又是年度训练的基本单位。每个小球运动员都会经历多个这样反反复复的训练周期。在年度训练周期中，经过各个阶段的周期循环，又由下一周期重新开始训练，这时的训练工作已在新的较高水平上进行。在多年训练中，使运动员的身体素质、技术、战术，以及心理机能、恢复能力和理论知识等方面都逐渐得到提高。多年训练是靠年复一年地训练完成的。训练内容、比重和要求要不断调整，逐渐提高，而不是简单地重复。例如，改进专项技术和发展身体素质，每年所占的比重、采用的方法及具体要求均有所不同，应逐渐提高，总的运动负荷应逐年增加。除此之外，小球运动员要想提高自身的运动水平，进而提高运动成绩，就必须坚持多年系统的持续不断的周期性训练。

（七）一般训练与专项训练相结合原则

一般训练是指在运动训练中以多种多样的身体练习，以及各种训练方法和手段，来提高运动员各器官系统的机能，全面发展运动素质，改进身体形态和一般心理品质。专项训练是指在运动训练中以小球类专项的技术动作、战术方法，提高小球类专项运动所需要的器官系统的机能，发展小球类专项所需要的心理品质。

一般训练和专项训练相结合原则，就是在小球运动训练过程中，要根据专项特点，运动员的训练水平和不同训练时期、阶段的任务，恰当地安排二者的训练比重。在训练过程中要想科学地确定它们的比重，就必须要根据不同层次运动员的训练水平、专项特点和训练任务，有比例地进行安排。对年龄小、训练水平低的运动员，一般训练的比重就大；对年龄大、训练水平高的运动员，则应加大专项训练的比重。对机能与运动素质要求高、能量消耗大的体能类项目，一般训练的比重大；对基本技术多而复杂的项目，则应加大专项训练的比重。另外，如果在以下这几个阶段，则需要安排一般训练的比重大一些，比如，多年训练的基础训练和专项提高阶段，训练大周期的准备期的第一阶段和过渡期、恢复调整的小周期；如果是在比赛阶段，就要根据实际情况和需要安排专项训练的比重大一些。

小球运动项目较多，虽然各项目都有要求，但只有在全面协调地发展身体素质的基础上才能提高专项运动能力。身体素质是互相联系的，各个项目对各种素质的要求有不同的侧重，为了使某一身体素质获得最大限度的发展，必须相应地发展其他素质。小球运动员只有具备了较高的身体全面发展水平，才能掌握先进技术，承担大运动量训练，保持良好的竞技状态，参加较多的比赛，同时也有助于防止伤害事故，延长运动年限。而且，小球运动各个项目都有技术和训练方法上的特点，为了提高成绩，必须进行专项训练。小球运动员的专项训练是建立在一般训练的基础上的，只有打好基础，才能够更好地进行专项训练，才能够进一步提高人体各系统和器官机能。因此，一定要将一般训练与专项训练有机地结合起来，相互促进、相互联系，从而促进身体素质的全面发展，增强运动能力，提高小球运动技战术水平，最终在比赛中取得理想的成绩。

（八）训练与比赛相结合原则

在小球运动的训练中，各个训练周期的主要任务不同，比赛次数也不同，赛和练要安排得当。训练与比赛，两者相辅相成。一般来说，对初学者和技术水平不高的队，比赛不宜安排过多；而较高水平的队应多安排比赛，通过比赛发现问题，并进行针对性训练。

训练与比赛相结合，是指在小球运动训练过程中，技术、战术的训练要符合竞赛实际的需要，通过训练与竞赛，发现问题，促进技战术水平的提高。从训练与比赛的关系来说，训练的目的是为了比赛，练为战。训练的任务是创造条件、改变条件、变换环境、增强实力。通过比赛让运动员获得实战经验，提高运动技术、战术的能力。从比赛中提高竞技能力，也是一种重要的训练手段。

随着小球运动训练实践的不断丰富，经验的不断积累，以及对训练过程客观规律认识的不断深化，小球运动的训练原则也在不断地完善和发展。而且，上述原则不是孤立的，它们之间是紧密联系、相互作用的。

二、小球运动训练的常用方法

小球运动的训练方法是根据人体发展规律，运用各种身体练习和自然因素来发展身体的途径和方式。小球运动项目多样，对于不同项目来说就要采用不同的训练方法，以此才能获得最佳的训练效果。由此可见，正确选择训练方法成为训练的前提。下面推荐几种较为常用的适合小球运动训练的方法。

（一）持续训练法

持续训练法是指负荷强度较低、负荷时间较长、无间断连续进行训练的练习方法。练习时，平均心率应在每分钟130～170次之间。持续训练主要用于发展一般耐力素质，并有助于完善负荷强度不高但过程细腻的技术动作，可使机体运动机能在较长时间的负荷刺激下产生稳定的适应，内脏器官产生适应性的变化；可提高有氧代谢系统供能能力以及该供能状态下有氧运动的强度；可为进一步提高无氧代谢能力及无氧工作强度奠定坚实的基础。根据训练持续时间的长短，持续训练法可分为三种基本类型：即短时间持续训练方法、中时间持续训练方法和长时间持续训练方法。

另外，在小球运动训练过程中运用持续训练法时，为了取得较为理想的训练效果，要注意以下两个方面的事项。

第一，由于持续训练的时间较长，练习量较大，因此强度不应太大。一般情况下，心率控制在130～160次/分钟，并以恒定的运动强度，有利于发展一般耐力。若要提高专项耐力，则可以提高强度，持续适当的时间。

第二，在训练期或休整期，采用中小强度进行持续训练的主要目的是发展或保持一般耐力水平。

（二）重复训练法

重复训练法，是指不改变动作结构和运动量，在相对固定的条件下，重复练习某一动作或某一战术的方法。如定点定距离连续跳起投篮若干次；连续跳投20次为一组，间隔1分钟再投，练习若干次。前一练习为连续重复训练法，后一练习称为间歇重复训练法。

重复训练是一种最常用的训练方法，适用于各种小球类运动，广泛用于发展身体素质，掌握与提高技术、战术，在培养意志品质等方面也有积极的作用。重复次数的多少不同，对身体的作用也不相同。重复次数越多，身体对运动反应的负荷量就会越大。如果重复次数不断地继续增加，可能会使身体承受的负荷达到极点，甚至破坏有机体的正常状态，导致身体受伤害。运用重复训练方法，关键要掌握好负荷的有效价值范围（即最有锻炼价值负荷量下的心率）并据此来调节重复次数。在重复训练中，要以实际情况和需要为主要依据，来决定负荷如何控制，怎样重复才能达到理想效果的负荷程度。

另外，在小球运动训练过程中运用重复训练法，为了取得较为理想的训练效果，要注意以下三个方面的事项。

第一，由于反复练习同一动作，重复训练法容易产生单调乏味的情绪和分散注意力，从而影响训练效果。因此，在该项训练的过程中，除规定训练内容外，还应穿插一些小游戏、小比赛等形式较灵活、氛围较轻松的活动，以保持运动员的精神注意力以及对训练的兴趣。

第二，重复训练用于技术训练时，一般要注意两种情况：一种是运用重复训练的方法掌握技术时，应严格按技术规范练习，而在负荷强度上不提出过高的要求。为了掌握和巩固正确动作，必须有一定的重复次数作保证。但是，如果运动员连续出现错误动作，就应停止练习，以防止形成错误的动力定型；另一种情况是不仅重复次数要保证，而且要在练习量和负荷强度上逐步提高要求，从而使运动员在较困难的条件下保证技术的正确性、熟练性，为提高技战术水平、提高运动成绩奠定坚实的基础。

第三，重复训练用于身体素质训练时，应尽量采用简单而有实效的已基本掌握的练习作为训练手段，在确定练习数量、负荷强度、重复次数时，要根据对象的实际情况进行安排。对身体素质训练水平较差或身体机能较差的运动员应降低要求，并在练习期间安排较充分的休息时间，随着训练水平的不断提高，逐步增加练习次数、负荷强度和重复次数。

（三）变换训练法

变换训练法是指一种对运动负荷、练习内容、练习形式及其条件实施变换，以提高运动员积极性、趣味性、适应性及应变能力的训练方法。变换训练法是根据运动项目实际比赛过程的复杂性、对抗程度的激烈性、运动技术的变异性、运动战术的变化性、运动能力的多样性、中枢神经系统的灵活性等一般特性而提出的。通过变换训练，可使机体产生与有关运动项目相匹配的适应性变化，可使运动员不同运动素质、运动技术和运动战术得到系统的训练和协调发展，从而有助于提高比赛时承受不同运动负荷的能力，有助于提高战术应变能力、技术串联和衔接技术能力。依变换的内容可将变换训练法分为三种：即负荷变换训练方法、内容变换训练方法和形式变换训练方法。

在小球运动训练过程中，为了取得理想的训练效果，在运用变换训练法时，需要注意以下几方面事项。

第一，在变换训练中，应根据训练的具体目标，有目的地变换练习的运动负荷、技术动作的组合、练习的环境和条件等。

第二，在变换条件训练中，应根据训练计划的基本内容灵活运用，要有利于技术、技能的巩固和身体素质的发展。

第三，在技术训练中，采用变换训练达到目的后，要注意及时恢复到正常情况下的练习。纠正错误动作，避免由于变换条件训练形成与比赛的正式要求不相适应的动力定型，增加或减少练习的重复次数与调整间歇的时间。

第四，随着训练水平的提高，应逐步增加练习的数量，提高每次练习的强度。只有这样才能增强训练效果，取得理想成绩。

（四）间歇训练法

间歇训练法是指对练习过程组间间歇时间做出严格规定，使机体处于不完全恢复状态，反复进行训练的练习方法。实践证明：通过严格的间歇训练过程，可使运动员的心脏功能得到明显增强；通过调节运动负荷的强度，可使机体各机能产生与有关运动项目相匹配的适应性变化；

通过不同类型的间歇训练，可使糖酵解代谢供能能力或磷酸盐与糖酵解混合代谢的供能能力或糖酵解与有氧代谢混合供能能力得以有效地发展和提高；通过严格控制间歇时间，有利于运动员在激烈对抗和复杂困难的比赛环境中稳定巩固技术动作；通过较高负荷心率的刺激，可使机体抗乳酸能力得到提高，以确保运动员在保持较高强度的情况下具有持续运动的能力。间歇训练法的基本类型主要分为三种，即高强性间歇训练方法、强化性间歇训练方法和发展性间歇训练方法。

在小球运动训练过程中，为了取得理想的训练效果，在运用间歇训练法时，需要注意以下几方面事项。

第一，以训练任务为主要依据进行间歇训练方案的安排。间歇训练法是由每次练习的数量、负荷强度、重复次数、间歇时间及休息方式五个要素组成。它们是相互影响、相互制约的，因此在变换或调整某一要素的参数时，要充分考虑其他因素的影响。

第二，给运动员适应的阶段，并且根据实际情况及时调整训练方案。某一间歇训练方案确定后，应经过一段时间的训练，使运动员有了适应和提高后，再根据训练任务和具体情况，适时地调节变换。

第三，以个人具体情况为依据来确定运动负荷以及间歇时间。间歇时的休息方式以轻微活动为好，这种轻微活动可以加速血液循环，帮助排除代谢所产生的废物。通常情况下，当心率在每分钟 160～180 次时，进行间歇；而当心率恢复到每分钟 120～130 次时，就要进行下一次锻炼。

（五）循环训练法

循环训练法是指根据训练的具体任务，将若干练习手段设置为相应的若干个练习站（点），运动员按照既定顺序和路线，依次完成每站（点）练习任务的训练方法。运用循环训练法可有效激发训练情绪、累积负荷"痕迹"、交替刺激不同体位。循环训练法结构因素有：每站练习内容、每站运动负荷、练习站安排顺序、练习站之间的间歇、每遍循环的间歇、练习的站数与循环练习的组数。实践中，循环训练法中所说的"站"是练习点，如果一个循环内的站数中有若干个练习点以一种无间歇方式衔接，那么这几个练习点的集合可称之为练习"段"。依各组练习之间间歇的负荷特征，可把循环训练法的基本类型主要分为三种：即循环重复、循环间歇和循环持续训练方法。

三种循环训练法的组织形式共有三类，即流水式、轮换式和分配式。其中，流水式循环训练的做法是：建立若干练习站（点）后，运动员按一定的顺序，一站接一站周而复始地进行循环练习。此种组织形式可以有效地全面发展多种运动能力，并可使机体各个部位以及内脏器官得到训练。轮换式循环训练的做法是：将运动员分成若干组，各组运动员在同一时间内在各自的练习站中练习，然后，按规定要求，依次轮换练习站。此种组织形式可以有效地集中发展某一运动机能和机体的某一部位，使身体局部产生深刻反应。分配式循环训练的做法是设立较多的练习站，然后根据运动员具体情况指定每名运动员在特定的若干练习站内进行训练。可见，循环训练法的关键要素是组织形式的安排。

在小球运动训练过程中，为了取得理想的训练效果，在运用循环训练法时，需要注意以下几方面事项。

第一，以训练的目标为主要依据，将各站的内容和站的数量确定下来。由于练习是连续进行的，因此练习的内容应是运动员已基本掌握的，并有目的地突出重点。内容顺序应根据练习对各器官系统和肌肉部位的不同要求而交替安排，并注意与发展不同身体素质练习的相互交替。站的数量一般 7～10 个为宜。

第二，要根据运动员的实际情况和特点有针对性地安排运动负荷。练习负荷的安排要从每站练习的数量、强度、间歇时间、循环次数等全面考虑。每站的负荷一般为受训练者所能承担最大负荷的 1/3～1/2。循环一周的时间为 5～20 分钟，各站之间间歇一般为 15～20 秒。

第三，通过不同的组合方法增强训练形式的多样性。在实践中，可根据运动员的不同情况，安排各种形式的循环练习。

（六）游戏训练法

游戏训练法是指采用游戏的形式进行训练的方法。游戏训练法的最大目的在于能够提高运动员的兴奋性，保持运动员对训练的兴趣和注意力。在嬉笑娱乐中训练身体、愉悦身心，有助于减轻运动员的训练压力，释放他们本应具有的运动激情。该种训练方法运动量能根据训练者的实际情况有所不同。目前，游戏训练法已经被各种运动训练广泛采用。该训练法通常被安排在训练课正式部分前的准备环节，或是训练课即将结束前的放松环节。当然，它也会被安排在正式训练中主要练习的间歇中。

（七）比赛训练法

比赛训练法是指在近似、模拟或真实、严格的比赛条件下，按照比赛的规则和方式，以提高训练质量为目的的训练方法。比赛训练法是根据人类先天的竞争和表现意识、竞技能力形成过程的基本规律和适应原理、现代竞技运动的比赛规则等因素而提出的一种训练方法。运用比赛训练法，有助于提升竞技能力和比赛的适应能力，有助于形成竞技状态和适度的应激状态。比赛训练方法来源于游戏训练方法，但是训练的要求又高于游戏。比赛训练方法构成要素的核心元素是比赛的氛围和使用的规则。此法的应用目的，是激发运动员的心理能量，从而提高训练质量。依比赛性质可将比赛训练法分为四种，即教学性比赛方法、检查性比赛方法、模拟性比赛方法和适应性比赛方法。

在小球运动训练过程中，为了取得理想的训练效果，在运用比赛训练法时，需要注意以下几方面事项。

第一，要根据运动员的实际情况确定适宜的运动负荷。在比赛训练中，通常易激发情绪与兴趣，能量消耗多，而且较难控制和调节练习中的负荷。因此，在采用此法时，要根据专项训练的需要，选择适合运动员特点的竞赛内容和形式，并注意防止因比赛负荷过大，而影响训练目标和内容的完成。

第二，在训练过程中要注意运用时机的掌握。采用比赛训练法时，教练员既要注意引导运动员发挥自己的特长，又要秉公执法，严格执行比赛规则，及时引导和教育运动员不要有违规行为出现，提高自我控制能力，培养优良体育作风。另外，在运动技能尚未形成之前和疲劳时，不宜采用比赛法，以免影响刚刚形成而尚未巩固的动作技术，同时可也防止伤害事故的发生。

第三节 小球运动训练计划的制订

小球类运动项目普遍拥有技术细腻、战术多样等特点。鉴于这些特点的存在，需要非常严谨细致的训练计划，这是小球训练获得预期效果的有力保证。根据训练的周期不同，产生了不同延续时间的训练计划，这里主要阐述全年训练、阶段训练、赛季制训练、周训练以及课时训练等计划制订方法。

一、全年训练计划

全年训练计划是多年训练安排的组成部分。由于多年训练计划的制订过于宏观，因此在此不做赘述。

安排全年训练，是以分期理论和训练原则为基础，以重大比赛期间达到最佳竞技状态为出发点而制订的计划。首先要确定本年度参加的主要比赛及其目标，根据应达到的目标提出训练任务及技术、战术、各种素质、专项能力应达到的具体训练指标与要求，总体的运动负荷要求，全年中的最大负荷、最大数量、最大强度的大体时间，以及全年运动负荷的曲线。全年的总体任务和要求被确定下来以后，就可以以此为主要依据分别落实到各个时期、各个阶段，进而逐步完成。

目前，全年训练计划的类型主要有三种：即单周期计划、双周期计划以及多周期计划，具体如下。

（一）单周期计划

全年训练按一个完整的大周期组织实施，称为单周期计划。单周期计划包含一个准备期、一个比赛期和一个过渡期。由于只有一个比赛阶段，所以，运动员只为一次重大比赛实现一次竞技状态高峰。

（二）双周期计划

全年训练按两个完整的大周期组织实施，称为双周期计划。每个大周期又分为不同阶段的准备期和竞赛期。双周期年度训练计划的主要优越性是小球运动员训练水平的增长幅度大（与年比赛次数增多有关）、对比赛成绩可以更好控制和双比赛周期能使运动员产生持续时间长的良好情绪。在现代竞技运动训练中，双周期安排是一种重要的年度安排模式。

运动员可用两三个月的时间做准备，使总体竞技能力或竞技能力的某一个方面发生明显的改变，并在一个半月至两个月的时间内，参加一系列的比赛，把已具有的竞技能力充分地表现出来，再加上半个月至一个月的减量或短时间的准备阶段，总共5～7个月的时间完成一个大周期的训练过程。因此，一年便可以安排两个训练大周期。

（三）多周期计划

按三个以上训练周期组织全年训练的计划称为多周期训练计划。这种类型几乎是在全年中都有较多次数的比赛，以及比赛间有保持体力的训练课和积极性休息。这和年训练计划的要点是在年训练过程中要保持训练和比赛负荷量按波浪曲线变化，以保证参加数量很多的比赛。在两次比赛间，要进行保持训练水平的训练或安排积极性休息。在制订三周期训练计划时，三次比赛中最重要的一次应出现在最后一个周期。在三个准备阶段中，第一个最长，这一阶段所打下的身体准备的基础将一直影响以后的两个周期。

全年训练计划的总体安排涉及的内容较多，因此，为厘清其中的内容，必须从系统的观点出发，使整个安排科学合理。要提出一些定量指标，并使各方面的指标相关协调和系统连贯。

二、阶段训练计划

阶段训练是指全年训练中特定时间范围内的训练。它有两种类型，第一种是作为完整的全年训练过程中的一个有机组成部分，第二种则是指中短期临时性集训。

（一）大周期的阶段训练计划

小球运动训练的大周期具体可以分为三个方面：即准备期、比赛期和过渡期，以此为依据，可以将大周期的阶段训练计划也分为相应的三种，具体如下。

1. 准备期的训练计划

准备期对于全年的训练有着极为重要的意义，在这一阶段中，运动员为比赛阶段做好了身体、技术、战术及心理等方面的全面准备。

准备期还可以分为两个阶段：即一般准备阶段和专项准备阶段。这两个阶段的目的和任务是不同的。一般准备阶段的目的是完成一般身体准备，改善技术和基本战术，主要是提高身体能力；专项准备阶段是向赛季的过渡，这一阶段的训练更为专项化，主要是提高专项竞技能力与水平。

2. 比赛期的训练计划

比赛期的主要任务是完善所有的训练要素，形成最佳竞技状态，参加重大比赛。比赛期可以分为两个基本阶段，即赛前阶段和重大比赛阶段。这两个阶段的主要任务是不同的，具体表现为：赛前阶段是在正式进入赛季和准备参加重大比赛前，从准备期进入比赛期的衔接阶段，在这一阶段，运动员在体能、技术、战术和心理等方面进行专门训练，为参加大赛做准备；比赛阶段是指进入正式比赛的这段时间，主要任务是保持最高竞技状态，争取优异成绩。

3. 过渡期的训练计划

过渡期是指从比赛结束到下一周期开始训练的这段时间。防止出现过度疲劳，防止机体延续耗竭的可能性，以及借助积极性休息与恢复。保证前后两个训练大周期之间的衔接，是过渡期训练计划的主要任务。

（二）赛前中、短期集训的阶段训练计划

组织赛前集训的主要目的是准备某些特定的比赛。通常情况下，这种赛前的中、短期集训时间为几周至两三个月。赛前中、短期集训的内容和计划，具有较为鲜明的特点。具体表现为以下两个方面。

1. 赛前中、短期阶段集训计划的结构及负荷特点

在大多数情况下，可将中、短期阶段集训看作若干个周训练的组合。这些周训练过程，既有各自明显的特点，又彼此连接，共同组成一个统一的阶段训练过程。

2. 赛前中、短期集训中要根据实际情况确定运动负荷和训练内容

对集训前一直系统坚持训练的运动员，中、短期集训应看作系统的全年训练的一个组成部

分。对那些没有经过系统训练的运动员，在制订训练计划时，应以中等程度的运动负荷为主，只有保证有足够的时间使运动员得以恢复的条件下，才可以安排带有强化性质的运动负荷。对一些长期间断训练的老运动员，应以适应性及诱导性的训练为主，注意负荷安排的循序渐进，使其身体机能尽快地适应一定强度的负荷。要以小球运动项目的特点为主要依据，在中、短期集训过程中重点培养队员之间协调配合的默契度和应变能力，通过集体配合来提高全队的战斗力和弥补个别运动员在某些方面的不足，不断提高队员整体的运动能力和应变能力，从而更好地创造优异的成绩。

三、赛季制训练竞赛计划

赛季制是“赛季型竞赛制度”的简称，是根据竞赛的时间安排、竞赛方式和竞赛办法来确定的。赛季制具有竞赛期跨度长、比赛场次多、各场比赛之间间隔均匀分布、采用主客场的方式等特点。除此之外，训练与竞赛频繁交替，每次训练时间只有 3～6 天，是赛季制最显著的特点。

（一）赛季制竞技状态的变化及其训练竞赛安排

主客场赛制具有准备期和过渡期（调整期）较短、竞赛期较长的特点。在这种情况下，教练员可以小周期（三天型和四天型）比赛成绩为训练目标，以三四天为单位的小周期来安排运动训练，以适应主客场赛制的特点。

以竞技状态发展变化的特点与规律为主要依据，可以把主客场制竞赛的状态分为几种不同的类型。最主要的是以下三种类型：即状态发展的稳定型、锯齿型以及波浪型。下面详细介绍这三种类型及其训练竞赛安排。

1. 状态发展的稳定型

（1）稳定型

这种类型的竞技状态，表现为在整个主客场的比赛过程中，其进攻得分都比较稳定，基本保持在一定范围之内。

（2）稳定型的训练竞赛安排

稳定型的发展状态，说明在整个赛季中，能较充分地发挥自己已有的竞技水平。这种稳定，根据各队的实力，可以表现出高、中、低三种不同的层次。实力强的队，表现出的是一种高水平的稳定状态。根据竞技状态形成的规律，结合训练、竞赛安排，科学、合理地进行训练，是这种类型的特点。

2. 状态发展的锯齿型

（1）锯齿型

这种类型的竞技状态，表现为在整个主客场比赛过程中，其进攻得分忽高忽低而呈锯齿状。这种状态类型的特点是，在整个赛季过程的竞争中，其状态时好时坏，呈连续的锯齿状。造成这种状态的主要原因是心理因素，即由于主客场制竞赛的心理影响所致。

（2）锯齿型的训练竞赛安排

锯齿型的发展状态，造成的原因首先是心理因素影响；其次是训练竞赛综合因素安排不尽合理。因此，应加强对客场作战抗干扰能力的心理训练及实战模拟脱敏训练和加强主场作战的心理放松训练，还应根据竞赛目标与对手，调整好训练、竞赛的负荷安排，使运动员生理、心理均处于良好的状态。

3. 状态发展的波浪型

（1）波浪型

这种类型的竞技状态，表现为在整个主客场的比赛过程中，其比赛的效率指数是“低—高—低”，或者是“低—稳定—低”这样一个发展过程。这一类型的状态在竞赛中反映比较普遍。这种状态类型的共同特点是在赛季的开始和最后阶段，未能进入或保持良好的竞技状态。再就是中间的稳定阶段，其比赛效率指数明显高于两端的起伏段。之所以会产生这种状态类型，具体分析来看，原因主要表现为以下几个方面：首先，赛前的训练安排存在问题，不能使球队在赛季一开始就进入良好的竞技状态；其次，在赛季的最后阶段，竞争越来越激烈，在这种激烈的竞争中，有三个方面的问题可能解决得不好：一是训练、竞赛过程中的安排不合理，造成运动员体力下降；二是心理压力增大，心理调整不够；三是主客场因素的影响。

（2）波浪型的训练竞赛安排

波浪型的发展状态，表现为赛季前后两个阶段的比赛效率指数偏低，状态不甚理想，在安排上存在问题。因此，必须根据不同队的不同目标、不同的主要竞争对手，在整个赛季的训练、竞赛安排上应针对不同的周期类型和负荷进行，并注意加强心理调整，积极采取措施改变这种在赛季前、后阶段的起伏现象。

（二）运动负荷安排的基本要求

在运动训练过程中，运动负荷的安排对训练的效果具有非常重要的作用和影响。如果安排得合理，则能够取得良好训练效果；如果安排得不合理，不仅不能取得理想的训练效果，还有可能给运动员造成损伤。更合理、科学地安排好主客场制赛季中的运动负荷，并在不同阶段、与不同对手竞赛时，保持良好的竞技状态。应明确本赛季的目标和达到这一目标必须战胜的最主要的对手，根据目标和与主要对手比赛的时间，选择不同的赛季负荷安排模式。

以主客场竞技状态发展的特点为主要依据，在整个赛季中，至少有2～3个竞技状态的形成与发展过程，因此，在这个过程中，需要注意以下几方面事项。

第一，状态与状态之间的过渡与衔接，必须通过边调整、边训练、边竞赛来进行。

第二，把过渡与衔接之间的竞赛，当作一种强度训练，并纳入小周期或中周期的计划与安排中。

第三，注意过渡与衔接阶段运动训练量与强度的合理安排及心理调整。

四、周训练计划

周训练小周期是由数次训练课组成的，它是训练过程中相对完整且经常重复的单位。不同类型的训练小周期联合在一起，是组成阶段训练中周期的基础。周训练小周期通常以7天为单位，但在某些情况下，也有非7天的训练小周期。周计划是保证阶段和年度训练计划实施的最基本环节，也是教练员十分重视的一种训练计划，尤其是在现代训练中，由于周训练课次和负荷增加，使得周期训练安排的科学性更具有重要意义。

（一）周训练计划的基本内容及格式

1. 周训练计划的基本内容

通常情况下，周训练计划的基本内容主要包括以下几方面。

第一，每周训练的总任务与每天、每次课的任务与要求。

第二，一周训练的日数、周总课次数和每天的课次数以及每次训练的具体时间及安排。

第三，每日和每次课的主要训练内容。

第四，每日负荷及周负荷节奏。

第五，每日的恢复措施。

第六，测验、比赛的安排。

2. 周训练计划的格式

为了便于执行，训练计划通常都会采用表格形式。根据周训练计划的任务和要求，把主要训练内容及负荷安排在每次训练课中。

（二）周训练计划的不同类型

周训练的持续时间一般为 3～7 天，但随着现代小球训练的发展，在一些特定条件下，尤其临近比赛时经常打破 7 天的固定型小周期训练，以适应比赛安排的需要，如联赛主客场制就是 3 天型和 4 天型小周期。

小周期按目的可分为训练小周期、比赛小周期和恢复小周期等。

1. 训练小周期

训练小周期包括“引导性”小周期，其特点为逐渐提高量和强度；“发展性”小周期，其特点是量大，强度中等；“冲击性”小周期，其特点为最大强度和最大量的结合；“稳定性”小周期，其特点为强度保持在相当高的水平上，而量有某种程度的下降。

2. 比赛性小周期

比赛性小周期最主要的任务是使运动员在比赛日的比赛中表现出最佳的竞技状态。比赛小周期有模拟比赛条件、提高适应比赛能力的“准备性”小周期；直接参加比赛作准备的或比赛前进行的“打基础”小周期；直接参加比赛的“比赛”小周期。比赛小周期是指即将参加的主要比赛的小周期，其主要任务是为运动员在各方面进行最后的调控，使其在比赛中达到最佳竞技状态。比赛小周期的安排，是根据竞赛的规程确定的。

3. 恢复性小周期

恢复小周期的任务是通过练习与场地改变及负荷量的降低而达到积极性休息的目的。恢复周的安排多在比赛期激烈、紧张，比赛后的过渡期和大负荷训练周后，而且多为两个大负荷之间安排一个恢复性小周期，这种安排可称之为“练二调一”的训练模式。

（三）确定周训练计划结构的依据

周训练计划结构的确定不是随意的，而是在一定的依据支持下建立起来的。具体来说，确定周训练计划结构的依据主要有以下三个方面。

1. 以实现训练任务的需要为主要依据

这一依据主要是为了更好地选择训练内容。小周期训练内容必须与小周期训练所要完成的任务相吻合。

2. 以不同的训练形式为主要依据

由于不同的训练形式为主要依据会产生不同的生理效应，负荷后所需要的恢复时间也是不同的。在一次训练后，人体有些系统会产生深度的疲劳，而另一些系统则只会产生中度或轻度的疲劳。因此，在设计周训练计划的结构时，必须对不同负荷后所必需的恢复时间予以考虑。

3. 以身体素质、技术、战术等不同的竞技能力的训练为主要依据

发展身体素质、技术、战术等不同的竞技能力的训练，对运动员机体的状态有着不同的要求。运动员只有在神经系统处于适度兴奋的状态下，才能有效地学习和掌握小球的技战术。运动员只有在体力充沛时，才能有效地发展弹跳力和最大速度素质。而对于发展小球运动员的速度耐力及培养顽强拼搏的精神和疲劳情况下仍能较好地发挥技术、战术水平的能力，则应在运动员略感疲劳的情况下进行，这样才能取得理想的训练效果。

五、训练课计划

训练课是小球运动训练过程的主要组织形式。除主要训练课的形式外，还有早操和其他时间的课外补充练习等。训练课是训练过程最基本的组织形式，是保证各个训练过程计划实现的基础。不论是周训练计划还是多年训练计划，都必须通过一次次训练课来予以贯彻和实施。要解决训练中的各种特定任务，必须在训练课中运用各种方法发展身体、掌握技术和战术、进行心理训练，以及培养专门意志，使训练达到预期的目的，获得良好的效应。

（一）训练课的结构

小球训练课的结构通常与教学课有许多类似之处，即开始部分是缓慢的准备部分，然后是课的基本部分，其运动量的曲线较高，最后是结束部分，运动量降低。

1. 准备部分

准备部分的目的是使机体尽快进入工作状态。表现在肌肉和心肺系统状态良好，神经系统达到适宜兴奋，注意力集中，身心两个方面具有承受计划负荷的最佳准备。准备活动通常包含一般与专门两部分，专门准备活动应与基本部分内容有较密切的联系，以便使队员在熟悉专门练习内容的基础上，有利于完成以后的正式训练。

2. 基本部分

基本部分应按照训练任务及内容安排练习顺序。所选择的练习手段可以多样，练习的组织可以采取成队的、小组的和个人的练习交替进行。

3. 结束部分

结束部分的主要任务是促进机体恢复，可进行适当的整理活动。另外，对上课情况作出短评，有助于运动员了解自己与整队的优缺点，明确进一步训练的目标。

（二）训练课的类型

以训练的主要任务和内容为依据，可以把训练课划分为各种类型。一般来说，较为常见的训练课类型主要有以下几种。

1. 技战术训练课

技战术训练课安排在训练的准备期和比赛期，主要进行技术、战术训练。课的负荷视任务的不同而异，如学习与掌握技术、战术时负荷较小，而量较大；为适应比赛的需要，巩固与提高技术、战术水平，则负荷强度较大，并安排适当的训练量。

2. 身体训练课

身体训练课，也被称为“体能训练课”。身体训练通常可分为一般体能训练和专项体能训练两种，大都安排在训练的准备时期进行，除此之外，还有专门的体能训练课，即整堂训练课的内容皆为体能训练内容。身体训练课主要是通过多种训练方法和手段，发展运动员的一般和专项运动素质，提高和保持身体训练水平，负荷相对较大。

3. 调整性训练课

调整性训练课通常安排在训练的过渡时期，在一个阶段大负荷训练和激烈比赛后也可穿插安排。这类训练课的负荷较小，主要采用某些技术、战术练习或其他运动项目作为训练的恢复手段，消除运动员的疲劳。

4. 综合性训练课

综合性训练课是包括上述三种类型课中两种以上内容的课。这种课在训练过程中安排得比较多。在课上通常将不同的内容交替安排进行，以利于促进各项运动素质与运动技能的积极转移。

5. 测验课与比赛训练课

测验课与比赛训练课大都安排在准备期后半段和赛前训练中。另外，在一个阶段结束时也大都安排测验课，以检查训练效果，为下阶段训练课的安排提供依据。比赛训练课负荷强度要大，甚至达到或超过正式比赛的强度。

（三）训练课的组织

1. 训练课的组织内容

训练课的组织，主要由运动员的组织、作业组织、课的时间和负荷安排四个方面组成。

2. 训练课的组织形式

运动员的组织有两种形式，即集体训练形式（成队或小组）和个人训练形式。在实践中常常将两种形式结合在一起进行。在一次课中既有集体练习，又有个人训练。作业的组织是指训练课作业的程序及作业内容的组织，一般是先进行基本技术练习，后进行战术配合、全队战术练习和比赛训练。根据练习程序及内容，采取个人、小组、全队的组织形式进行训练。

3. 训练课运动负荷的安排

合理安排训练课的运动负荷，对训练课的效果具有重要作用。在制订某一次训练课计划时，为了取得较为理想的训练效果，需要注意以下几个方面。

（1）训练内容要有足够的难度与要求，使之成为促进运动员运动机能能力的有效刺激因素。

（2）要使训练计划与运动员的训练水平和机能状态相适应。

（3）必须保障在疲劳逐渐发展情况下的训练达到一定的训练量，只有这样才能在达到极限负荷量的同时达到需要的应激性和较高的训练效应。

（4）在出现明显疲劳状态时，应注意对训练负荷的调整，如适当缩减训练持续时间，以免对运动员的技术训练水平和心理状态产生不良影响。

训练课计划的制订，要求更为具体和详细，不仅要讲究训练手段，提出负荷要求，而且还要考虑场地器材、组织形式及制定现场恢复的措施，考虑如何记录、评价训练课和计划执行情况。

第四章　高校乒乓球运动基本理论介绍

乒乓球运动在我国是一项群众基础非常深厚的运动项目，它在我国高校的体育教学中也非常普及。要想进行乒乓球运动理论方面的研究与实践方面的发展，必须先对该运动的发展情况以及基本知识进行全面了解。本章分别从乒乓球运动的起源与发展、特点与价值以及乒乓球运动的重要组织与赛事几个方面进行分析。

第一节　乒乓球运动的起源与发展

一、乒乓球运动的起源

乒乓球运动最初起源于19世纪末期的英国，此后在欧洲大陆得到非常广泛的传播。

乒乓球运动的出现与网球运动存在密切的关联，它的英文名为Table tennis，意思即为“桌子上进行的网球运动”。根据有关文献记载，在19世纪后半叶左右，很多英国大学生受到网球运动的启示，一种极类似现在乒乓球的室内游戏逐渐在英国风靡开来。这种运动在发球之时，可以将球直接发到对方台面或者把球先发到本方台面再跳至对方台面。球拍用羊皮纸贴成，形状为长柄椭圆形，内部是空心的。为了防止球乱跳而损坏其他的设施，在橡胶或者软木实心球外，往往包一层轻而结实的毛线。这种游戏可以在饭桌上支起网来打，甚至可以简单地在地板上用两个椅子当作支柱，中间挂起网就可以进行。虽然凭借当时的器材不能保证比赛的激烈性，但仍然有很强的趣味性。这种游戏在最早期的名称是“弗利姆佛拉姆”（Flim－Flam），或者叫作“高希马”（Goossie）。这种游戏在当时并没有统一的规则，有10分、20分为一局的，也有50分或100分为一局的。

发展到后来，一位名叫詹姆斯·吉布（James Gibb）的英格兰人到美国旅行时，偶然发现了一种用赛璐珞材质制成的空心玩具球具有较强的弹性，因此他将这种材质的球运用到这项游戏之中，从而取代了之前所用的橡胶与实心球。1890年前后，人们开始使用赛璐珞球开展这项运动，这种材质的球逐步在英国与世界各地得到广泛推广。由于当时普遍使用那种球拍击球和球碰台时会发出奇特的“乒乓”声音，因此这项运动就非常形象地被命名为“乒乓球”。最初，乒乓球运动只是流行于宫廷与贵族之间，后来由于其独特的魅力开始风靡在欧洲的各个角落，并最终走向了国际。

二、乒乓球运动的发展

（一）世界乒乓球运动的发展

1. 欧洲乒乓球全盛时期

1926—1951年间，可以称作是欧洲乒乓球运动发展的全盛时期。在这25年中，一共举办了

18 届世界乒乓球锦标赛，其中只有一届是在欧洲以外的地区举办。在此期间，世界乒乓球锦标赛所有 7 个正式的比赛项目中，除 8 项冠军由美国选手获得外，其余都是由欧洲选手获得，因此这一时期也是欧洲乒乓球运动的全盛时期。

在整个乒乓球运动的发展历程中，该时期是乒乓球运动一个相当长的历史发展阶段。从技术打法方面来讲，这一时期所流行的主要是以削为主以及削攻结合型打法，这时期的主要指导思想是尽可能减少自己的失误，同时设法让对方的失误增加。

在这一时期，进行稳健的削球是乒乓球运动的主要技术打法。与此同时，这一时期的乒乓球运动比赛并没有时间方面的限制，因此也使得这一时期的乒乓球运动比赛显得冗长乏味。在此后的第 11 届世界乒乓球锦标赛上，国际乒联对于乒乓球比赛的器材、比赛时间等方面的规则进行了修改。

2. 日本乒乓球称雄时期

1952—1959 年是日本乒乓球运动称雄的时期。1928 年，日本乒乓球协会加入国际乒乓球联合会，并于 1952 年首次参加世界乒乓球锦标赛。在比赛中，日本选手所运用的是全新的直拍全攻型打法，这对一直处于技术领先地位的欧洲乒乓球队伍形成了很大冲击，日本乒乓球运动员也正是凭借这一创新技术战胜了很多欧洲乒乓好手，并且一举夺得了该届世乒赛男子单打、男子双打、女子团体以及女子双打共四项冠军。日本乒乓球队还在第 21—25 届的世乒赛中蝉联了男团冠军，并且多次斩获该赛事 5 个单项的冠军共计 24 项次。在第 21 届世界乒乓球锦标赛上，日本乒乓球队同时夺得了男女两项团体冠军。在 1959 年于德国多特蒙德举行的第 25 届世界乒乓球锦标赛上，日本队更是一举拿到了其中 7 项冠军中的 6 项。

3. 中国乒乓球振兴时期

1959 — 1969 年是中国乒乓球运动振兴崛起的时期。1952 年 3 月，中国加入国际乒乓球联合会，并于 1953 年第一次参加了世界乒乓球锦标赛。在此之后，经过中国乒乓球队伍的不懈努力，中国男子乒乓球选手容国团在第 25 届世界乒乓球锦标赛中成功夺得男子单打的冠军，这也是我国乒乓球运动获得的第一枚男子单打世界金牌，从而创造了历史。在 1961—1965 年的 3 届世乒赛的比赛中，中国乒乓球队又以独特的打法夺得了 11 项世界冠军，占金牌总数的 52%，其中乒乓球男子团体与男子单打保持了“三连冠”。在第 28 届世界乒乓球锦标赛中，中国乒乓球队更是一举夺得了其中的男女团体、男女双打、男子单打共 5 项冠军。中国的乒乓球运动也从此进入了世界先进行列。

4. 欧洲复兴与欧亚争夺时期

1971—1988 年是欧洲乒乓球运动的复兴时期，同时也是欧亚之间进入争夺阶段的重要时期。

当乒乓球运动发展到 20 世纪 70 年代，乒乓球运动的技术实现了突飞猛进的发展。欧洲运动员在结合中国快攻以及日本弧圈优点的基础上，创造出弧圈结合快攻与快攻结合弧圈的创新性打法，这对亚洲的乒乓球选手造成了很大的威胁。

在这一时期，欧洲还涌现出一大批有实力的年轻乒乓球运动员，其中具有代表性的人物包括瑞典队的本格森，匈牙利队的约尼尔、克兰帕尔，苏联的萨尔霍扬以及捷克斯洛伐克的奥洛夫斯基等。在第 31 届世界乒乓球锦标赛上，瑞典队的本格森夺得了男子单打冠军；第 32 届世界乒乓球锦标赛上，瑞典男队打破了亚洲保持长达 20 年之久的团体冠军纪录；在第 33 届世界乒乓球锦标赛上，欧洲选手约尼尔与斯蒂潘契奇之间展开了激烈的男单冠亚军争夺；第 35 届世界乒乒球锦标赛上，匈牙利队夺得斯韦思林杯，而南斯拉夫男队夺得男双冠军。欧洲选手在经过 20 年的努力之后又重新走上了复兴之路。

5. 中国乒乓球鼎盛时期

从 1991 年至今是中国乒乓球运动发展的鼎盛时期。在中国乒乓球队 1981 年赢得冠军之后，经过 14 年的奋斗，终于走出低谷，一举夺得了第 43 届世界乒乓球锦标赛全部比赛的 7 项冠军，创造出了辉煌的战绩。

（二）中国乒乓球运动的发展

乒乓球运动于 1904 年从日本传入中国，之后这项运动就逐渐在北京、天津、青岛、上海、广州等地开展起来，并举行了不同规模、一定数量的国内、国际乒乓球比赛。1935 年，中华全国乒乓球协进会成立，发起并组织了新中国成立前的第 1 届全国乒乓球比赛。1935 年 1 月，国际乒联主席蒙塔古先生曾致电邀请中国加入国际乒联，并参加第 9 届世乒赛，但是并没有取得成绩。

新中国成立之后，在党和人民政府的关怀与重视下，我国的乒乓球运动得到了迅速的发展与普及。1952 年 10 月，我国举行了新中国成立以来的第一次全国乒乓球比赛大会，在比赛之后还组建了中国乒乓球队。从中国乒乓球队第一次参加世乒赛至今，其战斗历程大体可分为以下五个时期。

1. 起步阶段（1953—1957 年）

1953 年，中国乒乓球队第一次参加了第 20 届世界乒乓球锦标赛。赛后，男队被评为一级第十名，女队被评为二级第三名。

当时，中国乒乓球队的技术水平是非常低的，但是他们没有盲目地跟在外国人后面跑，而是以中国选手的特点为基础，认真研究乒乓球运动的客观规律，虚心学习外国队的长处，使自身的技术得到了不断的发展与提升。

第 21、22 届世界乒乓球锦标赛中国队都没有参加。1956 年，中国队参加了第 23 届世乒赛。赛后男队被评为一级第六名，女队被评为一级第十一名。这届世界乒乓球锦标赛充分显示了中国快攻打法既快又狠的优越性，同时也暴露出中国选手在击球准确性方面的不足。

1957 年，中国队参加了第 24 届世界乒乓球锦标赛，赛后男队被评为一级第四名，女队被评为一级第三名，其中王传耀、孙梅英还分别被评为世界男、女的第七名优秀选手。

在 1953—1957 年间，中国乒乓球队取得了很大的进步。

2. 腾飞阶段（1959—1965 年）

在 1959 年的第 25 届世界乒乓球锦标赛上，中国选手容国团为祖国夺得了第一个乒乓球世界冠军。此外，中国队还在男团、女团、女单、女双和混双 5 个项目上都获得了第三名，男单有 4 人进入了前 8 名。容国团是我国率先提出要夺取世界冠军的运动员，他对丰富与发展我国的传统快攻打法做出了非常巨大的贡献，他还在实践的技术风格上又加了一个“变”字。

第 26 届世界乒乓球锦标赛是中国第一次举办的世界比赛并获得了圆满成功。在这届赛事中，中国队获得男团、男单、女单 3 项冠军、4 项亚军以及 8 个第三名。这一胜利极大地鼓舞了全国人民，同时也在一定程度上推动了我国乒乓球运动的发展，从此在中国大地上掀起了“乒乓球热”。

在第27届世界乒乓球锦标赛上，中国男队获得全面的胜利。男团决赛，中国队除了两名直拍快攻选手外，还有一名被称作“魔术师”的直拍削球手张燮林，比上届比赛显示出更大的优势。男双冠军由两名削球选手张燮林与王志良获得。但是女团、女单、女双和混双皆与冠军无缘，这对中国乒乓球女队产生了很大的震动。为了帮助女队取得更好的成绩，徐寅生同志对女队作了《关于如何打乒乓球》的讲话。乒乓女队认真学习了徐寅生的讲话，思想上的提高带动了技术上的进步，并且在第28届世界乒乓球锦标赛上打了一个漂亮的翻身仗。在该届赛事中，中国队一共获得了5项冠军、4项亚军以及7个第三名。国际舆论普遍认为中国是“世界头号乒乓球国家”，称乒乓球为中国的“国球”。

1959—1965年是我国乒乓球运动发展的第一次高峰，不管是直拍快攻还是防守型削球打法都取得了很好的成绩。在这一时期，我国乒乓球运动的各种类型打法实现了相互促进与发展。

3. 重整旗鼓阶段（1971—1979年）

1970年底，与世界乒坛隔绝4年的中国队参加了斯堪的纳维亚公开赛，受到欧洲选手强有力的挑战。中国队发现自己已经落后了。面对欧洲选手的进步与挑战，中国乒乓球界在20世纪70年代初展开了一场学术性的讨论，徐寅生同志力主在原来“快、准、狠、变”的指导思想上再加一个“转”字，同时提出了用反胶打快攻的设想。此后还增加了拉上旋小弧圈和快带、盖打、推挤等对付弧圈球的技术，具有创新精神的直拍反胶快攻也取得了可喜的成绩，两面不同性能球拍打法也有新的发展。

在1971年的第31届世界乒乓球锦标赛上，中国队勇夺男团冠军，同时还获得女单、女双以及混双冠军。在1973年的第32届世界乒乓球锦标赛上，中国队只取得男女单打与混双3项冠军。在1975年第33届世界乒乓球锦标赛上只获得男女团体冠军。

在1977年第34届世界乒乓球锦标赛上保住了男女团体冠军，同时还夺得了男双与女双冠军。在1979年的第35届世界乒乓球锦标赛上，中国队在有女子参赛的项目中皆获冠军，而3个男子项目的第一名都被外国选手夺走，中国男队这次全面失利。中国男队在认真分析了失利的原因之后，提出要“苦练意志、苦练技术、苦练身体”，争取在最短的时间内夺回世界冠军。

4. 再创辉煌阶段（1981—1987年）

1981年第36届世界乒乓球锦标赛，中国队一举夺得全部比赛项目的7个冠军和5个单项的全部亚军，创造了世乒赛历史的新纪录。在此之后的3次世界乒乓球锦标赛中，中国队每届都获得6项冠军。4届比赛共有锦标28个，中国队夺得25个。尽管每届都不容易、项项都不轻松，但中国队在世界乒坛的地位已经不容动摇。在这一时期，各国都加强了对中国队的研究，并以在7个项目中的任何一项、任何一轮打败中国选手为荣，该时期堪称是中国乒乓球运动的“第二次高峰”。

在这一历史发展时期，中国队取得好成绩的主要原因是大胆起用新人，人新球艺新。在第36届世界乒乓球锦标赛中国队与匈牙利队争夺男团冠军之时，3名上场队员的平均年龄只有20岁，其中的蔡振华、谢赛克都是第一次参加世乒赛。第37届世界乒乓球锦标赛的男团决赛上，第一次参加世界比赛的江嘉良分别以2∶1和2∶0战胜瓦尔德内尔和阿佩伊伦，为中国队再次获得斯韦思林杯立下汗马功劳。第38届世界乒乓球锦标赛上，中国男队又出新人：陈新华能攻善守、灵活多变；陈龙灿的直拍正胶快攻，速度快、球路刁。二陈与江嘉良合作，在团体决赛中以5∶0大胜瑞典队。女队由横拍两面拉弧圈球的新人何智丽与老将童玲、戴丽丽、耿丽娟组成，在团体赛中盘盘皆胜。在第 39 届世界乒乓球锦标赛上，中国男队由新老结合的滕毅、江嘉良、陈龙灿再次以 5∶0 大胜瑞典队。女队由新老结合的李惠芬、焦志敏、戴丽丽组成，以 3∶0 打败了由强手梁英子和玄静和组成的韩国队。

5. 鼎盛阶段（1988 年至今）

1988 年第 24 届奥运会上，乒乓球运动正式被列为奥运会的比赛项目。中国选手在 4 个比赛项目中获得了男双金牌（陈龙灿、韦晴光）和女单的金、银、铜牌。陈静、李惠芬、焦志敏同时登上了领奖台。

而欧洲男选手在经过一段时间的磨炼之后，技术变得更加全面，打法也更加成熟。中国队在长期的胜利中隐藏了失败的因素。尽管在 1992 年第 25 届奥运会乒乓球比赛中，中国队夺得了 4 个比赛项目中的 3 枚金牌，中国男队在世界乒乓球锦标赛中连续 3 届（第 40、41、42 届）与含金量最高的团体与单打冠军无缘；中国女队在第 41 届世界乒乓球锦标赛中痛失团体冠军；享有“双保险”之称的邓亚萍与乔红在第 42 届的单打比赛中都被淘汰，整个中国女队无人进入单打决赛。为了让中国乒乓球队伍尽快走出困境，1993 年末至 1994 年初，中国乒协及时举办了全国乒乓球奥运会重点省市男队主教练和业余体校的教练员研讨班。中国乒协主席徐寅生、副主席李富荣做了重要讲话，这次会议对中国乒乓球运动的发展起到了重要的作用。

1995 年第 43 届世界乒乓球锦标赛在天津举行，这是该项赛事第二次在中国举行，中国队囊括了全部冠军。中国乒乓球队自第 43 届世界乒乓球锦标赛获得全胜之后，从根本上改变了自 20 世纪 80 年代末至 90 年代中期世界乒坛的实力次序。至此，中国队终于走出低谷，迎来了中国乒乓球运动的第三次发展高峰。

在 1996 年的第 26 届奥运会上，中国队首次在这项全世界最重大的赛事中夺得了所有乒乓球赛的金牌。第 44、45 届世界乒乓球锦标赛，中国队都取得了 6 项冠军的好成绩。

在 1999 年第 45 届世界乒乓球锦标赛的单项比赛中，中国队又一次获得了巨大的胜利，包揽了 5 个单项的冠亚军。

2000 年的第 27 届奥运会，中国队第二次囊括了所有乒乓球金牌，这也为中国队在这一阶段的小球时代画上了圆满的句号。

2001 年的第 46 届世界乒乓球锦标赛，中国队第三次实现了 7 项冠军的大包揽。

在 2003 年的第 47 届世界乒乓球锦标赛单项赛上，第一次执行 11 分制与无遮挡发球规则。这届赛事中的男单金牌被欧洲选手施拉格夺得之后，中国乒乓球队又在 48 届与 49 届包揽了全部的 7 项冠军。在 2009 年第 50 届世界乒乓球锦标赛中，中国队获得了除女团冠军外的全部冠军。

2011 年第 51 届单项世界乒乓球锦标赛，中国队包揽了 5 个单项的全部冠亚军。2012 年第 51 届团体世界乒乓球锦标赛在德国的多特蒙德举行，中国队获得了男女团冠军。在 2015 年的第 53 届世界乒乓球锦标赛女团决赛上，中国队以 3∶0 击败日本，第 20 次获得了冠军。2016 年的里约奥运会上又包揽了男单、女单、男团、女团 4 枚金牌。2017 年在德国杜塞尔多夫举行的世界乒乓球单项锦标赛上，马龙卫冕男单冠军，中国男单 7 连冠；丁宁卫冕女单冠军，第三次夺冠；樊振东/许昕男双夺冠；女双丁宁/刘诗雯夺冠，中国女双 15 连冠。

三、乒乓球运动的发展趋势

通过对相关比赛的特点进行分析，可以发现，目前世界乒坛正朝着三个明显的趋势发展，具体为：竞技能力的个性化、技术构建的立体化、女子项目的男性化。

（一）竞技能力的个性化

乒乓球的魅力是充分地体现每个人的个性色彩，同一种打法，一人一种风格。从总体上看，技术上整齐划一的时代已成为过去，每个运动员在使用同一技术的同时，又进一步寻找和形成适合自己打法特点的技术风格。在比赛中，这种带有鲜明个性特色的打法表现得淋漓尽致，例如，同是直板快攻打法，刘国梁、马琳、闫森运用起来则各有千秋；而同是欧洲横板弧圈打法，瓦尔德内尔、萨姆索诺夫、施拉格皆各有所长。在超一流的选手中，几乎找不到一个模式的较雷同的打法。在高水平竞技中，竞技能力的个性化已毋庸置疑，而个性化的焦点则为“特长突出”。没有突出的特长，很难在当今乒坛占得一席之地。故每个运动员都拼命地在“特长突出”上下功夫，将其视为克敌制胜的先决条件。乒乓球比赛紧张激烈程度“白热化”的同时，运动员技术的个性化也被设置了许多新标准。

（二）技术构建的立体化

从相关比赛的单项决赛来看，仿佛是中国的全国比赛移师各国各地在进行。观之给人以欣喜之感，同时也引发对目前乒乓球技术发展趋势的思考。为什么我国乒乓球实力如此强大？立体化是唯一的答案。我国乒乓国手的立体化技术特点宛若万里长城，使其他国家选手难以逾越。

就中国队而言，在技术打法上，面对法国队的“蛮不讲理”、比利时队的“狂轰滥炸”、瑞典队的“老谋深算”，中国队大胆创新、勇于实践，在坚持既有我国特色的基础上，发扬了近台快、突出前三板的优势，弥补了反手技术的不足，提高了相持及攻防转换能力，确立了合理的技战术组合，实现了令外国人望而生畏的技术立体化构建。就中国选手而言，在欧亚强手面前，他们表现出独特的立体化技术构建，具体表现为：近台为主，结合远台；前三板技术为取胜关键；发球抢攻；接发球能积极上手；速战速决，但也具有打来回球的能力；单打和双打的结合，在掌握单打技术的同时，练好双打技术；速度与旋转的结合，拉前冲弧圈球有速度，也有旋转，并能与战术融为一体。总体而言，中国乒乓国手在一定程度上实现了技术的立体化构建。

（三）女子项目的男性化

乒乓球男子的最高水平就是世界最高水平。圈内人士普遍认为：男子技术的今天就是女子的明天。而女子乒乓球技术的“男性化”正是这一说法的有力印证。当今的世界乒坛“半边天”，完全是中国姑娘的天下。中国女队果真高枕无忧了吗？不！一旦欧洲女性卷土重来，一旦朝韩强强联合，一旦国外任何一个队走上“男性化”的道路，中国女队的优势就无法保留。“男性化”是女子乒乓球运动的一剂神丹妙药，如“芝麻开门”一般，是我国女子乒乓球开启胜利之门的钥匙。邓亚萍的超前意识和创新精神让她锁定了辉煌；李菊、杨影凭借近乎男性化的技术让板上生辉。可见，由中国女队拉动的男性化趋势将席卷全球，谁先行一步，谁就等于攻占了制高点。

基于上述发展趋势，我们应从优秀运动员的训练、训练强调对抗性的针对性以及女运动员的训练三方面来完善我国乒乓球运动的发展。

首先，优秀运动员的训练。在世界乒乓球运动的发展趋势下，如何安排优秀运动员的训练，是一个战略性的科研命题。随着现代训练的发展，运动员的整体实力水平已相当接近，一场球的胜负往往取决于关键时刻特长的发挥或者出现漏洞。因此，训练应表现出明显的个体性，技术训练的重点应围绕发展和完善个人打法的需要，“技术全面、积极主动、特长突出、没有漏洞、打法凶狠”，是技术发展的进取方向。战术训练是在进一步发展个人特长的基础上，逐条弥补个人的技战术薄弱环节，提高战斗力。身体训练的重点是发展与个人打法相适应的专项身体素质，以求其向技战术的需要转移，心理训练应将改善与个人打法相适应的心理品质放在突出位置，以促进最佳竞技状态的形成与保持。乒乓球训练的最终目的是在重大比赛中获得或保持个人的优异成绩，没有优秀的个体，就没有优秀的团队。

其次，训练强调对抗性的针对性。对抗性是乒乓球项目的基本特点。运动员就是在控制与反控制、战与守的对抗局面中，正确掌握和熟练运用技战术而有所建树的。技战术的训练，就是为了技战术的合理组合，加强作战能力，要根据运动员的技术水平，安排对抗难度。训练离开了对抗性，就变得毫无意义。身体训练采用对抗性的方法与手段，不但能提高运动员的机能，而且可以磨炼运动员的意志。针对性是运动训练的一把尺子，运动员的训练水平越高，针对性的要求也越高。针对性训练，首先是对运动员进行科学诊断，找出主要矛盾，分析解决的路子，并采取相应的方法与手段，然后再根据竞争对手的不同情况，各个击破。训练强调对抗性和针对性的目的，就是为了使运动员的技术构建立体化成为可能。

最后，女运动员的训练更要强调创新意识。不断创新是我国运动员在世界乒坛保持优势的成功经验。技术、打法要创新，训练方法与手段也要不断创新，创新首先是解放思想，无所顾虑。当今的乒坛竞争激烈，瞬息万变，仅一两个球就往往决定了胜负，决定了命运，这一两个球的出处就是创新。创新还可以借鉴别人，对女运动员来说，跟着优秀男运动员的脚步走，是至关重要的。道理很简单，女运动员拥有的技术，男运动员都有；而优秀男运动员拥有的技术，女运动员却不全有。女运动员一般都易于墨守成规，这对教练员提出了更高的要求，谁最先启动女运动员的创新意识，谁就能先人一步。

第二节　乒乓球运动的特点与价值

一、乒乓球运动的特点

乒乓球是一项具有广泛群众基础的小球运动，其特点主要表现在以下几个方面。

（一）球体轻、球速快

乒乓球是一项非常易于开展的运动项目，尤其是在中国，乒乓球运动有着“国球”之称。

乒乓球是最小的球类体育运动，原来乒乓球的球体直径仅为38毫米，重2.5克。从2000年10月1日开始，乒乓球运动比赛开始使用直径为40毫米的大球，球重为2.7克。球应用赛璐珞材料或类似的塑料制成，在比赛中可以使用白、黄、橙三种颜色的球。

乒乓球与排球、网球、羽毛球、毽球、藤球等球类运动都属于隔网竞技的运动项目，乒乓球还同网球、羽毛球一道被称为“三拍运动”。乒乓球在体育运动项目中常被认为是“聪明人的运动”，该运动素以速度快、变化多、技巧性强、趣味性高而著称。在乒乓球运动中，乒乓球的球速最快可达50米/秒左右，加转弧圈球的转速高达176转/秒，各种不同的旋转多达26种。同时，乒乓球球小速度快，变化多，能够造就练习者在短时间内拥有对瞬息万变的击球的较强的反应能力和应变能力。

（二）器材设备简单

乒乓球台是乒乓球运动的重要设备。标准乒乓球台的长为 2.74 米、宽为 1.525 米、高为 0.76 米，台子可以用任何材料（国际规定应由坚实木料）制成，对于台面的厚度并没有具体的规定，但是应具有均匀、合适的弹性，具体的弹性要求是用标准乒乓球从台面上空 30 厘米处落下后弹起 23 厘米即为合适。

乒乓球台的中间为球网，球网由网、网柱以及支架三部分组成。网的高度为 15.25 厘米，台面四周应画上 2 厘米宽的白线，双打时还需要在台面中央画一条 3 毫米宽的白线。球台的颜色并没有具体的限制，但是台面应呈现均匀的暗色，无光泽，多为墨绿色与海蓝色（目前大型比赛常选用海蓝色球台同红色地面、黄色乒乓球相配套）。

乒乓球运动所需要的场地空间并不是非常大，一般场地为 14 米长、7 米宽、4 米高。乒乓球运动场地的面积仅是足球场的 1/73、网球场的 1/7。由此可见，场地对于乒乓球运动的限制性是非常有限的。

（三）群众基础非常广泛

乒乓球运动对于运动者的反应速度有着非常高的要求，因此能够对反应速度进行训练，它对于参与者的年龄也没有严格的限制，无论是老人还是小孩甚至是患有伤病的残疾人都能够参与到乒乓球运动中，因此它具有非常广泛的群众基础。除此之外，乒乓球运动的设备也较为简单，不管是在室内还是室外都能够进行，运动者的运动量也可以根据自身的身体状况以及年龄特征等因素进行合理的安排。

由此可见，乒乓球运动项目的特点决定了它具有广泛的适应性与很好的运动价值，因此开展的非常普遍，具有很广泛的群众基础。

（四）具有很强的健身性与竞技性

乒乓球运动不仅球速非常快，而且富于变化，同时球在来回击打的过程中还带有强烈的旋转，这就能够很好地锻炼运动者的反应能力与临场应变的能力，从而起到相应的健身效果。经常参与乒乓球运动的群体往往具有很好的身体协调性与敏捷性，上下肢的运动能力也优于常人。此外，参与乒乓球运动可以显著改善人体心血管系统的功能，促进机体的新陈代谢，有效增强运动者的身体体质。

乒乓球运动包括单打、双打、团体等形式，比赛双方所使用器材的材质（如球板、胶皮等）也各不相同，打法与技战术的应用各不相同，因此也使得乒乓球运动的比赛充满制约与反制约、适应与反适应的矛盾转化。对于乒乓球运动的参与者而言，乒乓球比赛不仅能够很好地培养独立思考与团队作战的能力，同时还能有效提升思想、意志等方面的能力，这些也很好地体现出乒乓球运动的对抗性特征。

二、乒乓球运动的价值

（一）增强身心素质

长期进行乒乓球运动能够让运动者全身的肌肉与关节组织得到很好的锻炼与活动，同时还可以在一定程度上提高运动者的速度力量素质以及身体灵敏性与协调性方面的素质，运动者的身体肌肉更加发达结实，身体的关节也更为灵活稳固，从而在整体上使运动者动作的速度与上下肢活动的能力得到很好提升，运动者所具备的运动水平也会相应增强。

另外，长期参与乒乓球运动还能够显著提高运动者的心理素质。乒乓球运动具有很强的竞技性，在乒乓球运动比赛过程中，面对场上局势的好坏以及每一个球的得失，乒乓球运动者自身会表现出相当复杂的情绪，他们经受这些变幻莫测、胜负难料的激烈竞争的锻炼，体验了种种情绪。同时，运动员在比赛中还需要对对方的战术意图进行揣摩，把握自己的战术应用，使乒乓球运动者的心理素质得到了很好锻炼。

（二）改善身体机能

长期进行乒乓球运动对于运动者心血管系统的结构与机能改善具有非常积极的作用，使运动者的心肌变得更为发达，心容量也一定程度地加大，每搏输出量增多。通常来讲，健康成年男子安静时的心率在 65～75 次/秒，成年女子为 75～85 次/秒。而长期参与乒乓球运动的人的心率与一般人存在一定的差异，安静时，男子的心率为 55～65 次/秒，女子的心率为 70 次/秒左右。由此可见，长期进行乒乓球运动可以使运动者的心搏徐缓，血压得到有效降低，并在一定程度上提高运动者心脏的工作效率，使运动者机体的新陈代谢功能得到有效改善。

由上述可知，长期参与乒乓球运动能够显著改善运动者的身体机能。

（三）增强人体神经系统灵活性

经常参与乒乓球运动不仅能够有效增强运动者中枢神经系统的健康水平，运动者身体其他系统与器官的调节能力也会得到很好增强，同时还能够有效提升运动者的反应速度。

当运动者参与乒乓球运动时，乒乓球的高速运动以及强烈的旋转很好地锻炼了运动员的迅速反应能力以及判断能力，让运动员在有限的时间内对来球采取适当的回击，对自身移动的步法进行迅速的调整，同时选择合理的击球位置与拍面角度进行有效还击，运动员所有的这些反应活动都是在自己大脑的指挥下进行的。长时间进行乒乓球运动能够大大提高运动者神经系统的反应速度。

第三节　乒乓球运动重要组织与赛事

一、乒乓球运动的重要组织

（一）国际乒乓球联合会（ITTF）

国际乒乓球联合会简称“国际乒联”，英文为 International Table Tennis Federation，缩写为 ITTF，1926 年成立于德国柏林。国际乒联截至 2019 年，已有 226 个协会会员，分属国际乒联承认的欧洲乒联、亚洲乒联、非洲乒联、南美洲乒联、北美洲乒联以及大洋洲乒联。

国际乒联是国际单项体育联合会总会的成员组织之一。1988 年，奥运会正式将乒乓球运动设置为比赛项目，具体设有男、女单打与男、女双打。从 2008 年北京奥运会起，该项目的设置改为男、女团体与男、女单打四个单项。

国际乒联的主要任务是通过对国际乒联原则的坚持，在协会会员间和运动员间发展友谊精神，相互了解，协调组织间的关系，促进乒乓球水平的持续发展和在全世界普及率的提高，培养友好竞争。消除使用兴奋剂等不道德行为，提出符合奥运会资格的要求，制定规则并在国际比赛中实施，出版英文章程和规则，鼓励其他语种版本的出版，并检查其正确程度；促进并监督世界级比赛，按照国际乒乓球运动的利益使用联合会的资金。

国际乒联设有由乒联主席、副主席和奥运会举办国乒协主席组成的奥林匹克委员会，负责奥运会乒乓球赛。该联合会设有下列专门委员会：设备委员会、医务委员会、排名委员会、规则委员会、运动科学委员会、议事规则委员会、技术委员会和营销委员会等。

国际乒联的主要赛事除了奥运会乒乓球赛、世界锦标赛之外，近年来又有了很大的发展，出现了乒乓球世界巡回赛、世界乒乓球俱乐部锦标赛，取代了1995举办的原世界团体杯、男子世界杯（1995年开始举办）、女子世界杯（1996年开始举办）、职业巡回大奖赛（1996年开始举办）等。

国际乒联的总部最初设于英国东苏塞克斯郡的黑斯廷斯，2000年迁至瑞士洛桑。

国际乒联的管理机构是由各协会代表所组成的代表大会，每个正式的会员协会都可派两名代表来参与大会，每名代表拥有一票表决权。代表大会通常每隔两年举办一次，因此被称作“两年度代表大会”，在下文中简称“代表大会”。

在两届代表大会之间，国际乒联的工作是由理事会进行的，工作的主要依据是上一届代表大会所确定的政策，理事会负责对国际乒联的财政进行管理，并且其权力是由代表大会赋予的。代表大会可以通过对特别工作小组的指定来对专门委员会职责以外的工作进行负责。

在领导人的设置方面，国际乒联的领导人应是一名主席，一名第一副主席，一名负责财务的执行副主席，三名负责其他事务的执行副主席和六名各大洲副主席。非洲、亚洲、欧洲、拉丁美洲、北美洲和大洋洲各自拥有一名大洲副主席，他们对由代表大会托付给他们的国际乒联工作负责，通常在其所属洲代表国际乒联行使权力。

代表大会休会期间，除了主席之外的任何职务如果出现空缺将由理事会填补。如果出现主席辞职或因其他原因不能继续履行职务，那么其职责将由第一副主席代为行使，直至下一届代表大会选出新的主席为止。

（二）中国乒乓球协会（CTTA）

中国乒乓球协会是具有独立法人资格的全国性群众体育组织，简称“中国乒协”。英文名为Chinese Table Tennis Association，缩写为CTTA。成立时间为1955年，总部设于北京。

中国乒乓球协会是代表我国乒乓球项目活动的最高社会团体，并且代表中国参加相应的国际乒乓球活动及国际乒联的唯一合法组织，系非营利性社会组织。该协会由各省、自治区、直辖市、各行业体协、解放军所属运动组织及其他合法乒乓球社会团体等自愿组成的全国性体育组织。

中国乒乓球协会的宗旨是在遵守国家宪法、法律和国家有关政策下团结全国乒乓球工作者、运动员和积极分子，指导发展我国的乒乓球运动，促进社会主义精神文明建设；推动乒乓球运动的普及和技术水平的提高，攀登世界高峰；增进与各国乒乓球协会和运动员的友谊，加强与国际乒联和亚乒联盟的联系与合作。

二、乒乓球运动的重要赛事

（一）奥运会乒乓球比赛

1981年，在巴登召开的第84届国际奥委会上，由国际乒联提出申请，最终决定将乒乓球列入1988年奥运会正式比赛项目。会议决定，每隔四年举行一次，原来设有男子单打、女子单打、男子双打和女子双打4块金牌。从韩国汉城举行的第24届奥运会开始，国际乒联由136个会员国增加为186个会员国。为了增加奥运会乒乓球比赛项目的精彩程度，国际奥委会于2005年批准了国际乒联的提议，即在不增加参赛人数与比赛天数的前提下，从2008年的北京奥运会开始，奥运会乒乓球项目的团体比赛取代原来的双打比赛，北京奥运会乒乓球比赛的项目设置为男子单打、女子单打、男子团体、女子团体。在此之后的2012年伦敦奥运会以及2016年巴西里约奥运会都沿用了2008年北京奥运会的乒乓球比赛赛制。

（二）世界乒乓球锦标赛

国际乒乓球联合会主办的世界乒乓球锦标赛，任何会员协会均可派运动员参加，是世界乒乓球赛中规模最大、水平最高、参赛人数最多、唯一含有全部7个项目的比赛，共设有男子团体、女子团体、男子单打、女子单打、男子双打、女子双打、混合双打。世界乒乓球比赛的每项冠军奖杯都有着各自的名称，具体如下。

1. 男子团体——斯韦思林杯

世界乒乓球锦标赛男子团体的冠军奖杯是由国际乒联前主席蒙塔古先生的母亲斯韦思林所赠，故命名为斯韦思林杯。

2. 女子团体——考比伦杯

世界乒乓球锦标赛女子团体的冠军奖杯是由法国乒协原主席马赛尔·考比伦先生捐赠，故以他的名字命名。

3. 男子单打——圣·勃来德杯

世界乒乓球锦标赛男子单打的冠军奖杯是由英格兰乒协原主席伍德科先生捐赠，因此以伦敦圣·勃来德俱乐部的名字来命名。

4. 女子单打——吉·盖斯特杯

世界乒乓球锦标赛女子单打的冠军奖杯是由吉·盖斯特先生捐赠，故以他的名字命名。

5. 男子双打——伊朗杯

世界乒乓球锦标赛男子双打的冠军奖杯是由伊朗前国王捐赠，故以伊朗国命名。

6. 女子双打——波普杯

世界乒乓球锦标赛女子双打的冠军奖杯是由国际乒联前名誉秘书长波普先生捐赠，故以他的名字命名。

7. 混合双打——兹·赫杜塞克杯

世界乒乓球锦标赛混合双打的冠军奖杯是由捷克斯洛伐克前乒协秘书赫杜塞克先生所赠，故以他的名字命名。

目前，世界乒乓球锦标赛逢双年举行团体比赛，逢单年举行5个单项的比赛，各项奖杯均以捐赠者的姓名或者国名命名。

世界乒乓球锦标赛的7个冠军奖杯是流动的，各项冠军都可以保留奖杯至下届比赛开始之前。男女单打如果连续获得三次冠军，国际乒联就会制作一个小于原奖杯一半的复制品，赠给获奖运动员和团体永久保存，以表示对其成绩的肯定。其中，我国的乒乓球选手庄则栋由于连续获得第26、27、28届该项赛事的男单冠军而获此殊荣。

世界乒乓球锦标赛是仅次于奥运会乒乓球比赛的乒乓球运动的一项重要赛事。

（三）乒乓球世界杯比赛

乒乓球世界杯同样是乒乓球运动的一项重要赛事，它与奥运会乒乓球比赛、世界乒乓球锦标赛被称为世界乒乓球三大赛事。

乒乓球世界杯比赛于1980年正式诞生，其中首届女子乒乓球世界杯比赛于1996年在中国香港举行，该赛事每年举办一次，其中只有1999年由于赛事赞助商的问题停办一年。

乒乓球世界杯比赛共包括男女单打以及团体4项赛事。截至目前，获得乒乓球世界杯男子单打冠军次数最多的是中国选手马琳，他共获得四次冠军；获得乒乓球世界杯女子单打冠军次数最多的是中国选手王楠和张怡宁，她们同样是分别获得四次冠军。

（四）国际乒联职业巡回赛

国际乒联职业巡回赛开始于1996年，每年一届，是国际乒坛的一项传统赛事。国际乒联职业巡回赛设有男子单打、女子单打、男子双打、女子双打4个比赛项目。每年年终针对该赛季各站巡回赛积分排名靠前的运动员进行年终赛事国际乒联巡回赛总决赛。

国际乒联职业巡回赛是国际乒联组织的赛事，每年度举行比赛的场次有10～15站，分布在各大洲进行，其主要目的是更好地普及乒乓球运动，从而使更多的协会都能够参与到国际乒联组织的赛事中。与世界乒乓球锦标赛不同的是，国际乒乓球职业巡回赛的参赛人数相对较少，比赛也更为紧凑，是国际乒联的品牌赛事。此外，每年年末还会根据全年的表现遴选出有资格参加总决赛的选手，并进行最终的王者之战。

国际乒联职业巡回赛各站赛事包括斯洛文尼亚乒乓球公开赛、卡塔尔乒乓球公开赛、科威特乒乓球公开赛、德国乒乓球公开赛、西班牙乒乓球公开赛、印度乒乓球公开赛、日本乒乓球公开赛、埃及乒乓球公开赛、摩洛哥乒乓球公开赛、韩国乒乓球公开赛、中国乒乓球公开赛、匈牙利乒乓球公开赛、奥地利乒乓球公开赛、波兰乒乓球公开赛等。

（五）亚洲运动会乒乓球比赛

亚洲运动会是由亚洲运动联合会举办的亚洲地区最大的综合性运动会。1951年，中华全国体育总会曾派出代表参观了在印度举行的第1届亚洲运动会乒乓球比赛。比赛共设男、女团体和5个单项共7个项目，从1958年起每四年举行一次。

（六）亚洲杯乒乓球锦标赛

亚洲杯乒乓球锦标赛是由参加亚乒联盟的亚洲各国家、地区各委员协会的乒乓球选手参加的锦标赛，该赛事的比赛项目与世界锦标赛一致。从1983年开始举办，每年举办一届，比赛期间召开亚乒联盟代表大会。

（七）全国运动会乒乓球比赛

全国运动会简称“全运会”，是由全国各省、自治区、直辖市中国人民解放军及各大企业体协参加的全国最大规模的综合性运动会。该赛事每四年举行一次，乒乓球运动是其中一个重要的竞赛项目，它包括乒乓球全部的7个项目，是我国乒乓球运动最高水平运动员之间的角逐。

第四节　乒乓球运动装备与器材介绍

一、乒乓球运动的装备

（一）球台

乒乓球球台的上层表面被称为比赛台面，它是一个与水平面平行的长方形，包括球台上面的边缘，不包括上面边缘以下的侧面。其中，每个2.74米的比赛台面边缘各有一条2厘米宽的白线，叫边线；每个1.525米的比赛台面边缘各有一条2厘米宽的白线，叫作端线。一条与边线平行将球台划分为两个相等“半区”的3厘米宽的白线叫作中线。

国际比赛对于乒乓球台有着严格的要求。球台必须是由国际乒联（ITTF）批准的，颜色只能是蓝色或者绿色，以下几个参数是国际乒联对于乒乓球台检测的重点。

（1）长：2740毫米；宽：1525毫米；高：760毫米。

（2）弹性：从离台300毫米的地方释放乒乓球，反弹高度应在230～260毫米之间。

（3）摩擦系数：＜0.6。

（4）反光度：在MUNSELL系统中不超过15度。

（二）球网装置

乒乓球球网装置主要包括球网、悬网绳、网柱及将其固定在球台上的夹钳部分。整个球网的顶端距离比赛台面15.25厘米。整个球网的底边应尽可能靠近比赛的台面，其两端应尽可能贴近网柱。

（三）球

乒乓球为圆球状，它是由赛璐珞或类似的塑料制成的一个直径为40毫米，重2.53～2.70克的圆球体，一般呈白色或者橙色，且无光泽。

在2000年悉尼奥运会之前，国际比赛用球的直径为38毫米，2000年之后国际比赛用球的直径为40毫米。在2013年5月的巴黎世界乒乓球锦标赛上，国际乒联通过决议，自2014年7月1日起，包括奥运会乒乓球比赛与世锦赛、世界杯以及国际乒联公开赛及总决赛等都将使用安全环保、以高分子聚合物为原料的新塑料球。

（四）球拍

乒乓球拍由底板、胶皮和海绵三部分组成。乒乓球运动对于乒乓球拍的大小、形状以及重量并没有严格的规定与限制，但是球拍的底板应平整、坚硬，用来击球的拍面应用一层颗粒向外的普通颗粒胶覆盖，连同黏合剂，厚度不应超过2毫米；或者用颗粒向内或向外的海绵胶覆盖，连同黏合剂，厚度不应超过4毫米。海绵胶指的是一层泡沫橡胶上覆盖一层普通颗粒胶，普通颗粒胶的厚度通常不超过2毫米。球拍两面不论是否有覆盖物必须无光泽，并且一面为鲜红色，另一面为黑色。拍身边缘上的包边应无光泽，不能呈现为白色。在乒乓球比赛开始时以及比赛过程中，当场上的乒乓球运动员需要更换球拍时，应向对方以及裁判员展示他将要使用的球拍，并允许他们检查。

二、乒乓球运动的场地

正式的乒乓球运动比赛对于场地有着多方面的要求。一般来讲，乒乓球运动比赛的场地主要包括以下几方面的内容。

（一）比赛区域

一般来讲，乒乓球运动的比赛区域包括可容纳4张或者8张球台（根据乒乓球竞赛的方法而定）的标准尺寸（8米宽、16米长、天花板高度不得低于4米）的正式比赛场地，比赛区域还应包括比赛球台旁的通道、电子显示器、运动员座席、教练员座席、竞赛官员区域（技术代表、裁判长、仲裁等）、摄影记者区域、电视摄像区域以及颁奖区域等所需要的面积。

（二）灯光

标准乒乓球运动的比赛场地对于灯光设施也有着相应的要求。例如，奥运会乒乓球比赛为了保证电视转播影像的清晰，要求乒乓球比赛场地的照明度为1500～2500勒克斯，所有球台的照明度是一样的。如果由于电视转播等方面的原因需要增加临时的光源，这种光源从天花板上方照下来的角度应大于75°。奥运会乒乓球运动比赛区域其他地方的照明度不得低于比赛台面照明度的1/2，光源距离地面不应少于5米。场地四周一般应是深颜色，观众席上的照明度应明显低于比赛区域的照明度。

（三）地面

乒乓球运动比赛的地面应是木制或者经过国际乒联批准的品牌与和类的可移动塑胶地板。地板应具有弹性，地板上不存在其他体育项目的标线与标识。另外，乒乓球场地的地板颜色不能太浅或者反光强烈，可以是红色或者深红色；不能过量使用油或者蜡，从而有效防止打滑现象的发生。

（四）温度

乒乓球运动比赛区域的空气流速应控制在0.2～0.3米/秒之内，温度应控制在20～25℃，或者低于室外温度5℃。

（五）其他场地设施

在正式的乒乓球运动比赛中，乒乓球比赛赛区应由0.75米高的同一深色的挡板围起，同时还应与相邻的赛区及观众隔开。每张球台的比赛场地面积为8米×16米。场地内放有球台、球网、球、挡板、裁判桌、裁判椅、计分器等。每张球台至少还需要使用2台电子计分牌，决赛时使用4台。电子记分牌安放在乒乓球比赛场地两侧后面或者四角，牌上的信息应包括运动员的姓名、所属国家或地区、时间、各局比分等，从而使赛场的观众在看台上能够清楚地看到显示屏上的比分。体育馆内还有一个所有观众都能看清楚的大电子显示屏，能同时显示所有球台比赛的有关信息。乒乓球运动比赛中使用的所有器材都应由国际乒联特别批准与指定，在整个比赛过程中包括训练设施都应采用相同牌号的器材。

第五章　高校乒乓球运动技术训练实践

第一节　乒乓球运动技术基本理论

一、乒乓球技术原理

（一）击球路线

从击球点到着台点之间所形成的线称为“击球路线”。根据回球方向和着台点不同，构成许多方向不同的路线，其基本路线有：左方斜线、右方斜线、左方直线、右方直线、中路直线等。这五条线构成了乒乓球教学训练和比赛的基本路线。

（二）击球时间

击球时间是指对方来球在本方台面弹起后，球从着台点上升至回落的这段时间，可分为上升期、高点期、下降期三部分。而上升期又可分为上升前期和上升后期；下降期又分为下降前期和下降后期。

在不同的时间击球，则会产生不同的效果。在平挡、快推、加力推、推下旋、快攻、快搓或快带时，一般均在上升期或高点期击球；在慢搓、拉下旋球、发球、削球时，应在下降期击球；而拉弧圈球则应在高点期或下降期击球。

（三）击球部位与拍形

击球部位是指球拍触及球的那个部分。击球时的球一般分为五个部位，现用钟表圆盘来表示一只静止球的部位。

上部：接近 1、2 部位；中上部：接近 1 至 2 的部位；中部：接近 3 的部位；中下部：接近 4 至 5 的部位；下部：接近 6 的部位。

球拍击球时的拍形角度，按击球部位相应地分为以下几种形式：一是拍形向下，球拍击球靠近 1、2 部位；二是拍形前倾，球拍击球靠近 1 部位；三是拍形稍前倾，球拍击球靠近 2 部位；四是拍形垂直，球拍击球靠近 3 部位；五是拍形稍后仰，球拍击球靠近 4 部位；六是拍形后仰，球拍击球靠近 5 部位；七是拍形向上，球拍击球靠近 6 部位。

因来球的性能不同，故还击时触及球的部位也不同。为了准确击中对方台面，拍面的方向和拍形角度也要做相应变化。而合理调整拍形角度、击球部位或拍面方向，是衡量对球的感觉和控制能力的重要标准之一。

（四）击球的力量

击球的力量取决于乒乓球和球拍的质量和击球瞬间的挥拍加速度的乘积，由于球和球拍的质量是固定的，故击球的力量大小取决于击球瞬间挥拍的加速度。增大击球力量的方法主要有以下四种：其一，击球前击球点与身体的距离适当加大，保持球拍与来球有一定碰撞前的距离，以增加击球时的加速度；其二，击球前注意球拍的后引，使手臂肌肉拉长后再做快速收缩、挥拍；其三，向前挥拍击球时，使球拍触及球的瞬间，挥拍加速度达到最高；其四，击球时腰、腿、臂、手腕、手指各部分肌肉需协调用力。此外，应加强身体素质的练习，不断提高肌肉的力量。

（五）乒乓球击球动作的基本环节

判断来球、移动步法、挥拍击球和迅速还原，是击球动作的四个基本环节。

（1）判断来球。要做到正确地击球，首先必须养成善于判断的良好习惯，提高判断能力。当对方准备击球时，我们要注意的不仅仅是球，更重要的是注意对方的行动，即对方手部动作和球拍方向。

（2）移动步法。根据对方来球的飞行方向、击球力量来判断球的落点，并通过步法迅速移动自己的位置，保持正确击球姿势。

（3）挥拍击球。击球动作一般包括选位、引拍、向前挥拍、球拍触球、身体协调和击球后动作。选位是根据来球的落点和旋转性质，迅速选好合理位置，调整身体重点，做好击球准备。引拍则是为击球发力做准备。向前挥拍的幅度大小和快慢，直接关系到击球的力量、速度、旋转强度。球拍与球接触的一刹那应保持正确的击球部位和击球拍形。击球时，不持拍手臂以及身体移动等动作必须与挥拍击球动作相配合，这就是身体协调。而击球后动作也是必不可少的，因球拍触球后，球拍还要有一段随势前移的过程。

（4）迅速还原。球击出后，随着击球动作结束，不仅要迅速收回球拍，而且应将脚步收回，以使身体重心恢复平衡，准备迎击下一次来球。

以上四个环节是一个完整的统一体，相互联系，缺一不可。在实践过程中，只有理解了击球动作的基本环节，方能完成高质量的击球动作。

二、乒乓球发力方向

发力方向，即触球瞬间向哪个方向用力。如拉加转弧圈球的发力方向应以向上为主，略带向前；拉前冲弧圈球的发力方向以向前为主，略带向上。

决定发力方向的因素有如下四点：

（1）来球的旋转。如来球上旋，击球时就要有一向下的力去抵消它；来球下旋，击球时又要有一向上的力去克服它；来球侧旋亦是同样道理。总之，击球时发力方向一定要有一个抵消来球旋转的力。

（2）来球的落点和高度。如来球至右大角并拐出边线，发力方向就要有点向左的力，若直向前打就会使球从球台边线外出界。来球高，就要稍加向下的力；来球低，又要增加向上的力。来球距网远近不同，发力方向也应作相应调整。

（3）击球时所用的技术。如使用攻球技术时，应以向前为主，略带向上发力；而使用削球时，则是向前下方发力。拉弧圈球与攻球相比，在来球同一高度的情况下，拉弧圈球则比攻球多一些向上的力。

（4）击球的落点。来球落点相同，打斜线球与打直线球时，发力方向就不一样。发力方向还与拍形关系密切。如拍形向下（极度前倾），就难以向上发力；拍面向上（极度后仰），又难以向下发力击球。所以，发力方向应与相应的拍形配合。但是同一拍形，由于要还击不同的来球，发力方向也不尽相同。垂直于台面的拍形，攻球时可向前上方用力，可向上用力，也可向前用力，还可向左前方或右前方发力。这主要应视对方的来球而定。

为了确保发力方向的正确，实践中应注意以下几个问题：

首先，要特别注意全身协调发力的一致性。手腕在乒乓球技术中有着特殊的意义，如果手腕用不好，或乱动手腕，就会直接影响动作的稳定性，难以控制理想的发力方向。击球点位置也会影响发力方向。如攻球时，击球点偏后，就容易过多地向上发力，而难以向前打。

其次，引拍动作也直接影响发力方向。过分下沉的引拍动作，就难以向前挥拍击球；向后上方的高手引拍，就难以向上挥拍击球。所以，为确保发力方向的正确性，还必须注意引拍动作。使用不同类型的球拍击球，其发力方向也不一样。如用胶皮拍攻球，向上发力较多；用正贴海绵胶粒拍攻球，向前上方发力；用反贴海绵胶粒拍攻球，向上发力较少，而主要是向前打。

三、乒乓球发力方法

发力方法，即挥拍击球时的用力方法。击球的发力方法可分为三种。

发力：来球速度<球拍速度。

借力：来球速度≥球拍速度≥0。

减力：来球速度>球拍速度<0（球拍向后缓冲）。

实践中还有一种解释，即来球靠运动员本身用力挥拍击回的球叫“发力球”；来球主要靠触拍后反弹回去的球叫“借力球”；球拍触球瞬间有一向后“收”的动作，借以减弱对方来球的反弹力叫“减力球”。小球时代，我国快攻选手打球时多采用发力中有借力的方法，所以攻球速度快、力量大，而现在打大球，则应增加自己的主动发力。

（1）发力，又可分为加力（或叫重力、全力）、中等力量和轻力。在重视加力击球的同时，千万不要轻视了中等力量的击球，因为它是发力击球的基础。在比赛中，根据双方情况，其发力方法又可分为以下五种：

①彼轻我重。如削球选手对进攻型选手比赛时，一旦出现攻球者轻拉的机会，削球手应即刻加力反攻。又如攻对攻，一方若轻挑时，另一方则加力抢攻。

②彼重我轻。对方发力抢攻、抢冲时，我仓促应付，为稳健起见，以轻挡和快带回击；对方加力扣杀，我退后放上旋高球；对方加力推压，我退半步拉弧圈球挂住对方反手，等等。

③彼轻我轻。攻对削，打到白热化程度时，双方都很紧张，一方轻拉，一方稳削，十分谨慎。两个攻球手相遇，互相控制，双方摆短。

④彼重我重。双方加力对拉弧圈球；对方加力抢攻、抢冲，至我正手打回头，至我反手推压大角度空当等。

⑤轻重结合。攻对削，轻拉、短吊配合重扣。推挡对弧圈，加、减力变化兼用。接发球时，搓、拉、点，配合发力冲、加力抢攻等。

（2）从发力方向与球心的关系看，又可分为“撞击”和“摩擦”两种用力方式。发力方向过球心者为撞击，特点是球速快；发力方向远离球心者为摩擦，特点是球的旋转强。现代乒乓球技术要求把撞击与摩擦、速度与旋转结合起来，即使是打同一板球，往往也要撞击与摩擦相结合。但不同打法，侧重有所不同，快攻以撞击为主，弧圈球以摩擦为主。

（3）从运动员肌肉用力的特点看，又分为爆发力与非爆发力。打乒乓球基本上都是用爆发力，但个别技术例外，如快带技术就忌用突然的爆发力。

（4）从肌肉发力的顺序分析。如正手攻球的肌肉发力顺序为身体带动上臂，上臂带动前臂，前臂带动手腕。

四、乒乓球击球点位置

击球点位置，是指球拍与球接触的那一点和击球员身体所处的相对位置。选择正确击球点位置，是提高击球准确性和威胁性的重要条件之一。一般使球拍挥摆能达到最高速度又最便于控制球的那一点，就是最好的击球点位置。因为来球不同，同一技术动作的击球点有时也有差别。但每种技术动作的正确击球点位置，大体上应固定在一个范围之内。优秀运动员都非常注意在正确的击球点位置上击球。

要找好击球点位置，一是要树立探索合理击球点位置的意识，并在实践中自觉地、不断地琢磨与研究各种技术动作最适宜的击球点位置。二是注意根据来球离身体的远近，及时调整自己的站位。站位离台较近，接对方打来的长球（接近端线）时，应及时移步后退；站位离台较远，接对方发的近网小球时，应及时向前上步，否则会因站位不适而难以确保正确的击球点位置。三是在对方突然变换击球节奏时，要注意调整自己的引拍动作。如削球手遇对方突击或拉前冲弧圈球时，应加快引拍的速度，使击球前球拍与球有一适宜的距离。否则，就会因拍与球的距离拉不开，而形成"球顶拍"的现象。对攻或对拉时，用身体的侧转带动手臂向后引拍。遇上旋较强的弧圈球时，可酌情上前移步，借助身体重心前移产生的力量，直着向前挥拍，切忌用肩后拉引拍，因为一向后拉手就会将击球点位置后移，形成"球顶手"的现象。另外，有时还受前一次接球的影响，动作未及时还原，球已至身前，这就必须改变规定动作，或借助转腰扭髋的动作，或采用应激的小动作（包括变换另一种技术，如用推挡或切一板代替原来的对攻），以避免因为击球点位置的不适宜而造成失误。

第二节　高校乒乓球无球技术训练实践

一、握拍方法

（一）直拍握拍方法

1. 直拍快攻型握拍法

拍柄右侧贴在食指的第三关节处，食指第二关节压住拍柄的右肩。拇指的第一关节压住拍柄的左肩，拇指和食指之间的距离保持适中。其他三指自然弯曲重叠，以中指第一关节托于球拍的背面，使球拍保持稳定（见图 5-1）。

图 5-1　直拍快攻型握拍法

这种握拍方法手腕较灵活，有利于发球，处理台内小球和击球时的变线。此外，由于灵活性好，变换拍形快，有利于正、反手击球动作的迅速变换，在处理追身球时也比较方便。

2. 弧圈型握拍法

与快攻型握拍基本相同，但拇指贴在球拍左侧，食指轻轻扣住拍柄，形成一个小环状。中指、无名指和小指自然伸直托住球拍后部（见图 5-2）。

图 5-2　弧圈型握拍法

这种握拍法，很自然地把手臂、手腕和球拍连成一体，球拍呈半横状，扩大了正手位照顾的范围。在拉弧圈球和扣杀时，比较容易发挥手臂的力量。缺点是手腕不够灵活，正反手的快速转换拍形比较困难。

3. 板横打的握拍法

与弧圈型握法基本相同，拇指往里握得深一点，食指移至球拍的边缘处，球拍不能握得太紧，后面其余三指略伸开一些，这样有利于发力及控制拍形。

这种握拍法，手腕动作灵活，发球好，变化多。尤其是反手，提高了主动进攻和相持的能力。缺点是处理中路或追身球较困难。

（二）横拍握拍法

横拍握拍法大致可分为浅握和深握两种。

1. 浅握法

以中指、无名指、小指自然握住拍柄，拇指在球拍的正面轻贴在中指旁边，食指自然斜放于球拍背面，虎口轻贴拍柄（多用于进攻型打法）。

2. 深握法

与浅握法基本相同，主要区别在于虎口紧贴拍柄（多用于削攻型打法）（见图 5-3）。

图 5-3　深握法

正手攻球时，两种握法都要注意食指用力，必要时可稍微向上移动，帮助压拍。反手攻球时要拇指加力，必要时稍微向上移动，帮助压拍。正、反手削球时，手指基本不动。

浅握的主要优点是手腕比较灵活，缺点是拍形不易固定，因而发力会受到一定影响；深握则相反，发力较集中，但手腕不灵活。

二、站位与姿势

正确的基本站位与基本姿势，有利于迅速起动移动步法，抢占合理的击球位置，发挥自己的技术特长。

（一）站位

快攻型：这种类型，左推右攻打法基本站位在近台中间偏左，两面攻打法基本站位在近台中间。

弧圈型：以弧圈球为主打法，基本站位在中台中间偏左的位置。

削攻型：攻削结合打法基本站位在中台附近，以削为主打法基本站位在中远台附近。

（二）姿势（以右手持拍为例）

两脚开立略比肩宽，通常左脚稍在前一点，两脚的前脚掌内侧着地，略提踵；两膝微屈；上体略前倾，适度收腹含胸；下颌稍向后收，两眼注视来球；两肩基本同高，持拍手臂自然弯曲置于身体右侧，上臂与前臂的夹角接近 90°，手腕放松持拍于腹前，离身体约 30 厘米；不持拍手自然放于腹前，与持拍手基本同高（见图 5-4）。

图 5-4　基本姿势

三、步法

步法就是为了选择合适的击球位置所采用的脚步移动方法。移动是击球的基本环节之一，正确地移动是取得合适的击球位置、争取主动和摆脱被动的重要方法。快速而灵活的步法移动，不仅能保证运动员正确的击球动作，而且能提高击球准确性。

（一）单步

单步一般是在来球离身体不远的小范围内运用，是以一只脚为轴，另一只脚向前、后或左和右的方向移动一步，身体重心也随之落到移动脚上（见图 5-5）。

（二）跨步

跨步是以一只脚向移动方向跨出一大步，身体重心随即移到跨步脚上，另一只脚也迅速地滑动半步跟过去。它的特点和作用是跨步移动的幅度比单步大，近台快攻打法常用这种步法来对付离身体稍远的来球（见图 5-6）。

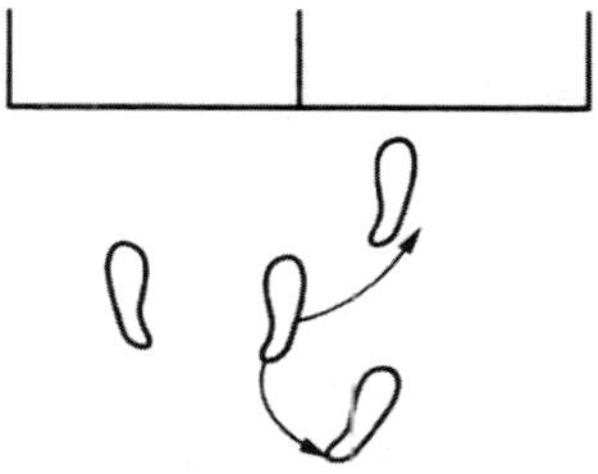

图 5-5　单步

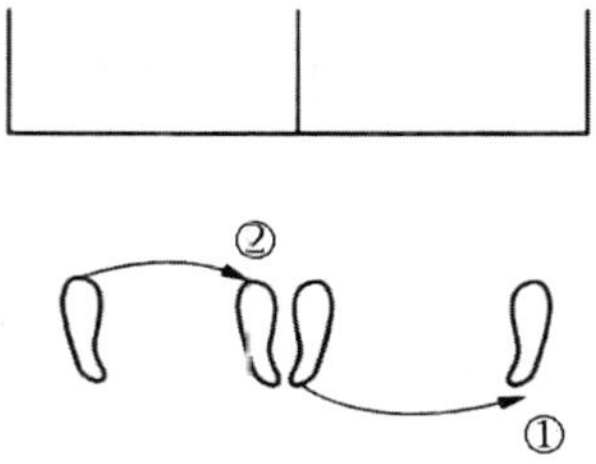

图 5-6　跨步

（三）跳步

跳步是以来球异侧方向的脚用力蹬地为主，使两脚同时或几乎同时离地向来球的方向跳动，蹬地脚先落地，另一只脚跟着落地站稳。它的特点和作用是跳步移动的幅度比单步、跨步都要大些。跳步是弧圈打法中台向左、右移动或侧身移动时常用的步法（见图 5-7）。

（四）并步

并步的移动方法基本上和跳步相似，只是不做腾空的跳动。移动时，先以来球异方向的脚向同方向的脚进一步，然后同方向的脚再向来球方向迈一步。它的特点和作用是并步移动的幅度比单步要大，但比跳步要小。快攻或弧圈打法在攻削球做小范围的移动时，也常会使用这种步法（见图 5-8）。

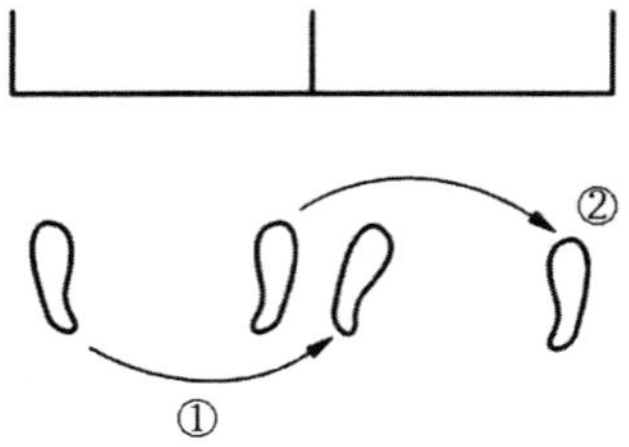

图 5-7　跳步

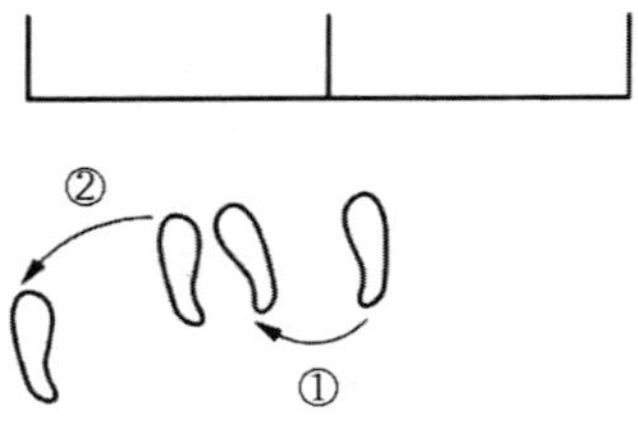

图 5-8　并步

（五）交叉步

交叉步先以靠近来球方向的脚作为支撑脚，使远离来球的脚迅速向前，或左、右的方向跨出一大步，而原作为支撑的脚接着向前脚的移动方向再迈一步。交叉步移动的幅度比较大，主要是用来对付离身体较远的来球（见图 5-9）。

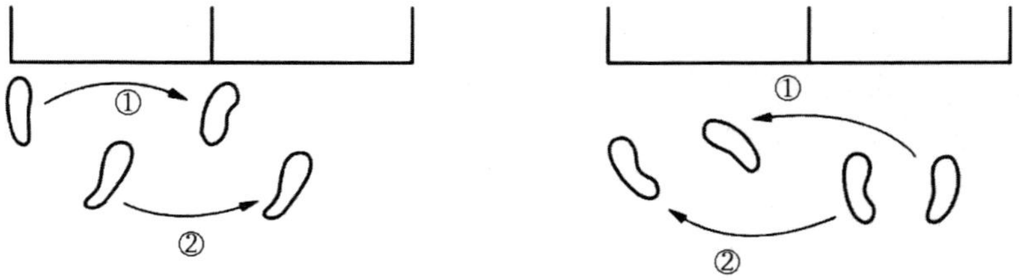

图 5-9　交叉步

第三节　高校乒乓球有球技术训练实践

一、发球

发球是乒乓球比赛时力争主动、先发制人的第一环节。发球可以直接得分，也可为进攻创造机会。发球的种类很多，有高抛、低抛与下蹲；正手、反手与侧身；速度、落点、混合旋转和单一旋转等。

（一）基本技术

1. 正手平击发球

特点：平击发球一般不带旋转，是学习其他发球的基础。

方法：右脚稍后（以右手提拍为例，下同），身体稍向右转，左手掌心托球，置于体前右前方，抛球的同时右臂内旋，使拍面稍前倾，向身体右后方引拍，在球降到近于网高时向前挥拍击球的中上部（见图 5-10）。

图 5-10　正手平击发球

2. 正手发下旋球与不转球

特点：球速较慢，旋转变化大，发转与不转的球时手法相似，易造成对方接球失误或为自己抢攻创造条件。

方法：右脚在后，前臂向后上方引拍，拍面略向后仰。抛球后，待球下落时前臂迅速向前下方挥动并略外旋，手腕用力转动使拍面仰角稍大些，约与网同高时击球，摩擦球的中下部向底部摩擦。发不转球时，手臂向前下方挥摆，前臂外旋与手腕的转动要慢，拍面后仰角度要小些，用球拍下部偏右处向前撞击球，减小向下摩擦力。

3. 正手发左侧上（下）旋球

特点：发左侧上（下）旋球时，手法相似，并能发挥手臂和手腕的作用，旋转力较强，对方挡球，球易向右侧上（下）方反弹。

方法：右脚在后，抛球时持拍手向右上方引拍，手腕略向外展。当球下落时，手臂迅速向左下方挥动，在与网同高时触球，触球瞬间手腕快速向左上方转动，使球拍从球的中部偏下向左上方摩擦。发左侧下旋球时，手腕可快速向左下方转动，使球拍从球的中下部向左下方摩擦（见图 5-11）。

直拍正手发左侧上旋球

直拍正手发左侧下旋球

图 5-11　正手发左侧上（下）旋球

4. 反手发右侧上（下）旋球

特点：能充分运用转体动作，旋转力较强，对方挡球后，球易向其左侧上（下）方反弹。

方法：右脚在前，持拍手向左上方引拍，拍柄略向下。抛球后，当球下落时，前臂和手腕同时发力，向右下方挥拍，在与网同高时击球，触球瞬间手腕向右上方转动，使球拍从球的中部偏下向右上方摩擦。发右侧上旋球时，手腕向右下转动，使拍从球的中下部向右下方摩擦（见图 5-12）。

横拍反手发右侧上旋球

横拍反手发右侧下旋球

图 5-12　反手发右侧上（下）旋球

5. 反手发轻短球

特点：力量轻、落点靠近球网，使对方难以发挥技术优势，发轻短球一般和发急上、下旋长球，侧上、下旋长球结合运用。

方法：持球手向上抛球，同时持拍手向后上方引拍（注意不是后方）。当球下降至比球网稍高时，前臂向前下方轻微用力送出，拍面后仰，触球中下部并向底部摩擦。球离开球拍后，第一跳应在中台附近。反手轻短球和反手急上旋长球或反手侧上、下旋长球结合使用，常会产生非常好的效果（见图 5-13）。

图 5-13　反手发轻短球

（二）练习方法

1. 持拍模仿发球动作。
2. 抛球与挥拍分解练习。
3. 单人完整的发球练习，结合多球练习，连续发球。

4. 两人合练，发球与接发球联合练习。
5. 多种发球技术结合的练习。
6. 变换落点的练习，将球发到规定的范围内。

二、接发球

乒乓球比赛首先是从发球和接发球开始的，但是接发球技术的运用要根据对方的发球方法与来球性能来决定。如果比赛中接发球技术差就会造成被动，导致心理上的紧张和畏惧，造成一连串失误。相反，如果接发球技术好，不仅可以直接得分，也可以破坏和限制对方的抢攻，从而为自己的进攻创造有利的条件。

（一）基本技术

接发球手段很多，通常采用推挡、搓球和攻球、削球等技术来回击。

1. 接急球的方法

当对方用反手发左角急球时，来球速度快，一般用推挡回接，如果回斜线应尽可能把角度回得大些，注意手腕外旋，拍触球的左侧面，使对方难以侧身抢攻和快变直线；有时也可回中路靠右或以直线反袭空当。如果用抽球或削球回接则必须稳步后退，等来球前进力减弱些再回击，这样易于发挥自己的力量与提高准确性。如果对方发过来的是急下旋球，也可用推挡去回接（必须使拍面先略后仰，用拍触球的左侧下部，同时手腕外旋将球推过去），还可以用推下旋方法去回接（等球跳到高点期时，拍形稍仰，手腕固定地往前下方推出去）。如果用侧身回接急下旋球，既要适当加大提拉力量，又要注意加快小臂内旋的速度，这样才易提高回接的命中率。用反手攻球回接时，同样既要适当加大提拉的力量，又要注意加快小臂外旋的速度。横拍两面攻选手，可用反手拉弧圈的方法回接，首先要稍后退，拍形稍前倾，在球的高点期或下降期击球的中部或中下部，将球拉过去。用搓球回接时，由于来球前进力强，所以，搓时首先应后退，等来球前进力减弱时，再向前下方用力将球搓过去。但由于回接速度慢，容易造成被动，不宜过多采用。

2. 接短球的方法

当对方发来近网的短球时，可用以短回短的方法，把球也回到对方近网处，使其不易发力进攻。要使球的落点回得短，则应注意在上步接球时身体保持稳定，特别在击球时，必须控制住身体的前冲力量，在球拍触球的一刹那控制住板形（接上旋球，拍形稍下压一些；接下旋球，拍形稍仰些），迅速减力，做回收的动作，将球接过去。还可以用快攻的方法回接，当球跳到高点期时，拍形稍前倾击球的中上部，靠手腕和小臂的力量迅速发力回击。回接下旋球要注意适当加大提拉力量。

（二）练习方法

1. 选好合适站位。比赛中根据发球方站位，预测来球落点和准备采用何种方法接球而站位，一般不宜过远或过近，离台 30～40 厘米的距离以能击好大角度来球为宜。

2. 准确识别发球的旋转和落点。接发球的关键是要自始至终注视来球，尤其是发球方球拍与球接触瞬间的动作，包括触球部位、球拍移动方向、用力程度等。

三、推挡球

推挡球的技术特点是站位近、动作小、速度快、变化多，也是我国直拍打法的一项重要的基本技术。它既能成为争取主动的助攻手段，又能起到积极防御或从相持变为主动的作用。推挡球包括挡球、快推、加力推、减力推、推下旋、推挤等技术。一般要求能掌握挡球和快推技术。

（一）基本技术

1. 挡球

特点：球速慢、力量轻、动作简单、易于掌握，是初学者的入门技术。

方法：击球前两脚平行开立，离台 40～50 厘米，手臂自然弯曲外旋，拍面与台面接近垂直，引拍至体前，前臂前伸迎球。击球时要待来球处于上升期击球中部，主要借助来球反弹力将球挡回。击球后，手臂、手腕向前随摆并迅速还原。发力主要以前臂为主，身体重心在两脚之间。

2. 快推

特点：借力还击，球速快、落点变化多，能迷惑对方，起助攻作用。

方法：击球前，前臂稍向后引。击球时，前臂向前推出，食指压拍，拇指放松，拍面前倾，在来球上升期击球中上部。击球后，手臂顺势前送（见图 5-14）。发力主要部位以前臂和手腕为主，动作过程中身体重心在两脚之间。

图 5-14 快推

3. 加力推

特点：加力推的回球力量重、速度快、落点有变化，主要适用于对付旋转较弱、速度较慢的上旋来球或较轻的攻球及推挡。

方法：击球前上臂，前臂后撤引拍幅度比快推大一些，前臂适当提起，肘部贴近身体。上臂、前臂、手腕向前迎推来球，配合腰、髋的转动增大发力。在上升期或高点期击球的中上部。触球时食指用力，使球拍保持前倾，并用中指顶住球拍背面辅助用力。放松还原，准备下一板来球（见图 5-15）。

4. 减力挡

特点：减力挡的回球弧线低，落点短，力量轻，一般在加力推或正手发力冲拉，迫使对手退台防守后使用。

图 5-15　加力推

方法：击球前引拍动作不用撤手臂，前臂略微弯曲使球拍稍稍提高，拍面保持前倾。来球在拍面弹起时，身体重心略微升高，手臂迅速上前迎球。在上升期触球的中上部，整个挥拍动作用力很小。在球拍触球的一瞬间，手臂和手腕稍向后收，以减小来球的前冲力。迅速放松还原，准备下一板击球（见图 5-16）。

图 5-16　减力挡

（二）练习方法

1. 持拍模仿练习。
2. 对墙连续推挡球练习。
3. 用推挡技术接发球，要求发球难度要低。
4. 两人对推练习，包括对推直线和对推斜线练习。
5. 两人练习，一人攻球，一人推挡。

四、攻球

攻球是快速进攻最重要的一项基本技术，杀伤力强，是解决战斗的关键技术。攻球从大的动作结构来讲，可分为正手和反手攻球两大类；按站位又可以分为近台、中台、远台攻球；按击球点和击球时间又可以分为拉、抽、拨、带、扣、杀等方法。正手攻球速度快、力量大、球路广、照顾范围大，是克敌制胜的主要技术，各种技术类型的乒乓球运动员都需练好这项技术。反手攻球速度快、力量大、线路活，是克敌制胜的主要技术。使用反手攻球可以不用或少用侧身攻球，从而避免或减少出现较大的右方空当。反手攻球与正手攻球相配合，可发动威力强大的全台进攻，它是两面攻打法的主要技术，其他各种类型打法的运动员也要学会这种技术。

（一）基本技术

1. 正手快带

正手快带属于攻球技术的一种，速度快、弧线低、路线活、借力还击，是对付弧圈球的一种比较积极的技术。

特点：击球时我们要注意击球点，是在来球跳至上升期，拍面前倾，球拍高于来球（这是个要注意的细节，很多人击球时重心过低），击球的中上部，借助腰髋转动，手臂迎前带击，手腕保持相对稳定，不宜发力，发力主要部位是手臂借来球反弹力量带击，过程中身体重心要从右脚转至左脚。

方法：击球前，左脚稍前，站位靠近台，离台为 40 厘米，站位的正确是保证动作规范和发力的基础。引拍时手臂保持自然弯曲，大胆内旋使拍面前倾，动作幅度小，向后引拍很少，迎球时手臂、手腕向右前方迎球，腰髋开始向左转动。

2. 正手快攻球

（1）正手近台快攻

特点：正手近台快攻是对攻中常用的一项主要技术，具有站位近、动作小、速度快、有一定力量的特点。可以为扣杀创造机会，也可以直接得分。

方法：左脚在前，右脚稍后，离台约 40 厘米。击球前，稍向右转体，引拍至身体右侧。上臂与躯干的夹角约 30°～40°。前臂与地面略平行，以前臂发力为主，拍面略前倾，触球中上部，以向前上方发力为主。触球时，拇指压拍，食指放松，前臂旋内，击球后，球拍顺势挥至额前左侧，身体重心随挥拍击球动作由右脚移至左脚。球击出后，迅速还原，手臂放松，准备下一板击球（见图 5-17）。

图 5-17　正手近台快攻

（2）正手中远台攻球

特点：中远台攻球是攻球运动员在中远台对攻时常用的一种技术，力量较大，进攻性较强。

方法：站位中远台，准备姿势和引拍动作与正手近台快攻相似。但整个手臂随着腰的转动转向右后方，拉开上臂与身体的距离。转体向前挥拍，上臂带动前臂发力，手腕控制拍面角度前倾，球拍触球中上部，在下降期将球击出。为了增大击球力量，在此过程中要注意腰腿力量的协调配合。正手中远台攻球时采用的步法大多是交叉步或跨步向右侧后方移动。击球后，迅速放松还原，调整身体重心，准备下一次击球（见图 5-18）。

图 5-18 正手中远台攻球

3. 正手扣杀（杀高球）

特点：正手扣杀球力量重、速度快、攻击性强。常用来还击各种机会球，或迫使对方出高球，自己取得主动。

方法：站位的远近要视来球的长短而定，击球前，整个手臂随腰部的转动向后引拍，引拍幅度比较大，以便发挥较大的击球力量。手臂先由下向上挥拍，身体重心也逐渐上升，当球拍接触球时，手臂再由前上方向前下方用力，手腕控制拍面前倾，球拍触球中上部将球击出。挥拍过程中，应使右脚蹬地的力量、腰部转动的力量和整个手臂向前向下挥动的力量协调配合，并在触球时集中于球上。击球后，由于动作幅度较大，身体已向左方偏斜，重心一般会落在左脚上，此时要注意迅速还原，准备下一次击球（见图 5-19）。

图 5-19 正手扣杀

4. 侧身正手攻

特点：左半台的来球，不用反手动作回击，而是根据来球落点移动步法，侧身正手攻回击。

方法：首先要迅速移动脚步到侧身位置，身体侧向球台，左脚在前，右脚稍后，上体略前倾并收腹。击球时，根据来球情况，可以在侧身位置用正手近台攻球、中台攻球、台内攻球、拉球和扣球等技术击球。

5. 正手拉攻

特点：站位稍远，动作较小，线路活，依靠主动发力摩擦回击来球，是还击下旋球的有效方法。在对付下旋发球、搓球和削球时，也能作为过渡技术为扣杀创造条件。

方法：站位靠近球台，右脚稍后，重心支撑点在右脚上。击球前，引拍至身体右侧下方呈半横状，拍面近乎垂直，上臂与身体约呈 35°，与前臂约呈 130°。当球从最高点开始下降时，上臂和前臂由后向前上方挥动，前臂迅速内收，结合手腕转动的力量摩擦球的中下部。击球后，重心支撑点移至左脚，球拍随势挥至头部。

6. 反手快带

特点：击球时要注意击球点，在来球跳至上升期，拍面前倾，球拍高于来球，击球的中上部，借助腰髋转动，手臂迎前带击，手腕保持相对稳定，不宜发力，发力主要部位是手臂借来球反弹力量带击，在此过程中身体重心从右脚转至左脚。

方法：站位稍偏左，身体离台40厘米，右脚稍前（或平站），身体重心放在左脚或双脚上，两膝微屈，收腹含胸，身体稍向左转，右臂自然弯曲，前臂上提并外旋，将拍引至身体左前方略高，并使拍形前倾，来球从台面弹起后，以前臂和手腕为主向右前方挥拍迎球，同时，腰、髋带动上体向右转动，在来球的上升期，以前倾拍形迎击球的中上部；球拍击球瞬间，借助腰、髋的转动，使手臂迎前“带”球，勿发力，并使拍面前倾度保持稳定；击球后，手和臂顺势向右前方挥动，并迅速还原成准备姿势。在此动作过程中，身体重心从右脚移到双脚上。

7. 反手快攻

特点：站位近、动作小、球速快、落点活、带上旋，能借用来球的反弹力提高球速，创造扣杀机会。比赛中能以攻代守应对对方的进攻，是两面攻打法的常用技术之一。

方法：站位偏左，身体离台40～50厘米，两脚平站或右脚略前，两膝微屈，收腹含胸，身体向前或稍向左转，（直拍运动员右上臂靠近身体右侧，肘部略前出；横板运动员右上臂不要靠近身体）手臂自然弯曲，引拍至腹前或偏左，前臂外旋，使拍面稍前倾。来球从台面弹起后，以前臂和手腕为主，根据来球的上旋强度向右前方或右前上方挥拍迎球，在来球的上升期，以前倾拍形击球的中上部；球拍击球瞬间，以前臂和手腕为主，向右前方或右前上方发力击球，并使前臂外旋；击球后，前臂和手腕顺势挥拍至右肩前，并迅速还原成准备姿势。在此动作过程中，身体重心放在双脚上，或从左脚移至右脚上。

8. 反手扣杀

特点：动作幅度大、力量重、球速快、攻击性强，是得分的重要手段，常用来对付着台后弹起比网高的机会球或前冲力不大的半高球。

方法：站位在球台中间或偏左，多半在近台位置，右脚稍前，身体重心放在左脚上，两膝微屈，收腹含胸，腰、髋及上体稍向左转。右臂自然弯曲（直拍运动员右上臂靠近身体右侧，肘部略前出，横拍运动员右上臂不要靠近身体），前臂后引并外旋，将拍引至身体左侧偏后，并使拍面稍前倾。来球从台面弹起后，腰、髋右转带动身体及上臂向右转动，与此同时，上臂积极发力带动前臂和手腕向右前方挥拍迎球，在来球的高点期，以前倾拍形猛击球的中上部；球拍击球瞬间，以上臂和前臂为主向右前方或右前下方发力击球，腰、髋部亦积极协助用力；击球后，手和臂顺势向右前方挥动，并迅速还原成准备姿势。动作过程中，身体重心从左脚移到右脚上。若来球下旋，则拍形不要过分前倾，可击球的中部，并适当增加向上力量。

（二）练习方法

1. 持拍模仿练习，由单一攻球过渡到连续攻球，由原地攻球过渡到连续攻球。
2. 对墙攻球练习，自己抛球，然后攻球。
3. 两人练习，一人发球，一人攻球，要求发球到攻球者的顺手位。
4. 多球练习，连续攻球。

5. 控制落点的攻球练习。

6. 两人练习，一人攻球，一人推挡。

五、搓球

搓球是用类似削球动作，在近台回击对手下旋来球的一种击球方式，既是一项重要的过渡技术（接发球），又是某些战术的重要组成部分，如搓中突击、搓中拉弧圈、拉与搓结合等。

（一）基本技术

搓球根据击球方位的不同，可分为反手搓球和正手搓球；根据击球时间的不同，可分为慢搓和快搓；根据旋转强度的不同，可分为加转搓球和不转搓球以及摆短、搓侧旋等多种技术。

1. 正手慢搓

特点：回球速度慢，击球时间晚，同快搓结合运用可改变击球节奏，利用旋转的变化为进攻创造机会。

方法：身体距球台端线约 40 厘米。两脚开立略平行，两膝微屈并收腹，身体重心置于两脚之间略偏左脚。引拍时，右脚往右前方跨一小步，重心落在右前脚掌。右上臂微离身，前臂向右上方提拍，肘部自然弯曲，前臂与上臂约呈 110°角。手腕随前臂自然上提，使拍形稍后仰。来球从台面弹起时，前臂略外旋向左前下方挥动，手腕辅助前臂发力，在下降期击球（击球中下部），手腕前送，并向前发力。右手臂发力时，上体微向左转，身体重心回至两脚间，击球结束后，迅速还原（见图 5-20）。

图 5-20　正手慢搓

2. 反手慢搓

方法：准备姿势同正手慢搓。引拍时，左脚稍向左方（略偏后）轻轻移动一小步，上体左侧略上提并收腹，身体重心转向左脚。右上臂微离身向左摆动，前臂向上方提臂，使球拍至左胸高度，肘部自然弯曲，前臂与上臂约呈 100°角。手腕前臂自然上提，使拍形后仰。来球从台面弹至高点开始回落时，前臂内旋向右前下方挥拍，手腕辅助前臂发力，保持拍形后仰，在下降期中段摩擦球的中下部（见图 5-21）。

图 5-21　反手慢搓

3. 正、反手快搓

特点：回球速度快，击球时间较早，可变化击球节奏，用于对付对方发过来或削球过来的近网下旋球，利用旋转变化为进攻创造机会。

方法：准备姿势同慢搓。击球前拍面稍后仰，手臂迅速向前迎球，在上升期击球，根据来球旋转程度调节拍面角度和用力方向（见图 5-22、图 5-23）。

图 5-22　正手快搓

图 5-23　反手快搓

4. 转搓球与不转搓球

特点：快、慢搓球均可搓出转与不转球，可以迷惑对方，造成回球难度，有效地为进攻创造机会。

方法：加转搓球，是用球拍的下部触球，前臂和手腕向前向下用力擦击球。不转搓球，用球拍上部和中部触球，触球时，前臂和手腕向前用力碰球。

（二）练习方法

1. 持拍模仿练习。
2. 对墙搓球练习，自抛自击。
3. 两人练习，一人发球，一人搓球，要求发球到攻球者的顺手位。
4. 两人练习斜线对搓。

六、弧圈球

（一）基本技术

1. 加转弧圈球

击球前，左脚在前，右脚稍后，身体向右倾斜与球台约呈 45°角，两膝微屈，球拍贴近臂部，右肩略低于左肩，手臂自然下垂，手指紧握球拍，手腕比较有力地固定球拍，身体重心在两脚之间。当来球从桌面弹起时，前臂先向前迎球，然后上臂和前臂同时由下向上垂直挥动擦击球的中部，腰部由右后方急剧向上扭转。球拍与桌面约呈 80°角，拍面与球的擦击间隙，愈薄愈好。在触球的一刹那，加速用力，使球成较高弧线飞出。球拍顺势挥动至额前，然后放松还原（见图 5-24）。

图 5-24　加转弧圈球

2. 前冲弧圈球

躯体与桌面呈 75°角。球拍拉至身后，约与桌面齐高，手指握拍同前。当来球着台后，手臂向前上方迅速挥出，手腕使球拍前倾，与桌面呈 50°角，擦击球的上部。腰部向前上方扭转，协助球拍加速摆动，使球沿一低弧线落于对方台面，球拍顺势前摆到面部为止，然后放松还原（见图 5-25）。

图 5-25　前冲弧圈球

3. 回击弧圈球的方法

弧圈球的来势多数是飞快入台，并带有强烈上旋性，球拍碰到这种球，稍微不慎，就会飞出界外。因此，对付弧圈球，攻球者多用近台快抽或快速推挡盖球的中上部，压低球的弧线，控制落点，将球回击过去。在来球上旋力特别强时，可将球拍盖住球的上部，以防止碰板飞出。回击弧圈球的关键，在于思想上的准备，不紧张。回球时拍前倾，盖球及时，动作迅速。削球时，多采用调整拍形快挡或近台快削的方法回击，自上而下快速将球削出。球拍后仰角度一般是 110°～135°，从后上方向前下方削出，动作要短。

（二）练习方法

1. 练习弧圈球时，肩部、腰部的活动较大，因此，事先应加强肩关节和腰部的肌肉活动，避免不慎拉伤肌肉。

2. 练习弧圈球，最好在一定的正、反手攻球技术基础上进行。有了一定的基础，才容易体会动作，避免走弯路和使动作过大。

3. 击球时，手指要握紧球拍，固定球拍角度，不要随便转动。

4. 球拍触球的一刹那，拍面擦击球的切面愈薄愈好，并注意迅速加力挥击，充分发挥腰部的助力。

5. 拉弧圈球和杀回击过来的高球，要密切配合，拉、杀要协调。拉球后，手臂要迅速放松，还原要及时，以提高拉球后扣杀的命中率。

加转弧圈球和前冲弧圈球是基本的弧圈球打法，如果在击球部位、握拍方法、擦击部位和发力动作等方面稍加变化，就不难打出多种类型的弧圈球。

七、削球

削球和攻球一样，按其部位划分类别，也有正、反削球两种。近、远削球从基本打法上区分，又有削追身球、扑救网前短球、接突击球、削逼角球、削转球与不转球等。现介绍一般使用最普遍的正、反手削球。练习者可以这两种为基础，结合球的旋转原理，在实践中不断琢磨，丰富削球的技术内容。

（一）基本技术

1. 正手削球

①正手远削。削球时，左脚与左肩靠近球台右角，右脚后退一步。身体与球台呈 75°角并稍向前倾，两腿稍屈，重心先放在右脚上。手臂自然弯曲伸出，球拍略高于来球弹起高度，拍柄向前 35 厘米地方触及球的中下部（或下部）。然后，手臂加速发力，前臂与地面接近平行，身体重心逐渐由右脚移至左脚。球削出后，手臂肌肉立刻放松，球拍因惯性仍往前向左下方摆动，上体转向球台，准备继续削球。

②正手近削。近削动作要求是，离台 50 厘米，身体与球台呈 45°倾斜角，在来球将要回落时擦击球的中下部，手腕用力要比远削大，使球的旋转较快。

2. 反手削球

①反手远削。在进行反手削球时（横拍），右脚应伸出球台的左边：左脚在后，重心落在右脚上，背斜对球台。前臂弯曲，把球拍举起与头齐高，拍柄向下，拍面要正对对方左角。手臂从上，向前、下、右方摆动。当球拍触球的一刹那，前臂与手腕加速发力挥拍，将球救回到对方台内，球削出后，手臂肌肉立刻放松，上体顺势向右移动，球拍也摆向身体右侧，重心由右脚移到左脚上。右脚后退一步，恢复准备姿势。

②反手近削。近削时由于上臂受身体阻碍，削球动作主要靠前臂和手腕来完成，动作也比正手削球快些。

（二）练习方法

1. 接正、反手平击球的削球练习。
2. 正手削斜线、直线球练习。
3. 反手削斜线、直线球练习。
4. 正、反手不同二点削一点练习。
5. 相反球路削球练习。二斜对二直，逢斜削直，逢直削斜。
6. 削球结合攻正、反手球练习。

第六章 高校乒乓球运动战术训练实践

第一节 乒乓球运动战术基本理论

一、乒乓球战术概念及关系

（一）乒乓球战术概念

战术，从狭义上来说，主要是指在比赛中根据双方的打法类型及技术特点，而采用的各种技战术的原则方法；从广义上讲，是指技战术、心理、智能和体能等在比赛中有针对性地综合运用。

乒乓球战术是指运动员在比赛中根据乒乓球运动的比赛规律、彼我双方的具体情况和临场变化，有效地运用技术、心理和身体素质所采取的有目的、有意识的方法。战术的目的是更好地发挥运动员的技术特长，制约对方，力争掌握比赛主动权，争取比赛胜利。

（二）乒乓球技术与战术之间的关系

乒乓球战术由各种基本技术组成，技术是战术的基础，技术质量的好坏决定了战术运用的效果。只有全面、扎实地掌握技术，才能灵活运用各种战术。反过来，技术只有通过战术才能得到充分发挥和良好的运用，而战术提出的要求又可以促进技术的提高革新。技术和战术相辅相成，相互促进，缺一不可。要根据对手的打法、自己的特点有针对性地采取相应的技术、战术。只有合理地运用技术、战术，有的放矢，才会收到良好效果。

二、乒乓球运动战术的分类

（一）按项目分类

按项目分类，乒乓球运动战术可分为单打战术和双打战术。

1. 单打战术

乒乓球单打战术一般包括发球抢攻、搓攻、拉攻、对攻等，它是参赛者在一对一比赛时，为了夺取胜利，在规则允许的条件下所采用的各种方法和手段。

2. 双打战术

双打战术是建立在单打战术基础上的，双打战术非常注重两人技术的组合及心理的默契配合程度。

（二）按战术攻防性质分类

按乒乓球战术攻防性质分类，可分为进攻性战术和防守性战术。

1. 进攻性战术

进攻性战术是指以我为主的、以得分为目的的行为方法，在乒乓球比赛中，进攻性战术尤为常见。进攻性战术是一种积极的、力争占据主动的打法，整个战术都是围绕如何得分这一具体的行为展开。在乒乓球运动中，快攻结合弧圈打法、弧圈结合快攻打法、近台快攻打法的学练者在比赛中采用的大多是进攻性战术。

2. 防守性战术

防守性战术是指在被对手进攻的情况下，通过个人行为或两人（双打）协作，阻止对手得分的战术行为方法。但从本质上来讲，防守性战术并不是完全处于被动状态的战术行为，有些防守性战术行为也能够直接得分。如削球参赛者，整场比赛看似被动，但是如果技术掌握得扎实，水平较高的人往往在进攻与防守较量中取得胜利。由此可见，不能单纯地把防守性战术看作一种被动战术。

（三）按技术使用的顺序分类

按技术使用顺序分类，可将乒乓球战术分为发球抢攻战术、接发球战术、相持阶段战术。

1. 发球抢攻战术

发球抢攻战术是指发球后立即采取进攻的手段和方法，这种战术对取得比赛主动、夺取比赛的胜利具有积极的意义。近年来，随着世界乒乓球运动的不断发展，此种战术的运用越来越广泛。我国大部分乒乓球运动员就善于采取此种战术。发球抢攻的战术意识首先是发球直接得分，即使不能直接得分，也要通过高质量的发球迫使对方接发球时不能抢攻，回球质量差，无法形成杀伤力，从而为自己赢得主动进攻的机会。在运用发球抢攻战术时应注意以下四个方面。

（1）发球与抢攻的配合。在发球前，应观察对手的站位情况，根据对手的技术特点预先判断对手有可能采取的应接办法和手段，然后在头脑中形成何种抢攻手段。

（2）提高发球质量，将旋转和落点变化结合起来，同时强调发球技术的创新，为抢攻创造更多的机会。

（3）注重抢攻意识培养，发球抢攻时要大胆果断。

（4）发球要与个人的技术特点和特长配套，要充分发挥技术特长，才能起到发球抢攻的有效作用。

2. 接发球战术

接发球战术是与发球抢攻战术相抗衡的一项战术，其目的是破坏对方发球抢攻战术的运用。在乒乓球比赛中，如果接发球处理不好，就会陷入被动。因此，接发球的战术意识必须要积极主动，争取抢先进攻得分，即使不能抢先进攻，也要回给对手一个高质量的接发球，以达到破坏对方发球抢攻的目的。运用接发球战术时应注意以下三点。

（1）接发球要积极主动、果断，抢先上手。

（2）必须具备拉、快拨、快点、摆短、抽、晃等基本的接发球能力。

（3）接发球的方式要灵活多变，以达到迷惑对手的目的，使其难以适应，从而破坏其发球抢攻、抢拉的战术意图，使自己争取主动进攻，为获得比赛的胜利打下良好的基础。

3. 相持阶段战术

相持阶段战术是指前三板之后可采取的各种进攻控制手段和方法。在乒乓球比赛中，参赛者主要依靠自身的技术特长来达到控制对方，争得主动，从而取得比赛胜利的目的。在相持阶段，战术运用的是否合理最能体现个人的综合实力。运用相持阶段战术时应注意以下四点。

（1）必须具备扎实的基本功才能在相持阶段中充分运用好各种战术，争得比赛的主动权。

（2）在比赛中要将自己的打法类型与特长技术相结合，才能充分发挥相持阶段战术运用的效果。

（3）要具备良好应变能力，善于根据比赛的具体情况做出战术上的变化。比赛中攻与防、主动与被动千变万化，瞬间就可能从主动变被动，也可从被动变为主动。

（4）必须要有敏锐的观察能力和判断能力，才能更好地运用相持阶段的战术。

（四）按球的物理性质分类

按球的物理性质分类，乒乓球战术可以分为以速度为主的战术和以旋转为主的战术。这两种战术的引用要视对手的技术特点而定。

1. 以速度为主的战术

此战术的主要意图是充分利用快速多变的特点来调动并控制对手，以达到攻击对方的目的。运用此战术时要注意以下三点。

（1）运用战术要灵活多变，充分运用近台正、反手攻球和推挡等变化来攻击对方，为自己主动攻球创造有利条件。

（2）各种技术的运用要快速，达到克敌制胜的目的。

（3）对付不同打法类型的人要有针对性。如对付攻球和削球，采用的手段不同，所体现的速度特点也不同。

2. 以旋转为主的战术

此种战术在具体运用方法上主要以弧圈球进攻为主，辅以一定的快攻，以及削球打法中的转与不转。其战术意图是通过球的旋转变化来控制、攻击对方，以达到取得比赛主动的目的。运用此类战术时应注意以下三点。

（1）以弧圈球为主要得分手段，用前冲弧圈代替一般的扣杀，既有强烈的旋转，又有较快的速度，充分发挥旋转的作用，并能得分。

（2）充分利用发球、搓球、快拨、快点等多种控制手段为拉弧圈球和扣杀创造条件。

（3）要清楚地认识到运用以旋转为主打法的战术时，直握拍和横握拍两种打法的区别。如运用对攻或相持战术时，使用的技术手段有所不同。在相持阶段处理反手台区球时，直握拍打法可能使用推挡球、直拍横打或反手攻球为正手创造机会；横握拍打法使用两面拉弧圈，为正手冲或扣杀创造机会。

第二节 高校乒乓球单打战术训练实践

一、乒乓球单打战术教学

乒乓球单打战术有着丰富的教学内容，这里对主要的五种战术进行分析和阐述。

（一）发球抢攻战术

1. 侧上、侧下旋球结合落点变化进行抢攻

（1）左长右短

以发侧下旋短球为主，结合上旋至对方右侧近网处，迫使对方难以抢攻，从而为自己抢攻或抢拉制造机会。在此基础上，突然发出角度大的长球（以急下旋为主）至对方左侧台区，使对方难以发力，难以拉或攻，为自己侧身或正手位抢攻创造条件（见图 6-1）。

（2）右长左短

该战术的具体打法与左长右短动作相同，但是方向相反。如果运用得好，所取得的战术效果往往较为理想（见图 6-2）。

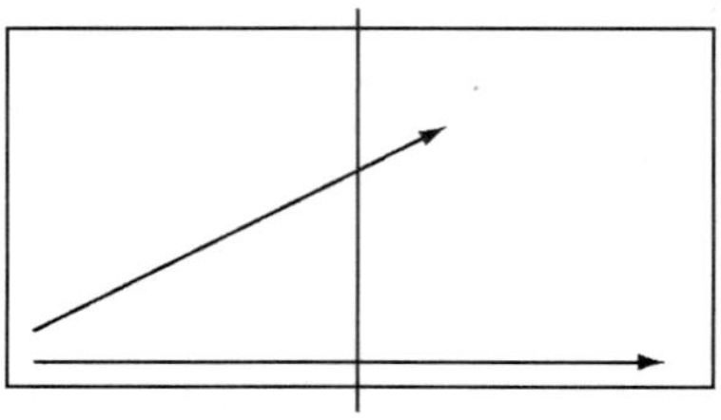

图 6-1　左长右短

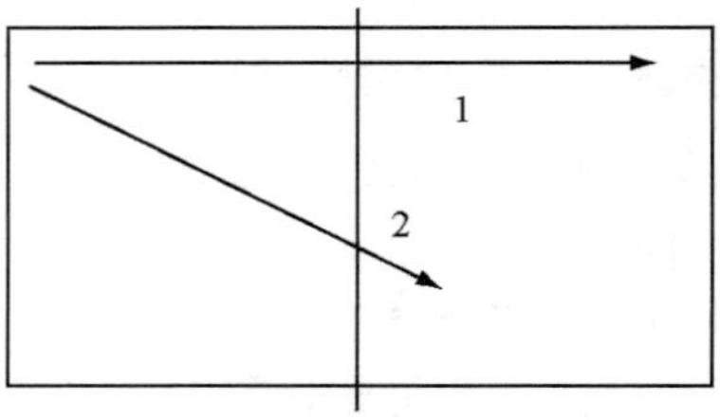

图 6-2　右长左短

（3）同线长短

由于横拍削球选手回接中路近网短球或中路追身长球时难以旋转变化，往往回球质量不高，陷入被动。因此，要对付横拍削球手，同线长短的发球抢攻是经常采用的战术之一。其中中长、中短是较为有效的。除此之外，横拍两面攻和两面拉的选手，往往能达到较好的战术运用效果（见图 6-3）。

2. 急球与侧上、侧下旋转球相结合进行抢攻

（1）急球与上、下旋转球相结合

急球与上、下旋转球相结合见图 6-4。

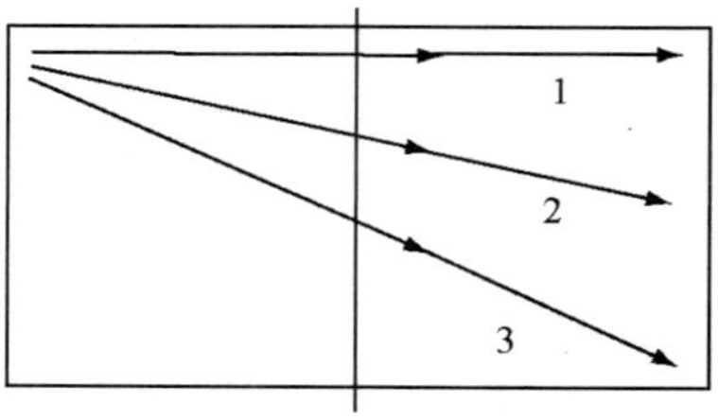

图 6-3　同线长短

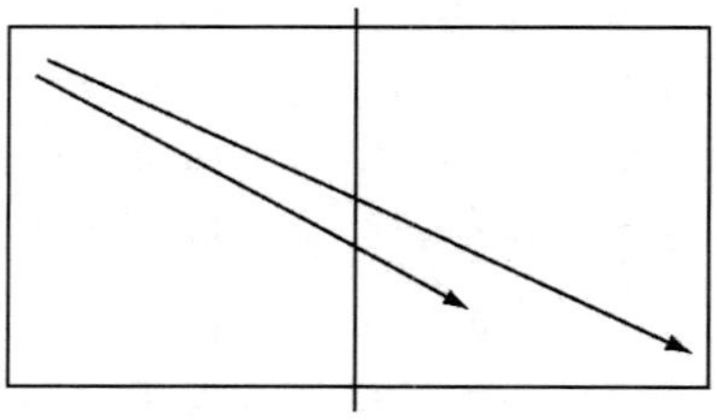

图 6-4　急球与上、下旋转球相结合

（2）上、下旋球与急球结合发不同落点

发急球或急下旋转与侧上、侧下旋转短球相结合，以发急球为主配合短球。发侧上或侧下旋球与急球结合至不同落点，以发侧上或侧下旋球为主配合发右角急球，正手发奔球到右角，配合发急球到左角（见图 6-5）。运用得好，往往能取得较理想的战术运用效果。

（3）转与不转急球配合至不同落点

发转与不转短球至对方右、中路为主。配合发长球至对方左路，以伺机抢攻，往往能取得较好的战术运用效果（见图 6-6）。

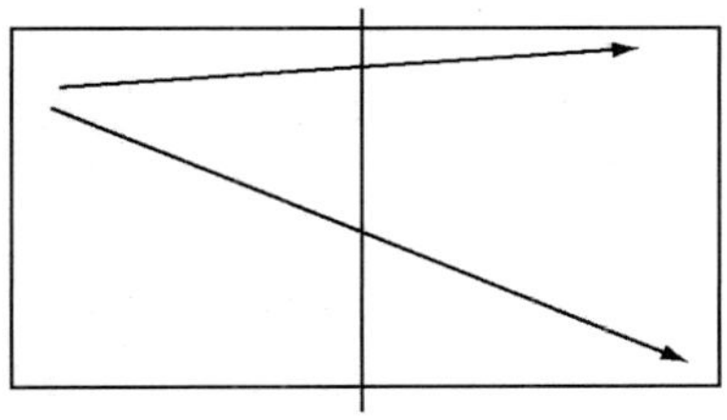

图 6-5 上、下旋球与急球结合发不同落点

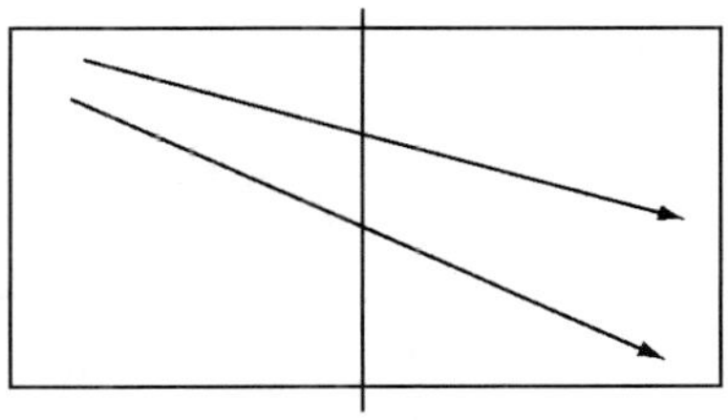

图 6-6 转与不转急球配合至不同落点

3. 转与不转结合落点变化进行抢攻

(1) 转与不转发相同落点

以不出台球为主，先发转后发不转（也可以先发不转后发转）进行抢攻（见图 6-7）。

(2) 转与不转发不同落点

连续发短球后，突发长球进行抢攻（见图 6-8）。运用得好，往往能取得较理想的战术运用效果。

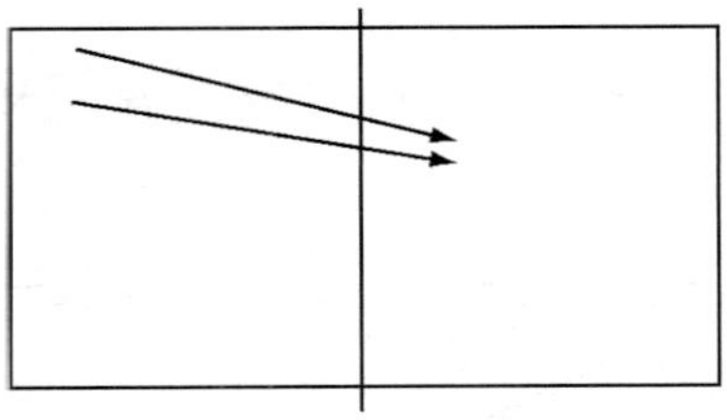

图 6-7 转与不转发相同落点

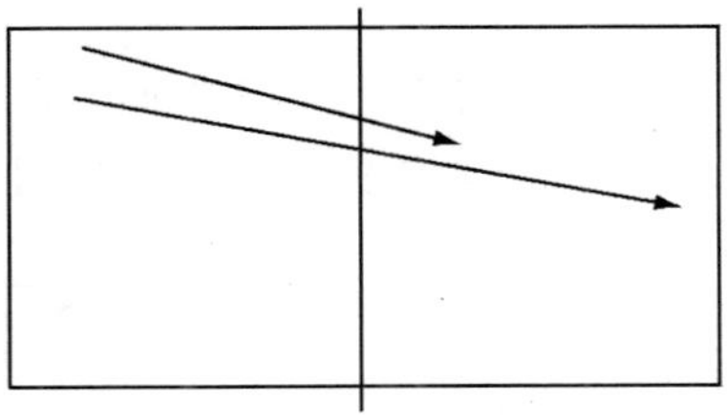

图 6-8 转与不转发不同落点

(二) 对攻战术

1. 攻两角战术

攻两角战术的具体打法主要有四种，即对角攻击、双边直线、逢斜变直、逢直变斜，以及调右压左和调左压右。下面就对这几种战术打法进行介绍。

(1) 对角攻击

紧压对方反手一侧的角，不给对方进攻机会，结合突然的大角度变线，再攻另一角（见图 6-9）。

(2) 双边直线

先攻直线一角，再以直线攻另一角（见图 6-10）。具体可根据场上情况进行灵活的调整和变动，以取得理想的战术运用效果。

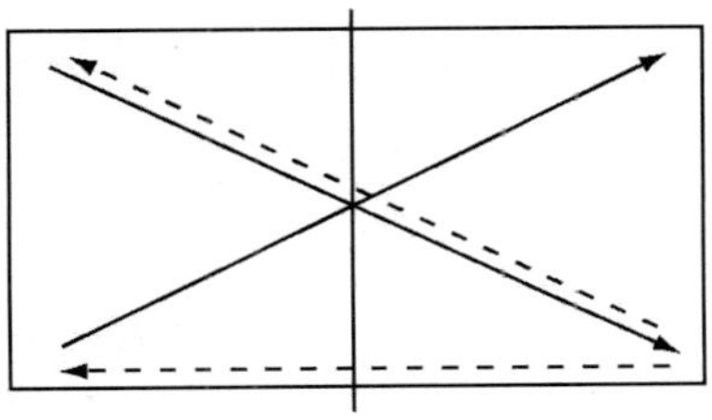

图 6-9 对角攻击

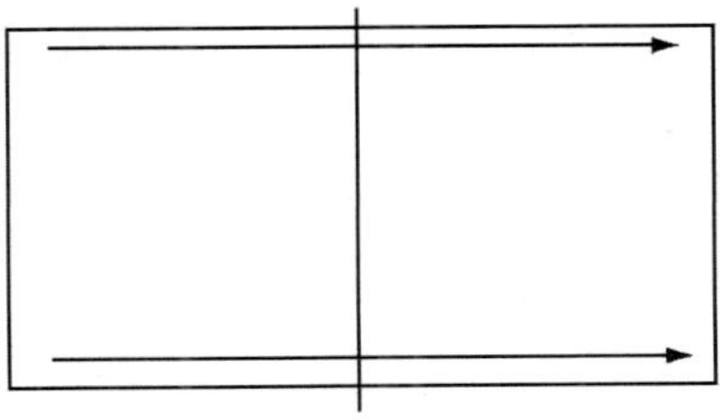

图 6-10 双边直线

（3）逢斜变直，逢直变斜

无论是斜线变直线，还是直线变斜线，回球的落点都在球台的角上（见图 6-11）。这种战术是大角度变换，主要用来袭击对方空当。

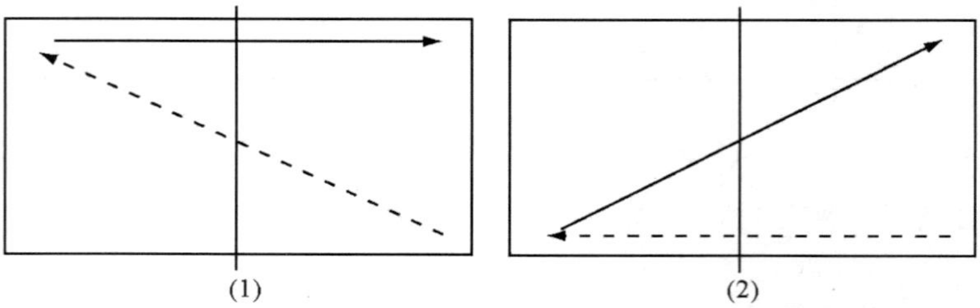

图 6-11　逢斜变直与逢直变斜

（4）调左压右和调右压左

调左压右：用这种战术来对付对手的左手执拍且擅长侧身攻，往往能取得较为理想的战术运用效果（见图 6-12）。

调右压左：将右手执拍的选手调到正手位，并被迫离台，然后再打反手。该战术运用得好，往往能够起到抑制对方发挥反手攻的作用（见图 6-13）。

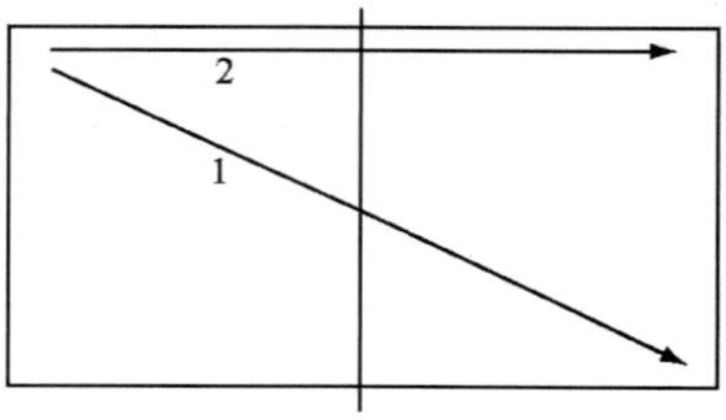

图 6-12　调左压右

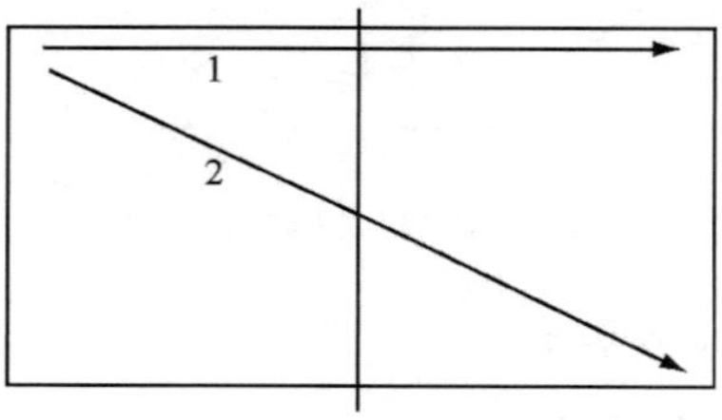

图 6-13　调右压左

2. 攻追身战术

（1）攻追身杀两角

先攻对方中路追身，再扣杀左角或右角（见图 6-14）。

（2）攻两角杀中路（追身）

先攻对方左、右两大角，再伺机扣杀中路（见图 6-15）。具体要根据场上情况进行适当的调整和变动，以期取得理想的战术运用效果。

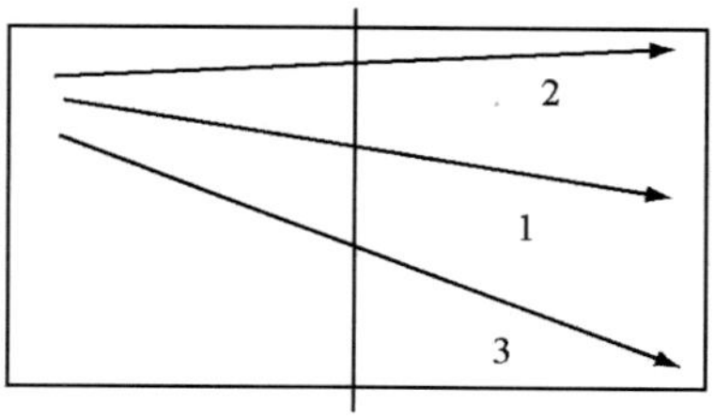

图 6-14　攻追身杀两角

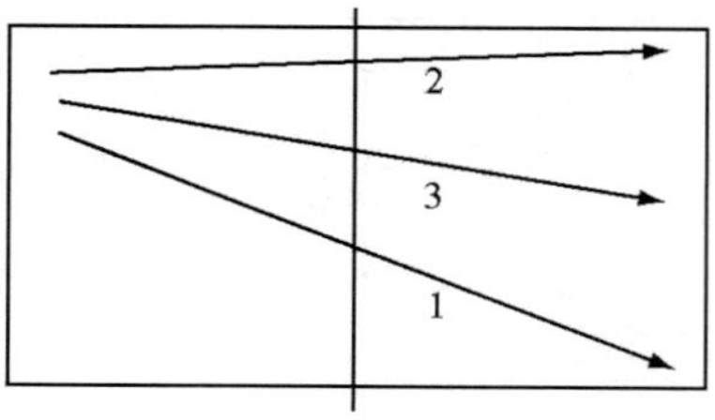

图 6-15　攻两角杀中路

（3）攻追身杀追身

可连续攻追身，再连续攻中路，伺机发力，扣杀中路或两大角（见图 6-16）。

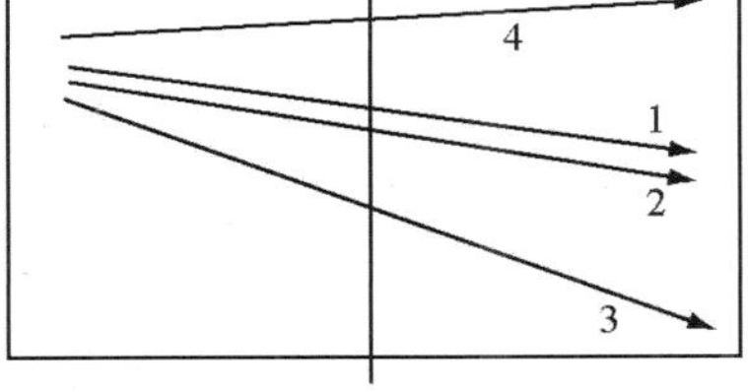

图 6-16　攻追身杀追身

（三）拉攻战术

1. 拉左杀右或拉右杀左

此战术实际上是拉对方一边杀另一边。一般先拉削球旋转变化不强或攻势较弱的一边，出现机会后杀另一边。

2. 拉直杀斜或拉斜杀直

这两种战术打法都有其各自的优势和不足，具体来说，主要体现在以下两个方面：第一，拉斜杀直时拉球比较保险、稳健，杀直线虽威胁大但技术难度也较大；第二，拉直杀斜时拉球难度稍大，但杀斜线的难度降低，命中率高。由此可以得出：要想取得更加理想的战术运用效果，就必须以场上的实际情况为依据进行有针对性的选择和运用。

3. 拉一角为主，伺机突击（扣杀、拉冲）自己的特长线路或对方中路

此战术在运用时，拉一角常常运用于对方削球不稳、旋转变化不强或攻势较弱的一面，之所以做这样的选择，一方面是这样可以更加容易寻找机会；另一方面还能够使被对方反攻的次数减少。突击（扣杀、拉冲）时选择自己的特长线路，可以保证命中率；选择突击（扣杀、拉冲）对方的中路，可以增大对方顶重板的难度，从而加大了突击（扣杀、拉冲）的威胁。

4. 拉两角杀中路或拉中路杀两角

拉两角杀中路，是先从两角找机会，然后突击中路得分。中路追身，是削球选手的共同弱点，特别是对正反手顶重板比较稳的削球手，中路是其最好的突破口。

拉中路杀两角，是从中路寻找机会，然后杀两角得分。先拉中路，可以迫使对方忙于让位，难以逼角或控制落点，突击（扣杀、抢冲）的机会就比较多。这种战术打法主要适用于以逼角为主或落点控制较好的选手。运用得好，往往能取得较为理想的效果。

5. 拉搓、拉吊结合，伺机突击（扣杀、拉冲）

在运用此战术时，先用拉球结合突击迫使对方远离球台，然后用搓球或吊短球引其上前回接，再突击或拉冲其中路及两大角，得机会后，连续扣杀。

6. 变化拉球的旋转和长短落点，伺机突击（扣杀、拉冲）

该种战术的运用主要有以下三种形式。

第一，在拉球中拉出真（强烈上旋）、假（不转）及侧旋弧圈，用旋转的变化来增加对方削球的难度。

第二，也可用拉球长短落点的变化来创造机会，即先拉长球至对方端线处，迫使对方后退削，再突然拉一板中路偏右的短球（刚出台）。

第三，或先拉刚出台的轻球，再发力拉靠近端线的长球，从中伺机突击（扣杀、拉冲）。

由于该战术对拉球技术的要求比较高，因此，该战术一般被攻球技术比较好的选手选用。

（四）搓攻战术

1. 搓转与不转球，伺机抢攻

一般先以搓加转球为主，然后用相似的动作搓不转球，利用旋转的差别，为进攻制造机会，伺机抢攻。该战术运用得好，往往能够起到很好的效果。

2. 先搓对方反手大角，再变直线，伺机反攻

先搓对方的反手位大角，待其准备侧身或已将注意力放到反手时，则变其正手，伺机反攻。该战术主要适用于对付反手攻击力不强的选手，运用得好，往往能取得理想效果。

3. 以摆短为主，配合劈两大角长球，伺机进攻

先用短球控制住对方，把对方引上来，再搓下去，使其来不及抢攻或抢攻质量下降，从而伺机进攻或反攻。该战术对于擅长抢攻长球的选手尤为有效。

4. 搓球转快攻

（1）搓中突击，突然性强，是正胶、生胶类进攻型选手的主要得分手段之一，应大胆运用。

（2）对搓中先拉一板弧圈或小上旋，迫使对方打快攻。擅打相持球的选手常用此战术。

（3）搓球至对方进攻质量不高的一边，让其先把球拉起来，自己则准备好反攻（反撕、反拉、反冲）。运用此战术要具备一定的条件，具体可以分为两个方面：一方面要具备反攻（反撕、反拉、反冲）能力；另一方面要提高搓球质量，以防对方高质量的抢攻，反而容易造成自己的被动。

（五）削攻战术

1. 削两角，伺机反攻

（1）对角紧逼，伺机反攻。

（2）连削直线，伺机反攻（见图 6-17）。

（3）逢斜变直，逢直变斜，伺机反攻。

（4）连逼左角，突变右角，或连逼右角，突变左角，伺机反攻（见图 6-18）。

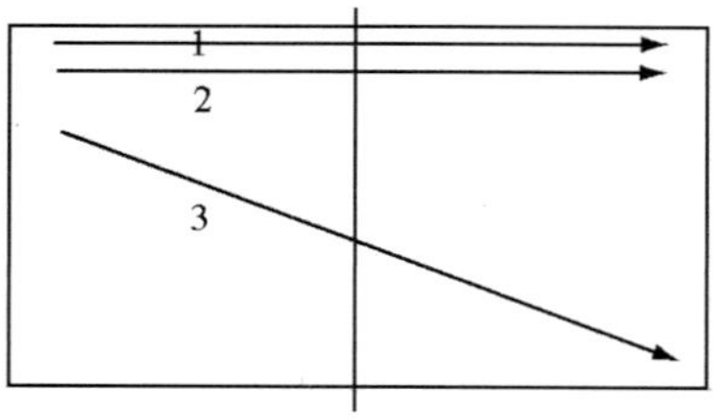

图 6-17　连削直线

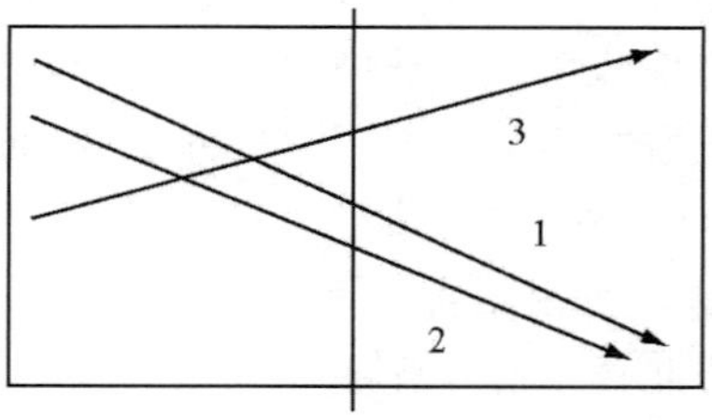

图 6-18　连逼左（右）角，突变右（左）角

2. 削长短球，伺机反攻

（1）削同线长、短球，伺机反攻。

（2）削异线长、短球，伺机反攻。

（3）削追身长、短球，伺机反攻。

3. 削攻结合

（1）时削，时攻。有时连续削球，有时连续对攻。

（2）左削右攻或右削左攻。运用旋转、节奏的变化扰乱对方，争取主动。

4. 削转与不转，伺机反攻

（1）先削加转，后不加转，并结合落点变化，伺机反攻。

（2）先削下旋，突削侧旋，扰乱对手，伺机反攻。

（3）连续削中，突然拉上旋，扰乱对手，伺机反攻。

二、乒乓球单打战术训练

乒乓球单打战术的训练方法主要有以下四种，具体要根据实际情况选用。

（一）单个战术练习法

以多次比赛的实践为主要依据，将复杂多变的战术简化，总结成规律性的战术，反复练习。具体要以战术特点为依据来进行灵活变通，切忌生搬硬套。

（二）附加装置练习法

附加装置练习法的形式主要有以下三种。

1. 加宽球台

将球台的其中一方改放一个半或两个台面，使台面加宽。该练习方法通常用来练习步法，能够达到增加脚步移动的距离和速度的目的。著名运动员邓亚萍常在多球练习时采用，这就使其侧身和扑正手的步法得到有效提高。

2. 升降球网

升球网和降球网的方法应用得好，往往能够取得较为理想的训练效果。

（1）降网法：将球网略下降，按既定内容进行练习。该练习方法主要用于练习削球或搓球时，能够达到降低击球弧线高度的目的。

（2）升网法：将球网稍升高（约 1 厘米），练习既定内容。该练习方法能够达到增加攻球弧线弯曲度的目的，因此，对于对攻球弧线过直者来说，其实用价值非常大。

3. 网上加线

将球网上方另加一直线，要求双方击球皆从中间穿过（中间约为 5 厘米）。该练习方法通常适用于对搓时，往往能够达到控制弧线高度的目的。

（三）比赛法

1. 检查性比赛

（1）周末或每堂课后进行比赛，为熟悉全面技术，发现问题，及时纠正。

（2）在小型公开赛或内部比赛中，用教练员规定的技术或战术比赛。

2. 缩短练球时间

为适应 11 分赛制的特点，培养运动员尽快进入比赛状态的意识和能力，可在准备活动后立即进行。

3. 紧张性比赛

（1）组织观众比赛：有意邀请运动员的家长或朋友参观，为其增加心理负荷。

（2）擂台赛：5～6 人一组，只比赛一局，胜者继续打，败者下台等候轮转再战。

（3）升降台赛：两人一台，数台同时比赛，胜者挪向临近的球台，败者降到另一方向临近的球台，若干时间后，优胜者集中到前两台，失败者集中到后两台。可事先规定，依不同台号顺序决定奖惩。

4. 让分比赛

以比赛目的和双方技术实力为主要依据，要求一方对另一方让分进行比赛。如从 0∶3 开始比赛，从 6∶9 开始比赛。该训练方法能够培养运动员在比分落后时不气馁的顽强作风和运用战术的能力。另外，这种方法在进行实力差距较大的内部比赛时可以合理运用，往往能够起到督促实力较弱的一队的积极作用。

5. 适应性比赛

在进行适应性比赛时，需要做到以下两个方面的要求，从而更好地为正式比赛奠定基础。

（1）模拟将要举行的比赛规模进行比赛，具体比赛方法、球台球等皆应与真正的大赛一致。

（2）有意选择和即将举行赛事的地理、气候等条件相似的城市中比赛。

（四）意念打球

在运用意念打球这一练习方法时，需要从以下四个方面着手。

1. 完全按照自己的意念进行练习

想象对手击出各种球，想象自己做出各种相应的快速还击动作。也可仅想象自己做快速手法或步法的练习。这种方法可以对战术的整体性有一个印象，对于战术运用非常有帮助。

2. 通过假想各种对手，练习相应的战术打法

脑中想出对手击出各种球，自己做相应的回球动作。这种方法对于提高战术运用的熟练程度是非常有效的。

3. 提高对技术、战术动作表象能力

表象，即以前经验过的实物形象在脑中的反映。运动员看了一个动作或一场比赛后，要求他在脑中能清晰地重现动作或战术变化，重现的形象越清晰越好。

4. 将意念与练习有机结合

练球时，利用捡球时机（或有意稍停一会儿）回忆动作，然后再练，切忌一味傻练。应回忆正确动作的肌肉感觉，检查击球失误的动作错在哪儿，应如何改正。

第三节　高校乒乓球双打战术训练实践

一、乒乓球双打战术教学

乒乓球双打战术的教学内容主要包括以下五个方面。

（一）发球抢攻战术

发球者以发侧上、下旋或转与不转的近网短球为主，配合发长球至对方的右大角和中路稍偏右的位置。要求发球要短、旋转变化应大、动作尽可能逼真，并通过暗示及时传递给同伴。抢攻者有意识地根据回球的落点、长短及旋转进行有目的的、有准备的抢攻，击球用力大小、速度快慢、旋转强弱要根据来球进行调节。

在双打中发球，要求做到出手快、弧度低，落点以近网或似出台而未出台且接近中线的球为宜，只有这样，才有可能达到抑制对方接发球抢攻，为本方队员抢攻创造有利机会的目的。对付进攻型或弧圈型打法的选手，应以发侧上、侧下旋转或转与不转的近网球为主，配合发急球至对方右大角或中线偏右的位置，伺机抢攻、抢冲。对付削球型打法的选手，以发侧上旋、急下旋长球为主，配合各种近网短球，伺机进行抢攻和抢冲。

（二）接发球抢攻战术

运动员在判断清楚来球的旋转方向、速度、落点时，果断进行抢攻，以获得进攻主动权的方法，就是接发球抢攻战术。运用此战术主要是为了达到攻击对方的空当，以制造杀机的目的。遇到长球用快攻或快拉回击；遇到短球，以快点为主，配合摆短或撇板。如果对方发球质量很高，不能直接抢攻时可变化接发球手段，控制好弧线和落点，避免因盲目硬攻而造成的失误。

（三）攻正手、打空当

这是对付不同执拍手配对时所运用的战术。一左一右手配对，通常是左手执拍者站位球台右侧，右手执拍者站位球台左侧，有利于发挥各自正手攻球的优势。由于对手过多地注意了各自的侧身位，以致真正的正手位反倒由实变虚。因此，如果在这时候对其正手位进行攻击，往往可获得成功。

（四）控制强者、攻击弱者

双打中，两人的实力总会有强有弱，这就要求运动员在比赛中通过观察发现其中的破绽，将强者和弱者区别开来。正确的战术是：严密控制对方的强者，力争对其先行攻击，尽量不给或减少给强的对手主动进攻的机会。而把对方相对的弱者作为我方的突破口，力争在他身上得分或为下板球的扣杀制造有利机会。打对方强者时要适当凶狠些，打对方弱者时可凶中带稳。

（五）紧压一角、突袭空当或追身中路

连续攻击对方一角，迫使对方两人挤在一起，伺机打其空当或追身。如果能紧压对方较弱的一面，效果会更好。

二、乒乓球双打战术训练

训练乒乓球双打战术，可以采取的方法主要有以下六种，具体要根据实际情况进行有针对性的选用。

（一）发球和发球抢攻的练习

发球和发球抢攻的练习方法主要有以下三种。

1. 发球专门练习。要不断提高发球的质量，增加球路的变化，将球准确地发至规定的落点范围内。反复进行练习。

2. 发球与抢攻相结合的练习。反复进行练习。

3. 采用比赛或计分练习，进一步提高发球和发球抢攻的质量。

（二）接发球和接发球抢攻的练习

接发球和接发球抢攻的练习方法主要有以下三种。

1. 接发球专门练习。一般采用二人对练的方式，陪练方发球，主练方接发球，将球接至规定的区域内。反复进行练习。

2. 接发球抢攻专门练习。此练习可采用单人陪练，也可采用双人陪练。反复进行练习。

3. 采用比赛或计分练习。进一步提高接发球和接发球抢攻的质量。组织专门的接发球抢攻比赛或计分练习。反复进行练习。

（三）一人对两人的定点训练

一人对两人的定点训练方法主要有以下三种。

1. 定点击球练习。反复进行练习。

2. 一点打两点，能对左或右半台区域起到限制作用的练习。反复进行练习。

3. 半台对全台练习。陪练方在左半台或右半台回击到主练方的全台。反复进行练习。

（四）两人对两人的定点训练

陪练方两名选手、主练方两名选手的对练。陪练方两名选手可按以下方式进行训练。

1. 有序对无序。陪练方不受双打击球次序的限制，可任意一人连续击球。反复进行练习。

2. 一点对两点练习。反复进行练习。

3. 两点对一点。反复进行练习。

4. 两点对两点。反复进行练习。

（五）两人对两人的不定点训练

两人对两人的不定点训练，是双打战术训练的主要方式之一。

1. 攻对攻练习。反复进行练习。

2. 守对攻练习。反复进行练习

（六）双打中的多球训练

双打中多球训练的方法主要有以下十三种。

1. 击打目标练习。反复进行练习。

2. 双打走位练习。反复进行练习。

3. 扩大防守练习。反复进行练习。

4. 双人移动中攻下旋练习。反复进行练习。

5. 双人移动中扑攻练习。反复进行练习

6. 削中反攻练习。反复进行练习。

7. 接长短球练习。反复进行练习。

8. 正反手削球练习。反复进行练习。

9. 搓中突击转连续攻击练习。反复进行练习。

10. 接发球练习。大多采用一人发球、一人接发球的方法。要求判断旋转、落点，采用摆短、挑、点等技术接球。反复进行练习。

11. 双人移动中两面攻练习。练习者在移动中以正手或反手还击，可结合推、攻内容进行练习。反复进行练习。

12. 轮流发球练习。大多采用单人多球发球，要求旋转、落点、弧线和速度质量俱佳。反复进行练习。

13. 综合练习。陪练员用各种手法供出不同落点的球，练习者以来球的不同性能为依据，采用相应的技术轮流进行还击。

第七章　高校羽毛球运动基本理论介绍

第一节　羽毛球运动的起源与发展

一、羽毛球运动的起源

目前，对于羽毛球运动的起源，仍然没有一个较为确切的说法。在众多关于羽毛球运动起源的说法中，人们最认可的观点是羽毛球是由毽子球游戏演变而来的。国际羽毛球联合会，在其成立 50 周年的纪念册上是这样写的：“羽毛球运动早在 1934 年前就有着悠久的历史，很多世纪以前，在荷兰和中国就有使用球拍的类似当今羽毛球的体育游戏。”从文字记载和相关学者的研究中，羽毛球运动的起源从整体上可以分为古代羽毛球和现代羽毛球两种。

（一）古代羽毛球运动的起源

关于古代羽毛球游戏的起源，主要有三种说法：即中国、日本和印度起源说，具体如下。

1. 中国古代羽毛球游戏

在我国的《民族体育集锦》中对羽毛球运动有着一定的记载：“相传，中国在远古时期就有类似羽毛球活动的存在，其玩法、性质以及所用的一些器材，同世界上较早有这项活动的国家相比没有太大的差异，只是在对这种游戏活动的称呼上不同而已。”发展到今天，仍旧可以从我国一些少数民族的游戏中看到羽毛球活动的影子。如苗族祖先在正月间把一些五颜六色的鸡毛做成花毽，然后成群结队玩“打花毽”游戏。游戏在称作“毽塘”的场地上进行。又如古代基诺人则玩“打鸡毛球”。所用的球是将一束美丽的羽毛插入用油布包着的木炭球托上，制球原理和结构非常接近今天的羽毛球。

2. 日本的“追羽根”

日本也有关于羽毛球运动的记载，在日本的贞享二年（1685 年），流行一种名为“追羽根”的游戏，日本女子在新年正月里，一面歌唱似的数数，一面用羽子板做“追羽根”游戏，这种游戏与现代羽毛球运动非常相似，但是由于此游戏的器材造价太高，并没有在日本得到普及，因此便逐渐消失，与此相关的记载也很少。

3. 印度人的乡土游戏

古代羽毛球运动在印度也有相似的游戏，被印度人称为“浦那”（Poona）。这种游戏据说是 1820 年印度孟买城的一条名叫 Poona 街道的居民发明的，其球是用直径大约 6 厘米的圆形硬纸板或以绒线编织成球形，中间插上羽毛而制成，板是木质的。其玩法是两人相对站着，手执木板来回反复地击球。从中可以看出，这种游戏与羽毛球运动极为相似。这也与后来现代羽毛球的兴起联系非常紧密，以后逐渐普及到全印度乃至全世界，因此今日的羽毛球运动，又被称为印度人的游戏。

（二）现代羽毛球运动的起源

据考证，现代羽毛球运动的诞生地是英国。1870 年，印度返英度假的英国军官把“扑那”游戏带回了英国，这种游戏就是羽毛球运动的前身。当时的羽毛球是一个毽子，而网球拍则当作毽子板，以后毽子板与毽子逐渐改良，乃成为今日的羽毛球运动。因这项活动极富趣味性，很快就风行开来。此后，羽毛球作为一种高雅的娱乐性活动快速在英国流行。就这样，伯明顿庄园成为现代羽毛球运动的发源地，羽毛球运动也被命名为伯明顿，伯明顿骄傲地成为羽毛球的英文名字而在世界广泛地流传。

1877 年，英国制定第一本羽毛球比赛规则，其中一些内容在今天的羽毛球规则中仍保留使用。1893 年，英国成立了世界上最早的羽毛球协会。1899 年，该协会举办了第一届全英羽毛球锦标赛，以后每年 3 月份的最后一周都要在伦敦温布利体育中心进行比赛。

现代羽毛球运动诞生后，经过一段时间的传播与发展，便迅速地在世界范围内流行起来，先是从不列颠诸岛流传到英联邦各国和斯堪的纳维亚半岛，随后又流传到美洲、亚洲、大洋洲各地，最后传到非洲。发展至今，羽毛球运动已经成为名副其实的全世界盛行的一项体育运动，深受人们的欢迎和喜爱。

1934 年，国际羽毛球联合会成立，其主要是由英国、法国、丹麦、加拿大、新西兰、荷兰、苏格兰、爱尔兰、威尔士等国家和地区联合成立的，总部设在伦敦。1939 年，国际羽毛球联合会通过了各会员国共同遵守的《羽毛球竞赛规则》。这也标志着现代羽毛球运动开始在世界范围内得到规范化发展。

二、羽毛球运动的发展

（一）世界各国羽毛球运动的发展

现代羽毛球运动在诞生初期只是局限在欧美地区，准确说主要是在北欧的少数国家。而 20 世纪 40 年代举办“汤姆斯”杯赛后，羽毛球运动便开始进入快速发展期。

1. 从欧洲走向世界

在英国举办的“全英羽毛球锦标赛”是历史最为悠久的羽毛球比赛。它是在 1899 年开始举办的，起初由英国人垄断了所有比赛项目的冠军，而后的数十年里，丹麦人打破了垄断，成为新的世界羽毛球运动的霸主。到了 20 世纪 40 年代末，马来西亚的羽毛球选手横空出世，率先打破欧美垄断的局面。从此，羽毛球运动从欧洲开始向亚洲倾斜。

2. 马来西亚——亚洲羽毛球运动的先驱

1937 年，马来亚成为第一个正式加入国际羽毛球联合会的亚洲国家，在国际羽毛球运动的历史上占有重要的地位。在全英羽毛球锦标赛中，马来亚是亚洲最早取得男子单打冠军和汤姆斯杯冠军的国家，并且一直独具领先地位，始终在国际羽坛上发挥着重要作用。

到了 20 世纪 50 年代，马来西亚著名羽毛球运动员黄柄顺以全面精湛的技术所向披靡，成为当时世界羽毛球运动重要的代表人物。其时，另一名马来西亚选手庄以民与黄柄顺一起，从 1950 年至 1957 年交替霸占全英羽毛球锦标赛男子单打冠军长达 8 年。到了 20 世纪 80 年代，西德克兄弟为马来西亚羽毛球运动做出了卓越的贡献。由此可见，马来西亚是亚洲羽毛球运动的先驱，其在世界羽毛球运动发展中，也占据着非常重要的位置。

马来西亚的运动员在世界羽毛球男子团体赛——汤姆斯杯赛中，取得了较为显赫的战绩，并且曾获得第1、2、3届汤姆斯杯冠军，后来又分别获得第7届和第17届冠军。

3. 印度尼西亚——羽毛球王国

印度尼西亚的优秀羽毛球运动员人才辈出，被认为是世界羽毛球王国。印度尼西亚在1953年加入国际羽联。1957年，印度尼西亚首次参加第4届汤姆斯杯赛就崭露头角，大胜新西兰和澳大利亚后进入次年的决赛，在决赛时终止了马来西亚连获第1、2、3届汤姆斯杯冠军的局面。其后，一直成绩优异。而在2000年以前所举行的21届汤姆斯杯比赛中，印度尼西亚一共获得12次冠军。这足以说明印度尼西亚成为新的羽毛球运动强国。

在印度尼西亚，梁海量是羽毛球运动中的"天皇巨星"，在1968—1976年间，他一共获得了8次全英羽毛球锦标赛的单打冠军，在国际比赛中几乎没有出现败绩。他由于全面的技术，良好的球场作风，赢得世界羽毛球界的尊敬，是印度尼西亚乃至世界羽坛的代表人物。梁海量之后，印度尼西亚的林水镜凭借凌厉的杀球上网，在世界羽坛非常著名，印度尼西亚风头一时无两。从此，羽毛球运动在印度尼西亚成为国球。

印度尼西亚的女子羽毛球运动也在男子羽毛球队称雄世界羽坛之后崛起。直至今日，世界上也只有印度尼西亚女队能与整体实力强大的中国羽毛球女子团体进行抗衡。

4. 丹麦——欧洲羽毛球运动的佼佼者

羽毛球运动在丹麦极为普及，因为丹麦是国际羽联创始国之一，同时也是欧洲羽坛巨擘，其羽毛球运动的竞技水平一直都在欧洲各国处于领先地位。丹麦的优秀羽毛球运动员不断地涌现，如在20世纪60年代的男子选手考普斯、20世纪70年代的女子选手科彭、20世纪90年代初的著名男子单打选手莫顿·弗罗斯特，以及走红的彼特·盖德、彼特·拉斯姆森等。在1996年的亚特兰大奥运会上，拉尔森获得羽毛球男子单打的金牌。这是欧洲羽毛球运动员在奥运会羽毛球比赛中夺得的唯一一块金牌。

（二）我国羽毛球运动的发展

羽毛球运动在20世纪初传入中国，当时主要流行于上海、广州、天津、厦门等外国租界内和基督教青年会、教会学校。而由于新中国成立前，我国参与羽毛球运动的人数非常少，所以几乎没有进行过什么重大的比赛，因而，当时我国的羽毛球运动水平很低。但在新中国成立后，在党和政府的重视和领导下，我国的羽毛球运动得到了蓬勃发展，发展至今天，已居于世界一流之列。总体来看，我国的羽毛球运动发展过程可分为以下几个阶段。

1. 起步阶段

新中国成立之后。1953年，在天津首次举办了全国篮球、排球、网球、羽毛球4项球类运动会。1954年6月，王文教、陈福寿、黄世明、施宁安等一批印尼爱国华侨回到祖国定居，他们带回了羽毛球运动的先进技术，全面推动了我国羽毛球运动的发展。

中国羽毛球协会在1958年9月正式成立，标志着我国羽毛球运动进入了组织化管理的阶段。当时协会根据世界羽毛球运动的发展状况，对全国羽毛球竞技运动发展目标进行了规划，并提出"十年之内打败世界冠军"的目标。我国羽毛球运动员还认真、虚心地学习世界先进经验。印尼羽毛球队在1956年2月来我国访问，与中国队进行了10场比赛，结果印尼队全胜。经过一番刻苦训练，1957年4月，我国羽毛球队回访印尼时，情况有了好转，在9场比赛中，获得了7

胜 2 负的好成绩。

2. "无冕之王"时期

20 世纪 60 年代，中国竞技羽毛球运动进入赶超世界水平的阶段。中国羽协对又一批从印尼回来的华侨给予了高度的重视，其中包括汤仙虎、侯加昌、方凯祥、陈玉娘、梁小牧、傅汉洵等人，国家对他们精心培养，使其逐渐成为我国羽毛球运动的中坚力量。虽然我国的羽毛球队在当时没有在正式的比赛中亮相过，但在许多与世界强队的互访比赛中，比赛成绩足以说明我国羽毛球的竞技水平已经达到了世界先进水平。

在当时，受到国际环境影响和国内因素等限制，中国羽毛球只能通过与一些羽毛球强国的互访赛、交流赛、对抗赛等增加相互了解和技术交流。1963 年和 1964 年，中国队两次以大比分击败世界冠军印尼队。而后的 1965 年，中国队出访欧洲取得全胜的辉煌战绩。访问丹麦的比赛中，汤仙虎在一局比赛中曾以 15：0 战胜 6 次获得全英锦标赛男单冠军的丹麦名将考普斯。并在与外国羽毛球选手比赛中保持全胜的战绩。中国羽毛球赢得国际羽坛"无冕之王"的称号，这一时期也是中国羽毛球运动的第一个"黄金时期"。

3. 国际羽坛的"中国时代"

随着中国羽毛球运动进入世界体坛，便迎来全面发展时期。1981 年 5 月，中国羽毛球协会正式成为国际羽毛球联合会的会员。1981 年 5 月 10～21 日，中国男子羽毛球队第一次参加英国伦敦举行的第 12 届汤姆斯杯赛决赛阶段的比赛。经过 10 天的激战，中国队奇迹般地反败为胜，取得汤姆斯杯。这是我国羽毛球队首次获得世界男子羽毛球团体冠军。国际羽坛人士称："中国队首次参赛就获得汤姆斯杯，标志着世界羽毛球运动从此进入了一个新的时代。"而在随后的第 14、15、16 届汤姆斯杯上，中国男子羽毛球队实现了"三连冠"，也正式宣布国际羽坛"中国时代"的到来。

中国女子羽毛球队在 1984 年首次组队参加尤伯杯赛，其快速多变的打法令世人耳目一新。中国女队以 5：0 的比分击败英格兰、韩国、丹麦、日本和印尼，获得第 10 届尤伯杯赛冠军，第一次成为世界女子羽毛球团体冠军。随后，中国羽毛球女队又连续 4 届夺得尤伯杯，创造尤伯杯赛设立以来"五连冠"的纪录。

到了 20 世纪 80 年代，中国羽毛球运动全面发展的目标已经逐渐实现，并且包括韩健、栾劲、孙志安、姚喜明、陈昌杰、李永波、田秉毅、杨阳等一批男子优秀选手，以及张爱玲、李玲蔚、韩爱萍等一些优秀女子选手开始出现，同时还具备在男女单打、男女双打和混合双打 5 个单项与国际一流选手抗衡的实力，各项国际比赛中一共获得 65 项世界冠军，是名副其实的"中国时代"。

4. 调整及恢复时期

进入 20 世纪 90 年代，中国羽毛球成为其他国家的主要研究对象，许多针对中国羽毛球技术的打法也不断被研究出来。而同时受国内经济大潮的影响，我国羽毛球运动受到了较大的冲击，训练体制和人才体制都相应受到影响，训练质量下降，人才外流，导致中国羽毛球严重滑坡的现象。男队尤其危急，在 1992 年的汤姆斯杯赛、奥运会、世界杯三大赛事中，一金未得。女队虽好些，但危机感也同样笼罩着她们。在 1994 年日本广岛举行的亚运会上，我国羽毛球男女选手无一人进入决赛，这表明我国羽毛球运动水平跌落到自 20 世纪 60 年代以来的最低谷。这一残酷的现实要求我们总结经验教训，找出差距，改革训练体制，搞好普及工作，狠抓尖子队员，加强全面锻炼。

5. 真正成为世界羽毛球霸主阶段

20 世纪 90 年代中期开始，中国羽毛球运动的调整与改革逐步取得效果。教练员越来越优秀，管理方法和训练手段越来越合理；社会各界人士对羽毛球运动的参与和支持、新闻媒体对羽毛球比赛的关注等都达到前所未有的程度。1995 年，中国羽毛球队获得第 4 届世界男女羽毛球混合团体赛苏迪曼杯冠军。1996 年，在美国亚特兰大奥运会羽毛球比赛中，中国女子双打选手葛菲和顾俊取得冠军，实现中国羽毛球在奥运会上金牌“零”的突破，这标志着中国竞技羽毛球运动全面恢复与发展。

随后在 2000 年和 2004 年的两届奥运会中，中国羽毛球队获得了 10 枚金牌中的 7 枚。而在 2008 年北京奥运会上，中国羽毛球队获得了 3 金 2 银 3 铜的骄人成绩。在 2012 年伦敦奥运会上，我国羽毛球队更是创造了历史，包揽了所有羽毛球项目的金牌，这也正式向世界宣布中国羽毛球回归世界霸主地位。

三、羽毛球运动发展趋势

（一）“快”是羽毛球运动的核心

“快”主要反映在羽毛球运动员的体能、技术、战术三个方面，判断反应、体能是快的先决条件，技术（包括步伐的启动、移动、回动等）是快的基础，而球速快是目的。但球速快是相对的，它与准确、灵活密不可分，如果片面强调球速快，不注重准确与灵活，欲速则不达。分析历届羽毛球运动赛事的比赛成绩能够发现，球速“快”已经演变成羽毛球运动的核心。

（二）“全面”是羽毛球运动的基础

全面不只是局限于羽毛球运动员的技术、体能以及控球能力，还体现在运动员的思想素质、意志品质和心理素质。综合分析近些年奥运会和世锦赛冠军获得者得失分率的相关数据能够发现，每届冠军获得者主动得分率有所下降，而主动失分率逐渐上升。得分率下降，这说明各国羽毛球运动员的技术、战术、体能等方面的素质越来越全面。主动失分率上升，说明运动员心理素质有待提高，而运动员年轻化有可能是出现这些问题的重要原因。

（三）高空优势是羽毛球运动发展的必然结果

对于羽毛球运动来说，拥有高空优势的运动员抢到较高击球点的可能性会更大。击球点高，无论是杀球还是吊球，能发挥出球路刁、落点深的特点，延长对手的回动时间，增加对手的移动距离。运动员的身高是形成高空优势的重要条件之一。与弹跳相比较，身高优势主要体现在杀球后的落地周期短，缩短了第二次进攻的时间。一般来讲，羽毛球运动员上臂围度指标的因子载荷较大，其肌肉的横断面积较大，运动员的力量也较大，肌肉的爆发力也就较好。当然，该项指标与被试者的肌肉发育状况也有很大关系。羽毛球场上的速度是多因素综合的结果，运动员高大而结实的形态特点，在羽毛球单打项目中占有重要的地位。全面分析男子单打冠军运动员和女子单打冠军运动员的平均身高能够发现，高空优势符合当今羽毛球运动的发展走向。

第二节　羽毛球运动的特点与价值

一、羽毛球运动的特点

（一）羽毛球运动是一种全身运动项目

有人说，羽毛球运动是一项能够让人眼明、手快、全身得到锻炼的体育项目，这种说法非常贴切。无论是进行有规则的羽毛球比赛还是作为一般性的健身活动，都要在场地上不停地进行脚步移动、跳跃、转体、挥拍，合理地运用各种击球技术和步法将球在场上往返对击，从而增大了上肢、下肢和腰部肌肉的力量，加快了锻炼者全身的血液循环，增强了心血管系统和呼吸系统的功能。运动中，锻炼者需要运用手腕和手臂的力量握拍和挥拍，还要充分活动踝关节、膝关节、胯关节等部位，做出滑步、踮步和弓箭步等各种步态，所以对于全身肌肉和关节的锻炼也是很充分的。在捡球、接球的过程中，不断地弯腰、抬头等，使腰部、腹部的肌肉也得到充分锻炼。美国大学运动医学会（ACSM）提出，要达到全身减肥的目的，每天应做 30 分钟以上，每分钟心率为 120～160 次的中低强度有氧代谢运动。据统计，大强度羽毛球运动者的心率可达到每分钟 160～180 次，中强度羽毛球运动者的心率可达到每分钟 140～150 次，低强度羽毛球运动者的心率也可达到每分钟 100～130 次。对于普通羽毛球爱好者来说，30 分钟的有氧运动恰恰相当于一场低强度单打比赛的运动量。因此，长期进行羽毛球锻炼，可使心跳强而有力，肺活量加大，耐久力提高，减肥功效也很显著。

长期练习羽毛球的人都会有这种感受：通过经常观察对手挥拍情况和高速飞行中的球，有经验的运动员能像武林高手一样，在对手击球的一瞬间看清楚球拍翻转变化的微小动作。其实，让人练得“眼明手快”的原因很简单：因为运动中的羽毛球速度很快（据统计，一名优秀运动员的击球速度能达到 350 千米/小时），这就要求对方球员的眼睛紧紧追寻高速飞行的球体，使得眼部睫状肌不断收缩和放松，大大促进了眼球组织的血液供应，从而改善了睫状肌的功能，长期锻炼就能提高人的视觉灵敏度和眼睛的反应能力。对于普通爱好者，尤其是中老年人和过度使用眼睛的人来说，如果能坚持练习，视觉敏感度将会明显提高。羽毛球运动要求练习者在短时间内对瞬息万变的球路作出判断，果断地进行反击，因此，它能提高人体神经系统的灵敏性和协调性。

（二）羽毛球运动可调节运动量

羽毛球运动适合男女老幼，运动量可根据个人年龄、体质、运动水平和场地环境的特点而定。青少年可将其作为促进生长发育、提高身体机能的有效手段进行锻炼，运动量宜为中强度，活动时间以 40～50 分钟为宜。适量的羽毛球运动能促进青少年增长身高，培养青少年自信、勇敢、果断等优良的心理素质。老年人和体弱者可作为保健康复的方法进行锻炼，运动量宜较小，活动时间以 20～30 分钟为宜，达到出出汗、弯弯腰、舒展关节的目的，从而增强心血管和神经系统的功能，预防和治疗老年心血管和神经系统方面的疾病。儿童可作为活动性游戏进行锻炼，让他们在阳光下奔跑跳跃，并要求他们能击到球，培养他们不畏困难、不怕吃苦、不甘落后的品质。

（三）羽毛球运动的简便性

1. 不受场地的限制

羽毛球运动对设备的基本要求比较简单，只需两个球拍、一个球和一条绳索即可。正规比赛场地长 13.40 米，宽 6.10 米（双打）或 5.18 米（单打），平时进行羽毛球活动，只要有平整的空地就可以了。在风不大的情况下，羽毛球运动可以在户外进行，只要把球网架起来，在一定长度和宽度的空地上画上几条线，双方就可以对练。因此它不仅可以在正规的室内运动场进行，也可以在公园、生活小区等处广泛地开展。当它作为户外运动时，还可使锻炼者吸入新鲜空气，受到阳光照射，从而改善人体的血液循环和新陈代谢，同时感受大自然的美丽，在运动中怡心健体。

2. 集体、个人皆宜

羽毛球运动既可单兵作战（两人对练），又可集体会战（双打练习或三人对三人对练）。单人对练时，练习者可以随心所欲地打出任意弧线、远度、力量、速度、落点的球来；集体会战则可以使练习者养成协调配合的习惯，培养集体主义精神。

3. 不受年龄、性别的限制

羽毛球运动游戏性较强，运动量可大可小。身强力壮的年轻人可以将球打得又刁又重，拼尽全力扑救任何来球，尽情散发自己的青春气息；年老体弱的练习者可以把球轻轻地击来打去，根据自己的要求变换击球节奏，从而达到锻炼身体、延年益寿的功效，既活动了身体，又愉悦了心情。不同年龄、不同性别以及不同体质的人，都能在羽毛球运动中找到乐趣。

二、羽毛球运动的价值

（一）娱乐性

1. 自娱性

羽毛球作为一种娱乐活动，参与者在球的对击过程中，通过不停地奔跑和身体变化，努力把球击到对方的场地。每当击球者击出一个好球或赢得一个球时，都能使自己兴奋并获得成功的喜悦。同时球的飞翔又有快慢、轻重、高低、远近、狠巧、飘转等变化，使这种运动本身充满了丰富的乐趣。

2. 观赏性

羽毛球技术的千变万化，使羽毛球运动有很高的可观赏性。如猛虎下山一样的上网技术，如蛟龙出水一样的跳起击球，身如满弓的扣杀，犀牛望月似的抢扑救球，进攻时似高屋建瓴、势如破竹，防守时似绵绵细雨、固若金汤。一切都在展示着羽毛球运动的力与美，使观赏者像吟读一首动人的诗、浏览一幅悦目的画一般，心旷神怡，流连忘返。

（二）锻炼性

1. 增强体质

羽毛球运动可以全面增强人的体质。前场、后场快速移动击球，中、后场的大力扣杀球，被动时的扑救球，双打的换位击球等都需要练习者有较好的力量、速度、耐力、灵敏、柔韧性以及快速的反应能力。扣杀需要力量；在双方对拉回合的过程中，为了取得主动，需要有较快的速度和耐力；在扑救球时（多半是被动情况），又需要有很好的灵敏度和柔韧性；双打中又需要极快的反应与判断能力。因此，经常从事该项体育活动，可以发展人体的灵活性、协调性，提高人们上、下肢及躯干的活动能力，改善呼吸系统和心血管系统的功能，提高有氧供能和无氧供能的能力，调节神经系统并提高其抗乳酸的能力，而且能起到增进健康、抗病防衰、调节精神的作用。

2. 培养意志

羽毛球运动因其竞争性、对抗性、大强度等诸多因素的要求，使意志品质在该项运动中占有非常重要的地位。羽毛球比赛经常遇到这类情况，即运动员出现了“极点”：喘不上来气、身体无力、眼前发黑，感觉自己再也坚持不下去了。这种现象不只一方会出现，在势均力敌的情况下，往往是双方先后都会出现，甚至几乎是同时出现（如一个球打了很多回合），这时就看谁能再坚持一下，胜利往往存在于再坚持一下中。这就要靠顽强的意志品质和坚定的信念。即使不是比赛，这项活动也需要较强的意志，否则练习者将不会很好地完成该项练习，使练习中应产生的愉悦、趣味及锻炼价值荡然无存。

3. 陶冶性情

羽毛球活动包括对对方战术意图的揣摩、对各种战机的把握、对自己运用战术的选择等智力因素，因此经常从事该项运动可以使人思维敏捷。同时，由于比赛紧张、竞争激烈，练习者的心理素质得到很好锻炼，在竞争中，强化进取精神，使人的智、勇、技在竞争与对抗中得到升华。经此磨炼，练习者能够做到临危不乱，泰然处之，既增长了智慧又陶冶了性情，不仅能在羽毛球活动中应付自如，而且能以良好的心态、正确的人生观去面对事业、家庭等。

第三节　羽毛球赛事组织机构与重大赛事

一、羽毛球赛事组织机构

针对羽毛球赛事的组织机构，这里着重对国际羽毛球联合会和中国羽毛球协会加以阐述。

（一）国际羽毛球联合会

国际羽毛球联合会（IBF），简称国际羽联，1934 年，由加拿大、丹麦、英格兰、法国、爱尔兰、荷兰、新西兰、苏格兰和威尔士等发起成立。普及和发展世界羽毛球运动，加强各国羽毛球协会之间的联系，举办奥运会、世界锦标赛、世界杯赛和其他国际比赛，是国际羽联的任务所在。2006 年，国际羽联全体大会通过一项决议，将“国际羽毛球联合会”的正式名称更改为羽毛球世界联合会（BWF）。新的羽毛球世界联合会总部坐落于马来西亚吉隆坡。

（二）中国羽毛球协会

1958 年 9 月 11 日，中国羽毛球协会在武汉成立，简称“中国羽协”，英文为（CHINESE BADMINTON ASSOCIATION）。国家体育总局乒乓球羽毛球运动管理中心为国家体育总局直属事业单位，同时，又是中国乒乓球协会、中国羽毛球协会的常设办事机构，并赋予对乒乓球羽毛球运动项目全面管理的职能。乒乓球羽毛球运动管理中心在国家体育总局的领导下开展工作，有关训练竞赛和一般性的日常工作由竞技体育司综合管理，其他有关外事、财务、人事、党务、监察、审计等工作分别由国家体委有关职能部门实行归口管理。中心内部实行行政领导负责制。中国羽毛球协会为中华全国体育总会的团体会员，是中国奥林匹克委员会承认的全国运动协会。

二、世界主要羽毛球赛事

为了便于羽毛球运动的发展及普及，国际羽联及各国羽毛球主管部门皆举办一系列的羽毛球比赛。部分比赛在各国乃至世界羽坛具有巨大影响，下面以各赛事“首届”举办时间为序做简要介绍。

（一）汤姆斯杯

具体来说，汤姆斯杯羽毛球赛不但是世界男子团体羽毛球锦标赛，而且是世界羽坛男子团体赛的最高荣誉杯赛。英国人乔治·汤姆斯曾连续4次获得全英羽毛球锦标赛男子单打冠军；9次男子双打冠军；6次混合双打冠军。他21岁开始获得冠军，此后年年有冠军入账，至最后一次拿冠军时已41岁。1934年7月，国际羽联成立时他被推选为第一任主席。

1939年的国际羽联理事会上决定将举行世界男子羽毛球团体比赛，汤姆斯向这一世界性比赛捐赠了一座奖杯，因此将此杯命名为“汤姆斯杯”。汤姆斯杯高28厘米，包括把手的宽距为16厘米，由底座、杯形和盖三部分构成，在盖的最上端有一个运动员的模型。此杯的前部雕刻有这样的文字：乔治·汤姆斯·巴尔特于1939年赠送国际羽毛球联合会组织的国际羽毛球冠军挑战杯。首届汤姆斯杯由于第二次世界大战的原因，推迟至1948年才举行，当时有10个国家和地区参加了比赛。汤姆斯杯为流动杯，每次比赛的冠军队将“汤杯”带回本国，保留至下届“汤杯”比赛开始。从1984年起，此赛事改为每两年举行一届。比赛分为预赛、半决赛和决赛三个阶段，从决赛前年的11月1日到决赛年的6月30日进行。6支在相应区域进行半决赛而出线的队伍加上直接进入决赛的东道国和上届冠军共8支队进入决赛阶段的比赛。倘若东道国是上一届冠军，则半决赛中需要派遣7支队参与决赛。8支决赛队伍分成两个组比赛。以赢得分数多为胜利，如果分数一样，以赢得场数多排在前头。所以小组赛要比完5场。如果场数、局数仍然一样，就采取抽签的办法决定名次。所有参加比赛的队伍需在赛前14天选出4到10名运动员，按照当时的世界排名，列出第一单打、第二单打、第三单打、第一双打、第二双打及替补的运动员名单。每名运动员最多只能参加一场单打和一场双打比赛。绝对不允许世界排名靠前的选手担任后位单打或双打比赛任务。从1982年起，该项团体赛改为每两年举办一届，而且赛制也从以往两天9场5胜（5单4双）改为一天5场3胜（3单2双）。截至2017年，汤姆斯杯赛已经成功举办29届。

（二）尤伯杯

尤伯杯羽毛球赛是世界女子团体羽毛球锦标赛，代表了当今世界羽毛球最高水平的女子团体赛。尤伯杯由英国著名女子羽毛球运动员贝蒂·尤伯（Betty Uber）捐赠。

贝蒂·尤伯，是英国20世纪30年代著名女子羽毛球选手。尤伯从1930—1949年间，曾多次夺得全英羽毛球锦标赛的女子单打、女子双打和混合双打比赛的冠军。尤伯夫人退役后仍对羽毛球运动情有独钟，为推动羽毛球运动的发展，她在1956年的国际羽联理事会上，正式向国际羽联捐赠由麦皮依和维伯制作的纪念杯——尤伯杯（Uber cup）。

尤伯杯高18厘米，有地球仪样的体部，在球体顶部有一羽毛球样模型。此模型的上端站着一名握着球拍的女运动员，底座的周围雕刻着这样的词句：尤伯夫人于1956年赠送国际羽毛球联合会组织的国际女子羽毛球冠军挑战杯。

尤伯杯赛制同汤姆斯杯赛一样，在1982年以前是每三年举行一次，比赛采用七场四胜制。

自 1984 年开始，改为每两年举行一次，采用五场三胜制。1981 年，国际羽联和世界羽联合并为现在的国际羽联，决定将尤伯杯赛与汤姆斯杯赛在同时同地举行，并相应改变为每两年举行一届。从 1956—2017 年间，国际羽联共举办了 26 届尤伯杯赛。

（三）世界羽毛球锦标赛

国际羽毛球联合会设立的以个人单项为竞赛项目的羽毛球锦标赛，即所谓的世界羽毛球锦标赛。这项羽毛球运动赛事的成立时间比汤姆斯杯赛和尤伯杯赛都晚，举办方是国际羽毛球联合会。是为了适应世界羽毛球运动日益发展的需要，而设立的一种以个人单项为竞赛项目的羽毛球锦标赛。

首个世界性羽毛球组织是国际羽毛球联合会，其成立时间和成立地点是 1934 年的英国。1978 年，世界羽毛球联合会成立。在两个组织联合之前，它们各自已经举行了两届彼此认为是世界性的羽毛球单项比赛，即国际羽联于 1977 年和 1980 年，世界羽联在 1978 年和 1979 年举行的比赛。1981 年，两个国际性羽毛球组织宣布联合，名称为国际羽毛球联合会。在联合会上协商决定，每两年举行一次世界羽毛球单项比赛，即世界羽毛球单项锦标赛（Individual World Championships），并延续两个国际羽毛球组织以前的届数。1983 年，在丹麦首都哥本哈根正式举行了第 3 届世界羽毛球单项锦标赛。此项赛事只进行 5 个单项的比赛，即男女单打、男女双打和混合双打。所有项目的冠军都将获得金牌，亚军获得银牌，半决赛的负者获得铜牌。

1988 年，国际羽联决定世界羽毛球单项锦标赛与新设立的苏迪曼杯赛同时同地举行。国际羽联根据当时的世界排名，邀请每个项目中的前 16 名（对）运动员直接参加比赛。国际羽联的每个会员国和地区在每个项目报名的运动员不得超过 4 名（对）。2002 年，国际羽联又决定将世界羽毛球单项锦标赛和苏迪曼杯赛分开举行。从 2003 年起，除奥运会年份外，世界羽毛球锦标赛每年一次，至 2013 年，世界羽毛球锦标赛已举办 20 届。在 2010 年与 2011 年两届比赛中，中国队两次包揽男女单、男女双、混双五项冠军。截止到 2017 年，世界羽毛球锦标赛已举办 23 届，在该届世界羽毛球锦标赛中，中国队获得男子双打冠军。

（四）苏迪曼杯

为了弥补世界级大赛中男、女运动员不能同场竞技的不足，1987 年 5 月 29 日，国际羽联宣布从 1989 年起设立世界羽毛球混合团体赛，并与两年一度的世界羽毛球比赛“汤姆斯杯”与“尤伯杯”同地先后举行。为纪念印度尼西亚羽毛球联合会前主席苏迪曼先生对羽毛球事业做出的贡献，国际羽联决定将世界羽毛球混合团体赛奖杯命名为“苏迪曼杯”。

苏迪曼（1922—1986）被誉为“印尼羽毛球之父”，是印度尼西亚羽协前主席。他 1922 年 4 月 29 日出生于印尼北苏门答腊省的一个小镇。他从小学到中学，在地区少年儿童羽毛球比赛中都名列前茅；到高中时期，在全国已经小有名气；在读大学时（商科大学），就成为非正式的全国冠军。在 20 世纪 40 年代，印尼还没有举行过全国比赛，而他已打败了遇到的所有选手。1951 年，在苏迪曼先生的积极倡导下，印尼羽毛球协会正式诞生，苏迪曼先生本人被选为该协会首任主席。由于苏迪曼先生的忘我和卓有成效的工作，他连续 22 年当选印尼羽协主席。苏迪曼先生 1973 年被选为国际羽毛球联合会理事，1975 年出任国际羽毛球联合会副主席，直至 1986 年去世。苏迪曼在任职国际羽联副主席期间，首先提出倡议并为促使国际羽联和世界羽联的合并积极奔走，终于于 1981 年促成了两大羽联的合并，结束了世界羽坛分裂的状况，开启了羽坛新时代。

“苏迪曼杯”羽毛球赛的奖杯是一个镀金银杯，由印尼万隆工学院学生鲁斯南迪雕刻。奖杯是一个羽毛球造型，在基座上雕刻了举世闻名的古迹婆罗浮屠佛塔的造型，整个奖杯高 80 厘米。

“苏迪曼杯”羽毛球赛按各个国家和地区球队的实力分为 A～G 等 7 个级别，但只有参加 A 级比赛的 6 个队有资格争夺冠军。杯赛各级别之间实行升降级制。B～G 组的小组第一名在下届比赛中升到上一组，最后一名降到下一组。“苏迪曼杯”羽毛球赛采取 5 局 3 胜制，分别设男、女单打，男、女双打和混合双打 5 项比赛。

“苏迪曼杯”自首次举办到 2017 年共举办 15 届，其中中国队、韩国队和印尼队各获得 10 届、4 届和 1 届冠军。2005 年、2009 年、2011 年、2015 年分别在中国北京、广州、青岛、东莞举行“苏迪曼杯”羽毛球赛，中国羽毛球选手再一次向世界展示了我国羽毛球运动的整体水平。

（五）国际系列大奖赛

国际系列大奖赛首次举办的时间是 1983 年，这项赛事是根据世界网球大奖赛的相关策略组织与举办的，同时其将全年比赛划分成若干赛区，由很多系列比赛共同构成。最终，参照参赛运动员在各次比赛中的成绩积分加以排名，最终组织成绩领先的 16 名运动员参与总决赛。

（六）世界杯羽毛球赛

世界杯羽毛球赛创办于 1981 年，一年一届，由于国际羽联准备新办大满贯赛和电视明星赛，1997 年后停办。2005 年，世界杯羽毛球赛再次恢复。

世界杯赛是小组赛赛制，属于邀请赛赛制。一般由东道主邀请世界的顶尖球员参加，按国际惯例，一般邀请世界排名男单前 16、女单前 12、男双前 8、女双和混双前 6。世界杯赛是小组赛赛制。中国队在 19 届比赛中共获得 41 枚金牌，居各国之首，印度尼西亚夺得 32 枚金牌，位居次席。

（七）奥运会羽毛球比赛

1985 年，在国际奥委会第 90 次会议上决定将羽毛球列为奥运会的正式比赛项目。在 1988 年汉城奥运会上，羽毛球被列为表演赛并取得成功。在 1992 年的巴塞罗那奥运会上，最终设立羽毛球为正式比赛项目。

在 1992 年巴塞罗那举行的第 25 届奥运会上，羽毛球项目设有男子单打、女子单打、男子双打和女子双打 4 个项目。在 1996 年亚特兰大奥运会上增设羽毛球混合双打比赛项目，使得奥运会的羽毛球比赛项目更为丰富。由于羽毛球项目拥有 5 枚金牌，自此顺利演变成奥运会奖牌大户的队伍，各项羽毛球比赛也发展成世界各国密切关注、尽全力争夺的项目。

奥运会羽毛球项目参赛选手的名额有着严格限制，比赛根据世界排名，选出前 33 名单打运动员、19 对双打选手和 17 对混双选手直接参加奥运会。但每个项目中至少必须包括五大洲的各 1 名运动员和 1 对选手，这些运动员必须是世界排名最前面的运动员。如果在世界排名中仍没有某洲的选手，则以在积分期间的最近一次洲比赛中的冠军选手出席。东道国应有不少于 2 名运动员参加比赛，每个国家和地区在 1 个项目中最多只能有 2 个席位，多出的席位让给排名后位的选手。

在 1992 年巴塞罗那第 25 届奥运会的首次羽毛球比赛中，中国羽毛球运动员共获得 1 枚银牌和 4 枚铜牌；在 1996 年亚特兰大第 26 届奥运会上，中国羽毛球健儿共夺得 1 枚金牌、1 枚银牌和 2 枚铜牌；2000 年悉尼奥运会中国选手取得最佳成绩，夺得男单、女单、女双、混双 4 金；2004 年雅典奥运会中国队获得女单女双、混双 3 金；2008 年北京奥运会中国队获得 8 枚羽毛球比赛奖牌，其中男单、女单、女双获得金牌。

此外，大型的羽毛球国际比赛还有马来西亚羽毛球公开赛、印度尼西亚羽毛球公开赛、美国羽毛球公开赛、中国羽毛球公开赛、全英羽毛球公开赛、日本羽毛球公开赛、香港羽毛球公开赛、台北羽毛球公开赛、韩国羽毛球公开赛、泰国羽毛球公开赛、新加坡羽毛球公开赛、瑞士羽毛球公开赛、丹麦羽毛球公开赛、俄罗斯羽毛球公开赛、德国羽毛球公开赛、荷兰羽毛球公开赛、加拿大羽毛球公开赛、苏格兰羽毛球公开赛和澳大利亚羽毛球公开赛等。

三、国内主要羽毛球比赛

为了加强国内羽毛球的交流及推动此运动的发展，国家体育总局（组织全国性羽毛球比赛）及各地方主管部门（组织地区性羽毛球比赛）组织各类比赛。这些比赛对加强我国各地区羽毛球技术的交流、发展，培养高水平运动员，发挥了积极的作用。

（一）全国性羽毛球比赛

全国性羽毛球比赛是由国家体育总局乒乓球羽毛球运动管理中心统一安排，委托地方主管部门举办的比赛。主要包括全国性运动会（全运会、城运会等）羽毛球赛，全国羽毛球锦标赛（团体、单项），全国羽毛球甲级、乙级赛，各类全国男子、女子羽毛球单项赛，全国青少年羽毛球赛和全国少年儿童业余体校羽毛球赛。为提高我国羽毛球双打的技术水平，国家体育总局还安排了全国双打冠军赛（男、女双打和混合双打）。

全国综合性运动会极其重视羽毛球比赛，1959 年，第一届全运会就将羽毛球列入正式比赛项目，设有团体和 5 个单项比赛。这也是唯一一个 4 年举办一次的全国性羽毛球比赛，其他基本每年举办一次。为了适应不同层次羽毛球运动员的发展需要，各类比赛规程有所区别，如有年龄组、比赛项目等参赛条件的限制。

（二）其他类型的羽毛球比赛

除国家体育总局组织的专业比赛外，各地方主管部门及羽毛球协会也组织各类性质的羽毛球比赛，但多以业余性质为主，如顶级高手间的“天王挑战赛”“东西南北中羽毛球比赛”，业余爱好者的全民健身羽毛球比赛、全国老年人羽毛球分年龄赛等省级赛、邀请赛、对抗赛以及热身赛等。这些比赛为我国羽毛球运动技战术的发展与普及起到重要作用。

国内外具有影响力的大学生羽毛球比赛较少，但是数目较多，有力地促进了羽毛球运动在大学生中的普及，为羽毛球的发展奠定了坚实的基础。

世界大学生羽毛球锦标赛截至 2012 年，已成功举办 12 届，中国大学生代表队在此项比赛中取得傲人的战绩。由于我国对世界大学生羽毛球锦标赛的特殊贡献，我国于 2006 年承办了第 9 届世界大学生羽毛球锦标赛，10 月 10 日在中国地质大学（武汉）开赛。此次比赛项目新增设混合团体赛。参赛的有加拿大、捷克、法国、德国、中国等 16 个国家和地区的 113 名大学生羽毛球选手。在首日进行的混合团体比赛中，中国队以 5：0 战胜了日本队。此赛事每两年举办一次。

国内大学生羽毛球赛事很多，较具影响力的是由中国大学生体育协会羽毛球分会主办的全国大学生羽毛球锦标赛和“全国亿万学生阳光体育运动”羽毛球挑战赛。首届“全国亿万学生阳光体育运动”羽毛球挑战赛于 2008 年在西北民族大学举行，只设混合团体赛，并规定参赛者必须是非体育特长生。此次比赛共有 20 所高校、近 200 名运动员参赛。此挑战赛的成功举办，开创了国内专为普通大学生举办体育赛事的先河，对于推动羽毛球运动在高校的普及，增进各兄弟院校之间的友谊、交流与合作有着深远的影响。此外，各省、市也组织了各类大学生羽毛球比赛，如粤东高校大学生羽毛球赛、北京市研究生羽毛球联赛、浙江省大运会羽毛球赛、河南省大学生羽毛球锦标赛以及长春市大学生羽毛球联赛等。

第四节　羽毛球运动场地与器材介绍

一、羽毛球运动场地

（一）羽毛球运动场地的环境

对于羽毛球运动来说，具体的场地标准已经固定，具体如下。

（1）羽毛球整个场地净空高度离地面最低为 9 米（30 英尺），在此高度内不得有任何横梁或障碍物。

（2）羽毛球球场边界线外最少留有 2 米（6.5 英尺）的无障碍区。

（3）场地与场地之间并列，需要在两个场地之间最少应留有 2 米的无障碍区。

（4）球场四周的墙壁或挡板应以与球反差较大的深色系为宜。

（5）球馆内如有窗户，应在比赛时用隔光性能较好的窗帘遮挡。

（6）严禁羽毛球场馆出现明显空气流动。

1. 场区规格

羽毛球场地呈长方形，球场长度为 1340 厘米，单打球场宽 518 厘米，双打球场宽 610 厘米（见图 7-1）。场地线宽为 4 厘米，颜色为白色、黄色或其他易辨颜色。正常球场区的 4 个 4 厘米×4 厘米的标记应画在双方单打右发球区边线内沿，距端线 53 厘米和 99 厘米处，标记的宽度包括在所画的尺寸内，即距端线外沿 53～57 厘米和 95～99 厘米。所有场地线都是它所确定区域的组成部分。

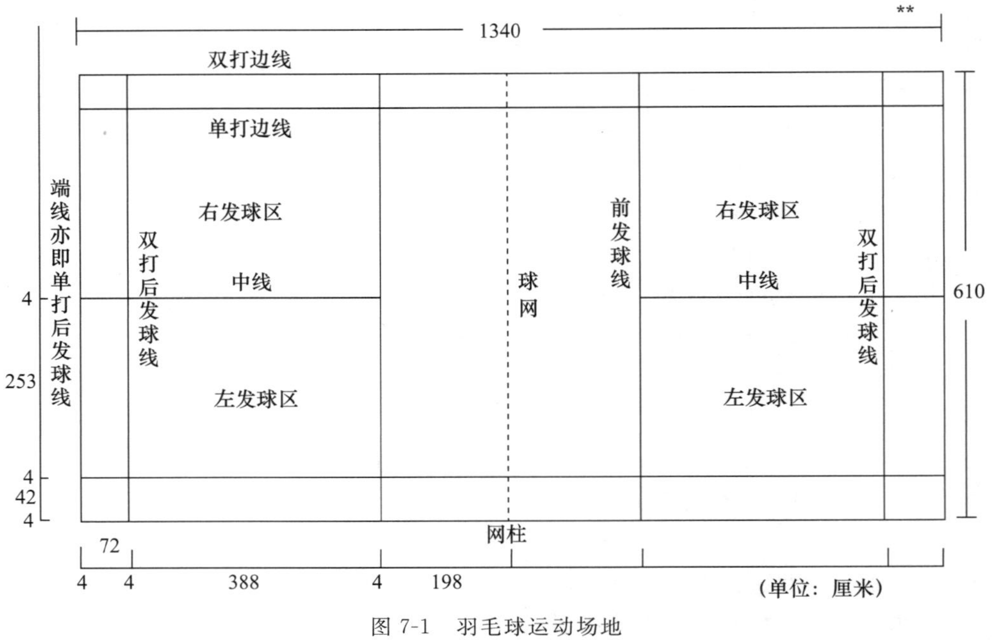

图 7-1　羽毛球运动场地

2. 场地地面材质

鉴于羽毛球运动的技术特点，运动员在比赛中的跳跃动作较多，为保护运动员的腿部不因过多的跳跃动作而受伤，羽毛球的场地地面材质使用木质地板或塑料胶地面。这种地面材质的好处包括有适当的弹性可以作为跳跃动作下落的缓冲，以及可以提供适当的摩擦力，为运动员快速的急转急停提供充分的支持。

3. 场地灯光

羽毛球每回合的比赛进行的速度较快，动作与动作的衔接紧密，快速的判断力就是赢得比赛的保障之一。而判断力的快速和准确有很大成分依赖于场地内合适的灯光。为此，经过长期的羽毛球运动实践，最终确定了羽毛球场地的灯光处理方案。羽毛球场地灯光通常的设计和布局方法包括以下两种。

（1）使用白炽灯泡，将灯源安装在每一球场两侧网柱的上空。

（2）使用荧光灯，将灯源安装在与球场边线平行并且长度相同的地方。场地上的照度要求为 500～750 勒克斯。如果比赛在白天进行，还要注意避免自然光线的干扰，处理办法为在场馆内的通光位置挂上窗帘。

4. 场地分区

（1）大区域划分法。大区域划分法是将羽毛球场地横向被中线平分为左右两个半区；纵向被分为前场、中场、后场。详细来说，前场指从前发球线到球网之间的场地；后场指从端线到双打后发球线之间的场地；中场指前发球线与双打后发球线之间的场地（见图 7-2）。

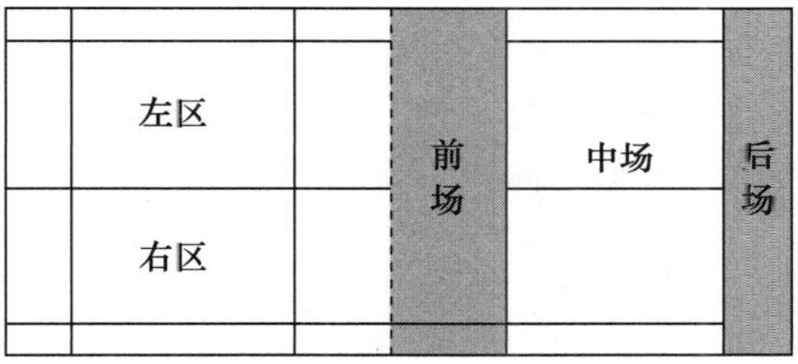

图 7-2　羽毛球场地大区域划分法

（2）小区域划分法。小区域划分法是指在大区域划分的基础上，再在每个区域中划分出几个最具威胁的区域。绝大多数情况下，小区域划分法往往被应用在高水平的羽毛球运动训练中，同时将其作为要求的训练，有助于运动员在训练活动以及相关比赛中准确阐述自身在战术方面的思想和意图（见图 7-3）。

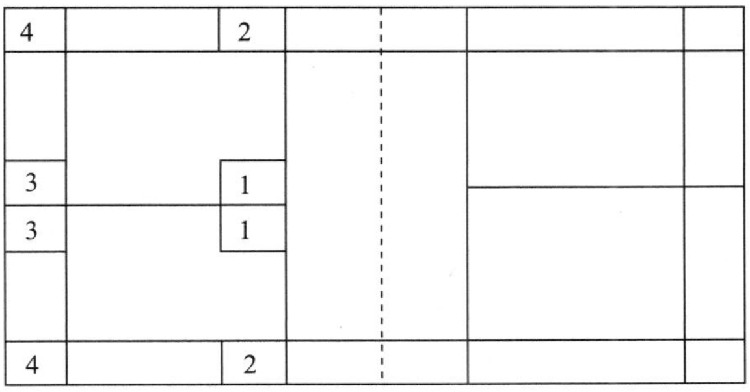

图 7-3　羽毛球场地小区域划分法

（二）羽毛球运动场地的网柱与球网

1．网柱

正规的羽毛球场地对于网柱设置的要求为网柱应高于地面 155 厘米，且必须稳固地垂直于地面，保持紧拉状态。如遇到不能设置网柱的场地，则必须采用其他办法标出边线通过网下的位置，如使用细柱或 4 厘米宽的条状物固定在边线上并垂直向上直到网顶绳索处。

设置网柱的注意事项是：在羽毛球双打场地上进行比赛时，无论双打比赛还是单打比赛，网柱或代表网柱的条状物都必须放置在双打边线上，不能超过边线，也不能短于边线。

2．球网

羽毛球场地的球网材质一般使用深色系的细绳编织，网的顶端为 7.5 厘米宽的白布对折并在夹层中穿有足够的长度和强度绳索或钢丝。标准的球网顶端的白布边上沿须紧贴绳索或钢丝，且上沿被拉紧，保持与网柱顶部平高。此外，球网两端与网柱之间应紧紧绷平，两端不得有任何缺缝。球网本身的网孔为方形，网孔各边长应在 15～20 毫米；网上下宽 76 厘米；球场中央处球网网高应为 152.4 厘米，双打边线处球网网高应为 155 厘米。

二、羽毛球

（一）羽毛球的规格

羽毛球可由天然材料、人造材料或用天然材料和人造材料混合制成，只要球的飞翔性能与用天然羽毛和包裹薄羊皮的软木球托制成的球的性能相似即可。

羽毛球由球托和羽毛两部分组成，球托底部是包裹着一层羊皮的球形软木，直径为 2.5～2.8 厘米；球托部的羽毛球座固定有 16 根羽毛，从球托面至羽毛尖的长度均为 6.2～7.0 厘米，羽毛应用线或其他适宜材料托牢，16 根羽毛围成圆形，顶端直径为 5.8～6.8 厘米。羽毛球重 4.74～5.50 克。

（二）羽毛球的材质

构成羽毛球的羽毛和球托可以用多种材质制成，不过根据要求的不同，制作羽毛和球托的材质有优良之分。最优质的羽毛材质为鹅毛，而最优质的球托材质为天然软木。常见的普通羽毛球的羽毛为鸭毛，球头上层是台纤板、下层是粉碎软木。羽毛球的构造和材质使其必然会是一种快速消耗品。当运动员参与竞争激烈的羽毛球赛事时，为追求羽毛球在空中运行的良好规律性，运动员常常在羽毛球出现细微掉毛时就要求更换比赛用球。羽毛球运动的竞技比赛要求，每场比赛至少要消耗 2 打羽毛球，即 24 个羽毛球。

（三）羽毛球的球速

羽毛球的球速也是检测其品质的重要指标。正规的比赛用羽毛球所标识的球速和生活中用于娱乐的羽毛球的速度是有区别的。测试羽毛球的速度是使用标准的力量击打羽毛球所获得的速度。检验羽毛球时，可站在端线外，用低手向前上方全力击球，使球的飞行方向与边线平行。一个具有正常速度的球应落在距对方端线 53～99 厘米的区域。

对羽毛球球速产生影响的因素有很多，如羽毛嵌入球托的角度、球的重量、球口的直径等。另外，外部环境对球施加的微弱影响也会影响球速，如潮湿的空气。

三、羽毛球拍

(一) 羽毛球拍的结构

标准的羽毛球拍长不超过 68 厘米、宽不超过 23 厘米，由拍头、拍弦面、连接喉、拍杆、拍柄五部分组成（见图 7-4）。其中，拍弦面长不超过 28 厘米、宽不超过 22 厘米。

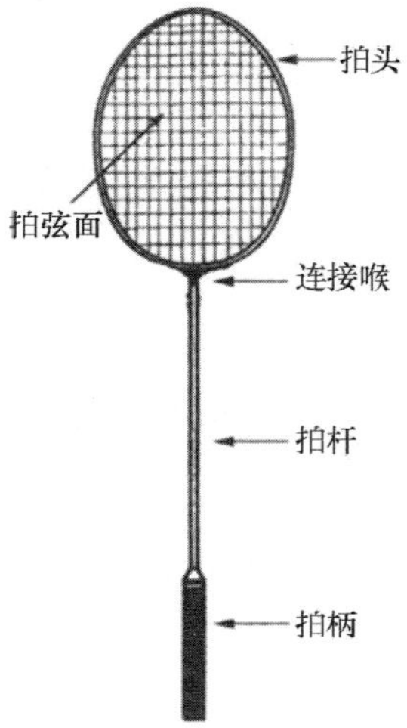

图 7-4 羽毛球拍结构

(二) 羽毛球拍的规格

1. 握把

羽毛球拍的握把使用 G2 和 G3 尺寸的木质握把柄皮。柄皮也称握把胶（毛巾握把布），主要用途是吸除手汗防止球拍脱手以及改变拍柄的粗细，使握持更舒适。

2. 拍重（空框）

羽毛球球拍的拍重可以分为 U（90～95 克），2U（88～91 克），3U（84～87 克）和 4U（84 克以下）四种。U 及 2U 适用于腕力强、穿线磅数高、攻击性强的年轻及专业球员；3U 和 4U 适用于技术型运动员及业余爱好者。

3. 拍弦张力

拍弦张力，又称“紧度”。拍弦张力一般用磅数（拍头的承受力）表示：低磅（20 磅以下）；中低磅（20～23 磅）；中磅（23～25 磅）；中高磅（25～27 磅）；高磅（28 磅以上）。业余球员拉的磅数在 20～25 磅。

4. 中管硬度

中管硬度分为较硬（6.5～7.1）、适中（7.2～8.3）、较软（8.4～9.0）三类。较硬的适合攻击性球员；较软的适合技巧型球员及业余爱好者。

5. 球拍平衡点

根据力学原理，羽毛球拍空拍的最佳平衡点为 285～300 毫米，平衡点靠后（低于 284 毫米）会使拍头过轻、击球无力；平衡点靠前（高于 300 毫米）会使拍头过重，影响球员技术发挥。

6. 球拍套

羽毛球球拍的拍套种类较多，具体可以分为1/2套（只包住羽拍框）、3/4套（只包住拍框和拍杆）、单层全拍套和双层全拍套。其中1/2套的造价最为低廉，普遍被业余爱好者所使用，而双层全拍套的成本最高。

7. 球拍长度

普通型羽毛球拍的长度约262/8英寸（66.5厘米），加长型羽毛球拍的长度约265/8英寸（67.5厘米）。

8. 手柄标示

手柄可以标示为G1——23毫米×26毫米；G2——22毫米×25毫米；G3——21毫米×24毫米；G4——20毫米×23毫米。

（三）羽毛球拍的类型

羽毛球拍由球拍与球弦组成。这里研究的羽毛球球拍的分类仅为球拍框架，不包含球弦。随着科学技术的快速发展，先后出现了很多种新型材料，制作羽毛球拍的过程中应用这些新材料，往往能使羽毛球拍技术快速发展。

由不同类型材料制成的球拍有不同的击球手感或效果。对于业余羽毛球爱好者来说，这里面的细微差别是不容易感受到的；而对于专业选手来说，选择一款适合自身打法的球拍也是他们非常关注的事情。羽毛球拍的常见类型如下。

1. 木制球拍

木制球拍有全木拍和木铁拍之分，前者球拍结构均由木材做成；后者球拍的拍框由木材做成，拍杆为铁管。木拍由于其低廉的价格成为使用较早和最为普及的羽毛球拍。但随着人们环保意识的增强和多种新材料引入羽毛球拍的制作工艺中，这种木制球拍在现今已基本被淘汰。

2. 铁制球拍

拍框为铁材，拍杆为铁管。拍体较重，易变形、不实用。

3. 铝碳拍

该羽毛球拍的拍框为铝合金，拍杆为碳素纤维，利用“内三通”连接，重量平均、价格适中、涂装简单，但使用者较少。

4. 碳素球拍

拍框和拍杆均为碳素纤维，分一段式（一体成型）和二段式（连接型）两种结构，其中，二段式球拍工艺难度较大，成本较高，具有硬度强、重量轻、不变形的特点。碳素球拍适合专业球员使用，正式比赛一般都采用全碳素拍。

5. 钛合金拍

在全碳拍的基础上加进钛金属材料，这种球拍强度较大，拍体较轻，是目前市场上最高级的羽毛球拍。

6. 铝铁一体拍

球拍结构和铝合金拍基本相同，结构美观、拍杆较硬、拍身较重，属中低档拍，适合初学者使用。

（四）羽毛球拍的选择

1. 根据材质选择

早期的羽毛球拍均为木质材料，但与现代新材料制作的羽毛球拍相比，木质球拍显得非常沉重，这严重影响了运动员技术的发挥。在新材料出现并运用到羽毛球拍上后，诸如钢、铝、铁等轻金属以及合金球拍，玻璃纤维、碳纤维、克维拉纤维、高张力碳纤维、高黏性碳料聚合物、钛、超刚性碳纤维材料的使用，均在不断减轻球拍重量的同时还能保持出色的韧性，能够为每一次击球提供极大的支撑力。不仅如此，新材料还会使球拍更轻、更硬、更耐用、更能吸收震荡和振动，不过不同材料之间仍有一些区别，体现出不同的手感和击球效果。因此，在选择羽毛球拍时，应先对球拍材质进行一定的了解，不同材质和同一材质原料的不同比例都会影响球拍的价格、性能。当羽毛球运动参与者对各类羽毛球拍有一定了解后，再参照自身的打法与特长选取最适合自己的材质。

通常情况下，羽毛球拍的挥击力量会随着硬度的增强而增强，但吸震能力与回弹性会随着硬度的增强而减弱。尽管这类球拍可以创造出非常惊人的攻击力，但是如果没有良好的身体素质和过硬的控制技术，这种球拍极易使手腕及手肘受伤害，并且不容易控制球。因此，太坚硬的球拍不适宜初学者以及手部有伤患的运动员。

2. 根据重量选择

羽毛球拍根据使用者的打法通常有进攻型、防守型和全面型三种分类。通常情况下，球拍较重有利于大力扣杀，适用于进攻型选手；较轻的球拍便于打、拉、吊，适合防守和全面的控制。

根据上述特点，羽毛球初学者最好选择重量较轻的球拍，以便控制球和更好地体会手感，同时减少运动损伤。但需要注意的是，球拍并不是越轻越好，轻球拍的挥动速度快，但在杀球时会有一种发空的感觉，不利于体验发力的感觉，影响击球力量。不可否认的是，球拍并非是越重杀球达到力量就越猛。众多实验表明，当球拍重量超过一个限度后，杀球力量就会出现“天花板效应”，即球速出现了一个上限，无论发多大的力都不能再使球速加快。

3. 根据拍弦选择

羽毛球拍的拍弦对比赛输赢有很大的影响，其对羽毛球运动员的击球速度、击球力量、球的旋转等都有直接影响。质量不同的拍弦往往存在很大的差异，具体包括弹性、回弹性、耐打度等，但最关键的是拍弦与球接触时间上的不同。

通常来说，磅数低、张力低的拍弦弹性大，但拍弦较松，击球时球在拍面上滞留时间长，不能精确控制球的落点；中低磅的拍子弹性好，控球也可以，但有滞留感，反弹时间较长，会影响进攻速度；磅数高、张力高的拍弦弹性小，球拍和球之间的作用强烈，反弹加速度大，击球的初速度快，球和拍接触时间短，可缩短回球的飞行时间和球改变方向的时间，便于控制球的方向和深度，但对运动员的力量及控球能力要求很高。

4. 根据手感选择

羽毛球运动是一项非常精细的控制型运动，它对于人的手感有着较高的要求。因此，手感也就成为选择球拍的一个标准。具体方法为，拿到球拍之后，可先挥动一下。震手的球拍太硬，不震手的球拍拍杆较有弹性；还可一手握住球拍柄，一手扶住球拍头顶端掰一掰，拍子有微度弯曲，说明拍杆较有弹性。不过手感硬与软的另一面就是击球的力度与控制的博弈，这是必然的一对矛盾。例如，手感偏硬的球拍可以充分发挥力量较大选手的力量优势，但与此同时这种类型的球拍的控球手感略差，需要使用这种球拍的选手拥有绝佳的控制力；手感偏软的球拍有较好的对球的控制力，但击球力量又略显不足。最佳的球拍选择应根据自身的技术特点，选择最为适中的球拍。

5. 根据手形选择

因为球拍是手与球联系的重要“纽带”，所以手和球拍接触的舒适度受到很多羽毛球运动员的密切关注，所以运动员应适当参照自身手形来选择球拍。选择的标准是手部握住拍柄感觉舒适，手大的运动员适宜选用粗大拍柄的球拍，手小的运动员适宜握较细或呈正方形的拍柄，比较常见的有 G2、G3、G4 等型号。

第八章　高校羽毛球运动技术训练实践

第一节　羽毛球握拍技术训练实践

一、常用握拍方法

羽毛球运动是以运动员手握球拍还击球的方式进行的，所以握拍法就成了初学者首先要掌握的基本技术之一。正确的握拍法对于掌握合理、准确、全面的基本技术，关系重大。正确的握拍法，可以帮助球员随心所欲地把球打到对方场区的任何落点上；相反，如果握拍的方法不当，往往会影响练习者对球的控制能力，限制一些战术和球路。在完成技术动作的时候，也容易被对方预先判断到自己所要还击的球。而且，握拍法不当，有时还会影响技术动作的完成和发挥，降低击球的效果和准确性，减弱击球的威力。羽毛球技术中的握拍法和指法多种多样，但是基本的握拍法只有两种，即正手握拍法和反手握拍法。

（一）正手握拍法

握拍之前，先用左手拿住球拍，使拍面与地面垂直，再张开右手，使手掌下部靠在球拍的握柄底托部位，虎口对着球拍框，小指、无名指、中指自然并拢，食指与中指稍稍分开，自然弯曲并贴在拍柄上。

1. 正手搓球握拍法

在正手握拍的基础上，拇指、食指稍松开，使拍柄离开掌心，拇指斜贴拍柄内侧的上小棱边上，食指稍向前伸，使第二指斜贴在拍柄外侧的宽面上。

2. 正手勾对角握拍法

在正手握拍的基础上，拍柄稍向外转，拇指斜贴在拍柄内侧的宽面上，拍柄不贴掌心。

（二）反手握拍法

反手握拍是在正手握拍的基础上把球拍框往外转，即往左方向转，拇指前内侧部位贴在拍柄的窄面部位，食指往中指、无名指、小指并拢。通常反手握拍的时候，手心与拍柄之间有一定的间隙，这种握拍法有利于手腕力量和手指力量的灵活运用。

1. 反手搓球握拍法

在正手握拍的基础上，拇指、食指、中指和无名指稍松开，拍柄离开掌心，同时使球拍向内转，拇指贴在拍柄内侧的上小棱边上，食指第三关节贴在拍柄外侧的下棱边上。

2. 反手勾对角握拍法

在正手握拍的基础上，拇指、食指、中指和无名指稍松开，拍柄离开掌心，同时将拍柄向内转动，拇指第二关节的内侧贴在拍柄的上小棱边上，食指第二指关节贴在拍柄的下中宽面上，其余三指自然抓在下中宽面和拍柄内侧的宽面上。

二、握拍法的关键

无论是正手握拍还是反手握拍，它们共同的技术关键是：一要放松，二要灵活，三要手指能最大限度地发挥力量。击球前，手部的肌肉要适当地放松，食指与中指间有一定的距离（正手握拍时更明显），手心不要靠在拍柄上，手心与虎口之间应留有空洞（反手握拍时更明显）。在击球时，握拍才由放松到握紧，虎口也随之夹紧，食指与中指靠拢，虎口到手心之间的空洞也不见了。但在球击出后，又要很快地呈放松握拍的姿势。

上述两种握拍法是初学者应掌握的基本握拍法。场上击球方法多种多样，而不同的击球方法对握拍法又有不同的要求，因此，在做不同的击球时，需要灵活地对握拍法做某些调整，击球才能收到更好的效果。总之握拍是为击球服务的，不论哪一种握拍法，最基本的要求都是有利于手腕、手指力量的发挥；有利于手腕的灵活转动；有利于灵活调整拍面朝向，以便控制出球路线和球的落点。

三、常见的错误握拍法

(1)“拳握法”：五指并拢使劲一把抓的握法，这种握法使手臂的肌肉僵硬，影响手指、手腕的灵活性。

(2)“苍蝇拍握法”：虎口对准拍面的握法，这种握法限制了屈腕动作，妨碍对拍面角度的自由控制。

(3) 反手击球时，没有转换成反手的握拍法。

四、单打常用的握拍法

握拍是选手击球前要做的最基本准备，是学习各项羽毛球基本技术的起点，可以说从此开始的“起跑方向正确与否，将关系到能否实现终点目标”。有人曾作过这样的比喻：“羽毛球的球拍是选手手臂的延伸。”球拍的形状，与人的手形有相似之处，可以看作手掌和手指的延伸。正确的握拍可使球拍与手有机地融为一体，选手可用这只“延长的手”，随心所欲地迎击场上不同方向、不同速度的来球，并根据自己的意愿，将球击到对手场地的任意一点，达到手与拍完美地结合。而错误的握拍将会阻碍、限制技术的运用与发展。

运动中，选手在掌握基本型正手握拍和基本型反手握拍方法的基础上，根据实战需要，视对方从不同方向和角度击来的后场、前场、中场和发球，因时、因地适当灵活地调整握拍（例如凌厉凶猛的后场大力扣杀握拍和前场精巧细腻搓球握拍是截然不同的)，才能完成高质量的击球。技术水准越高，对握拍要求也越高。

下面逐一介绍各种握拍方法，均以右手持拍者为例，左手持拍者则反之。

(一) 基本型正手握拍技术

基本型正手握拍技术，指在身体右侧及头顶后场运用正拍面击球时的握拍。

1. 基本型正手握拍技术

(1) 左手握拍中杠，使拍框与地面垂直。此时从左至右可看见拍柄上有四条棱线。

(2) 张开右手，使虎口对准拍柄斜棱上的第二条棱线，用近似握手的方法握住拍柄，从正面看，手与球拍柄的结合部位呈 V 形，从侧面看，五指与拍柄呈斜形。

(3) 无名指和小指握紧球拍，拇指、食指和中指自然放松，贴在拍柄两侧的宽面上。球拍柄端靠近手掌的小鱼际肌，拍柄与掌心间留有空隙，准备发力击球。

2. 正手握拍屈指发力

击球前，拇指、食指和中指放松，掌心与球拍柄之间留有发力空间。为满足放松要求，拇指和食指只要贴在球拍柄上即可，不要用力紧握。击球时，靠食指和拇指扣住球拍柄，中指、无名指和小指紧握拍柄，用拇指和手掌末端的小鱼际肌为支点，其余几指为力点，由放松到抓紧，用近似杠杆原理的方法，屈指发力击球。

(二) 基本型反手握拍技术

一切在身体左侧反手位置，或在身体右前下方用反拍面击球时，都用反手握拍。

1. 基本型反手握拍技术

在正手握拍的基础上，将球拍柄稍向外旋，拇指上提，内侧顶贴在拍柄第一斜棱旁的宽面上，也可将拇指放在第一、二斜棱之间的小窄面上。食指稍向下靠，同拇指一道卡住拍柄。其余的中指、无名指和小指自然贴靠在拍柄上，留有发力的空间。

2. 反手握拍屈指发力

以食指和手掌末端小鱼际肌为支点，其余手指为力点，拇指前顶，由放松到握紧球拍柄，用近似杠杆原理的方法，发力击球。

(三) 后场击球握拍技术

(1) 后场高远(平高)球和扣杀球击球力量大，速度快，为获得更大的力臂距离，充分运用屈指发力击球，后场球正、反手握拍手接触球拍柄的位置较靠后，易于击球发力。

(2) 后场吊球与劈球是以斜拍面切击球托，因此握拍要比击后场平高球和杀球时更放松，才能灵活控制拍面。正手吊球握拍主要以小指、无名指和中指放松持住球拍柄，拇指和食指自然贴在球拍柄上，掌心空出。

反手吊球握拍：虎口对在球拍柄第三条斜棱上，拇指上移贴靠在球拍柄第一至第二斜棱之间的面上，其余三指并握。各手指都以第一指节为力点握住球拍柄，掌心空出。

(四) 前场击球握拍

1. 前场搓小球握拍

前场搓球比后场击球力量小，要求技术动作更细腻，握拍更灵活，手腕和手指均完全放松，手掌心与拍柄之间留有充分空隙，靠拇指、中指、无名指和小指内旋捻动球拍击球。

2. 前场推、挑球击球握拍

正手击球时，食指、拇指夹住拍柄（食指位置比拇指稍前），其余三指呈斜形贴靠球拍柄中下部，掌心与球拍柄间留有空隙。

反手击球时，拇指向上顶，放松握住拍柄（位置比食指稍靠前），其余四指并握。

（五）中场平抽平挡、接杀球握拍

1. 平抽平挡握拍

由于平抽平挡球速度极快，常用于双打对攻和反攻战术中，恰当合理地握拍，能有效增强挥臂速度。以正、反手基本型握拍方法，将持拍手与球拍柄接触位置往上移，几乎置于拍柄与拍杆的接触部位。

2. 接杀球握拍

接杀球持拍手与球拍柄的接触位置靠前，持拍手完全放松持住拍柄，手掌与拍柄间的空隙更大，可有更大的活动空间，更灵活地控制击球拍面。

五、双打常用的握拍法

双打的短、平、快特点决定了双打握拍较单打略有不同。为了加快挥臂的速度和控制击球的拍面，在处理双打前场较平弧度、较快速度的来球时，应将握拍位置适当前移，缩短球拍长度，以利于加快摆臂速度，控制击球的拍面和角度。

（一）双打正手封网和发球握拍

将虎口对在球拍柄的第二至第三条斜棱之间的任一宽面上，持拍手与拍柄接触位置在拍柄与拍杆接触处，平握球拍。

（二）双打反手封网和发球握拍

将虎口对在拍柄的第一和第二条斜棱之间的任一宽面上，手指第一指关节与拍柄接触，掌心完全空出。

第二节 羽毛球步法技术训练实践

一、步法技术和训练

羽毛球运动员在单打比赛中，要在本方场区约 35 平方米的面积内，来回奔跑并完成各种击球动作，如果没有快速而准确的步法，就会顾此失彼，疲于奔命。

我国羽毛球运动员根据自身的特点和从实战需要出发，形成了步法训练的完整体系。在蹬步、跨步、腾跳步、交叉步、垫步、并步等基本步法基础上，组成了上网、后退、两侧移动和起跳腾空等综合步法。

（一）上网步法

（1）上右网前。如果站位靠前，可用两步交叉步上网（见图 8-1），若站位靠后场，则采用三步交叉跨步的移动方法，即右脚向右前方迈一小步，左脚接着前交叉迈过右脚，然后右腿顺着这一方向跨一大步到位（见图 8-2）。为了快速上网，还可采用垫步上网，即右脚向右前迈一小步后，左脚快速跟进到右脚跟后，利用左脚掌内侧后蹬，右脚向右前跨出一大步（见图 8-3）。

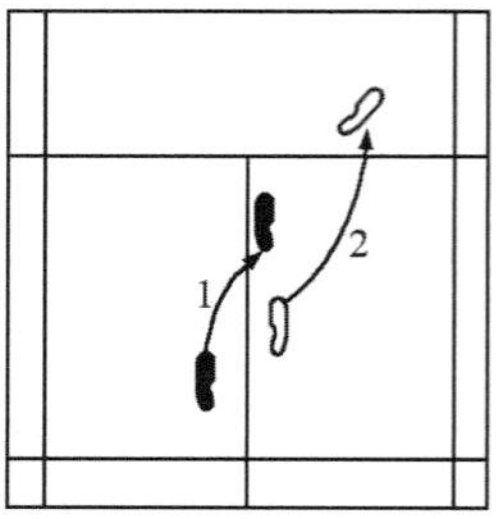

图 8-1　两步交叉步上网

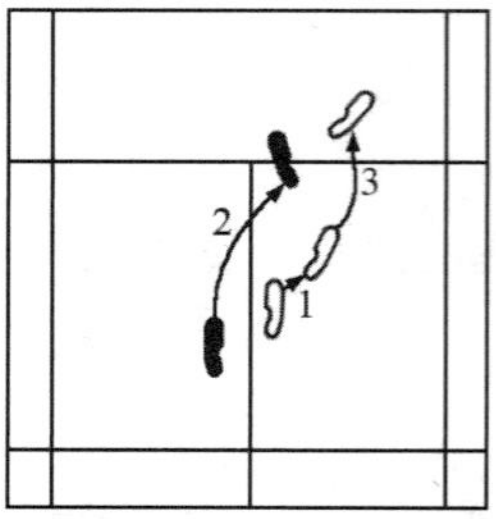

图 8-2　三步交叉步上网

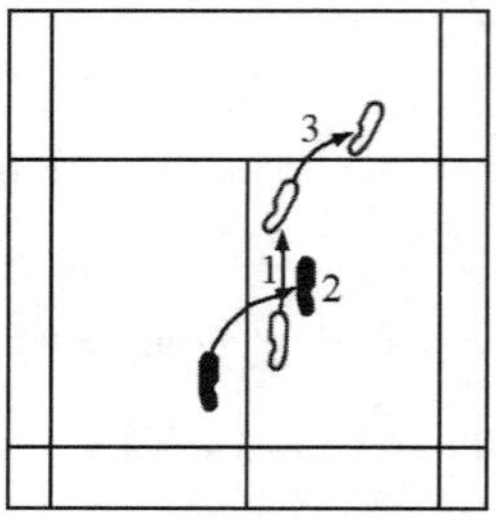

图 8-3　三步垫步上网

（2）上左网前。基本方法同上右网前，只是方向相反，如两步跨步上网（见图 8-4）。

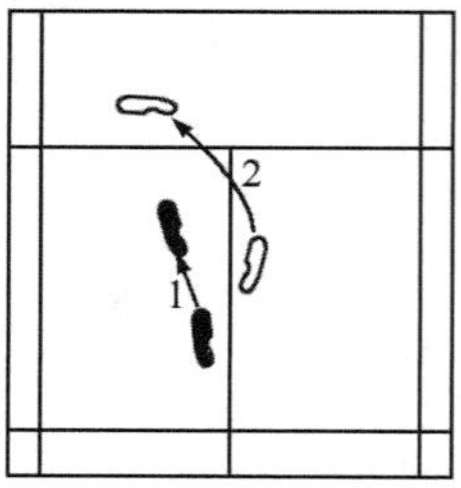

图 8-4　两步跨步上网

（二）后退步法

（1）正手后退右后场。后退步法一般都用侧身后退，以便于到位后挥拍击球。如果右脚稍前的站位，则先完成右脚后蹬一下髋部右后转——成侧身站位，然后采用三步并步后退或交叉步后退（见图 8-5，见图 8-6）。

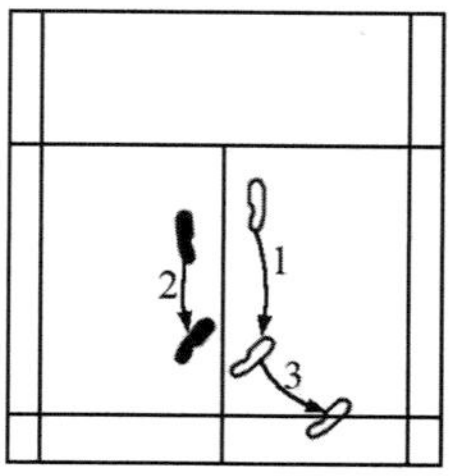

图 8-5　三步并步后退

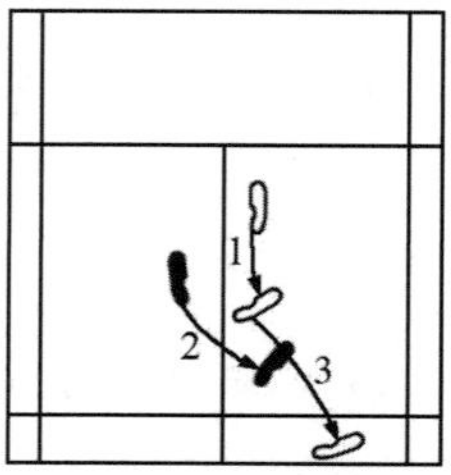

图 8-6　三步交叉步后退

（2）后退左后场。后退左后场正手绕头顶击球的步法基本同正手后退右后场步法，只是移动方向是向左后而已。

（3）反手后退左后场。反手击球时，必须先使身体向左后转、背向网，在后退左后场时，无论是两步后退或三步后交叉后退都要注意这一点（见图 8-7，见图 8-8）。

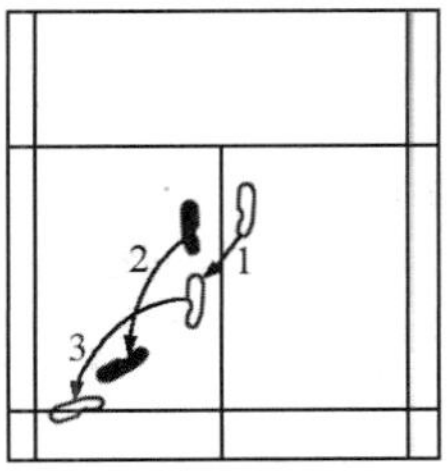

图 8-7　三步后交叉后退

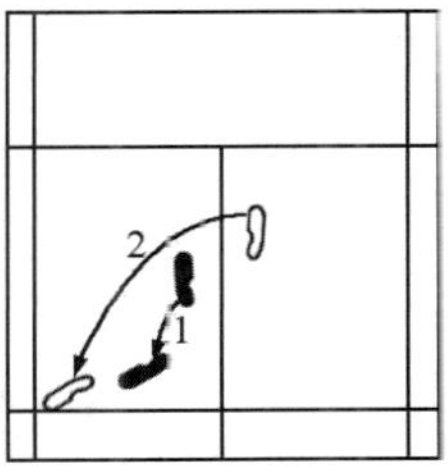

图 8-8　两步后退

（三）两侧移动步法

（1）向右侧移动。两脚开立，右脚跟稍提起，上体稍倒向左侧，左脚掌内侧用力起蹬，右脚同时向右侧蹬跨一大步到位击球。若距来球较远，则左脚可向右垫一小步再起蹬，右脚同时向右跨一大步到位（见图 8-9，见图 8-10）。

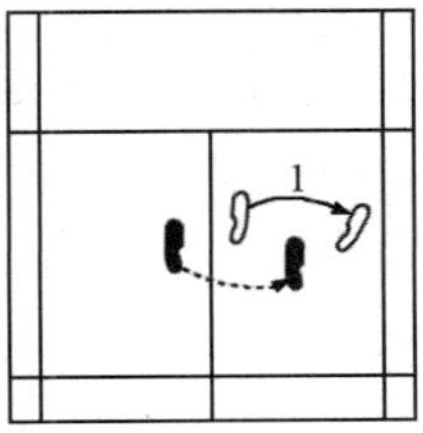

图 8-9　蹬跨步（一步）

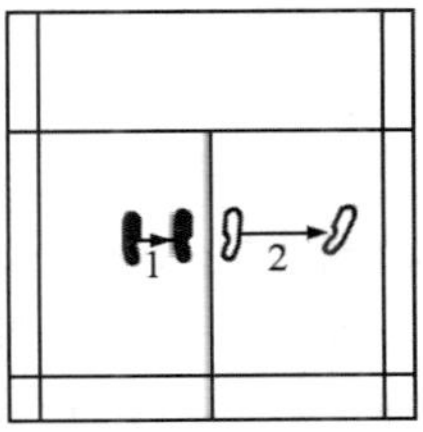

图 8-10　垫步蹬跨（两步）

（2）向左侧移动。两脚开立，上体稍倒向右侧，用力起蹬，左脚同时向左蹬跨上步到位击球（见图 8-11）。离球较远时，左脚可先向左移一小步，然后向左转身，右脚向左（前交叉）跨大步（背向网）到位同反手击球（见图 8-12）。

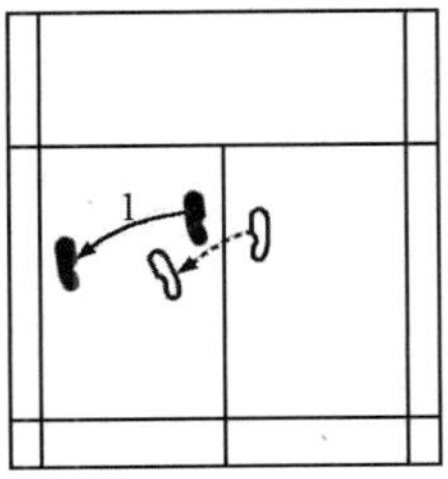

图 8-11　蹬跨步（一步）

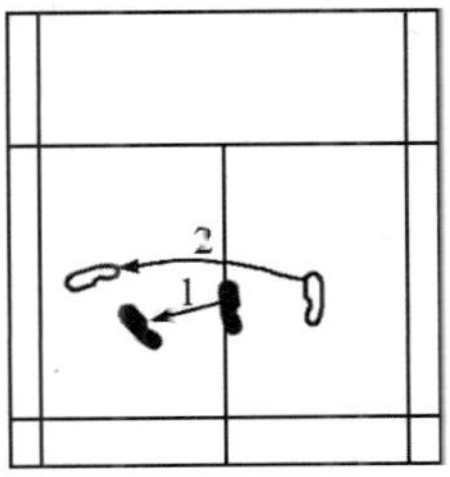

图 8-12　左侧跨步（两步）

（四）起跳腾空步法

步子到位后，为了争取战机和更高的击球点，用单脚或双脚起跳，居高临下，凌空一击，称为起跳腾空击球。在上网、后退和两侧移动中都可运用腾跳步。一般说来，腾跳步较多用于向左、右两侧进行跳起突击。当对方打平高球（弧线较低），球从右侧上空飞向底线时，用左脚向右侧蹬地，右脚起跳，上体向右侧上空腾起截住来球，突击扣杀对方空当；当球从左侧上空飞向底线时，则右脚向左侧蹬地，左脚起跳，用头顶击球法突击。在正手后退步法中，步子到位后，也可以右脚起跳腾空击球。击球后，左脚后摆在身体重心的后面着地，一经制动缓冲，便应立即回动至中心位置（见图 8-13）。

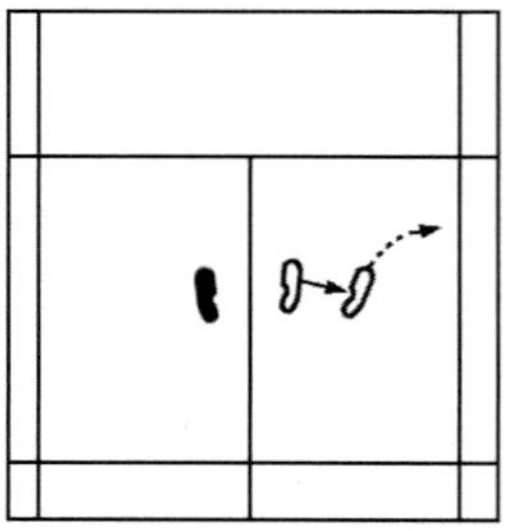

图 8-13　右侧腾跳突击

二、前场击球步法

全场步法视来球距离的远近，可运用并步、交叉步、蹬跨步等移动方式，选用一步、二步或是三步移动步法击球。通常情况下，来球距离单打中心位置最远（中圈外），可采用三步移动步法击球；来球距离中心位置次远（中圈内），可用二步移动步法击球；来球距离中心位置最近（小圈内），采用一步移动步法击球。

前场步法跨步时，利用脚后跟着地制动。为防止身体向前冲力过大，脚尖可稍向外倾，左脚用拇指根部内侧“刮”地向跨步脚靠拢，保持身体平衡，便于向中心回动。

（一）前场正手击球步法

来球在身体右侧前场区域，运用蹬跨步、交叉步或垫步移动步法向身体右侧的前场区域移动击球。

1. 前场正手三步上网步法

来球在中圈外，起动后右脚迅速向身体右侧前方迈出第一小步，左脚紧接着向前垫第二小步并至右脚后跟处，同时左脚的前脚掌用力蹬地，右脚再向前跨出第三大步，准备击球。

击球后，右脚向中心退回一小步，左脚交叉退回第二步，双脚同时再做一小跳步回位。

2. 前场正手二步上网步法

来球在中圈内，起动后左脚向身体右侧前方迈出第一小步，同时用力蹬地，右脚交叉跨出第二大步击球。击球后，右脚立即往中心撤回第一步，左脚紧跟其后退回第二步回位。

3. 前场正手一步上网步法

来球在小圈内，起动后左前脚掌用力蹬地，右脚向来球方向跨出一大弓箭步击球。击球后，左右脚立即往中心位置退步回位。

（二）前场反手击球步法

来球在身体左侧前场区域，运用蹬跨步、交叉步或垫步向身体左前方移动击球。

1. 前场反手三步上网步法

来球在中圈外距离身体较远，起动后右脚迅速向身体左侧前方迈出第一小步，左脚向前交叉迈出第二小步，同时左前脚掌用力蹬地，右脚又向前跨出第三步击球。击球后右脚向中心位置撤回第一步，左脚紧跟退回第二步，两脚再向中心位置迈回最后一小跳步回位。

2. 前场反手二步上网步法

来球在中圈内，起动后左脚向身体左前来球方向迈出第一小步，右脚向前方交叉跨出第二步击球。击球后右脚立即往中心位置撤回第一步，左脚退回第二步，左右脚同时再做一小跳步回位。

3. 前场反手一步上网步法

来球在小圈内，起动后左脚蹬地，右脚向来球方向跨大弓箭步击球。击球后右脚向中心位置撤回一步，左脚再撤一小步回位。

三、中场击球步法

(一) 中场正手击球步法

由场地中心位置向中场身体右侧区域位置移动击球的步法称为中场击球步法。中场击球步法可分为中场正手接杀球步法和中场正手腾空击球步法。

中场正手接杀球步法，根据击球位置不同可选择一步蹬跨步、二步垫步击球步法接杀球。

1. 中场正手蹬跨步接杀球步法

当来球距离身体较近时，以左脚前脚掌为轴心，向身体右侧的来球方向蹬地起动，重心在左脚上。同时身体转体 90°面向来球方向，右脚向来球方向跨步击球。完成击球后，右脚迅速向中心位置撤回一步回位。

2. 中场正手垫步接杀球步法

起动后左脚蹬地向右脚迈出第一小垫步，同时向右转体 90°，面向来球方向，重心在左脚上。右脚向来球方向跨出第二步，准备击球。击球后，跨步脚一触地即向中心位置退回一小步，左脚紧随其后向中心位置退回第二步回位。

3. 中场正手一步腾空步法

往中场身体右侧区域位置移动起跳击球的步法称为中场正手腾空步法。来球距离身体较近时，由接球前的准备姿势屈膝起动，向身体右侧来球方向蹬地斜步起跳，准备击球。完成击球后，身体重心在右脚上，当右脚触地瞬间，迅速向中心位置回位。

(二) 中场反手击球步法

由中心位置往身体左侧移动击球步法为中场反手区域移动步法，分为中场反手接杀球步法和头顶腾空步法。

1. 中场反手一步接杀球步法

当来球距离身体较近时，由接球前的准备姿势起动，左脚向来球方向蹬地跨步，向左转体 90°，准备击球。击球后，左脚足跟触地迅速向中心位置退回一步，右脚退回第二步回位。

2. 中场反手二步接杀球步法

来球距离身体较远时，起动后左脚蹬地向来球方向迈出第一小步，向左转体，背向球网，身体重心在左脚上。右脚紧接其后向来球方向迈出第二步蹬跨步，准备击球。完成击球后，跨步脚着地迅速向中心位置退回第一步，同时向右转体，左脚退回第二步，两脚再接一小跳步完成回位。

3. 中场头顶击球腾空步法

往中场身体左侧区域移动，并利用头顶击球姿势起跳的步法称为中场头顶击球腾空步法。

来球距离身体较近时，屈膝，右脚前脚掌蹬地，左脚向身体左侧斜步起跳，仰面准备击球。完成击球后，身体重心在左脚上，迅速向中心位置并一步，右脚向中心位置再退回一步，完成回位动作。

四、后场击球步法

由中心位置向后场区域移动击球的步法称为后场后退步法。根据来球区域的不同可分为后场正手、头顶和反手后退步法。根据击球位置的不同又有主动击球步法和被动击球步法之分。

（一）后场正手后退步法

1. 后场正手二步后退步法

来球距离身体不远时，以左脚的前脚掌为轴心，右脚向身体右后侧区域的来球落点方向蹬地起动后退一步，身体重心在右脚上。左脚向右脚并第二步，重心仍在右脚上，向右上方斜步跳起，准备击球。击球后，右脚触地迅速向中心位置迈回第一步，左脚即向中心位置迈回第二步，双脚再接一小跳步，完成回位。

2. 后场正手三步后退步法

来球距离身体过远，起动后右脚向来球落点方向后退第一小步，左脚经右脚往后交叉退第二步。右脚再交叉退第三步，身体重心放在右脚上，向右后方向斜步起跳，准备击球。击球后，右脚迅速向中心位置迈回第一步，左脚交叉迈回第二步，双脚再接一小跳步完成回位。

3. 后场正手被动后退步法技术

后场被动步法是当对方来球质量较高、我方处于被动低手位时运用的跨步击球步法。起动后，右脚向来球落点方向后退第一小步，左脚交叉后退第二步，右脚又经左脚再向前交叉弓箭步跨出第三步，同时转体，面向来球，准备击球。要降低身体重心，采用跨步姿势击球。

击球后，身体重心在右脚上，迅速向中心位置蹬地迈回第一步，左脚向中心位置迈出第二步，同时转体面对球网，双脚向中心位置做第三步跳步，完成回位。

（二）后场头顶后退步法

1. 后场头顶二步后退步法

右脚蹬地，转体，向身体左后侧后场区域的来球落点方向后退一小步，左脚向右脚并一步，重心在右脚上，右脚蹬地交叉起跳，准备击球。击球后，左脚触地迅速向中心位置回位。

2. 后场头顶三步后退步法

起动后，右脚蹬地，转体，向身体左后侧区域的来球落点方向后退第一小步，左脚后交叉退第二步，右脚再向后交叉退第三步，身体重心在右脚上，交叉步起跳，准备击球。击球后，迅速向中心位置蹬地交叉步回位。

（三）后场反手后退步法

在身体左侧的后场区域，配合反手击球的后退步法称为后场反手后退步法。

1. 后场反手二步后退步法

右脚蹬地向身体左后场区转体起动，同时左脚向左后侧来球落点方向迈出第一小步。右脚交叉向来球落点方向再跨出第二步，呈背对球网的姿势，右脚触地的同时完成击球，身体迅速右转，右脚向中心位置回位第一小步，左脚交叉向中心位置迈出第二步，完成回位动作。

2. 后场反手三步后退步法

如果来球距离身体位置较远，则以左脚的前脚掌为轴心，右脚蹬地向身体左后侧来球落点方向转体迈出第一小步，左脚紧接其后向左后侧迈出第二步，右脚再交叉向来球落点方向跨出第三步，完成击球。击球后身体重心在右脚上，迅速蹬地转体向中心位置方向迈出第一小步，左脚随即交叉迈出第二步，右脚再向中心位置迈出第三步，完成回位动作。

3. 后场反手被动后退步法

此步法用于对方来球质量较高、我方处于左后场区域较被动的低手位击球时，右脚向左后侧来球落点方向蹬地，起动转体后撤第一小步，左脚交叉向来球落点方向迈出第二步，右脚以弓箭步向来球落点方向跨出最后一步，以被动低手位完成击球。右脚触地完成击球后，提高身体重心，迅速向右转体向中心方向回位迈出第一步，左脚紧跟其后经右脚交叉向中心位置回位迈出第二步，最后右脚向中心位置迈出第三步，完成回位动作。

第三节　羽毛球控球技术训练实践

一、发球技术

发球是运动员在发球区将球由静止状态用球拍击出，使之在空中飞行，落到对方的接发球区的技术动作。发球作为组织进攻的开始，其质量的好坏，直接关系到比赛的主动或被动，以致赢球得分或丧失发球权。

发球可分为正手发球和反手发球两种。若按球在空中飞行的弧线，又可分为发高远球、平高球、平快球和网前球等。

（一）正手发球（以右手握拍为例，下同）

站在靠近中线一侧，离前发球线约 1 米的位置上。身体左肩侧对球网，左脚在前，脚尖向网，右脚在后，脚尖稍向右侧，两脚距离与肩同宽，身体重心放在右脚上。准备发球时，右手握拍向右后侧举起，肘部微屈，左手拇指、食指和中指夹住球，举在腹部右前方，然后放开球，挥拍击球。击球时，身体重心由右脚移至左脚上。

用正手发不同的弧线球时，击球前的准备和前期动作是一致的，只是在击球时及其后的动作有所不同。

（1）发高远球时，在左手放开球使之下落时，右手转拍由上臂带动前臂，自右后方沿身体向前左上方挥动。当球落到右臂向前下方伸直能够接触到球的一刹那，紧握球拍，并利用手腕屈收力向前上方发力击球。然后顺势向左上方挥动缓冲。

（2）发平高球时，动作过程大致与发高远球相同，只是在击球的一刹那，前臂加速带动手腕向前上方挥动，拍面要向前上方倾斜，以向前用力为主。注意发出球的弧线以对方伸拍击不着球的高度为宜，并应落到对方场区底线。

（3）发平快球时，要充分利用前臂带动屈腕的爆发力向前方用力击球。使球直接从对方肩稍上高度越过落到后场。关键是出手（击球）动作要小而快。

（4）发网前球时，握拍要放松，上臂动作要小，主要靠前臂带动手腕向前切送，球的弧线要贴网而过，落点在前发球区附近，注意手腕不能有上挑的动作。

（二）反手发球

发球站位可在前发球线后10～50厘米及中线附近，也可在前发球线后及边线附近。面向球网，两脚前后开立（右脚或左脚在前均可），上体稍前倾，身体重心在前脚上。右手臂屈肘，用反手握拍将球拍横举在腰间，拍面在身体左侧腰下。左手拇指与食指捏住球的二三根羽毛，球托朝下，球体或球托在球拍前对准拍面。击球时，前臂带动手腕朝前横切推送，使球的飞行弧线略高于网顶，下落到对方前发球线附近。反手发平快球时则要突然发力，拍面要有“反压”动作。

二、接发球技术

还击对方发过来的球叫接发球。接发球和发球一样，都是羽毛球最基本的技术。在比赛中同样起着重要的作用。如果说发球发得好是走向胜利的开始，那么也可以说，接发球接得好是走向胜利的第一步。发球方利用多变的发球来打乱接发球方的阵角争取主动；接发球方则通过多变的接发球来破坏发球方的企图。因此，对初学羽毛球的人来说，接发球也是不可忽视的技术。

（一）接发球的站位和姿势

1. 单打站位

单打站位于离前发球线1.5米处。在右发球区要站在靠近中线的位置；在左发球区则站在中间位置。主要是防备对方直接进攻反手部位。一般左脚在前，右脚在后，双膝微屈，收腹含胸，身体重心放在前脚上，后脚脚跟稍抬起，身体半侧向球网，球拍举在身前，两眼注视对方。

2. 双打站位

由于双打发球区比单打发球区短0.76米，发高远球易被对方扣杀，所以双打发球多以发网前球为主。接发球时要站在靠近前发球线的地方。双打接发球准备姿势和单打的接发球姿势基本相同。略有区别的是身体前倾较大，身体重心可以随意放在任何一脚，球拍举得高些，在球来到网上最高点时击球，争取主动。但要注意右场区对方发平快球突袭反手部位。

（二）接发各种来球

对方发高远球或平高球时，可用平高球、吊球或杀球还击。一般说来，接发高远球是一次进攻的机会，还击得好，就掌握了主动。但初学者常因后场技术没掌握好，还击球的质量较差，以致遭到对方的攻击。因此，要提高后场的进攻技术。

三、高球技术

击高球是后场基本技术之一。高球分为高远球和平高球。

击高远球就是打得又高又远，球飞至对方底线上空垂直落到端线以里附近。平高球是从高远球发展而来的，它飞行的速度比高远球快，弧线比高远球低，是后场进攻的有效技术之一。

击高球可分为正手、头顶、反手击直线和对角线高球。

（1）正手击直线高球和对角高球。在右后场区击球的位置上，左脚在前，右脚在后，稍屈膝，侧身对网，重心在右脚前脚掌上面，左手自然上举，头抬起注视来球，右手持拍于身体右侧。击球前，重心下降准备起跳，起跳的同时右臂后引、胸舒展。当球落至额前上方击球点时，上臂往右上方抬起，肘部领先，前臂自然后摆，手腕尽量后伸，前臂急速内旋往前上方挥动，手腕向前鞭打发力（握紧球拍）击球托的后部，球即朝直线方向飞去；若手腕控制拍面击球托的右侧下部，球则向对角方向飞行。击球后，手臂随惯性自然回收至胸前。

（2）头顶击直线高球和对角高球。由于来球是飞往左后场区，击球点应选择在头顶部位。基本准备姿势和动作要领与正手击高球相似，但击球前要求上体稍弓身后仰，以便更好地发力。右上臂右后上抬，球拍由右后绕过头顶，前臂向前上方经内旋带动手腕突然屈收鞭打发力，击球托的后部，使球飞往直线方向。头顶击对角高球，握拍稍有改动，即用拇指和食指向左捻动拍把，使虎口对准拍把靠外的小棱边，球拍仍由右后绕过头顶，前臂向右前方内旋带动手腕屈收鞭打发力，击球托的左后部。击球后，由于前臂内旋明显，惯性作用大，手臂自然往前摆动。回收球拍时，前臂稍外旋，将拍置于胸前。

（3）反手击高远球。看准对方来球落向左后场区的时候，迅速把身体转向左后方，移动到适合的击球位置，背对球网，并用反手握拍法握拍，最后一步右脚跨向左后方，球拍由身前举到左肩附近，以大臂带动前臂转动。击球时前臂由左肩上方往下绕半弧形，最后一刹那手指紧握球拍，击球点应在右肩上方为好，以手腕往右后上方或者根据还击的需要掌握好球拍的角度鞭打进行击球，把球击向后上方。击球后转身，手臂回收至胸前。

（4）击平高球。击平高球与击高远球一样，平高球也可以分别用正手、头顶或者是反手技术去击打，其击球前的准备动作击与打高远球的准备动作相似，只是在击球的一刹那，手腕是向前使劲而不是向前上方使劲。

四、吊球技术

吊球是自后场打到对方前场向下坠落的球。吊球技术分为正手、反手和头顶三种手法，按球的飞行弧线和击球动作的不同分为劈吊、拦截吊和轻吊。

劈吊击球前，动作和打高球、杀球相似。击球时用力较轻，带有劈切动作，落点一般离网较远。拦截吊是把对方击来的平高球拦截回去，击球时用拍面正对来球，轻轻拦切或点击，使球以较平的弧线、较慢的速度越网垂直下坠。轻吊击球前动作和打高球相似，击球时拍面正对来球，在触球的刹那，突然减速或轻切来球，使球刚一过网即下坠。

（一）正手吊球

击球准备和前期动作同正手高球。只是击球时拍面稍向内倾斜，手腕做快速切削下压动作，击球托的后部或侧后部。若吊斜线球，则球拍切削球托右侧并向左下方发力；若吊直线球，则拍面正对前方向下方切削。

（二）反手吊球

击球准备和前期动作同反手高球。不同点在于击球时拍面的掌握和力量的运用。吊直线球时，用球拍反面切削球托的后中部，向对方的右半场网前发力；吊斜线球时，用球拍反面切削球托的左侧，朝对方左半场网前发力。

（三）头顶吊球

击球准备和前期动作同头顶高球。头顶吊斜线球时，中指、无名指和小指屈指外拉拍柄，使拍子内旋，拍面前倾，以斜拍面击球托左侧部位；头顶吊直线球时，球拍击球托的正中部位。

(1) 吊球练习：教练发高球到练习者的后场区，使练习者可以连续做吊球练习。

(2) 挑吊球练习：练习者在后场连续不断地将教练从网前挑过来的球用吊球的技术将球回击到对方网前。

五、杀球技术

杀球是把对方击来的球在尽量高的击球点上斜压下去。这种球力量大，弧线直，落地块，给对方的威胁很大。它是进攻的主要技术。杀球分为正手杀直线和对角线球，头顶杀直线和对角线球，正手腾空突击杀直线球和反手杀直线。

(1) 正手杀直线球。准备姿势和动作要领与正手击高球大体相同。步子到位后，屈膝下降重心，准备起跳。侧身起跳时，往右上方提肩带动上臂，前臂和球拍上举，以便向上伸展身体。起跳后，身体后仰挺胸呈反弓形。接着右上臂往右后上摆起，前臂自然后摆，手腕后伸，前臂带动球拍由上往后下挥动，这时握拍要松。随后凌空转体收腹带动右上臂往右上摆起，肘部领先，前臂全速往前上挥动，带动球拍高速前挥。当击球点在肩的前上方时，前臂内旋，腕前屈微收，闪腕发力杀球。这时手指要突然抓紧拍柄，把手腕的爆发力集中到击球点上。球拍和击球方向水平面的夹角小于90°，球拍正面击球托的后部，使球直线下行。杀球后，前臂随惯性往体前收，在回位过程中将球拍回收至胸前。

(2) 正手杀对角线球（侧身起跳）。准备姿势和动作要领与正手杀直线球相同。不同点是起跳后身体向左前方转动用力，协助手臂向对角方向击球。

(3) 头顶杀直线和对角线球。动作要领和准备姿势与头顶击高球相同。不同点是挥拍击球时，要集中全力往直线方向或对角方向下压，球拍面和击球方向水平面的夹角小于90°。

(4) 反手杀直线球。准备姿势和动作要领与反拍击高球相同。不同点是击球前的挥拍用力要大，击球瞬间球拍与杀球方向的水平面夹角小于90°。

(5) 腾空突击杀直线球。侧身，右脚后退一步准备起跳。起跳后身体向右后方腾起，上身右后仰或反弓形，右臂右上抬，肩尽量后拉。击球时，前臂全速往上摆起，手腕从后伸，经前臂内旋至屈收，同时握紧球拍压腕产生爆发力，高速向前下击球。突击扣杀后，右脚在右侧着地屈膝缓冲，重心在右脚前；右脚在左侧前着地，利用左脚蹬地向中心。位置回动，手臂随惯性自然往体前回收。

六、网前放球技术

网前进攻威胁较大，因球飞行距离短，落地快，常使对手措手不及而直接得分。即使不能直接得分，也能迫使对方被动回球，创造下一拍进攻的机会。若网前进攻和中后场进攻能紧密地配合起来，则能发挥前后场的连续进攻，掌握主动权。

(1) 正手放网前球。侧对球网，右腿跨成弓箭步，重心放在右脚，正手握拍，做好放网前球准备，球拍随着前臂向右前上方斜举，当球抬举至最高点时，前臂开始外旋转动，手腕稍后伸，左臂自然后伸，起平衡作用，这就是网前进攻技术击球前期动作的一致性。击球时，前臂稍外旋，手腕由后伸至稍内收闪动，握拍手的食指和拇指夹住球拍，中指、无名指、小指轻握拍柄，使球拍在手腕和手指的挥摆用力下，轻击球托把球轻送过网。挥拍的力量、速度和拍面角度的大小，主要取决于来球离网的远近和速度的快慢。来球离网远，速度快些，则放球时的力量要大些，反之则力量小些。放球后，身体还原至准备姿势。

（2）反手放网前球。击球前的动作要领同正手放网前球动作，只是方向相反，反手握拍，反面迎球，击球时，主要靠前臂的前伸、外旋和手腕由内收至外展的合力，轻击球托底部把球轻送过网。击球后，整个动作还原成下次击球的准备姿势。

七、搓球技术

搓球是用球拍搓击球的左或右侧下部与球托底部，使球向右侧或左侧旋转与翻滚过网。搓球有正手搓球和反手搓球。

（1）正手搓球。侧身对右边网前，正手握拍。球拍随着前臂伸向右前上方斜举。当球拍举至最高点时，前臂向外旋转，手腕由后伸至稍内收闪动，握拍手的食指和拇指夹住拍，中指、无名指和小指轻握拍柄，使球拍在手腕和手指的挥摆用力下，搓击来球的右下底部，使球旋转翻滚过网。

（2）反手搓球。击球前前臂稍往上举，手腕前屈，手背约与网同高，而拍面低于网顶，反拍面迎球。搓球时，主要靠手的前伸外旋和手腕由内收至外展的合力，搓击球的右侧后底部，使球侧旋滚动过网。

八、勾球技术

勾球是把在本方右（左）边的网前球击到对方左（右）边网前去的技术动作。勾球分正手和反手两种。

（1）正手勾球。用并步加蹬跨步上右网前，球拍随前臂往右前斜上举。在前臂前伸时稍有外旋，手腕微后伸，握拍手将拍柄稍向外捻动，使拇指贴在拍柄的宽面上，食指的第二指关节贴在拍柄背面的宽面上，拍柄不触掌心。球拍随着向右侧前挥动，拍面朝着对方右网前。击球时，靠前臂稍有内旋往左拉收，手腕曲稍后伸至内收闪腕，挥拍拨击球托的右下部，使球向对方网前掠网坠落。击球后，球拍回收至右肩前。

（2）反手勾球。站在左网前，反手握拍前平举。在身体前移的过程中，球拍随手臂下沉至离网顶 20 厘米处，握拍变成反拍勾球握拍法（见前面介绍的“握拍的灵活性”），拍面正对来球。当来球过网时，肘部突然下沉，同时前臂稍外旋，手腕由稍屈至后伸闪腕，拇指内侧和中指把拍柄往右侧一拉，其他手指突然握紧拍柄，拨击球托的左侧后部，使球沿对角线飞越过网。击球后，球拍往右侧前回收。

九、推球技术

推球是将网上来球用推击的方法，往对方底线击出的弧度较平、速度较快的球。由于击球点离过网距离很短，球又平直快速，再加上落点控制得好，所以，推球也很有进攻性。

（1）正手推球。击球前准备动作同搓球相似，不同之处是击球一刹那拍面竖得较直，推球时，身体稍往前移，右前臂往前伸，并带内旋，手腕和手指控制拍面角度，手腕由后伸至伸直并闪腕，食指向前压，和小指、无名指一起突然握紧拍柄，拍子急速地由右经前上至左挥动推球，使球沿边线飞向对方后场底角；推对角线球，击球前的准备动作同推直线球相似，不同之处是推击球的右侧后部，使球沿对角线方向飞行至对方场区底角。还原过程中拍子收回。

（2）反手推球。侧身在左网前，以反手握拍。前臂往左前上方伸举，前臂稍向左胸前收引，肘关节微屈，手腕外展，变成反手推球的握拍法，球拍松握，反面迎球。当前臂往前伸的同时稍外旋，手腕由外展到伸直闪腕，中指、无名指、小指突然紧握拍柄，拇指顶压，往左前方向挥拍时，推击球托的后部，使球沿边线方向飞行。击球后，还原到击球前的准备姿势。反手推对角击球动作基本同推直线球，区别点是在击球一刹那急速向右前方挥拍，推击球的左侧后部，使球沿对角线方向飞行。

十、挑球技术

挑球是把对方击来的吊球或网前球挑高回击到对方后场去，这是在比较被动的情况下采取的一种防守性技术。挑球有正手挑球和反手挑球两种。

（1）正手挑球。正手握拍举在胸前。右脚向网前跨出一大步，左脚在后，侧身向网，重心在右脚上。同时右臂向后摆，自然伸腕，使球拍后引。然后以肘关节为轴，屈臂内旋，并握紧球拍，用食指及手腕的力量，将球向前上方击出。

（2）反手挑球。反手握拍举在胸前。右脚向左前方跨出一大步，重心放在右脚上。同时右肩向网，屈肘引拍至左肩旁，然后以肘关节为轴，握拍经体前由下往上，用拇指第一指节压住拍柄的宽面，用力将球击出。

十一、扑球技术

对方发网前球或回击网前球时，在球刚越到网顶即迅速上网向斜下扑压，谓之扑球。扑球有正手和反手两种方法。

（1）正手扑球。右脚蹬步上网，身体右侧前倾，手举球拍于右肩上方。击球时，利用手腕由后伸到前屈收腕的力量，带动球拍向下扑击球。如果球离网顶较近，靠手腕从右前向左前“滑动”击球。

（2）反手扑球。右脚跨至左前再蹬跳上网，身体右侧前倾，反手握拍举于左前上方。击球时，前臂伸直外旋带动手腕内收至外展，拇指顶压加速挥拍扑球。若来球靠近网顶，手腕可外展由左向右拉切击球，以免触网。击球后，右脚着地屈膝缓冲，回收球拍于体前。

十二、中场抽档接杀球技术

抽球是把在身体左、右两侧，肩以下，腰以上的来球平扫过去。有正手抽球和反手抽球两种。

（1）正手抽球。站在右场区中部，两脚平行开立稍宽于肩，重心在两脚间，微屈膝收腹，正手握拍举于右肩前。击球前肘关节前摆，前臂稍往后带外旋，手腕稍外展至后伸，引拍至体后。击球时前臂内旋，手腕伸直闪动，手指抓紧拍柄，球拍由右后往右前方高速平扫盖击来球。击球后手臂左摆，左脚往左前方迈一步，右脚跟一步回中心位置。

（2）反手抽球。右脚前交叉在左侧前，重心在左脚上，右手反手握拍在左侧前。击球前肘部稍上抬，前臂内旋，手腕外展，引拍至左侧。击球时，在髋的右转带动下，前臂外旋，手腕由外展到伸直闪动，挥拍击球托的底部。击球后，球拍随身体的回动收回到右侧前。

第九章　高校羽毛球运动战术训练实践

第一节　羽毛球战术基本理论

一、羽毛球运动战术的意义

羽毛球运动战术是指运动员在比赛中为表现出高超的竞技水平和战胜对手，而采取的计谋和行动。在羽毛球比赛中，双方都想要控制对手，力争主动，以己之长，克彼之短，抑彼之长，避己之短，控制与反控制的竞争是十分激烈的。根据不同对手的特点，采取相应变化的技术手段战而胜之，这便是战术的意义。

二、羽毛球运动战术的目的要求

（一）调动对方位置

对方一般站在场地中心位置，全面照顾各个角落，以便回击各种来球。如果把他调离中心位置，他的场区就会出现空当，这空当就成了我方进攻的目标。

（二）迫使对方击出中后场高球

以平高球、劈杀、劈吊或网前搓球等技术造成对方还击的困难，迫使对方击来的高球不能到达自己场区的底线，来增加自己大力扣杀和网前扑杀的威力，给对方以致命的一击。

（三）使对方重心失去控制

利用重复球或假动作打乱对方的步法，使对方重心失去控制，因来不及还击或延误击球时间而造成回球质量差，形成被动。

（四）消耗对方体力

控制球的落点，最大限度地利用整个场地，把球击到场地的四个角上或离对手最远的地方，尽量消耗对手的体力。在争夺一球的得失时，也应以多拍调动对手，让对手多跑动，多做无效的杀球。当对手体力不支时，再行进取。

三、羽毛球运动战术的运用

在羽毛球比赛中，如何正确地运用战术是一个很重要的问题。运用得当，可使自己牢牢地掌握场上的主动权，相反，错误的战术则使自己处处被动。当然，在双方技术水平悬殊太大时，再合理的战术也无济于事。只有在技术水平相当的情况下，战术才能起到决定性作用。正确运用战术时应注意以下几个问题。

（一）知己知彼

知己知彼是制定战术的依据。如了解对方的网前技术较差，那么对付他的主要战术应是攻前场；若对手的身体灵活性较差，那就多运用打对角线战术。知己知彼，还有一层意思，即了解对方短处、我方之长处的同时，了解对方的长处和自己的短处，制定出避实就虚、扬长避短的战术。

（二）以我为主

不论运用哪种战术，都要坚持以我为主的打法。以我为主即比赛时坚持赛前所制定的战术，而不能因比赛中出现了一两次失误即刻就盲目地改变战术。另外，以我为主还指在比赛中坚持自己的打法特点。因为每位选手的打法特点是经过各方面的选择和在长期的练习中形成的，不能轻易更改，否则必将失去自身的优势。

（三）随机应变

球类比赛场上的情况是千变万化的，为此，对战术的运用也必须随机应变。在比赛中，选手除了要坚持既定的战术之外，还要不断地检验战术的效果。如在比赛时频频得手，打得很顺当，就应将战术坚持下去；如双方僵持不下或我方比分落后，我方应尽快找出原因，改变对策，制定新的战术。例如，我方原以打网前球为主，交手后，对方主动靠前站位保护前场，这时，我方就应一改初衷，去压对方的后场。再如，我方原施行杀球、吊上网球为主的战术，面对出色的防守，就不妨改用打四方球战术，以准确的落点来调动对方的站位，使其被动后，再实施进攻战术。当自身的特长打法被对方所遏制时，我方可以调整打法去摆脱对方，使其战术失效。总之，根据临场情况随机应变，才能保证在比赛中经常处于主动地位。

四、羽毛球战术选择的影响因素

（一）身体条件

一般来讲，身材的高矮、力量的大小、体力的好差等，都可影响打法的选择。例如，身材较高、力量较大的人可以攻击性较强的后场下压的打法为主；身材不高，但体力好、身体较灵活者，可以守中反攻的打法为主，等等。

（二）技术掌握情况

基本技术掌握较全面、攻守技术较佳者，可以快拉快吊打法为主；杀球技术掌握得很好，且杀球有力、落点控制较好，网前技术也不错者，则以后场下压、上网控制网前的打法为主；控制球的能力较强，且有耐心者，则可选择打四方球；防守技术掌握得很好，且步子灵活、移动快，则可以守中反攻的打法为主，等等。

（三）性格和气质特点

性格属外向型，且气质类型又为胆汁质者，较适合于选择全攻型的打法；性格内向，气质类型又为黏液质者，宜选择打四方球，或守中反攻的打法；性格属中间型，气质类型为多血质和黏液质混合型者，则宜选择攻守俱全的快拉快吊的打法。另外，还应针对不同的对手采用不同的打法，以扬己之长、克彼之短。

以上各因素，对选择打法的影响并不是单一孤立的，更不是绝对的。它们互相适应，互为补充：身材虽较高但性格内向者，选择防守型的打法也会占先；个子虽不高，但弹跳力强、步子移动快速灵活、杀球技术很好，且性格又外向者，选择攻击型的打法常能取得主动。总之，选择的打法类型应倾向于使自己各方面都能充分发挥为好，切不可不顾自身特点，更不能机械地模仿别人。

第二节 羽毛球单打战术训练实践

一、单打战术的取位

（一）高球和吊球的取位

如果我方在后场回击高球或吊球时，能够打出弧度很平的直线平高球，使回球的质量很高，这时向球场中心位置回位的移动就不需要很大，也就是说不必回到球场的中心位置，而只需稍微向中心位置跟进一点，把注意力放在对方回直线球的位置上，同时提防对方回斜线球就可以了。如果是回击对方斜线后场球，向球场中心位置的移动就要大一些，跟着球移动，重点放在对方回击直线的吊球或后场球。总之，如果我方压直线球，那么向球场中心位置的回位移动可以小一些；若回斜线球，回位移动的位置要大点，跟着回球的方向移动，主要是保护后场直线或网前直线。

（二）杀球的取位

当我方在中场附近将对方来球扣杀过去并且质量较高时，可以直接往前移动，注意封网前。也就是说半场球扣杀时，在主动的情况下，把握性很大时，可以往前多压一些，杀完就往前跑，准备在网前回击对方来球。当我方在后场位置杀球，杀过去的球质量和位置都不太好时，且对手又有接杀挑后场的能力，这时不要急于往前冲上去等在前场，应先向前垫一小步，先判断对方出球方向，然后再移动。

（三）网前球的取位

当我方的搓球或网前小球击球点较高，回球质量很高时，不一定要马上向后退，因为对方的回球只有两种情况：一是将球反搓过网，二是将球向上挑起。如果是向上挑起的话，我方就有时间向后退。所以，取位的重点就是防止对方的反搓。当搓完球后，可以不往后退，仅稍微向后垫一步，准备封对方回球。如果我方的搓球质量不高，打过去的球很高，这时站位又在左、右前场区域时，对方就很可能要平推后场，这时就要迅速后退，重点防后场球。总之，当我方回击的网前球质量很高时，就不必急于后退，取位重点在前场，争取下一拍进攻。若出球质量不高，位置又不好时，就要稍向后退一点，重心放在后面，但仍需照顾前场区。

（四）接杀球的取位

接杀球的整个位置移动，要跟着出球的路线走。如果回直线球，身体应面对直线这边，侧重防对方回直线的半区，如果从右、左、半场回对角线球，身体就要向左、右、半场区移动。也就是人要跟着球走，你向哪个方向回击球，就应向着回击球的方向移动。

二、单打进攻战术

（一）发球抢攻战术

发球抢攻是比赛的重要得分手段，可根据对手的站位、回击球的习惯球路、反击能力、打法特点、精神和心理状态等情况，运用不同的发球方法，以取得前几拍的主动权。通过这一战术的运用，打乱对方的整个战略部署，让对方措手不及。特别是在关键时刻，运用发球的抢攻战术，能够取得不同的效果，如相持时可以用它来打破僵持的局面，力争主动；领先时可以用它来乘胜追击，一鼓作气战胜对手；落后时可以用它作为最后的拼搏，力挽狂澜，反败为胜。

（1）发前场区抢攻战术：发前场区球有发1号区球，2号区球，1、2号之间区球，追身球，等等，如图9-1所示。

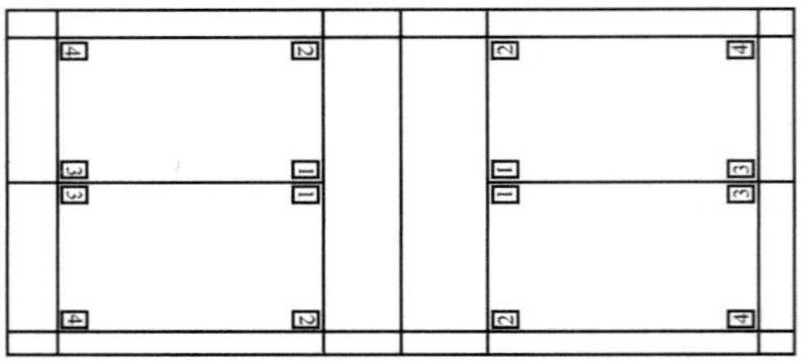

图9-1　场地接发球点位

发前场区球的目的：一是限制对方马上进行攻击；另一个目的是通过准确、有意识地判断对方的回击球路，组织和发动快速强有力的抢攻，如果抢攻质量好，可达到直接得分或获得第二次攻击的机会。在一般情况下，要以发1、2号区之间的球和追身球为主，这样比较稳妥，不至于造成失误。如果我方发出一个高质量的前场区球，紧接着应迅速而准确地判断对方的回击习惯球路及其意图，然后调整好自己的站位，以利于抓住有利战机，发动进攻。如图9-2所示，我方从右场区发一个1、2号之间的球，对方回击一直线网前球，我方已判断到对方的球路，即快速反搓直线球（如图9-2中的1），或假动作平推直线底线球（见图9-2中的2），或勾对角网前球（见图9-2中的3）。如第一次抢攻质量好，可立即得分或创造第二次攻击机会。发前场区球抢攻战术的其他例图如图9-3至图9-5所示。

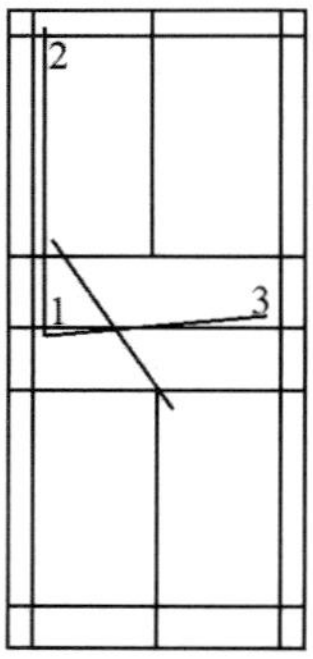

图9-2　发前场区抢攻（1）

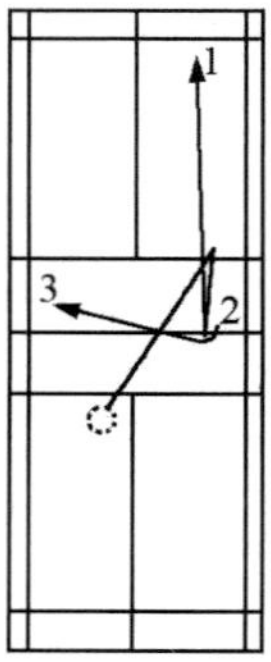

图9-3　发前场区抢攻（2）

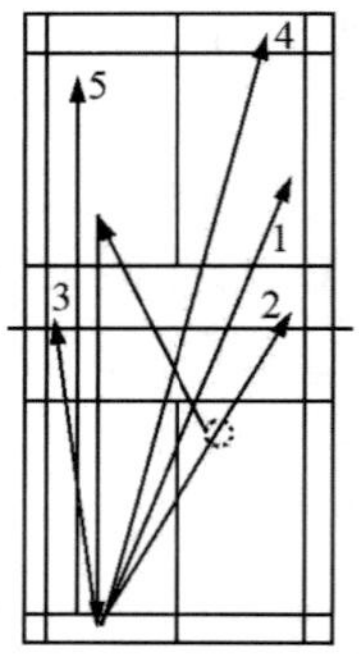

图9-4　发前场区抢攻（3）

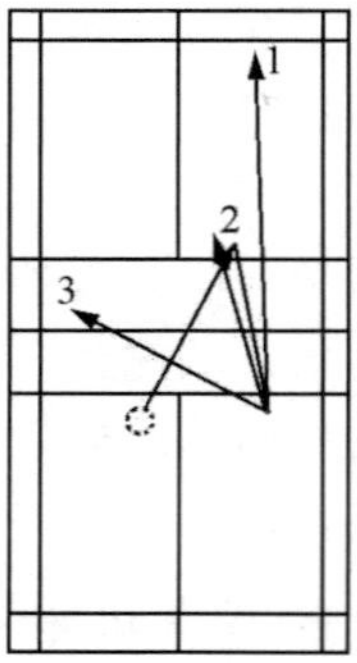

图9-5　发前场区抢攻（4）

（2）发平高球抢攻战术：发平高球有发3号区，发4号区，发3、4号区之间三种平高球。

发平高球抢攻战术和发前场区抢攻战术的不同点，在于发前场区抢攻可直接抓住战机进行抢攻，而发平高球抢攻则要通过守中反攻的手段才能获得抢攻的机会。

发平高球的目的：一是配合发前场区球抢攻；二是让对手进行盲目进攻或在我方判断的范围中进攻，使发球方能从防守快速转入进攻；三是造成对方由于失去控制而直接失误，如图9-6所示，当对方从右后场区杀一直线球时，我方已判断到对方的球路，即迅速转体，选择以下三条守中反攻球路，即挡一直线网前球（见图9-3），或勾一对角网前球（见图9-2），或反抽一底线球（见图9-4）。如以上击球质量好，可立即得分或创造第二次进攻的机会。发平高球抢攻战术的其他示例如图9-7至图9-14所示。

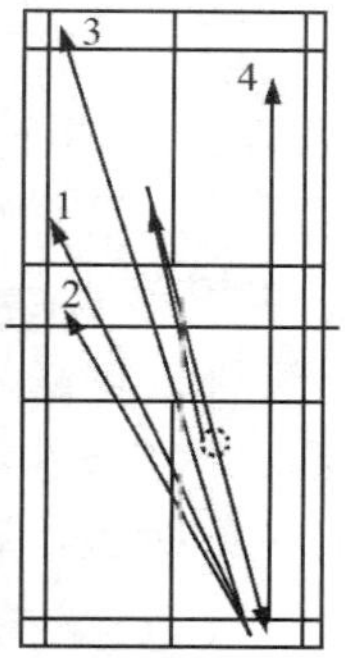

图 9-6　发平高球抢攻（1）

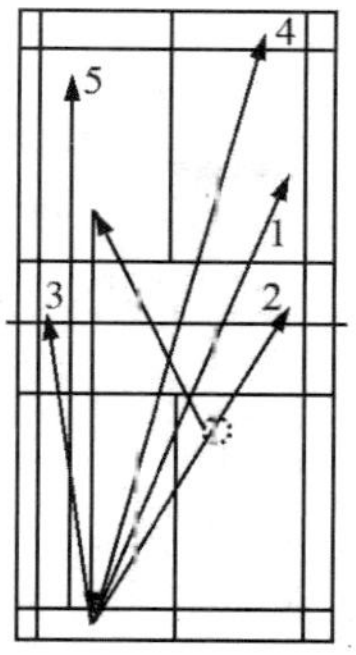

图 9-7　发平高球抢攻（2）

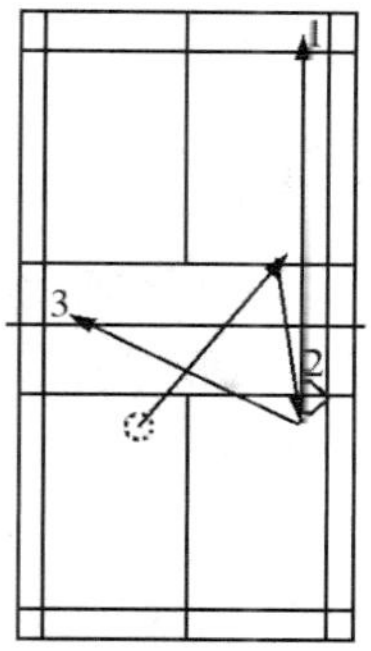

图 9-8　发平高球抢攻（3）

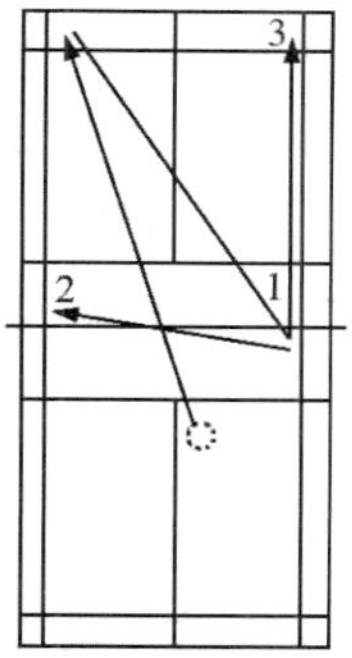

图 9-9　发平高球抢攻（4）

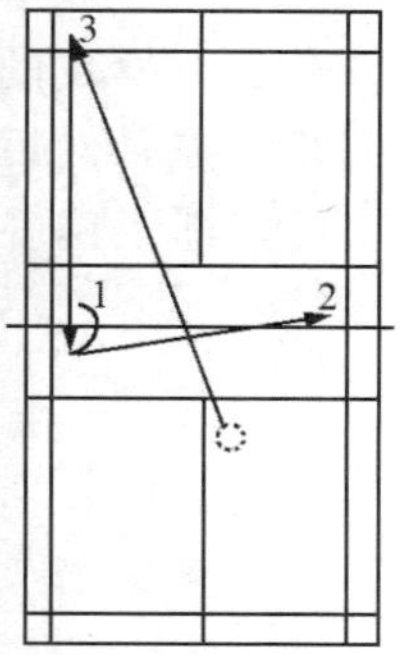

图 9-10　发平高球抢攻（5）

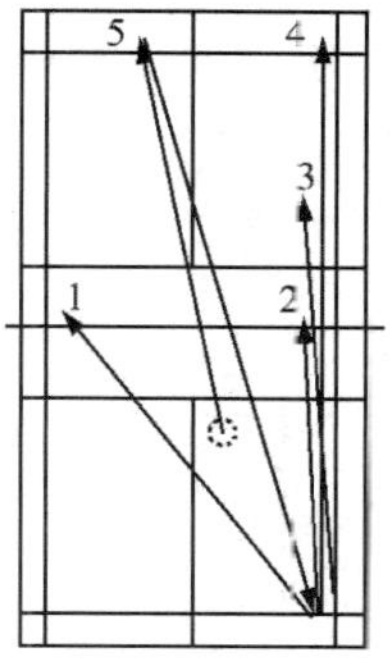

图 9-11　发平高球抢攻（6）

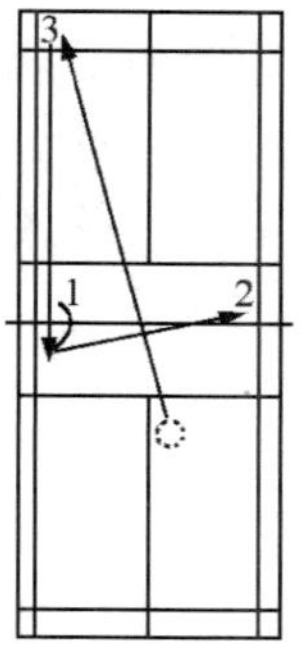

图 9-12　发平高球抢攻（7）

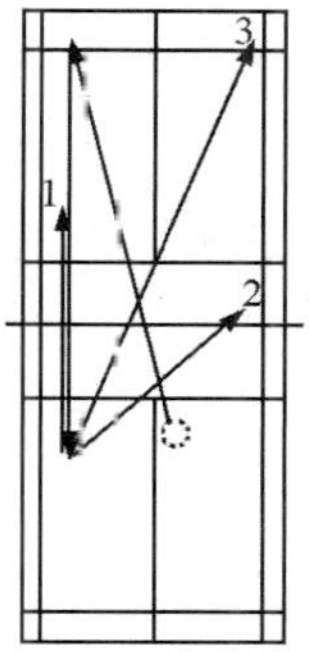

图 9-13　发平高球抢攻（8）

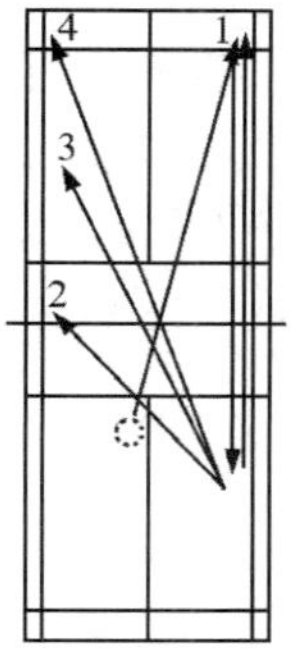

图 9-14　发平高球抢攻（9）

（3）发平射球抢攻战术：发平射球主要是发 3 号区平射球（见图 9-15）。

发平射球战术的目的：一是为了偷袭，如对方反应慢，或站位偏边线，3 号区空隙大时，偷袭 3 号区的成功率高；二是为了逼对方进行平抽快打的打法；三是为了把对方逼至后场区而造成网前区的空隙。当对方从右后 3 号区杀我方正手追身球时，如我方已判断到他的回击球路线，则可迅速反击以下四条球路，即勾对角网前球（见图 9-16 中的 1），或挡直线网前球（见图 9-16 中的 2）或反抽直线球进行对攻（见图 9-16 中的 3）或反拉左后场平高球（见图 9-16 中的 4），如抢攻质量好，可立即得分或获得第二次进攻的机会。

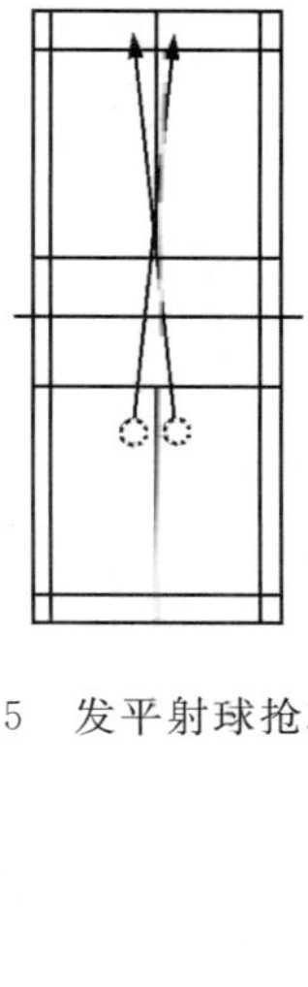

图 9-15　发平射球抢攻（1）

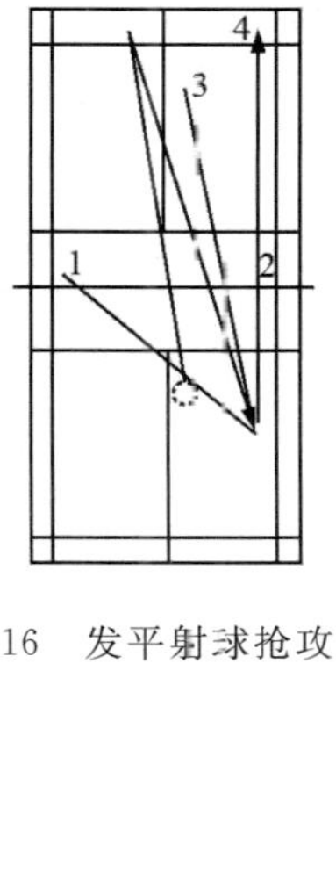

图 9-16　发平射球抢攻（2）

（二）接发球抢攻战术

接发球抢攻战术是接发球战术中最有威胁的一种战术，但是前提是对方发球的质量欠佳。如发高球时落点不到位；发前场区球过网时过高；发平射球时速度不快，角度不佳；发平高球时节奏、落点、弧度不佳等，都会给接发球抢攻造成机会。离开了这些前提条件而盲目地进行抢攻，效果就差，成功率就低。除此以外，还要有积极、大胆的抢攻意识。要获得抢攻战术的成功（得分），还得根据自己的技术特点和身体条件，同时结合对方的技术特点、身体条件和心理素质。例如，当对方从右场区发一平高球落点欠佳，已造成我方发动抢攻的极好时机，就要运用自己最擅长的技术，抓住对方的弱点，果断大胆地抢攻。

抢攻战术的完成，大都要由两三拍抢攻球路的组织才能奏效。所以一旦发动抢攻就要加快速度，扩大控制面，抓住对方的弱点或习惯路线一攻到底，一气呵成地完成整个组合的抢攻战术。

如图 9-17 所示，发球方从右场区发一平高球，由于控制得不好，使接发球方有了可抢攻的机会，而且发球方防守中路球的能力差，故接发球方可大胆快速地攻击对方的中路弱点，然后快速上网。第一次攻击如果能得分最好，不能得分就要靠快速上网进行第二次攻击，即上网扑球，以达到这个回合的抢攻目的，如图 9-18 所示。

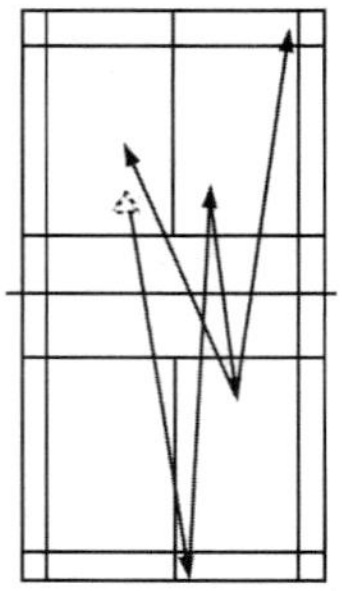

图 9-17　发球后抢攻中路（1）

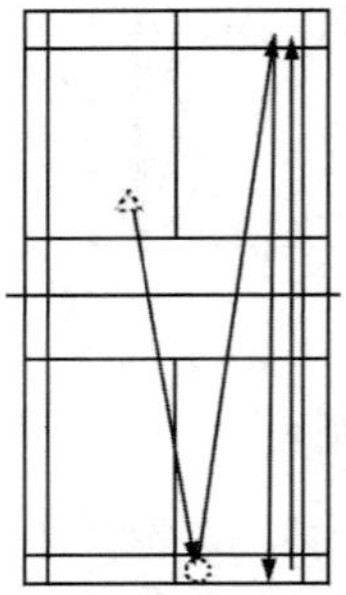

图 9-18　发球后抢攻中路（2）

（三）单个技术的进攻战术

（1）重复平高球进攻战术：这种战术的特点是以重复平高球进攻对方的同一个后场区，甚至可连续重复数拍置对方于“死”地，或逼对方击出一个半场高球，以利我方进行最后一击。这种战术对付回动上网快、控制底线能力差，以及侧身后退步法差的对手很有效果。图 9-19 至图 9-25，属于重复平高球战术的例子。

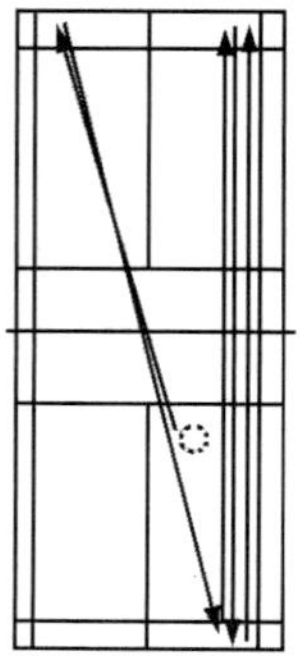

图 9-19　重复平高球（1）

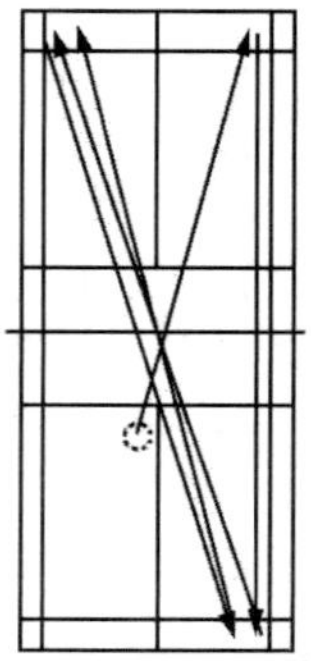

图 9-20　重复平高球（2）

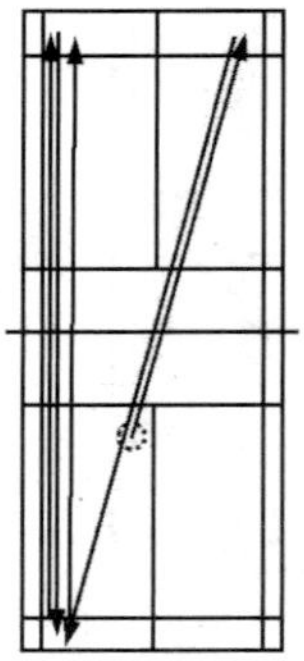

图 9-21　重复平高球（3）

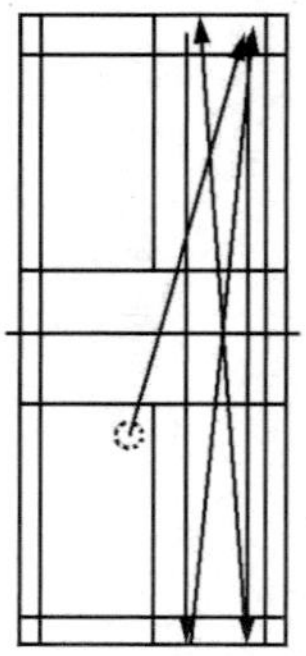

图 9-22　重复平高球（4）

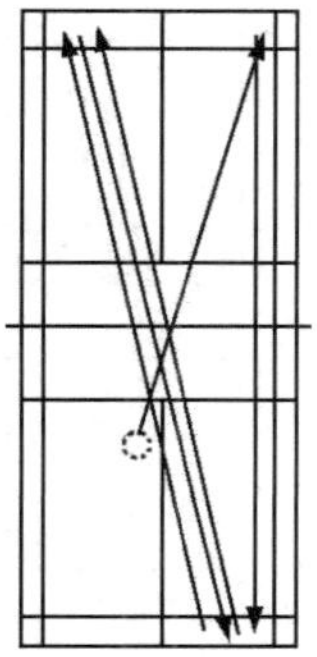

图 9-23　重复平高球（5）

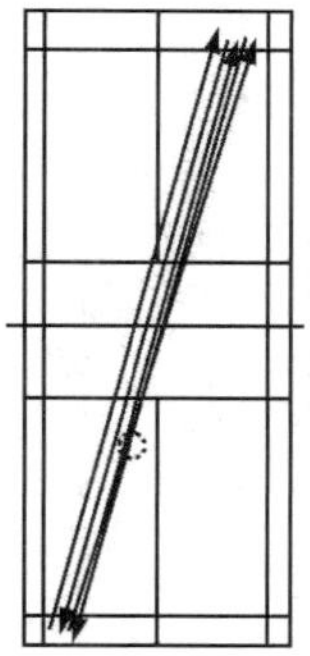

图 9-24　重复平高球（6）

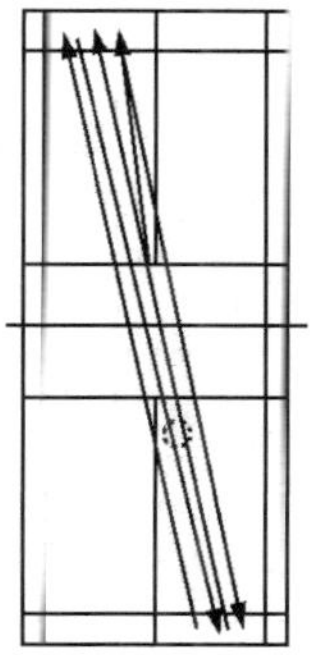

图 9-25　重复平高球（7）

（2）拉开两边平高球进攻战术：这种战术的特点是使用平高球或挑平高球连续攻击对方两边后场底线，以求获得主动权，或逼对方采用被动战术，以利我方进行最后一击（见图 9-26）。采用这种战术，要求击球方控制平高球的出手速度和击球的准确性、爆发力与动作的一致性等都比较好。对付回动上网快但两底线攻击能力差的对手是很有效的。图 9-27 至图 9-33，均属于拉开两边平高球进攻战术。

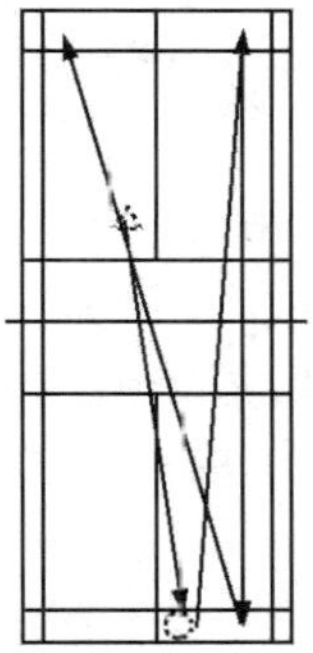

图 9-26　两边平高球（1）

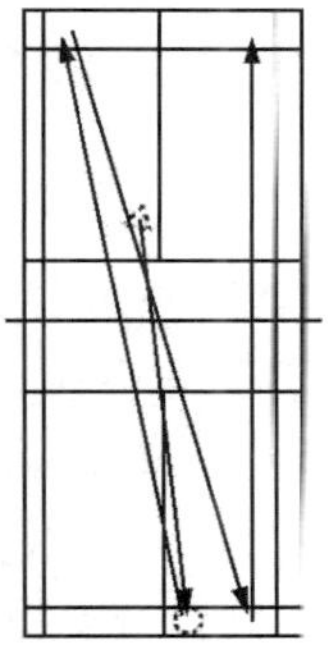

图 9-27　两边平高球（2）

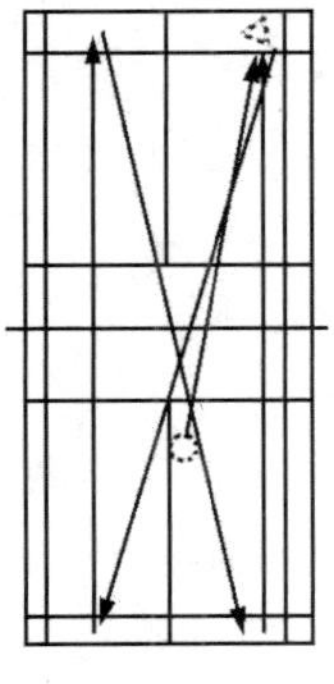

图 9-28　两边平高球（3）

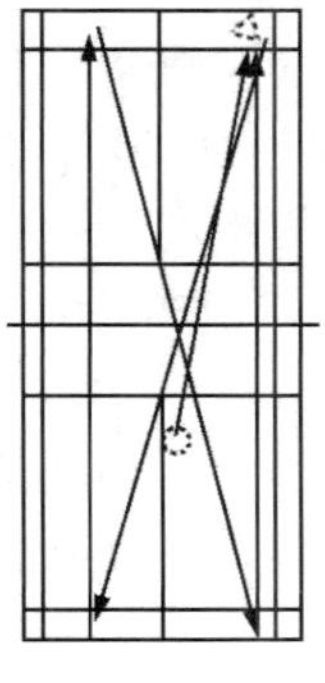

图 9-29　两边平高球（4）

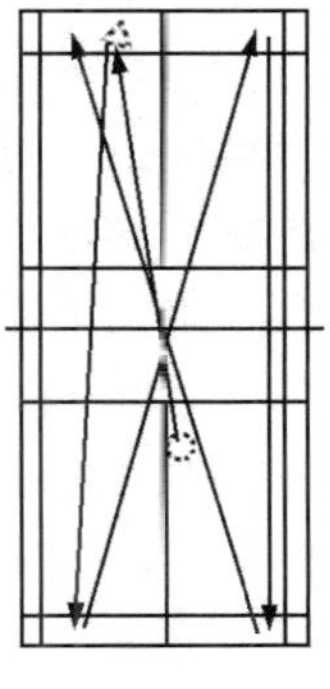

图 9-30　两边平高球（5）

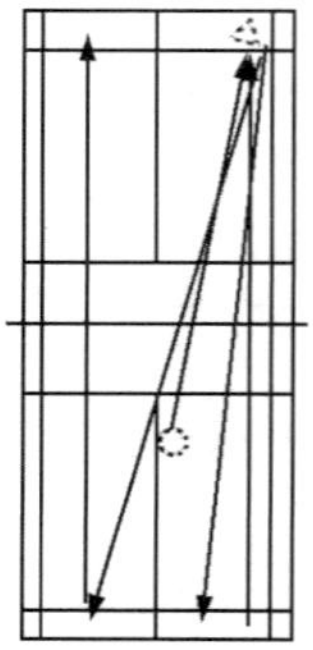
图 9-31　两边平高球（6）

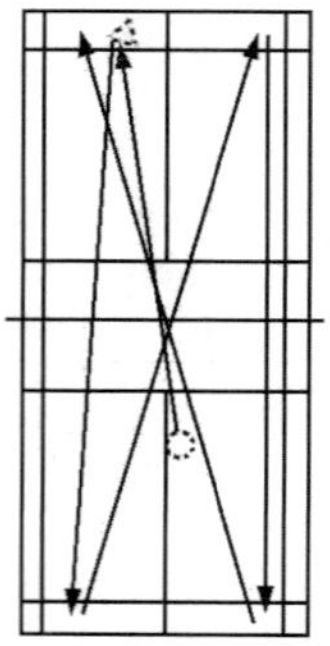
图 9-32　两边平高球（7）

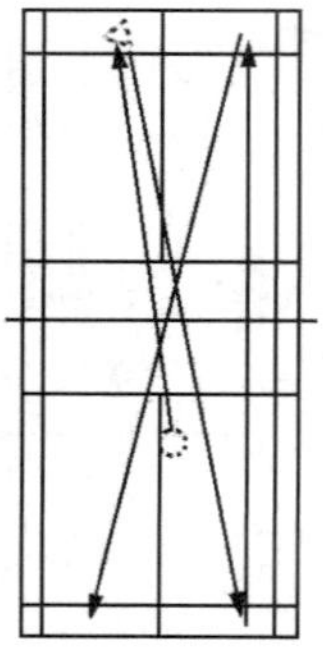
图 9-33　两边平高球（8）

以上例图只以两拍为例，但在实战过程中，有时可以创造出最后一击的机会，有时也需要经过反复数拍才能完成。这种战术，重点是将球击到对方两底线处，迫使其回击出有利于我方进攻的球。另外，这种战术也只以对方回击高球为例，当对方以吊、杀、劈球回击时，运用此战术也可将球压至对方底线处，从而争取主动，再采用吊、杀、劈战术。

（3）重复吊球进攻战术：这种战术的特点是重复进行吊两边或吊一边，以求获得主动攻击权。这种战术对于我方吊球技术较好并能掌握假动作吊球者，对待对方上网步法差，或对方底线球不到位，而急于后退去防守我方的杀球者最为有效，如图 9-34 所示，其他球路如图 9-35 至图 9-41 所示。

（4）慢吊（软吊）结合快吊（劈吊）战术：所谓慢吊（软吊），是指球从后场吊球至网前的速度较慢，且弧度较大，落点离网较近，采用这种技术结合高球，是为了达到拉开对方站位的目的，有时也可得分。所谓快吊（劈吊），是指球从后场吊球至网前的速度较快，出球基本呈一直线，落点离网较远。这是当对方站位被拉开，而身体重心失去控制的一瞬间所采用的一种战术。

（5）重复杀球进攻战术：当遇上防守时经常习惯反拉后场球的对手时，就可采用重复杀球的进攻战术（见图 9-42、图 9-43）。采用这种战术首先要了解对手的情况，然后先运用轻杀或短杀，此时我方不能急于上网，而是要调整好自己的位置，以利于采用重复杀的战术。

（6）长杀结合短杀（点杀、劈杀）的进攻战术：长杀结合短杀（点杀、劈杀）战术，概括地说，就是“直线长杀，对角短杀”。它比起直线短杀结合对角长杀效果会更好。因为直线长杀结合对角短杀造成对方接杀时，需要移动的距离比较远（见图 9-44 的 1），增加了防守的难度；而直线短杀结合对角长杀所需移动的距离（见图 9-44 中的 2）则较短。从图 9-45 中也可清楚地看到这两种方法的对比。

（7）重杀与轻杀的进攻战术：半场重杀，后场轻杀是这一战术的概括。当我方通过拉吊创造出半场球的机会时，应采用重杀战术；反之，球在后场，我方还想采用杀球时，一般多用轻杀。因为半场球用重杀，哪怕是失去身体重心，也不至于造成控制不了网前的局面。但是，如果在后场采用重杀，万一失去身体重心，上网慢了就控制不住网前；而轻杀可使自己保持较好的身体重心位置，以利于下一步控制网前。

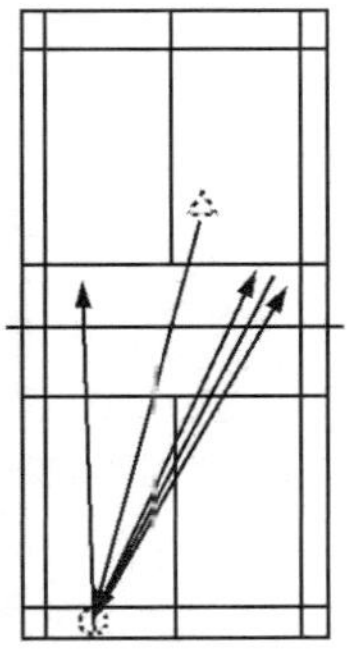

图 9-34　重复吊球（1）

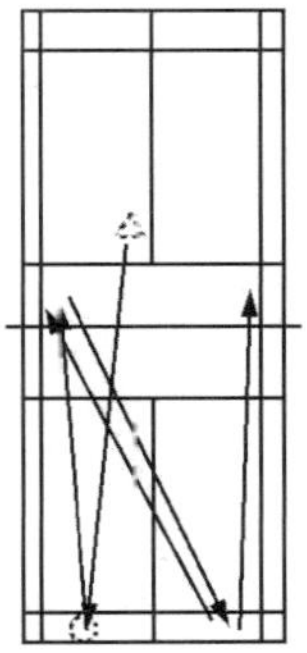

图 9-35　重复吊球（2）

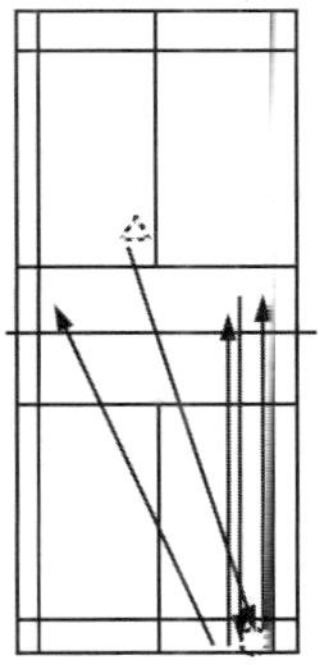

图 9-36　重复吊球（3）

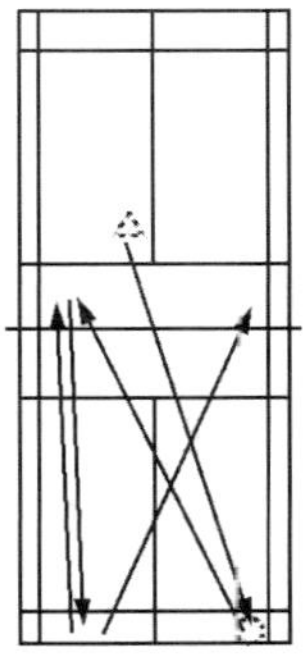

图 9-37　重复吊球（4）

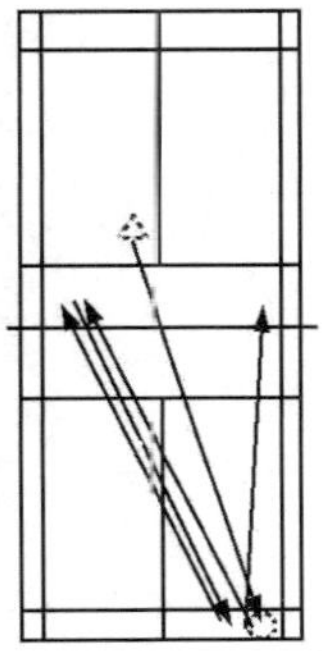

图 9-38　重复吊球（5）

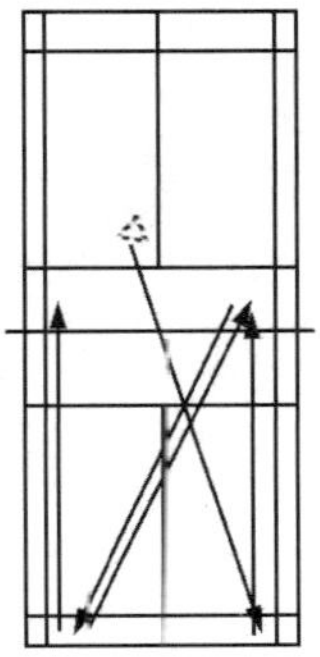

图 9-39　重复吊球（6）

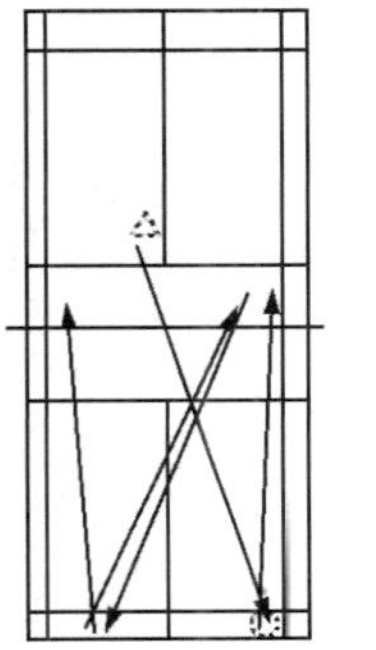

图 9-40　重复吊球（7）

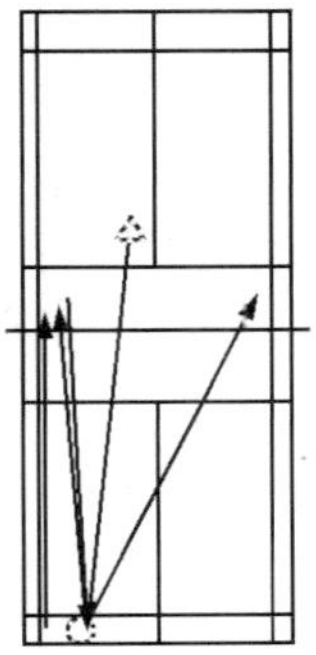

图 9-41　重复吊球（8）

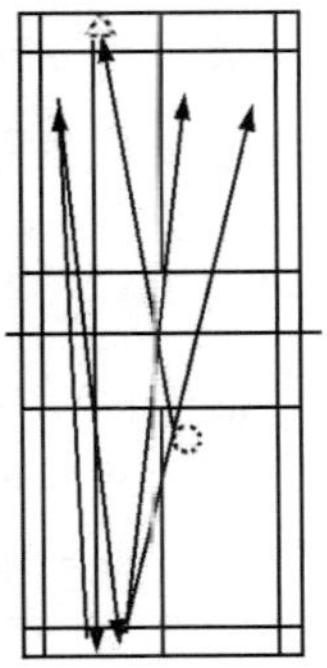

图 9-42　重复杀球（1）

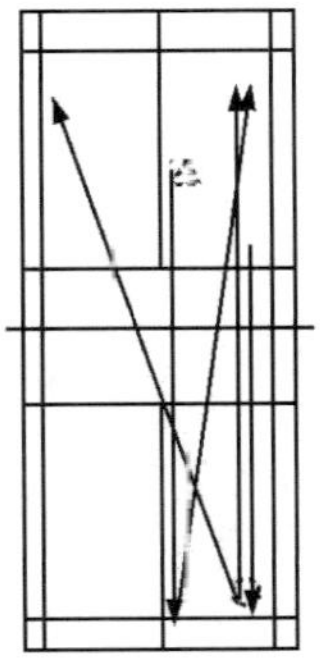

图 9-43　重复杀球（2）

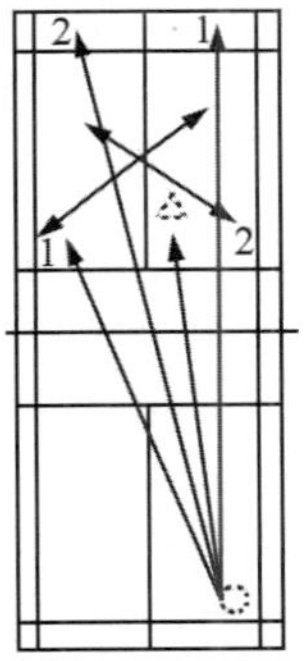

图 9-44　长杀结合短杀（1）

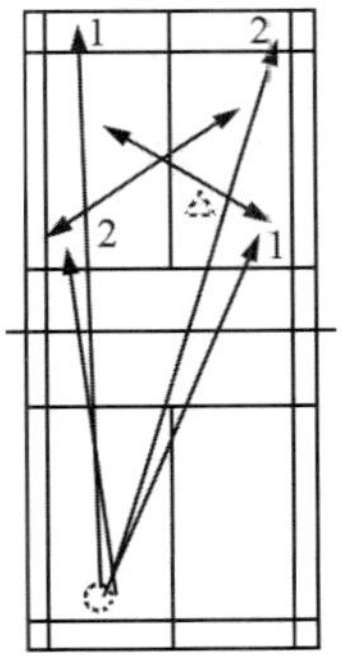

图 9-45　长杀结合短杀（2）

（8）重复搓球进攻战术：当碰到上网搓球后习惯很快退后的对手时，我方就可采用重复搓球的战术（如图 9-46 所示），以达到获得主动的机会及破坏对方后退进攻意图的目的，其他情况如图 9-47 至图 9-49 所示。

（9）重复推球进攻战术：当碰到对方从后场拦网前球之后迅速回动至中心的对手时，我方就可采用重复推球的战术，特别是反手网前推直线球威胁更大（见图 9-50）。

（10）两边勾球进攻战术：当我方从网前勾对角网前球对方回搓一直线网前球并退后想进攻时，我方可以再勾一对角线球。运用这一战术对付转体差的对手更有效果（见图 9-51）。

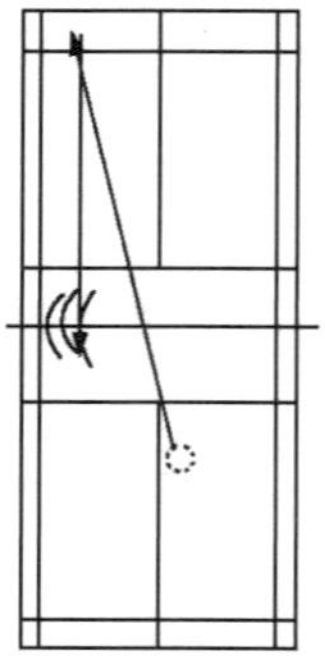

图 9-46 重复搓球（1）

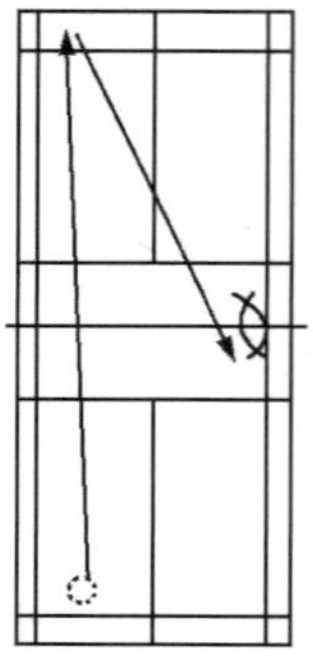

图 9-47 重复搓球（2）

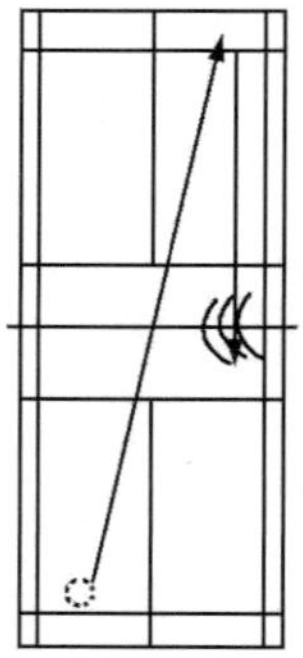

图 9-48 重复搓球（3）

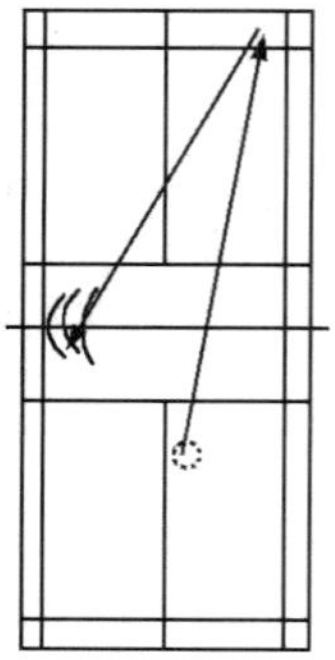

图 9-49 重复搓球（4）

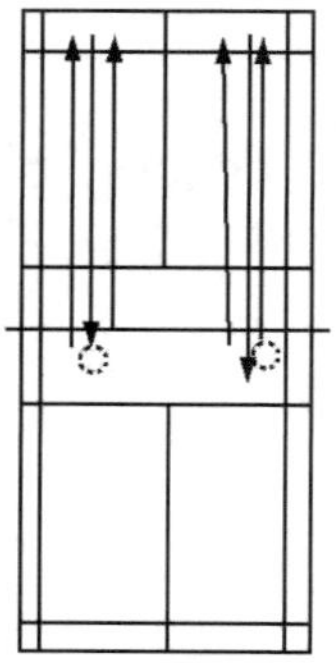

图 9-50 重复推球

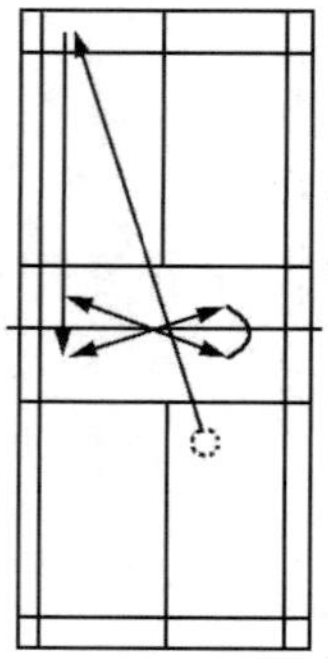

图 9-51 两边勾球

以上介绍的单个技术的进攻战术，主要是指各种技术的重复战术。要想运用好，首先要练好该技术的基本功，然后根据比赛场上对手的实际情况采取某一种单一重复的战术，以发挥更大的威力。

组合技术的进攻战术应变如下：

（1）以平高球开始组织进攻的战术：所谓“快拉快吊结合突击”的打法，包括平高结合突击战术（见图 9-52）、平高结合劈吊战术（见图 9-53）和平高结合杀吊战术（见图 9-54），实际上就是以平高球开始组织进攻的战术。单打比赛中，一个球的争夺一般有三个阶段，即控制与反控制阶段、主动一击阶段以及最后致命一击阶段。

例如，我方从正手后场区以直线平高球攻击对方头顶区，对方想摆脱被动局面反打对角平高球，企图让我方回击直线高球，恢复其主动地位。此时我方反压对方头顶区（采用重复平高球战术），逼对方回击一直线高球，而且移开了对方的中心位置，获得了主动一击的战机，并迅速地采用吊劈对角球，从而控制了整个局面。此时，对方很被动地接回一个直线网前球，我方判断到对方只能这样回击，很快上网做了个搓球假动作后迅速地推直线，造成对方被动回击一直线半场高球，形成我方最后一击的形势。我方大力杀中路追身球，对方只能应付挡网前球，而且回击质量不高，我方迅速上网扑球，终结了这一回合的争夺。

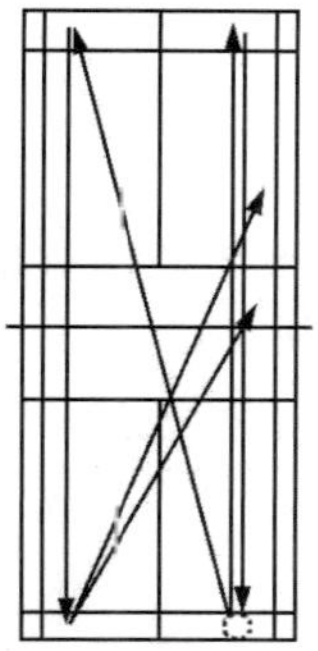
图 9-52 平高结合突击

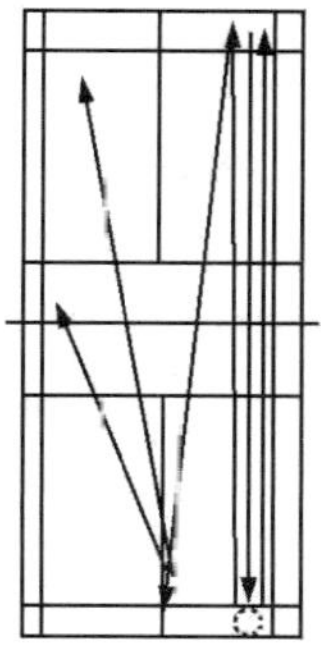
图 9-53 平高结合劈吊

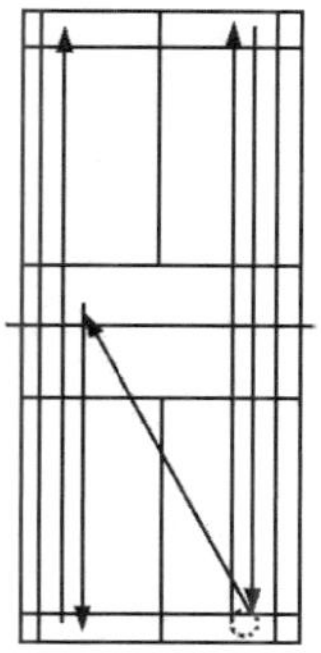
图 9-54 平高结合杀吊

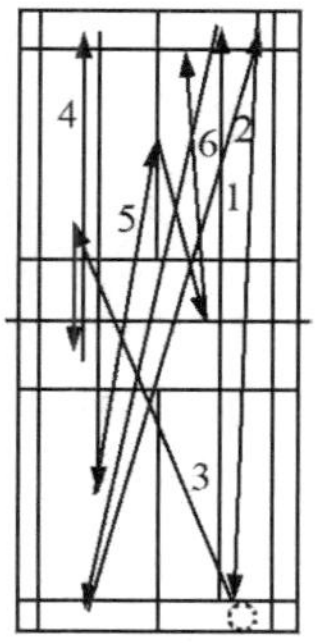

图 9-55 控制反控制阶段

如图 9-55 所示，1～2 拍属控制反控制阶段，3～4 拍属主动一击阶段，5～6 拍属致命一击阶段。在运用控制反控制争夺主动权时，要稳、准、活，一旦获得主动一击的战机时，要快、准，在最后一击时，要快、狠。在处理每个球时，要清醒地判断自己所处的情况，不应混淆三个阶段来处理球。如还未获得主动一击的情况下，不应采用主动一击的行动，更不应采用最后一击的行动。总之，在每一个回合的争夺战中，要清醒地处理每个阶段的球。前面说的是不能超越阶段处理，可是如已处在主动一击时而不用主动一击的行动，或是已处在最后一击情况下而不采用最后一击的行动，都是不对的，都会造成被动或失去主动。采用以平高球开始组织进攻的战术，必须考虑如下几个条件：首先是自己具备较好的平高球控制能力，并且有一定的防守对方进攻的能力；其次，对方的后场进攻能力不是太强，不是一个抢攻型队员；最后，对方的步法移动有弱点，通过高吊可以控制对方，否则难以取得比较满意的效果。

(2) 以吊劈开始组织进攻的战术：吊杀控制网前进攻战术，就是以吊劈开始组织进攻的战术。其中有吊上网搓创造突击进攻战术（见图 9-56）、吊上网推创造突击进攻战术（见图 9-57）、吊上网勾创造进攻战术（见图 9-58）、吊杀进攻战术（见图 9-59）等。采用这种战术的条件如下：第一是自己要有较好的吊球或劈吊球技术；第二是对方上网能力较弱；第三是对方后场进攻威力很强，为了不让对方发挥优势而采用这种战术。

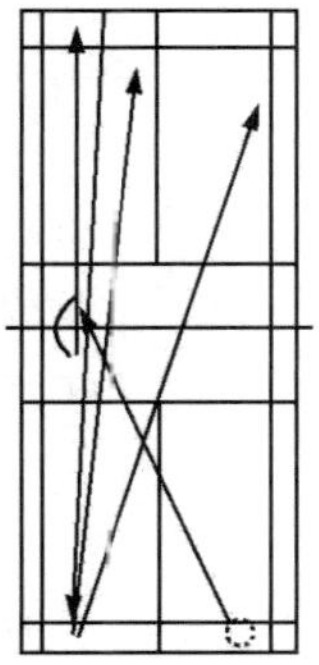
图 9-56 吊上网搓创造突击

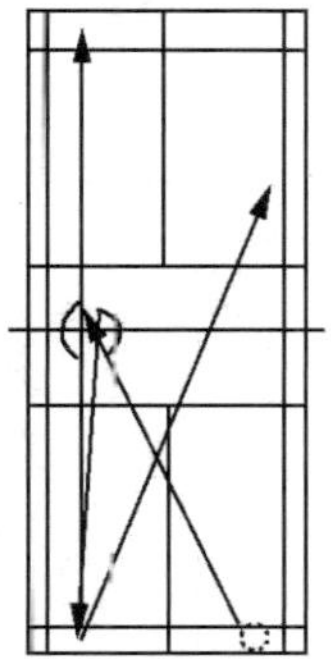
图9-57 吊上网推创造突击

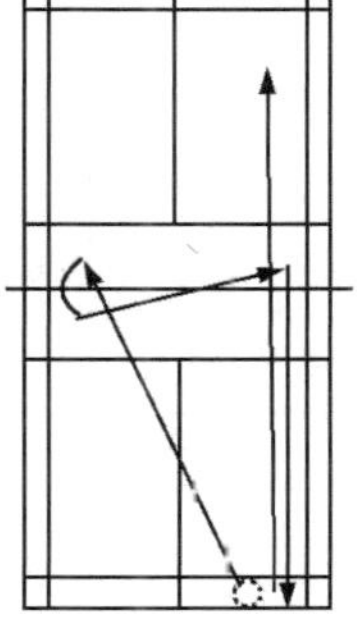
图 9-58 吊上网勾创造进攻

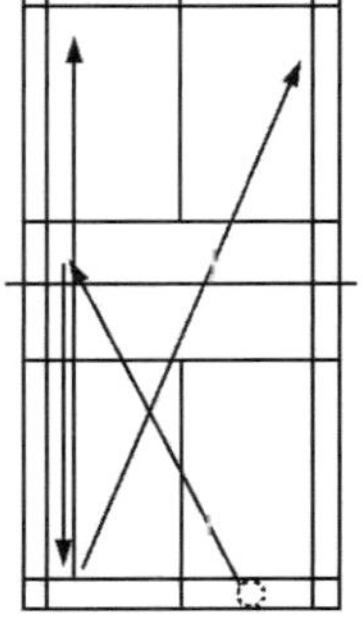
图 9-59 吊杀进攻

(3) 以杀劈开始组织进攻的战术：以杀劈开始组织进攻的战术，是属于抢攻型队员的典型战术。采用这种战术打法必须具备良好的速度耐力、较好的杀劈上网控制网前的技术和步法，是一种威胁性很大的战术，如图 9-60 所示。此战术在 20 世纪 60 年代以方凯祥为代表，但目前已很难看到我国优秀选手中有这种打法。而在印尼选手中却有不少人运用这种打法，以阿尔比为代表，其特点是以快速杀劈上网搓或推、勾、扑控制网前球，创造出第二次的杀劈机会。采用这种打法的队员只要有机会，就采用杀劈技术。

（4）以控制网前球开始组织进攻的战术：当对方常发网前球时，我方想组织进攻就必须从控制网前球开始，首先必须具有较快的上网步法，同时还需具有较好的搓、推、勾、扑进攻性较强的技术，才能有效组织这一进攻战术。如搓扑进攻战术（见图 9-61）、推杀进攻战术（见图 9-62）、勾扑进攻战术（见图 9-63）、扑杀进攻战术（见图 9-64）等。图 9-65 表明：在这几个回合击球中，采用了 3 个网前的主动技术搓、推、勾来创造最后一击的扑杀机会。

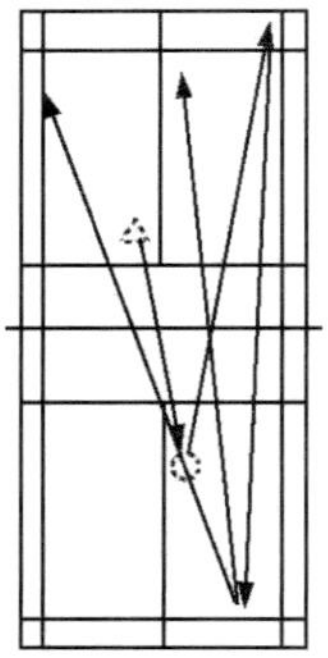

图 9-60 杀劈上网

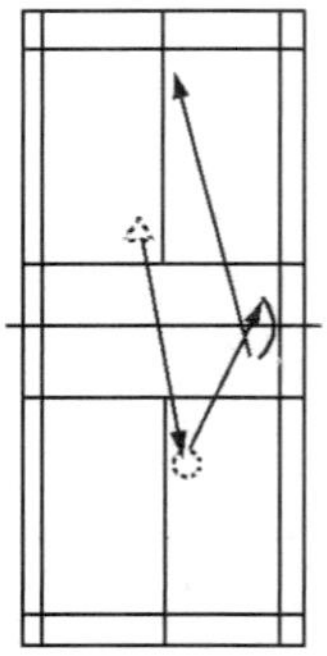

图 9-61 搓扑进攻

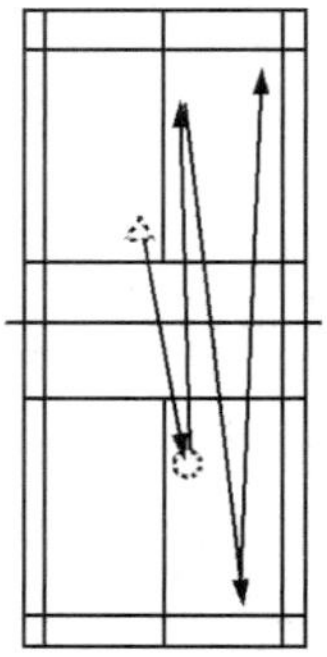

图 9-62 推杀进攻

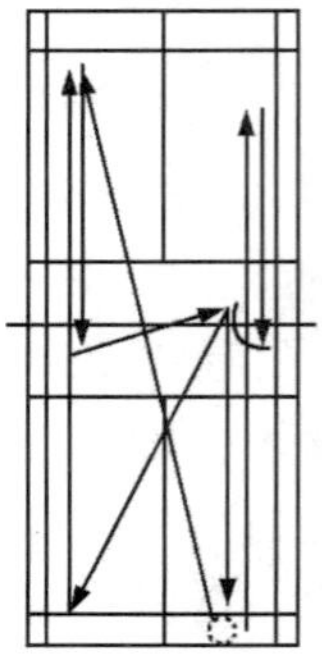

图 9-63 勾扑进攻

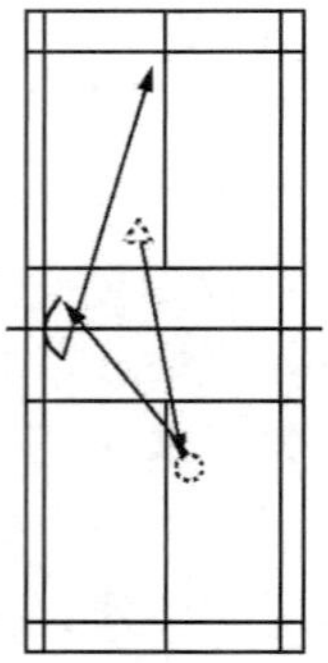

图 9-64 扑杀进攻

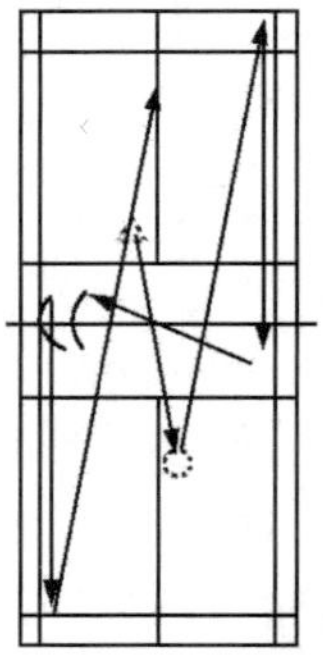

图 9-65 搓、推、勾进攻

（5）以路线和区域组成进攻战术的应变

①对角路线的进攻战术。无论采用什么技术，都以回击对角路线来组织战术。特别是当对方打直线球时，我方以对角路线回击，对转体差或慢的对手是很有效的一种进攻战术（见图 9-66）。当然，采用这种战术不能太死板，一旦被对方发现规律，易产生不利于自己的局面。

②三角路线的进攻战术。采用这种战术的原则就是当对方回击直线球时，我方就打对角球；反之，对方回击对角球时，我方就打直线球。这种战术的特点是可以使对方移动的距离最远，难度较大，只要能准确地判断对方回球的路线，采用“三角路线”是一种较有效果的进攻战术（见图 9-67）。

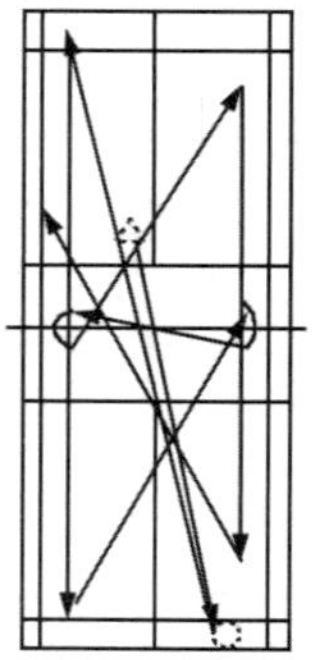

图 9-66 对角路线的进攻

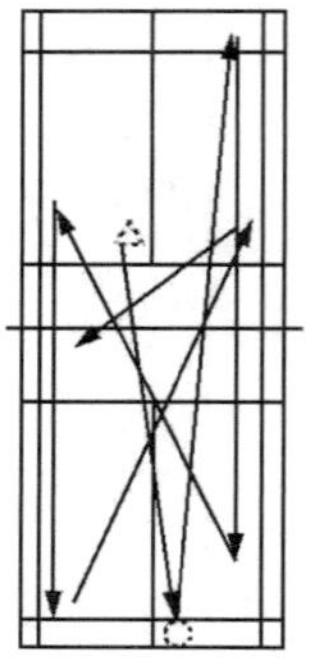

图 9-67 三角路线的进攻

③攻后场反手区进攻战术。针对对方反手区有较大的弱点，如侧身步法差、回击头顶球之后位置易被拉开、反拍技术较差、头顶区球路死板等，对我方构不成太大的威胁，采用攻后场反手区进攻战术的成功率就会较高（见图 9-68）。

④攻后场正手区进攻战术。针对对方后场正手区有较大的弱点，如正手侧身步法差、回击正手区球后位置易被拉开、正手区的球路对我方构不成太大的威胁等因素，采用此战术效果较好（见图 9-69）。

⑤攻后场两边的进攻战术。针对对方后场两边有较大的弱点，如后退步法慢、后场手法差、进攻能力和防守能力都较弱等，采用重复压对方两底线战术效果较好（见图 9-70）。

⑥攻前场区进攻战术。针对对方前场区较弱，如上网速度慢、步法有缺陷、前场手法差、从前场击出的球路及质量对我方威胁不大，采用这一战术效果较好。

以上介绍的单打进攻战术是分解各个技术的简述，其实在比赛中，单独使用某一种战术而得分的并不多，高水平的运动员双方都是经过多拍的控制和反控制才能获得主动进攻的机会，直至采用致命一击，所以应组合使用多种战术，抓住对手的主要弱点进行组合攻击才会奏效，也不易很快被对方识破所用的战术。如图 9-71 所示，开始的 1～2 拍使用重复平高球攻击对方头顶区，造成对方被动；第 3 拍采用杀对角战术；4～5 拍采用重复推战术，造成对方陷入更被动局面；第 6 拍采用对角杀劈得分。如果在控制中由于出球质量不好，或对方早已判断到你击球的目的，他就有可能由被控制变为反控制我方。因此，获得了主动权时，要以熟练而准确的基本技术和较强的思维能力，根据对方的站位技术和战术优缺点与心理情况等，来考虑一个击球的路线，组成灵活多变的进攻战术，才能牢牢地控制主动权，取得最后的胜利。

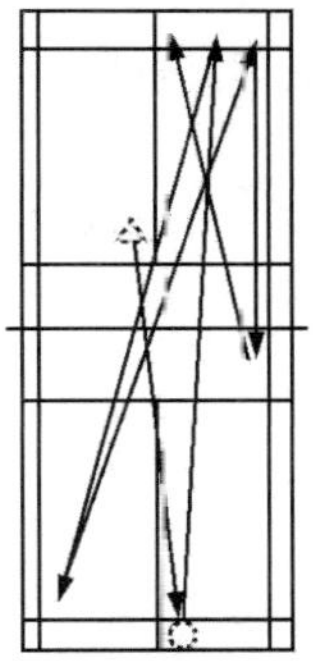

图 9-68　攻后场反手区进攻

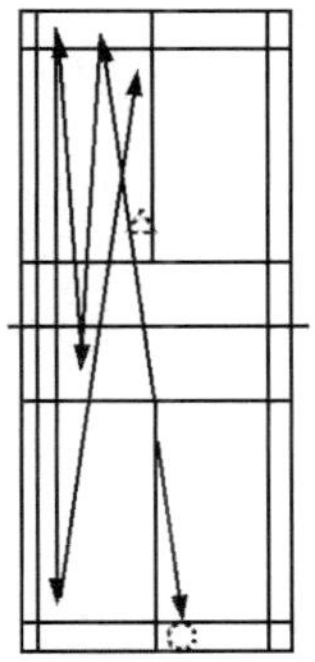

图 9-69　攻后场正手区进攻

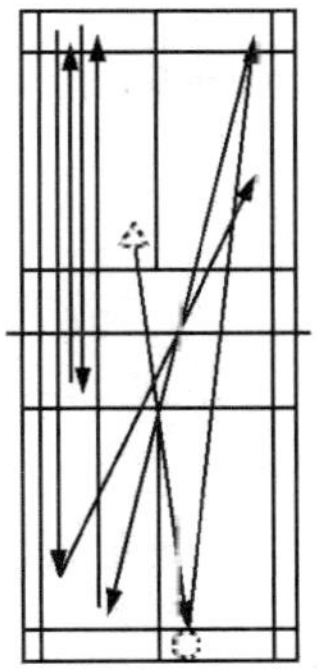

图 9-70　攻后场两边的进攻

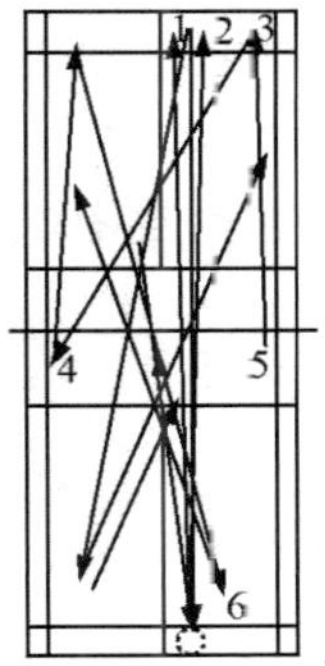

图 9-71　控制和反控制主动进攻

三、单打防守战术

防守战术的原则是“积极防守”“守中反攻”，而不是“消极防守”。因此要达到“积极防守”“守中反攻”的目的，就要在自己处于防守的被动情况下，通过调整战术来化解对方的攻势，夺回失去的主动权。这就必须具备较好的防守能力（包括手法、步法），如有较好的回击后场高远球的能力、启动反应快、步法到位、有较好的反挡底线的能力、勾对角球的能力、挡及反抽的能力等，才能运用“守中反攻”和“积极防守”的战术。

（一）打两底线高远球的防守战术

打两底线平高球属于进攻战术，而打两底线高远球属于防守战术。平高球与高远球分别作为进攻与防守时使用的技术，一定不能混淆。防守时只能使用高远球，如用平高球进行防守战术，不仅不能达到很好的防守目的，反而增加了防守的难度；反之，不能将高远球作为进攻战术来使用。

（二）采用勾对角网前结合挡直线网前或半场球的防守战术

在防守中采用勾对角网前球战术是很有效果的，如再结合挡直线，可使防守战术更灵活多变。当然，这需要准确判断对方进攻的落点，反应到位，并具有灵活多变的手法，才能打出挡直线结合勾对角的球，达到“守中反攻”的目的。

以上介绍的是羽毛球单打的进攻与防守战术，凡是谈及原则的应变方法，必须注意，战术、球路是千变万化的，不可能一成不变，应根据自己的具体情况、对手的情况，以及临场的具体情况采用更为切合实际的战术与球路，不能生搬硬套，最为关键的是灵活运用。

第三节　羽毛球双打战术训练实践

一、双打进攻战术

（一）发球战术

双打中，发球的战术具有特别重要的意义。发球质量的好坏，从战术意义上讲，直接影响场上的局势。因此，运用好发球战术，有利于控制整场局势，对获胜有重要意义。

1. 以我为主的发球战术

首先必须清楚地了解自己发球有什么优势，第三拍有什么优点，不应过多地考虑对方接发球的能力，应根据我方发球与第三拍的能力来组织发球技术。

2. 根据对方站位、站法来决定发球战术

目前接发球的站法有四种，即一般站位法、抢攻站位法、稳妥站位法和特殊站位法。

（1）一般站位法：特点是站在离中线和短发球线适当的距离，主导思想是以稳为主，保护后场，对前场以推、搓、放半场为主。发球时要以发近网 1、2 号位为主，多点配合，使对方不能集中精力，这样对方就不可能打出较凶狠的球（除了我方发球偏高之外），这时的主动权取决于第三拍的回击质量。

（2）抢攻站位法：特点是站位离发球线很近，身体倾斜度较大，目的是进行抢攻，以扑球、

跳杀为主来处理接发球。发球时首先洞察对方站位的目的是要进行抢攻还是怕接发球不好陷入困境而想冒险，还是想要以此来威胁恐吓我方，判断准确了才能以恰当的发球手段来对付对手。我方发球应以质量为主，结合时间或假动作，达到破坏对方想抢攻或冒险恐吓的目的。

（3）稳妥站位法：特点是站在离发球线远一些的位置上，身体倾斜度较小。这是只求把球打过去而进攻意识较差的一种过渡站位法。发球时不要发高远球，应以发网前球为主，因为对方站位消极，必然起动慢，我方发近网球有利于第三拍的反攻。

（4）特殊站位法：一般站位都是左脚在前，右脚在后，但特殊站位法改变为右脚在前，左脚在后，这种站位法一般以右脚跳击球，不论是上网或后蹬，均以一步蹬跳击球。发球时，在还不了解对方改变站位法的目的及其优缺点的情况下，还是要以我方为主发球，但要尽快掌握对方的目的及优缺点，从而制定有效的发球战术。

3. 根据对方打法弱点制定的战术

（1）调动队形的发球战术

对方状况：甲后场进攻能力较强，网前封网一般。其队形安排为甲在后场，乙在前场。

发球战术：向甲发球时，多发前场区球；反之，向乙发球时多发后场区球。这样，一开始就会把对方的队形调动为甲在前、乙在后，限制对方发挥其队形优势。

（2）避开特长、抓住弱点的发球战术

对方状况：在接发后场区 1 号区时扑球较好，接 2 号区一般，接 3 号区较差，接 4 号区一般。而在接发左场区 1 号区时较好，接 2 号区时较差，接 3 号区球路死板且失误多，接 4 号区攻击力差。

发球战术：根据对方的发球特点，我方应在右场区更多发 3 号区结合发 4 号区，而在左场区则应更多发 2 号区和 3 号区，以避其长而攻其短。

4. 发球时间变化战术

发球时间变化要做到快慢结合自如，使对方摸不到准确的击球时间。要掌握好这种快慢结合的发球战术，就一定要有熟练的手法、动作及合理的用腕技术。否则，即使在时间上起到了破坏对方起动的作用，但因发球质量太差也达不到目的。

以上介绍的有关发球的战术，如果离开了最基本的发球质量，那么发球的战术意义就不大了。

由于双打的后发球线比单打短，在双打中若发高远球，接发球方可以大力扣杀，直接争取主动，同时又有较少的后顾之忧。因此，站位往往压在靠近前发球线处，对发球者造成很大的心理上和技术上的威胁。所以，发球质量、路线的配合、弧线的制造、落点的变化对整个双打比赛的胜负意义极其重大。可以毫不夸张地说，比赛的双方若水平差不多，则胜负取决于发球质量。

（二）发球站位

发球的站位不同，对发球的飞行路线、弧线、落点和第三拍的击球都有影响。

1. 发球者紧靠前发球线和中线

这种站位始于反手发网前内角，球过网后球托向下，不易被对方扑击。由于站位靠前，也便于第三拍封网。但站位靠前不利于发平快球，一般是发网前内角位球配合发双打后发球线的外角位平高球。

2. 发球者站位离前发球线半米，靠中线

这种站位发球的优点是选择面较广，正、反手都可发网前球、平快球、平高球，并且各种路线都可以发；其缺点是球的飞行时间长，对方有较多时间判断处理，发球后如果抢网较慢，也容易失去网前主动权。

3. 发球者站在离中线较远处

这种站位主要用于在右场区以正手和左场区以反手发平快球攻对方双打后发球线的内角位，配合发网前外角。值得一提的是，这种发球只能作为一种变换手段。因为这种发球只对反应慢、攻击力差的对手有一定的威胁，但当对方有了准备时，作用就不大了，而且还会使自己陷入被动。

（三）发球路线

发球路线和落点的选择需注意如下几点。

1. 调动对方站位，破坏对方打法

如对方甲、乙两名队员站成甲在后、乙在前的进攻队形，在发球给乙时可以后场为主结合网前，而发球给甲时却要以发网前为主结合后场，这样从发球起就阻挠了对方调整站位。

2. 避实就虚，抓住对方弱点发球抢攻

首先要看接发球者的站位，如果他紧压网前站在网前内角位，可用网前与后场动作的一致性发球到对方后场外角位；如对方离中线较远，则可发平快球突袭后场内角位。对接发球路线呆板、变化少的，可针对这种情况发球后抢封突击。

3. 发球要有变化

发球时，网前要和后场配合，网前的内角、外角以及底线的内角、外角位的配合，使对方首尾难以兼顾，多点设防，疲于应付。在发球的弧线上也要有变化，这样，接球方就难以摸到发球方的规律了。

（四）发球时间的变化

接发球方在准备接发球时，思想虽然高度集中，但因受到发球方的牵制，要等球发出后才能判断、启动、还击。所以，发球动作的快慢也应在规则允许的范围内有所变化，不要让接球方掌握规律。

（五）发球时的心理影响

在双打比赛中，有时会出现发球失常。其原因是一个发球技术不过硬，另一个是受接发球者的影响。由于接球者站位逼前，扑、杀凶狠且命中率较高，加上比分正处于关键时期，心理紧张，造成手软，从而影响了发球质量。遇到这种情况，先要沉住气，观察接发球者的动向、心理意图、接发球的路线和规律，提高发球质量，增强还击第三板的信心。另外，发球的路线要多变且无规律，真真假假、虚虚实实，这样就会减少不必要的顾虑，发球质量也会稳定下来。

二、羽毛球双打接发球的战术

接发球虽然受发球方的牵制，属于被动等待，但规则对发球做了诸多限制，如击球点不能过腰、球拍上沿必须明显低于手、动作必须连续向前挥动（不许做假动作）、不能迟迟不发等，使发球者发出的球不能具有太大的威胁。接发球方如果判断准确、启动快、还击及时，就能在对方发球质量稍差时，杀、扑得手或取得主动；反之，也会接发球失误或还击不利，使自己陷入被动。

（一）接发内角位网前球

这种战术是以扑或轻压对方两边中场及发球者身体为主要攻击点，配合网前搓、勾等其他线路。

（二）接发外角位网前球

除了以上打的点以外，还可以平推对方底线两角以调动对方一名队员至边角，扩大对方另一队员的防守范围。

（三）接发内角、外角位后场球

这种战术以发球者为攻击点，力争扣杀追身球。如启动慢了，可用平高球打到对方底线两角。一般发球者在后场球发出后，后退准备接杀的情况居多，这时可用拦截吊球，落点可选择在发球者的对角。

三、羽毛球双打第三拍回击的战术

在双打技术中第三拍，既是重要技术，也是重要战术。第三拍和发球有紧密联系，如果我方发球目的性强，发球质量又较好，那么第三拍就能保持继续进攻。如果目的性强，但发球质量不高，而对方也打出了意料之中的路线，这时第三拍就应考虑如何组织反攻。如果发球目的性不强，质量又差，那么第三拍就应考虑如何摆脱被动局面。因此，第三拍是保持主动、组织反攻、摆脱被动局面的关键环节。第三拍要做到启动反应快，主动跟得上，被动救得起，手法出手快，能攻又能守，球路变化多，使对方封不住，从而创造更多的主动权。

第三拍回击的战术主要有以下几种：主动时，第三拍保持进攻的战术；一般情况下，第三拍进行反攻的战术；被动时第三拍摆脱被动的战术。

（1）主动时，第三拍保持进攻的战术：当我方发球质量较好时，就会出现第三拍的主动情况，这时要求在前场的发球者迅速举拍封住对方的习惯球路，形成两边压网的进攻队形。

（2）一般情况下，第三拍进行反攻的战术：所谓一般情况，即对方接发过来的球对我方形成一种不主动也不被动的形势，这时第三拍处理得好就可控制主动权；反之，就变成被动了。因此，此时的出手技术要有一定的质量，具体要求做到高打、快打，但过网质量要高，球路要出乎意料，做到以速度压住对方，然后以分边压网之势，争得前半场的优势，迫使对方打出高球，让我方进攻。在这种情况下，分边逼网、大胆而快速地两边跟进与对方展开短兵相接的对攻战，是争取主动的关键。因此，第三拍、第五拍的配合是重要环节。

（3）被动时，第三拍摆脱被动的战术：这是第三拍经常碰到的问题，可以分两种情况处理。一是对方接发球之后两边压网的打法较凶，对前半场的球封得较狠，碰到这样的对手，第三拍被动时一般要求我方反应较快，手腕爆发力也较强，迅速地把来球反挡或拉到两边后底线高球，过渡一下，让对方从后场进攻，以免被对方在前半场封住而攻死；二是对方接发球之后，两边压网的打法不凶，而且平抽快挡的打法不突出。

四、羽毛球双打第四拍封网的分工战术

第四拍封网的战术，实际上就是两人如何分工封网跑位的问题，分工明确、严密，两人跑位配合默契，就有利于控制主动权；反之，就有可能陷入被动。

如对方发球至1号区时，我方从右场区回击中路或右后场区，这时前场接发者封网位置略偏左场区，后场同伴注意头顶后场高球和正手网前球。

如对方发球至1号区，我方从右场区回击直线半场球时，封网需封直线球。但如遇到对方第三拍习惯以勾对角线为主时，封网者应有意识地改变自己封直线的原则，而改为封对角，如有漏封则后场同伴要迅速补上。如补得快还可获主动权，补得慢就陷入被动，补不上则失误。

对方从右场区发至2、3、4号区及从左场区发至1、2、3、4号区时的封网规律和以上基本相似。

通过以上分析，我们可以得出第四拍接发球方封网分工的一个普遍规律：一般是球到对方右场区，就封住自己的左场区；球到对方左场区，就封自己的右场区，即所谓的封住对方的直线球路，而这一规律的特定条件是我方接发球时获得主动。如接发球尚未处于主动时还按此规律执行，往往会在第三拍时被对方较好的反击破坏掉。当然，第三拍时对方的习惯球路是我方封网分工的依据。因此，接发球质量和路线配合优劣，都会直接影响全场的主动与否。

如果接发球质量好，紧接着就是第四拍如何封得紧、封得快、封得狠，以便把进攻保持下去，即所谓连得上。若第四拍意识和技术跟不上（即封不紧、封不快、封不狠），则会破坏已形成的进攻局面，甚至陷入被动。因此，除了发球、接发球、第三拍外，第四拍的训练也是极其重要的，切不可放弃训练，最好是采用二打二的前五拍训练方法。

五、羽毛球双打五种常用战术

羽毛球的单打和双打在技战术方面还是有差别的，前面介绍了单打的各项战术，下面来说说羽毛球双打过程中常用的几种战术。

（一）攻人

这是双打中常用的战术，就是以人为攻击目标。对付两名技术水平高低不一的对手时，一般都采用这种战术；对付两名实力相当的队员，也可采用这一战术。集中进攻对方一名队员，常能起到“集中优势兵力打歼灭战”的作用。在另一队员过来协助时，又会露出空当，可在其仓促接应、立足不稳时进行偷袭。

（二）攻中路

1. 守方左右站位时把球打在两人中间

这种战术可以造成守方两人抢接一球或同时让球，彼此难以协调，限制对手在接杀球时挑大角度高球调动攻方，有利于攻方的封网，由于打对方中路，对方回球的角度也小，网前队员封网的难度就小了。

2. 守方前后站位时把球下压或轻推在边线半场处

这种战术多半是在接发网前球和守中反攻抢网时运用。这种球守方前场队员拦截不到，后场队员又只能以下手击球放网或挑高球，后场两角便会露出很大空当，因而有机可乘，可攻击

他的空当。

3. 攻后场

这种战术常用来对付后场扣杀能力较差的对手，把对方弱者调动到后场时也可以使用。此战术多采用平高球、平推球、挑底线把对方一人紧逼在底线，使其在底线两角移动击球，在其还击出半场高球或网前高球时即可大力扣杀，取得该球的胜利或主动。如在逼底线两角时对方同伴要后退支援，则可攻击网前空当或打后退者的追身球。

4. 后攻前封

后场队员积极大力扣杀创造机会，在对方接杀放网、挑高球或企图反击抽球时，前场队员以扑、搓、勾、推控制网前，或拦截吊、点封住前半场，使整个进攻连贯而又有节奏变化，让对方防不胜防。

5. 防守

（1）调整站位

为了摆脱被动，伺机转入反攻，首先要调整好防守时的站位。如果是网前挑高球，那么击球者应直线后退，切忌对角后退。直线后退路线短、站位快；对角后退路线长，也容易被对方打追身球。另一名队员应根据同伴移动后的情况补到空当位。双打防守时的站位调整，都是一名队员在跑动击球时，另一名队员根据同伴的移动情况填补空当。

（2）防守球路

①攻方杀球者和封网队员在半边场前后一条直线上，接杀球应打到另半边前场或后场。

②攻方杀球者和封网者在前后对角位上，接杀球可还击到杀球者的网前或封网者的后场。

③攻方杀球者杀对角后，另一名队员想要退到后场去助攻时，接杀球时可以还击到网前中路或直线网前。

④把攻方杀来的直线球挑对角，杀来的对角球挑直线，以调动杀球者。关于防守的方法还有许多，但都是为了破坏攻方的进攻节奏和进攻势头，在攻方进攻势头减弱时即可平抽或蹲挡，若攻方站位混乱出现空当时，守方即可抓住战机转守为攻取得主动。

六、根据对手情况制定的双打战术

（一）对一强一弱的配对

所谓"强"，就是技术、思想、心理、体能等主要因素均较好，反之是"弱"；或者有等级差别的选手，如有一名是运动健将或国家队队员，另一名是省队队员；或者是同级别，但是在防守上一好一差。遇到这样的配对，必须坚决采用攻人战术，采取集中优势兵力二打一，可取得较好的结果。

（二）对单打技术好，而双打技术和能力差的配对

遇到这样的配对，首先在发球、接发球上争取主动，战术上采用猛抽快打的方法，在前半场要采用并排对攻快打、硬推、硬压的战术。如仍占不了优势，也不能着急，要把球拉到底线，然后从防守中找机会，进行平抽两边封网再对攻。总之，要快、硬、狠，如果慢了、软了，对方就可以发挥优势，对我方很不利。

（三）对一左一右的配合

和这种配对的对手比赛，一定要冷静沉着地分析这一左右是如何站位的，从接发球就要分清谁在前、谁在后，要根据对手的站位来决定我方采用的战术路线。如果未弄清楚，可以采用打中路球攻中路的战术。

（四）对爱采用半蹲防守的对手

遇到这种对手千万不要长杀，以免正中其下怀，而应采用半杀战术与半杀左下方的战术与其周旋，伺机待发。

（五）对拉两边线较好的防守型配对

遇到这种配对，思想上要做好艰苦作战的准备。因为对方防守好，又以拉两边底线为主，来回次数必然较多。同时要有耐心，不要想一杀就得分，更要重视相互配合，多采用杀吊结合的战术，不要盲目乱杀，以免消耗体力过多却收效甚微。应稳扎稳打，遇到不利的情况要先吊后杀，吊一吊再杀，以保持体力，看准时机坚持到最后，这样胜利的希望就很大。

七、双打配合中的几个主要问题

关于防守的方法还有许多，但都是为了破坏攻方的进攻节奏和进攻势头，在攻方进攻势头一减时即可平抽或蹲挡，若攻方站位混乱出现空当时，即可抓住战机转守为攻取得主动。

（一）共同的目标是双打配合的思想基础

首先要增强为国争光的事业心，明确大家都是为了一个共同的目标来攀登羽毛球技术高峰的。有了这个思想基础，思想上的配合问题就能迎刃而解。反之，只考虑个人私利、骄傲自大，只看到自己的长处，看不到自己的短处，就会出现不协调、闹矛盾的状况。如果为了满足个人主义的要求而拆对又配新同伴，过一段时间新的问题又会出现，配合问题总是得不到解决。因此，只有从根本上克服个人主义思想，提高对打球目的性的认识和树立事业心，才可能解决双打配合中的其他更细致、更复杂的问题。

（二）要做到互相信任

比赛中如果双方互相不信任，在球场上必然会造成表现失常。例如，发球队员对同伴第三拍的技术不放心，总担心他守不住，这样就必然会影响自己的发球质量；反之，在后面的同伴对发球同伴不信任，怕他发球太高，导致自己处理不好第三拍，结果由于思想不集中或过度紧张反而造成第三拍失误。这都是由于互相不信任造成的。我们提倡在思想上互相信任，如发现同伴某一项技术或战术比较差，就应帮助他迅速提高，帮助同伴提高的同时也提高了自己。而存在问题的一方也要考虑，如不迅速提高将会对配合产生不利影响，因此更应刻苦训练，尽快掌握、改进技术和战术，以适应战术配合需要。

（三）要互相鼓励、互相补缺

往往有这种情况，同伴由于种种原因未发挥出应有的水平。这时就会出现两种情况：一种情况是热情鼓励，并努力弥补同伴的弱点，使其在鼓励和帮助下转变情况而发挥得比较正常；另一种情况是当同伴发挥不正常时，就埋怨，态度生硬、冷淡，总认为球打不好都是同伴的原因，这样不只使同伴改变不了情况，埋怨者本人也会因此而没劲儿，往往是以埋怨开始而以泄气告终。因此，碰到这种情况无一不失败。

弥补同伴弱点的办法有两种：一是加强攻势，以减轻防守压力；二是在不得不防守时，尽量把球送到和同伴成对角的落点上，以减少对方进攻同伴的机会和降低威胁，使同伴也能守得住，从而增加信心。若同伴的体力较差，又常被对方逼到底线，造成很大困难，这时体力较好的一方应主动要求同伴进攻对角线后上网，自己退后进行左右移动进攻，让同伴回到网前，以调整和恢复体力。

以上类似的情况有时会在一场比赛中同时出现，也可能出现其一种情况，这时若不能很好地处理，势必造成失败。因此，提倡在碰到困难时要互相鼓励、互相弥补缺点，不埋怨、不泄气。

（四）在战术上要做到互相了解

在一场比赛中，两个人要配合得默契，除了以上三点之外，在战术上应互相了解，特别是在前场封网者一定要了解后场同伴这时会打出什么路线的球，是扣杀还是打吊球，是攻直线还是攻对角，打完球之后是能够左右移动还是不能，后场是否要网前的人去补，如此等等都要在一瞬间做出准确的判断。如果这种判断正确的话，那么配合就算默契。总之，两人的想法一致才能打好双打，才能解决好双打的配合问题。

第四节　羽毛球混合双打战术训练实践

一、混合双打之发球战术

混双发球是一项战术意识很强的技术，发球质量的好坏，直接影响主动和被动、得分与失误的环节，特别是由于混双是由一男一女两个队员组成。在发球问题上和男双与女双有着共同点，但也存在很大的差别。当女队员发球给女队员接时，就比女双容易，因后场有一男队员在接第三拍。可是，当对方是男队员接发球时，就比女双困难多了。首先，要排除恐惧心理，加上男队员上网接发能力和第四拍封网能力都比女队员强，所以就给发球的女队员增加了难度。反之，当男队员发球时，由于他不能像男双一样，发球后立即上网封网，而是要兼顾控制后场，因此站位比较靠后，发球过网的飞行时间较长，有利于对方接发球者有时间回击来球。总之，男队员的发球，比男双要困难得多，如没有专门训练发球，一般是很难过关的。

在发球战术中，混双发球可以使用双打发球战术中的如下几项：如“以我为主”的发球战术、“发球时间的变化战术”和“发球路线的配合战术”，如软硬结合、长矩结合、直线对角结合，都属于同一道理，均可使用，这里不再重复。在此要着重谈发球中如何根据男女队员交替这一特定条件来考虑站位与战术。

二、混合双打之接发球战术

（一）混双接发球战术与双打接发球战术的共同点

混双接发球战术与双打接发球战术一样，要根据对方发球质量的好坏来处理，也要根据对方的站位，并处理“以我为主”的接发球战术。

（二）混双接发球战术与双打接发球战术的不同之处

混双接发球战术在球路上与双打接发球战术的不同在于不论男、女队员接球，大都以拨对角半场、直线半场、勾对角前场以及放网为主。推、扑后场球只有在对方发球质量很差时才使用。而拨半场球及勾放前场球的目的，是抓住女队员这一相对较弱的目标而制定的战术。

如果对方发 3、4 号区时，当女队员发球后分边防守，我方应集中攻击女队员防守区，如果男队员发球且女队员只防守一角时，应吊对方右前场，杀对方的二边线球。因对方基本上分前后站位，对边线防守难度加大。反之，如对方是从左场区发球，那么道理一样，换一边攻击区。

接发球后男队员应保持在后场，女队员则在前场，因为男队员接发球后还需迅速退到后场控制底线区，这就是造成男队员接发球不能太凶的缘故。当然，有的男队员接发球后就到网前封网，但为数不多，只有当对方发球质量差，第三拍无法挑到我方后场的情况下，才可以到网前封网。

三、混合双打之第三拍的回击战术

混双的第三拍和双打同样有着重要的作用，它在主动时，保持进攻；一般时，积极反攻；被动时，摆脱被动。在这三种情况下使用的战术，其意义和双打同样重要。

（一）主动时，第三拍保持进攻的战术

当我方发球质量较好时，有两种情况。一是女队员发球，女队员可直接封住前场区，因为发球好，迫使对方回球有些向上，所以只要能举拍封住前半场对我方就有利。当女队员封左边时，右边网前的防守要由男队员负责。而当女队员封右边时，左边网前的防守要由男队员负责。可以说，女队员以封住对方的直线球为主，如能判断到对方打对角网前，也可封网，特别是在对方手法不好，出球质量较差时，可由女队员直接封网。一般情况下，女队员封对方的直线来球最为理想。二是当男队员发球，由女队员负责封网，但由于发球时，女队员的站位形成了右边和左边发球不同的防守区，从右场区发球时，由于女队员的站位是在左前场区，因此当男队员发 1、2 号位时，女队员就专心地封好左前场区和中路网前。此时，对方如回击右前场区的弱区，则由男队员去补救。从左场区发球时，情况就不一样了，因女队员的站位靠近中线，当发 1 号区时，女队员可封整个前场区；当发 2 号区时，女队员重点封住右边线。当然，由于发球与站位对各种配对有不同的站法，可按自己的特点进行封网分工。

（二）在一般情况下，第三拍进行反攻的战术

在一般情况下，对方回过来的球，对我方形成一种不主动也不被动的形势。我方只要处理好，便可获得主动权，处理不好就会造成被动。因此，出手和球路问题成了关键性技术。要先根据对方接发球后的站位及分工情况，来考虑我方应打怎样的球路才有利于获得主动权。在获得主动时，不要打太靠后的球给男队员。

（三）被动时，如何摆脱被动的战术

当处于被动时，可分两种情况处理。例如，对方接发球后两人的站位均偏前，如男队员接发后的位置偏前或者女队员接发占据主动后，男队员也向前逼网了，此时网前两边都很难打，因此最好的办法是把球挑到后场两底线，过渡一下，让对方从底线进攻，我方再开始组织反攻。

此时，最忌挑球高度不够，打不到底线，就易被对方拦击造成被动局面。其方法就是当对方控制网前较紧封，就得想尽办法先把球打到底线，打守中反攻战术。再如，对方接发后，网前区有一个漏洞区，如男队员接发后急于回动照顾后场，于是在网前出现了漏洞，此时我方可迅速回击漏洞，就有可能转被动为主动。在这种情况下，前提一定是要有较好的回击质量，不然是摆脱不了被动局面的。

总之，在被动时，一定要冷静分析对方的弱区在哪里，就把球打到那个点或那个区。当然，这里包括对方有技术上的弱点。如果我方女队员防守能力差，抵挡不住对方的攻击时，情况就更困难了。

四、混合双打之第四拍封网战术

第四拍封网的分工战术，主要是指两人如何分工封网的问题。

有一个基本规律，即女队员接发 1、2 号区球，能主动回击时，女队员就封住对方的直线球路，而男队员则看守其他区域；如接 3、4 号区球，能主动回击时，女队员可回动封直线前场区，而男队员则看守其他三个方向的球。如不能主动回击则无法回动，女队员则只能防守在后场一个区过渡一下，此时男队员要看守前场两边和后场另一区。

但是，当男队员接发 1、2 号区球时，如能主动回击，应由女队员封住对方的直线球路。女队员除要控制网前球之外，还要和男队员保持一个错位，以封住对方反抽对角平球，使男队员调整一下，此时女队员站位和男队员成对角，有利于封住对方抽对角的平球。这点也是混双不同于男双的另一个特点。特别是进行中场抽、推球时，女队员能否封紧对角平球，至关重要，而男队员则看守其他的中后场区球。如不能主动回击，情况就比较复杂了，此时由于男队员的站位已被引到前场，因此另半边的后场底线成为漏洞，如对方回击高球至底线，女队员可后退，代替男队员进攻一二回合。当接发 3、4 号区球时如能主动回击，女队员除负责前场区外，还得负责封对方抽对角的平球，以使男队员位置更主动。如不能主动回击，就得根据我方男队员位置是否无法回动来决定，由于无规律可循，因此情况就比较复杂。

五、混合双打之攻女队员战术

这是混双战术的核心战术，当一方获得主动进攻或在寻求进攻机会的过程中，如何熟练地使用攻女队员战术是很重要的。

（一）获得主动进攻时运用攻女队员的战术

当获得主动进攻的机会，对方已形成男女两边防守的阵势时，我方就得抓住这一有利时机运用攻女队员的战术，如攻女队员右肩战术、杀吊女队员的结合战术、杀女队员小交叉的战术、杀中路至女队员一边的战术。总之，应集中力量运用攻女队员的战术。当然，这一般是就女队员的防守能力比男队员差的情况而言的。如果在比赛过程中，我方发现男队员防守能力下降，也不一定坚持打这一战术。

（二）两边中场控球时，运用攻女队员的战术

所谓中场控球的概念，就是对方打过来的球，我方不很主动也不被动的情况，处于控制的阶段。此时如何运用攻女队员的战术呢？先要明确此时是处于控制阶段，不要把球打到对方男

队员手中，而应把球打到对方女队员的防守区域，以便从中获得主动权。

例如，我方女队员发1号区，对方女队员接发推半场球，我方男队员处于控制阶段。此时，要分析对方女队员的位置及封网特点，如女队员封直线的意识较差，而且位置较靠近中线，此时我方可回击一直线半场球，球的落点要使女队员跑动回击，由于她判断封网差，站位又靠中线，必然不能主动回击，就有可能回击出高球，以利我方主动进攻。假设对方女队员站在偏边线的位置准备封我方的直线半场，此时我方可回击对角网前，造成对方被动起高球。又如，对方接发放网，我方也可回击两条路线，但一定要注意我方要运用攻女队员的战术。因此，球一定要打到对方女队员的防区，让她去处理球，不要太用力，防止把球打到中场让对方男队员去处理。然后，我方女队员封紧网前，让她打出高球，这种战术就属成功的，反之被对方女队员封住就被动了。

在处理这种球时要注意的是“巧打”，而不是“硬打”，特别要注意判断对方女队员的封网意图，最要紧的是有高质量的回击球路：一是球要出乎对方女队员的判断，二是要有高质量的过网弧度，弧度要平，不易被对方女队员扑死，只能推，这样就有利于我方控制，从中找到迫使对方回击出高球的可能性。

（三）接发球时，运用攻女队员的战术

当我方接发球时，可直接运用攻女队员的战术，总的要求就是把球回击到前场，如放网，放对角网前，轻推直线半场或轻拨对角网前，这些球都会促使对方女队员跑动回击，如攻击质量好一些，我方就可获主动进攻权，如质量差则易被动。

当我方遇到对方男队员水平较高，而女队员相对差一些时，运用这种战术是很有效的。反之，对方男队员水平一般，特别是后场攻击水平一般，而对方女队员网前封内水平很高时，我方就不一定要坚持运用这种战术。例如，对方女队员封网意识很强，而男队员在后场进攻对我方威胁不是很大时，在这种情况下，应先过渡到后场区，再伺机反攻。

六、混合双打之攻中路战术

比赛中有这样的情况：对方男队员在进行两边中场控制时，能力很强，威胁很大，他将直线结合对角球处理得很好，使我方防守的区域扩大，特别是我方女队员不易封住对方回击的平球。此时，改用攻中路战术，会使对方的优点无法发挥。由于对方在处理两边线球时的手腕控制能力较强，如打中路，对方这一优点无法发挥出来，如对方还是用以前的角度击球，就有可能造成角度太大而出界，再则因为球在中路，对方易回击直线，我方女队员也易封网。总之，进行这一战术的作用，一是让对方优点无从发挥，二是使我方男队员的防守范围缩小，特别是对于封直线区角度小得多。

七、混合双打之杀对角男队员边线战术

当我方获得主动进攻的机会时，在一般情况下，均是采用攻对方女队员的战术，此时对方男队员会尽量站在靠近女队员的一边，特别是在和女队员呈直线进攻时，一般男队员应靠近女队员一边，造成男队员另一侧空当的局面，在这种情况下，就可使用杀对角攻男队员边线的战术。男队员之所以会靠女队员一侧，是因为他总感到女队员防守较弱，目的是保护女队员。当

然，使用这种战术的条件是女队员和进攻者成一直线，而这种条件也较少见，因为一般被对方逼挑高球后，女队员均退到与进攻者成对角的一区，如遇到这种情况，就不易实行这种战术。

八、混合双打之杀吊结合战术

在对方男队员要防守三个区域，女队员只防守一个区域的情况下，也可以考虑进行杀吊结合攻对方男队员网前的战术，以打乱对方的防守阵地。又如，女队员挑出不太靠后的球，她必然迅速后退，在这种情况下，采用杀吊结合战术也是很有实用价值的。

九、混合双打之半杀结合长杀、重杀结合轻杀战术

这些都是在主动进攻中应训练掌握的技巧和战术。一味地重杀一个角度，当对方适应了也就没效果了，一味地使用长杀易被对方采用半蹲防守对付。所以，在进攻中除了要结合高吊之外，还得注意角度的变化，即落点长短的变化以及击球力量的变化，即轻杀重杀的结合。

十、混合双打之进攻中封网分工方法

如我方获得主动进攻时，由于封网分工不明确，可能导致失去主动权。因此，封网明确分工可使我方主动进攻达到攻对方于“死地”的目的。

（一）从右后场区进攻的封网分工

当我方男队员获得右后场区主动进攻权时，如对方女队员和我方男队员呈直线，我方杀直线，我方女队员要封住前场区域的平球，但是左前场区处是弱点和漏洞。如对方女队员退到对角区，我方女队员要封住左场区的平球，此时右前场区是弱点和漏洞。

（二）从左场区进攻的封网分工

当我方男队员获得左后场区主动进攻权时，由于对方女队员和我方男队员呈直线，我方杀直线，我方女队员则要封住左前场区的平球，特别要注意对方平抽对角线平球时，一定要能封住，以便减轻男队员的压力，此时对角网前是弱点和漏洞。对方女队员和我方男队员呈对角线，我方杀对角，女队员则要封住右场区，此时对角左前场区是弱点和漏洞。

十一、混合双打之防守战术

（一）混合双打之挑两底线平高球

挑两底线平高球战术，即所谓的对方杀直线，我方挑平高对角；对方杀对角，我方挑平高直线，以达到调动对方左右移动的目的。如对方移动慢，就无法保持进攻，或其盲目进攻也有利于我方反攻。

（二）混合双打之反抽直线勾对角战术

当对方男队员从两底线进攻站在对角线的我方女队员时，我方女队员可采用反抽直线结合勾对角战术，能以最大角度调动对方，并抓住其漏洞，但要注意反抽必须越过对方女队员的封网高度。

（三）混合双打之反抽对角挡直线战术

当对方男队员从两底线进攻站在直线的我方女队员时，我方女队员可采用反抽对角结合挡

直线的战术抓住其漏洞，但同样也要注意，反抽必须要越过对方女队员的封网高度。

（四）混合双打之挡直线、勾对角网前战术

当对方男队员从两底线攻我方女队员时，我方可采用挡直线结合勾对角网前的战术，可以避开后场强有力的攻击。只要挡和勾的质量有保证，一般还是容易变被动为主动的，当我方把球打到某一个点时，女队员要逼近封住其直线区，迫使对方打出高球。

（五）混合双打中的规律性问题

（1）从发球路线看，主要是以发1号区为主，其次是2号区和4号区，很少发3号区球。

（2）从接发球的球路看，主要是以接发对角球（小对角）为主，特别是从1号区接发两边中场球较多，而且落点均在两边中场球，其次是后场球，放网前球极少。

（3）从行进间球路的规律看，是以直线球路为主。

（4）根据以上规律我们应注意以下几个问题：①注意处理好1号区的接发球。②第三拍要注意处理好两边中场球，控制好两边中场球。③在行进间，女队员要特别注意封直线球，兼顾对角球。

（六）混合双打之技术上的注意事项

（1）在手法上要注意掌握变线能力及控制能力，盲目地用力击球往往造成控制不住球，变线能力也不行。

（2）击球点上要注意高点击球，这样有利于平推、抽和下压球。

（3）在击球时间上不要一味快打而缺少快慢结合，要注意利用假动作、时间差击球。

（4）女队员在封网击球的用力问题上，要注意能向下扑的球才用力扑压，如只能推的球，不要太用力，以免让对方后场的男队员较易控制，轻推半场球往往更有效。

（5）女队员的网前站位不要太靠近网前，这样有利于增强封网能力。

（6）封网时，拍子要举得高一些，以便直接向前或向下封压。应减少向后引拍的时间，提高封网的威胁性。

（7）在封网的步法上要注意封到球之后不要急于向中场回动，就是所谓封直线、封点的步法特点。

（8）当双方男队员在进行直接控制的过程中，女队员如没有把握，不要随意去抢球。应注意对方万一变线抽对角，女队员要能封得住，以减少男队员的压力，以利于男队员调整到有利位置。

（9）当我方获得主动进攻的机会，对方女队员已退至较好的对角防守位置时，不要勉强去攻击对方女队员，而应采用过渡进攻的办法，使自己获得更有利的进攻位置，再进行第二次进攻。

第十章　高校网球运动基本理论介绍

第一节　网球运动相关理论介绍

一、网球运动的起源与发展

（一）网球运动的起源

法国作为网球运动的起源地，早在12—13世纪，法国传教士常常在教堂的回廊里用手掌击打一种类似小球的物体，以此来调节教堂生活。随后，法国宫廷的王室贵族接受了这种活动，并将其作为他们的娱乐游戏。起初，这种游戏只能在室内进行，后来在室外一块开阔的空地上，将一条绳子架在中间，两边各站一人，双方用手来回击打一种裹着头发的布球。

14世纪中叶，击打布球游戏便传入了英国。英国人称这种球为“Tennis”（英文，网球），并流传至今，因此网球的专用语也就固定为“Tennis”。

15世纪，这种游戏击打球的方法发生了改变，人们不再用手掌击球而是改用板拍打球，一种用羊皮纸做拍面的卵形球拍很快出现了。当时这种球拍并不美观，拍柄也较重，但与用手掌击球的方法相比，无疑是一种极大的进步。同时，场地中央的绳子也换成了网。因此许多贵族对这种游戏产生了兴趣。而网球运动通常称为“宫廷网球”和“皇家网球”，便是由于这种活动只是流行在法国和英国宫廷中。

16—17世纪，网球运动经历了由单纯的游戏向竞技比赛的转变，专门的球场和相应的比赛规则也应运而生。

18世纪，网球运动在各阶层中开展起来。到了19世纪，网球成为欧美盛行的一项运动。1873年，英国人沃尔特·克洛普顿·温菲尔德把草坪作为网球的场地，他还出版了《草地网球》一书，书中提出的网球打法已接近于现代网球。1874年，又对球网的大小和高低做了进一步的规定，在英国创建了草地网球比赛。1875年，英国板球俱乐部修订了网球比赛规则后，于1877年7月举办了第1届温布尔登草地网球锦标赛。后来这个组织又把场地定为23.77米×8.23米的长方形，球网的中央高度为99厘米（以前高度是2.134米），并确定了每局采用15、30、40……的记分方法。1884年，英国伦敦玛丽勒本板球俱乐部又把球网中央的高度定为91.4厘米。至此，现代网球运动正式出现，并很快在欧美盛行起来，成为一项深受欢迎的室外体育运动。

1877年，在伦敦郊外温布尔登举行的男子单打比赛是最早的国际网球比赛。网球的男子单打与双打在1896年雅典举行的第1届奥运会上被列为正式比赛项目。后来，由于国际奥委会和国际网球联合会在“业余运动员”的定义上有争议，网球比赛项目在七届奥运会连续进行后被取消，直到1984年洛杉矶奥运会，网球运动才被列为表演项目，1988年的汉城奥运会上，网球重新又被列为正式比赛项目。

（二）网球运动的发展

1. 国外网球运动的发展

16—17 世纪，网球活动在法国和英国宫廷颇受欢迎，这也是网球运动发展的鼎盛时期。在当时，人们对于用手击球的游戏感到厌倦，便想出了用板拍和球拍作为替代。起初，皇室贵族用一种介于驾驶手套和棒球手套之间的皮制手套击球，后来，手套逐渐演变成板拍，而板拍由蒙着羊皮的木制球拍代替。同时，场地中间的绳子，增加了许多的短绳子，直至 17 世纪，初场地中间的绳帘才改成小方格网子，并且球拍也改成穿线的球拍。伴随着球拍的变化，球也随之发生变化。最初的球是由羊毛和麻制成，很柔软。球拍出现后，又出现了一种比较结实，用皮革充填锯屑和细砂制成的球。后来出现了穿线球拍，于是人们便用皮革、棉、麻缠在一起并在接缝处缝合的球，根据场地的背景，把球分黑、白两色。直到 1845 年，用橡胶制成的网球的出现，才给网球运动带来了一次革命。

1858 年，英国人哈利·梅姆在伯明翰建造了一个“网球场”，促进了早期网球游戏的开展。然后他又于 1872 年建造了莱明顿网球俱乐部，扩大了网球游戏的影响。

1873 年，英国人沃尔特·克洛普顿·温菲尔德改进了早期的网球打法，并取名为“草地网球”。他还于同年出版了一本以《草地网球》为题的书，书中详细介绍了此项运动，于是草地网球取代了板球成为英国最流行的室外活动，温菲尔德因此被誉为“近代网球之父”。

1874 年，在英属百慕大度假的美国人玛丽·奥特布里奇女士将网球器材带回纽约，在纽约附近斯特誉岛的一个板球和棒球俱乐部的草坪上建起了网球场。网球运动传入美国后，很快在纽约、新港、波士顿、费城等大城市开展起来。两次世界大战期间，网球赛事在世界各国都停止了，唯独美国没有受到影响，反而取得了令人惊异的发展。

1875 年，随着网球运动在 8 字形球场上的进一步开展，全英槌球俱乐部在槌球场边另设了一片草地网球场。紧接着，古式网球的权威组织者玛利博恩板球俱乐部为这项运动又制定了一系列详尽的规则。

1877 年，全英槌球总会改名为全英槌球和草地网球总会，由亨利·琼斯担任裁判，并与其他三名会员修订网球规则。当时决定球场为长方形，长 23.77 米（78 英尺），宽 8.23 米（27 英尺），发球线离网 7.92 米（26 英尺），网中央高度为 0.99 米（3 英尺 3 英寸）。发球员发球时，脚可站在端线前，另一脚站在端线后，发球失误一次而不判失分。采用古式室内网球的 0、15、30、40 每局计分法。可以说，亨利·琼斯是现代网球的奠基人。新的规则修订完成后，在英国伦敦郊外的温布尔登建造了几片新的草地网球场，并在同年 7 月，举办了首届草地网球锦标赛，即第 1 届温布尔登锦标赛，共有 22 名男选手参加，现代网球运动由此诞生。

1878 年，人们又对规则和场地进行了修改。增加了双打，场地两边各增加 1.37 米（4 英尺 6 英寸），发球线距网的距离缩短，从原来的 7.92 米（26 英尺）修改为现在的 6.40 米（21 英尺）。

从 1878 年以后，草地网球由英国的移民、商人或驻军传至全球，如加拿大（1878 年）、瑞典（1879 年）、印度和日本（1880 年）、澳大利亚（1880 年）、南非（1881 年）。

1881 年，世界上第一个全国性网球协会，美国全国草地网球协会（“全国”两字于 1920 年取消）宣告成立，并统一了网球规则。该协会于当年 8 月 31 日至 9 月 3 日，在罗得岛纽波特港举行了第一届美国草地网球锦标赛，设有男子单打和男子双打两项，参加比赛的有 26 人，采用温布尔登的比赛规则。

1882 年，人们又将网高降至现在的高度，中央为 0.914 米（3 英尺），两端为 1.07 米（3 英尺 6 英寸）。从那时起，网球场地的面积规格及球网的规格保持至今。

近代网球运动诞生后，迅速传至世界各地。除英国、法国、美国外，加拿大、德国、比利时、捷克斯洛伐克、瑞典、澳大利亚、斯里兰卡、南非、印度、日本等国的网球运动都得到较快发展。各国的网球赛事日趋频繁，网球协会相继成立。

1884 年，在温布尔登网球锦标赛中第一次增加了女子单打项目，共有 13 名女选手参赛，玛蒂·沃森技压群芳夺得冠军。

在 19 世纪 90 年代中期，网球进入了初步发展的阶段，许多国家和地区组织成立了网球协并定期举办比赛。

1896 年，在第 1 届奥运会上网球就被列为正式比赛项目，后来由于国际奥委会和国际网球联会在“业余运动员”的定义上有分歧，国际奥委会取消了奥运会中的网球项目。

1984 年，在第 23 届洛杉矶奥运会上，网球比赛被列为表演项目，1988 年在汉城奥运会上，网球又重新被列为奥运会正式比赛项目。

1913 年 3 月 1 日，世界网球的最高组织——国际网球联合会在法国巴黎正式成立。国际网球联合会的成立，是网球运动发展史上的重要里程碑，为世界范围内网球运动的进一步发展开辟了广阔前景。

20 世纪 20—30 年代是网球的黄金时代，网坛上出现了许多有史以来最优秀的选手。其中一个就是美国的唐·巴基一连包揽了澳大利亚、法国、温布尔登和美国网球公开赛的冠军，成为历史上第一个获得大满贯的选手。第二次世界大战后，澳大利亚和美国的选手在网坛上独领风骚，并把网球技术发展到更高的水平。双手握拍击球技术被普遍采用，比赛时间越来越长，争夺越来越激烈。

自 20 世纪 70 年代以后，网球运动在世界也得到了空前发展。网球运动发展较快的主要原因有如下两点：首先，科技在球拍等器材制造中的应用，促进了先进器材的生产，技术水平的提高造就了一批年轻的优秀选手。其次，允许职业选手参加温布尔登等锦标赛，开创了职业网球巡回赛的先河，取消了职业选手与业余选手的界限，增加了大赛的激烈程度和热烈争夺的气氛，增强了广大网球爱好者从事该项运动和观看的热情，同时也提高了评论网球比赛的积极性，从而促进了网球运动向前发展。在美国、法国、英国、德国、瑞典、澳大利亚、俄罗斯等一些网球强国中，人们对网球运动的热情与日俱增。

在世界体坛所有的运动项目中，网球比赛是较为频繁和活跃的。特别是从 1968 年规定业余和职业选手都可参加同一比赛之后，网球比赛的次数、名目就更多了。锦标赛、大奖赛、公开赛、挑战赛、巡回赛、总决赛等，各种赛事几乎在每周都会举行。

近些年来，网球运动在全世界进一步普及，很多国家都涌现出世界级球星，打破了美国、澳大利亚等少数国家一统天下的局面。

进入 21 世纪，随着网球运动的不断发展，各种协会组织成立，网球向着职业化、商业化的程度发展，竞争也随之加强。网球运动以其自身的魅力赢得越来越多的爱好者和参与者。

2. 我国网球运动的发展

1885年前后，网球运动开始由外国的商人和传教士传入中国，先是在上海、广州等大城市出现，后来一些教会学校也开展起这项运动，如北京汇文学校、通州协和书院、上海圣约翰书院、广州岭南学校以及香港的教会学校，但是仅限于上流社会人士和少数学校师生参与。

1898年，中国网球史上最早的校内比赛是在上海的圣约翰书院举行的斯坦豪斯杯赛。

1906年，北京汇文学校、协和书院、清华学校、上海圣约翰大学、南洋公学、沪江大学，以及南京、广州、香港的一些学校开始举行校际网球赛，这些都促进了网球运动在中国的传播。

1910年，中国举行第1届全运会，网球被列为正式比赛项目，并在随后的七届全运会上都被列为正式的比赛项目，但是只允许男子参加。

1913年，远东运动会设立，网球列入比赛项目，后历届均设。

从1915年第2届远东运动会起，中国开始派运动员参加，至1934年共参加了9届。

1917年2月，中国图书公司出版了孙掞著的《网球术》。该书包括网球沿革、球场、用具、比赛方法、各种击球法等内容，是中国最早的网球理论专著，其问世促进了中国网球运动的开展。

1923年起，中国还派运动员参加了第6届至第10届远东运动会的女子网球表演赛。当时，中国网球局限在少数有钱人的圈子里，水平不高。

1924年，中国首次参加了温布尔登网球锦标赛。中国运动员邱飞海进入了第二轮。这也是中国运动员最早参加的四大网球公开赛（温网、美网、法网、澳网）。

1928年，中国开始从旅美留学生中选派球员参加戴维斯杯比赛。由于旧中国的网球运动不普及，技、战术水平较低，因此虽先后6次派队参加戴维斯杯赛，却多在第一、二轮就被淘汰。

1938年，中国网球运动员许承基作为第8号种子参加了第58届温布尔登网球锦标赛，在男子单打中进入第4轮，这是之前中国运动员参加温布尔登网球赛史上取得的最好成绩。另外，他还蝉联了1938年和1939年英国硬地网球锦标赛的两届单打冠军。

我国网球运动起点低、基础差。新中国成立后，在党和政府的重视和关怀下，网球运动得到了空前发展，网球运动技术水平也在不断提高。

1953年，成立了中国网球协会，由吕正操担任主席，并于同年在天津首次举行了全国网球比赛。

1956年，举行了全国网球锦标赛。此后，每年都举办全国性网球比赛。从1958年起，增加了青少年网球比赛。之后我国网球队加强了与国际间的交往，先后出访了许多国家和地区，并积极组队参加各种国际比赛，取得了较好的成绩。后来全国网球等级联赛定期举行，并实行升降级制度，还定期举办全国网球单项比赛、全国硬地网球冠军赛、全国青少年网球比赛，等等。另外，老年网球赛、高校网球赛、少年网球赛也蓬勃开展起来。这些竞赛对促进网球技术水平的提高起到了积极的推动作用。

1956年7月9日至8月17日，印度尼西亚草地网球协会派队访华。双方先后在北京、天津、上海、南京、广州等地进行了24场比赛，客队胜15场、负8场、平1场。这是新中国成立后首次进行的网球国际交往，促进了网球运动在中国的发展。此后，中国网球运动员曾先后同30多个国家和地区交往，参加过不少大型的国际比赛，并取得了较好的成绩。

1959年，新中国的第一代网球选手朱振华和梅福基在波兰“索波特国际网球赛”中首次夺得男子双打冠军。

1965 年，戚风娣和徐润珍分别获得“索波特国际网球赛”的女子单打冠军和亚军。

1966 年，我国网球运动水平停滞不前，甚至倒退，与国际网坛也几乎断绝了交往。

1972 年，中国恢复了网球运动的开展。

1978 年改革开放后，我国的网球运动逐渐恢复了生机。20 世纪 80 年代以后，我国经济得到了空前发展，这为我国网球事业的腾飞打下了坚实的基础。网球运动出现了勃勃生机，参与网球运动的人数急剧上升。另外，国家投入了大量的财力、物力，采取了多种措施，大力培养青少年选手，采用“请进来，送出去”的方法，设立了多种不同级别的赛事，极大地推动了网球运动的发展。

1980 年，我国网球协会被国际网球联合会接纳为正式成员。

1980 年，我国女子网球运动员余丽桥在东京女子网球公开赛上获得单打冠军。

1981 年 1 月，我国的优秀少年远手李心意和胡娜获得美国白宫杯少年网球锦标赛女子双打冠军。

1982 年，聘清了国务院总理万里任中国网球协会名誉主席。

1983 年，我国男子网球队在吉隆坡夺得了亚洲最高水平的网球赛——加法尔杯网球赛的男子团体赛桂冠。

1986 年，我国女子网球队夺得了第 10 届亚运会网球团体赛冠军。同年，在第 10 届汉城亚运会上，李心意获得女子单打冠军。

1990 年，第 11 届北京亚运会上，我国选手获得 3 枚金牌（男团冠军、男单冠军、男双冠军）、3 枚银牌和 1 枚铜牌。其中，我国选手潘兵和陈莉荣获男女单打冠军。

1991 年，女队参加联合会杯网球团体赛，在 58 个参赛队中进入 16 强；在国际网球联合会排名中，我国女选手李芳进入前 50 位。

1992 年，澳大利亚网球公开赛中，我国选手李芳进入第三轮。

1994 年，国家体委成立了网球运动管理中心。同年年终的国际网球联合会排名中，我国男选手潘兵列 215 位，夏嘉平列 313 位；女选手李芳列 66 位，陈莉列 233 位，唐敏列 237 位。

1995 年 1 月，李芳进入世界女子排名前 50 强，继而又前进至世界排名第 37 位。

1996 年，法国网球公开赛，易景茜进入第二轮，追平了李芳在罗兰·加洛斯创造的中国网球选手最好战绩。

2000 年，澳大利亚网球公开赛，易景茜进入第三轮，不敌 2001 年和 2002 年冠军卡普里亚蒂。

2001 年，第 21 届世界大学生运动会网球赛中，我国选手李娜夺得女单、女双和混双三枚金牌。

2002 年 3 月 4—9 日，中国女子网球队在联合会杯亚太区地区赛中，实现了历史性突破，首次冲出亚洲，打入了联合会杯世界组外围赛。在亚太区 A 组 11 个国家为期一周的较量中，中国队以全胜的战绩，进入了联合会杯世界组的比赛。

2003 年，是我国网坛硕果累累的一年，男女运动员均取得了不俗的成绩。女运动员李婷/孙甜甜除多次在 ITF 赛事中夺冠外，还 4 次打入 WTA 赛事决赛并 3 次捧杯，其中 2 夺总奖金额为 17 万美元的 WTA 赛事双打冠军（加拿大贝尔公开赛女双冠军和泰国沃尔沃公开赛女双冠军），双打世界排名上升至48位，达到中国女双历史上的最高排名。女运动员郑洁则继续领衔中国女单头号，其世界单打排名达到94位，是继李芳和易景茜后第3个进入世界排名前100位的中国选手。男网选手朱本强/曾少眩在上海喜力公开赛上，获得了中国男网历史上首次ATP双打亚军。此外，还有多名颇具潜质的青少年选手活跃在国际青少年网球赛事中，并取得了多项冠军。

2004年9月，在北京举行的中国网球公开赛总奖金设为50万美元，起点很高，被定位为国家级赛事。我国运动员晏紫/郑洁在澳大利亚网球公开赛女子双打比赛中历史性地进入了前8名。而李婷/孙甜甜则作为赛会16号种子直接参加了澳网女双的正选赛，并进入前16名。同年，我国运动员孙胜男和中国台湾运动员詹咏然在澳大利亚网球公开赛青少年组比赛中，以2号种子的身份荣获女子双打冠军，圆了我国运动员在四大满贯赛事上的夺冠梦。另外，法国网球公开赛，四川姑娘郑洁进入了第四轮，创造了中国选手在大满贯赛事中女单比赛的最佳成绩。

近年来，我国的女子网球发展迅速，取得了令世界瞩目的成绩。

女子双打方面，李婷和孙甜甜获得2004年雅典奥运会的双打冠军；郑洁、晏紫分别在2006年的法网和2010年的温网打进四强，并且还获得了2006年澳网和温网的冠军；女子单打方面，李娜和郑洁是目前我国女子选手国际排名最高的两位球员。李娜世界排名在2011年夺得法国网球公开赛冠军后升至第4位，是历来中国网球选手排名最高的，并且李娜夺得了2011年澳网的亚军和法网的冠军，李娜和郑洁还共同打进过2010年澳网四强，掀起了中国风暴。2013年李娜获得澳网亚军，2014年李娜再次征战澳网，一举夺得澳网冠军，实至名归。

与女子相比，中国的男子网球处于落后的局面，甚至世界排名前300的选手都寥寥无几，就更不用说各大公开赛的战绩了。

总体来说，我国网球运动发展到目前，可谓取得了比较令人欣喜的成果。我国女子网球发展迅速，已成为现今世界网球运动不可忽视的一股力量，相对女子网球来说，我国的男子网球发展缓慢，还需要加快发展。

二、网球运动的特点和功能

（一）网球运动的特点

1. 网球自身个性鲜明

网球运动本身具有个性鲜明的特色，具体内容如下。

（1）发球方法的独特性和多样性

网球规则规定：参加运动的双方在一局中一人连续发球，直到该局结束，此局被称为发球局。在每次的发球中，均有两次的机会，即一发失误，还有二发的机会，使得发球威力大增。由于个体的特征不同，发球动作也呈现出不同的特色。例如，罗迪克的大力发球注重的是力量；费德勒的发球则更加强调角度和落点的变化。

（2）空中击球的动作快速而有力

网球运动参与者，无论是网球运动员还是一般的网球运动爱好者，都必须用拍子击空中球、地面反弹球和接对方击球。网球运动在空中击球，球速必须快而有力。因此，参加网球运动的人在时间和空间上的感觉是其他运动项目难以比拟的。

（3）计分方式与众不同

与其他运动项目记分方式不同，在网球运动的每局比赛中，采用的是 15、30、40 以及平分的计分方法，每盘比赛采用 6 局形式，这种以 15 分为单元的计分法始于中世纪。

（4）比赛时间难以控制

无论是正式的网球比赛还是业余性质的网球比赛，想要分出胜负都不会很容易，是需要耗费一定时间的，这是由网球运动特殊的计分方式及其运动特征的独特性决定的。正式的网球比赛为男子五盘三胜、女子三盘两胜。一般比赛时间在 3～5 小时，历史上最长的比赛时间达到 6 个多小时。

（5）比赛强度较大

在正式的网球比赛中，如果遇到实力相当的选手，会使比赛时间消耗过长，这就进一步提高了对运动员体能的要求。在比赛中，有时会因为运动员体能储备不足而导致伤病现象的发生，从而影响比赛成绩。由此可见，网球运动的比赛强度较大。

（6）对运动员心理要求较高

网球运动的比赛规则有严格的要求，除了团体比赛在交换场地时，教练可以进行场外指导外，其他任何比赛，不管是单打还是双打都不允许教练在旁指导，就连打手势等动作都不可以，如果违反都要接受惩罚。整个网球比赛过程中都要靠个人独立作战，因此，自我调节心理的变化很重要。如果没有过硬的心理素质，是不能取得比赛胜利的。所以说，网球运动对运动员的心理要求很高。

（7）网球运动适宜人群较广

由于网球运动不仅可使运动者消耗多余热量，而且还可使运动者从网球运动中获得极大乐趣。因此，网球运动受到全世界许多人的喜爱。另外，网球运动对参与人群没有限制，更不要求完美的体形，适宜大部分人参与其中。网球运动适宜人群范围较广，男女老少、高矮胖瘦的人都可以参与其中。

2. 网球运动赛事频繁

纵观世界体坛所有的体育比赛项目，网球比赛尤为活跃。1920 年，网球运动被置于奥运会比赛之外，但这并没有阻碍网球运动的发展，相反，网球比赛却随着时间的推移越来越多。尤其是在 1968 年规定职业和业余网球运动员均可参加同一比赛后，网球比赛的次数和名目增加得越来越快。国际网坛几乎每周都有各种各样大型的网球赛事，比如世界锦标赛、大奖赛、挑战赛、巡回赛等。

众所周知，在国际性的网球大赛中，温布尔登网球锦标赛、美国网球公开赛、法国网球公开赛、澳大利亚网球公开赛和戴维斯杯赛、联合会杯赛这 6 个著名比赛是影响最大、水平最高，且久负盛誉的重大比赛。其中，前 4 个是单项比赛，号称世界“四大网球公开赛”，后面两个是公认的国际网坛最重大的团体锦标赛。这 6 个比赛都得到国际网联的正式认可，每年举行一次。“四大网球赛”以个人名义参加，设高额奖金；戴维斯杯赛和联合会杯赛以国家或地区为单位参加。

3. 网球比赛奖金丰厚

网球运动能够成为当今世界的热门项目，除了网球运动本身特有魅力之外，还有一个重要的原因，那就是国际网球比赛大都设有巨额奖金，这也是人们热衷于网球运动不可忽视的重要因素之一。尤其是允许职业网球选手参加各种比赛以来，其奖金数额更是逐年升级。有些分站赛事只允许排名靠前的选手参加，并且获得较高名次的选手可以获得高额的奖金，这就促使大量的优秀运动员展开竞争，不断去参加比赛来获得积分，以使排名上升。另外，由于良好的运动成绩和自身形象也可吸引众多的企业对其进行投资，他们可因此获得巨额广告签约。因此，网球比赛丰厚的奖金作为网球运动的一大特点，成功吸引了更多人对网球运动的关注，甚至在世界范围内产生了巨大的反响。

（二）网球运动的功能

1．健身功能

网球运动是一种群众性很广、男女老少皆喜爱的球类运动，从少年儿童到白发老人都可以打网球。主要是因为网球运动适合于不同年龄段人的体力、心理、生理上的特点，打网球均能对人体健康起到积极的影响。

（1）促进人体机能全面发展

网球运动员在打网球的运动中，需要有集中的注意力和敏捷准确的判断力，对来球的弧度、速度做出准确的判断，然后做相应的移动或跑动，快跑或慢跑，还要根据对方的位置、身体姿势以及可能做出的反应等来决定自己的击球动作和方向，而这一系列的动作都是在大脑的指挥下瞬间完成的。由此可以看出，网球运动在促进人体健康方面起着非常重要的作用，促使人体机能全面发展。

①锻炼神经系统的功能

经常打网球可使神经系统的灵活性和持久性得到很大程度的提高，使我们保持充沛的精力，能够增强记忆力。

②促进运动系统的功能

经常打网球可以加强骨骼的新陈代谢，改善骨骼的血液循环，使骨骼更加粗壮、坚固；可以使肌纤维变粗，肌肉变得更加粗壮、结实，增强力量，加强反应的速度和反应的准确性、协调性；还可以使关节更加灵活，身体动作更加舒展。

③改善循环系统的功能

经常打网球能够使心脏得到较好的锻炼，加强收缩力，改善心肌供血机能，提高血液输出量，减慢心脏跳动频率，并能使血管保持良好的弹性。

④改善呼吸系统的功能

在网球场上不断地奔跑会促使呼吸加快，呼吸动作的幅度加大，这样就使得有更多的空气在体内进行交换，身体就可以承受更大的负荷；还会使呼吸加深，频率减慢，这样可以使呼吸肌得到更多的休息时间，工作持久而不易疲劳；还可以增大肺活量，肺活量可比一般人多 1000 毫升左右。

（2）有效促进减肥

网球运动主要是有氧运动，是以有氧代谢供能为主的耐力性练习项目，其消耗的能源物质是以脂肪为主。一般来说，在进行网球运动的过程中，最基本的运动就是跑步。一般业余水平的网球爱好者在两小时的练习中，跑动的距离可高达 5000 米。但是在这两个小时后一般不会感到太累，与跑步不一样，不会枯燥乏味，反而具有无穷的乐趣，一旦喜欢上了就难以放弃。因此，网球运动是一种非常理想的减肥方法。

在打网球的减肥运动中，不可操之过急，避免整日整夜长时间地运动或者过分增加运动量。必须遵守循序渐进的原则，适当地控制运动量，并注意保持坚持不懈、持之以恒的精神，进行健康而有效的减肥。

一般在坚持练习 1～2 个月后，体重会明显减轻，但以后减肥速度会缓慢下降。这时，一定要继续保持练习，持之以恒，坚持不懈，同时不可加大运动量。要知道，网球运动就是一种持久的小强度的有氧运动，它之所以能够达到减肥效果，是因为这种小强度的运动主要是利用氧化脂肪酸获得的。

我们在打网球的时候经常用到的肌肉有大腿四头肌、腰肌、腹肌、背肌、肩部和腕部等，这些都是脂肪容易堆积的地方，经常运动不仅可以使这些地方的脂肪减少，还能使毛细血管和肌肉细胞血流量增加，增加体内蛋白质、糖元，使肌纤维增粗，使肌肉变得更加健美。

（3）有效防治疾病

研究表明，经常运动可以减少 20%得乳癌、30%得心脏病、50%得糖尿病的概率，而且使运动者活得健康、长寿。网球运动是一种非常健康的运动，经常打网球的人给人一种健康向上的感觉，他们总是保持着积极乐观的心态，经常打网球还可以有效防治各种疾病。

①避免脂肪肝

研究人员发现，常打网球的人血液循环较好，肝的代谢功能也好，这有助于避免脂肪肝的发生。

②预防心脏病

据《新英格兰医学期刊》报道，一周网球运动 3 小时以上，可降低 35%～40%患心脏病的风险；美国医学学会也肯定，每天保持中等强度的网球运动 30 分钟，可维持心肺功能的健康状况。

③远离乳癌威胁

据美国和《护理健康研究》（*Nurse's Health Study*）一项长达 20 年的统计研究指出，一周运动 7 小时以上，可以降低 20%的乳癌患病率。

④预防动脉硬化

现代人不健康的饮食习惯，使得体内血液中的胆固醇与中性脂肪异常增高。血液中胆固醇量过多，容易诱发心肌梗塞、脑梗塞等病变。持续 20 分钟以上的网球运动，有助于分解体内中性脂肪，降低血液中胆固醇的含量。

⑤改善腰、肩疼痛

平常如果驼背或姿势不良，肩胛肌的负担过重，肩膀、腰就容易发生僵硬酸痛。经常打网球，可以锻炼全身肌肉，自然可以改善腰、肩疼痛。

⑥降血压

人到中年以后，血压多半会上升，但经常打网球可以减少荷尔蒙分泌，而荷尔蒙会促使血压上升，因而会减少血压上升的机会；而且打网球会增加牛胆酸的分泌，而牛胆酸具有降低血压的作用。

⑦预防治疗糖尿病

造成中老年人患糖尿病的原因多半是因饮食过量、运动不足和压力过大，而限制饮食量，减少积蓄在体内的糖分，再辅以运动就可降低体内血糖值。

⑧预防骨质疏松症

人的年纪愈大，骨质愈流失，就容易产生骨折或腰痛。经常打网球可以有效预防骨质疏松症。

⑨远离老年痴呆

美国《自然》杂志报道，60 岁以上的老人，一周做 3 次，每次 45 分钟以上的中等强度的运动，有助于维持较好的认知功能。人体中最耗费氧的部位就是脑神经细胞，运动可以促进脑神经细胞功能活化，使脑血管重返强韧，自然就能预防健忘与痴呆。

（4）有利于中老年人延年益寿

随着生活水平的提高和平均寿命的延长，中老年人口比例逐年增加，中老年人的心血管疾病和与肥胖有关的一系列疾病越来越多，他们的健康更加引起人们的关注。虽然人的衰老、死亡是不可抗拒的，但是推迟衰老、延年益寿却是可以争取的，正确的健身运动可以使人延年益寿。

中老年人都应积极参加体育锻炼，但是体育运动能健身，也能伤身。参加运动要掌握科学方法，既要了解运动性质，又要适合自身的能力。每个人的体质千差万别，工作生活环境也不一样，进行适宜自己的运动锻炼才能达到良好效果。因此，中老年人的运动必须因人、因地、因时而异。

网球是最适合中老年人的一项运动。和其他的运动项目相比，网球运动具有小强度、可高可低的节奏、对抗性相对较弱的特点，中老年人完全可以承受。并且，打网球多在露天环境中进行，空气清新宜人，人们的心情自然轻松、愉快，很容易消除中老年人的疲倦之感，状态会变得年轻起来。所以，网球运动对老年人来说是非常有益的。

中老年人经常打网球可使身体变得灵活、敏捷、矫健、富有生气，对机体的各器官具有保护和促进作用，可以推迟衰老、延长寿命。

中老年人在进行网球健身时，也要循序渐进，切勿急于求成，盲目乱练，不能“过猛”“过劳”，因为过量的剧烈运动不仅会造成心脑血管对心脏、脑、消化系统、泌尿系统的供血不足，而且由于肺过度通气，体内氧化不全，会造成组织缺氧，对健康并无好处，甚至会引发心脑血管意外。一般情况下，每次锻炼 30 分钟左右为宜。在一年四季中，夏季炎热，锻炼时间安排要短些；冬季寒冷，每次锻炼时间应适当延长些。参加体育锻炼之前，最好做一次全面体检，以便根据自己的体质情况合理选择锻炼项目和运动强度。

中老年人健身还要做到持之以恒，切忌朝三暮四。选择项目不宜过多，哪怕只有一种或两种，只要长期坚持，便会受益无穷。

2. 健心功能

在网球比赛中，人们通过进攻防守，控制与反控制，既斗智又斗勇，锤炼个人的意志品质和心理素质，有利于培养拼搏进取的作风和胜不骄败不馁的道德风尚；有利于提高克服各种困难的勇气；有利于培养人们诚实公正的思想作风和光明正大的良好品德。

经常参加网球运动的训练和比赛，就能学会很多控制情绪和调节心理的手段和方法，如连续失误时，应考虑如何使自己尽快冷静下来，给自己足够的勇气和信心，不到最后一刻决不放弃；比分落后时，会思考如何保持沉着、不气馁；比分领先时，就会考虑要戒骄戒躁、一鼓作气拿下比赛；比分处于胶着状态时，要增强进攻不手软的自信心。这些意志品质的锻炼，对于网球参加者而言都是一笔很好的财富。

3. 教育功能

网球运动是一种文明、礼貌、高雅的网球文化礼仪，是一项绅士运动。它要求参与者自觉践行网球运动的行为规范，自觉遵循网球运动的礼仪要求。网球运动是一项非常讲究团结协作精神的运动项目，打网球能够培养人们团结协作的精神。在教练与球员之间、团体赛与队友之间、双打搭档之间都要有默契的配合。而这种默契就来自每个球员所具有的团队协作精神。特别是在双打比赛中，想配合默契，就要始终尊重和鼓励伙伴。在失误丢分后，要勇于承担责任。这种协作精神将大大加强集体的凝聚力和战斗力，对取得比赛胜利具有非常重要的意义。例如，郑洁和晏紫获得澳网女双冠军，除了技战术好之外，还与她们16年的团结和睦以及配合默契是分不开的。网球文化还能培养人诚实守信的优秀品质。业余活动中的网球比赛大多是在无裁判的情况下进行的，这就要求参与者一定要做到诚实守信，自觉遵守网球比赛规则。诚信品质的体现应贯串在整个网球活动的全过程，而网球运动也是最能体现一个人诚信品质的体育活动之一。

网球运动是一项技术性很强的体育项目，对于初学者而言，很难在偌大的网球场内控制住球，许多人在刚接触网球时经常出现碰不到球或者将球打飞的情形。网球的魅力是无穷的，但是想完全掌握这项体育运动又不是一件简单的事，这就要求初学者认真学习网球的基本技术，向教练、球友多多请教，勤学苦练，方能在球场上一展英姿。

4. 经济功能

各种巡回赛、卫星赛及大师赛吸引无数的球迷、电视观众和众多的赞助商。职业球员的广告代理商之间的广告大战充斥着整个赛场，白热化程度有时不亚于场上激烈的比赛。网球明星一年的出场费、比赛奖金、广告费少则几百万美元，多则上千万美元。美国的阿加西、桑普拉斯的个人资产都有好几个亿。

网球场已经成为世界各知名体育厂商争夺的战场，运动员身着赞助厂商提供的服装，手持赞助商提供的球拍在场上奔跑，就像在T型舞台表演的模特。每年各大公开赛的广告收入、门票收入、赞助费、电视转播收入等给承办方带来非常丰厚的经济效益。

5. 观赏功能

由于网球运动的技术千变万化，使小球运动有很高的观赏性，进攻时似高屋建瓴、势如破竹；防守时的绵绵细雨、固若金汤，一切都在展示着小球运动的力与美，使观赏者像吟读一首动人的诗，浏览一幅悦目的画，令人心旷神怡，流连忘返。当运动员在竞技或比赛过程中，以自己的能力、才智、战术、风格在创造美、表现美时，能使观众欣赏到他们精湛的技艺和顽强的精神，从中受到情感的陶冶。

小球运动不仅能供人娱乐观赏，而且在亲身参加活动时还有直接体验娱乐欢快的价值。小球运动作为一种娱乐运动，参与者在球的对击过程中，通过不停地移动和身体姿势的变化，努力把球击到对方的场地。每当击球者在击出一个好球或赢得一个球时，都能使自己兴奋并感到一种成功的喜悦。同时球有快慢、轻重、高低、远近、狠巧、飘转等变化，使运动本身充满了丰富的乐趣。

网球运动是一项绅士运动，观众与运动员应互相尊重，观众在观赏比赛时应注意以下几点。

（1）比赛期间，只有当运动员交换场区、局间或盘间休息时，才能在观众席进行短暂的走动或离场。

（2）观看比赛时应尽量避免带发出声音的物件，如哨子等。比赛过程中，应关闭手机或将手机置于震动状态。

（3）当球处于“活球”期时，应保持安静状态，不可大声喧哗。

（4）当一分决出胜负后，观众才能给予掌声鼓励。

三、现代网球运动发展趋势

目前，网球运动逐渐向着技术化、商业化、普及化和国际化的方向发展，本节就现代网球运动发展趋势展开详述。

（一）网球运动的技术化

目前，网球各种打法趋向于技术全面，即发球力量大、速度快，且旋转多变。正反手技术日趋平衡，加力上旋抽击被普遍采用，加强了球的旋转速度，落地后前冲性更强。技术打法从早期稳定的防守型向进攻型转变。技术发展更要求既要有好的底线技术又具备上网截击得分的能力，既要有强有力的高压球技术又具备准确的破网技术。目前，世界优秀运动员的打法趋向于既有突出的特长技术，又有全面的技术。总之，当今网球运动正朝着技术全面的进攻型打法方向发展。新材料、新结构的球拍不断涌现，人的思维不断进步，网球场上的竞争必将越来越精彩。

在网球运动比赛中，要想取得优异的成绩，就必须掌握全面的技术。网球运动的技术打法主要包括两种：一种是进攻型打法；一种是防守型打法。其中，进攻型打法更能在比赛中争取到主动权，进攻才能得分，然而，非强迫性失误是进攻的致命弱点。为了克服这一弱点，就必须做到技术全面而稳定。随着网球运动的发展，网球运动技术将会不断地完善。

（二）网球运动的商业化

1. 网球娱乐的消费市场

关于观赏比赛的消费，网球比赛的门票消费较大，而且网球比赛也带动了其他市场的消费，同时纪念品的销售额也很大。网球有着巨大的产业和消费市场。很明显，随着人们生活水平的上升，这个消费的趋势在未来几年或者几十年中，不会减少，反而会越来越高涨。

2. 网球产品的消费市场

网球产品主要包括网球运动的服装、器材等，这些消费是整个网球产业中的主要部分。另外，这些年来，网球运动服、鞋和球拍等企业会找一些著名选手作为产品的代言人，这就需要为网球做出巨大投资，但利用“名人效应”大力宣传企业的产品，可以提升企业知名度，促进产品销售，投资愈大，回报愈大。例如，锐步、阿迪达斯、耐克等服装和球鞋品牌，海德、威尔胜等球拍品牌，在世界运动服装、球鞋、球具市场中都是佼佼者。这些依然是未来几年的发展趋势。

3. 网球比赛的场馆和赛事赞助市场

美国各职业俱乐部经营有方，收入丰厚。英国温布尔登网球中心的经营也是非常成功的例子，他们靠数百名会员会费和每 5 年一次出售的债券来筹集场地和设备的维护和保养资金，获得巨大的利润。

中国网球产业的发展刚刚起步，但在场馆的建设和经营方面已有较大成效。以北京为例，在北京新建的网球馆中，多数以会员制的宾馆、饭店经营，经营情况良好，到节假日，虽然价位很高，但却经常定不上场地。

赛事是网球最大额度的经营，四大公开赛的经营额都在数亿美元。虽然有如此大的经营额，但这些赛事均处于良性的盈利状态。

每场比赛的冠名赞助商的盈利是非常可观的。美国网球公开赛的主要赞助商包括 IBM 公司和蔡斯公司；温布尔登公开赛的主要赞助商是劳力士；澳大利亚公开赛的主要赞助商是韩国起亚（KIA）公司；法国网球公开赛的主要赞助商是王子（Prince）公司等。尽管赞助商从来都不会披露赞助数目，但收益肯定大于支出。

4. 网球经纪业的市场

从产值上看，在体育产业中，虽然体育经济业所占的比重不大。但是，其对于一个国家整个体育产业的发展却具有十分重要的意义。一方面，使职业体育产业发展和壮大的直接原因就是体育经纪业；另一方面，体育经纪公司和体育经纪人卓越的专业化服务，尤其是拓展市场的能力，不仅能够带动体育无形资产的开发、体育书刊及音像制品的生产和经营，还能很好地发展体育广告业和体育用品业。

随着职业网球的发展，现在的网球经纪业也慢慢走向成熟，已经有越来越多的选手获得经纪公司或经纪人的赞助合同。

（三）网球运动的普及化

1. 普及面越来越广

现代网球自 1877 年的第 1 届温布尔登锦标赛开始，已经有一百多年的历史。随着网球运动的不断发展，喜爱网球这一运动项目的人越来越多。在欧美国家，网球运动参与者的人数一直很多。单从亚洲的发展也能看出人们对网球运动的喜爱和热情。尤其是美籍华人张德培 15 岁问鼎法国网球公开赛，深深地影响着亚洲几代网球人的发展。

虽然从整体上看，亚洲的网球运动水平还远远不及世界强国。但是，近年来，随着亚洲网球水平的不断提高，也出现了许多优秀的网球运动选手，如泰国的斯里查潘，日本的杉山爱，中国的李娜、郑洁等。在中国，参与网球运动的人口越来越多，每年都会举办网球赛事，网球赛事也越来越引人注目，上海大师赛的成功举办以及中国北京网球公开赛的举办，标志着我国完全具备举办网球大赛的能力。现代网球运动在中国的普及面越来越广，这也说明中国的网球运动已经进入了一个快速发展的轨道。

2. 组织机构越来越完善

总部设在巴黎的国际网球联合会是国际网坛的组织机构，成立于 1913 年 3 月 1 日。目前最高层次的“四大网球公开赛”和戴维斯杯及联合会杯团体赛就是由国际网球联合会负责组织。

1972 年，国际男子职业网球协会成立。该协会是由 60 名职业网球选手组建，其目的是使职业网球运动员的利益得以维护，为其提供比赛机会和高额奖金。该协会规定，参加的会员必须是名列世界前 200 名的网球运动员。同时该协会还发行了专业网球杂志《国际网球周刊》。1973 年，国际女子职业网球协会得以组建。国际网球联合会每年出版发行 52 期的《世界网球排名表》，排名表每周公布一次男子名次，每两周公布一次女子名次。排名表在一定程度上促进了世界优秀选手参加各种级别的网球比赛，有利于保证国际比赛的高水平和对观众的吸引力。

随后，为适应国际网坛繁多的比赛，又成立了男子国际职业网球理事会（后更名为男子网球理事会）。该理事会是由国际网联、“网职协”和竞赛大会代表三方面共 9 人组成的一个执法实体，其主要任务包括：第一，商议并制定一系列规章制度；第二，审核有关部门、地区或单位有无实力与资格举办职业性比赛；第三，运动员的参赛资格等。该理事会统辖全年约 90 多项由职业选手参加的各种大小型国际性比赛。

根据现代网球运动的发展需要，国际网坛建立一系列的组织机构很有必要，使网球运动朝着更加健康稳定的方向发展。值得注意的是，为了使这些组织机构很好地发挥功效，各个部门应相互配合，互相协作。

3. 观赏性越来越强

网球比赛的场地不同，主要包括三种类型：一是沥青、混凝土铺成硬场地的快速场地；二是草场地的中速场地；三是沙泥地或者红土地的慢速场地。场地不同，球速以及球的弹性也不同，那么技术打法和战术的运用也会有所差异。例如，稳固快速的底线打法、快速多变的全面打法、大力发球的上网打法等，这些都增强了比赛的观赏性。另外，人们将网球比赛作为一次网球的大盛典和节日进行狂欢，比赛吸引着全世界数十亿爱好者观看。每年如期举行的澳大利亚网球公开赛、法国网球公开赛、美国网球公开赛、温布尔登网球公开赛这四大网球公开赛，参与其中的运动员都是世界排名靠前的，他们的打法和战术都代表着世界最高水平。使比赛的场面更加壮观，比赛竞争激烈，对抗性强，赛事扣人心弦，极大地增强了网球运动的观赏性。

（四）网球运动的国际化

由于现代网球运动的发展较为迅速，网球运动逐渐趋向国际化。其主要体现在网球赛事、人口和观众三个方面。具体内容如下。

1. 网球赛事的国际化

世界级比赛体现的是各类体育项目的最高水平。但是，一年中，这样的比赛次数并不多，而各国国内进行的比赛次数较为频繁。例如，美国的 NBA、中国的全国乒乓球俱乐部赛事等。与之相比，网球运动的赛事就相对较多了，每年仅全球范围内的网球世界级赛事就有六个，主要包括四大公开赛和两个年终总结赛。其他著名的赛事每年有上百个。其中，国际职业网球联合会（ATP）负责的重要国际性比赛全年有 70 个左右，除参与主办的四大公开赛外，还有大师杯赛、大师系列赛、世界系列赛、挑战赛、卫星赛等赛事。国际女子职业网联（WTA）负责的主要国际性比赛有 60 个左右，除参与四大公开赛外，主要包括 WTA 年终总决赛和四个等级的女子系列赛。国际网球联合会（ITF）负责的主要赛事有 100 多个，除四大公开赛、戴维斯杯、联合会杯，还包括女子挑战赛、男子希望赛、巡回系列赛、卫星赛等。三大网球组织全年主要的国际网球赛事就达数百个。除此之外，还有各种元老赛、世界青年杯赛、世界少年杯赛等。

众多的赛事分布在世界各地，可以说网球运动的赛事天天有，而且越来越精彩。无论是在地域还是时间和空间上，覆盖面积都非常广。在所有的国际体育项目比赛中，只有网球运动比赛是最频繁的。所以，网球运动已经成为全球化的比赛项目，其赛事将会更加国际化。

在中国，由于受到举国体制的影响，加上我国网球发展水平相对落后，所以在国际大赛中网球运动的成绩还不够理想。相对于网球运动发达的国家而言，我国的网球职业选手数量也明显处于劣势。但是，近年来随着中国经济的快速发展，国家政府对网球运动的重视，而且国际网球组织看好中国良好的市场和前景，所以在中国举办网球赛事逐渐落实，以前中国举办的仅仅只是几万、十几万美元的赛事。之后，ATP、WTA 的大赛便接踵而来。2002 年，首先是上海成功举办了大师杯，接着一鼓作气拿到了 2005—2007 年的大师杯举办权。之后，大师杯虽然回归欧洲，但从 2009 年起上海却拿到更为实惠的大师系列赛。从 2003 年开始，在北京举办的中国网球公开赛，每年都会登上一个新的台阶，赢得国内外的一致好评。2005 年，中国网球女子赛事由二级升一级。WTA 在 2007 年 3 月宣布，从 2009 年起，女子赛事将有 4 个皇冠级赛事，北京便是举办地之一。这充分说明了中国网球运动有了历史性的进步。通过举办这些顶级赛事，将会在很大程度上推动中国网球的发展。近些年，中国网球赛事飞速发展，这是世界网球飞速发展的缩影，未来世界网球发展也将势不可当。

2. 网球观众的国际化

网球观众随着 1925 年电视机的诞生而呈现几何数级的增长，在此之前，一场网球运动比赛的观众最多两三万人。1936 年，在伦敦郊外的亚历山大宫，英国广播公司播出了一场颇具规模的歌舞节目，开创了电视转播的历史。自此，电视彻底改变了人们的生活与认知习惯。

1968 年，国际网联与温网组织者达成协议，职业网球选手获准参赛，温布尔登正式变身为“公开赛”。而英国广播公司（BBC）也对比赛进行了电视转播。从那时起，人们就可以通过电视荧屏分享中央球场的经典激烈对抗。所以说电视是一项伟大的发明，电视对网球赛事进行转播的好处主要体现在三个方面：第一，观众的收视率给 BBC 这样的电视媒体带来巨大的广告利润；第二，BBC 给付的转播费用也让赛事组织者看到新的盈利点；第三，观众在家就能看到精彩的赛事也是一种享受。

作为网球观众全球化的一个先声，被称为“世界网球大赛”的赛事是 1973 年 9 月在休斯敦由当时世界女子头号选手 B. J. 金与 R. L. 里格斯进行的比赛，比赛现场观众有 3 万多人，观看直播电视的观众约有 5000 万人。1978 年，法国电视台首次不间断直播法国网球公开赛。20 世纪 80 年代后期发射了广播卫星，三个与地球同步的广播卫星可以覆盖整个地球，直播电视遍布全球。

网球运动的观众越来越多。较高的收视率，一方面，能扩大网球的影响，更好地普及网球运动；另一方面，各大电视台为了高利润的广告收入愿意高价购买转播权，这也有利于网球赛事的成功举行。网球赛事以系列化方式向全球扩大，促进了全球的文化融汇和沟通。在以保留世界相互认可文化为目的的同时，让不同肤色，不同民族和不同文化、不同社会环境和国家体制的人们，在同一时间、同一地点、围绕同一话题，做出对共同荣誉的不懈追求，这正是网球运动国际化的意义所在。伴随着世界各国文化、经济的融合，网球运动的忠实观众也会随着这个大趋势慢慢融合。

3. 网球人口的国际化

如今，网球运动在全世界范围内的推广和普及，极大地增加了网球运动的人口。网球运动人口的增多，在一定程度上给许多国家培养优秀的网球选手创造了机会，更多优秀网球选手的出现也就打破了原来美国、英国、法国、澳大利亚等少数国家独霸网坛的局面。20 世纪 70 年代前后，德国、瑞典、意大利、西班牙、俄罗斯、捷克斯洛伐克、南斯拉夫等国屡现网球顶尖高手。20 世纪 90 年代至今，巴西、阿根廷、克罗地亚、瑞士、比利时、摩洛哥、南非，亚洲的中国、印度、泰国、日本也出现了许多优秀的网球球员。随着网球运动的普及、训练水平的提高，一个个网球明星迅速崛起，一人长期称霸网坛的格局被打破，形成了群星灿烂的新局面，这在世界网坛的竞技场上是一种新的趋势。

从网球运动的发展速度和规模可以看出，网球运动中体现的文化元素和愉悦大众的精神，已经成功吸引了越来越多的参与者。由于网球运动已经被许多国家广泛地接受，因此，其参与的民族和人口众多。当越来越多的人们举起网球拍打网球时，可以说网球运动已经趋于全球化，这也预示了网球运动在未来的发展中，参与的人口会越来越多。

第二节　网球运动的基本原理解析

一、网球技术的原则与评定标准

（一）网球技术的原则

现代网球运动中，多种多样的技术并存，每个运动员的技术特点又各自有异，但是都要遵从一定的技术原则。所谓网球技术的基本原则，就是指各种网球技术共同的、根本的或起码的出发点与要求。

网球技术的基本原则突出表现在技术的稳定性和威胁性上，具体如下。

1. 稳定性

稳定性，是指自己击球不失误。即按照网球的竞赛规则要求，当对方合法发球或合法还击以后，己方必须击球，并使球直接越过（或绕过）球网，然后落在对方的场地内。在个人技术提高的过程中，首先要不断提高击球的稳定性，在稳定性的基础上，再提高击球的威胁性。对一般网球爱好者来说，提高网球技术稳定性的方法多种多样，主要以提高球感、球性的练习和提高专项技术的练习为主。

2. 威胁性

威胁性，是指合法击过去的球要给对方造成威胁或让对方失误。在提高网球技术稳定性的基础上还要提高技术的威胁性。在网球比赛中，那些易造成对手失误的击球大多都属于威胁球。击威胁球的技术要求较高，这需要平时大量的训练以及实战演练，才可打出更多的威胁球。

3. 稳定性与威胁性的关系

（1）稳定性与威胁性是矛盾的两个方面

网球击球的稳定性和威胁性是一对矛盾的两个方面。一般而言，击球的威胁性是矛盾的主要方面。在现代网球运动中，单纯依靠稳定性想获得比赛的胜利，是根本不可能的。因此我们要对稳定性和威胁性进行全面深刻的认识：在掌握了基本的技术动作后，首先要不断提高击球的稳定性，在稳定性的基础上，再提高击球的威胁性；在不断提高击球威胁性的带动下，击球的稳定性亦得到相应提高。可以这么说，哪项技术最善于将击球的稳定性和威胁性协调统一起来，哪项技术就最先进；哪位运动员善于把击球的稳定性和威胁性相结合，哪位运动员的技术水平就越高。

（2）稳定性与威胁性相互依存

稳定性和威胁性的存在并不是孤立的。击球没有稳定性，球的威胁性就无从谈起；而所完成的击球仅仅符合要求，给对方一点威胁也没有，击球的稳定性也就失去了实际价值。

(3) 稳定性与威胁性相互转化

在某种条件下，稳定性和威胁性又是可以相互转化的。如果自己击球的威胁性大，对方回球的威胁性相对就小了，甚至回球失误。这样，自己即可减少失误，威胁性就转化为稳定性了，如果自己击球不失误，对方失误的机会就多，稳定性就转化为威胁性。

稳定性和威胁性是网球技术的基本原则。要想提高击球的稳定性，就需要研究击球的弧线和运行的轨迹；要提高击球的威胁性就必须分析击球的速度、力量、旋转、落点、角度和深度等。总之，我们在研究和运用这一基本原则时，应自觉地运用对立统一的规则，切忌用静止孤立、片面或绝对的观点对待，以便更好地服务于实践。

(二) 网球技术的评定标准

评定网球运动技术的标准是经济性和实效性。击球动作是网球运动中的主要运动技术，每次击球动作的好坏，也应从经济性和实效性来评定。

1. 经济性评定标准

所谓经济性是指完成动作时能够合理地运用体力，既获得最佳效果，又节省身体的能量。

2. 时效性评定标准

时效性是指完成动作时能够发挥出最大能量，产生最大作用，获得最佳效果。因此，我们在评价技术动作时，不应只看动作的外观。一些看似僵硬、不协调的动作说不定就符合某个运动员的技术动作特点，这个技术动作用在他身上就能产生最大的击球效果。同时，运动技术是否合理也是有客观标准的，合理的运动技术不论在动作的形式上和内容上，都应符合运动力学、人体解剖学以及运动生理学等方面的要求。

二、网球的击球原理与动作结构

(一) 网球的击球原理

网球击球的技术动作是多种多样的，如发球、正手击球、反手击球、网前截击及高压球等，无论是哪一个动作，都包括击球的弧线、击球的力量、击球的速度、击球的旋转和击球的落点这几个方面的内容。下面就从这几个方面对击球原理做具体分析。

1. 击球弧线分析

(1) 击球的弧线

击球的弧线包括两个部分：一是出手弧线；二是弹起弧线。

①出手弧线

出手弧线是指球从击球员的球拍击出，到落在对方场区为止的这段飞行弧线。它主要包括：弧高、打出距离、弧线弯曲度和弧线方向。其中，弧高：弧线顶点至地面的垂直距离，可用 H 表示；打出距离：击球点在地面上的投影至球落地点的直线距离，可用 L 表示；弧线弯曲度：弧线弯曲度与弧高成正比，与打出距离成反比，例如，一个球的弧线很高，打出距离很短，此球的弧线弯曲就一定很大；弧线方向：主要指向左、右的方向（以击球员为准）。

②弹起弧线

弹起弧线是指从对方场区地面弹起直至碰到其他物体（如球拍、地面、拦网等）为止的这段飞行弧线。它主要由弧高、弹起距离和方向等几部分组成。其中的方向包括前、后、左、右。

因为在网球运动中，双方运动员是对面站立，所以前后左右的方向是相对的。

（2）弧线的作用

合理的击球弧线在运动员比赛过程中有两个重要的作用，主要表现如下。

①出手弧线的合理是击球稳健性的重要保证

网球运动员要特别重视还击不同的来球对出手弧线的不同要求，如拉抽小斜角时，弧线的弯曲度要稍大，打出距离要短；回击网前高球时，可直线高压，其弧线无须有弯曲；回击底线球时，需有较长的打击距离和适宜的弧线高度。

②变化多端的弧线，可以增加球的威胁性

在实际运用中，对弧线的灵活变化主要表现在以下几点：

第一，降低或升高出手弧线的高度，增加对方回球的困难。例如，随球上网时的削一板，球弧线低，给对方下拍还击增加了难度。

第二，利用变化回球弧线向左或右偏飞的技术使对方处于被动。

第三，在前后方向上变化飞行的弧线，给对方回球增加困难。例如，在回小球时加一个向后削球的动作，使球越网后不向前跳，甚至有点后缩，对方极易判断失误。又如，在向对方底线攻球或挑高球时，有意制造上旋，使球落地后有一前冲力，对方往往因此而被动或失误。

（3）影响击球弧线的因素

影响击球弧线的因素主要有球的出手角度、球出手时的初速度、球出手瞬间距地面的高度和球的旋转等。

①球的出手角度

球的出手角度指球刚被击离球拍瞬间与水平面的夹角。球的出手角度越大，出手弧线的高度也越大。

②球出手时的初速度

球出手时的初速度指球刚刚被击离拍瞬间的飞行速度。

如果将打出距离用 L 表示，球的出手角度用 a 表示，球出手时的高度用 h 表示，球出手时的初速度用 v_0 表示，它们之间的关系可以用公式表示为：

$$L=\frac{{v_0}^2\sin 2a}{g}+\frac{h}{\tan a}$$

若 $h=0$，即球刚落地就击，或者说击球点与球被击后的着落点呈一水平面，那么，球的出手角度 $a\leqslant 45°$时，v_0 不变，a 越大，H（弧高）亦越大，L（打出距离）也就越大。在网球运动的实践中，击球点一般总会高于地面（$h>0$），这样在球出手时的初速度不变时，要想使 L 最大，a 就应略小于 45°。所以，在球出手时的初速度一定的情况下，球的出手角度在一定范围内（约 45°），打出距离将随其增大而增大。但当其超过这个范围（约 45°）后，打出距离又会随其减小而减小。球的出手角度是由击球瞬间的拍形和用力方向决定的。球的出手角度与出手时的速度的关系是：球的出手角度大，球出手时的初速度越大，弧高越大，打出距离也越长。

③球出手瞬间距地面的高度

球出手瞬间距地面的高度指击球点距地面的高度。

④球的旋转

球的旋转不仅对球的出手弧线有影响，而且还影响着球的弹起弧线。在网球击球实践中，上旋可起到增加弧高和缩短打出距离的作用；下旋则反之。而左侧旋可使球向右拐；右侧旋则攻球和削球，是网球运动中最基本的底线战术。前者击出的球为上旋，后者击出的球为下旋。

A. 攻球

攻球是一项以速度和力量取胜的技术。运动员在不断加大速度和力量的同时，为防止球出界，会尽量压低弧高，但这是有限度的。若弧线比球网还低，就会触网失分。上旋可增加弧线的弯曲度，达到增大弧高、缩短打出距离的效果。攻球者为提高自己的速度和力量，需将向前的击球力量增大，但同时还必须要有摩擦球力的配合，借以制造一定的上旋来确保合理的击球弧线。

B. 削球

削球，是一项偏重于防守性的技术，它的最基本的要求之一就是弧线要低。通常情况下，上旋球的飞行弧线弯曲度大，而下旋球的飞行弧线弯曲度则很小。弯曲度小的弧线，可使整个弧线中相当长的一部分都保持在近似同一高度——稍稍高于球网的高度，这就对削球达到既稳又低的要求十分有利。如果削球不带下旋，但又要求其飞行弧线很低，就会使削球的技术难度大大增加。不转体的飞行弧线弯曲度要比下旋球大，而来球的深、浅、高、低、左、右不一，所以很难保证击球弧线的最高点正落在球网上方，稍偏网前或网后的情况都是难以避免的。若击球弧线的最高点与球网同高，又正好在球网上方，球可擦网而过。倘若击球弧线的最高点偏于网前网后，此球就会触网失分。因此，为避免这种失误，就只有提高整个击球弧线的高度，但是回球弧线过高的话又违背了对弧线球低的最基本的要求，所以要想使弧线球达到既低又稳的要求，应采用下旋式的削球。

在网球实践中，运动员应适当延长球在拍上的停留时间，这样可有助于促进击球稳定性的提高。初学者，由于对球的球性感觉不够，往往击球动作僵硬，球碰拍即飞，控制球的能力很差。而优秀运动员打球，球拍就像有黏性一般，击球瞬间拍与球的接触时间较长，这对调整动作是有利的，以更好地制造弧线。

2. 击球力量分析

（1）击球力量的概念

所谓击球力量大，实际上是指物理学中的动量（mv）大。由于球体本身的质量是固定的，所以，击球力量大的外在表现形式就是球向前飞行的速度快。

（2）加大击球力量的作用

击球力量的加大使得接球者的接球动作必须要快，否则来不及调整动作而造成失误；由于球向前飞行的速度很快，接球者因看不清疾飞中的球，而只能凭经验估计它的走向和时间。因此，经验不足者极易判断失误。

（3）加大击球力量的方法

加大击球力量的关键在于加大击球瞬间的向前挥拍速度以及提高参与工作的肌肉力量。为此，需要注意以下几点。

①击球前，发力肌肉应尽量拉长且放松。

②要适当加大动作半径，适当加大引拍距离。

③要注意腿、腰、上臂和前臂力量的协调配合，击球瞬间应有突然的爆发力。

④要掌握合理的击球时间和击球位置，以便身体各部分的肌肉集中发挥出最大的力量。

⑤在一次击球后，应迅速放松，注意动作还原，以便于下一板球的发力。

⑥要遵循身体肌肉发力的正常顺序：躯干带动上臂，上臂带动前臂，以发挥各关节点的加速作用。

⑦要重视身体训练，提高力量素质，并使其与技术密切结合。

3. 击球速度分析

（1）击球速度的概念

击球速度指的是从来球飞至网上开始，直到被我球拍击出后，又飞行越网碰到对方场区内的障碍物为止所用的时间。可以将这段时间分为两个部分：一是来球过网后的飞行时间（从来球飞至网上始，直到被我球拍击中止）；二是球被击出后的空中飞行时间（从球被我球拍击后始，到球飞行过网碰到障碍物止）。因此，要想提高击球的速度，就必须设法缩短这两段时间。

（2）提高击球速度的作用

在网球运动中，人的反应过程一般包括五个阶段：感觉阶段、区别阶段、再认阶段、选择阶段和运动阶段。运动员要判断来球的速度、力量、落点、旋转和弧线等，需从对方的击球动作（包括站立、引拍和挥拍击球的动作等）和击球后球的运行弧线两方面加以分析，这无疑需要一定的反应时间。击球速度越慢，对方准备的时间就越充分，判断来球也就越容易准确；反之，击球速度快，就给对方的判断增加了困难，往往使对方反应不及甚至出现毫无反应的现象。

（3）提高击球速度的方法

提高击球速度的方法主要是缩短来球过网后的飞行时间和球被击后的空中飞行时间，需要注意以下几点内容。

①站位要靠近球网，击球点适当接近球网。

②适当降低球在空中飞行弧线的高度。

③适当提早击球时间，减小动作幅度，触球瞬间应充分发挥小臂的爆发力，击球后迅速制动、还原。

④提高判断和反应能力以及移动的速度。

⑤注意腰部动作的运用，使其起到稳定动作和加快球速的作用。

4. 击球旋转分析

（1）网球产生旋转的原因

球拍给球一个作用力，于是就产生了球的运动。如果这个作用力给球产生的力矩为0，则球不产生旋转；当力矩不为0时，球就会产生旋转运动。在力学中，要使物体产生旋转，就必须要有旋转力矩（M）。

$$M=F\cdot L$$

M表示旋转力矩，F表示作用到物体上的力，L表示力臂。根据公式分析可以得知，F越大，L就越大，M也越大，该物体旋转也就越强烈。若$L=0$，作用力则正通过球心，无论F有多大，此球也不会产生旋转。因此，正是因为作用力在球体方向上的不同，才使球产生了旋转。

（2）网球旋转的力学原理

根据力学原理，转动力矩＝作用力×力臂（即$F=M\cdot L$）。因此，球旋转的强弱主要取决于作用力（F）的大小和力臂（L）的长短。

力臂（L）是球旋转的轴心（O）与作用力线的垂直距离。

作用力 F 越大，力臂（L）越长，则旋转力也就越长；反之，则越弱。

（3）网球的基本旋转轴

网球本身是一个无固定旋转轴的物体，但当它旋转起来就自然产生了旋转轴。球旋转的种类很多，其旋转轴也是多变的，下面主要介绍常见的几种旋转轴。

①上下轴（竖轴）

上下轴是通过球心与地面相垂直的轴。球绕此轴旋转为侧旋球。根据击球者的方位，击球时，以球拍触球的某一点为基准，向左旋转为左侧旋球；向右旋转为右侧旋球。

②左右轴（横轴）

左右轴是通过球心与网球飞行方向垂直的轴。球的上半部绕此轴向前旋转，即为上旋球；若球的上半部绕此轴向后旋转，即为下旋球。

③矢状轴（前后轴）

矢状轴是通过球心与球的飞行方向相平行的轴。球绕此轴按顺时针方向旋转为顺旋球；球绕此轴按逆时针方向旋转为逆旋球。

在运动实践中，单纯地按横轴、竖轴、矢状轴转动的球是很少见的，大多数的上下旋球都带有侧旋性质，侧旋球也都带有上下旋的性质，如侧上旋球和侧下旋球。

（4）加大球旋转的作用

根据力学原理，我们可以将网球当作一个质点来看。旋转的球在触及对方球拍或地面时会给它们一个作用力 f，根据牛顿第三定律，球拍或地面亦会同时给球一个与 f 力大小相等、方向相反的反作用，这个反作用会使球发生偏飞。球的旋转越强，球触及对方球拍或地面时给它们的作用力也越大；同时，它们给球的反作用力也越大。这就是旋转强烈的球落地后偏飞较厉害的原因。

（5）加大球旋转的方法

加大球旋转的方法主要有以下三种。

①加大挥拍摩擦球的力量。这不仅要运动员发挥腰、腿和手臂的力量，还需要配合手腕的力量。

②采用向内凹的弧形挥拍路线。

③用力方向应适当远离球心。

5. 击球落点分析

（1）击球落点的概念

击球落点是指球被拍击出后，落在对方场区地面上的点。一般情况下，好的落点是指击球落点接近两条边线、端线，或落在对方脚下，或远离对方站位，或对方跑动的相反方向（如对方已开始向右跑，就打其左方）。通过不同的击球可以了解对方球员的技术特点，以己之长攻彼之短。

（2）击球落点的作用

好的击球落点能够产生如下几方面的作用。

①可扩大对方跑动的范围，降低其体力。

②正中对方要害。即命中对方技术上的缺点。

③可增加对方击球的难度。

④使对方判断失误，延误最佳击球时间。

（3）与击球落点相关的概念

①击球区域

把场区地面分为若干区域，并将其与击球落点相连。距球网约 1.5 米的区域，我们把它叫作前场；发球线附近区域，叫作中场；近底线处，叫作后场。击球近网，称为“浅”；击球近底线，称为“深”。击球在边线近端线处，称作“大角”；击球在边线近网处，称作“小角”。

②击球路线

击球员所站的位置与击球的落点之间的连线，称为击球路线。最基本的路线有五条：右方斜线、左方斜线、右方直线、左方直线和中路直线。此外，还有左、右两条小斜线。

（4）提高击球落点控制能力的方法

①规定区域练习法：将场地划分成若干区域，规定专门的击球区。

②有目的地培养队员重视击球落点的意识，提高场上观察的能力，在常规训练或比赛中有针对性地对击球落点提出要求。

（二）网球的动作结构

在网球运动中，尽管击球的技术动作各种各样，方法要领也各不相同，但是在击球动作结构方面却有许多共同的规律。击球动作不只是单纯地挥动球拍，而是一个从准备动作开始的连续完整动作。每一次击球，从开始挥拍到结束挥拍，都要有正确的握拍、击球前的步法移动、击球时的重心转移、身体的平衡、握拍方法及击球点等构成这样一个连续完整的击球动作。网球的击球动作主要由以下几个连续的部分组成：准备姿势、向后引拍、向前挥拍和触球、随挥和还原。

1. 准备姿势

网球基本的准备动作应是：面对球网，双脚开立，略比肩宽，膝部放松，上身稍向前倾，重心稍放在前脚掌上。右手轻握拍柄，左手扶住球拍（以右手持拍为侧；下同），球拍置于肚脐与胸的高度之间。两肘轻触腰侧部，目光注视来球。其中，重要的是身体要放松，肩部和握拍要放松，如果过于用力就无法顺利地进入下一个动作——引拍。要根据来球迅速地做出反应，判断是正手球还是反手球，并能随时进行分腿垫步动作。

2. 向后引拍

向后引拍是指进入挥拍击球之前向后挥摆球拍的动作。引拍的路线大致可分为从上往下、从下往上和直线三种。一般来说，在正手击球时使用从上往下地向后挥拍；而在反手击球时多采用直线横向后挥或从下往上地向后挥摆。比如，在正手击球时，从上往下地向后引拍是一般的后摆动作，这是因为从上往下地挥动球拍比较省力，动作也比较轻松。但也有人是使用横向后挥摆或从下往上的挥摆动作。而反手击球时的引拍要比正手击球时更早地进行，因此要收肘转肩向后挥摆，这时的拍面位于手腕高度或稍稍靠上的位置，便于横向后摆。

做向后引拍动作时除握拍需要用力外，其他部位应保持放松，做到轻松协调，这样为向前挥拍击球动作提供了充分有利的收缩条件，使之获得最大的击球效果。另外，还要注意球拍不能拉得太后，应伴随身体扭转的动作将球拍后引。现代的网球技术以争取速度为主，若球拍向后摆动过大，势必会影响向前挥拍击球的速度。后摆的幅度大小还应根据击球需要灵活调整。

3. 向前挥拍和触球

向前挥拍是指把引向身后的球拍，从身后向前挥动去迎击来球。

球拍触球是指球拍击中来球的瞬间，击球或接对方发球，为了克制来球的撞击力，应牢牢地固定球拍击球的拍面，这时如果球拍的角度稍有变化，形成球击球拍使拍面晃动，就会引起较大的误差。实际上这两个动作是紧密联系在一起，不可分割的，掌握此技术动作必须要有相当的握力和臂力。

初学者由于击球瞬间球拍握得不牢，经常会出现击球不稳或失误现象，这虽然是正常的但也应引起重视。球拍从下向上挥动回过去的球具有上旋性质；球拍从上向下挥动回过去的球具有下旋性质。向侧上挥动具有侧上旋性质；向侧下挥动则具有侧下旋性质。球拍触球时，拍面的方向决定击球路线，拍面角度决定触球部位，并直接影响动作的稳定性。这一环节是决定击球方向和落点的关键。

4. 随挥和还原

随挥是指球拍击球后有一段随势前挥的动作。这一动作有利于增大击球的力量，减少身体受伤的机会，并能在击球的结束阶段保证击球动作的稳定性和协调性。

还原指的是随挥后的手臂平缓地收回到身体的中心，并做好再次击球的准备。

在做随挥技术动作时，要十分注重移动的步法。移动是为了保证在正确的击球点上击球，只有移动到位才能正确地把球有力地击出，为此身体重心移动的时机必须要恰到好处。这就是说，在进行引拍、向前挥、随挥等动作时，如果不能很好地掌握身体的重心，就不能做到正确地挥拍。例如，在正手击球时，重心移动的关键在于支撑脚位置的确定，一旦确定就可以把另一脚向打球方向迈出。正手击球时站位的开放姿势要比关闭姿势更容易击球；而在反手击球时，由于要依靠脚的转动，因此多采用关闭姿势。总之，由于是持着球拍在运动，保持身体的平衡尤为重要。所以，要增强用不持拍手保持平衡的意识。

网球的击球包括以上四个基本动作，在网球比赛中，这些基本的击球动作都是连贯的，紧密结合在一起的，为了研究的需要，我们才将其分开讲解。在进行网球击球训练时除了要注意击球动作的连贯性外，还要注意以下三点内容。

（1）击球点。击球点指的是击球时球拍与球碰撞瞬间在空中接触的那一点。击球点主要包括三个要素：一是指击球时球处于击球人的前后位置；二是指击球时球处于击球人身体一侧的左右距离；三是击球时球处于离地面的高低位置。

选好击球点对击球动作的掌握至关重要。一般认为有两个至关重要的因素。一是击球时离身体的前后距离，击球点离身体过远，则击球无力，动作过于勉强；击球点在身后则会形成球撞击球拍，而不是球拍主动迎击球的被动局面；击球点在身旁的合理位置，则易于发力，合理位置是指当身体侧向来球，两脚前后站立时，击球点的前后位置应保持在前脚附近。二是击球时球与身体的左右距离。击球人在选好前后和左右适当距离后，就可以控制好球的高度，对来球进行合理还击。最佳的击球点前后距离应保持在前脚附近，左右距离应保持在距身体重心右侧 70～80 厘米。

（2）拍面角度和击球的部位。拍面角度是指击球时拍面与地面形成的角度。而击球部位指的是球拍与球撞击时，球拍碰撞击球的位置。球的后半部是拍撞击球的有效部位。将球的后半部，从横向分为左、中、右，从纵向分为上、中、下。这样一来，在后半部半个球体的凸面上即可分为 9 个部位，也就是左上、中上、右上；左中、正中、右中；左下、中下、右下。击球时如果选好拍与球的撞击部位，对掌握好还击球方向是大有帮助的。

拍面垂直：指拍面与地面的角度为 90°，击球部位为中部。

拍面前倾：指拍面与地面的角度小于 90°，击球部位为中上部偏上部位。

拍面向上：指拍面与地面的角度接近 180°，击球部位为球的下部偏底部部位。拍面向下：指拍面与地面的角度接近平行，击球部位为球的上部偏顶部部位。

拍面后仰：指拍面与地面的角度大于 90°，击球部位为中下部偏下部位。

使球产生旋转的主要原因是在击球时使作用力线偏离球心，这就要求击球的瞬间应采用不同的拍面角度和挥拍方向。平击球一般要求拍面垂直，并向前挥拍；上旋球要求拍面前倾，并向前上挥拍；下旋球要求拍面后仰，并向前下挥拍；如果拍面垂直并向上挥拍，可拉出上旋球。如果拍面垂直并向下挥拍，也可削出下旋球。

(3) 注视对手的动作并判断来球的方向。在准备击球时，双眼必须看清来球的飞行路线、速度、飞越球网的高度以及它落地后的反弹。注视来球要特别注意球离开对手球拍瞬间的飞行方向，然后准确地做出判断，及时移动到位。击球者对来球判断得越清楚准确，就越有可能根据需要用拍面的甜点准确击球。因此在自己完成击球动作并等待对手还击时，要重点观察对手。

三、网球运动的力学分析

(一) 网球旋转运动的几种形式

1. 平击球

平击球指的是击球的力量仅仅是一个单一地正对着来球的力量，即只有主击球力 P_1。这种球就属于平击球。当球拍以角速度 ω 正对来球挥拍，就会在击球的瞬间对球产生正向打击力 P_1，这个打击力就是主击球力。高压球、高空截击球、平击发球等基本上都只存在主击球力，因此都可视为平击球。这种球属于正向击球，故而球与拍面碰撞摩擦的区域很小，可视为一个点，其接触的时间也很短，只有千分之几秒。

2. 上旋球

(1) 上旋球的原理

在击球的瞬间，除了对球施加一个正向主击球力 P_1 外，还会给球拍附加一个垂直于正向向上的运动，使拍弦紧紧咬住网球，从球的后侧对球进行搓旋，从而使球获得一个附加向上的旋转力 T。在此作用力下，球按获得的转速 n 绕其球心轴线旋转，因此球在飞行过程中做向上的旋转运动。但是如果附加的旋转力过大，球的旋转速度也就会越来越大。

在击球瞬间，球拍对球施加了一个旋转力 T，也就是对球施加了摩擦力，这对球起到了一个搓旋的作用，因此球在球拍的弦床平面上停留的时间远远要比平击球的时间长，它与拍面的接触不是一个固定的点，而是一条移动的线段。所以，在网球运动中，运动员运用最多的是正手提拉球，就是从球的后下方向前击球时，再附加一个向上提拉的动作，从而打出上旋球。

(2) 上旋球的旋转与反弹

由于上旋球是绕横轴向前旋转的（球的上半部向前转，下半部向后转），因此上旋球在飞行过程中，受重力和阻力的影响，其飞行弧线比不转球时要陡一些，也就是说球的下落速度比不转球要快，上旋越强就越能显现出来。

旋转球形成一定的角度落地时，球的底部旋转方向与球的运行方向是相反的，球体与地面接触的一刹那给予地面一个与运行方向相反的力，地面同时也给予球体大小相等、方向相反的力而产生一个反弹角度的变化。因此，当球落地反弹后，球体具有一定的前冲力，但球本身并没有加速，只不过是入射角与反弹角不同而造成视觉、感觉上的差异。

上旋球最大的特点是上旋越强，落地反弹后的前冲力就越大。一个极强的上旋球在空中飞行时，如果下落速度很快，即使在打出较高弧线的情况下，也很少会造成出界的现象，这样就可以避免由于击球弧线高而球被打出界外。当今流行的世界一流选手的正、反手拉上旋球就是充分利用了这个道理而使击球更具威力，其中最为著名的便是西班牙网球明星纳达尔的反手上旋球。

3. 下旋球

（1）下旋球的原理

下旋球形成的基本原理是与上旋球一致的，唯一不同的一点就是所附加的正向主击球力 P_1 上的附加旋转力 T 的方向是向下的。下旋球在飞行过程中，球的旋转是绕其球心轴线向下旋转的。

（2）下旋球的旋转与反弹

下旋球的旋转与反弹同上旋球正好相反，它是绕横轴向后转关（球的上半部向后转，下半部向前转）。下旋球在飞行期间，球受重力和空气阻力的影响，其飞行弧线比不转球要平直些，球的下落速度比不转球要慢一些，就好像球增加了一定的浮力，下旋越强就越能显现出来。

下旋球形成一定的角度落到地面时，球的底部旋转方向与球的运行方向是相同的，球体与地面接触的一瞬间给予地面一个与运行方向相同的力，而地面也同时给予球体大小相等、方向相反的力，从而产生反弹角度的变化。因此，当球落地反弹后，球的前冲力就会减弱，给人一种向上反弹的感觉。

4. 侧旋球

侧旋球的形成原理同上旋球和下旋球是一样的，只不过是附加的旋转力 T 在球的边侧，它可以与主击球力 P_1 平行或垂直。附加的旋转力 T 是作用在球的右侧，并且与主击球力 P_1 平行，方向一致，击球后，球绕轴线按逆时针方向旋转。反之，如果旋转力 T 作用于球的左侧面，则球做顺时针方向旋转。

5. 复合旋转球

通过网球比赛或者实践就可以看到，复合旋转球是球场上运用最多的一种球。因为这种球是上旋球、下旋球与侧旋球相结合的一种击球方法，它是使 P_1 与 T 力相互协调补偿打出的一种旋转球，它兼具三者之间的优点。

最后需要指出的是，在实践中，无论用正手还是反手击球，只要技术动作能满足上述各类的旋转条件都能打出相应的各种旋转球。

（二）网球旋转的几种关系

1. 旋转与速率的关系

现代网球比赛中，运动员掌握的技术越来越呈现多样化的趋势，只凭单一技术就获得比赛的胜利几乎是不可能的。运动员击出的球都独具自己的特点，而这些特点是通过球的旋转与飞行速率表现出来的。击出的球要想带有特定的旋转与飞行速率，就必须要以特定的挥拍方向与速率来击打球。

2. 旋转与反弹的关系

当运动员将球击出后，落地时，球本身的旋转、速率和反弹的角度均会发生明显的改变，而不同材料的场地所导致的变化也是有所不同的。当球落地后，会在地面滑行一段距离，而在滑行的过程中，不同的场地则会给球以不同的摩擦力和弹力。一般来说，摩擦力和弹性较大的场地会增加球的旋转，反之则会减弱。

3. 旋转与飞行轨迹的关系

决定击出球飞行轨迹的主要因素有飞行方向、飞行速率、球的旋转、空气阻力以及地心引力等。除了空气阻力和地心引力外，其他因素都是可以采取一定的手段加以控制的，而其中球的旋转是决定击出球飞行距离的唯一因素。

（三）网球在空中的运动状态

网球运动是一个双方运动员将球往返回击到对方场区的交互攻击过程，它的基本形式是球在球网两侧的场区之间的交错飞进，这是网球必不可少的主运动。而要实现球在空中的飞进这一主运动，只要给球一个具有向前并向上的打击力将球击出，球就会根据物理学中力学的有关原理按斜抛物线的轨迹运行，因此，斜抛物线运动是网球在空中飞进时的最基本的运动状态。

如图 10-1 所示，当击球的瞬间，由于球在 A 点受到一个打击力 P_1，使球获得一个初速 V_{01}（初速 V_{01}的方向与击球力 P_1 的方向是一致的）。该初速 V_{01} 可以分解为 $V_{水平}$和 $V_{垂直}$两个分速度。$V_{水平}$使球水平前进，而 $V_{垂直}$则使球向上飞升。但由于球受到地心引力的作用，$V_{垂直}$逐渐减小，待球飞到 B 点时，$V_{垂直}=0$，球便达到最高的高度 h_1。以后球继续飞进。由于它继续受到地心引力的作用而不断地下降，直到 C 点着地为止。故球的飞进全过程构成球的斜抛物线轨迹 ABC。

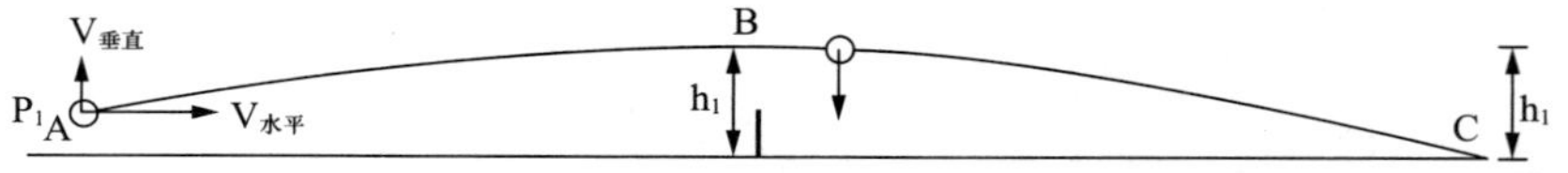

图 10-1　球的抛物线运动

上述情况都是把空气的阻力等忽略不计，但实际上空气的阻力 P_3 的影响还是比较大的。如图 10-2 所示，它不仅使抛物线的射出进程 AC 减小，也使球的射出高度 h 减小。如果再考虑到球在次飞中必然要出现球的旋转，那么球的各种形式的旋转还将进一步影响，甚至显著地扭曲次飞的轨迹。因此，如果不了解球的自转造成的次飞的球路变化，必将在还击来球时，不能很好到位和回击技术动作不当造成失误的现象。

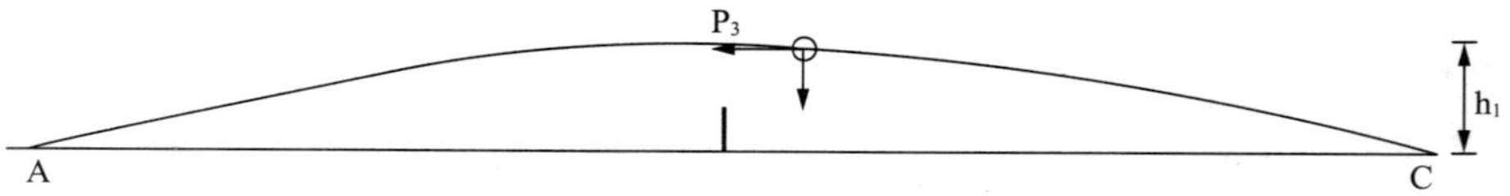

图 10-2

（四）空气阻力对旋转球飞行的影响

1. 空气阻力的作用

被击球的飞进状况与运动员击球时发力的大小、角度、方向以及采用的手法有着直接的关系。但由于球是在空中飞行的，因此，空气阻力对球的作用、对球的飞进状况有着密切的影响。

运动员将球击出，球在空中运动，必然会受到一定空气阻力的作用，而影响到球的飞进距离和高度。如果球在静止的空气（无风的天气可视为静止的空气）中飞进，其阻力来源于球的运动。所以，没有运动的球，就不存在飞进的速度，也就不会有空气阻力。因此，相对地说，一个速度为 V 在空中飞进的球，也可以看成球是静止的状态，而空气是流动的，它以速度 V 吹向网球。这个吹向网球的风力就是空气对球速为 V 时对球产生的阻力。如果球在飞进过程中，空气是流动的，则空气对球的阻力将进一步发生变化。

例如，在逆风击球时，球的飞进距离与高度除了受到静止空气的阻力使之减小外，还将受到逆向风速的风力影响，使球的飞进距离与高度进一步减小。如图 10-3 所示，图中曲线 1ABC 为无空气阻力时理想的球路抛物线；曲线 2 为在静止空气中的球路轨迹；而曲线 3 则为逆风击球时的球路轨迹。

而在顺风击球时，顺向风速所产生的风力必将抵消一部分静止空气对球的阻力作用，从而使空气对球的阻力减小，甚而抵消有余。因此顺风击球时将比在静止空气中击出更远的球，其球路轨迹如图 10-3 中曲线 4 所示。其落点甚至可能超出曲线 1 的落点 C。

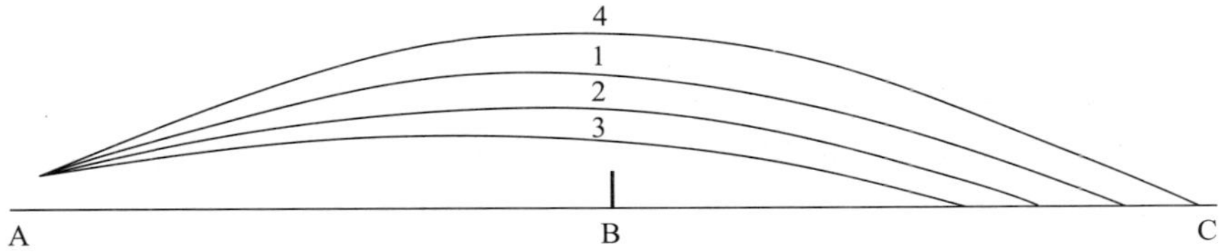

图 10-3

由此可见，要有球速或者风速的存在才会使球受到空气阻力。一般来说，球速越大，空气对球的阻力也越大，但是对球路轨迹的影响并不是成正比例的变化，这要根据具体条件分析而定。

图 10-3 中的 1、2、3、4 条曲线表示的球路轨迹，都是采用相同的一般大小的主击球力 P_1 和射出角 a_1 进行击球的结果。这时由于球速不太快，球在空中的滞留时间亦较长，因此顺风或逆风击球时对球路轨迹的影响能够比较明显地反映出它们之间的区别。而击球者也常常根据他们的经验，经过对空气阻力作用的考虑，在击球时协调主击球力与空气阻力的关系，打出成功的球。

但是如果击球时打出的是一个强力球，甚至是向下射出，即射出角为俯角，则此时由于主击球力 P_1 很大，球是俯射，滞空时间特短，则此时虽然球速很大，空气阻力有所增大，但空气阻力比之于很大的主击球力是微不足道的，相对而言可认为是减小了，而且球滞空时间短，因此空气阻力作用于球的时间也缩短。所以当顺风或逆风时，空气阻力对球路轨迹的影响反而不突出。因此空气阻力将不成为击球时加以特别考虑和处理的问题。

与上相反，如果用挑高球手法击球，如图 10-4 所示。由于挑高球要把球挑得高，挑得深，应是一个高空远距慢速球。故其主击球力 P_1 及其相应的球速 V_{01} 都较小，而射出角为向上的仰角 a_1 则相当大。所以球速 V_{01} 的垂直分速 V 垂直相对地增大，而其水平分速则相对地减小，球的滞空时间也相应地增长。因此空气阻力对这种软弱无力的球的球路轨迹的影响，具有特别明显的作用。加之球的滞空时间长，空气阻力作用的时间也加长，这就更加显著地影响着球路的轨迹变化。所以在击这种球时，如遇逆风则球的飞进距离将显著地缩短，如曲线 2 所示。反之，如遇顺风则球路轨迹的进深将显著地外延，如曲线 3 所示，这种球受风向作用的漂移一般可达 1～3 米。因此在有风时挑高球，或接对方来的高球时必须充分考虑风力风向对球路轨迹的影响，否则必将导致被动失误。

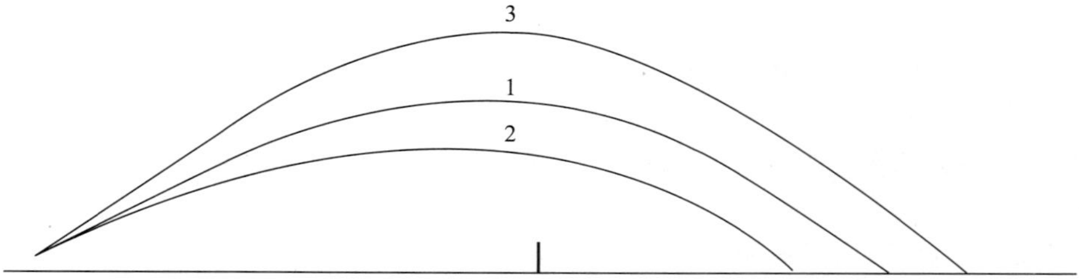

图 10-4

2. 旋转球的飞行

据流体力学压力差原理可以得知，流速越快，压力越小；流速越慢，压力越大。球在旋转时，带动周围的空气一起旋转，当球向前飞行时，球体上沿旋转的气流由于受到迎面空气阻力影响而降低流速，而球体下沿的气流却由于与球飞行的方向一致而加快流速，这样上旋球的上沿空气压力大，下沿压力小。

所以，上旋球比平击球飞行弧线要低、要短。上旋球落地时，球对地面产生一个向后的摩擦力，再与球自身的重力合成为飞向地面后下方的力；同时地面给球一个大小相等方向相反的反作用力，故有一定的前冲力，落地后跳得低而远；下旋球则正好与上旋球相反，球体上沿的压力小，下沿的压力大，空气给予球体一定的举力。因此，球飞行的弧线比不转的平击球要高、要长。在球下降的一瞬间转速越快，则下落越慢。球落地后前冲力弱，弹跳得高而近。

第三节　网球运动的科学准备分析

一、网球场地

（一）网球场地的演变

最早期的网球场地被发现于法国城堡的中庭或是修道院中被建筑物包围的四边形场地。当时，网球还处于发展的雏形阶段，它还是一种游戏。

16、17 世纪为网球的黄金年代，光是在全盛时期，法国巴黎就已有超过 1800 个网球场地，甚至有史书记载，16 世纪曾有球场被建在法国一艘 2000 吨的船上！由此更可看出当时的狂热程度。另外，如法国凡尔赛宫于 1686 年花费 45403 法郎兴建场地，等等。18 世纪，网球开始没落，甚至可以说在经过大革命之后，网球在法国几乎荡然无存。

1874 年，温菲尔德少校把我们今天所见到的网球介绍到英国。网球因其充满活力且男女皆宜而得到推广，其名声广泛而迅速地传播开来。温菲尔德少校在规则中并未声明场地必须是草地，但地面应是平整的。当时正值槌球流行，因此大部分新设计的网球场地都是草地。温菲尔德少校最开始设计的场地形状像一只沙漏。因为当时人们主要是底线球打法，这就使得底线区域被设计得比网前区大。但是，慢慢地，场地的形状开始变化，沙漏形越变越像长方形。

1875 年，英国的板球俱乐部制定了网球比赛规则。此时，在英国伦敦郊外的温布尔登设置的球场是长方形，长 23.77 米，宽 8.23 米，发球线距网 7.92 米，网高 0.99 米。1877 年 7 月，全英板球俱乐部更名为全英板球和草地网球俱乐部，并第一次举办温布尔登男子网球单打比赛，后由这个组织确定网球场地为一个长方形的平面：长 78 英尺（23.77 米），宽 27 英尺（8.23 米），这时的球场看起来与现在基本无异了。但由于发球直接影响得分，因而在 1878 年的比赛中提出，发球线与网的距离缩短 4 英尺，从原来的 26 英尺修改成 22 英尺。1878 年，又增加了双打，场地在原单打的宽度上每边各增加 1.37 米。

在随后的几年中，球网的高度是可以根据比分随意调节的。如果比赛进行得太快，网就被升高，反之则被降低。直到 1882 年，网高最终被定为中央 3 英尺（0.914 米），两边 3 英尺 6 英寸（1.07 米），并把发球区缩短 1 英尺，成为现在的 6.4 米。1890 年，比赛规则也被最后确定下来，除几个小的变化，它们就是我们今天所要遵循的原则。

（二）网球场地的分类

国际网球联合会的规则甚至允许戴维斯杯赛在多种类型的场地上进行。

根据影响球的反弹程度的不同，网球场大致可分为以下几种：（1）慢速球场（黏土、其他土质球场等）；（2）中速球场（粗糙的人工合成材料、油漆地板等）；（3）快速球场（草地、光滑的人工合成材料、硬木地板等）。当然这些都只是粗略的划分，而在两块不同的黏土球场上，球的反弹情况也可能不大相同。原则上，球场越硬，尤其是越光滑的球场表面对球的反弹影响越小。

网球场地依据不同的面层材料，可大致分为天然草地、沙土地、硬地、塑胶场地等几种。天然草地是一种传统性比赛场地，每年一届的英国温布尔登网球锦标赛就是在草地上进行的。球在草地上又快又滑，球速很快，因此这种场地适合发球上网型的选手；在沙土地中开展网球比赛，地面反弹力较小，球落地后反弹速度较慢，属于慢速场地，如法国网球公开赛使用的红土地；硬地的地面多是铺着水泥或沥青的场地，因此球落地后反弹力较大，反弹得又高又快，属于快速场地，在群众性网球活动中比较多见，而正规的网球比赛已经不在这种场地进行。目前国际性的网球比赛是在草地、沙土地和塑胶场地上进行的。塑胶场地是一种在钢筋混凝土或沥青结构地面上浇铺一层丙烯酸酯面层的场地，这种场地现在被世界各国广泛采用，如澳大利亚网球公开赛和美国网球公开赛等都使用这种场地。塑胶场地的最大优点是耐磨、抗晒、色彩鲜艳、球的弹跳均衡、利于运动员的移动，极大地保护了运动员的下肢各主要关节，利于运动员技术水平的发挥。

网球场还可分为室外和室内两种，且有各种不同的球场表面，采用何种场地由经济因素决定。例如，草地网球场是最基本的户外场地，但是其建立和保养费用太昂贵，所以现在已由人造球场取代，它较便宜、容易保养。另外，有一种在欧洲盛行的红土球场，法国公开赛即为此种球场。

目前网球比赛常使用的场地主要有草地场、红土场、硬地场和地毯场，下面详细介绍不同的球场类型及其各自的特点。

1. 草地

草地是历史最悠久、最具传统意味的一种场地。由于其对草的特质、规格要求极高，而适宜的草籽又不具备良好的适应性，加之气候的限制以及其需要极周到、细致的保养与维护，费用昂贵，所以此种球场（特别是对用作正规比赛的草地网球场）很难被推广到世界各地。它们必须具备良好的排水系统，标准的草地球场的横切面其上层是7.5厘米（3英寸）的精挑土壤和15厘米（6英寸）的畅通层，下面的两层面则是由石碟层所分开的非组织结构渗透层，而底土层上面是44厘米（18英寸）宽的排水道。球场周围是由细长耐用的条板、混凝土壁和墙角所建造。目前每年的寥寥几个草地职业网球赛事几乎都是在英伦三岛上举行，且时间集中在六七月份。温布尔登锦标赛是其中最古老也是最负盛名的一项。

草地球场的特点是球落地时与地面的磨擦小，球的反弹速度快，对球员的反应、灵敏、奔跑速度、奔跑技巧等要求非常高。同时球员也利用此特点大打“攻势网球”，发球上网、随球上网等各种上网强攻战术，几乎被视为在草地网球场上致胜的法宝，底线型选手在草地网球场常常无功而返。

2. 人造草地

人造草地是天然草场的仿效物，其结构有点像地毯，只不过底层是尼龙编织物，其上栽植的是束状尼龙短纤维，为保持纤维的直立性，纤维之间以细砂为填充物。这种场地需要平整、坚固的基底，附设有良好的排水结构，并且因其白色界线是与周围场地直接拼编在一起的，所以免去了许多诸如画线等维护上的麻烦，也使其成为全天候场地的一种，维护者只需经常梳平整理并适时增添其间的细沙就可以了。

3. 软性场地

软性场地是不被人熟知的一个名字，但若提到法国公开赛的红土球场，人们立即就不会有陌生感了，它是“软性球场”最典型的代表。另外，常见的各种沙地、泥地等都可称为软性场地。

此种场地不是非常坚硬，地表铺有一层细沙或砖粉末，特点是球落地时与地面有较大的磨擦，球速比较慢，球员在跑动中特别是在急停急回时会有很大的滑动余地，这些特点决定了球员必须具备比在其他场地上更优良的意志品质和更出色的奔跑移动能力，否则很难取胜。在这种场地上比赛对球员是极大的考验，考验其在底线相持的功夫。球员一般要付出数倍的汗水及耐心在底线与对手周旋，获胜的往往不是频繁上网者，而是在底线艰苦奋斗的一方。

沙地或土地网球场虽然造价比较低，但保养和维护起来却是相当麻烦的，平时它需要浇水、拉平、画线、扫线，雨天过后它需要平整、滚压等。由此，打球的人更应对场地及场地上的一切设备多加爱护。

4. 硬地

硬地场是最普通、最常见的一种场地，现代大部分的网球比赛均采用这种场地。硬地网球场一般是由水泥和沥青铺垫而成，易于清扫和维护，球场表面上涂有红、绿色塑胶面层，其表面平整、硬度高，球的弹跳非常有规律，但球的反弹速度很快。许多优秀的网球选手认为，硬地网球更具“爆发力”，而且网球比赛中硬地球场占主导地位，必须格外重视。但是需要注意的是，硬地球场因其地质较硬，地表的反作用强而僵硬，初学者很容易受伤，因此需要加强膝、踝关节的保护，美国、澳大利亚公开赛所用的就是硬地球场。

在硬地球场上，由于球速较快、地面粗糙，所以对球的磨损特别快，也容易划伤网球拍。长期在这种硬地上打球，很容易形成关节疲劳和损伤。

5. 合成塑胶场

合成塑胶场的材质与塑胶田径跑道的材质属同类，它以钢筋混凝土或其他类似的材质结构为基底，表面铺撒的是合成塑胶颗粒，其间以专用胶水相粘。这种场地的弹性及硬度依塑胶颗粒的大小、铺撒的紧密程度及其本身的特质而定。塑胶场地颜色艳丽、管理方便，室内外皆可铺设，也是可供选择的理想的公共球场。合成塑胶场又有聚胺脂塑胶场地和丙烯酸塑胶场地两种。

聚胺脂塑胶场地主要材料是聚胺脂橡胶。这种材料有厚度、有弹性，特别适用于运动跑道的铺设，用它建造的网球场如果处理不当，则球场的地面层对网球的反应有时会不正常，即网球会出现不规则弹跳的现象。另外，网球鞋底的性能与场地表层会有些抵触。跑起来很“涩”，不太舒服。但是，由于它有一定的韧性，防水效果好，有时也适合铺设在一些有裂纹的水泥或沥青场地上，或者比较粗糙的层顶球场上。

丙烯酸塑胶场地是当前国际大赛中常用的，它不受地域、气候等因素的影响。场地平整度较好，表面硬度较强，而且耐磨，使用寿命长而不易老化；颜色鲜艳且耐紫外线，不易褪色，色彩多种，可供自行挑选。保养维护也十分方便。此外，这种材料还是环保型的，无毒无害。不足之处是它的基础是水泥或沥青，比较硬，所以长期在这种场地上打球，如果热身不足或放松不够就很容易造成疲劳和损伤。

6. 网球地毯

地毯场是一种“便携式”可卷起的网球场，场地的表面是塑胶面层、尼龙编织面层等，一般用专门的胶水黏结于具有一定强度和硬度的沥青、水泥、混凝土底基的地面上即可，有的甚至可以直接铺展或黏结于任何有支持力的地面上，其铺卷方便、适于运输且有很强的适应性，室外、室内以及屋顶都可采用。球的速度需视场地表面的平整度及地毯表面的粗糙程度而定。地毯场的保养也十分简单，只要保持地面清洁、不破损、不积水（需相应的排水设施配套）即可，除此之外，还有专门用于儿童训练的小球场。

（三）网球场地的规格

网球场地应是长方形，长度为 23.77 米（78 英尺），单打比赛的场地宽度为 8.23 米（27 英尺），双打比赛场地的宽度为 10.97 米（36 英尺）。

场地由一条挂在绳索或钢丝绳上的球网从中间处分隔开，所使用的绳索或钢丝绳附着或挂在 1.07 米（3.5 英尺）高的两根网柱上。球网应充分伸展开，使之能够填满两个网柱之间的空间，其上网孔的大小以确保球不能穿过为宜。球网中心的高度应为 0.914 米（3 英尺），并且用中心带向下绷紧固定，网绳或钢丝绳和球网的上端应用一条网带包裹住，中心带和网带都应完全为白色。网绳或钢丝绳的最大直径为 0.8 厘米（0.33 英寸）；中心带的最大宽度应为 5 厘米（2 英寸）；球网每一边垂直向下的网带宽度应在 5 厘米（2 英寸）与 6.35 厘米（2.5 英寸）之间。

双打比赛中，每侧网柱的中心应距双打场地的外沿 0.914 米（3 英尺）。

单打比赛中，如果使用单打球网，每侧网柱的中心应距单打场地的外沿 0.914 米（3 英尺）。

如果使用双打球网，那么球网要用两根高 1.07 米（3.5 英尺）的单打支柱支撑起来，每侧单打支柱的中心距单打场地的外沿 0.914 米（3 英尺）。网柱的边长不应超过 15 厘米（6 英寸）或直径不应超过 15 厘米（6 英寸）；单打支柱的边长不应超过 7.5 厘米（3 英寸）或直径不应超过 7.5 厘米（3 英寸）；网柱和单打支柱的上端不能超过网绳顶端以上 2.5 厘米（1 英寸）。

球场两端的界线称为底线，两侧的界线称为边线。

在两条单打边线之间画两条距球网 6.40 米（21 英尺）并且与球网平行的线，这两条线称为发球线。在球网每一边的发球线和球网之间的区域，被一条发球中线分成相同的两个部分称为发球区，发球中线应和单打边线平行并且与两条边线的距离相等。

每一条底线都被一条长 10 厘米（4 英寸）的中心标志分为相等的两部分，中心标志要被画在场地内并且和单打边线平行。发球中线和中心标志的宽度为 5 厘米（2 英寸）；除底线的最大宽度可以为 10 厘米（4 英寸）外，场上其他所有线的宽度均应介于 2.5 厘米（1 英寸）和 5 厘米（2英寸）之间。

所有场地的测量都应以线的外沿为标准，所有场地上线的颜色均必须相同，并且和场地的颜色有明显的区别。

单打场地规格如图 10-5 所示。

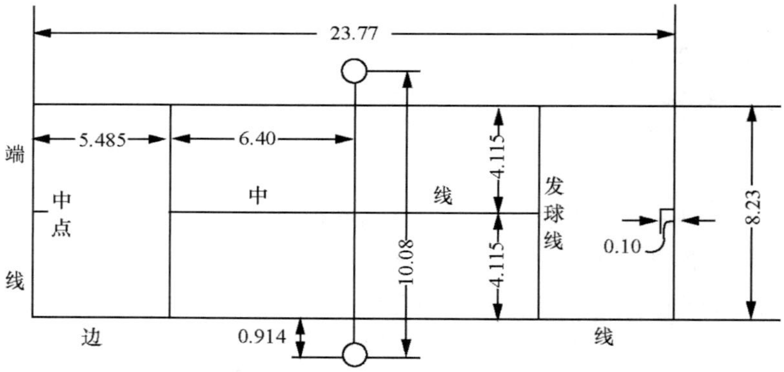

图 10-5

二、网球装备

（一）球

网球比赛所用球为白色或黄色，由橡胶化合物制作而成，外表毛质均匀，接缝处没有缝线。

球的直径为 6.35～6.67 厘米，重量是 56.7～58.5 克，球的弹力为从 2.54 米的高处自由落下时，能在硬地平面弹起 1.35～1.47 米高，球在气温为 20℃时，如果在球上加压 8.165 千克时，推进变形应大于 0.559 厘米，小于 0.737 厘米，复原的平均值为 0.89～1.08 厘米。这两种变形值是对球的三个轴方向所施的试验后读数的平均值。在每一种情况下任何两个数据之间的差异不得相差 0.076 厘米。

以下三种类型的球均符合网球规则的要求，可用于比赛：（1）快速球，一般用在慢速球场；（2）中速球，一般用在中、快速球场；（3）慢速球，一般用在快速球场。

（二）球拍

1. 球拍的类型

网球拍主要有木质球拍、铝合金球拍、钢质球拍与合成材料（尼龙、石墨、碳素、钛等）球拍几种。最早的网球拍全是木制的。进入20世纪80年代，碳素、石墨等新的合成材料被广泛用于球拍制造，使球拍制造工艺有了新的突破，由于采用新材料，减轻了球拍的重量，击球时震动也减小。

在20世纪60年代，木质球拍几乎占了所有的网球拍市场。到了20世纪70年代，金属球拍取代了多数的木质球拍。如今是复合材料的天下，如碳纤维、玻璃纤维、克维拉纤维、高张力碳纤维、钛、超刚性碳纤维等材料单独使用或混合使用。主要是由于这些材料与木或铝比起来更轻、更硬、更耐用，也更能吸收震荡与振动。这些材料同时也让制造厂商在球拍的硬度、球感、击球性能的设计上有更大的伸展空间。

在选购球拍之前，最好先了解该球拍是由什么材料做成的，不过也有很多厂商所标示的材料只加入一点点，根本起不了作用。

现代网球拍制造业中已使用了接近宇航工业和军事工业产品的材质。近几十年来，金属材料和化学材料的高水平提升为网球拍制造奠定了坚实基础。当然，这些新材料和新技术的应用不仅是商业产品激烈竞争所致，更是网球运动飞速进步所需。目前，碳纤维、玻璃纤维、克维拉纤维、高张力碳纤维、钛、超刚性碳纤维等材质已大量使用到网球拍制造材质中。越来越坚硬的球拍被不断制造出来，以击打出更快速、更有力的球来。这场网球拍制造技术革命至今仍然在继续，但是坚硬的球拍及其硬度提高必然降低了球拍的避震和回弹性能，也更容易造成初学者和非力量型选手的手关节和腰背肌肉受伤。

所以，在选购网球拍时，应首先了解其使用的材质和避震性能设计时有无“双重互补”系统，初涉网坛的爱好者和青少年选手更应选择材质硬度适中且兼有避震性能设计的网球拍。

需要说明的是，材质的坚硬都是制造网球拍所追求的目标，但只有材质坚硬适度且避震系统设计较好的球拍，才是与网球运动发展相适应的成功球拍。

各种材质的网球拍都有优、缺点，因此网球爱好者应根据自己的技术水平、身体素质、性别、年龄、经济状况等条件选择合适的球拍。目前，铝合金和碳素合成的球拍受到网球爱好者的喜爱，铝合金球拍价格便宜、耐用，比较适合初学网球者，而当网球技术水平进一步提高时，可选择碳素合成的球拍，同时这也对网球技术的提高有一定的帮助。一般来说，少年儿童应选择短球拍，然后再使用成人球拍，女士选择轻型球拍，男士一般要选择中型头球拍，中型头球拍较适合打底线，力量型的球员要选择拍架坚固的球拍。在选择网球拍时，适合本人使用的球拍拍柄粗细的尺寸，大约等于本人的中指指尖到手掌第二掌线的长度。或者用正确的握法握拍时，拇指和食指的指尖正好斜对在一起。

正式比赛中所用的球拍要符合网球比赛的规则要求。

（1）拍面大小

网球拍的拍面有不同规格，不同的拍面类型有不同的特点，依其拍面面积的大小，大致上可分为四种类型。

①中拍面球拍：穿线面积小于 94 平方英寸。

②中大拍面球拍：穿线面积介于 95～104 平方英寸。

③大拍面球拍：穿线面积大于 105～115 平方英寸。

④超大拍面球拍：穿线面积大于 116 平方英寸。

不同的拍面会有不同的适用范围，具体可参考表 10-1。

表 10-1　不同拍面的特点和适用范围

类型	中拍面	中大拍面	大拍面	其他型
特点	拍框小，甜区小、高磅上弦	拍框中度，甜区中度	拍框大，甜区中等、触球范围大	拍框多样，甜区中度
适用范围	出球准确、力量集中的职业选手	力量适中，具有全面型的选手	初学选手，青少年选手，老年选手	有一定训练水平的选手

不同的拍面具有不同的特点：小型头拍需要很精确的击球点，挥动灵活，击球力量集中；中型头拍打底线球时球感较好，球容易控制，因此中型头拍的球拍受到大部分网球爱好者和优秀网球选手的喜爱；大头拍的拍面较大，在网前截击时比较有把握，有些名牌大头拍的球拍具有很好的弹性。

目前，市场上最普遍的拍面大致在 110～115 平方英寸。那么，不同的拍面大小对网球技术水平的发挥有着不同的作用，大拍面对网球技术动作有较大的宽容度，也就是说当击球偏离甜点区，也可以把球打出去。因此，拍面越大则甜点区越大，击球的稳定性强，对技术动作的要求难度降低。另外，大拍面的直弦较长，从而使弹力增加。目前市场上最大的拍面大致在 135～138 平方英寸。乍看之下犹如钓鱼的渔网，相当有弹性，大部分球都可以轻松送回，站在网前有如天罗地网之感。但它也有缺点，因为球拍的拍面大，风的阻力也大，虽然甜点区加大不易失球，但是缺乏速度。也就是说，很容易打到球，但是与中拍面相比，击出的球速较慢，容易飘浮，同时越大也会越重而不灵活。

其实，职业球员所用的球拍拍面很小，也很薄。事实上，除了女选手之外，男选手几乎没用大拍面的主要原因在于：甜点区越小，力量越集中，因此球速越快。一些业余球员只希望能打到球，所以用大的比较有利；而职业球员，打到球已不是问题，他们所追求的是球的力道和速度，所以他们几乎都使用 95 平方英寸左右的中拍面。对中大拍面的使用也不限于职业球员。因为只要控球良好，反应快，稍有基础的年轻或中年人都可以用中到中大的拍面。因此，我们可以看出，大拍面易学，稍微偏离中心也能打到，而缺点则是缺少速度，控制也较差，适合女性、初学者及年纪大者使用。中拍面适合中上级及年轻球员，用它击出的球速度快，好控制，但是甜点区小，适合技术水平较高的职业选手或有良好球技的选手使用，它是攻击型球员的得力武器。

（2）球拍的厚度

球拍的厚度影响着球拍的性能。球拍厚度尺寸在 22～34 毫米，越厚的拍子硬度越大，爆发力也就越强，击出的球强劲有力，但控制性差，容易出界。如果臂力充足最好使用较软一些的薄型拍。此外，有些球拍不是一样厚，比如把拍头部分做厚是为了增加底线对抽的分量；把拍颈部分做厚是为了在击球一瞬间增加球拍的稳定性。此外，越厚的拍框弹性越大，薄框的拍子弹性相对较小，因此建议女性和中老年朋友选用中等偏厚的拍子，而年轻的男选手则可以选中等偏薄的拍子。

（3）球拍的平衡点

平衡就是指杠杆的支点，也是反映拍头轻重的标志，而拍头的轻重直接关系到击球的速度力量。首先可量一下球拍，在 1/2 处就是球拍的平衡点，然后把球拍水平置于椅背正对平衡点。这时，球拍往拍头方向下垂就是头重，反之则头轻，如果球拍能保持水平就是平衡。头重的球拍适合于底线对打；头轻的球拍适合于网前截击，上网型和双打球员多用此拍；攻守兼备的全能型球员一般用较平衡的球拍。然而，最近球拍设计的趋向，多把超轻的球拍头部加重，根据力臂惯性原理，重量对挥拍的感觉是成平方正比。因此，使用拍头重的球拍，使离心力增加，也有利于底线的抽球。

若自己球拍与球风不符，可以用小铅片加以调整：把铅片加到拍框两侧，拍头就变重了；把铅片加在握把头上，拍头就会变轻了。在打球时手和球拍的唯一接触点就是握把。太细的握把不仅会使人疲劳，而且不容易处理好小球和截击球；同样，太粗的握把会使人抓不紧球拍，用力击球时容易产生松动导致球拍失去稳定性。

（4）球拍的重量

网拍的重量系数指未上网线和握把胶皮等配件即整支网拍的净重克数。具体可分为拍头重量和拍身重量两部分。

从网球技术理论上可以认为，网拍的重量与选手的技术力量和能力有关，也就是随选手球技与能力的改变，其球拍的重量应作相应调整改变。

关于网球拍的重量，常有以下表示方法：以 L（11～13 盎司）代表轻型球拍、LM（13～13.5 盎司）代表中轻型球拍、M（13.5～14 盎司）代表中型球拍、H（14～15 盎司）代表重型球拍（1 盎司＝28.35 克）。

一把球拍不仅有重量表示，而且还有拍柄粗细表示。一般网球拍上都会有重量标志。初学者或初级水平的选手，由于对高速运行的网球不太适应，对球的性能和线路把握不准，应选择拍头和拍身较轻的球拍，也就是拍头较宽大、拍头平圆为流线型的球拍。此类球拍可培养灵巧和球感性能，还可减少回球失误率。待球技有了提高之后，则可根据网球技术提高的程度和自己的感觉做适当的调整。但此种网拍在职业选手使用中，对回球的加力和加速度等方面不尽适宜。随着球技和力量的提高，可更换拍头稍重、拍身重量适中的中间型球拍。这种球拍通常拍面面积中等，拍头呈几何图型。这种球拍击球力量适中，回球时加速度较好。如上弦磅数适中，也能较好地配合上网截击和打出旋转方向的球，但对于击球精度不高的选手常有碰框、碰颈等失误。对于职业选手，较常使用拍头重沉、拍身坚硬的标准型球拍，且多用高磅数上线，这种球拍的使用者是击球精确、力量大的选手。希望技术和体力并进的人，应避免选择重球拍；如果考虑易于操作，可选择使用小型头拍。

（5）握把规格

握把的尺寸大小选择与重量一样，选择自己觉得最舒适的尺寸。握把如果选的太细，不易抓紧，遇上强球容易造成拍面松动而使拍面翻转。当然，太粗的握把容易产生疲劳，灵敏度会降低，不易处理小球或截击球。

尺寸标识通常都贴在球拍外框或内框，标上注释的 L/SL/USL 标识球拍的重量范围，L 指拍重（含网线）在 335 克以上，SL 指拍重在 320～335 克之间，USL 指拍重在 320 克以下，其后面的数字则是以英寸为单位标识的手柄周长，数字越大则表示手柄越粗；相反，则越细。

通常拍柄粗细有欧式和美式两种标识法。

正确的球拍握把应是：自然地握住握把，手指与手掌之间的间隙刚好能放入另一手的食指。不过，现在的零件工业很发达，已使加码变得容易。如四分之一英寸程度的调节，在原来的握把上面加上一层握把皮也就轻而易举地达到了此目的。如果已用的球拍握把粗细不合适，如细一些的可再加一条薄缠把；粗一些的，就要剥去球拍本身那层较粗的缠把。建议在选择握把时要挑略细一点的。

寻找适合自己手掌尺寸的握把最简易的方法是：在原先稍微细小的握把上缠上一层薄薄的握把皮，一条不够可以再加一条。请勿忘记，握把是球拍与人体之间最重要的接触点。拍子抓不好，不舒适，再好的球拍，再好的球技都无法发挥。

此外，还有挥重（表示球拍挥动时球拍重量）、绕曲度/硬度（表示球拍击球时的变形量）等技术指标，这些指标主要针对职业选手，对一般业余选手影响不大。

（6）网拍长度

对于网拍的长度，选择标准一是依据使用者的身高；二是使用者追求的打法特点。通常，身高与网拍长度成反比。选手为弥补身高的不足，选用加长的网拍是适宜的。在技术风格上、打法类型上也有底线型选手用加长拍，上网型选手用非加长拍之说，但网球拍的长度一旦按选手身高条件和打法类型确定后就不应随便改动。

当一只球拍比较长而且头比较重的时候，不管第一次拿起这支球拍的感觉有多轻，它加长的长度和平衡点将使挥拍重量增加。这两点都可以增加击球的力量，但是这也会使灵活性变差。

（7）挥拍重量

挥拍重量表示球拍在挥动时感觉有多重或多轻。影响挥拍重量的因素包括球拍的长度、固定重量和平衡点。所谓的平衡点是指球拍的重心是偏向于拍头，还是偏向于握把或在中央。

挥拍重量的轻重要视自己的打球风格而定。如果是攻击型的底线型选手，可选择挥拍重量较重的球拍，那些要求落点精准、对球的控制要求较高的选手，可以选择挥拍重量轻的球拍。挥拍重量越重，需要的击球力量就越大。测量挥拍重量最好是使用 RDC（Racquet Diagnostic Center）测量仪。它将挥拍重量分成 0～999 个等级，数值越小，挥拍重量越轻。

需要注意的是，任何材质的球拍均可用于比赛，但是不符合下列规格的网球拍则不得用于比赛。

一是网球拍的击球面必须是平的，由弦线上下交替编织或联结组成，其组成格式完全一致。每条弦线必须与拍框联结，特别是穿线后其中心密度不能小于其他任何区域的密度。

二是网球拍的拍框和拍柄的总长不得超过 73.66 厘米（29 英寸），拍框的总宽度不得超过 31.75 厘米（12.5 英寸）。拍框内穿弦平面的总长度不得超过 39.37 厘米（15.5 英寸），总宽不得超过 29.21 厘米（11.5 英寸）。

三是网球拍的拍框包括拍柄，不应有附属物或装置，如有附属物或装置，只用以限制或防止拍框和拍柄的磨损、振动或分散重心。任何附属物或装置，其大小和布置必须合理。

四是网球拍的拍框、拍柄和弦线，在网球比赛期间，不应有任何可使运动员实质上改变其球拍形状或改变其重心分配的设备。

2. 球拍的使用与保养

除了会选购适合自己的球拍外，也要懂得保养球拍的常识，网球球拍的具体保养措施如下。

（1）放置在能避日照防潮湿的地方

日照、酷热易使球拍的材质老化，改变原来材质的物理和化学性能，其结果是使球拍拍框扭曲、变形，严重时甚至导致使用者不能准确握拍。另外，潮湿的环境容易在球拍和弦线上诱发霉斑，有些金属材料制造的球拍会加速材质氧化或锈蚀。

（2）防止冬季冷冻

低温会改变球拍的软硬度，原来偏硬的球拍会更硬，而原来偏软的球拍控制力量会削弱。低温会让球拍延伸度大幅下降，降低弹性，勉强加力会使变脆的拍线断裂。因此，冬天球拍应放进有夹层的拍套里，避免与冷空气接触。

（3）切忌用球拍敲打硬物

球拍无论用何种材料制成，都为了增加其硬度或韧度。但由于各种材质的硬度系数不同，如果用球拍去敲打更为坚硬的地面或硬物，容易造成材料物理性裂变，从而降低该球拍的正常使用寿命。

（4）习惯使用网球拍的保护产品

网球拍和球拍袋的配套很有必要。球拍袋可遮挡空气中的水蒸气及阳光中的紫外线照射，对于使用羊肠线的球拍更为重要。另外，在球拍袋中备有吸湿剂更有利于保护肠线寿命，同时可放一小瓶拍线油，以备在高温环境下给弦线涂上保护油。

（5）重视球拍配件的重要性

球拍的许多配件其实很重要。如果握把胶皮使用时间过长或已破烂仍不更换，会使手汗浸蚀握把，造成握把打滑、腐烂，也会影响打球质量。再如，避震胶块和弦线保护扣也应时常检查，这有利于防止手肘受伤和弦线的过早断裂。

（6）使用正确的球拍穿线方法

球拍在穿弦线时，一定要使用正确的穿线方法。暂时不使用的球拍最好不要穿弦线，以免拍框受力不均或长期受力导致变形。断弦后的球拍应尽快剪断其他部分弦线。否则，拍框长时间处在非平均受力状态下，也极易导致变形。

（7）交替使用两支同样的球拍

过度或频繁使用一件物品，将会造成该物品的“极限”提前。交替使用有利于材质使用极限延缓，同时延长了交替使用物品的寿命。因此，最好准备两支同样的球拍交替使用。

（三）拍弦

1. 网球弦的选择

许多网球爱好者，对选网球拍很重视，但却忽视了网球拍弦的重要性。网球拍弦的种类根据材料进行分类主要分为两种，即天然肠弦和人造复合弦。其中，人造复合弦因为价格低而被大多数网球爱好者选用。随着科技的进步，人造复合弦的制造工艺越来越精良，并且种类繁多，可供不同技术风格的爱好者选择。人造复合弦是由不同的纤维丝结构组成，一般也称为“尼龙丝”。目前，随着拍弦厂商的不断努力研制，现在的人造复合弦在性能上比以前的“尼龙弦”更加接近于“羊肠弦”，所以又称为“仿羊肠弦”。

天然肠弦一般由猪、牛、羊等动物的小肠做成，因为最早的网球拍弦常用羊的小肠做成，故又称为“羊肠弦”。当今，大多数职业球员都选择天然肠弦，他们认为天然肠弦是当前数百种拍弦中最好的。天然肠弦不但击球感觉好，拉力不容易下降，而且拍弦的弹性很好，即使穿弦的拉力很大，在击球时对手的震动力也很小。它的不足之处是价格昂贵，耐磨性差，怕热，容易受潮变质。

由于价格较低，大多数爱好者都选择用人造复合弦。随着科技的进步，人造复合弦的制造工艺越来越精良，并且种类繁多，可供不同技术风格的爱好者选择。其优点是不易受潮湿影响，使用寿命较长。但要与天然肠弦相比，击球感较差，弹性较弱，伸缩性不太好，所以不宜在寒冷的天气使用。

除此之外，还有聚酯弦。聚酯可以用来做衣服，也可以用来做网球拍的网弦。聚酯弦已经成为欧洲与南美洲新一代网球选手最喜爱的弦。聚酯弦除了耐用以外，还拥有相当柔软的感觉，对击球力量大、以大量上旋击球并且经常断弦的人而言，聚酯弦是完美的。聚酯的反弹性并不像尼龙那么好，它很强韧，甚至可以使用细弦来增加咬球性，而不用担心会常常断弦。常断弦的人可以期望聚酯弦的寿命为同等粗细尼龙弦的两倍。但要记得：如果使用聚酯弦，而这弦很久都没断，它毕竟还是会丧失大量的紧度和适打性，就像其他的合成弦一样。所以要奉行这条金科玉律：一年换弦的次数等于一星期打球的次数。

就像任何弦一样，聚酯弦也有它的缺点。其中之一就是对于习惯打弹性较佳的弦的球员来说，单丝的聚酯弦打起来可能会有“死死的”感觉。使用聚酯弦时，必须更加用力才能产生力量。所以，对于挥拍短或患有网球肘的人而言，聚酯弦也许不是个好选择。

选弦的标准有两种：一是耐用，二是好打。目前市场上拍弦的粗细一般分为 15 号、16 号、17 号、18 号四种型号。每一种型号表示一种拍弦的直径，型号数字越大，拍弦越细，重量越轻。有些拍弦上还会附加符号“L”如 15L、16L、17L。其中以 17L 为例，它表示这根弦比 17 号细，比 18 号粗，介于 17 号和 18 号之间，也可以认为是 17 号半弦。

就拍弦性能而言，一般来说，同一种材料、同一种结构、同一种拉力，细弦球感较好，一般为 1.20～1.30 毫米。细弦对于切球、削球都比较敏锐，弹力也佳，但不耐用、易断；粗弦虽然耐磨，但是在击球时，球的飞行距离较短，击球的感觉较迟钝，手感往往会差一些，一般在 1.3545 毫米之间。

我国的网弦工业已赶上世界水准，因此不必盲从或迷信进口货。因为尼龙弦的松弛会使磅数变化，最好是两三个月就把它剪掉重穿，不必等到断弦。这样就可以保持球技的最佳状态，不受磅数变化的影响，保持水准。

现在最高级的尼龙弦，采用羊肠弦的制造方法。以微细的纤维加上接着剂合成一股，再加保护膜。

选弦比选球拍重要。因为最好的球拍，如果没有好弦还是发挥不了它的威力，而稍差的球拍则可能因为好弦而提升威力。

2. 拍弦的分类

网球弦主要分为两大类：人造合成弦和天然肠弦。这里主要介绍人造合成弦。

通常人造合成弦是指以尼龙为主的材料加工制成的网球弦。细分为以下几个品种。

（1）单芯弦。习惯上称为“硬弦”。此种弦是在一条粗芯线外层直接以表层保护膜工艺处理后形成的单弦。这种弦最便宜，但耐用性及弹性不高，且松弛掉磅比较快，只适合一般初学者用。

（2）单芯弦单缠绕。这是目前市场销售最多的一种网弦，它是经过专门的工艺在其外层缠绕一层能保持紧度、维持弹性、抗磨系数高的保护弦。

（3）单芯弦双缠绕。这是在中芯弦外用细纤维线两次缠绕制成。此款弦有极好的弹性，对于非职业选手和休闲球员比较适宜。

（4）多纤复式弦。这是人造弦中的极品，它用多条细纤维线扭合而成，其外观很接近天然肠弦，亦称“仿肠弦”。这款弦弹性理想，质地柔和，又称为软弦。比赛型选手最喜欢使用。但缺点是弹性维持时间不长。

（5）混合弦。这种弦实际是把两种性质不同的弦组合后使用。

3. 穿弦的磅数

弦的磅数是一个物理量，用来衡量击球时拍弦对球的作用力，它需要仪器才能测量出来。所有拍弦都随时间逐渐失去张力，在拍弦张力减小的过程中，拍弦的磅数将改变，同时球拍的性能将受到影响。实验表明，新换的拍弦比赛 4 小时后张力下降 5%。球拍弦磅数的确定与拍弦张力消耗的程度有关。

磅数的作用是：磅数高，弹性减低。但是挥拍快速的球员则能因此得到更好的控球效果；磅数低就会产生弹簧床作用而使反弹力增加，而相对的，控球性就会降低。因此，臂力小的人，除了用硬度高的球拍以外，最好还要把弦穿松一点，这样可以省力。如果又是大拍面的话，那就能打得更轻松。相对的，年轻力壮、挥拍快而有力的球员则以较软的球拍，配上较紧的磅数才能控球于有效区内。再以中拍面的球拍击球，会有惊人的球速出现。

拍弦的磅数对球拍性能有较大影响。拍弦磅数越低的拍子击球力越大，击出的球速快，即拍面越松弛，它对球的弹性越大，就会给球很大的能量；拍弦磅数越低的拍子控球能力越差，但拍弦磅数越低的拍子击球时越舒适，因为拍面与球接触时变形很大，可缓冲来球的冲力，从而保护选手的手和拍框。由此可见，初学者可选用磅数低的拍子，而随着自己球技的提高可增加拍弦的磅数。

一般最常用的缠弦磅数是 55 磅到 60 磅之间。职业选手往往都穿到 70 磅左右。不过磅数只是一个参考值，机器与人工穿弦之间都会产生偏差。最理想的穿弦原则：一是经常找同一个人穿；二是同一台机器穿，这样磅数才会准确。

4. 换弦的时机

业余球手的击球力量较差，回击球拍点不集中，因此断弦的几率较小。但实际上，自网球拍穿上球弦开始，受张力拉伸作用，其柔韧性日渐衰减，弹性指标亦随之降低，打网球时的控球能力和力度都会降低，因此必须定时更换。可以根据对以下几个标准的观察来换弦。

（1）球弦边缘出现许多“毛边”，说明球弦内部纤维绽开，已无弹性，应及时换弦。

（2）纵、横弦重叠部位出现多处压凹痕迹，说明球弦已无韧性，应及时换弦。

（3）回击球失控次数明显增多，控球失误率上升，或者拍弦明显低于原穿线磅数时，应及时换弦。对于业余选手而言，一般 3 个月就应换一次弦。

另外，采取一些措施，可减少断弦机会。球弦重叠交点是最容易损坏断裂之处。如果在此处安装保护扣（或称“颗粒”），可以减少球弦之间摩擦从而减少断弦，当然也节省了球弦费支出。

（四）网球背袋

网球背袋是网球爱好者必备的装备，背袋里可以放网球拍、球、网球鞋等用品，网球爱好者最好准备两把同样型号的球拍，以便在比赛或练习过程中万一断弦可以马上替换球拍，因此，有一个大背袋就显得比较方便。球技比较好的网球爱好者，背袋中一般备有两把以上的球拍，一只背袋最多可带 6 只左右的球拍。

（五）网球服装

选择网球服装的原则是舒适、方便。早先如参加正规比赛还需符合规则要求。一般男子打网球常穿网球衫（T 恤衫），要求是短袖、翻领，下身穿网球裤；女子打网球常穿 T 恤衫、圆领短袖、背心等显示青春奔放，下穿网球裙，颜色以白色为主。如今的网球比赛对球员的穿着要求很松，任何颜色均可，可以没有衣领、衣袖。

（六）网球鞋袜

由于网球运动具有急停、急起以及迅速变向等特点，这就对网球鞋提出了较高的要求。网球运动中，重心基本都在前脚掌上，鞋的相应部位也最吃力，磨损也最厉害，因此网球鞋应充分考虑这一点，不仅鞋底的纹路适于各种制动时与地面的摩擦，而且内垫也有很强的支持力并具备良好的弹性。随着科学技术的发展，网球鞋做工和质量有了长足的进步。网球爱好者应备有一双专业的网球鞋。而网球袜具备吸汗、舒适的功能即可。人们常说“网球是用脚来打球的”，可见脚对网球运动的重要性。作为脚和提高脚运动效率的网球鞋袜，无疑也是非常重要的。

1. 网球鞋的选择

（1）网球鞋的分类

由于科技的发展和进步，当前的网球鞋设计越来越合理、科学，具备了各种可以帮助提高击球的性能。

网球鞋最早都是白色低帮。随着 20 世纪 80 年代后高帮篮球鞋逐渐流行，网球鞋也出现过高帮。但是，篮球与网球运动的方式有所区别，篮球向上弹跳的动作较多，而网球低重心的前后左右移动较多。针对这种情况，最近几年，一些运动生理专家又设计出比较适用的中帮网球鞋。这种鞋利用中帮低凹处触及脚踝下部时的条件反射，来提醒球员注意动作，避免损伤，从而有效地保护了脚踝。

根据不同场地表面的性能，网球鞋的类型有室内和室外、硬地和沙地之分。一般室内鞋底是细致条纹，室外鞋底是粗犷条纹。硬地球鞋与硬地场表面的摩擦力较大，所以鞋底设计得比较耐磨、较厚；而沙地球鞋与沙地的摩擦系数小，又有专门的滑步技术，鞋帮、鞋底采用普通的橡胶即可。

（2）网球鞋的选购

在打网球时一定要穿专用网球鞋，它的特殊构造有助于网球运动者提高球技，增强有效跑动。这是因为打网球胜负有 50%取决于运动者的跑动。在网球运动中，经常有快速启动、急停急转、曲弓弯背、踮足转体、凌空腾跃等多种变化的网球技术动作，它决定了网球鞋的设计理念和制造要素。

网球鞋最重要的是鞋底。由于大多数网球场地均由三类性质不同的材料构成（草地、沙土、硬地），因此不同形状的鞋底几乎决定了运动者在不同场地的发挥效果。草地场首选有突出胶状纹路的鞋底，但对于沙土场地则应选择宽波沟纹路的鞋底，而现在使用最多的是硬地球场（塑胶、沥青），则要选择细密“人”字形纹路的平滑鞋底。如果运动者经常奔波于三种场地之间，为免更换麻烦，也可仅选择一双综合功能鞋底的运动鞋。

另外，对于脚部的保护系统设计是任何一款网球鞋最应加以考究的部分。“前足稳带”“后跟托杯”、护趾、箍或中垫等配件的保护功效能让许多“天才球手”常青于网坛。

关于鞋面方面，皮质鞋面（真皮、人造皮）总能使球鞋光泽生辉，并给人有牢固和扎实之感，也提高了穿用档次。在注意皮质鞋面的同时，还应注意内衬材料的吸收作用，注意其柔软性和舒适度。至于尼龙或棉质、化纤类做鞋面，似乎更多适合木质场地为主的运动项目，不应作为网球首选鞋面材料。

除去以上制造要素外，还应在购买时注意尺寸和比例。理论上认为在运动后或者下午、晚上购鞋试码比较准确。对于男女网球手，还应注意有男式球鞋和女式球鞋的设计区分，在稍微正规的专卖店里一般都会给予注明。

有着不同网球风格的球员很少会喜欢相同的网球鞋。适合侵略性强的全场型球员的球鞋是那种重量轻、移动迅速的，适合较不具有侵略性球员的球鞋是那种保固、较重、较有支撑力的球鞋。

（3）网球鞋的正确使用

①避免长时间穿一双网球鞋连续打球，最好准备两双同样的球鞋交替使用。

②为减少不必要的磨损，在不打网球时，尽量不要穿网球鞋。

③每次打球后，需把球鞋放置于通风干燥处，千万不要用塑料袋将其密封起来，以免脚汗腐蚀球鞋，滋生病菌。

④不要在有水的场地上打球，穿着湿鞋打球会影响球鞋的性能和使用寿命。

2. 网球袜

网球专家建议，打球时最好穿两双袜子，不少网球明星就是这么做的。而且，其他运动项目的明星也是这么做的，比如乔丹。因为再好的鞋也不能完全与脚形一致，鞋与脚之间的空隙应用棉线袜来补充。这样做还可以使脚在运动后少一些汗臭，也会让球鞋穿得长久一些。厚厚的棉袜会充分保护脚底、脚趾和脆弱的跟腱。

要保持运动的舒适感，除了有合适的鞋，还要有舒适的袜。纯棉质地的网球袜底部从脚趾到脚跟是加厚针织的，与脚掌皮肤的接触面像毛巾一样柔软舒适，并能在脚与地面之间形成良好的缓冲层，减缓硬地产生的震荡。有些球袜连脚面部分也有加厚处理，这是考虑到缓冲作用。舒适的球袜还可以填满脚与鞋之间的空隙，使脚与鞋真正地合为一体。如穿一般不太厚的运动袜，建议可穿两双袜子打球。

网球运动员经常需要大范围地快速奔跑、启动、急停，一切都得靠双脚，因此千万不要忽视网球袜的重要性。

（七）减震器

减震器的作用就是减少击球时球拍的震动对手的冲击力。减震器的安装要视各人的喜好而定，需注意的是其安装的部位，规则里明确指出，此类东西必须装在弦与弦交叉的格式之外，规定横竖弦交错的地方是不可以安装减震器的。

减震器对减少震动的确有一定作用，过多的震动会伤害手臂，导致网球肘的发病。减震器对弹性过高的球拍也有改善作用。如果拉线的磅数高了，也可以通过减震片（条）调节。但加了减震片之后手上感觉会木一些，所以不是所有人都喜欢使用。特别是一些手感好或使用低弹性球拍的选手。

（八）吸汗带

吸汗带用于缠绕在球拍拍柄上，目的是使运动者手感舒适、握拍牢固、吸汗防滑。在比赛间隙更要经常更换握把胶。吸汗带一般有两种：一种是用皮革制成的；另一种是人们所说的毛巾布。毛巾布吸水能力较强，但汗水留在毛巾布上容易结块；现在很少用皮革制成的吸汗带，皮革制成的可分为干性和湿性两种。皮革吸汗带虽然防滑效果较好，但是价格比较高。好马配好鞍，球拍的“马鞍”就是球拍柄皮。只有缠上一个薄厚适中、防水吸汗的柄皮，打起球来才能如鱼得水。

1. 柄皮的分类

柄皮通常分为内柄皮和外柄皮两类。

（1）内柄皮。直接缠绕在球拍握柄料上，将球拍内部的材料与外界隔绝，作用是防止拍柄内纤维组织遭受汗水、空气、有害元素等的损害，以延长球拍握柄的寿命。

（2）外柄皮。顾名思义，就是裹在拍柄最外一层和手直接接触的那一层缠布。它的作用首先是保护内柄皮不受直接的磨损和腐蚀，同时也使我们握拍时获得更为舒适、牢固、吸汗防滑的手感，因此也有人称它“吸汗带”或“固手胶”。

2. 外柄皮的选择

外柄皮有许多颜色和种类，依照其表面的光滑程度，可分为有纹和无纹两类。有纹外柄皮可再细分为突起式（或有轮廓线）、图案式和黏着式。

①突起的外柄皮，可以让球员将球拍抓握得更加牢固。突起式的柄皮还有助于稳定球拍，防止握柄在手掌中打滑。

②图案或齿孔花样的柄皮具有增加防滑的功能，还有排散湿气的作用。

③黏着式属于条纹柄皮的一种，在球员手心出汗时可起到增加手与球拍的附着力的作用。

3. 缠柄皮的步骤

一般外柄皮的长度比较固定，大约在 125 厘米，而不同拍子的拍柄却是各有不同。外柄皮的开始部分较窄，缠时应从拍柄底部开始。先将边缘对齐拍柄底部，转动拍柄，使柄皮绕拍柄周。缠绕用力要均匀，既不要太松也不要太紧。缠得太松不美观，且容易松脱或褶皱；太紧则会使柄皮变形，同时手感也会太硬。如果缠到最后还有一些剩下的部分可以用剪刀修剪。关键的收尾部分，是用绑着柄皮的胶带最后将柄皮固定、收紧。在开始缠柄带时要注意，先别忙着把护胶纸一次全撕掉，要随黏随撕，注意不要让手指接触到胶面。

（九）其他装备

网球帽能够在打网球时遮阳，同时还具有固定头发的作用，在有太阳的时候打球戴上一顶网球帽就很有必要；护腕主要是保护腕关节的功能，在长时间打球过程中，有了护腕，既可以防止腕关节运动损伤，又可以打球时擦汗；头带起管束头发和吸汗的作用。

职业网球选手或一些经常打球的网球爱好者都要准备一个背包，里面装有球拍（最好两副，不至于因打断拍弦而影响打球，职业球员一般要准备5～6副）、双球、毛巾、水、袜子、护腕、运动服、创可贴等物品。

三、网球礼仪

（一）日常练球时应注意的礼仪

对于初学者而言，为了更好地融入网球运动中，在运动训练时应注意以下几方面的内容。

（1）发球时要先看一看对方是否已做好了接球的准备，最好将球举起来示意一下。不要连看都不看就将球发出去，这样别人很可能因没有准备好接不到球，这也是对对手的不尊重。

（2）不要着急捡滚到隔壁球场的球。网球初学者打网球时，肯定会出现球满场飞的场面，但是当球滚入邻场而邻场的球员正在练球时，应耐心等待，等“死球”时才能把球捡回。此时若贸然入场捡球只会得到愤怒的目光，还可能遭到“飞来横祸”。别人帮忙捡了球，应说声“谢谢”。

（3）不要从球网上面跨过，这不是展示跳高才能的时候。也不要触压球网。

（4）练球时，当对方的回球靠近底线时，应主动告诉对方他打过来的球是界内、界外，还是压线。

（5）练球时当本方击球出界或还击下网时，尽管不是有意的，但是也应向对方说声对不起，这样会显得更加绅士。

（二）比赛时应遵守的礼仪

（1）球员参加比赛时，在比赛前练球热身过程中有义务为对方的练习提供帮助，任何有意妨碍对方练习的做法都是有失风度的。

（2）为对手的好球拍手叫好。当对手击出好球时，应为其鼓掌。特别是在网球比赛过程中，当对手打出了自己很难击出的漂亮的得分球时，尽管懊丧和遗憾，很难诚心地向对手表示祝贺，但是也应如职业高手那样，用手轻拍球拍，潇洒地表达自己为对手高兴的心情。这对于腼腆的人来说可能是最不擅长的举止之一，但是请一定用心去表达，很自然地赞扬对手的得分，自己的心胸也会变得宽阔，这样做也会激励自己打好下一个球。

（3）球场上不要踢球，网球是用拍子打的，不是用脚踢的，除非是友善地调节场上的比赛气氛。

（4）球场上不要摔拍子，技不如人不应拿拍子出气。

（5）对于对手的失常发挥和频繁失误，不要喜形于色，过于高兴易使对手心情不快。

（6）如果打出一记幸运球而得分不必过于兴奋，如球擦网后，改变方向和速度，不规则地落在对方场内或不留神把球扣在拍框上，但球的落点很好，使对方无法接住等，要说声对不起；或应像职业选手那样，将球拍面向对手以表示歉意。

（7）正式比赛时，应采取上手发球的姿势，下手发球虽然不被禁止，但是被认为是对对手的不尊重。

（8）网球场上一切行为都应听从裁判的判决，如对判罚有异议，比赛结束后，可向仲裁委员会提起申诉。

（9）比赛结束时，可以将比赛用球抛给观众，但是不要将网球拍扔上看台，否则会砸伤观众。

（10）比赛结束后，无论胜负都应主动和裁判及对手握手。

（三）打网球时的服装要求

（1）标准的网球穿戴：男球手穿带领子的半袖运动T恤衫和网球短裤；女球手穿中袖或无袖上衣及短裙或连衣短裙。网球服饰一般以白色为主。男球手需要注意不要赤膊上阵。

（2）进入网球场一般穿专用的网球鞋，不允许穿硬底鞋或带钉的鞋入场；赤脚和赤脚穿鞋入场打球会被认为有失雅观。

（四）观看网球比赛时应注意的礼仪

（1）观看比赛时应尽量避免携带发出声音的物品或关掉其声音。从球员开始准备发球到一分结束，观众在此过程中最好不要随意交谈、吃东西、叫好、喝彩、鼓掌。

（2）在球员发球的时候，不要用闪光灯拍照，更不要发出声响。

（3）如果观看网球比赛时迟到，应在球员休息的时候进场，以免影响球员的注意力，干扰比赛；同样，如果在观看比赛的时候离开观众席，也要在球员休息的时候离开。

（4）不要随便进入正在比赛的场地，以免影响比赛的正常进行。

（5）观看比赛时，千万别带小孩去，以免造成不必要的尴尬影响比赛。

第十一章　高校网球运动技术训练实践

第一节　网球运动技术基本理论

一、网球技术的三要素

在网球比赛中会运用到各种网球技术，决定比赛胜负的网球技术三要素主要就是击球的速度、深度、角度，具体内容如下。

（一）速度

击球速度，即通常所说的打速度球。在网球运动中的速度主要是指反应、判断、移动和击球动作速度。在网球比赛中，当对手场上出现空当时，运动员可以把握时机凭借打出球的角度或击球力量创造得分机会。当运动员速度快时，可以得心应手地将球适时还击，在速度上取胜。例如，在比赛中使用截击球可以将回球速度达到最大，给对手造成很大威胁；在回击落地球时，提高挥拍速度，可以增大击球时的爆发力；压低球飞行的弧线，缩短球在空中飞行的时间，也能使回球速度加快。在网球运动中，提高反应、判断和移动速度可以通过加强专项速度素质的训练来实现。目前，国内外优秀的网球运动员都具有上网速度快、击球速率高、爆发力强、移动速度非常快、步法灵活等特点，不仅能迅速跑到击球位置，而且能够及时到位，甚至快速提前到位。

（二）深度

击球深度，即打深度球，是指在网球比赛中，运动员击球过网落在场地，球的落点距对方底线远近的程度。球的落点距底线远即为打球浅；距底线越近即为打球深。运动员将球打深，可以为自己准备还击下一次来球争取充裕时间。也就是指，球飞行距离越长，就越容易争取时间做出下一次击球的反应。打深度球是运动员摆脱被动、争取主动的一个好办法。其主要体现在两个方面：第一，把球打深可以缩小对方回球的角度；第二，由于对方从底线击球后，再跑到网前，距离较长，因此，把球打深还能有效阻止对方上网，进行上网截击。

总之，打深度球可以使自己有充裕的时间对来球做还击准备，使对手左右跑动难以上网，从而给自己创造上网进攻机会。另外，打深度球时，在将球打深的同时使球带有强烈的上旋。上旋球比不转球的飞行弧线更陡，下落速度更快，球落地反弹后有一定的前冲力，威胁性更大。

（三）角度

击球角度，即打角度球，是指在网球比赛中，击球队员与接球队员的连线与接球队员两侧的夹角。如果以击球点与接球队员所构成的直线为 0°，那么向左侧和向右侧展开的平面越大，则角度也越大。离接球队员身体两侧越远，角度越大，通常越具有威胁性。打角度球就是尽量扩大击球点至落点与击球点至接球队员之间所形成的角度，使击球后球行进线路远离接球人。

需要注意的是，在网球技术的运用中，以上三种要素的打法应结合运用，即“速度球＋深度球”“速度球＋角度球”“深度球＋角度球”“速度球＋深度球＋角度球”，这样更能够发挥击球威力，取得比赛主动性，从而占据场上优势。速度球、深度球和角度球三种基本技术的综合运用，可以使得分更高，大多体现在随球上网和网前截击等情况。积极上网的技术打法，同时既能打出速度，又能选择击球角度，在某种情况下又能配合一定深度球，是一种最佳得分手段。

二、网球运动的主要技术与辅助技术

网球技术包括主要技术与辅助技术，其中主要技术占主体地位，起着主导作用；而辅助技术环节则是主要技术的有利补充，影响着主要技术的执行。

（一）主要技术

主要技术环节指的是在使用某种技术击球时，达到某种战术目的所必需的技术动作。比如当某个球员在网球比赛中试图击出一个快速有力的底线球时，为了达到此目的，该球员就必须使击球点保持在身体的侧前方；击球的后中部，同时向前上方挥动球拍；快速挥动拍头。

（二）辅助技术

辅助技术是指支持主要技术环节发挥作用的技术动作。它是除主要技术环节外的所有技术环节，由于辅助环节主要起辅助作用，它并没有严格规范，只需把握以下基本原则。

1. 击球阶段按照从下至上从内至外的发力顺序，以有助于球速的提高。
2. 以流畅的弧形引拍并转入击球阶段，以有助于延长加速轨迹并提高球速。
3. 击球时，沿着击球的方向跨出前脚，有助于击球阶段的重心前移。
4. 正手击球时，合理地转体发力，有助于球拍快速挥动并控制击球的方向。
5. 击上旋球时，应根据球的旋转强度，转入击球阶段时适当地降低拍头。
6. 保持击球点在身体的侧前方并采用合理适当地握拍，有助于球速的提高。

三、网球技术的发展趋势

网球技术在现阶段的发展中，表现出如下两个发展趋势。

（一）网球技术不断创新

网球技术不断创新发展，在双手反手方面，对反手的攻击力进行了加强，就反手攻击性来说，上旋球已成为反手攻击性上旋高球，这使得防反能力进一步提高。此外，鱼跃截击球技术双打比赛中的双上、扑抢网技术，快速起跳高压对付攻击性上旋高球等高难技术不断出现。

（二）网球技术打法朝着全面、力量、进攻型发展

由于现代网球比赛种类非常多，并且各种比赛所采用的场地也不尽相同，如果想获得比赛的胜利，就必须具备较强的进攻能力和掌握全面的网球技术。比赛场地的多样化，对运动员技术也提出了各种不同要求，如硬地球场，球速非常快，适合于进攻型打法，这种场地在很多大赛中采用；法国网球公开赛采用红土场地；英国温布尔登网球公开赛采用草地球场。此外，还有人造草地、合成材料的地毯等新型场地。不同场地类型，球速与球的弹跳规律也有差异，这使得运动员要采用相对应的跑动方式和步法。运动员只有掌握好全面的网球技术，才有可能在

不同类型的球场上获得优异成绩。

网球运动技术的打法可以分为两种，即进攻型打法和防守型打法。经过了一百多年的发展，网球运动训练水平也提高到了非常高的程度，球速越来越快，力量也越来越大。运动员若想在比赛中取胜，就必须采用各种各样的进攻方式来得分，但非受迫性失误是进攻的致命弱点，所以要掌握全面的技术，提高技术的稳定性，以此来减少和避免失误的产生。

随着网球进攻型技术的不断发展，网球比赛变得越来越激烈。就目前来看，网球打法趋向于发球力量大、落点刁、速度快；技术全面，特长突出；既要具有良好的底线技术还要具备上网截击得分能力；既要有强有力的高压球技术还要具备准确的破网技术；正手技术和反手技术逐渐趋于平衡，大都采用加力上旋抽击的抽球方式。

总而言之，网球运动正朝着技术全面的进攻型打法方向发展。此外，随着网球运动中科技的融入，新结构、新材料的球拍不断出现，人的思维也在不断进步，网球场上的竞争也将变得越发激烈。

第二节 网球运动的握拍技术

当球触到球拍弦线时，击球者的球感是通过握拍感受到的，不同的握拍方法具有不同的击球方法。正确的握拍方法会使你感到球拍是手臂的延伸和手掌的扩大，并且保证击球的效果和质量。没有最好的握拍，只有最合适的握拍，这取决于击球的需要。本节将介绍大陆式、东方式、半西方式、西方式、东方式反手和双手反手握拍法。

从球拍的底部看，球拍可分成上、下平面，左、右侧面及 4 个斜面。

一、大陆式握拍法

把食指的第一指关节放在斜边上，大拇指和食指组成“V”字形，虎口对准拍柄上平面。大陆式握拍法适合用来击打任何类型的球，但在发球、截击球、过顶球、削球以及防守球时采用这种握拍效果更好。拍面的角度几乎与地面垂直，所以仿佛在用拍框的侧面钉钉子一样。

优势：运用大陆式握拍法可以使发球或打过顶球时手臂自然下压，这样不但攻击的效果最好，而且给手臂的压力也最小。由于在打正手和反手球时不需要调整握拍法，因此大陆式握拍法也是打网前截击球的最佳选择，因为采用这种握拍法可以使攻防转换十分迅速。同时，它还适合于在防守时击打已到达身体侧面、击球点较晚的球。

劣势：用大陆式握拍法很难打出带上旋的击球。这就意味着击球点必须要比球网高，由于球在这一点停留的时间非常短暂，所以留下的击球时间就很短。另外，这种握拍不容易处理高速的落地球。

二、东方式握拍法

把食指的第一指关节放在右垂直面上，左撇子在左垂直面上。东方式握拍法同我们与对方握手的姿势基本一样。

优势：东方式握拍法可以被称为“万能握拍法”。采用这种握拍法，拍面可以通过摩擦球的后部击出上旋球，也可以打出有很大力量和穿透性的平击球。同时，东方式握拍法很容易转换到其他握拍方式，因此，对那些喜欢上网的选手，东方式握拍法也是不错的选择。

劣势：与大陆式握拍法相比，尽管东方式握拍法的击球点在身体前部要更高、更远一些，但它仍不适用于打高球。虽然东方式握拍法击出的球比较有力量和穿透性，但更多的是平击球，这就导致稳定性差一些，因此很难适应多回合打法。东方式握拍法不适用那些希望打出更多上旋球的选手。

三、半西方式握拍法

把食指的第一指关节放在斜边 2 上，左撇子在斜边 3 上。在职业网球中，底线力量型选手多采用这种握拍法。

优势：相对于东方式握拍法，这种握拍可以让选手将球打出更多上旋，使球更容易过网，也更好控制线路，因此，它很适合打上旋高球和小角度的击球。而且这种握拍还可以打出更深远的平击球。它还适合大幅度地引拍，强烈的上旋有助于把球打在场内。这种握拍在身体前部的击球点比东方式握拍法更高、更远，因此更有利于控制高球。

劣势：半西方式握拍法不适合回击低球。另外，如果从这种握拍转换到大陆式握拍法需要做很大的调整。

四、西方式握拍法

把食指的第一指关节放在下平面上。喜欢打强烈上旋的土场选手都采用这种握拍法。

优势：这是一种很“极端”的握拍，手腕的位置迫使拍面强烈地击打球的后部，从而产生更多的上旋。可以让击出的球恰好过网，但过网后它就会立刻下坠，而球在落地后还会高高地弹起，这就会迫使对手退至底线后回球。这种握拍法比其他任何一种正手握拍法的击球点都要更高、更远。正是因为西方式握拍法对高球的良好控制，许多土场选手和青少年都很青睐这种握拍法。

劣势：回击低球是此种握拍法的致命点。同时，需要以更快的挥拍动作给球加上必要的旋转，否则，击出的球既没有速度也没有深度。对于一部分选手来说，采用这种握拍法也很难打出线路较平的球。

五、东方式反手握拍法

把食指的第一指关节放在上平面上。

优势：同东方式正手握拍法一样，它可以给手腕提供良好的稳定性。打出的球可以略带旋转，或直接打出很有穿透力的球。而且，采用这种握拍法只要做非常小的调整就回到大陆式握拍法，这样选手在削球或在网前截击时都比较轻松。

劣势：尽管这种握拍法能很好地处理低球，但它不适合打高于肩部的上旋回球。

六、双手反手握拍法

右手是大陆式握拍法，握在拍柄的后方，左手是半西方式握拍法，握在拍柄的前方。

优势：适用于单手力量不足或双手具有良好协调性的选手。比起单手反手击球，双手反手借助肩部的转动和小幅度的挥拍来发力。因此采用双手反手来接发球的成功率比较高。这种握拍法还适合处理低球，而且在回球时力量很足。

劣势：因为是双手握拍，这就限制了跑动。另外，上网截击对许多双手握拍选手来说也是一件很头疼的事，在上网时会感到很不舒服。

七、握拍、击球点及击球时机

击球点与握拍方法有着密切的关系，一般来说，用西方式握拍法握拍时，击球点在身体稍靠前的位置上；用大陆式握拍法握拍时，身体应向后收，在稍后的位置上击球。此外，以握拍方法来说，西方式握拍法的击球点低且靠前；大陆式握拍法的击球点高而靠后；东方式握拍法正好在肚脐的高度击球，击球点大约在西方式握拍法与大陆式握拍法之间的位置上。了解自己的击球点很重要，可以用自己的球拍同别人的球拍合在一起互相推，或者用球拍推压球网，以找出最能发力，或者是最容易用上力的位置，这就是自己合适的击球点。按照自己击球的姿势，把肚脐的位置作为基准点，牢记击球点所在的位置。

初学网球时，体会击球瞬间球和身体的合适距离非常重要，这也是许多初学者的难点之一。如果击球的位置离身体太近，拍头往往下垂，无法发力，有被球"挤着"的感觉。这是由于对来球的方向和速度判断不准确，导致脚步移动的误差，造成不能在合理的击球点上击球。与此相反的是"捞球"，是由于移动不到位或判断失误，造成击球点离身体太远。因此，初学者必须提早引拍、小步积极调整、加强对球反弹轨迹的了解和预判能力的训练，就能找到合理的击球点。

与击球距离一样，击球的时机也是新手感到困惑的技术，许多初学者往往由于没有控制好击球时机，造成击球失误，并造成合理击球技术的变形。按照规则，球过网后到第一次落地，弹起上升到最高点，然后开始下落直至第二次落地，在第二次落地前击球都是合法击球。在底线击落地球时，最适宜的击球点是在相当于身体腰部高于或略低于腰部的位置上，而在球第一次落地至球弹跳后第二次落地的过程中有两个弧段在此高度（A 段和 C 段），如图 11-1 所示。高水平选手击球的时机大多选 A 段附近，迎着球上升的趋势将球回击过去，为的是争取进攻的时间及力度，称为"抢点击球"。抢点击球虽然是打网球的一大要点，但初学者往往很难做得到，因为它需要极好的球感、极快的反应、迅捷的步法移动及很强的与球相对抗的能力，这些素质在很大程度上要依靠长期的训练才能具备。一般人都会自觉地选择在 B 段击球，但处于 B 段的球却往往已在击球者肩部附近的高度上了，常打球的人都知道，在此高度击球是很别扭很费力的。

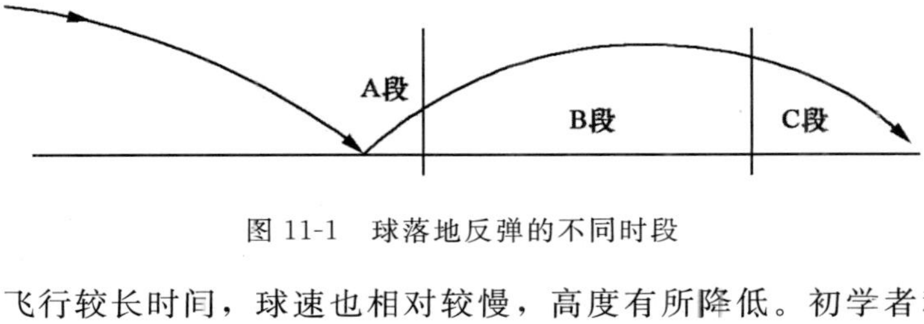

图 11-1　球落地反弹的不同时段

球在 C 段时已飞行较长时间，球速也相对较慢，高度有所降低。初学者和普通网球爱好者选择 C 段，也就是在球处于下降趋势时将球击回去比较安全稳妥，这是初学者必须注意的问题，选择好击球时机对初学者至关重要。如果职业选手选择 C 段是相当消极的打法，因为球员经常需要不断地后退，这样不仅增加了发力的难度，也扩大了球员跑动的范围。

第三节　网球运动的站姿及步法

一、站姿的种类及要求

（一）开放式击球站姿

特点与作用：这是西方式、半西方式正手握拍选手多采用的击球站姿，因双脚是侧向自然分开，所以当移动击球时速度更快。拉拍、挥拍时腰和肩的扭转幅度大，使得腰部的发力更为充分。

动作要点：双脚侧向自然分开并侧身击球，决定右脚位置的同时，必须扭转上半身使左肩朝前，同时往后拉拍。挥拍中，身体重心必须从右往左移动，为此，右脚要向后蹬地，打完球后，可利用此力量回到中场。

（二）关闭式击球站姿

特点与作用：关闭式击球站姿多用于东方式、大陆式握拍的选手，因双脚是前后方式站立，以左肩朝前的姿势往前挥拍，所以，挥拍送球时间较长，击出的球较深。此种站姿对于初学者侧身拉拍的习惯动作养成有很大帮助。

动作要点：左脚向右前方上步，右脚向右转 90°与底线平行，同时转肩转髋带动右手向后摆动引拍。侧向跨出的同时，拉开球拍，以左肩膀朝前的姿势往前挥拍，挥拍时身体重心必须是从右脚向左脚移动，腰和肩的扭转越大，越能获得力量和速度。

二、移动步法

移动是为了在正确的击球点上击球，只有移动到位才能合理地把球击出，获得好的击球效果。要想准确、有效地击球，就必须依靠正确、合理的移动步法，使自己快速移动到合适的击球位置，也就是根据对方的来球方向、速度、高度等因素，通过步法快速移动到最佳击球点，以完成高质量的击球。打球时，最好让自己兴奋起来，在准备时始终处于微微的脚不离地的跳动状态——脚前掌着地，脚后跟微微抬起，屈膝，左右摇摆，以待随时跑出迎接来球。网球有“网球是用脚打球”的说法，说明双脚积极移动对打好网球的重要性。但真正理解这种说法的人却不多，常见有双脚站着不动、总是启动慢、缺乏小碎步调整，或退身打球、边跑边打，还有的类似于羽毛球的同侧跨步救球等一些非正规的网球步法。

（一）网球移动步法分类

网球移动步法讲究灵活、实用，主要包括自然的跑步、跳步、交叉步、滑步、分腿垫步等。

1. 跳步

准备时双脚左右开立，膝关节弯曲，降低身体重心。判断对方击球意图后，双脚蹬地，稍微跳离地面，落地时双脚与肩同宽，重心放在前脚掌上，肌肉保持适度紧张。跳步能为身体向任何方向的快速移动做好准备。此步法常见于接发球与截击准备中。

2. 交叉步

双脚呈交叉状向侧面跨步移动。向右移动时，先向右脚前跨出左脚，向左侧移动时，先向左脚前跨出右脚。此步法较常用于处理距离较远而需要做出大幅度移动的球。

3. 滑步

两脚平行站立，向左滑步时左脚先向左侧迈出一步，右脚同时蹬地迅速跟上做滑步动作。滑步移动时身体重心变换快而移动速度较慢，通常在来球距体侧较近或短距离回位时可采用滑步移动。

4. 跑步

跑步特点是移动速度快，便于随时改变方向。跑步时一脚蹬地起动，另一脚迅速向前跟上，两脚交替进行，两臂配合摆动，避免过早做出击球准备动作。

5. 综合步

两种或两种以上步法综合运用称为综合步法，在比赛中运动员经常根据移动需要而恰当运用。

（二）移动步法的练习方法

很多人练习网球只注意手上的技术，忽视脚步的移动，这是制约网球技术提高的重要原因。合理的“人与球”距离是每一次良好击球的基础和保障，击不准球和发不出力，很多时候和脚步移动不到位有关。步法练习也是网球技术的重要内容之一，没有合理恰当的步法移动，再精湛的击球技术也无法体现。在步法练习之前，须先关注和步法移动紧密相关的要点。第一，启动，良好步法的重要前提是启动步，不同情况下的启动步法有所区别。在底线相持时，启动是在正确的身体准备姿势下，重心放在两脚之间，偏向前脚掌。活球状态中，脚下始终保持着“小碎步”及在对手击球触球前的“小垫步”，在“小垫步”后应立即转为一组连续的移动。在接发球时，启动是在正确的身体准备姿势下，对手发球击球瞬间，向前一个小跳步，双脚分立，重心仍然在两脚之间并压在前脚掌上。第二，必须明确不是跑得快就是好的步法。在预判下的及时、合理的步法，才是需要的步法。步法移动中最关键的环节当属接近来球的最后一步，以此来控制人与球的合理距离，并决定采用什么站位击球。

1. 启动接球

练习目的：提高盯球的注意力和快速启动能力。

练习方法：两人一组，面对面相距3～4米站立。一人直立两臂侧平举，双手各握一个网球（手心朝下），对面同伴做好启动的准备姿势（持拍击球的准备姿势）。练习时，持球者随意放开其中一个网球，同伴根据判断立即起动，在下落的网球第二次落地前接住。练习者可以画线作为标志，根据反应效果调整两人之间的距离。

练习要点：注意力集中，重心降低，快速启动，接球时站稳。

2. 小碎步练习

练习目的：提高脚步移动的敏捷性及快速摆脱静止状态的能力。

练习方法：双脚保持不停地倒换小碎步，想象自己的脚下有一火堆，脚一碰到地就要马上抬起，可持续30秒至1分钟。

练习要点：适当放松全身肌肉，保持较低的身体重心，重心平稳。

3. 跑动摸球练习

练习目的：提高底线快速移动能力。

练习方法：同伴在发球线与中线交叉的“T”位置，手拿2～3个球，练习者站在底线中点位置，送球者按照正手、反手、再正手和反手的顺序，将球从地面上滚送到单打边线与底线交叉部，练习者每次必须用手接到地滚球后将球滚送回同伴，并回到中心位准备。可根据练习者体能状况设定送球组数，也可不按规定顺序进行送球。

练习要点：送出的球要贴紧地面并有一定的速度。练习者可运用交叉步或滑步移动，触球时要通过弯曲膝关节来降低身体重心，用持拍手触球。

4. 凌空抛接球练习

练习目的：加强网前截击及高压球步法移动能力。

练习方法：两人面对面站立，相距2～3米，抛球者随意将球抛向练习者前方，练习者运用网前截击步法凌空将下落的球接住，然后将球送还对方。送球者也可将球抛高，练习者运用高压球技术将球接住。

练习要点：抛球者可抛出前、后、左、右不同位置的球，使练习者积极移动起来，练习者应用自己的持拍手接球。

5. “W”字冲刺练习

练习目的：提高改变前进方向的能力及后退与前冲的速度。

练习方法：从左侧网柱开始，背朝底线，向近侧单打边线和底线交界处全速后退，到目标位后急停，然后向中心网带冲刺，到位后再急停，再向另一侧单打边线和底线交界处全速后退，急停后再快速跑向右侧网柱。

练习要点：急停时要控制住速度，改变方向时必须做到直线变向，不能绕环变向。

6. 正手击球步法练习

练习目的：了解正手击球时的步法。

练习方法：练习者肩向右转动，同时以右脚为轴向右转动，身体重心移至右脚，然后使左脚自然向前跨出，置于右脚前方，如此完成正手击球的步法。可反复练习。

练习要点：脚步移动配合重心转移进行。当左脚置于右脚前时，要求托拍手离开球拍颈部并指向前方，右臂置于身体右侧位置。

7. 反手击球步法练习

练习目的：了解反手击球时的步法。

练习方法：以左脚为轴，向左转动并将右脚迈至左脚前，此动作即完成了反手击球步法。

练习要点：当右脚迈出后，身体重心应落在弯曲的右腿上。可反复练习。

8. 移动击球步法练习

练习目的：了解和熟悉各种移动步法与击球步法的衔接与运用。

练习方法：正手击球时，向右转体（反手击球向左转），可同时采用自然跑、滑步、交叉步等移动步法跑至击球位置，最后一步完成正手击球（或反手击球）步法。

练习要点：采用合理移动步法跑至击球位置并与最后一步击球步法有机结合，做到先大步后小步，先快速后慢速接近球。

三、击球步法

通过移动步法接近球后，还必须采用合理的站位，才能得心应手地打出各种好球。击球步法是移动调整到位后，最后完成击球动作时所运用的专门步法。需要说明的是，在移动中身体重心的控制至关重要，在进行后摆、前挥、随挥等动作时，如果不能很好地掌握身体重心，就会影响移动步法的实施效果，就不能做到正确地挥拍。在击球时，重心移动的关键在于支撑脚位置的确定，有利于身体重心的控制，有利于另一脚的移动和摆放。正确的步法是提高击球技术水平的保证。

（一）网球击球步法的分类

1. “关闭式”步法（以下均以右手持拍为例）

“关闭式”步法击球时要充分利用身体重心的前后移动来打球，因此一定要保证向前迈步击球的步法。一般常采用的“关闭式”步法为侧身迎接来球，击球前重心在右脚，击球时重心移至左脚。

2. “开放式”步法

“开放式”步法主要用转肩的力量来击球，故击球时重心落在右脚上，在右腿蹬地、转腰、发力之后，支撑力量转到左脚上。

3. “半开放式”步法

“半开放式”步法调整脚步时，左脚介于“关闭式”和“开放式”之间。击球时，发力基本同“开放式”步法，支撑点在右腿的内侧，蹬地、转腰、发力之后，支撑力量转到左脚上。

（二）网球击球的步法特点

各种击球步法使用介绍及练习：当今网坛，“关闭式”多见于单手反手选手的反手击球。正手和双手反手击球大量使用“开放式”和“半开放式”步法，这两种步法回位快；而“关闭式”步法在回位的时候，要增加一个回撤步，速度比其他步法慢半拍。

1. 正手击球的步法特点

东方式正手击球要充分利用身体重心的前后移动来打球，因此一定要保持向前迈步击球的步法，一般常采用“关闭式”步法。侧身迎接来球，击球前重心在后脚，击球时重心移至前脚。

半西方式和西方式正手击球时，主要用转肩甩拍的动作来提拉上旋球，常采用“开放式”和“半开放式”步法击球。

2. 反手击球的步法特点

单手反手拍击球时，右脚要跨过左脚，保持背对来球，常采用“关闭式”步法。双手反手击球一般有三种击球步法，即“关闭式”“开放式”与“半开放式”步法。这三种步法都要充分转体侧身，尽量以下颌在肩膀之上为标准，转身带动球拍挥击来球，击球时重心移至右脚。

3. 发球的步法特点

发球时，不论是在右区或在左区发球，都要保持左脚的脚尖指向右网柱，并且两脚尖的连线指向相应的发球区。另一种是后脚靠近前脚的发球步法。随着上举球拍的结束，准备向上击球之前，让后脚靠近前脚，平稳地向前移动重心，保持双脚同时向上发力击球。

4. 截击球的步法特点

基本有三种截击球步法，一种是恰好在击球位置的来球，同“关闭式”步法一样，向前跨出脚，侧对来球迎着击球；一种是稍远离身体的来球，采用一脚跨过另一脚的步法击球；还有一种直接奔向身体的来球，要迅速后撤左腿或右脚，再用后撤腿顶住身体重心前移来挡击球。

5. 高压球的步法特点

高压球时一定要保持侧对来球，右脚与底线平行，左脚尖稍指向右网柱。常用的高压球步法有两种，一种是向后侧滑步法，一种是侧后交叉移动步法，基本到位后，采用分腿垫步调整。

第四节 网球运动的基本技术训练

一、正手击球

正手击球指的是在本人握拍手同侧的地方对落地球的打法，它是网球基本技术中最常用的击球方法，也是初学者最先学习的技术。据统计，一场比赛正手击球的使用率可以达到70%以上。正手击球技术的特点是动作舒展，击球有力，速度快，控球好，容易学习。在比赛中，应力求获得正手击球机会，正手击球后，可使本人在场上的位置更有利。

（一）正手击球的基本组成

正手击球技术由准备姿势、转体引拍、挥拍击球和随挥4个基本环节组成。

1. 准备姿势

面对球网，双脚向前自然分开与肩同宽，双膝微屈，身体略向前倾，重心落在双脚的前脚掌上，右手握拍，左手轻托拍颈，双肘微屈，球拍舒适地放在身前，拍头稍高于拍柄并指向前方，两眼注视对方来球，作好击球准备。初学者要注意左手的作用，左手要扶住拍颈或用双手握拍法握拍，这样既可减轻右手的负担，还可以帮助右手快速变换握拍方法及做出向后转体引拍动作。

2. 转体引拍

当判断来球需用正手回击时，转肩转髋带动右手向后摆动引拍，此时，双脚可采用“关闭式”“开放式”或“半开放式”步法。引拍时肘部弯曲，自然下垂，拍头一般应高于持拍手，手腕放松，左手伸向前方，保持身体平衡。后摆引拍时身体重心移向右脚。引拍结束时，球拍对着后面的挡网。初学者特别要注意做转体转肩的动作，保证引拍充分，避免只用手臂去打球。

3. 挥拍击球

向前挥拍击球时，应蹬地发力并向左转动身体，以左侧身体为轴，持拍手大臂带动小臂，沿着来球的轨迹迎前挥击。在击球时，手腕应固定，拍面垂直于地面。击球点一般在身体的右前方，与腰齐高或稍高于腰，击球高度可通过屈膝、调整身体重心高度来调节。大部分挥拍是自下而上地挥动，从而使球稍带上旋。初学者应注意，挥拍击球时眼睛要牢牢盯住球，直至球拍将其击中，否则，往往会导致无法用球拍中央的“甜点”部分击球，而将球打在球拍的边框上，严重影响击球的效果。对于初学者而言，能控制拍面，使拍面对着击球方向最为重要，因为触球瞬间拍面所对的方向也就是球的飞行方向。

由于拍面触球时方向的不同，导致击球落点的大相径庭。良好的击球一定是拍面对着击球方向，并要保持拍面角度的不变和稳定向前上送。

4. 随挥

球触拍后，使拍面平行于网的时间尽量长些，挥拍沿着球飞行的方向前送，重心前移落在左脚，身体也随着转向球网，挥拍动作在左肩上方结束，肘关节向前。随挥结束，立即恢复准备姿势，准备下一次击球。初学者应注意，随挥动作是击球动作的有机组成部分，能使击球动作变得流畅、协调和舒展，更能保证击球的力量和控制球的飞行弧线和落点。

（二）几种不同的正手击球方法

网球正手击球从球的旋转性能分类，有上旋球、下旋球、平击球、侧旋球等不同旋转的打法。网球来球的方向、力量、旋转速度与方向，击球时的挥拍路线，触球时的拍面角度等因素影响着击球后球的旋转方向和飞行轨迹。不同的击球方法会导致不同的飞行轨迹和反弹效果，见图 11-2。可以根据场上情况，自如运用各种击球方法，掌握比赛的主动权。

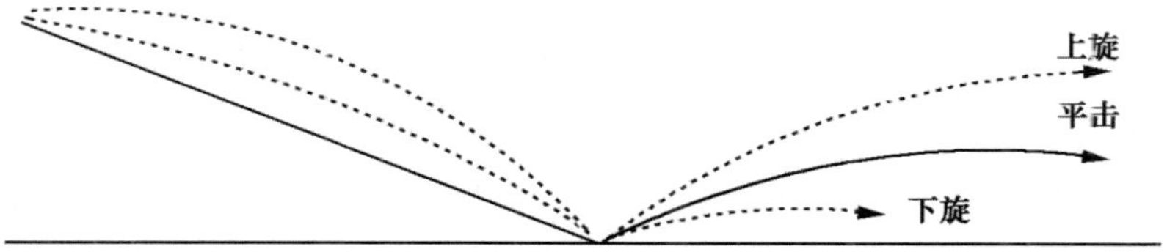

图 11-2 不同旋转方式的球在空中飞行及落地后弹跳弧线示意

1. 正手上旋球

（1）技术特点

上旋球的飞行路线呈向上弧线而后迅速下降，落地后反弹很高很远。上旋球的形成是由于球拍向上摩擦整个球体，使球产生上旋。由于球旋转速度快，球运行的弧线轨迹明显，俗称“弯月球”。这种打法是在击球时加大向上提拉挥动的幅度，使球产生较为急剧的上旋。上旋球的特点是飞行幅度高，下降快，落地弹起的反射角度较小，前冲力较大。打上旋球最大的好处是便于加力控制，是正手击球中既能发力，又能减少失误的击球方法，因此，正手上旋球是目前网球选手普遍使用的击球方法。上旋球还是破坏对方上网的有力武器，较低的上旋球落在对方上网人的脚下，使其难以还击。

（2）动作方法

当判断来球需要用正手回球时，要快速转肩引拍，持拍手臂放松向后引拍，引拍应是直接向后的，球拍指向球场后端的挡网，拍底正对球网，拍头高于手腕，双脚与底线平行（“关闭式”步法左脚在前），左肩对着击球方向，尽量保持侧身击球，同时，左手一定要随着侧身转体指向前方的来球。击球时应以肩关节为轴，用力蹬腿，转动身体，手腕固定，在身体右前方由下往上击球。击球时拍面与地面垂直，眼睛看着击球点，左手留在前面以获得左侧支撑，用大臂带动小臂。球拍触球后，拍面向着击球方向前送的时间尽量长些，同时保持拍面对着击球方向，重心前移，拍头随着惯性挥到左肩上方，肘关节向前。随挥结束后，应立刻恢复到准备姿势。

由于现代网球普遍采用上旋击球的方法，有必要做进一步分析和解释。究竟是什么力能使网球产生强烈的旋转呢？由于拍面与球撞击时拍线发生弯曲而下凹，部分球体被拍线兜住，如果这时向斜上方挥拍，位于球体下半部的弯曲拍线的弹性力就会大于上半部弯曲拍线的弹力，其结果，弹性力的合力就会向上偏离球心。弹性力偏离球心的距离虽然小于摩擦力偏离球心的距离（即球的半径，摩擦力沿球面的切线方向），但弹性力强度却远远大于摩擦力，它所产生的转动力矩也就远比摩擦力的力矩大。使球产生旋转的主要是这个力。怎样才能打出强烈的上旋球呢？首先必须像打平击球一样用力向前击球，将球“击入”拍线中，使球拍能“吃”住球；与此同时，即在球拍触球的同时，迅速将球拍向上拉起。向前、向上的动作要连贯流畅、一气呵成，形成一个球拍“兜住”球向斜上方发力的过程。仔细观看那些世界级高手打上旋球可以看到，他们在用力向前挥拍击球的同时，常常有一个用手腕带动小臂迅速向上转动的动作，这样的动作就很好地体现了上述要求。有的人在打正手上旋球时过分着力“上拉”忽视了向前用力“平击”，结果球拍“吃”不住球，上拉力也就无法作用于球上，击出的球软弱无力而落网，以为是“上拉”不够，事实上这不是“上拉”不够，而是“平击”不够造成的。

（3）动作要领

①引拍后手腕向后翻转与手背形成一定的角度，击球前拍头有个明显的下降过程，进而能够充分向上提拉拍头。

②击球时，眼睛始终盯住球，头部保持正直，当决定用正手击球时，应及早转肩向后引拍。

③击球时，利用腰的扭转，使右肩向前转出，身体转动明显，最后由手臂带动球拍甩出。

④击球后手腕由向上转而向内做压手腕和抬肘的动作，最后把球拍挥至左侧的身体。击球部位在球的中部或中部偏右位置。

2. 平击球技术

（1）技术特点

平击击球时拍面与球接触几乎不产生分力，球沿着垂直于拍面的方向飞出（图 11-3 为三种不同拍面、不同用力及球不同旋转方向示意图）。事实上，纯粹的平击是没有的，只是或多或少地带有些上旋或下旋。其特点是速度快，着地后反弹较低，易于控制球路，比较适合初学者练习。在底线对拉相持中，如果平击球技术处理得好，不仅可以为进攻创造条件，而且还能直接得分。由于平击球的飞行路线平直而缺少弧线，发力击球时容易下网和出底线，一般击球点在高于球网时才比较适合打平击球。初学者利用简捷挥拍动作，水平“碰击”球即可，动作简单易学，有利于学习者球感的提高和体会网球“整体”击球的感觉，容易打出有一定速度和较稳定的击球，能有效增强学习网球的信心。随着球感、移动和身体整体协调击球能力的提升，逐步掌握拍面、挥拍轨迹、击球点等对球的控制后，就可以学习各种旋转球技术了。

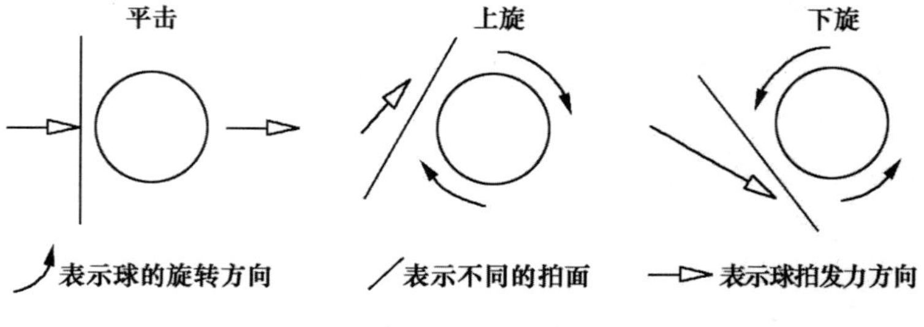

图 11-3　球的不同旋转方向示意

（2）动作方法

平击球动作方法基本同正手上旋球，主要区别在平击击球时手腕固定，挥拍方向和出球方向一致，表现为推送球。

（3）动作要领

①几种握拍方法都能打出平击球，东方式的推送动作，更能体现出平击球的特点。

②由于球沿着垂直于拍面的方向飞出，击球方向和出球方向基本一致，挥拍时持拍臂不应向上太多，这样能压住球并控制好球过网的高度。

③充分利用蹬腿和腰部的回转力量及肩部积极前送，带动手臂的推送或手腕甩动。

④击球瞬间手腕握紧。

3. 下旋球技术

（1）技术特点

这是挥拍路线由上方向下前方的切削击球法，其飞行的弧度低，着地后反弹亦低，并向前飘行。在正式比赛中，利用正手打下旋球是比较少见的，一般在回接对方大力发球或防守移动不到位的情况下常采用这种击球方式。利用正手下旋球，可以做到在对方来球落地弹起后的上升期击球，所以回球速度快，也可以利用正手下旋球改变场上的比赛节奏，缩短对方连续回击球的准备时间，为争取主动创造条件。

（2）动作方法

判断来球后，身体做约45°的转体引拍，引拍幅度小于正手上旋球。击球时，挥拍由后上方向前下方挥击，球拍稍向后倾斜，击球后下部，使球产生下旋。击球后，应向击球方向做随送动作，使球向前飘行。

（3）动作要领

①判断来球，及早做出准备，在球弹起后的上升期击球（初学者可选择下降期击球）。

②后摆动作小，略像网前正手截击动作的拉拍，击球时，拍面几乎和地面垂直。

③击球点在身体侧前方，击球时身体重心随挥拍动作一起向前。

④如果来球是上旋，跳得较高，球拍应击球的中部，向前向下推切用力。如果来球是下旋，跳得较低，球拍应击球的中下部，向前向上推切用力。

（三）正手击球易犯的错误与纠正方法

错误1：击球时右脚前踏。

纠正方法：跑动及时主动，养成右脚踏在击球点后再跨出左脚击球的习惯。

错误2：击球时直腿直腰用拍捞球。

纠正方法：可采用“坐凳击球”的方法，拉拍后引肘迫使自己屈膝，好像坐在凳子上一样，然后击球。

错误3：不能把球打在拍子的中央“甜点”部位。

纠正方法：集中注意力，努力盯住来球直至将球击出。

错误4：后摆过度造成手腕后撇。

纠正方法：后摆动作结束时，球拍指向球场后方挡网；向后引拍时，在击球臂腋下夹一个网球，引拍时保证球不落地。

错误5：只用手腕的力量击球。

纠正方法：强调蹬腿、转体，协调用力，用躯干带动手臂击球。

错误6：击球手臂仅挥至胸前或腹前，向上挥拍不够。

纠正方法：要尽量向前上方随球挥拍，直至拍头向上，肘关节向前，强化左手在左肩上方扶拍动作。

错误 7：引拍慢，击球点靠后。

纠正方法：提示球在过网前，就要提前引拍，并不断击打教练送来的前点球，养成重心前移，向前击球的习惯。

二、反手击球

反手击球和正手击球一样，也是网球技术中最常见的击球方法。初学者一般先学习正手再学反手，这是因为，用右手的人习惯于在身体的右侧做事，正手的拉拍动作既方便又容易，身体向右转动已成习惯。正手有了一定的基础，对球的弹跳规律已熟悉，再学习反手就比较容易。反手的许多动作要领与正手相似，只是方向相反。由于底线反手抽击球的力量较正手小，同时，大部分学习网球的人反手练习时间和强度均小于正手击球，因此反手击球在比赛中都被对方当作弱点来对付，如果底线反手击球技术掌握得好，就能在比赛中扭转被动局面，提高球场控球能力。

（一）反手击球的基本组成

反手击球分为单手反手击球和双手反手击球。每个人根据自己的力量和习惯采用单手反手或双手反手击球，两者击球技术都是由准备姿势、转体引拍、挥拍击球和随挥四个环节组成。

1. 准备姿势

准备动作与底线正手击球准备动作相同。单手反手选手左手扶住拍颈，便于调整握拍，双手反手选手采用双手握拍法。

2. 转体引拍

当判断对方来球飞向反手侧而决定打反手球时，应立即转肩，单手反手选手应在左手的帮助下迅速完成反手握拍动作，并转肩带动球拍向左后方摆动。同时，左脚掌转动，右脚随着身体左后方转动做向前方上步动作，成“关闭式”步法，并使右肩或右背对网，拍柄底部对着击球方向，全身自然放松，注意力集中，单手反手选手握拍，手肘关节弯曲并贴近身体。

3. 挥拍击球

向前挥拍击球时，应蹬地发力并向右转动身体，以右侧身体为轴，沿着来球轨迹迎前挥击，球拍由后下向前上方挥出。在击球时，手腕应固定，拍面垂直于地面。击球点一般在身体的左前方，与腰齐高或稍高于腰，击球高度可通过屈膝，并调整身体重心高度来调节。初学者应注意，当向前挥拍击球时，朝着球网一鼓作气地回身转腰，手腕紧锁，在将要击球时刻，身体重心由后脚移向前脚，使身体重心顺畅地移到击球中去。

4. 随挥

反手击球动作由于腰的扭转，击球后身体面向球网，为了控制球，球拍跟进动作应向上挥到肩或头部的高度，同时保持身体平衡并准备下一拍的击球。

（二）常见单手反手技术

1. 单手反手上旋球

（1）技术特点

单手反手技术对击球手臂力量要求较高，男子使用人数大于女子。反手上旋球也称进攻性反手击球，击球力量大，球在空中的运行路线与落地后的轨迹，与正手上旋球相似。运动员如能熟练掌握单手反手上旋球技术，就能在比赛相持对拉时争取主动，给对手出其不意的进攻，为进攻得分创造有利条件。

（2）动作方法

一旦判断决定打反手球，应立即向左转肩，并由转肩带动球拍向后，在左手扶拍颈的帮助下调整为反手握拍法，同时脚掌转动，重心移向左脚，侧身对网。球拍后拉时，拍头稍高于来球，右肘部自然靠近身体。开始向前挥拍时右脚向左前方跨一大步，成“关闭式”步法，跨步能使身体重心跟进并保持平衡，同时要保持屈膝，弯下上身。拍头自然向下后，向上挥击球，打出带上旋的反手球，击球点在跨出脚的前面。击球后手臂应自然向前上方挥到尽头，随着腰部的转动，面部重新转过来朝着球网的方向，此时球拍大致停于右侧高处。每击完一次球后，应马上恢复准备姿势以迎击下一次来球。

单手反手开放式多用于接发球和移动中的击球。单手反手开放式的转肩要点和关闭式差不多，区别在于是否能充分转肩，单手反手开放式的重心开始多在左脚，对右脚的位置要求并不高。

（3）动作要领

①单手反手的准备很重要，能不能打好单手反手球，往往就看能不能充分引拍准备。

②球拍由后下向前上击出，前挥时手臂保持一定的弯曲，直到随挥结束后才伸直，击球点在左前方，拍触球时手腕绷紧，拍面与地面垂直，要利用转体和转肩的力量击球。

③随挥是沿着球的飞行方向前送，重心移到前腿，身体转向球网，拍头随着惯性挥到肩的另一侧上方。

2. 单手反手下旋球

（1）技术特点

反手下旋球也称防守性反手击球，俗称“削球”。由于削球容易掌握，回球不易失误，为许多初学者、中等水平和资深网球爱好者所喜爱，如果掌握了反手削球技术，对于扩大击球范围和击球的稳定性很有益处。反手切削球一般来说是防御性的，当对手大力发球或扣杀，自己无法用上旋球和平击球进行反击时，选择切削打下旋球来过渡是比较明智的打法。在网球比赛中，切削战术虽然无法带来直接制胜分，却是一个由守转攻造成对手回球质量下降的很有效的手段。另外，当来球反弹高于肩部时，用削球来回击亦是很适宜的。削球也能成为进攻武器，它可以在一个上旋球后，使用下旋球，改变比赛节奏，并打出平而低、落点多变的球，使对手不易还击。削球动作小，主要是借对方来球之力将球削出。即使是在身体平衡遭到破坏的情况下，也仍然可以打出削球来。此外，反手双手击球的选手，当来球很远时，也可以双手变单手，采取反手削球的回击方法，从而扩大防守范围，有效地将球击回对方场地。一般来讲，反手削球属于防守性技术，但根据其使用方法的不同，它也可以成为一种很得力的攻击手段。比如，在实战中，遇到对方上网时，可先将球削到对方脚下，迫使对方无法反攻而只能回一般的高球，然后再狠狠地向对方发起猛攻。能打出下沉球的削球技术，既可以在向前截击时使用，也可以在接发球时使用。还可以利用削球的后摆动作与反手击球相同的特点，出其不意地削出网前小球。因此，很好地掌握削球，无疑将扩大击球范围、提高竞技水平。

（2）动作方法

反手下旋球的握拍宜采用大陆式握拍法。当准备打反手下旋球时，左手扶拍颈向左后引拍，拍头应高于手腕，肘关节抬起，远离身体，拍子和手腕在击球点的后上方，拍面稍打开，手腕固定。在右脚向左前方跨出的同时，向前下方挥拍击球的中部或后下部，重心须随球拍前移，以加强击球速度和力量。击球点在跨出脚的前面，触球时机可比反手上旋球和平击球稍晚，眼睛盯住球。让球拍随着球击出的方向继续向前下方挥出，应让拍子向前平稳运行一段距离后，再自然地将拍子随挥到一定高度结束，不要突然停止或急于把球拍提拉起来。

（3）动作要领

①直线向后引拍，抬起肘关节使其离开身体。

②向下向前挥拍，切削中必须含有向前推的动作成分。

③尽可能使球拍与球有较长的接触时间。

④随挥须随球送出球拍，并自然地在高处结束。

（4）反手削球的几种打法

①压削：一般是对付对手拉出的弹跳较高的上旋球。此种削球方法，要注意的是拍头要高于击球点，拍面相对要与地面接近于垂直，挥击球拍运行轨迹是由后上方向前下方挥动。

②平削：一般是采取削击球进攻的一种打法。击球点的高度多选择在腰部高度左右，拍头略高于击球点，拍面稍微仰起一点。球拍运行轨迹主要是由后向前挥动，接近于平击球动作，不同的是平击球是接触球的中上部位，而平削是接触球的中部偏下。

③切削：一般是用来防守的手段，此种打法是缓和对手进攻的压力，给自己以防守还原的时间。拍面仰起角度稍大，球拍运行轨迹是由后上方向前下方挥动，有向前下方切的感觉，接触球的中下部位置，球速较慢。

3. 单手反手平击球

（1）技术特点

反手平击球是指以反手击球方法击出不旋转或略有旋转的球。反手平击球的特点与正手平击球基本相似，球速快，球的飞行路线比较平直，但击球的准确性较差，容易下网或出界。

（2）动作方法

反手平击球打法的准备与引拍同反手上旋球基本一致，只是东方式反手握拍的转动幅度略小于上旋球，球拍后摆幅度也较上旋球小。击球时，手腕绷紧，拍面几乎和地面垂直，挥拍路线向前较多，使击出的球沿垂直于拍面的方向飞出，左臂自然向后展开，维持身体平衡。击球后，球拍应随惯性挥至右肩上方。

（三）常见双手反手击球

1. 双手反手上旋球

大部分学习网球技术的人都有这样的体会：自己的反手技术不及正手好，这和正手技术击球次数多、反手击球次数少有关。由于开始学习的技术往往是正手技术，因此一般的业余选手大多采用“正手攻击，反手防御（以削球为主）”的打法。当今，优秀网球选手一定是技术全面的选手，压迫性、进攻性打法成为比赛主流，进攻就是最好的防守，反手的攻击性打法已成为球员必须掌握的一项基本技术。

（1）技术特点

目前世界上大部分网球运动员采用双手反手技术。双手反手握拍技术具有准确、隐蔽、有力、动作变形小等特点。双手反手击球能像正手击球一样，打出高质量、高难度、高速度的进攻球。对于初学者来说，由于双手握拍容易固定球拍拍面，击球更容易掌握。双手反手击球不论来球高低，都便于对球施加上旋，发力击球也比较容易弥补反手击球力量不足的弱点。双手反手的弱点是控制范围小，脚步移动要求更快。

（2）动作方法

一旦决定反手击球，尽早转体引拍，拍面要稍开一些，右脚向边线方向迈出一步，使身体形成侧身对网，把身体重心移到左脚，此时两膝微屈，重心略下降，右肩前探，下颌靠近右肩。开始向前挥拍时，要积极蹬腿转腰，两臂协调一致用力前挥，前挥是平滑而连贯的动作，将球拍伸入球的下面击球，积极使用左手力量，眼睛始终盯球。用手臂由低点向前上挥拍，身体重心前移。随挥动作是由转动上体、使后肩向着球飞去的方向绕出而完成，把拍带到身体另一侧，在高处结束随挥动作。

（3）动作要领

①双手反手击球前的准备站位姿势，一般采用关闭式步伐、身体侧向来球。

②双手反手的向后引拍要简单，幅度要小。手臂要随转体自然向后拉拍，尽可能地保持两条手臂贴近身体。保持拍柄底部正对着来球，并可以从右肩的后面看到来球。

③引拍结束后，应保持腰部扭紧，重心平稳，同时收紧下颌。

④向前挥拍时，一定要靠重心前移，带动转体前挥球拍。在挥拍的过程中，尽量保持拍面持续垂直地面，并沿着由下向前、向上的轨迹挥动。

⑤击球点的位置一定要固定在体侧，离身体约一个球拍的距离。

⑥球拍触球时，右臂伸直，拍面垂直地面，并有向前推击的感觉，同时保持收紧下颌，眼睛盯住球。

⑦随球动作要充分向前、向上、向右外上方挥去，环绕至右肩上方。

⑧挥拍结束时，重心落在前脚上并保持后脚与地面接触，后脚鞋底正对后面的挡网。

2. 双手反手平击球的主要特点

充分利用腰回转和腿部力量，整个手臂挥动要快、用力要集中，击球拍面几乎垂直地面，球拍击球正后部直接将球击出。挥拍击球的路线是从后向前上方较平缓地挥击，不应过于向上，便于压住球并控制好过网高度。

（四）反手击球易犯错误与纠正方法

错误 1：转肩不到位，转体不充分。

纠正方法：

1. 多做徒手的转肩、转体练习，体会大幅度转动时肌肉的感觉。

2. 从转肩、转体的姿势开始，反复击打定位球，逐渐形成正确的动作技术。

3. 移动击球练习时，要送球速慢、反弹小、靠前的球，保证练习者有足够的转肩、转体时间。

错误 2：触球太晚，球靠身体太近。

纠正方法：

1. 加强步法练习，提高脚步移动到位率。

2. 反复做判断落点的移动练习，让反弹球控制在身体的前方。

3. 反复进行反手定位、定点练习，巩固合理的击球位置。

错误3：站着击球，击球点太高。

纠正方法：

1. 从坐凳或低位引拍开始，进行定位球的击球练习。

2. 做挥拍练习时，在击球点位置拉一条橡皮筋或其他标志，强化降低重心和降低击球点的训练。

3. 多打短而低的移动球，强化向前跨步和降低重心的击球训练。

错误4：全身动作不协调，仅靠手臂击球。

纠正方法：

1. 多做徒手蹬、伸、转体辅助练习，也可手持器械，强化“蹬转”的训练。

2. 对墙或围网，做定位球击球练习，击球手臂固定，仅靠蹬、伸、转体的力量将球击出。

3. 每次击球后稍做停顿，看是否重心前移，面对球网，是否完成自然随挥动作，强化蹬腿和转体训练。

错误5：过分追求上旋，造成击球无力。

纠正方法：

减少手腕的甩动，协调运用腿、腰和手臂的挥拍力量击球，不做使球拍翻滚过球的动作。

（五）正反手击反弹球练习方法

1. 徒手练习

在没有场地，或在空闲时间内，可以随时做以下四项简单的场外练习来提高自己的网球技术水平，这些练习对技术的掌握和提高有很大帮助。

（1）意念练习

练习目的：记忆动作过程。

练习方法：用意念的方法，在大脑默念正反手击球技术（也可意念发球、截击、高压球技术等）基础上，按照动作要求，边默念，边做动作。在所有练习中，要保持技术正确性，并能突出技术特点。练习可由慢到快，并反复练习。

练习要点：了解用力顺序和肢体动作方法。

（2）原地徒手挥拍练习，也可结合抛球进行

练习目的：掌握击球动作要领，熟悉动作方法。

练习方法：两人面对而立，相距一定距离（或多人围成一圈保持一定的间隔，抛球者站在圈中），同伴将球垂直向上抛起让球自由落下，球上抛时练习者做转体引拍动作，球落地后做分腿垫步，做好击球前的准备动作，待反弹到一定高度后，做向前击球挥拍直至将球拍挥到正确的结束动作位置（不击球）。

练习要点：眼睛盯住球，完成整个动作过程，掌握好每个动作环节的节奏。

（3）判断击球点练习

练习目的：培养快速移动脚步，判断选择合适击球点的能力。

练习方法：两人面对面站立，相距4～5米。抛球者将球抛出，练习者移动脚步，用双手或

单手在身体侧前方接住球，然后将球返还给抛球者。

练习要点：根据来球的速度和弧度判断其落地点，积极移动脚步，选择合适接球位置。接球时，身体重心平稳，保持手臂弯曲，不能通过类似伸直手臂的动作接球。

（4）持球反手挥拍练习

练习目的：体会反手击球发力方法。

练习方法：用双手夹住球做向后引拍动作，随着向前转腰，身体重心由左腿转移到右腿，同时带动双臂向前挥动，顺势将球向前抛出。

练习要点：要避免用手腕发力，利用身体的转动带动手臂向前将球送出，手腕发力会失去对出球方向的控制。

2. 对墙（挡网）练习

（1）正反手击落地球练习

练习目的：固定基本技术动作。

练习方法：距墙 5～8 米，面对墙站立，进行正反手击落地球练习。开始时，允许球反弹两次再击球，有一定控制能力后，必须在球第二次落地前击到球。争取连续击打到更多的次数。与墙的距离可由近至远，速度可由慢变快。

练习要点：脚步积极移动，尽量打反弹后下落的球，击球时拍面对着墙面。在练习中，体会侧身、引拍、击球、随挥等动作。

（2）双人配合击落地球练习

练习目的：培养对正确击球点和击球方向的控制。

练习方法：两人一组面对墙壁平行站立，一人用正手、一人用反手轮流击打由墙反弹回来的球，保持连续击球。

练习要点：尽量将球打向同伴站立的前方，让球从墙面反弹回来落在其身体附近。双方都应控制击球的力量和方向，以稳定技术动作为主。

（3）多人连续击落地球接力练习

练习目的：锻炼对来球情况的判断及击球力量的控制。

练习方法：排成一列纵队，第一人将球用球拍送向墙壁后，退至队尾；第二人及时跟上，选择适当的位置运用正手或反手击打由墙反弹回来的球，然后也退至队尾。按照此顺序进行接力击球练习。

练习要点：每个人击球后应及时跑开，避免与下一位同伴造成碰撞，影响练习的持续性。一般正手击球后采用顺时针向后，反手击球后逆时针跑向后方。

（4）抛球与击球练习

练习目的：学会运用脚步调整站位，体会完整动作过程。

练习方法：一人面对挡网 4 米左右位置站立，同伴在练习者侧前方，背靠挡网。同伴将球抛向练习者，练习者采用正手或反手进行击球。

练习要点：抛球者站在侧前方，要注意安全，并有自我保护动作，练习者击球时及时做出引拍动作并调整脚步，选择合适的击球位置及控制拍面，使所击出的球向正前方飞出，动作力求完整。

（5）落地球击准练习

练习目的：提高击球控制方向的能力。

练习方法：在墙壁距地面一米以上的位置画一个方框或圆圈作为击球目标，每次击球尽量将球击打到目标范围内。

练习要点：为提高控制球拍和球的能力，脚步要及时移动到位，击球瞬间保持一侧肩对着墙壁，击球点一定要在身体侧前方，拍面对着目标。

3. 场地练习

（1）基本击球动作练习

练习目的：体会动作过程，巩固击球动作。

练习方法：自己用一只手向上抛球，随后做转体引拍动作，待球落地后，用正手击球（也可用反手）动作将球击打过球网。开始可站在发球线后，逐步退至端线后练习。

练习要点：用完整的动作过程体会击球动作方法，根据落点的不同调整击球力量、击球方向和拍面。

（2）击定点球练习

练习目的：掌握正确向前击球动作及固定击球点。

练习方法：练习者站在底线右区或左区，首先做好引拍动作，同伴站在侧方将球放在练习者击球点上方，然后让球自由落下，待球落地反弹起来后，运用正手或反手击球动作将球击打过网。

练习要点：眼睛盯住同伴手中的球，同时双脚做分腿垫步，保持重心稳定，判断球落地后的反弹时机，看准球向前完成击球动作。

（3）底线击中距离送球练习

练习目的：加强正反手击球的稳定性和完整性。

练习方法：练习者面向球网站在底线中点附近，同伴站在靠近球网与单打边线交界处，用球拍将球送向练习者，进行正反手定点击球练习。定点击球动作熟练后，可进行一正一反击球练习。如需加大难度，可由定点过渡到移动击球，区域也逐步扩大，击完球后快速回到中点。

练习要点：同伴球拍一接触到球，就应及时转体引拍，击球前脚步一定要做出小碎步调整，使击球点更加准确，并保证击球动作完整。

（4）底线击远距离送球练习

练习目的：提高移动和对来球的判断能力，进一步完善击球的稳定性和完整性。

练习方法：练习者面向球网站在底线中间，同伴站在对面场地发球线与发球中线交接处，用球拍将球送向练习者，进行正反手定点击球练习。定点击球动作熟练后可进行一正一反击球练习。如需加大难度，可由定点过渡到移动击球，区域也逐步扩大，可进行左右移动及前后移动击球，击完球后快速回到中点。

练习要点：同伴球拍一接触到球，就应及时转体引拍，快速接近球，击球前脚步一定要做出小碎步调整，使击球点更加准确，并保证击球动作完整。

（5）底线对截击击球练习

练习目的：加快击球频率，提高击球者移动速度及击球动作的稳定性。

练习方法：练习者站在底线中点附近，同伴站在网前将球送至其正手或反手位，并将抽击过网的球用截击动作回给练习者，一旦抽击不过网应及时补球，双方保持连续多回合击球练习。

练习要点：注意网前截击力度和角度，尽量将球送给练习者击打。

（6）底线变线练习

练习目的：提高移动后回斜线球能力。

练习方法：一队员站在场地中间，另一队员站在对面端线中间。场地中间的队员向对面场地的端线两角送球，队员移动后把球打向场地中间的队员，然后快速移动跑到另一端回击下一个送来的球，每一次均应把球回给中场的队员。

练习要点：移动快速，控制好身体重心，保持动作完整，控制好拍面。

（7）小场地落地球对击练习

练习目的：建立包括移动在内的完整技术动作概念，提高控球能力。

练习方法：双方分别站在各自发球线后，运用击落地球技术动作，将球打到对方发球区内，控制好引拍幅度和力量，可进行直线或斜线击球的练习。

练习要点：近距离对击球的关键是引拍要早，移动及侧身要快，力量要柔和，体会送的感觉，强调控制球和建立良好的球感。

（8）小场地双手握拍击球练习

练习目的：提高脚步移动能力，提高双手反手击球能力。

练习方法：站在发球线后，无论球落在靠近身体的哪个位置，双方都必须采用双手反手的动作方法击球，每次击球前保证脚步移动到位，顺利完成击球动作。

练习要点：做好移动准备，对方击球后，充分利用脚步的积极移动调整击球位置，及时转体及引拍，控制好转腰的力量，手臂和身体协调用力。

（9）场上正反手直线和斜线球练习

练习目的：提高正反手控球能力，建立基本的击球路线意识。

练习方法：将半片场地以中线为准分成两个区域，分别为正手区和反手区。在正手区击出的球称为正手斜线和正手直线；在反手区击出的球称为反手直线和反手斜线。此练习可巩固底线基本技术动作，提高击球能力。

练习要点：每一次击球都应注意动作质量，明确直线和斜线击球点的不同，斜线击球点相对靠前。

（10）“N”字形击球练习

练习目的：加强击球变线能力。

练习方法：4人分别在各自球场左右半区端线后，其中一方两人所有来球均打直线，另一方两人均打斜线，双方控制好击球的力度及准确性，变换击球路线，加强手上处理球的感觉。经过一定练习后，交换击球路线。

练习要点：练习双方明确击球路线，控制好击球节奏，变线时要积极利用脚步移动调整身体位置，击球瞬间拍面对着击球方向。

（11）底线“一打二”击球练习

练习目的：增加击球强度，提高技术运用能力。

练习方法：一方一人站在球场右区，用正手或反手击球动作将球击向对方场地的右区和左区靠近端线的位置，对方两人分别站在场地底线后，在右区的人尽量用正手击球，在左区的人尽量用反手击球。

练习要点：一人方脚步移动要积极快速，尽量将球击到准确的两点；两人一方应控制好击球路线及力量，使练习持续进行，达到多拍目的。

（12）底线前后跑动击球练习

练习目的：提高移动击球技术能力。

练习方法：双方分别站在各自场地的右区进行斜线击球练习，其中一方采用打一拍深球一拍浅球的击球方法，前后调动对方跑动击球，多球后交换练习。此练习也可采用反手斜线击球方式来进行。

练习要点：深球要控制在端线附近，浅球在发球区内，尽量调动对方前后跑动。跑动时要控制好移动时的身体重心，特别是向后退应采用侧身后退的方法。

（13）限制击球区计分赛练习

练习目的：提高控球能力，加强对深球的理解。

练习方法：双方规定，每次击球的落点都必须进入发球区以外的界内区域，不在规定区域均判出界，同时规定不准凌空击球。

练习要点：每次击球要保持动作的完整性，向前向上挥拍要充分。

（14）正反手直线回球练习

练习目的：提高正反手回直线球能力。

练习方法：送球者站在对面场地中间，分别向前方场地底线两角队员送球，右区队员打正手直线，左区队员打反手直线。多次练习后，两位练习者交换位置。

练习要点：练习者及时引拍和调整脚步，击球时使拍面对着击球方向。

（15）移动直线回球练习

练习目的：提高移动后回直线球能力。

练习方法：一队员站在底线中间，另一端底线两角分别站一人。两角底线队员只打斜线球，另一方队员移动后都回击直线球。

练习要点：回直线球的队员移动迅速，控制好身体重心和击球拍面，沿着单打边线回球。打斜线队员控制好力量、角度、节奏。

（16）自由对击练习

练习目的：综合提高正反手判断、移动及控球能力。

练习方法：两人分别站在底线两端，一队员向另一队员送球后，自由对击开始。队员充分利用单打场地的面积，按照比赛的规则击球，先得 4 分者为胜一局。

练习要点：要利用好自己的正反手击球技术，沉着应战，减少失误，认真对待每一分。

（17）多点组合练习

练习目的：培养移动中选择合适击球方法的能力。

练习方法：一人站在场地中间隔网送球。练习者站在右区端线后开始，按正手底线击球、中场反手击球、左区正手侧身攻球、中场正手凌空抽击球的顺序，将同伴送来的不同位置 4 个球还击过去，可连续进行多组练习。

练习要点：每一拍击球应保证完成动作及击球质量，并保证重心，及时向前跟进。如果感觉中场凌空球有难度，可先从击落地球开始，逐步过渡到凌空抽击球。

三、发球

（一）技术特点与作用

发球是网球比赛基本技术之一，它是网球比赛中唯一由自己掌握而不受对方影响的技术。相对于底线击落地球而言，发球对大部分网球初学者来说是一项比较难掌握的技术，因为发球时活动的身体部位较多，需要肌肉的协调程度较高，击球落地区域小。高水平比赛中，球员保住自己的发球局是赢取胜利的关键和基础。当今，平击发球、上旋发球和切削发球是网球常见的3种发球技术。但无论是哪种发球，基本都由握拍、准备姿势、抛球、挥拍击球和随挥动作组成。

（二）基本技术

1. 握拍

发球的握拍方法一般采用“东方式反手”或“大陆式”握拍法，“东方式反手”握拍法可以发出更为旋转的上旋球。许多网球初学者出于本能都喜欢用东方式正手握拍进行发球，采用此种握拍方法，球出手后很可能会偏向一侧，因为在自然情况下拍面并没有对着发球区。

2. 准备姿势

侧身左肩对着发球区，双脚自然分开与肩同宽或略宽于肩，左脚与底线约成45°，右脚几乎与底线平行，两脚尖连线的延长线指向发球区。右手持拍，拍头指向前方，左手持球，球自然放在持球手拇指、食指及中指三指上，无名指和小指自然屈于球的后部，切忌用力将球握在手里或捏在手里。

3. 抛球

（1）抛球方法：在准备动作的基础上，持球手的肘部渐渐伸直并向下靠近持球手同侧的大腿，然后从腿侧自下而上将球抛起。在整个动作过程中，手臂保持伸直状态，其走势与地面垂直，掌心向上，以拇指、食指、中指三指将球平稳托起，尽量避免勾指、甩手腕等手部小动作，以免影响球的平稳走势，球在空中的旋转越少越好。球脱手的最佳点在手掌走势的最高点，脱手过早或过晚都不利于对球的控制，脱手时托球的三个手指已最大限度地展开，球不是被“扔”到空中而是被“抛送”到空中去的，初学者应对此多作体验。

（2）球脱手后在空中的位置：一般来说，第一发球强调出球的速度与攻击力，击球点较靠前，因此球也抛得较靠前。第二发球较为保守，在保证成功率的前提下强调球的旋转和控制球的落点，击球点也就相应后移，因此球自然要抛得靠后一些。对于大部分网球爱好者而言，两次都采用较保守的发球，寻找合适的发球落点，也是一种很好的选择，这样可以保证两次发球都有一定攻击力，并能减少发球“双误”。

（3）抛球高度：球抛到空中的高度不能低于持拍时伸直手臂球拍所能触及的高度，究竟多高才合适要视个人情况而定。初学者由于抛球不稳、击球不准，因此抛球不易太高。

4. 挥拍击球

传统抛球与挥拍击球是同时进行的，这种方法比较容易掌握。放慢持拍手臂的方式，近年来也被许多顶级职业球员所采用，目的是为加速拍头，让击球的力量更大，但对击球节奏的要求更高。挥拍击球的环节包括以下三个部分。

（1）后摆球拍：以准备姿势为基础向持拍手一侧转身，同时，持拍手引导球拍贴近身体，像钟摆一样将球拍摆至体后。

（2）背弓动作：球拍后摆至一定高度后，以肘为轴，小臂、手、拍头依次向体后、背部下吊，同时屈双膝并伴随身体后展呈“弓”状。

（3）击球：在屈膝、背弓动作的基础上，自下而上依次蹬直踝部、膝部，反弹背弓并向出球方转体，挥拍击球时，肘部有一个引导小臂、球拍下吊至背后再以肘部为轴带动臂、拍摆向击球点的过程。这一过程好像在用拍头给后背搔痒，故被称为“搔背动作”，其目的是持拍手有一个足够的获得摆动速度的过程，为到达击球点一瞬间力的爆发做充分准备。最后在力的爆发点上击中抛送于空中的球，发力是自下而上一气呵成，球拍走势最快、最具爆发力的一点应在到达击球点那一瞬间。在击球点时身体已全部面向出球方，拍面自然地稍向内侧，以便击于球的侧后部，发出侧上旋球或侧旋球。

5. 随挥

击中球时，虽然挥拍击球动作已告完成，但整个发球过程仍在继续。到达击球点后，球员应顺着身体及挥拍的惯性做收腹、转肩和收拍的动作，最终拍子由大臂带动收向持拍手的异侧体侧，结束发球动作。

（三）几种常见的发球方法

1. 平击发球

（1）技术特点

在诸种发球中平击发球，是球速最快的，也叫“炮弹式”发球，是指以平行于球网的拍面击球的后中上部，使球平直飞行的发球方法。平击发球以“大陆式”握拍法为主，发球球速快，力量大，而且常常贴着网上沿儿进入发球区，由此，发球的失误也较高，常用于第一发球。如果身材高大，就可以借助高点击球的空中优势直接进攻对方；如身材较矮小，就不宜使用平击发球。

（2）技术要领

①抛球点应在身体的前上方，高度在身体向上伸展的最高点或更高。

②引拍结束时扭紧身体，全身呈较明显的背弓状。

③尽量在最高点击球，触球时以拍面中心平直对准球，击球的后中上部，拍面与击球方向垂直。

④击球时前臂的“旋内鞭打”非常重要。

2. 上旋发球

（1）技术特点

这是以上旋为主，侧旋为辅的发球法。由于球的上旋成分多于切削发球，使球产生一个明显的弧形飞行轨迹，发力越强，旋转成分越多，弧形就越大，命中率也越高，常用于第二发球。上旋发球反弹高，可迫使对方离位接球，给对方造成很大压力，同时为发球上网带来足够的时间。

（2）技术要领

①发上旋球时把球抛到头后偏左的位置，击球时身体尽量后仰成弓形，利用杠杆力量对球施加旋转。

②拍面的触球点在球的中部偏左下方，并向球的右上方擦击球的背面，恰似钟面的七时向一时做包裹似的擦击，使球产生强烈的上旋。

③击球点较平击发球和切削发球稍低，手腕的叩击动作明显大于切削发球和平击发球。

④敢于发力，充分完成技术动作，拍头速度不减。

3. 切削发球

（1）技术特点

这是一种向右侧旋转（略带上旋）为主的发球法。由于球落地后向外侧跳可以把对手拉出场外，因此在右区发球时常被采用。该发球技术球速较快，准确率和成功率也很高。

（2）技术要领

①发球时把球抛到右侧斜上方，高度比平击发球的位置偏低。

②球拍快速从右侧中上方至左下方挥动，击球部位在球的中部偏右侧，使球产生右侧旋转。

③要有扣腕动作，随挥要充分。

4. 下手发球介绍

下手发球也许很难列入正式发球技术中，但对于一般网球爱好者来说可能也是一门有用的技术，如用于确保二发成功或用于“偷袭”，给人造成出其不意。你可以把球发到发球区里的任何一个位置（特别是对手弱的那一边），并根据对手站位发出上旋、下旋或侧旋的球。

下手发球可采用大陆式、东方式等握拍方法。发球时身体侧对发球方向，两脚的连线对着发球区，重心在两脚之间，膝盖弯曲。左手持球，手臂伸直，并将球置于左脚尖的前方；右手持拍，自然向后引。然后左手将球稍向上抛，眼睛盯住球，右腿蹬地转腰后带动手臂向前挥动，拍头击球前要低于球，击球时拍面稍稍打开，击球手臂和球拍应尽可能长地向前上方随挥。

（四）发球易犯的错误与纠正方法

错误1：球抛得不稳定，抖腕发球，影响击球的准确性。

纠正方法：可能没有直臂上送球，过多使用手腕和手指的力量，要把自己的手掌想象成一部电梯，平稳将球向上托起，同时学会利用腿的蹬地力量帮助手臂向上抛球。

错误2：击球点过低。

纠正方法：练习者反复击打高点的固定目标，体会击球时伸展身体的本体感觉。

错误3：击球点靠后。

纠正方法：明确正确的击球点，切削发球和平击发球的击球点是在左肩前上方稍靠右一侧，发上旋球的击球点可以在头顶靠后的位置。抛球要稳定，多进行抛球稳定性练习。

错误4：击不准球。

纠正方法：从抛球开始，双眼要始终不离开球，球拍击球时头部抬起，看到球拍触到球，随球动作时保持头部直立，双眼平视前方。

错误5：左右手配合不协调。

纠正方法：在无球状态下放松进行抛球、引拍、挥拍的组合练习，使抛球挥拍动作协调地连贯起来。抛球的高度应尽可能稳定，尽量不要打乱抛球、挥拍、击球节奏。

错误6：发球无力。

纠正方法：做“搔背动作”时，使持拍手的肘关节尽量弯曲，关节底部直向天空。挥拍动作要充分。徒手多做蹬腿、转腰、收腹、挥臂的鞭打动作。

（五）发球练习方法

1. 徒手挥拍模仿练习

练习目的：建立动作概念，了解动作过程。

练习方法：根据技术动作要领，将动作分解为抛球、向后引拍、向上击球、随挥动作等环节，反复练习，熟悉动作过程和动作要领。徒手挥拍练习最好对着镜子做，可以看到自己的动作，练习效果会更好。

练习要点：熟悉动作过程，掌握动作节奏点，动作由慢到快。

2. 抛球练习

练习目的：能抛出稳定的球。

练习方法：双脚前后站立，侧身对墙壁或挡网，抛球手臂沿着墙壁或挡网由低向高抬起进行抛球练习，使抛出的球沿墙壁或挡网垂直上下。

练习要点：手臂伸直并保持平稳向上抬，想象自己的手掌像电梯一样将球托送到空中。将球放在指根部位，球出手时掌心向上顶。

3. 对墙发球练习

练习目的：提高发球稳定性。

练习方法：在墙上画一条与网齐高的线，发球时瞄准墙上的线。开始可离墙近些，待动作熟练性、准确性提高后，逐步拉开与墙的距离。

练习要点：保持侧身对墙站立，抛球与挥拍动作要协调，击球瞬间身体充分伸展，球拍面对准所要发的方向。

4. 跪式发球

练习目的：体会球拍向上挥击球的感觉。

练习方法：先在发球线后，前腿膝关节弯曲，后腿屈膝跪地，球拍直接置于肩上进行发球。然后逐步退到底线采用相同的动作练习。

练习要点：击球时，球拍要做出向上挥摆的动作，身体不需要做出转体动作，体会手臂由屈到伸击球的感觉。

5. 场上不同站位发球练习

练习目的：了解场上发球的感觉，掌握场上发球的基本技术。

练习方法：练习时，首先站在发球线后，球拍置于右肩上，将球发向对方球区。然后退至发球线与底线之间的区域，运用完整动作发球，体会球拍向前、向下击球的感觉。最后退至底线发球位置，体会球拍向上、向前、向下挥拍的感觉。

练习要点：根据不同距离，调整发球力量及拍面下压的角度，控制好发球力量。

6. 控制发球落点练习

练习目的：提高发球的变化能力。

练习方法：将标志放在发球区内角、外角、中间三个点位置，按照标志点进行发球，提高发球的变化能力。

练习要点：主要从转体的程度上调整发球的落点，外角发球转体的幅度相对大一些，并且还要注意拍面的控制。应尽量做到相同的站位发出不同落点的球，采用不同形式的发球技术发出相同落点的球。

四、接发球

（一）技术特点与作用

接发球技术是指还击对方发球的技术。接发球技术水平的高低直接影响比赛的得分与失误，并和比赛的持续性密切相关，因此，接发球技术也是网球运动中的一项重要基本技术。对方发球后，必须在很短的时间内做出反应，提早做出预判和积极做好回击动作。接一发时，如果对方球速较快，应尽可能将球打回对方场地，减少失误；接二发时，应力求抓住机会展开主动进攻。

（二）基本技术

1. 握拍

握拍要松弛，引拍和前挥也要保持松弛，但从拍接触球的一刹那，要紧紧握住球拍。特别是拇指、无名指和食指要用力抓扚，手腕固定以保证拍面稳定，即使不能有力还击对手凶猛来球，也可用牢固的拍面顶住来球，或者以合适角度控制还击方向。

2. 站位与准备姿势

接发球的准备姿势是两脚自然开立，两膝微屈，上体稍向前倾，两臂屈肘，两手持拍置于腹前，将拍头向上翘起，身体重心放在两脚前脚掌上。从对方抛球开始，眼睛要盯住球，在对方击球瞬间，双脚稍微跳离地面，积极做出击球准备。

3. 击球

判断来球，迅速移动，向预测击球点启动时，双肩与身体重心同时移动，并向击球方向踏出异侧步，转肩时要使肘部离开身体。向前挥击时尽量使拍子运行轨迹由高处向下再向上，但上下幅度要小。击球时动作与正常击球基本相同，只是没有明显后引，特别是对于快逗来球，回球多数采用阻挡式动作或类似截击动作，不做过大引拍和挥动动作。

对于大多数网球爱好者来说，对方的发球并不像职业比赛中那样难以对付。当你准备接发球时，首先确定自己是要进攻还是防守，然后，根据正拍球和反拍球的不同，分别选择回发球的线路。

（三）易犯错误及纠正方法

错误1：反应慢，缺乏主动判断向前迎球意识。

纠正方法：注意力高度集中，看到发球方将球抛起时向上做分腿垫步动作，接着向前一步主动迎击球。

错误2：准备时间不充分，造成接发球没有目标。

纠正方法：事先考虑对付对方各种发球的对策，再站在接发球位置上，一旦对手发出球来，就可以按照预想计划果断出手。

错误3：引拍动作过大，造成晚击球。

纠正方法：提高对球落地反弹后运行轨迹的判断力，随球移动，减小引拍幅度。

错误4：无法控制落点，回击失误。

纠正方法：改变脚步动作僵硬，无法快速调整的状况，击球时紧握球拍，并使拍面对着对方场内区域。

（四）练习方法

1. 接近网发球练习（球速较慢）

练习目的：体会简短引拍动作技术，提高不同落点回球能力。

练习方法：发球者在发球线与单打边线交接处发球，用中等力量发球，可有针对性地发内角、中路、外角球，接发球队员在判断对方发球后，迅速做出反应，主动迎前，以小幅度的后引拍动作将发球回击过去。可固定回击路线，如直线、小斜线和中路等。

练习要点：当发球者向上抛球时，要向前跨一步，随之做分腿跳步动作，使身体重心落在前脚掌，以便于启动和主动回球。

2. 接底线发球练习

练习目的：建立基本接发球意识，体会完整接发球技术的运用，减少失误。

练习方法：基本同上一练习，只是发球者站在底线发球区内。

练习要点：当来球较快时，主要以挡击的方式回球，但必须有一定的向前推送动作。

3. 接二发练习

练习目的：抓住对方二发机会，争取主动或直接得分。

练习方法：发球者用二发方法发球，当来球较慢时，接发球者应抓住机会打出直线或斜线的变化。

练习要点：接二发时要有迎前动作，可以做一个充分的引拍和转体，将球有力击到想要打的区域。

4. 接近网发球练习（快速球）

练习目的：提高接发球的反应能力。

练习方法：发球者在发球线与单打边线交接处发球，用较大的力量发球，可有针对性地发内角、中路、外角球，接发球队员在判断对方发球后，迅速做出反应，主动迎前，以小幅度的后引拍动作将发球回击过去。

练习要点：快速启动，球拍对着对方场地，主要以挡击完成。

五、截击球

（一）技术特点与作用

截击球是网前技术中的一种攻击性击球方法，当球在落地之前，将球击回到对方半场区，它回球速度快，力量重，威胁大。良好的网球截击技术是优秀网球运动员必须具备的，比赛中常被采用在发球上网或正反手击球后上网截击，截击球技术是攻击性打法不可缺少的重要内容。常见截击球技术有正手截击球、反手截击球、高球截击、低球截击和中场截击等。

（二）基本技术的组成

1. 握拍

截击最理想的握拍方式是大陆式握拍。手指之间有一些缝隙，特别是食指和中指要形成扣扳机状，便于球员对球拍拍头有更多的控制。使用大陆式握拍的好处在于可用它来打正手截击和反手截击，这样可以节省变换握拍方式的时间，把注意力集中在看球上。对初学者来说，如果感觉用大陆式握拍击球有困难，可以试试在打正手截击时使用东方式正手握拍，这样击球可以使球与球拍有扎实的接触，稳定性较强，但在有一定掌握后，还应采用大陆式握拍法。

2. 准备姿势

面对球网，双脚向前自然分开与肩同宽，双膝微屈，上身保持正直并向前倾，采用大陆式握拍法，用非握拍手轻托拍颈，拍头与下巴齐平，双肘弯曲，将球拍舒适地伸在前面，重心落在双脚脚尖上，注意力高度集中。当对手击球瞬间，应用垫步作为准备姿势的一部分，并立即判断出球的方向、高度、路线，以便快速移动和上前截击。

垫步在移动击球尤其是网前截击中发挥着极其重要的作用。网前是分秒必争之地，截击越近网越没有多余的时间让球员做多余动作，否则定会延误战机甚至被动挨打，因此快速、稳定、紧凑、小幅度是网前技术的要点。此时的垫步非常有利于截击时最接近来球方向的脚向前跨出，易于身体重心前移，动作连贯到位，从而实现力量从脚到躯干到手再到拍的连贯性传递。很多截击者不注意垫步的使用，往往造成截击动作的贻误。

3. 后摆引拍（主要是横向）

引拍动作一定要以转肩为主，迅速、简单、幅度要小，眼睛紧盯着来球。引拍时，手腕和拍面固定，引拍后要保持拍头高于手腕。

4. 前挥击球

看到来球要迅速随着正手出左脚、反手出右脚向前跨步，随着重心前移，身体转向正对球网，击球点保持在体前，拍面对着来球，依靠身体向前移动的惯性所产生的力量截击球，以短促的动作向前向下切削来球。

5. 随挥跟进

击球手臂随着身体移动的惯性向前跟进，推送动作明显。然后顺势迅速恢复原来的准备姿势，准备下一次击球。

（三）两种基本截击球技术

1. 正手截击球动作方法

来球向正手侧飞来时，身体快速向右转体，带动球拍向后引，左脚向右前方跨出，拍头要高于握拍手，手臂几乎伸直，球拍和手臂成“V”字形，手腕固定。身体重心主动跟上，在左脚着地的同时，球拍截击球，以便产生较大击球力量。截击时的动作以撞击或挡击的方式完成，在拍面短促向前撞击的同时，拍面微微向下做切削球的动作，使球以下旋形式飞出，击球时保持拍面上翘，拍面稍向后仰，手腕稳固。击球后手仍紧握球拍，并向前做小幅度送拍动作。

2. 反手截击球动作方法

当来球向反手侧飞过来时，身体快速向左转体，同时左手向后拉拍，拍头要高于握拍手，手臂几乎伸直，球拍和手臂成“V”字形，手腕固定。挥拍击球时，左手松开稍向后伸，右手握紧球拍前挥，并在身体前方切削来球。身体重心主动跟上，在右脚着地的同时，球拍截击球。向前挥拍时，两只手的动作好像在拉长一根橡皮筋，以保持身体平衡。由于是在左侧击球，限制了右手的引拍幅度，反手截击往往比正手截击更容易掌握。

3. 正反手截击球动作要领

（1）身体前倾，球拍放在身体前面，眼睛注视来球。

（2）当判明来球后，立即转胯转肩，但动作幅度不易过大，球拍后摆动作不超过肩。

（3）截击时手腕紧固，击球点在身体前面，以短促而有力的动作向前迎接来球，触球中下部。

（4）击球后的跟进动作短促简单，随球动作小，并迅速准备下一拍截击球。

（四）截击的七种使用方法

1. 中场截击

中场截击在网球训练及比赛中，通常被称为一拦，即第一次拦击。在实战中，发球上网或随球上网不可能直接冲至近网，上网途中，在发球线附近有一次短促的停顿和重心转换，然后迎球做中场截击。中场截击球落点、质量的好坏直接影响网前得分，所以中场截击球在网前截击球技术中起着很重要的作用，中场截击一般站位于发球线中点附近。对不同高度的来球，应及时转体和引拍，调整好拍面角度。当来球速度较慢，可加大引拍幅度和击球力量，提高回球质量。中场截击应把球击深或打出角度，使对手难以回球或触不到球。击球后应向网前迈进，准备近网截击或高压球。

2. 近网截击

近网截击的站位比中场截击要靠前，位于发球线前1～1.5米距离，它是网前得分的主要手段。近网截击的果断和落点的准确，能给对方以致命一击。判断清楚对方来球的速度、高度及球的角度后，要迅速启动调整位置，控制拍面。如来球快而平，拍面应稍开，击球中下部，手腕紧固，以短促的动作向前向下顶撞来球。如来球快而高，拍头应竖起，拍面几乎和地面垂直，向前下击球中部。

3. 低位截击

当来球较低时，只能采用低位截击技术，低位截击比高位截击难度高。由于来球低于击球者眼睛较多，这就给击球判断造成困难，因此，低位截击动作要领是先降低身体重心，屈膝至适宜高度，而不是直腿弯腰，移动时如采用弓步，后膝盖几乎触及地面。击球时，拍头低于手腕，拍面开放，在身体前面击球，击球点在球的后下部，击球后向着击球方向随挥。

4. 高位截击

当来球较高，但又不够高压球高度时，往往以高位截击技术来完成击球。动作要领是快速转体和向后上引拍，手腕上翘使拍头竖起，拍头朝上，手臂和球拍成“V”字形。挥拍击球时，球拍对准来球做高位切削动作，击球点为球的后中部，击球时身体重心积极跟上，并伴着身体重心前移，完成短促击球和随挥动作。高位截击看似简单，但很多人在打高位截击球时仍会打出界或不过网，前者原因多出在引拍过大，击球点过晚，后者主要是截击过早，拍面关闭过多而造成。

5. 近身截击

近身截击是指当球朝着自己身体快速飞来时所采用的截击技术，这也是网球比赛中经常使用的技术。近身截击动作要领是：当来球朝着身体飞来时，快速把球拍挡在身体前面，多数情况下，反拍面朝前，手臂几乎伸直。击球时手腕绷紧，拍面在身体前方挡击来球。近身截击多数受动作限制无法发力，因此多以防御为主，但可以通过手腕及拍面的变化来控制球的落点。

6. 反弹后截击

当来到网前时，很难进行直接截击，这时不得不让球落地，在球向上反弹时进行截击。截击时要调整好脚步，及时做好转体引拍动作，拍面对着击球方向。击球通常是一个深球或放小球，深球要多往前送；放小球要放松手腕让球轻轻离开拍子。这两种球，都尽量用很低的弧线使球过网。

7. 凌空抽击

抽球截击是落地球和截击技术的结合，通常用正手，这是一种极具攻击性的截击，而且常带上旋，这种球通常在中场回击与肩高的慢速球中使用。球员应使用与击落地球同样的握拍法，要有完整引拍动作。

（五）截击球易犯的错误与纠正方法

错误1：向后引拍幅度过大。

纠正方法：

（1）建立正确的截击球引拍技术概念。

（2）背靠墙、挡网反复练习截击球技术的模仿动作及击球练习。

错误2：击球无力。

纠正方法：

（1）练习者反复练习转肩、上步动作。

（2）要求练习者拍头向侧上方，模仿撞击球动作，也可用加重球拍练习。

（3）将球吊在离身体适当的位置，反复练习撞击球动作。

错误3：网前站立腿过直。

纠正方法：

（1）练习者膝关节弯曲，反复练习左右、前后移动。

（2）网前站立，提踵，双脚不停地移动。

错误4：不能有效控制球的落点。

纠正方法：

（1）截击球时，要养成握紧球拍、固定手腕的习惯。

（2）击球点一定要控制在身体前侧。

（3）击球时减小动作幅度，随挥动作短促。

错误5：击球不准。

纠正方法：

（1）养成眼睛盯球的习惯，眼睛要看到整个击球过程。

（2）快速调整步法，尽可能使击球点出现在让自己舒服的位置上。

错误6：胆怯而不敢向前。

纠正方法：

（1）以学习和练习的心态对待上网截击，减少心理负担，做好迎球思想准备。

（2）准备姿势要充分，合理站位，调整好截击步法。

（六）截击球练习方法

1. 徒手挥拍模仿练习

练习目的：建立动作概念，了解动作过程。

练习方法：根据技术动作的要领，将动作分解为转体拉拍、上步击球、推送、还原等环节，反复练习，熟悉动作过程和动作要领。徒手挥拍练习最好对着镜子做，可以看到自己的动作，练习的效果会更好。

练习要点：迎前积极，引拍要小，动作协调，熟悉动作过程。

2. 持拍挥拍模仿练习

练习目的：熟悉截击握拍法，建立动作感觉。

练习方法：持拍做转体拉拍、上步击球、推送和还原动作。特别是体会身体重心跟上的上步击球动作。

练习要点：除体会动作过程外，重点体会击球瞬间身体重心的及时跟上和动作的连贯性、协调性。

3. 跨步手抓球练习

练习目的：体会动作过程和对击球点的判断。

练习方法：两人一组，分别相距球网 2～3 米处站立，一人在网前用展开的手掌作为球拍，接住球网对面同伴抛向其左侧或右侧的球，每一次接球都必须在准备姿势的基础上完成。

练习要点：重心要适当降低，做好接球准备，一定要跨步上前抓球。右侧球上左脚，左侧球上右脚。

4. 短握拍截击练习

练习目的：熟悉截击方法，体会击球感觉。

练习方法：两人分别站在球网两边，距网 2～3 米，练习者右手握住拍颈，上前挡击同伴抛向其左侧或右侧的球。

练习要点：以完整动作完成，眼睛几乎和拍头齐高，并盯球，体会截击感觉。

5. 对墙凌空托传球练习

练习目的：体会截击感觉，学习如何控制截击球的力量。

练习方法：面对墙壁 4～5 米站立，用球拍颠球 5 次，然后正（反）手将球推送上墙，反弹后再用球拍接住，继续颠球 5 次。连续 10 个回合后，改颠球 4 次，连续 10 个回合，改颠球 3 次，以此类推，直到直接与墙进行正（反）手截击练习。

练习要点：脚步积极移动，击球时手腕要固定，拍面对着墙壁。

6. 凌空托传球练习

练习目的：体会截击感觉，学习如何控制截击球的方向和力量。

练习方法：两人分别持拍，相距球网 2～3 米，面对而立，一人用球拍颠球 5 次，然后正（反）手将球推送至对方，对方也用球拍接住球，并颠球 5 次，同样也送回。连续 10 个回合后，改颠球 4 次，再连续 10 个回合，改颠球 3 次，以此类推，直到直接与对方进行正（反）手截击练习。

练习要点：脚步积极移动，击球时手腕要固定，拍面对着同伴，控制好力量和拍面。

7. 正常握拍截击练习

练习目的：掌握截击方法，体会完整截击动作。

练习方法：两人分别站在球网两边，距网 2～3 米，练习者右手大陆式握住拍柄，上前挡击同伴抛向其左侧或右侧的球。

练习要点：以完整动作完成，眼睛几乎和拍头齐高，并盯球，上步截击。

8. 想象截击球练习

练习目的：用想象练习提高击球力量。

练习方法：在截击球时，想象球拍面的中心区有一枚大头针，击球时要有把大头针刺进球里面的感觉，如此可以保证击球时身体重心跟上、手腕固定及力量的体现。

练习要点：击球时身体重心要及时跟上，前点击球。

9. 送球截击练习

练习目的：增加截击球练习的强度，巩固截击技术，提高脚步移动能力。

练习方法：练习者站在网前2～3米中线上，同伴在对面场地（距离可自近至远）送球，练习者根据来球分别采用正手或反手截击动作把球截击回对方场地。

练习要点：开始时，送球至靠近练习者的左侧或右侧，让其较容易地进行正反手截击，而后可将球远离击球者，使其必须通过脚步的移动才能选择到合适的击球点。

10. 中场互相截击练习

练习目的：增强截击球的移动、判断及快速反应能力。

练习方法：两人分别站在各自发球线前，运用截击动作进行中场互相截击，击出的球不能离网太高，截击的路线可以是直线或斜线。

练习要点：脚步不停移动，击球动作要保持前送，手腕固定，控制好拍面。

11. 网前截击与底线对击练习

练习目的：增强网前截击的反应、移动和判断能力，提高网前的对抗能力。

练习方法：练习者站在网前2～3米处，同伴站在底线处运用正手或反手抽击球动作，将球击向网前的练习者，练习者分别用正手或反手截击动作将球回送给同伴。开始时，可以较慢的速度送球或单次送球，熟练后可进行连续的抽击球与回球。

练习要点：截击要将球回送给同伴，注意上前截击。抽球要控制好力度和方向，将球打向截击者或其身体附近，以保证练习的连续性。

12. 网前截击与中场对击练习

练习目的：强化网前控制拍面与网前对抗能力。

练习方法：练习者站在网前2～3米，向场地对面站在发球线附近的同伴送球，同伴运用正手或反手抽击球动作，将球击向网前的练习者，练习者分别用正手或反手截击动作将球回击过网。

练习要点：当同伴在抽击球的一刹那，截击者要使用分腿垫步作为准备动作，使双脚落地时产生的爆发力有利于帮助自己向来球方向迅速移动。

六、挑高球

（一）技术特点与作用

挑高球就是指将还击的球越过网前对手的头顶落入对方后场区。网球场上，挑高球并非只与高压球成双配对，击球者无论处于什么状态都可以挑高球，因为挑高球本身既可是防守性的也可是进攻性的。比如在球员极度被动的情况下，可以挑高球作为一种过渡和缓冲的手段，而当对方上网时，己方可击出一记带强烈上旋的高球，利用此种球弧顶高、下坠急、落地后前冲猛的特点，令球越过对方头顶，以逼迫对方反身回追，这往往就是破网得分的一击，至少也可置对方于被动的境地。由此，击球者应在任何情况下都能够做出挑高球的反应，并且挑出不同效应的高球，这样才可以在增加自己防守实力的同时也多拥有一样得分的本领。对网球初学者而言，更可以把挑高球练习作为磨炼基本功的有效手段。挑高球技术可分为进攻性挑高球和防守性挑高球两种。

（二）两种挑高球技术介绍

1. 进攻性挑高球

进攻性挑高球又叫上旋高球，动作接近于正反手上旋击球动作，只是提拉上旋的动作更加强烈，更充分向上。击球时，拍头低于手腕，并有一定的手腕动作参与，击球点靠后些。

（1）准备姿势与引拍

要尽可能和底线正、反拍上旋抽击球动作一样。完成拉拍动作时，要使手腕保持后屈。

（2）击球

挥拍击球时，拍面垂直，拍头低于手腕的位置，采用手腕与前臂的滚翻动作，由后下向前上挥拍，做弧线型鞭打击球动作，使球拍在击球瞬间进行擦击，以产生强烈上旋，击球点在身体侧前方，重心落在后脚。

（3）随挥动作

击球后，球拍必须朝着自己设想的出球方向充分跟进，随挥动作要放松，并在身体另一侧结束。

2. 防守性挑高球

（1）准备姿势与引拍

挑下旋高球与挑上旋高球一样，同样需要动作隐蔽，因此它的握拍，侧身转肩，向后引拍应尽量与底线正、反手击下旋球动作一致。

（2）击球

击球时拍面朝上，触球点在球的中下部，由后下方向前上方平缓挥拍击球，似“舀送”动作的击球法，为了更好地控制球的高度和深度，尽量使球在球拍上停留时间长一些，动作要柔和。

（3）随挥动作

随挥动作与底线正、反拍击下旋球一样，跟进动作充分，结束动作比上旋高球结束动作要高，此时面对球网，重心稍后。

3. 挑高球技术要领

（1）眼睛盯住球，边移动，边向后引拍。

（2）击球时手腕固定。

（3）加长击球时间，上旋挑高球要注意腿、手臂和手腕的协调用力。

（4）随着出球方向，向高处做随挥动作，击球后，迅速回防。

（三）易犯错误及纠正方法

错误1：向后引拍，手腕没有后屈，造成没有上旋。

纠正方法：练习模仿动作，注意手腕后屈。

错误2：击球时拍头没有低于手腕，造成没有上旋或上旋力量不强。

纠正方法：使拍头低于手腕，每次进行检查，并加速上挥球拍。

错误3：击球的拍型掌握不好，击球部位不准，造成球出界或下网。

纠正方法：要击准球，并利用多球进行动作的动力定型练习，改进并掌握动作。

错误4：击球时向前用力过大，使球出界。

纠正方法：用多球练习，动作柔和，体会球感。

(四) 挑高球练习方法

1. 自我挑高球练习

练习目的：了解挑高球动作方法，体会上旋和下旋挑高球的不同。

练习方法：练习者站在底线附近自己向上轻抛球，待球反弹后运用正反手做挑高球练习。

练习要点：将球抛在体侧，蹬腿后全身协调用力，控制好拍面并要有随送动作。

2. 隔网挑高球练习

练习目的：掌握上旋和下旋挑高球动作方法。

练习方法：两人隔网站立，一人站在网前向站在底线的练习者送球，可利用多球进行专门的挑高球练习，送球速度由慢到快，也可进行先定点后跑动的不定点练习，提高练习难度。

练习要点：上旋挑高球时，由后下向前上的弧线型鞭击动作明显，使球产生强烈上旋；下旋挑高球时，为了更好地控制球的深度和高度，尽量使球在球拍上停留的时间长一些。

3. 隔网对抗挑高球练习

练习目的：提高临场挑高球能力。

练习方法：一人站在网前或场地中间进行高压击球，练习者在底线练习挑高球。

练习要点：练习者移动迅速，击球时拍面对着同伴，时间充分时主要以上旋挑高球回球，注意保持击球的连贯性。

七、放小球

(一) 技术特点与作用

放小球技术是一种调动、干扰、牵制对方的有力武器，它具有很好的隐蔽性和突然性特点。在比赛中配合运用放小球，可以更有效地发挥自己特长技术的攻击性，使对方不能专心于防守，打乱对方站位、击球节奏，而使自己各项技术得到充分发挥。在对方体力大幅度下降的情况下，运用放小球战术可以摧垮对方意志，加快对方体力消耗。

放小球的时机之一是，当对手前后移动慢、网前技术差时，把对手从后场引至前场，创造进攻得分机会；另一个时机是，当对手站在后场或大角度跑出场外时，突然放小球，使对手来不及到位而得分。掌握了放小球技术，可使自己打法多变，令对手捉摸不定。

(二) 技术方法与要领

放小球采用常规的正反手引拍动作，就像挑高球时，在击球前成开放拍面打下旋球，球拍稍微加速，使球落在网前。在放小球之前，要考虑球场的地面材质、风速及风向、来球的球速、自己离球网的距离等。

1. 握拍

为了使击球具有隐蔽性，正、反手放小球的握拍相同，可使用东方式或大陆式握拍法。

2. 准备姿势和引拍

球员的站位姿势和引拍动作应与正反手击球动作一样，以使动作具有隐蔽性。放小球的击球动作类似于反手削球或正手下旋球，相比较而言，它的引拍要稍微小一些，而随挥要小得多。实战中，观察对手的位置后，可向前突然发力下切来球，通过轻巧的触球让球产生下旋，这样可以使球刚好过网，并且反弹得很低。

3. 击球

眼睛注视来球，击球的中下部，触球时拍面打开，腕部松开，球拍在触球时向下移动。充分向上倾斜拍面同样可以制造更多下旋，不过需要在隐蔽动作的最后一瞬间做出，否则会被对手识破。要控制好挥拍速度，在球拍将要与球接触的过程中逐渐放慢拍速能起到卸力的作用。在放小球时球拍不要握得过紧，放松持拍手，有利于让自己的击球变得更柔和，并且能够改进触球瞬间的感觉。击球必须在能够控制的范围内产生尽可能多的下旋，务必让球落在刚过网的位置。

4. 随球动作

随球动作幅度很小，通常大约在腰部高度结束，随球动作结束时，拍面打开。

（三）易犯错误及纠正方法

错误 1：开拍太早，隐蔽性差。

纠正方法：后摆引拍采用正确的正反手击球动作。

错误 2：击球太深，造成对手能轻易击到球。

纠正方法：随球动作幅度很小，腕部松开，减力击球。

错误 3：击球点太靠后，击球匆忙，常失误。

纠正方法：多送前点球，练习向前跨步削击球。

（四）练习方法

放小球要解决的主要问题是放球距离问题，太深容易让对手有充分时间做好击球准备；太浅容易导致球直接下网。因此，必须熟练掌握下旋切球技巧。

1. 对墙放小球练习

练习目的：体会放小球的动作方法。

练习方法：练习者距墙 5～6 米，用球拍送球上墙后，等球落地两次或一次后再轻削送球上墙，可用正手或反手练习。

练习要点：能用切削推送并减速的方法完成放小球动作，保持连续进行。

2. 反弹放小球自我练习

练习目的：体会放小球动作方法与控球力量。

练习方法：练习者站在底线，自我抛球，待落地反弹后，用正手或反手下旋方式切球，送至对方网前。

练习要点：眼睛看球，击球时手腕由握紧到适度放松，轻巧的触球让球产生明显下旋特征，使球刚好过网，并且反弹得很低。

3. 凌空放小球练习

练习目的：提高对球的判断和控球能力。

练习方法：练习者站在底线将球抛起，高于头顶约 0.5 米，用正手或反手切削球方式，凌空送球。

练习要点：不要让球落地直接送球，如果一开始的感觉不准，不好控制球的话，也可以先让球落地，待它反弹后再切球，随后重新抛球，尝试凌空直接切到球。

4. 场地实战练习

练习目的：提高在移动中放小球的能力，改善临场应变能力。

练习方法：同伴站在底线向对面场地任一区域送球，练习者判断移动后，用削球动作放小球。

练习要点：要让球过网后落在距离球网 2～3 米内，且落地后能产生向后反弹的效果；较熟练后，放小球动作要有一定的隐蔽性，不可过早暴露意图。

八、高压球

（一）技术特点

高压球是一项绝对的强攻性技术，一般来说打高压球就意味着得势、得分，所以高压球又叫杀球，是在头顶上用扣压动作完成击球的技术动作，属网前球技术。在高水平的网球双打比赛中，高压球技术非常重要，因为上网进行截击时，对方经常会通过挑高球来摆脱被动，只有熟练掌握高压球技术，才能有效制约对方的挑高球，并利用高压球技术直接得分。对大部分参与网球运动的业余爱好者来说，打高压球的机会不多，他们可以等球落地后反弹至合适的高度时，以击落地球的技术将球处理回去。因此，一般爱好者不必在高压球上太费心思，把它当成一项有益但并不十分必要的技术，稍加演练即可。

高压球根据球的状况和击球者的站位可分为凌空高压球、落地高压球、前场高压球、后场高压球等，其动作与发球相似。

（二）基本技术

1. 握拍与移动

高压球与网前截击球都是大陆式握拍。在准确判断来球位置及轨迹基础上，以交叉步、滑步或并步的方式快速侧身移动到球即将下落位置的后面。打高压球对步法的灵活性及准确性要求非常高，因为来球不受己方控制，是“高空作业”，球在空中飞行时可能会因风向、旋转等因素而产生一些难以预知的变化，这就要求击球者快速反应、灵活移动、准确取位以获得理想的击球点，否则很难打好高压球。即使感觉已经处于很好的位置，双脚也要不停地在原地做碎步调整。这对保持重心灵活是很有好处的，如果你的双脚很容易“钉”死在一个地方，那你可能被突如其来的一点变化弄得措手不及。打高压球时，无论以什么样的方式移动身体，最后都应尽全力采用双脚一前一后的方式站位，持拍手同侧的脚在后，另一脚在前，两脚连线与球网近乎垂直。

2. 后摆球拍

在脚步开始移动后，侧身并以最短捷的动作将球拍摆至肩上，拍头向上，左手自然上抬，眼睛盯球，作好击球准备。高压球在移动定位时，非持拍手应指向空中的来球，这不仅有助于判断击球点位置，而且对保持身体的平衡也有积极作用。

3. 挥拍击球

判断准确击球点并移动到位后，以双脚为支撑向击球点方向蹬地、转体、收腹，继而挥拍击球。发力顺序与发球相似，但击球点在保证球过网前提下，其位置越靠前越利于发力和控制球出手的角度，越靠前越具有杀伤性，这与发球时力争高点不同，到达击球点时身体应已完全面向球网。高压球不单纯依靠手臂或手腕的甩动发力，而是靠腰腹、腿部及身体整体的协调发力，这与发球是一样的道理。手臂挥拍动作与发球一样有个搔背再迎接来球的过程，不要硬压大臂以期“高压”来球，而是要将小臂和拍头“甩”出去。

4. 随挥

高压球的随挥动作仍与发球类似，击球过后顺势将球拍收于持拍手异侧的腿侧就可以了。这在击球点比较合适（如在身体的前上方）的情况下比较容易做出来。如果击球点很靠后或很偏，不适合正常发力，那么随挥动作就有可能被强行的扣腕或旋腕动作所代替，这要求击球者具有良好的腰腹力量及手腕的控制能力，初学者遇到这样的情况时最好能够量力而行，若勉强为之容易受伤。

（三）高压球技术介绍

1. 凌空高压球

凌空高压球指的是不等来球落地，在空中就将其扣杀回去，此种球杀伤力极大，但击球者需具备良好的空中定位、判断能力及熟练而精准的脚步移动能力。

2. 落地高压球

一般是在来球虽高但飘忽不定或很难取到最佳点将其凌空击回去的情况下，让球落地反弹后再寻高点扣杀，初学者可以此为练习高压球的手段之一。

3. 跳起高压球

跳起高压球的动作与羽毛球的跳起扣杀动作极为相似，一般以与持拍手同一侧的脚蹬地起跳，落地时异侧的脚先着地、缓冲，挥拍击球时双脚在空中有个前后换位的动作。初学者在体验跳起打高压球时不要急于求成，骤然发力容易导致受伤。

4. 高压球技术要领

（1）身体放松，要有打好高压球的信心。

（2）发现对方挑高球后，要快速移动，眼睛始终盯住球，脚步要不停地调整，侧身对网。

（3）左手指向来球，保证击球点在身体的前方，有利于身体做出蹬地、转腰、收腹及手臂的鞭打动作，要用力扣腕，击球时拍面对着击球方向。

（4）随挥动作要充分。

（四）高压球易犯的错误与纠正方法

错误 1：移动不到位，击球点判断不准确。

纠正方法：

（1）教练挑各种角度的高球，练习者快速移动，手臂伸直，在高点接球。

（2）先练习较低和近网的高压球，逐渐拉开距离并提高击球点。

（3）也可自抛不同方向的高球，快速移动后在高点击球。

错误 2：急于发力，拉肘明显，造成击球下网。

纠正方法：

（1）在高处（击球点）放一个标志物，反复练习向上“鞭打”的扣腕动作。

（2）在离练习墙一定距离处，向上抛高球，待球下落或反弹后将球击压到练习墙上略高于球网的标志处。

错误 3：没有侧身转体动作，正面击球。

纠正方法：

击球前双脚前后站立，将非持拍手同侧的脚放在前面形成侧身对网，准备击球时蹬腿转腰，使身体转向击球方向。

错误 4：击球时发力过早或过晚，造成击球无力。

纠正方法：

尽量移动到来球后方，用非持拍手指向来球，利用腿部蹬地力量带动身体的转动和手臂向前的“鞭打”动作。

错误 5：击球时眼睛没有盯球，造成击球不准。

纠正方法：

积极调整脚步，在右肩前上方击球，眼睛看到整个击球过程。

（五）练习方法

1. 手臂“鞭打”动作

练习目的：体会高压球的手臂动作方法。

练习方法：抬高肘关节，向前、向上、向远处抛球，或手持毛巾等软状物体，连续做向前、向上“鞭打”动作。

练习要点：动作放松，大关节带动小关节，大肌肉带动小肌肉，动作协调。

2. 持拍做高压球动作的模仿练习

练习目的：体会握拍时手臂“鞭打”动作及判断高压球的击球点。

练习方法：在击球点位置找一个标志物（树叶或悬挂物等），提高模仿练习的实效性。

练习要点：手臂放松，特别是手腕放松，要有明显的肘关节的制动及扣腕动作。

3. 移动接球练习

练习目的：提高移动判断击球点能力。

练习方法：教练在中场喂送高球，练习者站在对面场地中间，通过脚步移动，在身体前面最高点伸直右手接球。

练习要点：脚步不停移动，体会击球点位置。

4. 对墙高压球练习

练习目的：提高移动判断能力，体会击球动作过程。

练习方法：在距离练习墙 6～7 米处自行抛球，把球打在墙前大约 1 米的地上，球反弹后到空中，可连续击打高压球后的反弹球。

练习要点：脚步积极移动，注意侧身对球，控制击球力量，保持动作的连贯性。

5. 击打手抛高压球

练习目的：体会高压击球的整个过程。

练习方法：练习者站在网前2～3米的距离，同伴站在其侧面，将球抛向练习者身体右侧前上方，练习者采用高压击球动作将球凌空击过网。

练习要点：调整脚步，控制力量，体会完整高压击球技术。

6. 后退高压球练习

练习目的：加强后退击打高压球的能力。

练习方法：练习者站在球网后面，同伴站在对面场地。练习者用球拍触碰球网的同时，快速后退，击打同伴用球拍抛过来的高球。

练习要点：后退时，采用交叉步移动，开始时步子要大；送球者要控制好送球节奏，待练习者球拍触网后再送球。

7. 全场高压球

练习目的：提高场地不同区域高压球的处理能力。

练习方法：练习者站在发球线与发球中线的交界处，同伴在中场用球拍依次或随机喂送近网、中场、后场的定位高球，练习者调整步法，做高压球击球练习。

练习要点：注意脚步快速移动，击球时保持身体重心平稳和侧身。

九、反弹球

（一）技术特点

反弹球是一项由被动变为主动的过渡性技术，主要是用来回击对着脚下打来的球，或在发球上网和随击球上网的途中，来不及到位打截击球而被迫还击刚从地面弹起的低球。绝大多数的反弹球出现在单双打比赛中运用发球上网战术时，有经验的对手在破坏上网进攻时，常把球打到对方的脚下或两侧，迫使对方从低处向上回击出反弹球，难度极大。因为击球点低且多在中场，很难加力进攻，只能推深或控制落点为下次进攻做准备。如果判断准确及时，宁可加快上网速度截击凌空低球，或突然放慢前冲速度待球落地跳起在高点加力进攻。

虽然反弹球大多出现在中场，但当运动员在场区内包括在底线稍后都可能被逼使用反弹球的打法处理来球，因此，反弹球技术分类也很复杂。按击球者站位分，有近网、中场和底线深区的反弹球；按球的旋转分，可分平击、上旋和下旋削击的反弹球；按回击的落点和性能分，又有推深、放轻球、挑高球和破上网等。

（二）动作方法与要领

1. 握拍

正、反手反弹球握拍与网前截击握拍相同，采用东方式反手握拍法或大陆式握拍法。

2. 准备姿势和引拍

当判断来球需要打反弹球时，迅速下蹲，降低重心，如正手反弹球，应转体右脚向前作跨步，右膝弯曲，反手反弹球则相反，此时身体前倾，同时必须保持身体平衡，后摆动作视球过来的球速及准备时间快慢而定，一般是转体时已完成了后摆动作。

3. 击球

击球时眼睛必须看球，手腕与前臂紧固，拍面略开，随身体重心前移，拍子由下向上做反弹击球，同时使球略带上旋。

4. 随挥动作

球拍的速度逐渐减低，随挥动作不宜太长，能达到引导出球方向就够了。

总之，反弹球技术动作中的几个重要环节是低重心、跨步、深蹲、后腿膝关节几乎触地、身体保持平衡、眼睛盯住来球，在球弹起瞬间击球，拍头不要下垂。当对方挥拍击球时，应注意判断，同时放慢前冲速度并判断出对方的击球方向，判断时应有一个两脚开立的跳步，然后衔接的是向左或向右的跨步击球动作，这也是上网步法的特定要求。

（三）易犯的错误及纠正方法

错误 1：后拉球拍幅度过大，造成来不及击球或击球点偏后。

纠正方法：球拍挥动时可在身后放一固定物挡住拉拍幅度。

错误 2：没有充分做到屈膝弯腿，降低重心击球。

纠正方法：准备时注意屈膝弯腿而不是屈上身，做动作时身体不要起伏太大。

错误 3：球拍触球瞬间，眼睛离开球，造成漏击或击不到拍子的“甜点”上。

纠正方法：从降低来球速度开始，眼睛始终盯着球，拍子对准来球，待成功率提高后，逐渐加快球速。

错误 4：击球时手腕不够紧张，造成击球无力。

纠正方法：注意击球时手腕紧固和放松的交替进行。

（四）反弹球练习方法

1. 自抛自打练习

练习目的：体会击反弹球的动作过程。

练习方法：原地距挡网 3～5 米，向上抛球，然后降低身体重心，待球刚弹起时，做反弹球练习。

练习要点：眼睛盯球，手腕放松，打准球。

2. 对墙反弹球练习

练习目的：提高球感及球拍的控球能力。

练习方法：在距墙 3～5 米的地方，对墙打一次稍高的球，再打一次刚落地的反弹球，反复依次进行正、反手反弹球练习。

练习要点：控制好节奏，击准球，保持连续击球。

3. 场地反弹球练习

练习目的：提高对反弹球的判断及球拍的控球能力。

练习方法：同伴站在场地中间向对面中场的练习者脚下送球，练习者进行反弹球练习，送球者可向练习者正反手进行送多球练习。

练习要点：重心降低，拍面对着击球方向，向前上送出。

4. 结合实战，由后场向前场跑动至中场击反弹球练习

练习目的：提高处理反弹球应变能力。

练习方法：同伴站在底线向对面底线练习者送球，球送至中场附近，练习者正手或反手击球后，上至中场，同伴把球击向练习者脚下，练习者用正手或反手击反弹球。

练习要点：练习者回击球时要有目的地把球击向对方脚下，练习者眼睛盯球，降低重心，减小引拍，挡击回球。

第十二章　高校网球运动战术训练实践

第一节　网球运动战术理论

一、网球战术的概念

网球战术是以胜负为最终目的的战术，具体是指运动员在网球比赛中为了战胜对手或者为了取得期望的比赛结果而采取的计谋和行动。网球战术有广义和狭义之分。广义的网球战术是指技术、意志、智能和素质等在比赛中有针对性的综合运用；狭义的网球战术是指运动员在比赛中根据对方的打法类型及技术特点有针对性地采用各种技术的原则和方法。

网球战术是每个网球运动员的各种竞技能力得以在比赛中全面发挥的条件。运动员在比赛中，根据自己和对手的具体情况，正确而有目的地把自己所掌握的各种技术，有意识地组合起来，最大限度地发挥自己的各种竞技能力，克敌制胜。另外，合理、正确地运用战术，可以在争取比赛胜利的过程中有效减少耗能。

二、网球战术构成体系

（一）战术观念

战术观念是指运动员对战术的概念、战术的形成和内容、战术原理和规律等进行认识和思维后形成的观念、形态。认识程度高，则战术观念强。战术观念的强与弱，对于运动员在比赛中战术能力的表现有着重要影响。

战术观念的形成与运动员具有的知识结构、竞赛经验、认识特点和思维方式有密切联系，从某种意义上讲，它带有个人的主观成分，并随着个人认识上的变化而发生改变。当一个人形成某种战术观时，就会在战术思考、战术训练、战术计划、战术决策以及战术行为等一系列与战术有关的活动中表现这种战术观对他的影响和约束。在人对战术的整体认识尚未发生根本改变的时候，很难摆脱原有观念对他的活动所产生的影响和约束。例如：网球团体赛的排阵，本方的主力一般都应在第一场出战，以保证本方有机会取得第一场胜利，使全队的士气得到鼓舞，有利于以后的比赛。如果放在第二场比赛，有可能是在大局落后的情况下进行，队员压力太大会导致发挥不好，影响比赛的结果。在双方势均力敌的情况下，教练员一般不会将主力放在第二场的位置。教练员在长期的竞赛实践中，对排兵布阵的战术观念已形成，要改变它是较难的。所以战术观念一经形成，会影响人的思维活动，影响人的观点和使用的方法。在竞技比赛中，战术运用的结果都具有双重性，既可能成功，也可能失败。没有正确的战术观念，就会在战术思考和战术安排上出现偏颇，从而导致比赛失利。

（二）战术指导思想

战术指导思想指根据比赛具体情况提出的战术运用的活动准则。

网球战术指导思想是随着网球技术的不断发展与革新、新的打法的形成而逐步发展变化。我国网球的战术指导思想是快速多变、主动进攻、技术全面、特长突出、提高快速对抗中的相持能力，概括为“快、狠、准、全”。

快速多变是对技术、战术提出的共同要求。体现在技术方面，如移动快、击球速度快等；体现在战术方面，如抢网出击快、配合变化快等。只有快才能给对方形成威胁，也是进攻性的具体手段和体现。变是为了防止对手适应本方技战术所采用的有效手段，快只有和变相结合，才能增加技术、战术的威力。主动进攻是得分的重要手段，主动是进攻的先决条件，主动不仅体现在思想上、意识上，更重要的是体现在战术行动上，战术行动进攻手段要根据自己的特点，用自己的特长攻击对方的短处。所以，网球战术指导思想也可以说是“以我为主、快速多变、主动进攻”。

（三）战术意识

战术意识是指运动员在比赛中为达到特定战术目的而决定自己战术行为的思维活动过程。它包含两方面内容：一是运动员在比赛中对自己所采取的战术方法有充分的认识和理解。二是在复杂多变的比赛环境中，及时观察各种情况，适应环境，随机应变，迅速判断并正确决定自己的战术行为。运动员在比赛中能否取得优异成绩，战术能力起着决定性作用。而战术意识支配战术行为，战术行为的效果又决定战术意识的评价。通常情况下，战术意识强的运动员，战术行为所获得的战术效果较为理想。但也有个别战术意识很强而战术行为效果不够理想的，这是由于战术质量较差造成的。因此，战术意识只能支配运动员在不同的情况下，采用不同的战术，但不能确保比赛获胜。只有全面提高战术能力，才能使运动员具有取得比赛胜利的实力。

在对运动员进行战术意识的培养过程中，教练员必须深刻认识和理解战术意识的真正含意，从而使战术意识培养达到有的放矢。

第一，应让运动员清楚自己采取的行为目的是什么，要解决什么问题，同时对自己所采取的行为可能产生的后果有所预测。通常我们说一名运动员缺乏战术意识，实际上是指该运动员的行为过程缺乏行为目的，不清楚当前需要解决的战术行为任务，对行为的后果也不明确。因此，战术意识的培养应从行为目的与战术行为的关系上着手，即让运动员明白，要达到某种目的就必须采取相应的战术行为。

第二，战术行为的有意识性表现在运动员对比赛环境的能动反应上。如运动员在比赛中意识到对方正手位的抽球对自己威胁很大时，就会迅速改变自己回球的落点压住对方反手位。因为运动员清楚地意识到，一旦回球至对方正手位，就会对自己产生威胁。由此可见，运动员对某种形势所产生的后果有所预测，才有可能设法采取某种战术行为，使形势朝着有利于自己的方向发展。因此，对运动员战术意识的培养，还应发展其对战术情景的识别能力和预测能力。

第三，战术意识的强与弱也表现在运动经验与个体经验积累的交织上。教练员要随时随地向运动员传授战术意识的经验，并且要求运动员学会总结战术经验。要想成为优秀教练员和运动员，总结经验是必须具备的基本素质。

第四，从培养战术意识的途径看，要有目的、有意识、长期系统地对运动员进行网球专项意识和战术意识的理论知识传授。同时让运动员清楚地认识到影响竞技能力的两大因素是运动员的心理素质和战术能力。而战术能力是由战术意识、战术理论和战术行为所组成。了解彼此的辩证关系，能增强教练员、运动员对培养战术意识重要性的理解。把战术意识的培养贯穿于网球训练的全过程，根据不同训练阶段运动员的特点，确定任务、制订计划、安排内容，在整个训练过程中要体现战术意识培养的内容，坚持理论与实践相结合、训练与比赛相结合，使运动员的战术意识与战术行为同步增长。

要加强运动员在比赛中观察分析场上情况及随机应变的能力。运动员战术意识形成过程首先是要对临场情况进行观察，然后对观察的情况进行分析，根据长期形成的技术概念模式和积累的经验记忆进行判断，最终采取恰当有效的措施手段。因此，观察、判断和应变是战术意识形成的三个基本环节。加强战术意识的培养，应首先培养运动员的观察能力，培养运动员在观察时要做到看全、看准、看出问题的实质；其次是能及时、准确地判断对手的战术意图和战术变化，以此确保战术意识的质量，这是一个重要环节，是战术意识的核心部分；最后需培养在战术运用过程中根据比赛情况的变化，及时调整战术手段的应变能力。

把战术意识的培养贯穿于网球技术训练之中，技术训练和战术训练相结合，带着战术意识训练，是提高战术意识、战术能力的重要途径。在网球训练过程中，教练员的战术意识非常重要。教练员战术意识强，能把战术意识贯穿于训练内容、训练方法以及训练手段中，科学合理地运用，持之以恒，才能保证高质量训练效果。相反，教练员战术意识差，运动员的训练效果就会事倍功半。因此，教练员要不断提高自己的理论水平和战术意识水平，才能将战术意识培养贯穿于技术训练中。技术训练要战术化，不能单纯地练技术，在技术练习过程中，要让运动员懂得技术的实用性、实效性以及技术与技术间的衔接等，以便运动员在不同条件下，能熟练地运用各项技术，从而提高战术意识和战术能力。

总结每一次比赛的战术意识表现，及时调整制定改进措施，是提高战术意识的重要方法。用比赛战例进行研讨，采用个人、两人或多人的形式进行。尤其是个人小结，它不限于赛中赛后，每局赛完后都可进行战术小结，及时总结是提高战术意识的极佳方法。

（四）战术知识

知识是人们在认识和改造世界的实践中所获得的认识和经验的总和。从信息的观点来看，知识则是同种信息的积聚，是有助于实现某种特定目的而抽象化和一般化的信息。从这个意义上讲，战术知识是在战术实践活动中，人们可获得的认识和经验的总和；也可以说是指有关战术的各种经验和抽象化信息的总和。

战术知识的存在形态主要有两种：一种是经验性知识，一种是理论性知识。经验性知识主要是靠运动员在长期比赛实践过程中逐步认识和积累起来的，由于运动员存在认识过程和掌握技能等各方面的不同而形成的个体差异，导致所掌握的经验性知识有所差别。如运动员的打法类型的不同，一个上网型、一个底线型，两种打法的运动员对发球后结合进攻的战术理解是不相同的，他们可采取的进攻手段也不一样。所以，经验性的战术知识往往带有局限性和个体差异性。理论性知识是以一种抽象化信息形式来表现的，通常是在无数个体经验性知识的基础上，抽取它们中的共同要素和成分而形成的，因而它反映了事物客观发展和运动的一般性规律，具有普遍意义。在实际运动中，两种知识都十分重要。

在实践过程中，战术知识又可分为一般性战术知识和专项性战术知识。一般性战术知识是指带有普遍意义的战术规律、战术原理、战术方法和谋略思考原则，以及战术功能、战术结构体系等方面的知识；专项性知识则是专项特征的战术方法、战术形式、战术运用的条件以及战术行为效果等有关知识。两种知识相互依存，缺一不可。我们应看到，现有的战术知识都是由过去逐步积累和深化而来的。运动员获取的一切知识，是在继承历史的基础上，通过自身学习和实践活动中的认识而丰富起来的。当运动员拥有了一定的战术知识之后（经验性的和理论性的），会根据自己所具有的战术知识对战术活动作出判断。因此，个人所具有的知识结构既是他认识活动的产物，又会反过来影响他认识事物的方式方法以及思维过程。所以战术知识对于教练员和运动员都具有十分重要的意义。

（五）战术形成与行为

1. 战术行为的概念

战术行为是指为达到某个战术目的而采用的具有战术意义的动作系列或动作组合，即战术是通过战术行为来表现的，战术行为是运动员的战术概念、思想、知识和意识的具体表现，是完成战术任务的具体方式。我们为了解决某个战术问题，完成某个战术任务，就必须付诸行为，而这个行为必须有利于解决问题和完成任务，才具有实际意义。

2. 战术形成

首先，从本质上讲，网球运动战术形成的过程，是对运动员的战术行为进行培养和塑造的过程。通过这一过程，使他们能够在思想上对战术活动有所认识，意识上能够客观、全面地反映战术活动，在行动上能掌握和运用一整套行之有效的方式方法，并不是让运动员学会几招几式的单纯基本技术，而是在整个战术形成过程中对他们进行全面培养，即战术行为训练、战术意识培养、战术知识学习和策略思考能力训练。同时，还必须懂得，运动中的战术行为完全是在一定的思想指导下、在战术意识的支配下所表现出来的外表行为。这说明战术形成与各方面的训练、培养是相互联系不可分割的。

其次，我们应认识到，运动技术是形成战术行为不可缺少的组成部分。通常认为，运动技术是人在运动中相对合理而有效地完成动作的方法。从这个意义上讲，我们可以把网球战术看成根据战术行为目的、任务将若干技术动作组成一个具有针对性的动作系列。在这里技术起着将各种动作联系在一起的作用。可以这样说，在战术中必然包含着技术成分。从网球的实践中可以看出，运动员技术掌握和运用的熟练程度，直接影响战术行动的实施以及战术的成功与否。试想如果一个运动员技术掌握不好，只能把注意力集中在如何完成某个技术动作上，就不可能放宽自己的视野和思维去观察、分析、判断场上的情况以及思考下一步行动。战术行为的体现要以娴熟的运动技术为基础。提高运动员技术熟练性和运用技术的能力，是战术形成的必要前提。因此，在战术形成过程中，要充分理解认识战术与技术的关系，只有技术掌握得全面、熟练、实用，更好地在比赛中完成战术实施并取得好的效果，才能保证战术的应对变化，以适应现代网球比赛复杂环境的需求，使运动员在比赛中运用战术得心应手，达到战术的目的，取得比赛的最终胜利。

三、网球战术的主要分类

（一）按项目分类

1. 单打战术

单打战术包括发球上网战术、接发球战术和底线战术等，它是运动员在一对一比赛时，为了夺取胜利，在规则允许的条件下所采用的各种方法和手段。

2. 双打战术

单打战术是双打战术的基础，在单打战术的基础上，双打战术注重两人技术的组合、心理的默契配合。

（二）按战术攻、防性质分类

1. 进攻性战术

进攻性战术是指以得分为目的行为方法，它具有抢先争主动的含义。在网球比赛中，运用进攻性战术尤为多见。进攻性战术都是围绕如何得分这一具体的行为目标而实施的。运动员在比赛中实施的大多是进攻性战术。我们在确定进攻性战术时，必须强调力争主动的意义。

2. 防守性战术

防守性战术是指在被对手进攻的情况下，通过个人行为或两人（双打）协作，阻止对手得分的战术行为方法，从本质上讲，并不是完全处于被动状态的战术行为。这是因为比赛中有些阻止对方进攻的手段，同时也可能得分。因此，不能把防守性战术看作一种被动战术。就一般情况讲，防守性战术不仅有限制对手发挥特长的功能，而且也是争取有利条件的行为过程和寻找机会打击对手弱点的过程。在网球实际运用中，底线型打法的运动员运用防守性战术要多一些。

（三）按技术使用的顺序分类

按技术使用的顺序，可分为发球战术与接发球战术以及相持球战术。

1. 发球战术

发球是比分的开始。发球的战术意识首先是发球直接得分；其次是迫使对方接发球时不能抢攻，回球质量差，无法具备杀伤力，给自己赢得抢先上手主动进攻的机会。现代网球比赛中，发球已成为最直接、简便、有效的得分武器。所以，发球战术的运用在比赛中至关重要，比赛中发球局能否全胜，是比赛的关键。在运用发球战术时应注意以下三个方面：

第一，发球不受对方的影响，可通过力量、速度、准确性达到得分的目的。应根据发球速度、力量及落点来预判对手有可能采取的接球办法及手段，接到什么位置，自己采用何种抢攻手段。

第二，提高发球质量，将速度和落点变化结合起来，为抢攻创造更多的机会。

第三，加强第三拍的抢攻意识，抢攻要大胆果断，不论对方怎样回球，都尽可能上手进攻。

2. 接发球战术

接发球战术是与发球抢攻战术相抗衡的一项战术，其目的是破坏对方发球抢攻战术的运用。接发球战术对整个战局能否获得主动权起着主要作用。在比赛中，如果接发球处理不好，第一环节就陷入被动。因此，接发球的战术意识首先必须建立在积极主动的基础上，争取抢先进攻得分；其次，在不能抢先进攻的情况下，力争控制对方，使其发抢的目的落空，形成相持局面后再寻找机会主动进攻得分。运用接发球战术应注意：

第一，接发球要贯彻“以我为主，快速多变，主动进攻”的战术指导思想，要有积极主动、抢先上手的意识，而且要果断坚决。

第二，必须具备各种接发球的技术能力，如抽、削、挡等，并根据场上的实际情况灵活运用。

第三，要灵活多变，采用多和回接方法，给对方制造各种复合变换刺激，使其难以适应。接发球后要迅速还原，迎击对手的第三拍进攻。

3. 相持阶段的战术

相持阶段的战术是指前四拍之后，可采取的各种进攻控制手段和方法。网球各种打法类型的运动员，一般主要依靠自身的技术特长，以快速多变的特点调动对方、压制对方，最终达到攻击的目的，使自己争得主动进攻，发挥优势从而取得比赛的胜利。因此，相持阶段一定要以顽强的战斗意志，快速捕捉战机，在攻、防的转换中争得主动，运用特长技术进攻得分。运用相持阶段战术应注意：

第一，必须具备良好的技术质量，有扎实的基本功作基础，才能在相持阶段中争得主动，更好地运用相持阶段的各种战术。

第二，要运用与自己的打法类型及特长相结合的战术，才能充分发挥相持阶段战术运用的效果。

第三，适应能力和应变能力要强。比赛中攻与防、主动与被动千变万化，瞬间就可能从主动变被动，也可从被动变为主动。因此，必须具有敏锐的观察能力和判断能力，才能更好地运用相持阶段的战术。

四、网球战术的基本原则

（一）知己知彼，目标明确

良好的战术运用，要求网球运动员必须设计一套现实的比赛方案，对自己做出正确的评价和学会分析将要遇到的对手的情况。合理地利用战术，能使自己进步更快，获得更大成功。

网球比赛前，运动员除了要对自己的运动情况和技术水平做到心中有数，还要通过观察和分析，了解对手的比赛状态和整体作战情况，客观地摸清对手的基本打法类型、技术、战术运用的特点、特长技术、体能状况、心理素质等，然后有针对性地制订出切实可行的战术方案。

（二）积极主动，勇猛顽强

良好的比赛状态和气势，对于网球运动员在赛场上震慑对方具有重要作用。因此在网球比赛中，力争积极主动，打出气势，以控制比赛的程度和节奏。一旦拿定主意，就坚决地打下去。比分领先时要做到胜不骄，乘胜追进；在打相持球和处理关键球时决不手软；落后时不气馁，敢打敢拼，大胆贯彻自己的战术意识，顽强拼搏到比赛的最后一刻。

（三）善于观察，扬长避短

随着现代网球的发展，网球运动员的综合运动技术越来越接近，从某种角度来说，网球比赛就是在比谁能发挥自己的长处，避免自己的短处。因此，在比赛中要有耐心，仔细观察。善于真正抓住对方的弱点，寻找对手易出现失误的规律，扬长避短，掌握比赛的主动权。

优秀的网球运动员都有自己独特的打法和风格，不管哪一层次的运动员，也都有其长处与不足。在比赛中，运动员首先拿出自己的特长技术、战术，发挥自己的长处，从而使对方暴露出弱点。如有的运动员较难处理高而深的球，有的运动员正手或反手击球经常出现一边比另一边差；采用正手、反手再正手的顺序打对方，如对方不失误，可采用反手、正手再正手的攻击方法，结果能使对手出现接球失误；当与擅长底线技术的运动员比赛时，就要想办法不让他留在底线；当与发球上网型选手对峙时，则要限制他上网进攻，尽量不让对手发挥他的长处等。

（四）掌握节奏，攻守平衡

网球比赛的节奏渗透于网球攻守的战术中，进攻的节奏是通过进攻速度的快慢和强度变化交替灵活地运用来体现的。防守的节奏是通过延缓对方的进攻速度和增加对方进攻的难度来体现的，掌握节奏极为复杂，极具艺术性，它与比赛经验、临场应变能力、观察和判断场上形势、捕捉战机等的关系十分密切。掌握和控制好攻守的节奏，是在网球比赛中获得主动权的重要手段。

网球运动中，任何进攻战术都是为了创造机会直接得分，攻守平衡不仅要求在战术指导思想上要有清楚认识，在战术打法上也要有充分体现，更重要的是在个人能力上要具备全面的攻防能力，既有进攻能力，又有出色的防守功夫。任何防守战术都是为了阻止对方获得得分机会或让对方出现失误而失分。实践证明，片面强调进攻或防守都不可能实现网球比赛预期的比赛效果。

（五）充分准备，善于创新

现代网球场多建在室外，而在室外进行比赛时，天气状况有时很难保证。当天空艳阳高照时，就应考虑是正对阳光还是背朝太阳；有风的天气，就应考虑是顺风还是逆风。不同的天气情况应采取不同的战术方案和打法。因此，网球比赛中要根据当时的自然环境制定相应的战术方案。

现代网球比赛情况千变万化，对手也会采用针对性的防守或进攻战术打乱你的部署，使你预定的战术套路难以实施。因此，必须鼓励和提倡运动员在坚决执行预定攻守计划的同时，充分发挥自己的创造性，提高合理运用战术的能力。根据赛场情况的变化适时改变既有战术进行比赛，是在激烈竞争中攻击对手的重要法宝。当今网坛高手云集，技、战术发展突飞猛进。运动员在比赛中如能懂得战术并能巧妙地加以运用，就能在同等水平的比赛中占据主动地位。

（六）灵活机动，随机应变

机动灵活、随机应变是网球战术的基本原则之一。网球运动员在赛前根据自己的特点，精心设计并熟练掌握几套进攻、防守战术的打法是非常必要的。运动员在比赛中打得不顺时，可采用备用战术，以对付场上的多种变化，力争克敌制胜。

在网球比赛中，当自己的战术被对手适应时，应力求改变，用变线、深浅的结合，打空当来调动对方，使其左右前后奔跑。用打身后球来打乱对方的步法：用组合击球拉开空当等战术增大对方击球难度；在交换发球场地时对比赛进行分析，以决定何时改变战术等。总之，运动员要根据赛场上的不同变化，灵活机动，随机应变，才能做到克敌制胜，始终掌握比赛主动权。

（七）技术、战术有机结合

在网球比赛中，技术是网球运动员的具体竞赛技能，战术是技术的灵活和创造性应用，是争夺比赛主动权的基础，因此，运动员应合理组合运用网球战术与技术，这是现代网球战术的重要特征之一，也是网球战术运用的基本原则。

网球运动员必须清楚地认识到，在网球比赛中，战术只能作为一种比赛取胜的手段，而不是比赛取胜的绝对条件。网球战术必须同网球技术的运用密切相连。不同的网球技术在具体的运用时会达到不同的效果。当制定好战术打法以后，就必须选择与之相适应的技术动作。也只有具备了较出色的技术时，才能够充分实施自己的战术意图，以控制对手和比赛节奏。

五、网球战术的制定依据

（一）根据环境制定网球战术

1. 根据风向制定网球战术

风向对网球比赛中战术的运用有很大影响。遇到顺风和逆风时，运动员所应采取的战术具有很大区别。

当运动员处在顺风一侧的场地比赛时，如果是顺风比赛，要时刻记住顺风击球会使球速加快，因此击球不应太发力，应增加球的旋转，防止球出界。顺风打球时，如有机会一定要积极上网，因为网前击球比底线击球受风的影响小，且对手所处逆风击回的球的球速较慢，有利于网前截击。顺风比赛，底线相持时，只需稳稳当当地把球打向对手的场地即可，不必非要速战速决。因为对手要付出更多的努力才能打出和你一样的球速，所以只要稳扎稳打即可在比赛中取得主动权。

当运动员处在逆风一侧的场地比赛时，运动员可放开全力击球，而不必担心球会被打出界。当对手上网时，尽可能挑高球，球要挑得深，一般情况下由于受逆风阻力的影响，球往往会落在场内。一旦挑高球成功，再及时随球上网截击，就会很轻松地取得一分。

2. 根据阳光制定网球战术

目前，网球大赛所使用的网球场都应是按南北朝向修建的，在网球比赛中总是有一方运动员是朝着太阳的，正对太阳一方的运动员在发球时，应轻微改变自己的发球站位，或者抛球时应略低于正常高度。如果你的对手在挑边时，选择了发球，那么你应尽可能选择正对太阳一边接发球，这样在交换场地后就可以背朝太阳发球。

背朝太阳时，要记住向哪个方向挑高球，一旦对手上网，可以随时挑高球。

对着太阳时，不要轻易上网，如果上网了，对方挑高球，可以打落地高压，但尽量不要让对手觉察。

3. 根据气温制定网球战术

和其他体育运动赛事相比，网球运动赛事是一年中运动赛事最多的，一年四季都有比赛，这就要求运动员在不同的气温条件下适应比赛。

夏天比赛，气温高，体力消耗大，比赛中考验的往往是队员的心理和意志。当你感觉到热时，对方也和你一样。所以，比赛时要尽可能地调动对手，让对手前后、左右地奔跑，以尽快地消耗其体力。当对方的体力消耗殆尽，心理防线也会就此垮掉，你获胜的机会也就相应增加。

冬天比赛，要充分做好准备活动，避免运动创伤的发生。挑边时，不妨先选择接发球，因为天冷气温低，开始时，身体各关节较僵硬，还未进入最佳状态，发球质量难以保证，对接发球方较为有利。明确这点，对于网球运动员合理制定战术具有重要影响作用。

4. 根据场地制定网球战术

（1）草地

草地属于快速场地，在快速场地上进行训练或比赛时，应更多地使用削球和平击；发球时发侧旋的小角度球，而不仅仅追求大力发球；结合采用打高球，用非常小的引拍动作击球，然后移动至场内上网；攻击所有短球，要凶狠，上网并提前封住落点；采用低弹球的战略。

（2）沙地

沙地是网球比赛的一种慢速场地，在这种场地上进行训练或比赛时，击球多用上旋；发球时发上旋球或有角度的高挑球，而不仅仅追求大力发球；结合采用高球和上旋球，然后击半高球上网；不要攻击所有的短球，而是取得主动，将球击向对手身后；防守时变换打法；采用令对手疲劳的战术，因为慢速场地能让选手救起多数险球。

（3）硬地

硬地的网球场地介于沙地和草地之间，属于中速场地。一般来说，在中速场地上进行训练或比赛时，要善于使用各种类型的旋转，如上旋和半高球；发球时使用各种旋转和力量；结合采用不同旋转和不同高度的击球；攻击短球时击向对手身后，随球上网高空截击，采用满场飞的打法，截击空当。

（二）根据场区制定网球战术

1. 前场区网球战术

前场区，又称拦网区，是网球场中最具进攻性的区域。拦网区不会给一名选手任何的选择，在网前的移动通常是侧向和向前的，在这里必须完成向前的动作和进攻行动，即将球打死并且充分展示出攻击性和权威性。

2. 中场区网球战术

在网球比赛中，中场区域通常是运动员最重要也是最难掌握的地域，给选手的战术选择较多，对手的回球如果弹落在这一区域内，则可以采取以下措施：当来球弹跳很低时，可以向前跑动打一个随球上网；当来球弹跳较高时，可打一个正手或反手的击球结束这一分；试着放小球。通常，网球运动员在中场区所要做的，就是利用打一个正手或反手击球结束该分，向对手施加压力，这种情况越多越好。这种做法将自然地消除很多侧向和向后的动作，保持向前的动作，使对手充分感觉到自身的自信心和权威性。

3. 后场区网球战术

后场区，又称基础击球区。因为通常运动员所制订的如何取胜每一分球的计划都在这一区域。这一场区的战术制定要求运动员要有耐心、计划、视野与深度，在后场区需要有耐心及侧身移动灵活性，击球角度及准确性，为最终所要完成的向前移动或给对方致命一击做好准备。

（三）根据比分制定网球战术

在网球比赛中，运动员要善于根据比分适时改变自己的作战战术，变被动为主动。具体主要从以下四方面做起。

（1）比赛开始时，采用动作的攻击（让对手疲于奔跑，称之为 BTU）。发挥自己的优点，打高成功率的球，让对手奔跑。开始的目标就是：先拿到 30，因为先拿到 30 的球员有 80％的赢球机率，即使这一局没拿下来，对手也会随着比赛的进行而觉得疲惫不堪。

（2）比分领先时，应做球技的攻击（攻击对手的弱点）。做球技的攻击需要控制和信心，球技的攻击会使对手的弱点在落后的压力下更加脆弱，而使自己的获胜概率大大增加。

（3）比分持平时，若打得好，采用球技的攻击；若打不好，则采取动作的攻击。如果比分为 30－all 或 Deuce，要注意这种局面是怎么形成的。如果是连输前两球，局势有所转弱，应采用较保守的打法，增加对攻次数并使对手奔跑；如果赢了前两球而且很有信心，那么就做较具攻击性的打法。此时对手的气势已在转弱，他的弱点将更加脆弱。然而，也不要太过于大胆，因为若输了这一球，就变成使对手掌握局末点的优势。

(4) 比分落后时，采用动作的攻击，这样可以限制非受迫性失误的产生，维持击球的继续并令对手跑动，击垮对手的体能，即使这一局你输了，但也让你的对手疲惫不堪。另外，它还能使你的心智集中，逐渐调整比赛状态。

六、网球战术的影响因素

战术是一种方法，是运动员在比赛中为达获胜之目的而采用的具体措施。战术水平的高低，是通过运动员的技术水平、身体机能及心理素质等多方面的因素综合表现出来的，从网球运动技术的发展和战术运用的经验看，影响网球战术发挥的因素有以下三个方面。

(一) 军事学与谋略学因素

谋略：就是对抗双方为了赢得胜利，调动自己最大智慧，寻求制胜的计谋和策略。在现代网球比赛中，势均力敌的情况经常出现，两兵相遇勇者胜，两者均勇谁胜呢？“两强相遇智者胜”。斗智在技、战术实力相当的比赛中就显得尤为重要。战术指挥和运用的优劣，“智”的较量是重要因素之一。在赛前全面地分析对手的具体情况，从中找出有针对性的进攻战术对策，才有可能达到克敌制胜的目的。如我们参加一项重大比赛，教练员就必须充分了解所有参赛队的技术和战术水平、战术特点等各方面具体情况。然后，根据本队的技、战术水平状况，从参赛队员的选派、出场队员的排阵、临场指挥的应变以及各种相应的战术手段等方面，作周密细致的思考和安排，以确保比赛中争得主动，夺取胜利。

在比赛双方技术实力相当的情况下，谁的战术运用合理，谁就会取得好的效果。制定战略、战术和临场运用战术，实际是一个战术谋略的思维过程，在整个战术谋略过程中，主要是把握对方特点，正确分析自己的实力，充分发挥自己的技术特点来限制对方。这就存在相互制约的问题，谁能在这种相互制约的过程中发挥出最好的水平，谁就能最终战胜对方。因此，军事学和谋略学对战术的影响是很大的，在制定战术过程中必须具备谋略学的因素。在比赛中，战术谋略适当，在一定条件下可以“弱”胜“强”。但是，重谋略决不能轻实力，它必须是具有坚强实力作基础，只有在实力基础上，才能得以充分地施展谋略。

(二) 心理与思维科学的因素

比赛中，运动员成绩的好坏是由竞技能力高低决定的。影响竞技能力的发挥有两大因素：一是心理素质，二是战术能力。运动员的心理素质是比赛中实施战术的重要保证。在实战比赛中，运动员的表现通常有两种类型，即“比赛型”和“训练型”。“训练型”运动员的特点是心理素质较差，尤其是重要比赛的关键场次，更无法充分发挥自己平时训练的技、战术水平，使战术计划在比赛中无法实施。“比赛型”运动员的最大特点是心理素质较好，在比赛中尤其是在重大比赛中，能较好地发挥自己平时训练的技、战术水平，甚至在关键场次能超水平发挥。因此，提高运动员的心理素质是提高战术质量的保证。

运动员在比赛中的智能水平是实施战术的重要条件。比赛中战术质量和战术变化取决于运动员的智能水平。因为，在现代网球竞技运动中，运动员不可能机械地套用单一战术方法，而是通过临场观察、分析对手技术特点和战术水平，快速地做出反应，有针对性地使用有效的战术方法。这就对运动员的思维和分析能力提出了更高的要求。实践证明，运动员智力水平的高低，决定战术应用及战术变化的效果。所以提高运动员智力水平，是提高战术质量的重要条件。

（三）技能与体能因素

技能是网球运动员掌握各种基本技术的能力，是战术实施的可靠保证。技能的高低，直接影响战术质量的优劣。可以设想，如果一个上网型选手连截击球技术都未能很好掌握，在比赛中就根本无法实施发球上网战术，更不能达到战术效果。因此，技术能力的优劣直接影响战术行为的实施和战术质量，对比赛的结果起到重要的作用。

网球比赛对运动员体能的要求非常高。由于比赛时间长，每一拍球都必须尽全力争取主动，稍有松懈就会陷入被动，直接造成回球质量降低，影响战术效果。在比赛过程中，体能不足会影响回球的技术质量，导致被动失误。因此，体能对于运动员各种技术的运用和战术质量的保证有着至关重要的作用。

七、网球战术意识及其培养方法

（一）网球战术意识及其构成与特点

网球战术意识是运动员在比赛实践中，战术发展、变化的现实在运动员头脑中的反映，这种特殊的意识是运动员对比赛现实反映和对网球运动规律性反映结合在一起的思维过程。它的最大特点是运动员的战术思维必须和战术行动结合起来才具有实际意义，并产生特定的能动作用。在网球战术意识概念中有两个重要的含义：现实反映和规律性反映。

1. 现实反映

现实反映包括两项内容：第一，赛前自我评价的真实性和关于对手各方面情报的可靠性；第二，比赛中双方技战术水平的发挥和运用以及心理状态等在运动员头脑中的反映。如何全面、客观、准确地反映客观现实，除了可靠获取对手的各方面情报外，还取决于运动员在比赛过程中快速、准确地观察分析、综合判断的思维能力。因此，运动员对比赛进程和双方战术发展变化的客观现实反映的全面性与正确程度，直接影响与运动员头脑中贮存的规律性反映结合的思维过程，影响分析判断的正确程度，从而影响战术行动的实效性。

2. 规律性反映

网球比赛中战术发展变化的规律性在运动员头脑中的反映，是组成运动员战术意识的重要部分，它取决于运动员的专项智力水平和比赛经验的积累。专项智力水平和经验是运动员在比赛中发现问题、解决问题的基础，它能促进思维过程中分析、判断、综合、预见能力的提高，使思维过程更准确、灵活、敏捷，使运动员的战术行动更符合网球运动的规律，更富有灵活性和创造性。当运动员的头脑中对现实产生反映时，规律性的反映也同时产生了，二者密不可分。

3. 网球战术思维活动的特征

网球运动战术思维活动的特征同足球、篮球一样，具有直观形象性、实效性、敏捷性和灵活性，但在比赛对抗的激烈强度和瞬间变化上，同足球、篮球运动相比较要小得多。因此，其战术思维活动的特征同足球、篮球存在一定的区别，网球的思维活动更偏向计划性和预谋性。从运动心理学中知觉特征来看，一些研究人员把根据外界环境做出改变调整的叫“开放技术”；不受外界反馈信息影响，只根据本体感受器做出反应的叫“稳定技术”，如游泳、田径等。从这一概念出发，网球运动应列为“开放技术”，但从网球运动中的反射动作来看，确切地说，应是“开放情况中的稳定技术”。网球运动思维活动的特征具有计划性和预谋性，但这种已经做出的战术决定或战术意图在付诸行动时仍会根据比赛中的特殊情况做出必要的调节，只是这种调整限定在合理范围内。网球运动员思维活动的特征有时还表现出一定预见性，它是以运动员对网球运动基本规律的认识和经验作为基础的，预见性使运动员对即将出现的情况有一个预测，因而在思想上、战术上做好一定的准备。

（二）网球战术意识的培养方法

1. 掌握网球技术知识

战术意识只有同战术行动结合起来才具有实际意义，而战术行动是由各项基本技术组成的。可以说，技术是实施战术意图的根本保证，没有良好的技术，任何好的战术都是空中楼阁。运动员学习一项技术，不能只从技术结构上学习，还必须明白它的技术特点、作用、采用时机以及优点和缺陷等，以便在比赛中根据战术意图的需求灵活运用。换言之，运动员在学习技术动作的同时，就要考虑该项技术在战术上的作用和使用价值。

运动员掌握技术要力求正确、合理，并努力发展保持正确、合理技术结构的能力，即移动能力。平稳、快速地移动是维持合理的人球关系和技术结构的基本保证。但在比赛中，我们常常看到高水平的运动员在身体失去平衡的情况下，采取非正规击球技术将球还击回去，而且往往出人意料地得分。这实际上是高水平运动员的“手感”能力强，“手感”对于网球运动员特别重要，形成良好的“手感”，准确地打出各种线路、落点、速度、力量、弧度、旋转的球具有相当的难度，这就要求运动员在训练过程中，用心去感觉、体会不同来球以及自己击出不同性能的球对手上感觉器官不同刺激的细微区别，捕捉那种刚刚引起不同感觉的最小刺激，即差别感觉阈限，并获取相应的差别感受性。降低感觉阈限，提高感受性，对于网球运动员建立手上感觉具有相当重要的意义。

2. 进行专门战术训练

战术训练在整个网球技术训练中占有重要的地位，它是培养运动员战术意识，掌握最合理的战术手段和方法的重要途径。网球运动是“开放情况中的稳定技术”，采用什么战术，在运动员头脑中事先有一个打算，并可以马上付诸行动而不受干扰。网球比赛是在不断地控制与反控制的过程中进行的，如果每次发球上网都不能占主动，那么只能考虑暂时放弃这项战术行动而改用其他的战术。因此，运动员必须通过专门的战术训练来掌握各种战术手段和方法，并根据比赛现实和网球运动的规律，灵活使用和变化战术打法。

战术能量是运动员的战术意识和战术行动结合在一起所产生的一种控制比赛进程的能力，它比缺乏战术意图的技术行动具有强大的杀伤力。战术能量的大小取决于运动员战术意识是否真实地反映了比赛的客观现实和对网球运动技战术内在规律的认识程度，以及顺利实施战术意图的技术能力。战术能量的积累和获得，一方面需要进行大量的技战术训练；另一方面需要提高运动员的专项智力水平、专业理论知识，并提高他们对网球内在规律的认识。另外，在网球运动的控制与反控制中，球的力量、速度、线路、落点、弧度等变化和它们之间的逻辑关系，对战术的形成具有实际指导意义。运动员对网球基本技战术的内在规律应有清楚的认识，它们是组成战术的基本依据。

网球战术的本质特点与基本战略指导思想是：运动员在不移动的情况下击球的失误率很低，这是因为此时运动员的技术结构合理，人球关系保持良好。在移动过程中，运动员的击球失误率明显增加；而在快速奔跑过程中，击球失误率则更高。就是说，在快速移动中击球，运动员很可能丧失正确合理的技术结构，失去了正常的人球关系。换句话讲，运动员保持正确合理技术的能力，在一定程度上确定了运动技术水平的高低。那么，网球战术的本质特点就是打乱和破坏对手合理的技术结构。根据这一基本出发点，我们可以制定网球的基本战略指导思想，并在实际比赛中演化成各种具体的战术。以力量和速度取胜：靠大力发球、凶狠有力的底线抽球等迫使对方出现失误；以快取胜：发球或抽球上网，争取网前主动打出各种角度的球，缩短对手的防守准备时间，增大其移动的距离；抓住对手的弱点取胜：如对手底线反手差，就多给他反手球，但也不放过突然袭击他的正手，网前技术差，就放小球或短球把他调到网前来，网前技术好，就用深球把他压在底线或挑高球把他送回底线；以巧取胜：打出各种不同的球，不断变化球的力量、速度、弧度、旋转、路线等，力图打乱对手的节奏，造成他失误；以稳取胜：一个优秀的网球运动员，往往是根据对手的实际情况和自己的技术状态，综合运用各种战术。

3. 积累比赛经验

运动员经验的积累，是一个长期过程，主要通过直接和间接两种形式。直接经验的积累，主要依靠运动员自身的反复实践，通过战术训练、对抗训练、比赛以及对比赛、对抗训练和战术训练等实践的讨论、分析获得。其中，特别是与高水平运动员比赛获得的经验更值得重视。因为，运动员平时技战术的训练，战术意识的培养，最终要在比赛中运用，接受比赛检验，在比赛环境下才能不断改进、发展和提高，所获得的经验才具有实战意义。常言道："失败是成功之母。"其意是人们通过总结、分析，发现、找出失败的原因，吸取经验教训，避免和减少再犯同样错误。同样，运动员只有通过比赛，不断地总结积累经验和吸取教训，才能为以后走向胜利打下良好基础。运动员在比赛过程中要积极思维，开动脑筋，对比赛的现实情况积极细致地观察、分析、判断、归纳，不断地去粗取精、去伪存真、由此及彼、由表及里地对事物的认识趋于正确、完整、深刻，建立起对事物规律性的认识，这是经验的第一个作用。经验的第二个作用在于通过实践，逐步建立一个个条件反射，经验积累越多，形成的条件反射也越多。

这样，在众多的条件反射之间形成一个多通路的神经联系，这是运动员在激烈比赛过程中应激状态下表现出高度的适应能力、应变能力和依靠"直觉"反应的即兴动作的基础。赛后，运动员要及时地总结，分析成功与失败的原因，从总的战术指导思想到某一局部战术运用的成败等，进行分析。教练员也应对运动员战术运用做出科学的、准确的讲评。运动员比赛经验的获得，还可以通过间接方式，如通过观看比赛，特别是高水平的比赛、录像、训练以及阅读他人的经验总结、战例、战术分析论文和科学的心理训练等方式获得。总之，比赛经验的积累，应是一个积极主动的过程，而不仅仅是"熟能生巧"。

第二节　网球基本战术方法

网球的基本战术方法适用于各种打法类型的运动员。不同类型的打法在具体的运用过程中，其针对性和使用的技术手段有所不同。单打比赛的基本战术方法大致分为以下三个方面：

一、发球及第三拍抢攻战术

发球及第三拍抢攻战术是网球运动员的重要战术之一。它充分发挥“前三拍”的进攻技术，实施抢攻得分或发球直接得分。

（一）右区发球时，发球至对方发球区外角，当对手回斜线时，狠攻直线；当对手回直线时，猛攻斜线大角度（见图 12-1）。

（二）右区发球时，发球至对方发球区外角，然后迅速上网，当对手回斜线时，正手截击将球回至对方左场区底线处；当对手回击直线时，反手截击小斜线大角度至对方左场区（见图 12-2）。

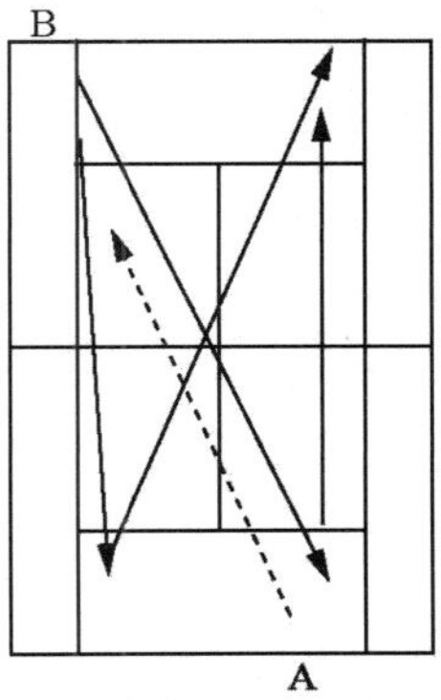

图 12-1　右区发球抢攻一

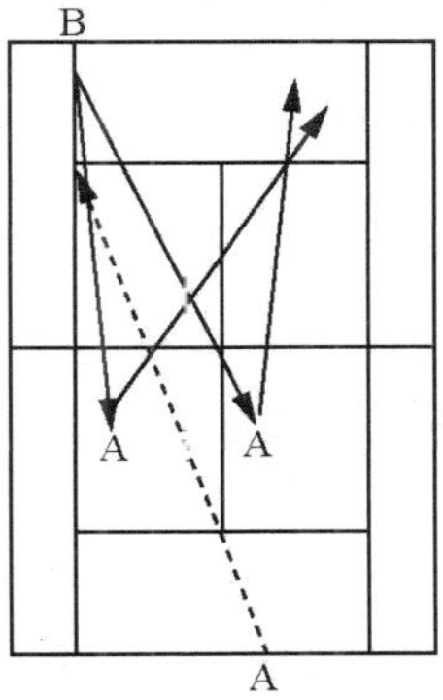

图 12-2　右区发球抢攻二

（三）右区发球时，发球至对方发球区外角，然后迅速上网，当对手回斜线时，正手截击斜线大角度回至对方右场区边线处；当对手回击直线时，反手截击直线至对方右场区底线处（见图 12-3）。

（四）右区发球时，若对方回斜线球上网，可用正手攻直线靠边线的球，让上网者在移动中击球，增加其回球难度；若对手上网距离很近，可用挑球至对方左场区底线处，迫使对手用反手高压球回击。若对手回直线球后上网，可用反拍攻斜线大角度（见图 12-4）。

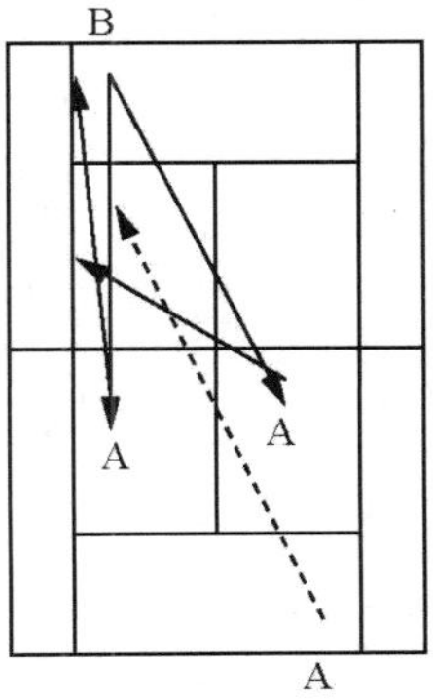

图 12-3　右区发球抢攻三

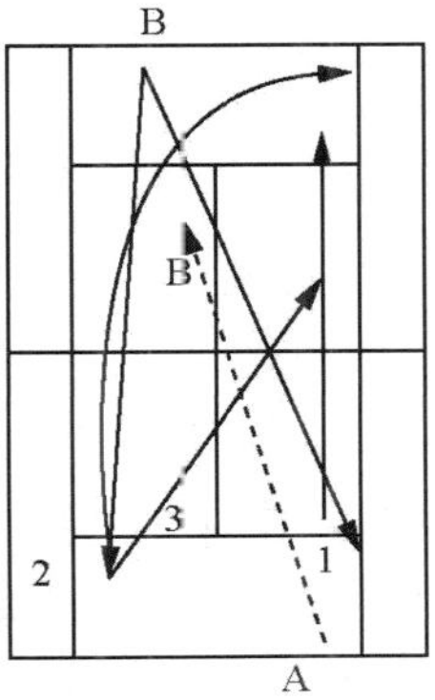

图 12-4　右区发球抢攻四

（五）右区发球时，用各种发球将球发至对方右发球区的内角，然后迅速上网用正反拍截击将球击至对方左、右场区底线空当处；若对手挑球，可用高压球将球还击至对手底线两大角处（见图 12-5）。

（六）左区发球时，发球至对方发球区外角，当对手回斜线时，狠攻直线；当对手回直线时，猛攻斜线大角度（见图 12-6）。

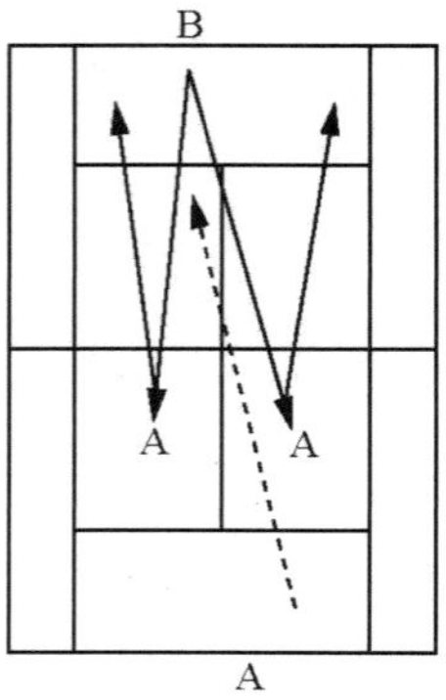

图 12-5　右区发球抢攻五

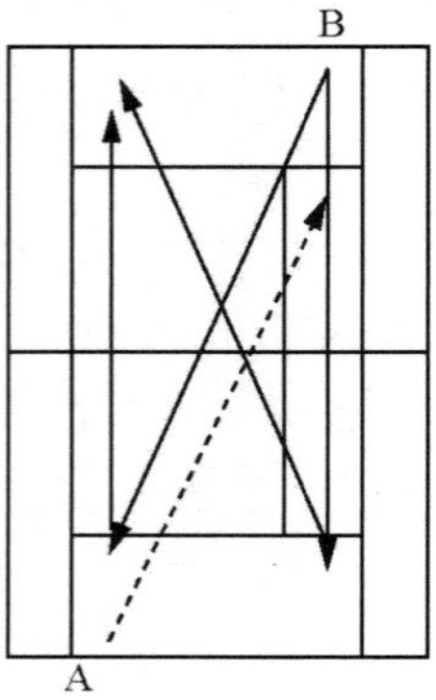

图 12-6　左区发球抢攻一

（七）左区发球时，发球至对方发球区外角，然后迅速上网，当对手回斜线时，反手截击将球回至对方左场区底线处；当对手回击直线时，正手截击小斜线大角度至对方右场区（见图 12-7）。

（八）左区发球时，发球至对方发球区外角，然后迅速上网，当对手回斜线时，反手截击直线至对方右场区底线处；当对手回击直线时，正手截击斜线大角度回至对方右场区边线处（见图 12-8）。

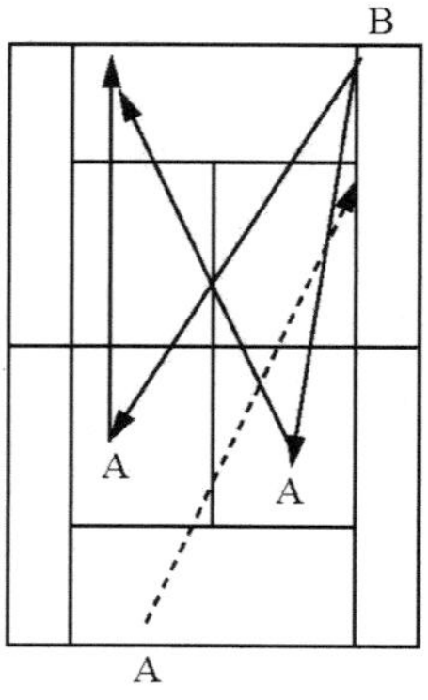

图 12-7　左区发球抢攻二

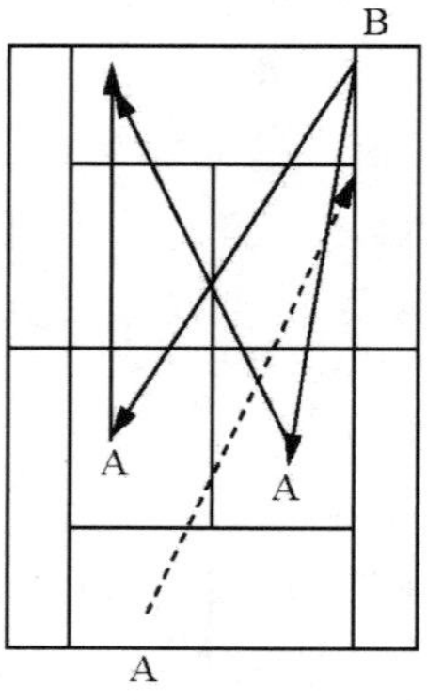

图 12-8　左区发球抢攻三

（九）左区发球时，若对方回斜线球上网，可用反手削球至其脚下或攻直线靠边线的球，让上网者在移动中击球增加其回球难度；若对手上网距离很近，可用挑球至对方左场区底线处，迫使对手用反手高压球回击。若对手回直线球后上网，用正拍攻斜线大角度或上网者脚下，使其难于发力进攻（见图 12-9）。

（十）左区发球时，用各种发球将球发至对方发球区的内角，然后迅速上网用正反拍截击将球回击至对方左、右场区底线空当处；若对手挑高球，则用高压球将球还击至对手底线两大角处（见图 12-10）。

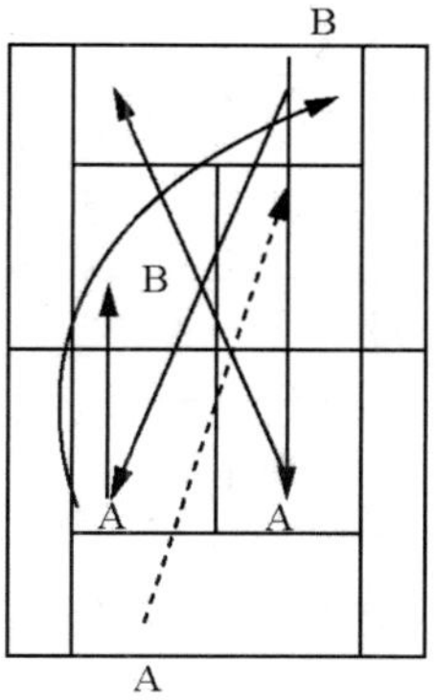

图 12-9　左区发球抢攻四

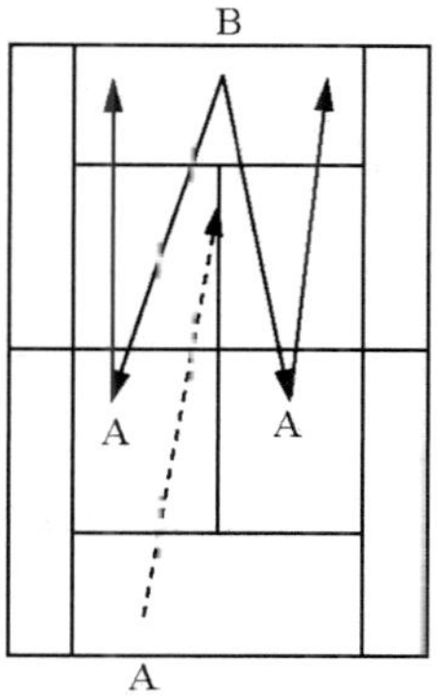

图 12-10　左区发球抢攻五

运用发球及第三拍抢攻战术的要求：

第一，发球及第三拍抢攻的战术方法很多，运动员在选择战术时一定要根据自己的打法类型和战术特点，精练两套发抢战术。由于运动员打法类型不同，发球及第三拍的抢攻战术方法也不同。如上网型选手同底线型选手比赛以及同上网型选手比赛时，发球及第三拍抢攻的战术方法就不能相同，因不同类型的选手弱点不一样，所采用的进攻手段也不同。而且同一类型的选手特点也不一样，如上网型选手有的截击好、高压差，有的高压好、截击差，有的正手截击好、反手截击差等。因此在比赛中运用发球及第三拍抢攻战术，就必须有针对性地因势施谋。

第二，要重视发球质量的提高。要将发球的速度与落点、速度与旋转都很好地结合起来，并具有随机应变的能力。

第三，要注意第三拍的抢攻与发球的配合。随着发球质量的提高，接发球技术也会有新的突破，在发球后抢攻时，要有充分的准备，掌握好抢攻力度和难度。

第四，要大胆、果断，不放过任何一个抢攻机会。

二、接发球战术

比赛中接发球处理得好坏，是能否取得主动并破对方发球局的关键，是关系比赛胜负的重要条件。

（一）右区接发球，当对方第一发球至外角时，若对手不上网，则用正手攻、挡等技术回球至对方左区底线处；若对手上网，则可用正手拉上旋斜线大角度球至对方右区边线处，或发力攻击上网者两大角、中路追身球（见图 12-11）。

（二）右区接发球，当对方第二发球至外角时，若对手不上网，可用正手猛攻发球者底线两大角；若对手上网，则以正手发力攻上网者的左右两大角，或拉上旋至上网者的脚下，或挑高球至底线两大角（见图 12-12）。

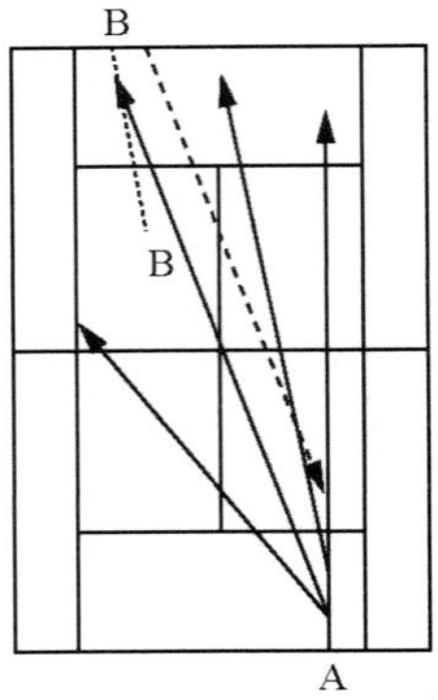

图 12-11　右区接发球一

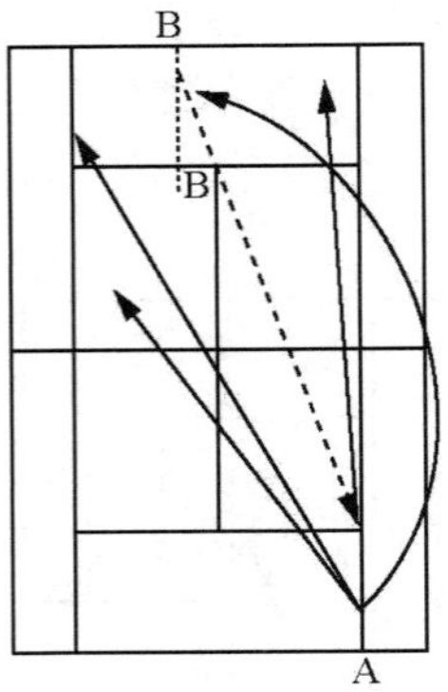

图 12-12　右区接发球二

(3) 右区接发球，当对方第一发球至内角时，若对手不上网，可用攻、挡、削技术将球回至左区底线处；若对手上网，则用反手攻击上网者两大角，或以巧妙的手法将球击至上网者的左右脚下（见图 12-13）。

(4) 右区接发球，当对方第二发球至内角时，若对手不上网，可用反手猛攻底线两大角；若对手上网，则以反手攻其两大角或追身处，或以巧妙的手法将球击至上网者的左右脚下（见图 12-14）。

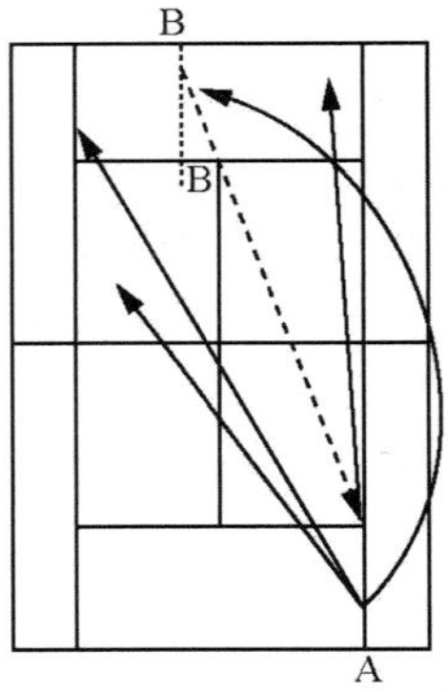

图 12-13　右区接发球三

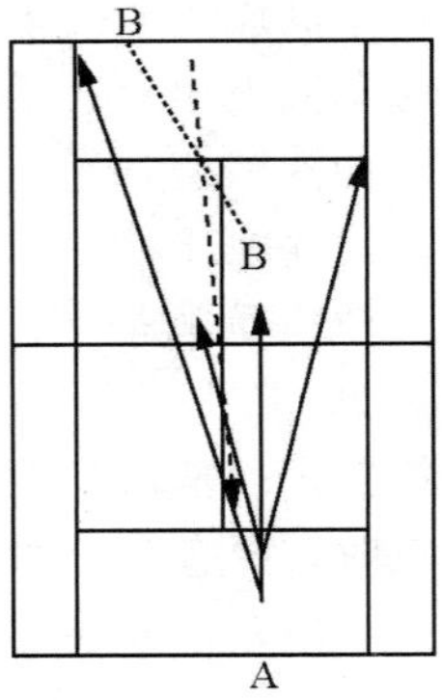

图 12-14　右区接发球四

(5) 右区接发球，对方第二发球至外角时，接发球者若能上网，可将球以较快速度回至底线两大角处并迅速上网捕捉得分机会（见图 12-15）。

(6) 左区接发球，当对方第一发球至外角时，若对手不上网，可用反手攻、挡等技术回球至对方左区底线处；若对手上网，则猛攻其两大角或中路追身球（见图 12-16）。

(7) 左区接发球，当对方第二发球至外角时，若对手不上网，可用反手猛攻其底线两大角；若对手上网，则以反手发力攻其左右两边，或拉上旋至其脚下，或挑高球至底线两大角（见图 12-17）。

(8) 左区接发球，当对方第一发球至内角时，若对手不上网，可用攻、挡、削技术将球回至右区底线处；若对手上网，则用正手攻击其两大角，或以巧妙的手法将球击至他的脚下（见图 12-18）。

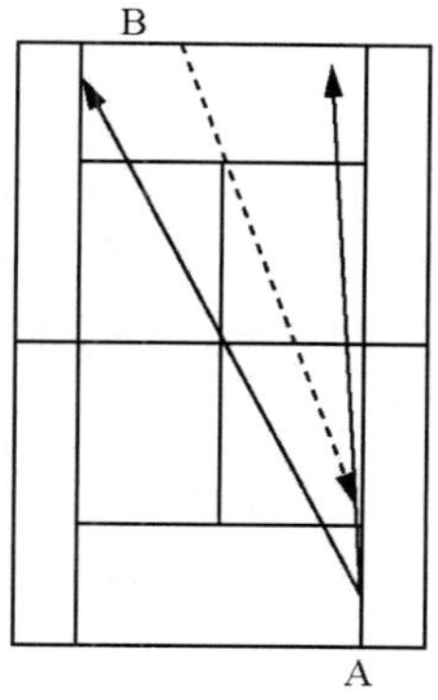

图 12-15　右区接发球五

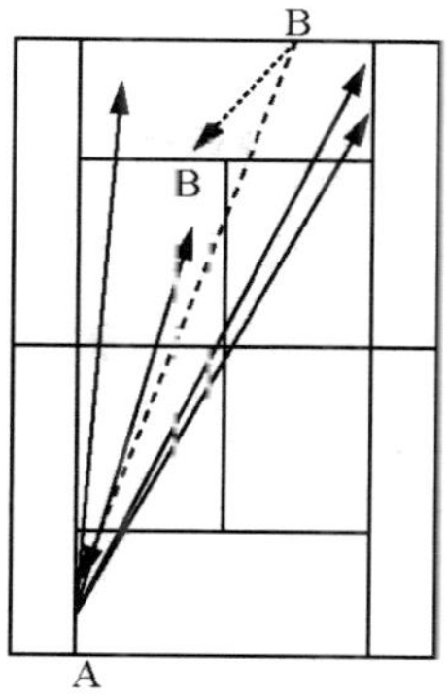

图 12-16　左区接发球一

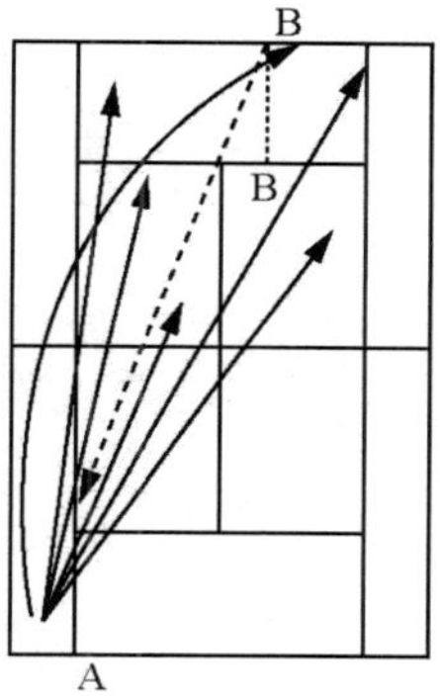

图 12-17　左区接发球二

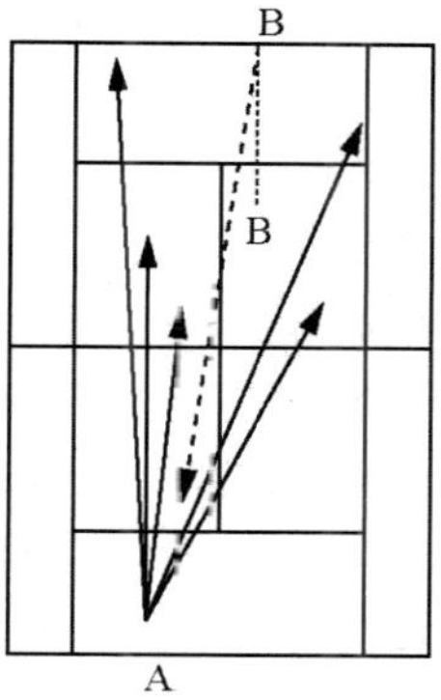

图 12-18　左区接发球三

(9) 左区接发球，当对方第二发球至内角时，如果他不上网，可用正手猛攻击底线两大角；若他上网，则以正手攻其两大角或追其身，或以巧妙的手法将球击至他的脚下（见图 12-19）。

(10) 左区接发球，对方第二发球至内、外角时，接发球者若能上网，可将球以较快速度回至底线两大角处，并迅速上网捕捉得分机会（见图 12-20）。

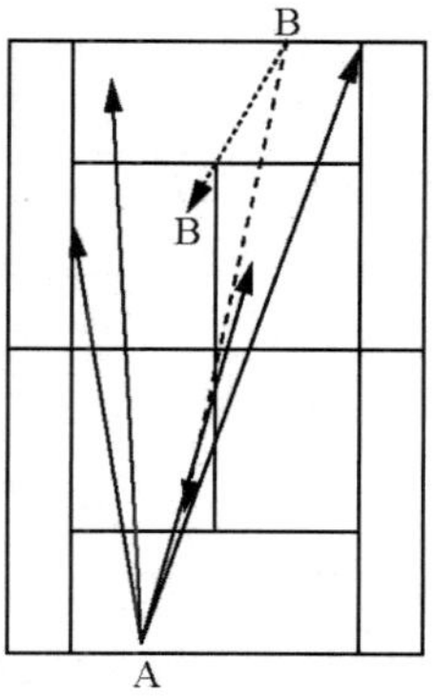

图 12-19　左区接发球四

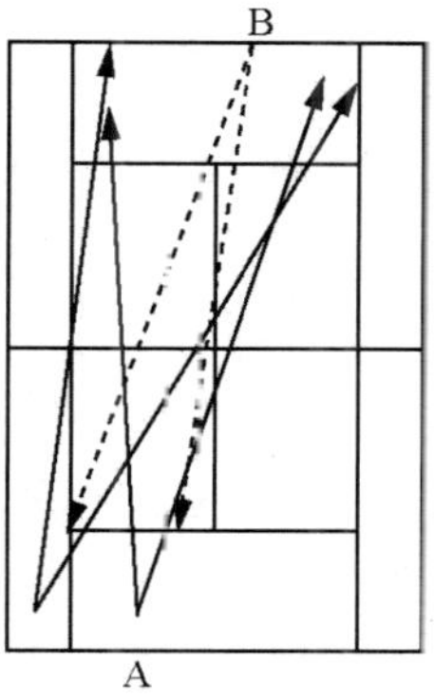

图 12-20　左区接发球五

运用接发球战术的要求：

第一，接发球要贯彻“以我为主、快速多变、主动进攻”的战术指导思想。虽然接发球是处于被动地位，但在被动中要力争主动，根据个人打法特长和战术特点去争取主动，后发制人。

第二，接发球的手段要多，抽、攻、拉、削、挡等各种技术都要掌握，并能根据场上情况灵活运用。应在全面的基础上精练两种接发球技术，以达到接发球抢攻、破对方发球局的目的。

第三，既要树立信心，克服“怕”字，更要克服盲目乱打的不良习惯。那种认为“接发球局输掉是应该的”错误想法必须杜绝，一定要端正接发球态度，认真地对待每一次接发球。

第四，接发球后要迅速还原，做好连续击球的准备，迎击对手的第三拍抢攻，在思想上和行为上都要有所准备。

三、相持阶段战术

在网球比赛中，相持阶段是比赛的重要阶段，随着接发球技术的提高，前四拍结束一分的局面会越来越少，特别是女子单打比赛，靠实力拼搏的相持阶段就显得更加重要。相持阶段的战术主要依靠正、反手抽球、削球和上网截击、高压球等技术，充分发挥速度的优势，运用落点变化调动和压制对方，以达到攻击的目的。

（1）连续压反手突变正手的战术

用速度较快、落点较深、角度较大的球连续击到对方反手，待对方将注意力集中在反手时，再突然以快速和角度较大的球攻击其正手区域（见图 12-21）。

（2）连续攻正手突变反手的战术

用球速较快、落点深、角度较大的球连续击到对方正手，待其注意力集中在正手时，再突然以快速和角度较大的球攻击其反手区域（见图 12-22）。

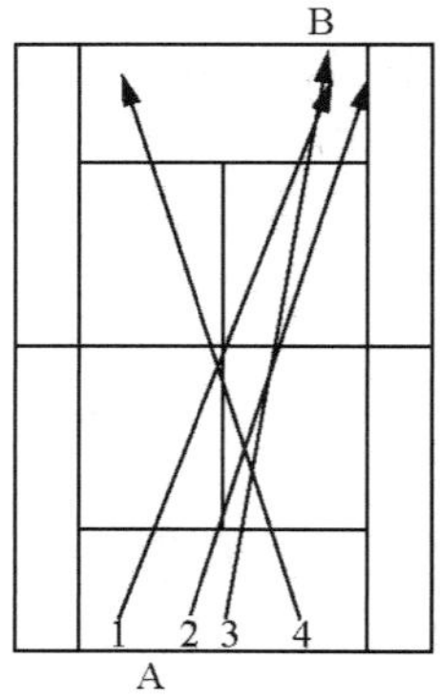

图 12-21　连续压反手突变正手

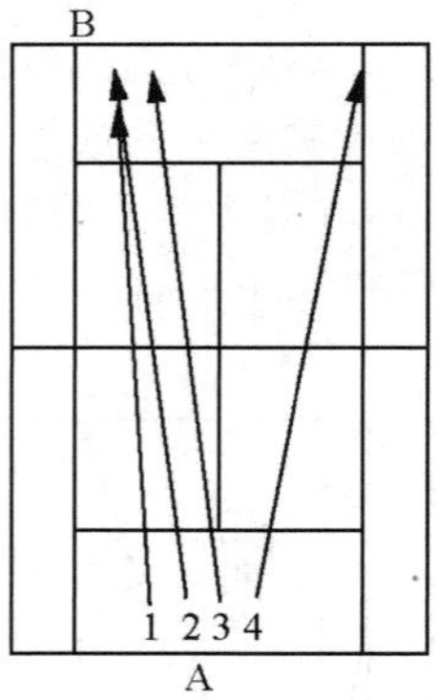

图 12-22　连续攻正手突变反手

（3）交叉攻击左右两大角的战术

对方从右边击来的球，本方变线攻其左边大角；对方从左边击来的球，本方变线攻其右边大角（见图 12-23），使对手在左右奔跑中击球，增加其击球的难度。这种战术也要有变化，如攻正手一拍、反手一拍，正手两拍、反手一拍，反手两拍、正手一拍等，真假虚实相互配合才能有较好的战术效果。

（4）放短球、攻底线相结合进攻的战术

对付前后移动较差、中场技术尤其是截击高压球技术掌握不好的选手，采用放短球，迫使对方上网，再攻其正反手两侧或挑高球让其后退击球，可从中得分（见图 12-24）。

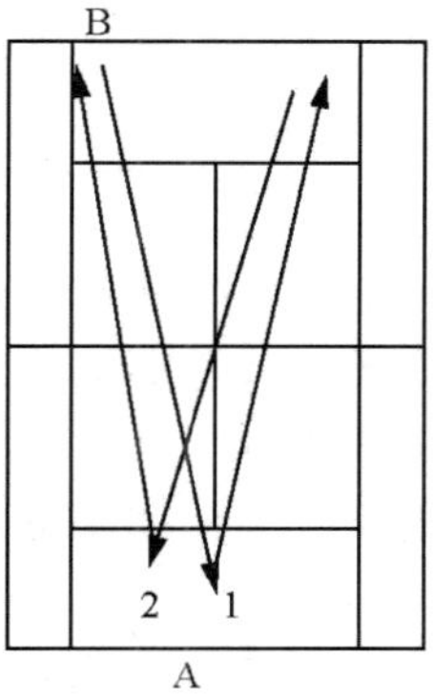

图 12-23　交叉攻击左右两大角

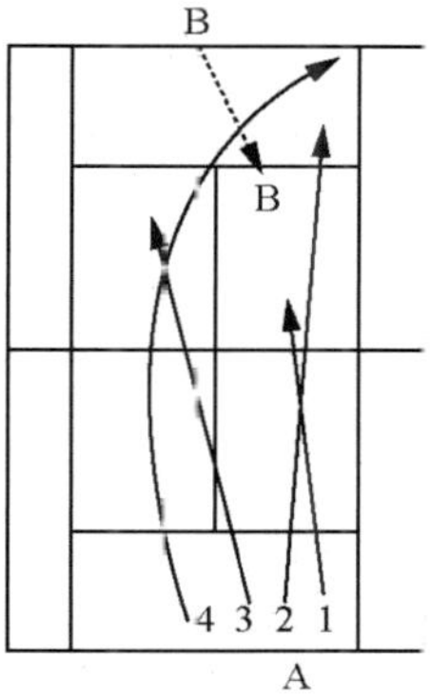

图 12-24　放短球、攻底线相结合进攻

（5）创造机会、主动上网的战术

在相持中运用击球技术调动对手，当对手回球较浅或速度较慢时，抓住机会狠压一拍对方反手，然后迅速上网，选择好位置，运用正反拍截击技术或高压球技术，攻击对手的薄弱之处。

运用相持阶段战术的要求：

第一，努力做到以我为主，快速多变，主动进攻。以我为主体现在战术方法的采用上，上网型选手要主动上网；底线型选手要多在底线；综合型选手要伺机而动，能上则上，能下则下。快速多变是指要根据自己特点，用自己的特长技术攻击对手的短处，灵活地运用各种战术手段和方法。主动进攻是得分的手段，思想要解放，不要怕失误，努力使比赛始终处在力争主动之中，而不要处于防守和过渡之中。

第二，相持阶段战术掌握要全面。在对付不同打法类型的选手时，要采用不同的战术方法。如底线型选手在对付底线型选手、上网型选手、综合型选手比赛时，必须有针对性地采用三种以上的战术方法，这样才有可能战胜各种类型的选手。

第三，要突出本人的特长战术。根据自己的实际和对付各种打法类型的需要，练好和突出特长战术，战术要精，达到置对手于死地的目的。

第四，根据个人的技术水平决定采用的战术方法。技术是战术的基础，当一种技术没掌握好时，就不能采用需要这种技术的战术方法。如没掌握好放短球的技术，就不能采用放短球与攻底线相结合的战术方法，否则会适得其反。

以上介绍的基本战术方法，并不是固定模式，在比赛中还应根据临场的情况灵活运用。

第三节　网球单打和双打战术

单打和双打是网球场地上截然不同的两种比赛，要求采用不同的技术和战术。

一、单打和双打战术的不同

上面所述以及其他方面的差异，意味着双打和单打球员需要不同的技术和战术。通过浏览主要的战术差异来比较单打和双打的不同。

（一）单打

单打球员需要始终保持回球成功、击球到空当、打向对手的弱侧处和发挥自己的优势，这些将会在后文单打球员战术中详细阐述。然而，在学习单打技术之前，球员需要选择一种能帮助他们理解如何培养个人战术的打法风格。单打风格主要有四种：一是反击型；二是发球—截击型；三是底线攻击型；四是全场攻击型。

反击型的运动员通过良好的移动和简单的回球到位保持每个球回击成功，持续给予对手压力以获得成功。如果球员拥有出色的身体素质能够快速在整个场地移动，那么这种始终保持回球成功的战术就特别有效。反击类型球员一般击球落点会落在球场中立处，因为他很少冒险大力击球或者靠近界线击球去迅速结束一分球。双方球员都在底线时会使用中立击球，不会有优势或者机会去结束一分球。

发球—截击型是球员通过发球后快速上网获得有力截击或者高压球的位置，把球打向对手空当的最快方式。发球—截击型是球员快速到达网前位置，从而能够非常早地进行进攻性截击或者打出高压球来得分。这种风格支持强力发球并在网前具有攻击性的球员运用。

底线攻击型运用底线型球员的优势，通过创造空当来给对手施压。通过击打对手的弱侧处，并且通常是多回合地击球，使用旋转、力量、角度打向对手场地的空当。

与底线攻击型很相似，全场攻击型的球员在底线处具有优势，但是当出现运用截击或者高压球结束一分球的机会时，他们还要有移动到网前的技术。

（二）双打

双打是两名球员作为一个整体站位进行比赛，把球击向对手场地的空当。单打球员运用很多中立性的击球（既不进攻也不防守），从而可以击打更多回合，双打在进攻和防守上有非常明显的不同。

公平地说，教练员教给双打球队的网前技术要比单打球员多很多。双打学会如何在网前进攻是很重要的，队中每名球员仅仅覆盖 18 英尺的场地，而不是单打球员需要防守的 27 英尺的场地。

双打战术，在后面部分会详细讲述，包括始终保持回球成功、击打对手的弱侧处、让对手和网前隔离、击打对手中间区域、控制网前、正确选择击球方法、团队作战。选择击球方法和场上位置对于双打也是非常重要的。团队合作很关键，要求每名球员或者移动到尽可能好的位置去结束一分或者防守对手进攻。

1. 队形

在双打比赛中，球队使用的队形可以决定战术运用。队形大致包括两名球员在网前、两名球员在底线，以及一名球员在网前、一名球员在底线。

（1）两名球员都在网前的队形

因为双打防守的场地很小，最适宜的进攻队形就是两名球员都在网前。在这个位置上，可以执行几种战术，包括：击打对手的弱侧处；让对手和球网隔离；击打对手的中间。网前的两名球员一定要在进攻位置上，在良好位置上通过运用截击和高压球尽可能快地结束一分。对手将被迫在头部高度以上击球，或者当对手在网前位置时击打低于球网高度的中立球。当两名球员都在网前时，对手球队将没有时间反应和回球。

两名球员都在网前的进攻型双打球队将是赢得分数、赢得每局、赢得每场比赛最好的站位。如果两名球员在网前有扎实的截击和高压球技术，那么这种队形通常是最成功的。因为必须要发展这些技术，所以训练时间应多用在截击技术、团队合作、位置技术、网前快速移动等方面。此外，球队还应训练高压球，从而两名球员能从发球线以内运用力量或者变换回球方向结束一分。球员也需要掌握在发球线后中立性的高压球，当对手运用高吊球迫使球员从网前移动到后场时击打高压球，之后再回位到网前位置。

（2）两名球员都在后场的队形

当两名球员都在后场时，处于防守队形，这时须依赖不同的战术得分。当对手两名球员都在网前时，两名后场球员击打对手中较弱的球员、击球到对手中间区域、通过高吊球超过他们的头部，迫使进攻球队离开网前。因为从后场成功地进攻性击球是很困难的，在这个位置的球队应运用多回合击球来创造空当和机会得分。

（3）一名球员在网前、一名球员在底线的队形

一名球员在网前、一名球员在底线（一上、一下）的队形，在同一个队伍中能把进攻和防守联系在一起。队伍运用的战术将依赖于击球球员的位置和对手半场网前对手的位置。当打中立性和防守性的球时，场地深处的球员通过运用始终回球成功战术、击打对手的较弱球员战术、击打短球快速上网控制网前的战术，加入网前同伴的进攻中。网前球员考虑进攻再多一些，运用击打对手较弱球员、使对手球员和球网隔离、击打对手的中间这些战术。

2. 选择双打阵型

当选择双打阵型时，必须要考虑几种变量。要考虑自己球队正在发球还是正在接发球，对方是在一发或者二发，是接一发还是二发，以及对方球队的打法类型。

大多数高中网球双打运用一个在前、一个在后的站位队形，这样更有效，因为在开始得分之前发球球队就保持这样的站位位置，从而球员已经各就各位，选择击球方式也相对简单。

发球球队或者选择一个在上、一个在下，或者发球上网前形成两人都在网前的队形。发球球队占有优势，因为通过大力发球进攻，能形成第一时间的进攻。发球者能在发球后立即快速移动到网前，或者在回击对手的短球后加入网前和同伴一起进攻。攻击性强的双打球队在第一时间有机会就会两人同时到达网前。

如果发球者在网前不舒适，球队将会在发球后决定使用一人在前、一人在后的队形，最大可能获得1分。已经在网前的球员必须考虑运用截击或者高压球，因为他一开始就处于良好位置，后场球员必须把精力放在变换击球方向、把球击打到对手半场或者击打高吊球超过网前球员的头顶。

接发球的球队有三种选择。第一种是仍然保持开始时的站位，一个在网前，一个在后场。这给予球队中的网前球员在有利截击位置得分的机会，同时后场球员击打底线球到对手的后场球员处，或者运用高吊球越过对手网前球员。第二种是接发球之后，攻击型的接发球者到达网前，从而球队形成两名球员都在网前的队形。目的是在网前打败发球球队，网前任意一名球员都能快速得分。后场球员在成功接到一个弱发或者回击首次浅球后向网前移动。第三种是接发球球队可能开始两名球员都在后场。由于发球非常有效，接发球队给对手创造一个容易的截击或者高压球的机会，结果导致发球球队在网前攻击，这种情况下，可能两名球员都会在后场。通过向后移动，接发球的同伴避免成为网前对手攻击的目标。这也给防守型的球队更多防守，

或者给情愿始终保持回球成功的球队争取反应的时间，去回击所有对手的来球。

二、单打和双打战术

由于前文已经对单打和双打之间的区别有了一个总览，这里详细对单打和双打的每个战术进行分析。讨论单打球员的打法类型和双打球队的战术阵型，下面详述单打和双打都可运用的多变战术，所有这些战术都建立在之前有关单打类型和双打阵型的信息上。

（一）单打战术

单打打法是个人针对另一个人的打法。有着良好发球的球员或者有很好正手技术的球员并不总是能赢得比赛，那种始终保持回球成功的单打球员、击球从一侧到另一侧、不管是浅的还是深的球都能击打的球员将能够做好赢分的准备，他们或者通过引起对手的失误，或者创造空当来结束一分。在单打中，有如下战术：

第一，始终保持回球成功。

第二，击球到空当。

第三，进攻对手的弱侧处。

第四，打出自己的强势。

1. 始终保持回球成功

单打战术中最基本的战术之一就是始终保持回球成功。一个保持每个球都能回击成功的球员从来不会失分。这个战术迫使对手猛打制胜球去结束一分。通过始终保持回球成功和不犯错误，球员几乎能在所有的比赛中都很成功。

始终保持回球成功的好处非常简单。首先，它是很容易遵守和执行的战术。其次，它把所有的压力都放在对手身上，让对手击制胜球结束一分。

当球员在运用始终保持回球成功战术时，只要自己的得分多于失分时，这个战术就比较适用。如果一名球员简单地通过把球回到对手场地，让对手失误自己得分时，那么就不需要考虑其他任何战术。始终保持回球成功需要几乎不冒击球时失误的风险，也就是说，不会击球力量过大或者距离边界线太近。

在对手失去平衡，不能在良好击球区域，或者良好的击球位置击球时使用始终保持回球成功的战术非常有益。球员应知晓对手是否处于困境中，当他们失去平衡或者失去位置时就已经有失误的风险了。在这种情况下仅仅保持回球成功将简化击球方式，帮助减少失误。

始终保持回球成功最好的方法是运用扎实而稳定的击打触地球技术。移动好而且有足够的耐心让对手失误的球员运用这种战术非常自如。场地位置在执行这个战术中也是很重要的。对手越是失去位置，击球时瞄准越应靠近场地中间、过网高度越高。始终保持回球成功的球员应一直选择高成功率的击球，使自己有最多的击球区域和最低的过网高度，而且将使自己尽可能好地回位。

2. 击球到空当

当保持回球成功战术不奏效只是因为自己失误比对手多时，或者对手击出制胜球得分比失分多时，球员就必须更具攻击性，创造空当然后击球到这些空当。球员运用这个战术让对手移动，迫使对手在不同的区域变换不同的击球方式。这样的移动最终将会使对手筋疲力尽，随着对手的疲劳，空当就会越来越大。

球员越靠近网前，击球到空当的速度就越快，对手在回球时反应的时间就越少。从后场创造空当常常通过把球从一侧击向另一侧，或者击球从浅变深调动对手。目的是使对手保持移动直到其失去位置并且回球无力，从而球员能在底线内的进攻位置大力击球。

攻击性地在底线处把球从一侧击向另一侧能够创造空当。创造空当的另一个方法是击球到对手的弱侧处。造成对手回球无力或者在弱侧处东奔西跑，结果导致空当出现。移动到网前允许球员进行截击或者使用高压球击出制胜球到对手的空当区域。球员应在和对手的相持中抓住击打首次落入场地的浅球机会，随球上网移动到网前位置。同样，如果对手击打又高又深的软球时，球员可以向前移动，从空中击球并且随球移动，从而获得网前位置准备下一拍击球，或者运用截击或者运用高压球。

3. 进攻对手弱侧处

运用这个战术的原因，是通过迫使对手击出最弱的球或者击球到对手的弱侧处位置来打败对手。这不仅能影响到对手的自信和节奏，而且能迫使其在自己的弱侧处位置击球。

只要机会出现直接击球到对手的弱侧处。一旦断定了对手的弱侧处，球员就应毫不留情尽可能多地把球击向对手的弱侧处。不管形势如何，球员都要考虑击球到对手弱侧处。如果球员在球场深处的防守位置，对手在网前的有利进攻位置，一个防守性的高吊球是最好的攻击方式。记住弱侧处，球员直接把球高吊到对手的反手侧肩膀位置，使对手不能打出高压球。

中立性的击球，比如当双方在底线处击打触地球时，直接攻击弱侧处比较容易。进攻性击球，例如从底线内击打攻击性触地球、截击、头顶高压球，应直接快速击向对手的弱侧处，让对手没有时间准备或者没有时间从自己的弱侧处移动到强侧处击球。球员通过首次把球击向对手的强侧处去创造弱侧处空当打击对手的弱侧处。如果对手企图通过从强侧处移动去覆盖弱侧处时，这个战术就奏效了，结果会使对手在此位置击球更加困难。球员应一直利用浅球或者容易球机会，用自己最佳方式将球击向对手的弱侧处。球员运用自己擅长的击球方式击打对手的弱侧处，将会建立一个明确的优势。

4. 打出自己的强势

一旦球员决定了自己擅长的击球方式，尽可能尝试运用此种击球方式将带来非常的意义。这也是球员擅长打法类型的例子。如果球员喜欢截击或者打浅点，应在最早机会上网，应明确运用发球截击类型打法。

运用自己喜爱的打法和最好的击球方式，会使球员处于舒适的条件下击球。当他们是舒适、自在的，就会在较容易的时机、在自己的速度和节奏下击球。当球员使用自己最好的击球方式，特别是当能用自己擅长的方式击打对手的弱点时，比赛是容易的、有趣的。球员应抓住每一次机会，在场上最擅长的区域使用自己最擅长的击球方式。如果对手不能判断自己的弱势或者强势时，这会使比赛变得更容易。球员应不断地寻找弱的回球，准备快速移动，从而用自己最擅长的击球方式对付那些弱的回球。任何时候，由于对手在球场深处或者宽处击球处于困境，或者急躁，或者失去平衡，或者在自己的弱侧处击球时，球员都能够预测到对手的弱回球。

为了打出自己的强势，球员应做好移动的准备，从而每次击球时都尽可能在自己的擅长位置使用最擅长的击球方式。如果对手进攻自己的弱侧处，且效果很好时，球员应寻找一个机会到达自己最好击球方式的位置。如果球员积极努力，移动到好的位置，使自己能使用最好的击球方式，就应找寻这样的位置。这不是防守性或者试探性的击球时机，这时球员应放松并且打出更快速、更靠近边界线的球。

（二）双打战术

双打是一对球员对付另一对球员的比赛。通过创造空当并把球击向对手的空当，并且能阻止对手利用自己空当的队伍，将会打败那个不了解彼此弱势和强势以及双打球队阵型的队伍。一支善于思考、交流并且作为一个整体而不是各自为战的队伍，将通过运用这些战术取得成功。双打中，运用的战术如下：

第一，始终保持回球成功。

第二，攻击较弱球员。

第三，孤立对手网前球员。

第四，控制网前。

第五，击球到中间。

第六，正确击球。

第七，整体作战。

1. 始终保持回球成功

如同单打那样，始终保持回球成功是双打战术中最基本的战术之一。即使在双打比赛中提供了更多结束一分的机会，但始终保持回球成功战术会使对手承受压力，进而失误。通过不给对手球队任何自由得分的机会，让其非受迫性失误。由于对手所有的得分都要打出非常完美的球才行，因此容易失败。

一个能保持回球成功的双打球队，得分比失分多。这种情况发生在对手失误、对手变得失去耐心，或者受挫，或者疲劳时。

始终保持回球成功也可以作为比赛条件不好情况下的战术。例如在刮风条件下，执行非常复杂的战术很困难，始终保持回球成功这个战术就很有效。

运用此战术的双打球队将需要非常的耐心和稳定。关键是得到并且回击每一次的来球，不要通过大力击球、太靠近球网或者太靠近边界线而失误。球员应高成功率击球到对方的球场区域，让球越过最低网高。球员整体作战也是很重要的，这样他们就能处在良好的击球位置上。这样的做法在击球时将会使球员站好位，维持身体平衡，而不是被迫做出反应、草率地对付对手来球。

2. 攻击较弱球员

攻击较弱球员也是一种战术，特别是在对手球队两名球员技术差距明显时运用。这个战术让对手较弱球员的压力很大，因为他被迫击打大多数来球，他是左右你们球队输赢的人员。运用此战术，也会使较强的球员产生挫折，他可能试图覆盖大部分球场，或者试图通过大力击球结束一分，结果经常造成失误。

双打球队要辨别出对手较弱的球员，并且抓住每次机会直接向其攻击，这个战术要在接发球时就使用。所有带有更多力量和旋转的击球都是非常有效的。当球员有时间准备并且使用自己最擅长的击球方法时，他们应有机会去攻击较弱球员的弱侧处。甚至当对手球员偏离了位置，必须防守性地回球时，直接攻击较弱球员仍然是最好的战术。

执行这个战术需要球队在比赛的早期就做出决定，或者甚至在热身时就要认定哪一名球员较弱。此外，他们应了解较弱球员的弱侧处，以便有机会时向其弱侧处攻击。

3. 孤立对手网前球员

当球队有一名或者两名球员在网前，并且对手球队至少有一名球员在网前时，运用孤立网前球员是一个很好的战术。当一名球员或者双打球队具有网前进攻位置，通过对靠近球网的球员施加压力，使其离开网前有利的进攻位置。大力直接向这名球员击球，这样会减少对手网前球员的反应时间。即使对手能回过球，也不得不把球打得又高又软，这样站位于网前的球队或球员会获得打更具攻击性球的机会。

球员或者双打球队处于网前有利位置时使用这个战术，并且能在球网顶部上方做截击球或者打出高压球。他们能从容地击打这些高球，即使对手能够回击，也会导致一个容易的、高的回球，接着再来一拍攻击性强的截击球或者高压球。

球队或者球员用这个战术时必须在起始位置就处于良好位置，处于发球线和球网或者靠近球网之间的位置。在得到第一个高球时，能够移动把球直接击向对手网前球员。大力向对手后场球员击球是没有效果的，因为那名球员有很多反应时间并且能从底线把球回击过来。

一旦双打球队或者球员能够直接向对手网前球员击打截击球或者高压球时，这名球员就控制了得分。对手所有的击球将不得不挑高，如果对手挑高球而且力量大，球将飞得很远。如果对手击球高且软，接下来再一拍截击球或高压球，让对手接球没有反应时间。

4. 控制网前

当一个双打球队到达网前，就处于一个很好的截击和高压球的位置，将能快速结束一分。这些球或者击向场地空当，或者击向对手网前球员，迫使对手没有时间反应而只是防御性地回球。为了控制网前，球队必须比对手更早到达网前。当发球后紧跟着来到网前、接发球后来到网前，或者任意一名球员随球上网，或者随球截击来到网前时，就算到达网前，另一种方法就是等待，直到到达网前的好机会出现，通过把球击向场地深处，不给对手提供空当向前移动。最好的控制网前的方法之一，就是当对手在网前好位置上时高吊球，迫使对手向后场撤退，给自己向前移动到达网前创造有利位置的机会。控制网前的关键是比对手更早地来到网前。

一旦来到网前，通过攻击性的截击球和高压球，球队就能控制得分。因为这些球通常都是在网前击打，因此快速击球到场地空当，对手没有反应时间。因为靠近网前，球员能够大角度打截击球和高压球。

5. 向场地中间击球

当对手两名球员在网前，最基本的战术就是向中间击球。下面有几个理由说明这是一个好战术。向场地中间直线击球，确保高成功率击球。这样将会降低失误风险，因为如果击球不好，而这样的击球不靠近边界线，使球落在界内的可能性增加。这种球将会越过球网的最低部位，因为球网的中间比两侧立柱要低一些。即使对手处于很好的位置，他们也可能被迷惑，导致两名球员都不能很好地移动击球。相反，他们可能同时移动，并且拍子撞在一起试图击球。如果任意一名网前球员截击球，将不可能击出大角度，因为他是在场地的中间击球。

当对手球员都在网前很好的位置时，向场地中间击球的战术特别有效。当球员在后场防守时，必须要选择低风险的击球，弄清楚网前对手谁在移动以及对手在截击后的回位情况，将有助于获得完美的首拍击球。如果对手移动到后场去击打高压球时，直线向中间击球也是非常适用的。最后，当双打球队在网前截击或者打高压球时，向场地中间击球也是很有效果的。向对手中间击球通常是一个又好又安全的选择。

当球被击向场地非常深或者角度非常大的位置时，再向场地中间击球可能就不是太明智的选择了。而且，如果对手球队中的一名网前球员有着明显的弱点或者很明确的弱侧处，把球击向这名球员或者这名球员的弱侧处可能比把球击向球场中间更好。

当处在底线击球对付网前两名对手时，向场地中间击球一直是首选战术。球员应早做准备，运用自己擅长的并且带有一些上旋的击球方法，使球过网后在对手击球之前就低于球网。如果对手截击回球很深，再次运用向场地中间击球这个战术。如果对手击球浅而宽，这样会给对手造成较大的空当，要根据对手在网前的位置去击球。

6. 正确击球

当双打球队追赶比分处于困境时，应选择正确的方式击球。由于双打比赛的位置变换——两个都在网前、一个在前一个在后或者两个都在后场，这会造成选择正确的击球方式更困难。处于中立、防守或者进攻位置的每名球员，能否正确击球取决于自己所处的位置。一名在场地深处的球员应中立性或者防守性地把球击向对手球场深处，从而还能待在自己的位置上。一名网前球员应考虑更具攻击性的击球，直接把球大角度击向离自己近的对手球员。

球员选择击球方式要建立在所有球员所处位置的基础上。在起始时，选择从自己的半场深处向对手半场深处击球是很好的击球方式，这将使球员还处于自己位置上，让对手击打下一拍。网前球员应近对近地击球结束一分，这样击球会威胁对手靠近球网的球员，因为他将来不及反应。当对手的两名球员有着同等的技术水平，不能运用向较弱球员直接击球的战术时，正确击球战术非常重要。如果对手两名球员水平相当，正确的击球方式变得很关键，或者待在自己位置，或者结束一分。

7. 团队作战

一个双打球队有很多战术选择。所有的战术都能成功，但是最有效的双打是那些团队作战的球队。球员应试图团结自己的搭档，以便更容易击球，攻击性地结束一分，或者保守性地站在自己的位置击球。球员应保持移动，使自己处于尽可能好的位置，或者攻击，或者防守自己的空当区域。

双打球员必须有目的地击打每一个球。在击球后，不但应移动去覆盖场地的空当区域，而且应在对手攻击之前移动到空当区域进行防守。最好的双打球队是球员作为整体一起移动，并且了解自己的同伴将会运用何种击球方式，从而能在对手回击时做出预判。当两名球员执行同一个计划时，这才是可能的。这需要两名球员经常沟通，了解计划并且专注地去执行。当同伴之间同步比赛时，能创造同一个节奏，并使气势偏向自己球队这一边。

同伴间的交流应在来到场地之前就开始。他们应讨论将要使用的站位阵型以及在什么情况下从一种阵型移动变换成另一种阵型。他们应在平局或者领先时讨论，谁进行首次发球、发向场地的哪一侧、将从哪一侧回击。他们也应讨论比赛的条件，如果风天或者阳光太强时，强调每名球员应做什么。

交流的另一个时间就是热身期间。两名球员应找寻对手球队的弱势和强势，判断决定对手较强的球员和较弱的球员，以及对手最强和最弱的位置。通过互相帮助分析，当比赛开始时，他们将做好攻击弱者或者弱位置的准备。

好的双打球队在每一分结束后都会做交流。可以运用鼓励的话语、击掌，或者有关如何击打下一拍球，或者有关移动位置的特殊建议。每名球员应判断对手球员的趋向，和同伴一起分享观察。这包含辨别对手球队场地弱势位置，或者通过任一球员的某一次击球就能简单挫败对手。

甚至在比赛过程中，交流都会发生，这时一名球员可以告知同伴在得分期间对手做了什么。例如，如果两名球员都在网前，对手高吊球，当一名球员移动到后场回击球时，不击球的球员就要告知同伴对手是否都向网前移动，还是都处于后场。如果自己球员击出一记浅的高吊球，考虑对手将会运用高压球把目标指向同伴时，要提醒网前同伴向后移动。

第四节　网球进攻与防守战术

一、进攻战术技巧

（一）底线攻击型打法（单打）

在现代比赛中，底线攻击型打法是最常见的比赛风格之一。底线攻击打法球员会抓住每一次机会，尽早地在底线以内的位置打出强有力的触地球，迫使对手不停地跑动。底线攻击型打法的球员，通过迫使对手持续地将球回到场地深处向其施加压力。底线攻击型打法的球员把握第一次对手回短球的有利时机，通过攻击性地把球打向场地角落．使对手置于防守的状态。

下面情况可能会使球员分心或防守受挫：

第一，没有耐心并等待适宜的攻击机会。

第二，在击球时，太过攻击性。这种打法的目的是迫使对手处于跑动口，从而创造空当的机会，而非在第一次击球时就打出制胜球。

第三，在试图打出强有力的触地反弹球之前，没有移动到场上正确的位置。

第四，注意力全在球上，而不知道对手所处位置，也不知道场上空当在哪里。

成功运用底线攻击型打法时，球员必须了解以下四点：

1. 场地条件

场地条件对比赛影响非常大。因此，球员在运用底线攻击型打法时，应了解以下三种场地状况。

（1）球场速度。场地表面越光滑，比赛就越快，这是因为球在触及光滑场地后反射角小，球向前移动时，几乎没有降低速度。当球在触及粗糙场地后反射角大，其向上弹得更高，导致球速下降。这种向上反弹的特点降低了球速。

（2）风向。当风向直接从对手场地一端吹来时，很难打出强有力的触地球。

（3）球速。球速取决于场地表面和击球旋转量，球突出的绒毛或者球表面的凸起会使球速减慢，球的表面磨损会导致球在空中飞行更快。

2. 对手的强势和弱势

在考虑如何运用底线攻击型打法时，球员必须了解对手的强势和弱势。应考虑对手的如下情况：

（1）对手是否对正手或者反手击球有所偏爱。球员应知晓这一点，尽可能将球直接击打到对手的弱侧处。

（2）对手是左手还是右手持拍，球员向自己所认为的弱侧处移动之前应考虑对手是谁。

（3）对手喜欢将球打出角度还是打向场地中间。如果对手倾向击打有角度的球时，球员可以在回球时寻找更大的角度。当球打得很深并且在场地中间时，很难回出有角度的球。

（4）对手是否疲劳或移动速度下降。如果是，球员击球时不用寻找离线过近的落点，但仍然是很有效的。

（5）对手行为是否是可以预知的。对手是否经常打正手斜线球或者常常运用反手削球，球员应做出有针对性的准备。

3. 自我了解

除了了解对手的强势和弱势，球员还需要了解自身的能力。当运用底线攻击型打法时，球员需要了解以下问题：

（1）你能运用自己最好的击球方式吗？如果球员有强侧处，应迅速到达这个位置，做出进攻。如果没有强侧处，必须有意识地将球回得深一些，安全一些。

（2）你能很好地打出上旋球吗？球员在大力击球时需要使球上旋，确保回球在界内。大力击打下旋球时，球会出界。平击球虽然是很有效的，但是确保球落入界内时容易挂网。过多的上旋将会使球速下降并且使球在场地上落点浅。

（3）你了解球场大小吗？来球角度大时，你有机会回击更大角度的球。

（4）你偏爱的击球方式是什么？例如：如果球员偏爱的击球方式是正手斜线球，应移动到这一位置，打出尽可能多的这种球。

4. 决策指南

当决定要运用底线攻击型打法时，球员必须确保考虑先前的信息，也应考虑以下的决策指南：

（1）回到有利的场地位置上。如果球员大力击球，对手可能会利用来球速度用力地把球回击到空当处。

（2）选择弱侧处。比起高成功率的击球，有时击打对手的弱侧处是较好的选择，把球打向对手的弱侧处常常会使对手失误。如果对手在强侧处和弱侧处之间有明显的区别，那么击打低成功率的直线球而不是使用安全系数高的斜线球是最好的选择，因为这样做会导致对手有更大的失误。有时将球稳定地击向对手弱侧就足够了，对手必将失误。

可以从进攻转换为中立或者防守。如果球员的攻击性触地球遭到对手强烈反击。他必须能后撤，然后回一个中立球甚至是防御球。处理这些球必须有耐心，避免在防守区试图大力进攻而造成失误。

球员不但需要强力攻击，而且要迫使对手满场奔跑，以便获取空当进行制胜一击。

（二）放小球（单打）

当对手在底线内处于理想位置而对手在底线后面时，放小球是得分的最好方法。处于良好位置时柔和地放小球，是所有击球方法中最灵巧的，而且能直接得分。

放小球时球拍动作很小，同时要求双手柔和以及有好的手感。毫无疑问，放小球改变了比赛的速度，准确且充满自信地放小球展现了球员技术的多样性。

下面的情况可能会使球员分心或防守受挫：

第一，试图在风速不定的情况下放小球。

第二，采用极端握拍比如极端西方式握拍，这会阻止球员足够地打开拍面去放小球。

第三，不注意观察自己的位置。球员如果在底线后面，不应试图放小球。

第四，没在舒适的击球区域。球员应只在这一区域放小球，高球是非常难控制的。

成功运用放小球战术时，球员必须了解以下五点。

1. 规则

球员在放小球时需要了解主要规则：

(1) 关于球在第二次反弹前的击球规则。

(2) 关于用球拍、鞋或其他身上穿的任何东西接触球网的规则。

2. 比赛条件

场地条件对比赛影响非常重大。因此，球员在放小球时，应了解以下场地状况。

(1) 风向。当风在他们背后时，球员应少放小球。然而，当风从对手一边吹过来时，放小球是非常有效的。一旦球离开球网和反弹之后，风会阻止其向远处运行。

(2) 球场速度。慢速球场、软的球场或有质地的球场最适用于放小球。坚硬平坦的球场或快速球场（如混凝土球场）击球时球不能获得旋转，另外球的反弹会更高。

3. 对手的强势和弱势

在考虑如何运用放小球战术时，球员必须了解对手的强势和弱势。应考虑对手的如下情况：

(1) 对手向前移动的能力强吗？或者由于在底线感觉舒适，他启动很慢吗？当对手更愿意待在后场击打触地球时，放小球是非常有效的。一个在底线击打触地球感觉舒适的对手，让他向前移动打一个短且慢速的球时是很不自在的。放小球促使对手向前移动，把对手从底线处、击打反弹高球的舒适位置拉出来。

(2) 对手跑动慢或疲劳了吗？一个慢速或疲劳的对手将会对在良好位置上的放小球不知所措。因为放小球正好落在球网上方，对手将不得不跑很长的距离去击球。如果他减慢速度，可能会在球反弹两次之前得不到这个球。如果疲劳了，他不得不费很大的力气去击球。他甚至可能决定，不值得去追这个球，从而球员会轻易得到一分。如果对手全力跑到网前去回击小球，可能会打出一个无力的或是草率的球，因为是在跑中击球，对手无法做好准备做最好的击球。

(3) 尽管对手可以在球反弹两次之前追过去，得到这个短球．但他能在全速向前跑的时候击好球吗？球员应知道是否对手能够将球吊到反方向一侧或把球推回球场深处。如果不能，当对手全速向前跑时会试图过力击球，此时放小球就是一种理想的击球方式。

(4) 如果对手反应良好并且前行迅速，他是否能够灵活地停下来，恢复和建立一个好的场上位置去打穿越球或高吊球呢？许多球员跑动很好，但是在急停和准备再次击球方面有困难。

(5) 对手在网前不舒适或者他的截击很差吗？如果这样，一个普通的放小球将会带他到网前且暴露其较弱的截击球或高压球，对手将没有机会接住小球并返回到底线击打触地球。

4. 自我了解

除了了解对手的优势和劣势，球员还需要知道自身的能力。当运用放小球战术时，球员需要了解以下问题：

(1) 能否辨认出一个相当容易的球。球员需要有一个容易的球使自己能在底线里击球，有机会轻松放小球。应对底线后或具有强烈冲击力的来球时，放小球是非常困难的。球员必须找一个不太狠且落地浅的来球，因为这将是最好的放小球机会。

（2）能否降低球速。只有球员降低球速，用柔和的双手缓冲球的速度时才能做好放小球。放小球时的用力一定是只要把球击过网即可。这意味着如果球员过度用力击球，球会加速并且飞得很远。球员必须用柔软的手腕力量去控制球的速度，轻柔地把球回击过网，落入场地。

（3）使用开放的拍面击出下旋球时握拍方法是否正确。西方式握拍方法放小球非常困难。放小球必须使用开放的拍面，这样能使球在球网上方具有必要高度且产生下旋。因为西方式握拍方法拍面闭合，最好的选择是大陆式握拍或东方式握拍。

（4）能否做击球假动作。假动作在有效放小球方面扮演重要的角色。球员必须在放小球和大力击球时具有相同位置和准备动作。

（5）是否知道自己最喜欢在哪一侧放小球。如果球员不知道自己最喜欢在哪一侧放小球，他应弄明白。大多数球员更喜欢在一侧或是另一侧放小球，应在自己更喜欢的一侧多放小球。

5. 决策指南

当决定运用放小球时，球员必须确保考虑，先前的信息也应考虑以下决策指南：

（1）如果对手速度快、在底线上或是底线里，或者更喜欢在球网前，或者风从球员自己的背面吹来，那么球员不应考虑放小球。在这些情况下，运用放小球赢得比分的机会很渺茫。

（2）放小球之后，如果对手确实够到球并且予以还击了，那么球员应回到适当位置，运用穿越球或者吊高球的打法。

（3）如果球员不能打出有效的小球，或者他在尝试击球时失误太多，那么就不应运用放小球。如果球员在放小球时失分比得分多，就不应使用放小球打法。

（4）如果球员承受压力并且手变得很僵硬时，就不应使用放小球打法。当在比赛初始阶段没有压力时，放小球可能是一种简单的打法，但是在有压力的情况下将会变得很困难。如果球员紧张，那么放小球可能不是最好的打法。

（三）始终保持回球成功（单打）

与很多球员对打时，把球打过球网并落入对手界内是必要的。网球更多程度上是一种比犯错误的比赛，获胜方经常是失误最少的人。如果球员总是比对手得到更多的还击球，将永远不会失分。这听起来很简单，但是要求有技能、决心、良好的球场判断力、对球场正确区域的了解以及高成功率击球。

下面的情况可能会使球员分心或防守受挫：

第一，不会战略性地思考。如果球员不仅仅只是使球回击成功，他仍应尝试通过寻找对手的弱势，发挥自己的强势来伺机得分。

第二，没有耐心等待让对手失误。许多球员倾向于获胜心理，急功近利，造成失误，让对手得到一分。

第三，由于失误不能集中精力。每个人都会犯错误，但是球员必须小心不要让失误使自己泄气，以至于改变自己的击球风格。他们应找出问题的核心，并继续展现最好能力。

第四，打不出自己的风格。球员不应尝试不是自己打法风格的击球。

运用始终保持回球成功战术时，球员必须了解以下四点：

1. 场地条件

场地条件对比赛影响非常重大。因此，球员在始终保持回球成功时，应了解以下场地状况。

（1）球场速度。球场的速度决定每得一分的回合多少。慢速球场得分困难，因此失误机会更多。在平滑快速场地上更容易打出制胜球，因为双方都想将对手限制在球场深处，不给对手进攻机会。

（2）风向。顺风时，球员打出的球更有攻击性，因为对手在迎风时很难打出制胜球；逆风时，必须将球击到球场深处。

（3）球速。球体的改变可以改变球的速度。如果球的绒毛突起，球速将会下降，击球回合增加。如果球已磨损，球速加快，球员要避免猛烈击球，要增加球的旋转，把球打入界内。

2. 对手的强势与弱势

在考虑如何运用始终保持回球成功战术时，球员们必须了解对手的强势和弱势。应考虑对手的如下情况：

（1）球员是否有慢速击球的临界值。在几个回合后是否变得没有耐心，并且无视自己的击球位置与必须的击球方式而试图结束这一分。和有低击球临界值的球员比赛更容易，因为他们缺乏耐心等待适当的进攻时机，而经常造成非受迫性失误。

（2）对手身体状态。判断他的速度是变慢还是动作变形。对于这样的对手，球员必须击中更多的球迫使对手失误。即使对手竭力去击球，仍不能在移动中打出好球。

（3）对手击球是否有强侧处和弱侧处。向对手的弱侧处击球时会更有感觉。

（4）对手在网前是否感觉不自在。如果对手不能恰当处理截击球和头顶高压球，那么球员不必打穿越球或挑高球。

（5）如果球落在球场正中央，对手能否对球有一些反应，这是球员最安全的打法。如果对手不能充分利用这一球，试图猛力击球或者变换低成功率击球角度，最终导致非受迫性失误，球员就应仅把球击到球场中央这一点即可。

3. 自我了解

除了了解对手的强势和弱势，球员还需要知道自身能力。当运用始终保持回球成功战术时，球员需要了解以下问题：

（1）自身的身体状态是否良好。始终保持回球成功，使每得一分的时间延长，因此球员必须比对手具有更好的身体状态。

（2）是否知道如何选择自己在球场的位置和击球方式。场上站位和击球选择很关键，这样可以保持球员有一个高成功率击球然后回位到场上最佳位置。

（3）是否知道对手偏好。如果对手有喜欢的击球方式或是最舒适的击球位置，尽量不让对手到达那个击球位置。

（4）是否知道如何发现并利用对手弱势。这并不意味着试图击败对手。有时候对手很难应对高反弹球。对球员来说，通过更多的过网高度和击中对手的弱点打出高成功率的回击球，是极好的机会。

（5）如果对手喜欢快速，自己能否使球减速。使球减速能够打败很多球员，迫使他们在尝试大力击球时失误。

4. 决策指南

当决定要运用始终保持回球成功战术时，球员确保考虑先前信息的同时，也应考虑以下决策指南：

（1）改变场上站位，为对付对手最强有力的攻击做更好的准备。例如，如果对手强力一发球，球员应站在场地后边更远的位置给自己更多时间接发球，然后移动到一个有利位置为下次击球做好准备。

（2）当比分领先时决定打中立球。如果球员运用高成功率打法可能赢得大部分的比分，那么就没有必要尝试冒险的打法。

（3）把握得分良机，需处于正确的场上站位并且能够在击球区域从容地击球。当球员具有巨大的得分空当时，仅仅把球回过网不是最终目的。

（4）如果对手精神脆弱就让对手崩溃。如果对手开始出现一系列的失误并且变得暴躁时，球员只要运用相同的战术让对手彻底崩溃。由于对手精神涣散或者失去自己的比赛节奏，球员可以轻易得分时，就没有必要冒险击球了。

（5）失去位置时，较好的防守就是最好的进攻。球员在失去平衡或是在不利位置时应防御性击球，目的是把球回过去，然后回位到一个有利位置为下次击球做好准备。

（四）始终保持回球成功（双打）

即使在双打，与单打相比得分也比失分容易，球员始终保持回球成功是一种有效策略。不管对手怎么站位，在场上得到最后回击球机会的队通常会是获胜方。

许多成功的双打球员有决心得到并回击每一个靠近界线的球。他们可能会失去力量和准确控制球的落点，但是很难击败他们，因为他们迫使对手做最后一击去结束这一分。对手被迫用更大的速度或者落点更接近界线地击球，这增加了失误的可能性。

下面的情况可能会使球员分心或防守受挫：

第一，不集中精力或没有决心把每一个球回击过去。对手球队可能会赢得几个球，但是你的队为了赢得整场的胜利必须给对手施加压力。

第二，不能保证把失误降到最低。失误难免发生，但是你的球队可以通过击球过网更高一些和击球落点更远离界线来减少失误。

第三，不准备多回合击球。球员应得到并回击每个来球，从而让对手击打很多回合直到对手失误。

第四，过于激烈地击球并且试图在底线处结束一分。球队球员在试图进行更具攻击性的击球之前就应来到网前。

1. 场地条件

场地条件对比赛影响非常大。因此，球员在始终保持回球成功时，应了解以下场地状况：

（1）场地速度。球场的速度决定每得一分的回合时间。慢速球场使对手赢得一分更困难，因此失误机会更多。对手在平滑的快速球场上得分机会更多，因此球员必须保持站位在球场深处，离开具有更多攻击机会的网前。

（2）风向。双打队员应按照风向打出有利于自己的击球。当风从他们的背后吹来时，他们更具有攻击性，因为他们的对手在风中赢得一分很困难。在风迎面吹来时，必须把球击打到球场深处。

（3）球速。球的改变能改变球的速度。如果球的绒毛凸出，球速会变慢，得分的回合时间会增加。如果球磨损了，球速会增加．球员要当心不能猛力击球．而是要运用更多的上旋保持球不会出界。

2. 对手的强势和弱势

在考虑如何运用始终保持回球成功战术时，球员们必须了解对手的强势和弱势，还应考虑对手的如下情况：

（1）对手能在网前结束一分吗？如果不能，球员必须通过把球回过网耗尽对手体力，直到他们失误。

（2）对手在网前不自在但是在后场很强吗？球员能迫使对手打出浅球进而来到网前，他们将不得不移动到球网前，运用截击和头顶高压球打法。

（3）你的对手是凶狠的一类吗？如果是这种情况，球员必须耐心。对手可能会击中一个到两个球，但是如果球员持续给对手压力，那么凶狠的球员会最终失误。

（4）你的对手疲劳或是沮丧吗？在与疲劳或沮丧的对手交锋时，始终保持回球成功会显得很有效。

3. 自我了解

除了了解对手的优势和劣势，球员还需要知道自身的能力。当运用始终保持回球成功战术时，球员需要了解以下问题：

（1）自己的身体条件是否较好。始终保持回球成功将使每得一分的时间加长，因此球员在使用这种策略时必须比对手具有更好的身体条件。

（2）是否知道在球场定位自己并选择击球的方法。球场定位和击球选择是很重要的，这样球员能高成功率击球，并且能回位到球场最佳位置。

（3）自己击球会不会很深。双打球员应在球场深处把球回击到对手的球场深处，使自己尽最大可能远离危险打法。在网前的球员有太多的机会用高压球和截击球来结束一分。

（4）是否知道使用上旋的方法与技巧。击打触地球时增加一些上旋会使球员击球时有更高的过网高度，从而使球很安全地落入界内。这样也更有创造性，使对手在网前截击困难。

（5）是否知道另一方球队里面有弱势球员。球员应把大多数的击球瞄准这样的球员，使他很难应付各种来球，产生更多失误。

4. 决策指南

当决定要运用始终保持回球成功战术时，球员确保考虑先前信息的同时，也应考虑以下指南：

（1）球员应站位在球场更深处一步或者两步的位置。如果他们后退一步或两步，将会有更多的时间准备大力击球。同时，更深处的位置将会有时间移动，去接起所有的来球。

（2）有耐心并愿意打中立的球或是防守的球，特别是当对手进攻时。

（3）当没有风险时，在网前处理容易的球去结束这一分。尽管双打球员应考虑始终保持回球成功，但是他们也应在士气上升时利用机会去结束一分。

（4）给懊恼或是急躁的对手更多机会失去控制。急躁的对手在清晰的思考和准确的击球上都有困难。

（5）球员间要默契交流。交流可以帮助球员判断在哪天更好发挥，并且帮助他们有相似的击球风格，能同处在最弱势位置或是更弱的球员交锋。

（五）发球—截击（单打、双打）

发球—截击打法在网球运动中是最有效的进攻打法。发球后快速来到网前，用截击或高压球来结束这一分。当球员由一个强力发球导致对手回球无力时，这种战术特别有效。对于那些具有更多攻击性但缺乏耐心的球员来说，由于这一分的回合不多，所以也是有效的。这个单元主要探讨发球—截击的球员，要根据首次截击是选择终结比分还是努力获取得分机会的战术安排，必须做好发球位置、发球旋转、发球力量的准备。

下面的情况可能会使球员分心或防守受挫：

第一，不经过精神上、心理上还有情绪上的充分准备而草率发球。发球是网球运动中球员能够完全控制的一种击球方法。因此他们可以慢下速度，集中注意力全力准备发球和下一次击球。尽管得分回合不会持续很长，但是球员必须利用时间准备并做好一发。

第二，逐渐让对手可以预测。球员应变换他们的发球位置、旋转和速度，从而使他们的对手失去判断。

第三，不注意观察对手的位置。对手可能会稍微改变位置，可能向右或向左、向前或向后，目的是更好地回击。球员应观察这些变化并能够利用这些新的弱点。

第四，依赖快速发球。运用快速发球可能会在比赛初期击败对手，但是对手能适应这种速度。另外，随着比赛的进行，球速会变慢。赛程后期，球员应更多地依赖力量。

成功运用发球—截击战术时，球员必须了解以下五点。

1. 规则

球员在发球—截击时必须知道如下规则：

（1）关于发球节奏的规则。

（2）关于脚步犯规的规则。

（3）关于在发球前走或跑的规则。

2. 场地条件

场地条件对比赛影响非常重大。因此，球员在发球—截击时，应了解以下几种场地状况。

（1）球场速度。例如，如果球场是光滑的，发球者可能会大力且快速地一发和二发，这样会导致接发球失误，回球无力。

（2）球速。球速取决于球场表面和球员正在使用的旋转数量，球绒毛凸起的间隙会使球速大大降低。

（3）风向。当风从发球者向接发球者吹时，发球和截击更有效，并产生更多速度，对手回击会减速。然而，当风迎面吹向发球者时，发球和截击变得更加困难，因为风会减慢发球速度。侧风给发球者机会能够大角度地发球，因为风会使球飘向更大的角度。

3. 对手的强势和弱势

在考虑如何运用发球—截击战术时，球员们必须了解对手的强势和弱势，还应考虑对手的如下情况：

（1）对手是否能够接好低于球网高度的小球，从而迫使发球者顾前不顾后地在正手和反手侧都把球向高处截击。为了做到这一点，对手必须用上旋接发球或者低切削回击，使球擦网而过并使球落在发球者的脚下。

（2）对手能否摆脱击向身体的发球，或是这个发球使对手挤到一块从而他们向高处回击一个无力的球。直接向对手身体发球是非常有效的，这是由于接球时引拍动作锁紧，通常由于拍面开放把球敲向后方。如果这种情况发生，发球者会得到一个高且柔和的回球进行截击。反应快的对手能够摆脱窘境并用完整的挥拍动作击球，结果会是一个压迫力强并可控制的回击。

（3）对手在底线后面有好的起始位置，是否允许有更多准备回击的时间。对手站得越深，发球者截击距离球网越近，当接球者在场地非常深的位置准备接球时，即使大角度地发球也很容易被对手回击。

（4）对手是否有击球的强侧处和弱侧处。大多数发球和首次截击应直接击球到对手的弱侧处，从而发球者在网前容易有攻击机会。

4. 自我了解

除了了解对手的强势和弱势，球员还需要知道自身的能力。当运用发球—截击战术时，球员需要了解以下问题：

（1）是否能够考虑风向、球场速度、对手的弱势、正确发球并用一个有效截击跟进。随着情况改变，发球必须改变。在有风的日子，发球者仅需当风在他背后吹来时才决定运用发球—截击。这种情况下，发球将产生更大的速度，对手回击速度减慢，会得到更容易截击的球。另外，球员用发球—截击策略时，在慢速球场可能不会有效，他可能只会在一发时决定用这种策略。球会随着比赛的过程改变。有时候球会随着绒毛凸起而变慢，这使发球—截击打法变得困难。有时候球由于磨损变得更轻，更光滑，更快，这将有利于发球和截击。

（2）是否能够在平局和领先时，把球发到发球区的边角、追向对手身体或者发到“T”区的中央。如果能做到这些，会使发球者变换发球方式，从而阻止对手的回击球形成节奏。有时候回击者会改变位置去掩饰自己的弱处，将会在边角或者中央线处暴露出空当。追着对手身体的发球几乎都会产生一个无力的回球，使发球者截击很容易。

5. 决策指南

当决定要运用发球—截击战术时，球员必须确保考虑先前的信息，也应考虑以下决策指南：

（1）总是要提前计划，包括计划发球位置、首次截击和二次截击的方向。没有计划的发球是可预测的，并且经常在适当的球场区域击球失败。

（2）通过在首次截击时直接得分、首次截击把球打向球场深处或者下次回击时靠近网前这些方式，使在首次截击时作出正确的决定。如果回击球是低的，球员必须把截击打得简单且深；如果回击球是高的，可以凶狠地打出截击球到对手空当。

（3）保证二次截击有足够的速度、旋转和有效的击球深度。跟进二发到网前更加困难，因为接球者会有额外的时间打出一个更具攻击性的回击球。

（4）发球后向前移动去回击对手的弱球。即使球员发球后会感到上网不自在，但是当接球者简单的回球又高又深时，选择上网还是非常有效的。这种回球让截击变得很容易，迫使对手击球更低，并且迫使其下次击球时使用更快的速度。

（5）观察接球者的位置。如果接球者向前移动去接发球，回球将会很快，并且发球者不会有很多时间向前移动，不能获得好的首次截击位置。在这个位置发出追身球会获得良好的效果，因为这使对手没有时间摆脱困境去有效回击。

（六）中场截击（单打、双打）

中场截击是击败咄咄逼人的对手的有效手段，非常谨慎地击打柔软、高、深、几乎没有任何风险的球的球员，倾向于保持把球回击给处于底线后面的对手。对于满足击球时有足够的过网高度并且击球很深的对手，球员容易有挫折，这样的对手会给球员制造很多的困难。如果球员在后场等待，常常不得不后撤到底线去接对手的回球，并且用尽全力。球员很容易陷入这种击球方式中，和对手进行“月亮球”式的（柔软的、高的、深的触地球）互相对打，结果导致每得一分的时间像马拉松一样长。球员应努力前移击打对手飘在空中的高球，进而破坏对手的节奏，迫使对手进入不同的、不舒服的节奏中。

下面的情况可能会使球员分心或防守受挫：

第一，对于偶尔的失误失去信心。运用中场截击战术就是干预比赛并且改变比赛的节奏。即使时而失误一次，只要球员能够支配比赛，使其朝着自己更喜欢的打法改变就行了。

第二，没有预判并且快速果断地移动。如果球员犹豫了，将不能向网前移动得更近，这对于进攻性回球来说是很必要的。另外，球还有可能坠落到球网高度以下，迫使回球防守性地挑高，而不是进攻性地向下击球。

第三，中场截击击球太谨慎，因此球落地太浅。中场截击一定要全力击球，不能像网前的定位截击那样。如果截击时仅仅把球推或敲向对手场地，球会落地很浅，对手回球就很容易。

成功运用中场截击战术时，球员必须了解以下四点：

1. 场地条件

场地条件对比赛影响非常重大。因此，球员在中场截击时，应了解以下几种场地状况。

（1）风从背后吹来。风从背后吹来对于攻击性的中场截击非常奏效，然而球员击球时一定要运用适当的上旋，以便这些球能落入界内。

（2）风迎面吹来。当风迎面吹来时，球员应运用平击球。过多的上旋会使球落地太浅，对手回球会很容易。

（3）场地速度。场地速度越快，快节奏的中场截击就会越奏效。快速场地允许球员结实有力且有攻击性地把球击向场地；粗糙的、慢速场地，将导致球在接触场地后减慢速度。由于这些原因，快速场地是非常适合这种击球方式的。

2. 对手的强势和弱势

在考虑如何运用中场截击战术时，球员除了必须了解对手的强势和弱势，还应考虑对手的如下情况：

（1）对手是否能够从保守性的高反弹触地球比赛变换成更具攻击性的大力快速比赛，是否会有压力，这将决定球员是运用中场截击向前移动击球，还是在对手空当不够明显的情况下截击，然后再回位到底线处。

（2）对手打球是否保守。如果保守的比赛风格是对手唯一的选择，那么球员应给对手施压。因为对手不能运用更大力量的击球伤害自己。让对手决定比赛的风格和比赛节奏将会使球员受挫，迫使他们按照对手的节奏去打球。

（3）咄咄逼人的对手是不是防守性打法。通常，咄咄逼人的球员在压力下击球会更加具有防守性，所以，如果球员中场截击后来到网前，应做好准备去击打头顶高压球。

（4）分析判断对手运用的击球类型。很多球员被迫在场地外或者底线深处时，运用高且深的击球方式。球员利用这样的击球向前移动，使用中场截击来结束这一分球。

3. 自我了解

除了了解对手的强势和弱势，球员还需要知道自身的能力。当运用中场截击战术时，球员需要了解以下问题：

（1）准备中场截击时，自身的反应和移动有多快。这种截击的击球点一定要在球网顶部的上方，从而截击会有力且深。

（2）如果必要，是否能够向前移动，运用截击球和头顶高压球来结束这一分球，或者向后移动，在等待下一次的进攻机会时，是否能够更加从容。如果球员处在后场，得分的回合时间将会加长，那将是对手希望的。

（3）根据比赛形势和对手在场上的位置，在把球击向对手的空当位置时，自己能够正确作出决定，是角度截击，还是随球上网截击。如果对手离开了场地，那么运用角度截击将有机会结束这一分球；如果对手位置良好，球员中场截击的同时立即向网前位置移动进行随球上网截击，将是最好的选择。

（4）自己是否能够运用足够的上旋击球。对于赢者来说，大力击球需要运用一些上旋保持球落入界内。球员需要学会运用一些上旋击球，但是不要太多的上旋，否则球会落地很浅且速度很慢。

4. 决策指南

当决定要运用中场截击战术时，球员确保考虑先前信息的同时，也应考虑以下决策指南：

（1）一旦在中场截击之前，球被击到适当的位置，要反应迅速。球员不能在底线后作出攻击性的中场截击，即使来球是一个真正的飘球，他们必须向前移动到底线处或者底线以内。

（2）如果中场截击被击到场地中间，再次回球时把球打到对手的弱侧处。

（3）如果球高且离开场地，运用角度截击。这样的球提供了很好的截击角度。

（4）决定两个回合结束一分，例如直线中场截击后，紧接着再靠近球网运用远离对手的角度截击。

（5）如果对手能够预判中场截击的来球方向，就把球打到对手的身后去，很早就开始移动到场地的空当准备接球。

（6）在球反弹之前通过把每次的飘球都回过去，给对手施加压力。球员要避免让对手形成节奏，迫使自己进入很长的飘球回合中。

（七）随球上网（单打、双打）

随球上网允许球员在击打回合球的底线附近位置向前移动到网前的截击位置。有效的随球上网能使球员到达网前进攻位置，并且迫使对手去击打一个穿越球或者一个高吊球。随球上网技术越好，来自对手的穿越球和高吊球就越差。为了最有效地执行随球上网，球员必须了解随球上网的时机和方向。此外，球员也应考虑到最有效的旋转和速度。

下面的情况可能会使球员分心或防守受挫：

第一，停下来击球，而不是在跑动中随球上网。球员如果停下来击球，将不能跑到网前获得一个理想的截击位置。

第二，仅仅盯住球，而没有留意对手的位置和场地的空当处。

第三，击球力量太大，从而没有时间在截击之前来到网前。大力击球也给了对手回球利用的节奏。

成功运用随球上网战术时，球员必须了解以下四点：

1. 场地条件

场地条件对比赛影响非常重大。因此，球员在随球上网时，应了解以下场地状况：

（1）风向。如果风来自球员的背后，随球上网非常有效，因为穿越球和高吊球迎风击打难度很大。

（2）场地速度。慢速场地给对手更多的准备时间，击出质量更高的穿越球或者高吊球。当遇到慢速场地时，球员将不得不在随球上网之前选择对手回击的浅球。球在平滑的场地上滑动距离更长，而且低。粗糙或者复杂质地的场地导致球弹得很高，在平滑的场地上保持低球，迫使对手穿越球往高处挑。

（3）球速。随着比赛进程，球上面的小缝隙会逐渐凸起，球速就会慢下来。球员需要更加注意选择性，在随球上网和向网前移动之前选择击打浅球，因为当球速慢时，对手有更多的时间进行准备。

2. 对手的强势和弱势

在考虑如何运用随球上网战术时，球员们必须了解对手的强势和弱势。应考虑对手的如下情况：

（1）对手击球时是否喜欢借助来球力量。如果这样，柔软的、落点深的随球上网击球是最好的选择。一些球员非常善于在回击球时利用对手的力量。球员应通过柔软地击球较深的落点并随球上网，不让这样的对手利用他们的速度，从而使对手不得不自己发力来击球。

（2）当处于压力下对手倾向于高吊球还是穿越球。如果对手高吊球，球员不必在随球上网后向网前靠得太近；如果对手喜欢穿越球，球员应向网前靠近获得更容易的截击。

（3）对手速度是不是慢了或者是不是感觉疲劳了。对付速度慢或者疲劳的对手时，运用随球上网把对手拉到角度较大的地方，迫使对手回球无力。

（4）对手向前移动的技术如何。通常不建议随球上网击球的落点浅且低，但是对付向前移动技术不好的对手时却非常有效。向前移动不好的对手被迫挑高球或用力够球，这样回球缺乏速度，球会高过网很多，对于网前的球员来说，截击和高压球就更加容易了。

3. 自我了解

除了了解对手的优势和劣势，球员还需要知道自身的能力。当运用随球上网战术时，球员需要了解以下问题：

（1）自己在网前是否自在。如果球员喜欢截击，应在对手首次相对浅一点的回球时，就随球上网。如果在网前不自在，应等待特别浅的球再进行随球上网。

（2）是否知道对手可能的回球角度。球员应使自己处于对手可能回球角度的中间位置。随球上网击球的落点如果在场地中心，那么理想的截击位置就在场地的中心。球员应移动到随球上网击球方向的中心发球线位置的同侧。

（3）是否知道随球上网时应付非常低的球的方法，一个低球要求球员用开放的拍面产生下旋球。应致力于打出这样的球，从而使对手的回球低且浅。

（4）自己是否知道在对手刚要回球之前做碎步移动。随球上网的目的就是从底线处移动到网前进行截击和打出头顶高压球来结束这一分。球员在对手回球之前迅速碎步移动，从而能作出反应向前截击，或者从一侧到另一侧的截击，或者向后移动进行头顶高压球。

4. 决策指南

当决定要运用随球上网战术时，球员确保考虑到前文所述信息的同时，也应考虑以下决策指南：

（1）如果对手喜欢借助来球的力量有力回击，那么在随球上网时，挥拍击球减速。对手不得不自己发力击球，球员将会有更多时间到达理想的截击位置。

（2）保持随球上网回球要低，迫使对手把球往高处打，进而给自己提供了容易的截击机会。低的随球上网迫使对手用开放的拍面击高球。高的回球比起坠落网下的上旋球，截击起来回球更加容易。

（3）如果你能击溃对手，迫使对手无力回击，那么等待一个最好的击球时机，从而能充分做好这次击球的准备。球员应确保继续比赛，直到对手出现一个弱的穿越球或者高吊球。

（4）如果你的随球上网质量太差，那么迅速上网，准备对付攻击性很强的穿越球或者高吊球。如果球员退回到底线不现实，那么就准备快速到达网前吧！

（八）截击和高压球（单打、双打）

一旦球员在网前，就处于极好的得分位置了。当能从发球线内且在网高以上打出截击或者高压球时，就能把球直接打进场地，就能够赢得一分。

即使截击球和高压球能结束一分，但也并非总是如此。球员也应理解，当需要打一个更中立甚至防守的击球时，要做的就是改善自己的位置从而在再次击球时赢得一分。努力跑动，到达网前从而能够一次击球结束一分。球员必须理解如何保持这种进攻位置，运用制胜的高压球或者截击尽可能快地结束一分。

下面的情况可能会使球员分心或防守受挫：

第一，击球谨慎、保守，当来到网前时没有一拍制胜。

第二，对一个期望的结果变得兴奋，截击和高压球都用力过大，结果导致在容易得分的球上失误了。

第三，直到一分结束了都没有主动进攻。可能球员认为他能结束这一分，在移动时紧紧盯着球，结果当对手再次回球过来时，自己已经失去位置了。

成功运用截击和高压球战术时，球员必须了解以下五点。

1. 规则

球员在截击和高压球时，需要了解如下重要规则：

（1）有关球拍和衣物触网规则。

（2）在球过网之前击球规则。

2. 场地条件

场地条件对比赛的影响非常重大。因此，球员在截击和高压球时，应了解以下场地状况：

（1）风力。由于球在空中飞行时，风会使球移动，所以要注意在身体前面击球。对手的穿越球过来的速度很快，因此当球被风吹得转圈时，紧凑的引拍动作对于大力击球很重要。

(2) 风在背后。风可以破坏一个高吊球，并且使应对高吊球的时机和力度把握非常困难。当风来自背后，高吊球很高时，球员应让球反弹并且调低反弹球的击球点再打高压球，而不是在空中打高压球。

(3) 侧风。球员借助风的力量击出有角度的球，并使球远离对手。他们应在侧风中谨慎击出角度，因为侧风能把球吹向对手。

(4) 晴朗的天空。晴天会妨碍打出有深度的高压球。让球反弹起来（特别是对手回击过来非常高的吊球)，这样容易看见球，抓好时机去击球。

(5) 太阳的方向。直接指向太阳的高吊球很难看得见，更别说去击球了。球员应在球反弹时，或者用非握拍手遮挡阳光，或者使自己稍微偏离场地，从而能够更好地看见球。

3. 对手的强势和弱势

在考虑如何运用截击球、高压球战术时，球员们必须了解对手的强势和弱势。还应考虑对手的如下情况：

(1) 当球员在网前时，对手偏爱哪种击球方式，是喜欢穿越球还是高吊球，如果对手喜欢穿越球，球员应准备向前移动，运用交叉步移动得到这个球，从而能够有力地把球截击到对手半场空当区域。如果对手喜爱高吊球，应使自己的位置靠近发球线，从而准备向后移动，打攻击性的高压球。

(2) 对手速度是否减慢或者是否感觉疲劳，如果对手速度慢或者疲劳了，高压球和截击球击球落点可以在边界内远离界线的位置。因为此时对手不能覆盖更多的场地，球员击球到空当区域会更加安全。

(3) 对手是否有击球的强侧处和弱侧处。如果穿越球来自对手的弱侧，那么球员将获得更好一些的高吊球和高压球的机会，因为一般在弱侧处击球缺乏速度和旋转。在弱侧处的回球通常更高、更软，球员在网前可以获得容易的截击和高压球。

(4) 对手是否有足够的力量把球击过网前的对手。一些球员如果被迫大力回击大力量的球时，会缺乏足够的挥拍力量来赢得一分，特别是从底线后的击球。

(5) 对手是否慌张和急躁。在网前时能够引起对手的慌张，并急躁地运用穿越球或者高吊球。急躁进攻的对手可能在回球过网、把球打进界内方面更容易失误。

4. 自我了解

除了了解对手的强势和弱势，球员还需要知道自身的能力。当运用截击和高压球战术时，球员需要了解以下问题：

(1) 自己是否能够非常快速地左右移动得到角度很大的球，并且喜欢向网前移动去结束一分？如果对手打出高吊球，你能在头顶高压球后快速向后移动吗？当在网前时，快速反应是非常必要的。球员在网前能够一拍制胜，但是对于对手的回球，反应时间也会减少一半。他（她）必须准备向右或向左去接对手的回球。他（她）必须向前移动，在球下落到网高以下之前去截击，并向后移动，用高压球应对高吊球。

(2) 自己是否能够在球网以下做好截击。大多数人能够击打大力、干脆的截击，但是球员也需要培养柔和的手腕动作，来对付那些需要向上挑高且使球落入界内的截击球。

(3) 和上面几点相关联的，自己能击打下坠的截击球使其刚好过网并且落入场地后静止不动。当对手在场地深处，球员在球网下方截击球时，这样的击球方式是非常有效的。在球网下方截击球时必须向上挑，去截击下落的球时要向上挑高而且速度仅够球过网即可。如果这样的截击球击到了场地很深的位置，那么对手就有时间击到这个球，并且会有力还击。

（4）自己能否控制击球方向。许多球员喜欢在高压球时用力很大，但是大多数情况下获得好的位置使用中等力量击球更适当。

（5）自己是否能够判断对手击球后球的旋转。上旋球向下转动，因此必须向前移动，在球下落到球网高度之前去截击。下旋球在空中飞行的时间更长一些，因此必须意识到强力下旋球将可能飞出底线。

5. 决策指南

当决定要运用截击和高压球战术时，球员确保考虑先前信息的同时，也应考虑以下指导：

（1）判断何时在空中直接打高压球，何时让球反弹后再打高压球。当高吊球非常高、球在靠近网前下落、球向着太阳、球被风吹时，或者球员不准备在空中击球时，让高吊球下落，反弹后再去击打是比较稳妥的。

（2）分辨哪种球需要大力击球制胜，哪种球需要力量柔和一些，如放小球截击或者打出既软又深的球时，力量要更柔和。虽然在网前的目的是赢得一分，但有时对手会通过打低球化解球员的进攻位置，迫使球员在截击时把击球挑高使击球力量变小。

（3）保持回球成功直到一分结束。这意味着即使漂亮的截击或高压球之后，球员依然要尽可能回位到良好的位置，万一对手能把球回击过来呢？没有比击打了一个结实的截击球或高压球却被对手一个无力的回球到自己空当区域更糟糕的事了。

（4）如果高吊球很有效而且落到后场深处了，那么要待在底线后准备下一拍击球。如果球员不得不向后撤进行高压球，那么大多数情况下需要再返回到网前准备下一拍击球。然而，有时在底线后的场地很深处击打高压球时，在后场位置击球会更好一些。

（九）进攻性高吊球（单打、双打）

高吊球也不是经常用作防守击球。在适当的时机、适当的情况下，球员能够运用高吊球赢得一分。高吊球很容易操作，能利用对手的不利位置或者不利形势得分。它也是运用穿越球时一个很好的变换，如果对手预期回球将会是穿越球并向前移动时，那么就改变为高吊球进攻。

下面的情况可能会使球员分心或防守受挫：

第一，运用高吊球能被对手预测。当一名球员使用高吊球能被对手预测时，对手就会做出调整，准备向后移动使用头顶高压球。

第二，如果后场有大量空当区域时，没有使用足够的上旋打出安全的高吊球。额外的上旋需要有很好的击球时机，过多的上旋会使球落地很浅。

第三，当球员位置在底线以内时，运用高吊球时不谨慎。球员在底线为打高吊球时，击球落入界内的安全区域很小。

第四，运用高吊球时击球力量太大。高吊球要求击球时要控制力量，不要求太快的拍头速度。

成功运用进攻性高吊球时，球员必须了解以下四点：

1. 场地条件

场地条件对比赛影响非常重大。因此，球员击打进攻性高吊球时，应了解以下场地状况：

（1）风迎面吹来。风朝着球员迎面吹来时，击打进攻性高吊球是非常困难的。即使球越过了对手的头顶，但随着逆风吹来，球将不反弹并且不能飞过底线。然而，这样的高吊球对付网前的对手是有效的，因为这样化解了对手的网前进攻威力，迫使其向底线方向移动。

（2）风从背后吹来。风从背后吹来对于进攻性高吊球来说是非常理想的。一个谨慎的高吊球刚好越过对手的头顶，这种球追赶起来非常困难，因为球反弹后被风吹向了围网。

（3）侧风。球员一定要利用侧风给自己带来的好处。他们把高吊球瞄准到边线外侧，让风把球吹进场地来。即使高吊球是浅的，但是会造成对手不能打出结实的高压球。

2. 对手的强势和弱势

在考虑如何运用进攻性高吊球战术时，球员们必须了解对手的强势和弱势，还应考虑对手的如下情况：

（1）对手速度如何。如果对手能快速准备向后移动击打头顶高压球，那么球员打出的高吊球就一定要完美。

（2）对手速度是否减慢或者感到疲劳。这样的对手将不会有强烈的意愿去追越过自己头顶的高吊球。

（3）对手头顶高压球会不会很弱，或者根本就不喜欢头顶高压球。对于那些偏好在底线处击打触地球的球员来说，这是很普遍的。

（4）是否知道对手的弱侧处。进攻性高吊球打到对手的弱侧处，把球吊向对手的反手侧是非常有效的，因为一般来说，对手反手侧的高压球比正手侧的高压球要弱得多。即使对手能够击打反手高压球，球员也会得到一个容易回击的球，可以运用高吊球或者穿越球到空当场地。

（5）对手速度是否比较慢。对于速度慢的对手，几乎任何高吊球都是很难追赶、很难回击过来的。

3. 自我了解

除了了解对手的强势和弱势，球员还需要知道自身的能力。当运用进攻性高吊球战术时，球员需要了解以下问题：

（1）自己会不会用假动作击球，从而对手不能判断自己是直线击球还是高吊球。假动作是非常奏效的，它将使对手在网前不动，从而给自己创造更多后场击球空当。

（2）是不是有把对手拉到网前获得进攻性高吊球的计划，打出一个小球或者浅球，迫使对手向前移动靠近球网击球，对手空出来的后场会使打高吊球很容易。

（3）是否能够打出上旋高吊球使球进入界内，球落地反弹后弹向场地后的围网，上旋高吊球是非常完美的进攻性高吊球，并且刚刚越过对手的头顶才有效。

（4）是否有自己擅长的一侧。球员应准备好，在自己的强侧处击打进攻性高吊球。偶尔也会在自己的弱侧处打出更加偏于防守或者更高一些的高吊球。

4. 决策指南

当决定要运用进攻性高吊球战术时，球员确保考虑先前信息的同时，也应考虑以下决策指南：

（1）当对手在网前极不利的位置时，击球越过对手头顶，使球落在界内。

（2）判断是运用直线击球还是运用高吊球时，依赖对手在场上的位置。球员不但必须观察球的位置，还要注意对手和场地上的空当。

(3) 不要试图在场地深处、大角度位置或者场地之外去尝试进攻性高吊球。当球员处于不利位置时，进攻性高吊球可能不是最好的击球方法。在这种形势下，一个更高的防守性高吊球将是更好的选择。

(十) 穿越球 (单打、双打)

虽然不是所有的穿越球都是进攻机会，但是多数情况下球员运用穿越球进攻多于防守。如果对手在一个质量不好的随球上网后来到网前，或者对手的截击质量差，那么一个精准穿越球的结果将是赢得一分。其他进攻机会也是可用的，比如当对手在网前没有得到一个良好的位置，导致场地大面积空当时，穿越球是一个好的机会。

下面的情况可能会使球员分心或防守受挫：

第一，穿越球太贪心，试图赢得一分。球员应记住对手在网前时进攻有利。球员应在自己偏离进攻位置或者在底线后击球不要太具有攻击性。

第二，对于低球来说，穿越球很困难。球员必须把球往高处挑才能使球过网，并且要使球有足够的上旋才能使球坠落入场地。

第三，穿越球力量大，但不精准。

成功运用穿越球战术时，球员必须了解以下四点：

1. 场地条件

场地条件对比赛影响非常大。因此，球员在穿越球时，应了解以下场地状况：

(1) 风从背后吹来。在这种情况下，球员不用大力就能击出结实的穿越球。即使击球不能直接得分，对手在迎风时快节奏地截击也很困难。

(2) 风迎面吹来。在这种情况下，进攻性穿越球是较难的，因为在球越过网前对手之前，风会减慢球的速度。迎风时使用上旋击球将使球下坠更快。带一点上旋的中立性穿越球会是最好的选择。

(3) 侧风。球员要利用侧风给自己带来好处。击出的穿越球比对手够着球的距离更宽一些都无妨，因为风会把球吹回界内的。

2. 对手的强势和弱势

在考虑如何运用穿越球战术时，球员们必须了解对手的强势和弱势，还应考虑对手如下情况：

(1) 对手是否敏捷或者能否快速移动，如果不能，球员可以在打穿越球时留出更多离界线的空余量，因为对手将不能覆盖太多场地。

(2) 对手是否有击球的强侧处和弱侧处。如果有，球员应尽可能在对手的弱侧处运用穿越球。即使穿越球不能通过对手，如果对手用不擅长的一侧进行截击，将可能导致截击无力。

(3) 对手能否尽早移动占有场地的空当区域。尽早移动能够创造把球击向对手后面的机会。

(4) 对手是否会击出一个又浅又高的容易球。在这种情况下，球员选择把球直接打向对手。如果他在预判来球时向左或向右移动了，则会失去位置。如果他仍然在原地不动，将只是为了保护自己而被迫打出无力的截击。

3. 自我了解

除了了解对手的强势和弱势，球员还需要知道自身的能力。当运用穿越球战术时，球员需要了解以下问题：

（1）对于一个速度较慢的来球，自己能否击出足够的上旋球击球落地在界内，因为球员试图击球越过网前对手，足够的上旋量是很有用的，但是只有球员在击球时使用了足够的上旋，球才会落在界内。

（2）自己能运用击球假动作，从而使对手辨认不出你准备打穿越球还是高吊球，击球假动作将会使对手站立不动，从而在应对来球时，不能快速启动。

（3）当在自己的强侧处击球时，是否能够击出攻击性的穿越球；在自己的弱侧处击球，是否能够打出中立性的穿越球或者高吊球。球员应在自己的强侧处击出更具侵略性的穿越球。弱侧应击球速度慢且有足够过网高度，那样球会更安全地落入界内，或者可以简单地把球高吊越过网前的对手。

（4）为了提早并在球的反弹最高点处击球，自己能否快速向前移动，如果球员等待来球或者在底线后时，他们将不能击出有效的穿越球。如果他们在底线处等待，有两种情况可以发生：他们被迫挑高球；球将穿越更长的距离才能越过网前的对手。这两种情况都会使对手在网前位置上轻松截击。

4. 决策指南

当决定要运用穿越球战术时，球员确保考虑先前信息的同时，也应考虑以下决策指南：

（1）要有场地意识。即使球员在自己非常舒适的击球区域得到了球，但如果是在底线后击球，则不得不打出一个近乎完美的穿越球越过网前对手。

（2）不要仅仅盯着球。当对手在网前时，击球方式的变换会非常快。球员不仅要盯着球，而且要盯着对手、对手的移动以及场地的空当。

（3）对付低球要快速决断，运用进攻性的上旋直线球、下旋中立球或者打出防守球。对于低球，结实的回击是很可能的，把球挑高越过球网、运用上旋把球打入界内。然而，如果球员必须在几英寸低处击球，将被迫开放拍面，在球的下方击打，把球挑高过网。球员不要大力击打这种球，因为球在下旋，如果击球速度很快，球就会在空中飞行的时间很长。

（4）球员应始终保持回球成功，直到一分球结束。即使他认为自己打出了一记漂亮的穿越球，对手很可能有足够的挥拍对付一个无力的回球，这种球刚好越过球网并且快速落入场地停下来。打出漂亮的穿越球之后，球员应立即准备应对对手任何可能的回球。

（十一）攻击弱发（单打、双打）

除非球员能够破掉对手的发球，否则将不能赢得比赛。因为发球者具有可控制发球速度、旋转以及方向来获得赢得一分的有利形势。球员利用攻击性和挑衅性的接发球获得有利的进攻机会。

大多数比赛，但不是所有的比赛，挑衅性和攻击性的机会都会出现在第二次发球上。发球者二发时通常会距离发球边界线更远一些，而且比第一次发球的速度要慢，旋转更多，这些因素允许接发球的球员有时间移动到一个较好位置，在自己的强侧处攻击性地接发球。当发球者在很明显能预知的情况下，进攻性的接发球也有可能发生，接发球者能够预判并且打出攻击性的接发球。

下面的情况可能会使球员分心或防守受挫：

第一，如果发球者占有优势，没有耐心等待一个适当的球进行攻击。

第二，没有意识到即使一个慢速的发球可能也是很难攻击的。接发球者应戒备一个很高的反弹球或者由于旋转远离自己或者靠近自己的球。

第三，没有意识到某些发球者弱的发球队倾向于仅把球发到发球区而已，而是当球被再回过来时才进行攻击。这样的发球者可能偏爱击打触地球，当发球被攻击性回过来时，也一点儿不胆怯。

第四，击球凶狠但不具有侵略性。球员不应在接弱的发球时失分，因为他们不必要犯错误。

成功运用攻击弱发战术时，球员必须了解以下几点：

1. 场地条件

场地条件对比赛影响非常之大，因此，球员在攻击弱发时，应了解以下场地状况：

（1）风从发球者背后吹来。当风从发球者背后吹来时，接发球者甚至在攻击对手弱发时都有非常大的困难。发球者将试图把球击向发球区的更深处，并且由于在风中接发球，接发球时会缺乏力度。

（2）风迎面吹向发球者。当风迎面吹向发球者时，接发球者应寻找进攻机会。发球不但趋向落地较浅，而且由于风从接发球者的后背吹来，接发球者还可以借助风的力量击出更快、更深的球。

（3）场地速度。一个平滑快速场地将使球滑落得很低，通过接发球者时非常快。如果场地粗糙，或者速度慢，上旋发球将会弹得很高，攻击起来就比较困难。

（4）阳光的角度。阳光的角度使发球者抛球时不能很好地看见球。当这种情况发生时，发球者仅仅试图保持发球成功，接发球者应伺机进行攻击。

2. 对手的强势和弱势

当考虑如何运用攻击弱发战术时，球员们必须了解对手的强势和弱势，还应考虑对手的如下情况：

（1）对手击球是否有强侧处和弱侧处。球员应判断并且尽可能攻击对手的弱侧处。攻击对手弱侧处时，对手会产生更多的失误或者造成对手较软的回球，自己可以大力去进攻。

（2）对手发球结束后是否喜欢待在后场击打触地球，有时最好的击球不是攻击性强的深球，而是一个浅的、软的迫使对手向网前移动的回球。如果发球者不喜欢来到网前，接发球者要吸引他到网前。

（3）对手是不是喜欢大力一发，而二发时仅仅把球突然弹进场地。这种情况下，接发球者应让对手对这样的弱发球付出代价，从而迫使他在一发时减速，把球发进场地，避免二发时被猛烈攻击。如果对手二发很弱，迫使自己在一发时减慢速度，以便发球成功后不被猛烈进攻。虽然发球者失去了一发时有力的攻击机会，但是不会失分，因为弱的二发是容易被接发球者攻击的。

（4）对手能否击出带上旋并且落地后反弹很高的发球，这样的球看上去容易攻击，但是反弹高的发球由于球弹得又高又远，因此是很难驾驭的。

（5）对手是不是几乎一直都运用同样的发球类型或者在同一个位置发球。这种情况下，接发球者通过稍稍提前移动做好准备出色地接发球。

3. 自我了解

除了了解对手的优势和劣势，球员还需要知道自身的能力。当运用攻击弱发战术时，球员需要了解以下问题：

（1）自己是否知道运用上旋把球打在界内的方法。球员应学会把球拉入界内的上旋技术，但是上旋量不要太多，因为那样球将会缺乏速度和深度。无论何时，球员大力击球时，都必须附加额外的上旋把球打进界内。然而太多的上旋会减慢球速，并且球落地后弹得很高，让对手容易回击，另外，过多上旋不能使球直线穿入场地越过对手。

（2）自己是否意识到球的角度。一个大角度的弱发球能通过更大角度的接发球进行回击，球员应致力于大角度的接发球。

（3）自己能否在自己的强侧处回击弱发球。因为接发者不仅仅覆盖发球区的一半场地，因此应快速移动，在自己的强侧处用正手或者反手攻击弱发。

（4）自己能否在底线以内快速启动接发球，这将会使对手更有压力发出一个深球，迫使其失误更多。

自己是否能够通过观察判断发球者懊恼或者泄气了，如果是，那么所有接发球者需要做的就是把球回过网即可，让对手在下一拍击球时自己失误。如果发球者不在状态不可能强力击球时，接发球者不必大力回球。

4. 决策指南

当决定要运用攻击弱发战术时，球员确保考虑先前信息的同时，也应考虑以下决策指南：

（1）接球之前就决定攻击弱发的位置。接发球者应做一个计划，并且寻找最佳机会，努力击出好球。

（2）决定在攻击弱发球后移动的位置。球员必须决定在接发球后上网去截击或高压球得分，或者向后移动打出攻击性的触地球。

（3）当接发球容易时，运用多种攻击方法。不是每一个球都要大力击打，球员应试着加进大角度接发球，甚至是放小球的方法。

（十二）双上网（双打）

双打时，两名球员都在网前的阵型是最具侵略性和攻击性的站位，这对球队非常有利。两名球员都有机会运用截击和高压球去结束一分球。这个阵型几乎不给对手留有进攻网前球队中间或者任意一侧的机会，而且对手一个浅的、中等深度的高吊球，对于攻击性强的球队来说，很容易运用大力、精准的头顶高压进行回击。网前两名球员的球队能够给对手施压。控制网前的球队能够快速而结实地截击和打出高压球，或者大角度地打出制胜球。如果对手球队有一名球员在网前，网前两名球员能够孤立并直接攻击这名球员，就可快速结束一分。

下面的情况可能会使球员分心或防守受挫：

第一，凶狠击球而不是攻击性强地击球。当两名球员都在网前时，这个球队就处于得分的最好位置上，他们不应当由于草率击球而失分。

第二，没有持续给对手施压。如果截击或者高压球后，球被对手回过来了，球员应准备下一拍，结束一分。

第三，没有用正确的击球方法。网前球员应运用一个角度把球击向对手的空当，或者用直线击球到对手之间。即使大力把球打到底线后的球员位置处，球也很可能被回击过来。

第四，速度不快。即使处于不利位置，对手也企图一拍制胜，从而使网前的对手时刻做好快速应对的准备。

第五，两名网前球员挤在一起。如果网前球员距离球网太近，对手很容易打出高吊球得分。

成功运月两名球员在网前的双打战术时，必须了解以下五点。

1. 规则

当两名球员都在网前时，需要知道如下规则：

(1) 有关截击或高压球后的触网规则。

(2) 有关过网击球截击球规则。

(3) 两名球员同时击球的规则。

2. 场地条件

场地条件对比赛影响非常之大。因此，运用两名球员同时在网前的双打战术时，应了解以下场地状况：

(1) 风迎面吹来。如果风来自对手的背后，来球将会很快。当对手在风中高吊球时，任何球落地反弹后，再击球都会非常困难。

(2) 风从背后吹来。当风吹向对手时，应积极移动靠近网前。打出较深的高吊球是比较困难的，而且当风把球吹向球网顶部以下或者当球靠近球网且在球网顶部上方时，软的中等深度的吊球会被截击。

(3) 阳光直射脸部。在阳光里看见球并且回击很高的吊球是非常困难的。球员可能需要球落地反弹后再击打，这样会在击球之前有更好的能见度。

3. 对手的强势和弱势

在考虑如何运用两名球员都在网前的双打战术时，球员们必须了解对手的强势和弱势。还应考虑对手的如下情况：

(1) 对手的高吊球是否有效。如果对手的高吊球效果不好，两名网前球员可以使自己更靠近球网进行一个较好角度的截击，在球下落到球网顶部高度以下时也能进行截击。

(2) 对手是否经常使用高吊球。当对手频繁打高吊球时，靠近发球线的位置可能是理想的起始位置，因为球员打头顶高压球时不必移动太远。当球员在发球线处准备时，一个能越过他们头顶并落入界内的高吊球几乎是不可能的。

(3) 对手打平击球还是下旋球。一个平击球越过球网后会待在球网上方不动，而下旋球则下坠。大力下旋球可能飞行距离很远。

(4) 对手回位如何。如果对手回位不好，网前球员应向宽处截击，再次击球时到对手场地中间的空当。宽的截击会把对手调到场外，留出场地中央大面积空当，进而截击制胜。

(5) 对手是不是被凋得一个在后场一个在网前。如果这样，风前球员应孤立对手网前的球员。一个被孤立的网前对手球员对于任何被截击或者被击向其一侧的球都没有回击的机会。

4. 自我了解

除了了解对手的强势和弱势，球员还需要知道自身的能力。当运用两名球员都在网前的双打战术时，需要了解以下问题：

(1) 自己攻击性如何。你击打高压球或者截击时结实吗？任何弱的击球都会给对手快速而大力回击的机会，因为弱的击球慢而且落地浅。

(2) 自己能否用正手和反手截击，能否用反手截击直接回击来球，自己需要全面的截击技术：球员一定要能在大角度处用左手和右手截击，并且当来球直接追身时能够运用反手截击。

（3）如果自己不得不在截击时挑高球过网，是否会把球速降低，这种球应打向场地深处，使对手处于底线后面。为了把球挑高，球员一定要柔和击球，从而球落入界内并接近底线深处，使对手不会有攻击浅球的机会。

（4）是否能够辨认对手的位置。球员应在首次截击或者高压球时把球击向场地空当处。一个对手可能在靠近球网的位置或者在场地外，球员需要辨认出场地的空当，一旦出现空当，他们能够截击或者打高压球到空当，或者击球到无法处理回球的另一个对手球员位置，一拍制胜。

5. 决策指南

当决定要运用两名球员都在网前的双打战术时，球员确保考虑先前信息的同时，也应考虑以下决策指南：

（1）持续保持攻击性。球员应尽可能快地结束一分。不要在进攻位置延长结束一分的时间，快速地结束一分，不让对手给自己造成不必要的失误，或者不给对手制胜的机会。

（2）进攻较弱的球员或者孤立靠近球网的球员。

（3）如果被迫进行大角度截击或者深的高压球，那么击球后要快速返回到自己的位置。球员应返回网前位置，不给对手造成空当。

（4）不要假设你的伙伴能得到对手在场地中间的回击球。两名球员都要积极击球，这比两名球员都原地不动等待对方接球要好。

二、防守战术技巧

（一）接发球（单打）

接发一个处于有力位置且强大的一发时应考虑防守性策略。球员应考虑把球回过去以削弱对手的优势。如果对手发球后待在后场，也应考虑回击深球来削弱对手的优势，如果对手发球后上网，则采取回击到对手脚下的策略。

下面的情况可能会使球员分心或防守受挫：

第一，球员采取大力攻击来对付对手的有效发球。这样只会导致过多的非受迫性失误。

第二，不观察自己在场上的位置。如果对手强力进攻，球员应退后一步或者两步，给自己接发球争取时间。

第三，被对手置于击球弱侧处区。如果球员移动到自己的弱侧处区，则会暴露较多的空当，使对手发球有利。

第四，不准备攻击性接发球。如果对手发出一个谨慎的球，球员应在舒适的击球位置接发球。

成功运用接发球防守战术时，球员必须了解以下五点。

1. 规则

接发球时球员需要知道如下主要规则：

（1）发球准备时有关准备的相关规则。

（2）双误的规则。

（3）重发的规则。

2. 场地条件

场地条件对比赛可以产生重要影响。因此，球员在面对复杂比赛条件下接发球时必须注意以下情况：

（1）场地速度。场地速度决定接发球的时间量，因为平滑且快速的场地攻击性接发球很困难，球员应用防御的方法来接球。

（2）风向。风向影响球的速度。如果风从发球者的背后吹来，发球速度将会更快些，接球者几乎不能向后迈步。

（3）侧风。侧风能把接发球者拉出场地外，给发球者创造空当。当被侧风拉出场地时，接球者必须把球回到对手对角线场区深处。

（4）球速。当球表面的绒毛磨损后，球速会增加。这对发球者有利，因此接球者必须更加防御性地快速回击这些球。

3. 对手的强势和弱势

在考虑如何运用接发球战术时，球员们必须了解对手的强势和弱势。还应考虑对手的如下情况：

（1）对手大力发球后会上网吗？如果这样，球员应把球吊到对手脚下，迫使对手把球往高打。

（2）对手是否待在后场。只要发球落在场地深处，球员就会有一个容易的、带有较多过网高度的接发球。

（3）对手的发球能否预判。即使发球者大力发球，如果是可以预判的，那么接球者应有时间做引拍动作并大力回击。

（4）对手是否有弱侧处。球员应断定对手的弱侧处，不管是对手在后场还是上网，都尽可能把球回到他的弱侧处。把球打到对手的弱侧处是可取的，这样来球总会在自己的强侧处。弱侧处将会使对手产生更多的失误，且在弱侧处击球时会不自信，在力量、旋转和方向上常常缺乏稳定。在压力下，弱侧处比强侧处的击球常常更容易失误。

4. 自我了解

除了了解对手的优势和劣势，球员还需要知道自身的能力。当运用接发球战术时，球员需要了解以下问题：

（1）自己能否通过下旋切削或者带有一些上旋的紧凑击球来降低球的速度，应培养面临不同类型球员时的不同打法。用改变旋转和速度的多变打法使对手引拍困难，并且培养自己击球的节奏和自信。对手将被迫考虑接球时的正确位置、准备、击球和随挥动作，而不是自动化地回击以及考虑位置和战术。

（2）自己是否能够通过非常短的后引来修正自己的击球，从而能在身前击球。短的后引动作允许在身前有一个好的击球点，因为这样几乎不花费时间准备并能够向前挥拍。

（3）自己能否判断球刚离开发球者球拍时的飞行路线，这样就能快速移动，有力击球。如果移动太慢，接发球将会非常无力。如果球离开球拍时，球员能够辨认出发球的方向并且快速向球移动，将可能处于有利的位置，身体能够保持平衡，运用最合适的力量、方向和旋转去接发球。

5. 决策指南

当决定运用接发球防守战术时，球员确保考虑先前信息的同时，也应考虑以下决策指南：

（1）意识到最大可能的接发球角度。例如，大角度发球应用斜线回击，因为直线式的回击会给对手接下来的击球留下非常大的空当。

（2）意识到大力发球的球员常常不能紧接着就截击或者攻击性击打触地球这样一个事实。接发球者仅能把球敲击到场地深处，化解对手大力发球的优势，使对手用另外的方法击球。

（3）在试图使用更大角度、更多旋转的接发球之前就形成节奏。球员需要通过一局或两局比赛来适应对手的大力发球速度。当他这么做时，能够获得回击这些大力发球的自信和节奏。如果球员不常常接发快球，那么需要在起始位置、移动和后引做些调整。他必须确保能够得着快球，并能很好地击球，从而在试图用更多旋转和更大角度击球前把球先回过场地。

（4）做好对付弱发球的准备。如果发球者送来一个容易接发的球，接发球者应好好利用对手这个失误，大力攻击。

（5）不要忘记用削球接发。由于用削球接发，球飞行速度慢，迫使对手向前移动把球拉高。

（二）运用穿越球防守（单打）

当对手在网前，球员在底线，就必须考虑好好防守把球回过去。如果在适当位置，能在舒适击球的区域击球时，可能会压制对手。球员可以选择穿越球直接得分（如果处于底线后面则是不可能的），并且如果穿越球低于球网的高度，就会迫使对手截击时向上拉球或者高吊球超越自己的头顶。

当对手被迫拉高球时，就不能把球大力击向空当，或者轻易击球到远离球场的角度。如果截击球高了、软了、浅了，那么应在一个良好的位置，从底线内打穿越球到对手空当直接得分。

下面的情况可能会使球员分心或防守受挫：

第一，在底线后的位置处贪图太多的击球速度与角度。

第二，在决定击球时没有意识到对手的位置、空当及自己是否处于一个适宜的击球位置。球员应考虑这三种因素。

第三，过于依赖用穿越球一拍制胜。球员应考虑到，在获得最好的结果前至少要打两到三个回合。

第四，由于球员认为自己已经打出了一个很好的穿越球，因此停下来没有准备再次回击。球员不应失去这样的分数——由于对手仅能够到球而回球无力，而自己却站在那里没有做好击球准备。

成功运用穿越球防守战术时，球员必须了解以下四点：

1. 场地条件

场地条件对比赛的影响重大，因此，当运用穿越球防守时，应考虑下列因素：

（1）场地速度。场地速度对于球员选用何种类型的穿越球影响巨大。当场地表面光滑且球速快时，处理一个落点深、球速快的上网球是非常困难的。运用下旋在表面光滑的场地上打出的低上网球会使球反弹很低，面对这种来球打出穿越球也是很困难的，原因是必须将球拉起来，以确保球能越过球网。

（2）逆风。逆风将会降低穿越球的速度，并且对手有更长的时间去移动为截击球做准备。同理，逆风时，对手在网前打出的任何球都会由于风吹的缘故而使得球速加快。

2. 对手的强势和弱势

在考虑如何运用穿越球防守战术时，球员们必须了解对手的强势和弱势。还应考虑对手的如下情况：

（1）对手是否有强、弱侧处。由于对手将会在网前截击，如果有可能的话，球员应将球打向对手的弱侧处。把球打向对手的弱侧处通常是上乘选择，这是因为在自己强侧处击球会更自信，且打出的球速度更快、更准确并有更好的旋转。

（2）对手是不是已经疲劳了且移动速度降低了。当对手疲劳且移动速度慢时，球员应将穿越球打进场地而不必太靠近边界线。即使对手能够到这个球，下一次穿越球时也会有更大的空当。如果对手移动缓慢，球员没有必要为了创造空当而冒险将球打到离边界线很近的位置。如果对手在击球后不能快速回位，球员下一拍击球到对手的异侧时，会获得足够的空当。

（3）对手如何处理高球和低球。对于许多球员来说，反手截击高球是他们的弱项。即使球员处于良好的击球位置，也应迫使对手打出这种球。另一个常见的弱项是截击低球，特别是对那些身材高大或者运用西方式握拍的球员来说更是如此。由于截击低球对他们来说是困难的，球员应持续运用低穿越球来攻击对手。

（4）对手在网前是否感到害怕并且不舒服，他是不是运用双手反手截击（将球直接打向双手握拍球员的身体，处理这种球是很困难的）。在这两种情况下，球员可以将球击向对手的身体，这是对手最不想看到的情形，对手的反应是如何避开这种球而不是将球截击到场地空当处。当球直接击向身体时，双手反手握拍球员如果不放开一只手，则几乎无法击球。即使是强大的双手握拍球员，迫使其用一只手握拍击球，击球也会没有力量。

3. 自我了解

除了了解对手的优势和劣势，球员还需要知道自身的能力。当运用穿越球防守战术时，球员需要了解以下问题：

（1）自己能否在正手、反手两侧都打出上旋球。如果不能的话，球员在打触地反弹球时的选择非常有限。运用上旋打穿越球时，球很有力且能落入界内。如果不运用上旋，球员不能打出快速穿越球，他的选择会是高吊球或者打出擦网而过且恰恰落入界内的穿越球。

（2）自己能否在正反手两侧控制高球和低球。如果球员有一个弱项，对手一定会利用它，从而轻易上网击球。如果球员用反手穿越高球是弱项，而且对手能够识别它并运用反弹高的上网球回击到球员的反手侧时，球员应运用高吊球使对手从网前离开。在击球区域击打或高或低或角度大的不舒适的球时，用高吊球是最好的选择，因为击出一个无力的穿越球将会使对手轻易截击。

（3）在有压力的情况下自己能否保持冷静，是否能够完成一个结实的穿越球，或者当自己被攻击时是否会激动抑或草率击球或者大力狠击。草率和大力狠击将导致大量失误，对手甚至不用截击都可以得分。如果被攻击时球员能够保持冷静，他将不会因为草率而产生非受迫性失误。如果不慌，不猛力狠击时，调节情绪，就能做到正确击球。

4. 决策指南

当决定运用穿越球防守战术时，球员确保考虑先前信息的同时，也应考虑以下决策指南：

（1）意识到对手的位置、场地空当和击球区域的位置。在决定运用何种击球方式，把球击向什么位置之前一定要了解好这三种情况。

（2）迅速决定用何种穿越球回击。球员必须决定是击球到网前对手的背后、击出落点低于球网高度的上旋球、击向对手弱截击一侧还是向对手的弱侧处打出高球。一定要迅速做出决定，而这些决定是建立在掌握对手的优势和劣势、对手在场上的位置以及其回击穿越球的能力之上。如果球员准备好且能很好地击球，这时如果对手在网前，就可以直接把球打到对手的后面；对手离球网很远时，击出落点低于球网高度的回球；如果对手处于很好的截击位置，击打对手的弱侧处。如果对手在网前不能妥善覆盖场地而留有空当时，球员甚至可以决定去寻找直接得分的机会。

（3）攻击之前想好两三种击球方式。如果对手的击球很容易预测，球员应打穿越球，且回位到对手喜欢截击回球的位置，从而为二次穿越球做准备。

（4）不要仅仅观察球的位置。一方面，对手可能获得了一个好的回击位置，或者可能偏离击球位置，给自己一个击球空当。另一方面，球员应注意不要仅仅观察对手的所在位置和移动方向。如果球员这样做了，再准备击球可能就晚了。

（三）运用高吊球防守（单打）

高吊球会迫使对手从网前离开，而这个位置是大力击球、大角度击球得分的最好时机。高吊球也给球员从一个不利位置或者非常深的位置或者是大角度的位置争取时间回位。高吊球是最好的防御击球方式，但是如果击球适当，球员将会争取时间回位到有利位置，迫使对手从网前离开。

下面的情况可能会使球员分心或防守受挫：

第一，害怕把球打高了。即使击球短了，高球也会给球员争取回到有利位置的时间，对手甚至可能在下一次击球时失误。

第二，放弃。即使对手处于有利位置，球员处于糟糕境地，也应力争多回合击球，准备跑向球始终保持回球成功。通过跑动去击打每一次的高压球和截击球，迫使对手用另外的方式击球（即使很无助地偏离位置），接着打出高吊球，回位到较好位置准备下一拍击球。

第三，在很糟糕的境地，没有把对手从其位置带离走。即使高吊球低了或浅了，球员也应尽最大可能移动到较合理位置去准备下一拍击球。

第四，一旦对手处于网前有利位置时，慌张和草率地进行高吊球。

成功运用高吊球防守战术时，球员必须了解以下四点：

1. 场地条件

场地条件对比赛的影响非常大，因此，当运用高吊球防守时，球员必须注意以下问题：

（1）风向。高吊球时风向是一个巨大的影响因素。如果风从背后吹来，球员只需要把球挑高，借助风力把球带过对手的头顶。如果面对强力的逆风打高吊球就非常困难了，强力逆风会使球落点浅而低。

（2）太阳的角度。当遭遇正午的阳光直射时，高吊球不会打得很好。球员简单地把球挑高，让对手遭到晃眼去找球。

（3）晴朗的天空或者晚上的灯光。在晴朗的天空或者晚上在灯光下，用高吊球回击时，形成好的深度感觉非常困难。在多云天气，对高吊球的落点位置感觉是很有利的，这是因为球员有较好的深度感觉。

2. 对手的强势和弱势

在考虑如何运用高吊球防守战术时，球员们必须了解对手的强势和弱势，还应考虑对手的如下情况：

（1）当对手在网前时，自己能否将高吊球打到对手的反手侧。几乎所有情况下，高吊球到对手的反手侧就是对手的弱侧处，很少有球员的反手高压球是有效的。

（2）对手是不是截击球很强大但是高吊球却很弱。球员应对这样的对手使用高吊球。相比让对手打强力截击球，迫使他在网前击出无力的高压球，会导致对方更多的失误。

（3）对手打高压球后向后移动是不是迅速。如果对手速度慢了、累了，或者向后移动不舒适，球员打高吊球时将会有更多的空当。一名在网前速度慢或者疲劳的对手不能有足够快的速度后撤去打高压球，因此高吊球就会非常奏效。高吊球会越过对手头顶，落入对手不能够着的场地空当处。

3. 自我了解

除了了解对手的强势和弱势，球员还需要知道自身的能力。当运用高吊球防守战术时，球员需要了解以下问题：

（1）自己能否运用非常短的后引和运用紧凑击球技巧使球速减慢。高吊球要求球员减慢球的速度。一个全面型球员打正手侧和反手侧高吊球都会非常好。如果球员有一个弱项，聪明的对手将会把球打到他的弱侧处以迫使其产生更多失误。当用高吊球回击强力高压球时，这个特别能显现。所有后场球员需要做的是，用开放的拍面把球敲到后场打出一个奏效的高吊球。

（2）自己是不是正、反两侧都会防守。球员应有在正手和反手两侧打高吊球的能力。

（3）自己是否明白空当的百分比。例如，斜线高吊球相对直线高吊球来说有更多的空当。在相同的点击球，斜线高吊球有 25 米的空当场地。高成功率的击球能把球打到对手大面积的场地里。

（4）自己能否击打防守性的高吊球，使对手打高压球时的质量降低。如果这样做，增加了这一分球的回合，从而对手迫于压力要把球打得更有力量、更加接近界线才能赢得这一分。

4. 决策指南

当决定运用高吊球防守战术时，球员确保考虑先前信息的同时，也应考虑以下决策指南：

（1）决定打出最好的高吊球。当球员失去位置时，又高又斜的高吊球是最好的选择。然而，当球员站好位，在一个舒适的位置击球时，将球吊到对手的反手侧是最好的选择。

（2）当对手预料到高吊球并在发球线附近处于准备姿势时，应击打触地球而非吊球。由于对手在一个深的截击位置将球向上截击，下一击将会变得容易。

（3）始终保持回球成功，让对手失误。对于许多高中球员来说，能够打出好的防守就可赢得比分。如果他们耐心、选择好的击球方式、把每一个球回击到场地时，就可以迫使对手犯错。

（四）防守底线攻击型球员（单打）

底线攻击型打法已成为当今比赛最流行的打法。虽然双方球员都可能喜欢运用这一打法，但有时球员还是需要防守。当对底线攻击型球员进行防守时，选择好的击球方式和场地位置是至关重要的。回球成功并处在这样的位置，当对手打出一个回击无力的球时能抓住优势得分。

下面的情况可能会使球员分心或防守受挫：

第一，尝试去攻击一个攻击性很强的球员。当对手处于优势时，从一个防守位置尝试进攻性击球无疑会导致失败。

第二，没有进行防守。球员不可能一直处于进攻的位置。

第三，没有准备好去击打一个容易的球。如果球员面对容易的击球，他必须做好从防守转向进攻的准备。

第四，在进攻之前，没有考虑从防守转向中立状态。球员很少有机会在一次击球后就从防守转换成进攻。

成功防守底线攻击型球员时，必须了解以下四点：

1. 场地条件

场地物理条件对比赛的影响非常大，因此，球员在防守底线进攻时应注意下述内容：

（1）场地速度。当场地平滑而快速时，对手很容易进攻。

（2）迎风。当风从对手背后吹来时，对他是有利的；当逆风时，防守起来很困难。

（3）球速。随着比赛的进程，网球会表现出不同的特征。如果球的绒毛突起，球速会慢，球员有时间移动并做好准备去回击。如果球被磨损变得光滑了，球速变快，给底线进攻的球员带来很大的优势。

2. 对手的强势和弱势

在考虑如何防守底线攻击型球员战术时，球员们必须了解对手的强势和弱势，还应考虑对手的如下情况：

（1）自己是否知道在一个无力回击之后如何移动来对付对手的大力进攻。如果击球后球员处于不利的击球位置，而且可选择的击球方式很少时，球员应化解对手的进攻威力。

（2）对手是否可以预测。当对手得到一个容易回击的球时，他倾向于把球击打在相同的场地区域，那么球员要站好自己的位置，不给对手留有空当用自己所偏爱的方式击球。

（3）有效的随球上网以后，对手会不会移动去截击或者打高压球，截击或者打高压球时对手是否感到舒适。如果对手在网前很弱，把对手拉到网前是一个很好的战术，而不是让其在底线攻击性击打触地球。

3. 自我了解

除了了解对手的优势和劣势，球员还需要知道自身的能力。当防守底线攻击型球员时，需要了解以下问题：

（1）自己能否改变击球速度，从而不让对手运用其舒适的击球方式。底线攻击性选手喜欢慢速来球或者喜欢利用对手的节奏。一些球员喜欢运用对手的球速来使自己击球时产生力量。另一些球员喜欢慢速球，自己能够站位好，从一个可控的平衡的位置大力击球。

（2）当处于压力时，自己会不会急躁。当处于压力时，球员需要持续集中注意力，并高成功率地击球。当处于压力时，很容易急躁，用更多的速度凶猛回击。很显然，急躁和凶猛击球会导致许多非受迫性失误。

（3）自己是否能够在退回到底线位置的情况下，在球上升的过程中击球。在球上升的过程中击球，不给对手下一拍击球留有时间，使球员保持在场上的有利位置。

4. 决策指南

当决定运用防守底线攻击性球员战术时，球员必须确保考虑先前的信息，也应考虑以下决策指南：

（1）始终保持回球成功直到对手失误。对于喜欢底线击球但技术不太稳定的对手来说这是一个很好的战略。运用这个战略，球员不必冒险或者击球太靠近边界线。

（2）如果对手处于进攻状态却有一个无力回球时，做好攻击准备。即使处于有利进攻位置，也可能击球失误或者因判断失误而回球无力。如果准备利用对手的无力回球这个机会，那么球员是可以从防守转换为进攻的。

（3）改变击球的速度、高度和旋转，不让对手处于舒服的状态或者节奏中。

（4）尽最大可能，不失误，即使在对手攻击时也是如此，使对手赢得一分很费劲。

（五）防守发球上网（单打）

发球上网的球员会不断地施加压力给接发球者，不让其有效接发球。因此接球者要运用穿越球或高球还击。当发球者上网时，不让接发球者有足够的过网高度轻松将球敲进场地。接发球者应结实击球，或者大角度击球让对手快跑够球，或者击球很低让对手挑高球。

下面的情况可能会使球员分心或防守受挫：

第一，回球过于保守或小心，这将使发球者很容易去截击。

第二，回球攻击性过强。发球者将可能由于接球者尝试用力回击快球造成失误而得分。

第三，由于发球者凭借发球或截击过早在比赛中得分而感到沮丧。球员应通过不断回球成功给对手施压。在一场比赛中，球员可能只需要一连串有效的回击去破掉对手的发球。

成功防守发球截击时，球员必须了解以下四点：

1. 场地条件

比赛的场地条件对比赛的影响非常大。因此，球员在防守发球截击时应注意以下状况：

（1）场地速度。快速而平滑的场地将加大对发球的控制难度，因为球在落地时将不会减速太多。这给发球者的发球截击提供了有利条件。慢而粗糙的场地使球弹得更低，但是发球额外的旋转会使球弹得很高，增加了接发球难度。

（2）逆风。风来自发球者的背后时发球速度变快，并且回球速度会减慢。

（3）侧风。侧风能把接发球者拉出场外，给对手首次截击创造很大的空当。

2. 对手的强势和弱势

在考虑如何防守发球截击战术时，球员们必须了解对手的强势和弱势。还应考虑对手的如下情况：

（1）当发球者发球后上网时，他低截击的水平如何，他能否结实接球并使球落在界内，他是否遇到麻烦要把球挑高并使球越过球网，或者他会无力地把球挑高。对付发球后截击的第一个选择就是回球要低，使球落在正向网前移动的对手脚下。如果发球者由于被动够球或者把球挑高致使回击无力时，则无须改变接发球的方式。如果发球者低截击技术很好，而且能把球回得很深时，就会迫使接发球者回球更低、角度更大，调动对手左右移动去接球。

（2）发球者是否碎步移动并能覆盖场地的左右。如果对手碎步向前移动过快或者过晚，左右移动将会变得困难。接发球者应利用这个弱点，通过击球到对手的任意一侧来迫使对手在首次截击时够着击球。

（3）即使发球者能很好地向左右两侧移动，当他截击时是否有强侧处和弱侧处。接发球者应尽可能多地把球击向发球者的弱侧处。弱侧处比强侧处失误会更多。

（4）对手是否感到疲劳和速度减慢。如果对手疲劳或者速度减慢了，那么会在场地深处首次截击。在场地深处区域的截击将不会带来太大的威胁，因为在发球线后很难大力截击。

3. 自我了解

除了了解对手的强势和弱势，球员还需要知道自身的能力。当运用防守发球截击战术时，球员需要了解以下问题：

（1）自己能否运用上旋球。在正手侧和反手侧运用上旋放小球到正在奔跑的对手脚下是非常有效的。这会迫使他截击时挑高球，而不是大力截击。

（2）自己能否用切削球回击（拍面开放且后引动作很短促）。有时切削球是很有效的。球员要运用切削球对付发球截击的对手，特别是自己处于无法打出上旋的一侧回击时。切削球力量不大并且在击球前后挥拍动作幅度很小。对付大力发球，切削球也很有效。如果球员切削球很自信，那么这种回球将非常有效。如果切削回球很高，则会使对手截击很容易，因此切削回击一定要低。

（3）自己能否在底线上或底线内提早回击。提早回击使回球很快，对手没有向前移动的时间获得网前有利攻击位置。

（4）自己接发球的成功率高不高。最高成功率的接发球是斜线接球，斜线接球使球能从球网最低处通过，并且要求最短距离回位。低线接发球一定要高些，并且要给对手来球的首次截击开辟更大的空当。

4. 决策指南

当决定防守发球截击时，球员确保考虑先前信息的同时，也应考虑以下决策指南：

（1）意识到发球者为下一击而选择的站位特点。当面对发球和截击时，快速思考是必要的。例如，接发球者注意到对手获得一个高球时，结实地把球打向空当，或者直线回击低球到场地深处。

（2）如果发球者发球很好并能快速移动进行高压回击时，考虑回高吊球。因为发球者向网前移动的速度很快，很难停下并后撤应对高吊球。

（3）如果对手移动很快，接发球追身。当向前移动很快时，对手无法很快左右移动并做出有效回击。

（4）不要忘记切削接发球。切削球能减慢发球速度，迫使发球者截击挑高球。

（六）防守两名在网前的球员（双打）

双打时，对双方球员来说，网前是最有攻击性的位置。这种阵型使球员处在一拍制胜的位置，可以运用头顶高压或者运用截击。当对付这种阵型时，球员必须明白，自己已处于防守情况。选择击球方法和场上位置，对于成功打败这个处于有利位置的双打球队是必要的。

下面的情况可能会使球员分心或防守受挫：

第一，在尝试攻击性击球之前，没有在首次击球时削弱对手的威力。

第二，争取一拍制胜。

第三，当对手在网前占据有利位置时，没有确保自己的队伍在底线有一个稳定的防守位置。

第四，恐慌而且尝试用凶狠的击球来猛攻对手。正确的打法正好相反，球员应选择打合适位置的吊高球和穿越球。

成功防守两名在网前的球员时，必须了解以下四点：

1. 场地条件

场地条件对比赛的影响非常大。因此，当防守两名在网前的球员时必须注意以下问题：

（1）风向和速度。高吊球会在风中摇晃，但是如果球员可以利用风的方向和速度，那么就可以有效地击球。

（2）太阳的位置。如果太阳在天空中很高，球员很难打出头顶高压球，因为球处在阳光里。

（3）球速。随着球的绒毛突起，比赛节奏会变慢。当球磨损后，表面会变得光滑，在空中的飞行速度加快，但是对旋转影响不大。

2. 对手的强势和弱势

在考虑如何防守两名网前球员战术时，必须了解对手的强势和弱势，还应考虑对手的如下情况：

（1）对手有没有较强球员和较弱球员。应判断网前球员谁强谁弱，并向较弱球员击球，这是一个很好的战术，因为较弱球员的失误会更多。

（2）对手球队是否喜欢头顶高压球。当和偏爱头顶高压球的对手比赛时，应迫使对手打截击球。或者，如果对手喜欢打截击球，那么迫使他们打头顶高压球。当一个球队在底线后处于防守位置、对手在网前处于进攻位置时，如果网前球队不能使用自己所擅长的击球方式，就会产生更多失误，这时底线防守球队将有得分机会。

（3）对手运用截击或者头顶高压球作为首次击球以后，球员能否快速回位到网前有利位置。如果对手不能很好地回位，就会失去位置，防守球队就能利用对手在场上不利位置的弱点使其处于困境中。

（4）对手球员在网球场上是喜欢利用角度攻击，还是更喜欢凶猛击球来取得胜利。球员应了解对手球员的击球习惯和喜好，以预测他们的回球。如果对手球员喜欢用力击球，球员就可以在后场来回不停地小范围移动进行回击；如果对手球员喜欢用刁钻的角度打球，球员需要预测又短又宽的截击。

3. 自我了解

除了了解对手的强势和弱势，球员还需要知道自身的能力。当防守两名网前球员时，需要了解以下问题：

（1）当自己在压力的情况下，能否在很好的位置击打穿越球？又低又直的穿越球会瓦解对手的回球威力，使自己下一拍击球更加容易。

（2）自己能否打出柔和、高、深的防守性高吊球？这样的高吊球将会使进攻球队从网前进攻位置退后到防守位置。

（3）在防守时，自己能否高成功率地击球？当击斜线高吊球时，会有更多的场地空当，因为相比直线击球或者直线头上击球，斜线球距离更远。如果球员迫使对手球队网前截击，直线击球到场地中间会有较高的成功率，因为球会通过球网的最低位置，从而避免了击球到非常危险的双打边界区。

(4) 自己能否认识到对手已经失去位置？如果一名球员失去位置或者回位慢了，球队应迫使这名球员在这样的不利位置进行下一拍击球。这种情况会很多，也很普遍。其一，网前一名球员更靠近发球线。远离网前时，有效截击会很困难，而且，后场队可以把球击打到其脚下。其二，一名球员太过靠近网前，这样后场会出现大的空当，高吊球越过对手的头顶是很容易的。

(5) 自己能否快速击球并回位？因为防守球队很少有首次击球就得分的机会，他们必须发展击球技术、快速回位、迅速移动准备下一拍击球。

4. 决策指南

当防守两名球员都在网前的双打球队时，球员确保考虑先前信息的同时，也应考虑以下决策指南：

(1) 有耐心并且认识到要赢得分数往往不是一拍制胜。

(2) 选择正确的击球方式。当球员处于底线后方，他们需要打出高吊球。如果在底线内击球，穿越球是最好的选择。

(3) 通过把球击向场地中间，来减少网前对手的击球角度。

(4) 孤立较弱的球员并尽可能将球击向他。更确切地说，就是迫使对手较弱球员击出最弱的球。

(七) 防守一名球员在网前与一名球员在后场（双打）

双打站位可以分为两名球员在网前、两名球员在底线，或者是一名球员在网前、一名球员在底线的进攻阵型。大多数的高中双打组合采用一前一后的阵型，所以这项战术被称为最好的方法来防守采用同样站位的对手。每个队在网前的球员处在进攻的位置，必须时时想着如何进攻，因为他可以用截击或者高压球来赢得比分；在后场的球员，则要思考如何防守并打出让对手前场球员无法回击的球。后场球员应直接打到对手后场或者是高吊球越过对手网前球员。

下面的情况可能会使球员分心或防守受挫：

第一，后场球员不做防守性击球，而是试图从底线后面攻击得分，因此造成很多非受迫性失误。

第二，后场球员没有注意观察网前球员，网前球员预测到你的回球很深，他会迅速移动并拦截你来自后场的球。

第三，由于对手的移动，在最后一刻改变了自己的击球战术和击球位置。在击球之前改变战术常常会导致失误。

第四，网前球员并没有打出攻击性球。一方面，网前球员需要进攻；另一方面，后场球员需要打一些保守球，以免造成非受迫性失误。

成功防守一名球员在网前、一名球员在后场的球队时，球员必须了解以下四点：

1. 场地条件

场地条件在很大程度上影响着比赛。对付一名球员在前、一名球员在后的球队时，需要注意下列条件：

(1) 风向和风速。尤其是在击打高吊球时，球员需要对风进行观察，并利用风速和风向。高吊球受风的影响比较大，因为相比其他方式的击球，高球被击打得更高且速度也会慢一些，球员在打高吊球时一定要知道这一点。

（2）太阳的位置。即使高吊球不是很完美，只要球被吊高到阳光中，那么对手打头顶高压球就会很困难。因为在太阳下，很难看清球的位置。

（3）球速。当球的表面绒毛凸起，为了回球成功，球员击球力量要更大一些。因为球体变大，球在空中的摩擦力也变大了。

2. 对手的强势和弱势

当考虑如何运用防守一名球员在网前与一名球员在后场的战术时，球员们必须了解对手的强势和弱势，还应考虑对手的如下情况：

（1）在底线的球员击打触地球时会不会很舒适，如果是，用高吊球左右调动底线球员是一个很好的选择。这种做法会迫使底线球员移动，并且要接一个高反弹的来球。

（2）对手底线球员是否感到疲劳或者速度减慢。如果是，击出刚刚过网的浅球是一个很合适的选择，迫使底线球员跑很长的距离去回球。

（3）底线球员在网前是否感到舒适。如果不是，球员需要用一个浅球来诱使对手来到网前，迫使其击球时运用截击或者高压球。许多球员在后场击打触地球时很稳定，但是被迫来到网前截击或者打高压球时会产生很多失误。

（4）对手网前球员截击或者打高压球时是否足够自信，他的移动是否很好，用截击或者高压球能否一拍制胜。如果是这样，应击球到后场球员的位置，不给网前球员获得一拍制胜的机会。如果网前球员不自信，那么不需要击球时避开他。

（5）对手底线球员技术是否稳定。如果底线球员不稳定，那么精力不要放在网前球员身上，可以直接击球到底线。如果后场球员在后场击球稳定，高吊球左右调动底线球员，让其应付落地反弹高的来球。

3. 自我了解

除了了解对手的优势和劣势，球员还需要知道自身的能力。当运用防守一名球员在网前与一名球员在后场的战术时，球员需要了解以下问题：

（1）自己能否在底线位置击出远离网前球员较深的球。这样将会避开网前球员的制胜截击或者高压球，迫使底线球员得分。

（2）自己能否打高吊球越过对手网前球员，防止他打出重重的高压球。这也会迫使其后场球员从一侧移动到另一侧去击打反弹高的触地球或者高吊球。

（3）自己能否在对手底线球员的前面打出一个浅球。这将会迫使底线球员向前移动去击球。如果他在后场更自在一些，那么这样会使其离开自己舒适的击球区，迫使他再次击球时运用截击或者高压球。

（4）底线球员的击球是否稳定并连贯。如果球队中的底线球员在后场稳定，那么很简单，他通过稳定的回球让对手后场球员比自己的失误更多来赢得球队中的多数得分。

4. 决策指南

当对一名球员在网前，一名球员在后场的球队防守时，球员确保考虑先前信息的同时，也应考虑以下决策指南：

（1）如果对手网前球员不能通过截击或者头顶高压球给自己造成威胁，那么击球时不必要冒险远离他。如果他在这个位置不会给球队造成威胁，就不需要避开他。如果击球时不需要远离对手网前球员，将会给球队创造更多的空当。

（2）如果对手两名球员水平相当，那么避开网前球员，把球击向底线的球员。

（3）不要做太多的预判。球队应把击打触地球和高吊球结合起来，使球远离网前球员。

（4）如果一名球员无力、慢速、泄气或者失去节奏，那么迫使这名球员接更多的来球，这样会造成他的失误很多。

（5）为了使自己网前球员有得分机会，后场球员要尽可能打多的回合，保持回球成功。后场球员的优势就是迫使对手的回球质量差，从而让自己的同伴轻易得分。

（八）防守两名球员在后场（双打）

在双打中，两名球员都在后场的站位阵型很明确是一个防守站位。两名球员击球时采用中立或者防守性的击球方法，企图让对手失误，然后获得一分。这种站位阵型很少有击球到空当获得一分的机会。两名球员很愿意长回合击球，并且最终以对手的失误结束一分球。当对手通过孤立网前球员或通过向两人之间击球而在网前迅速得分时，两名球员都在后场的站位阵型可能是最有效的。通过两名球员同时移向底线，可以剥夺对手攻击网前球员的机会并大大减少击球到场地中间空当的可能。对手将被迫打出大角度截击或者高压球，或者运用更快的速度以压制对手。

下面的情况可能会使球员分心或防守受挫：

第一，没有意识到自己处于防守位置，应防守性地击球。

第二，不耐心，不愿长回合击球。

第三，尝试击出制胜球来结束回合。

第四，没有给对手制造麻烦。对手有时会击出制胜球，但底线球队应让对手每得一分都很费力，迫使其出现非受迫性失误。

成功运用两名球员都在后场进行防守的战术时，必须了解以下几点：

1. 场地条件

场地条件对比赛的影响非常大。当两名球员都在后场防守时，需要注意以下情况：

（1）风向。如果风朝对手方向吹时，对手会很难快速截击或者打出快速头顶高压球。有风的天气会使高吊球变得困难，但是当高吊球成功时，对手球队很难打出头顶高压球。

（2）晴朗的天气。晴朗而阳光很好的天气使球员打出头顶高压球很困难，因为在刺眼的阳光中很难看到球。由于缺少深度的感知觉，在这样的天气追踪球的路径很困难。在阳光下，球员应打高吊球，即使能够在阳光中回击，但是由于对手的眼睛还未适应强烈的光线，从而下一拍击球会很困难。

（3）球速。当球的绒毛突起，球会变慢并且得分回合拉长。

2. 对手的强势和弱势

在考虑如何运用两名球员都在后场防守战术时，球员们必须了解对手的强势和弱势，还应考虑对手的如下情况：

（1）两名对手球员是否都能够有效打出高压球。如果不能，球员应打出大量高吊球，迫使对手打头顶高压球。

（2）对手两名球员是否都能有效截击，他们是否尝试运用大力截击或者用软的、大角度截击来压制底线球队。底线球队一定要对对手所擅长的击球方式做好准备。如果对手偏爱大力击球，后场的球员能够向后移动一步到两步，使自己有更多的时间做出反应；如果对手偏爱大角度截击，底线球员要准备向前或向大角度位置移动进行回击。

(3) 对手球队是否有一名较弱的球员。在后场的球员应尝试让对手网前球员击打更多的球。较弱的球员可能是技术较差或更容易被挫败或体力不佳的球员。相比较强的、更稳定的球员来说，他会产生更多失误。

3. 自我了解

除了了解对手的强势和弱势，球员还需要知道自身的能力。当运用两名球员都在后场防守的战术时，需要了解以下问题：

(1) 自己是否有耐心并愿意多回合击球直到对手失误。后场球员不应期望通过一到两拍就能结束一分；他们应通过让对手产生失误来赢得更多的分数。球队必须耐心、稳定，让对手有更多的失误。

(2) 自己高吊球技术如何。如果对手太靠近网前，后场球员就应打高吊球。当对手太靠近网前时，那么就会给高吊球暴露出后场的大空当。如果对手靠近发球线，后场球员应擦网击打触地球到对手的脚下。

(3) 自己能否击出正确的球。高吊球或者直线触地球，取决于哪种击球更有效。击球的选择，应根据对手的力量和位置来决定是截击还是高压球。如果对手更靠近球网，后场球员应打高吊球；如果对手更靠近发球线，后场球员应击出较低的擦地球并使球落在对手脚下。

(4) 自己是否努力取得每一分并决不放弃。球员永远不会知道何时对手会错失一个很容易的回球。后场球员必须有决心不放弃任何一次击球，并且始终保持回球成功。这样会给对手带来失误的压力。他们将会大力击球或者回球更靠近边界线来快速结束一分。

(5) 自己能否在比赛中采取正确策略，避免非受迫性失误（既包括接到每一个来球，又包括顺利将球击在有效区内）。这是后场球员的准则。当对手不得不接连接到一个又一个高质量的来球时，会变得很沮丧，只能通过后场球员保证把球回击过网。

4. 决策指南

当两名球员都在后场防守时，球员确保考虑先前信息的同时，也应考虑以下决策指南：

(1) 迫使对手中较弱的那名球员击打制胜球。因为较弱的球员会产生更多的失误，后场球员应迫使较弱的球员击打更多的球。

(2) 交替运用平击球和高吊球，迫使对手失去节奏。后场球员不应允许对手很轻松地截击或者打高压球。他们应增加变化，让对手不适应。不让对手连续运用相同的击球方式得分。

(3) 让对手失误。后场球队不必通过制胜球来赢得分数。他们应始终保持回球成功来延长每一分的回合。如果对手感到沮丧了，他们就会尝试大力击球或者击球更靠近边界线而增加失误。

第十三章　高校网球运动各项素质训练实践

第一节　网球运动体能素质训练

一、速度素质

（一）内涵概述

1. 速度素质的概念

速度素质是人体快速运动的能力，也是人体在最短的时间完成某种运动的能力。速度素质是人体对各种信号刺激的快速反应能力、快速完成动作的能力、快速通过一定距离的能力。

2. 速度素质的种类和特点

速度素质是人体进行快速运动的一种能力，基本表现形式有三类（见图 13-1）。

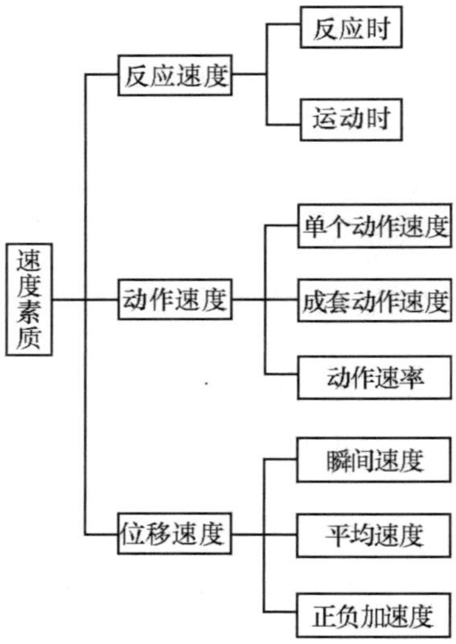

图 13-1　速度素质的种类

（1）反应速度是指人体对各种刺激发生反应的快慢。反应速度的快慢主要取决于机体的感受器受到刺激时，由感觉神经元传入中枢神经，并由中枢神经发出指令，经神经元传出至效应器肌肉而产生肌肉运动，即信号通过神经传导的时间长短，这种能力在运动时称为反应时。反应时长则反应慢，反应时短则反应快。反应速度以神经过程的反应时为基础，包括感觉时间、思维判断时间和动作开始时间。另外，信号刺激的强度、注意力的集中程度与指向等也影响反应速度。

（2）动作速度是指完成单个动作时间的长短。动作速度主要取决于信号在各个环节中神经传递速度快慢和神经系统对人体运动器官的指挥能力，并与人体各器官的准备状态、速度力量、速度耐力水平和动作熟练程度有关。

（3）位移速度是指周期性运动中（如短跑和游泳等）人体在单位时间内通过的距离。通常用单位时间内通过的距离或通过一定距离的时间来表示。位移速度和人的神经过程的灵活性关系密切，神经兴奋和抑制过程灵活性越高，则兴奋和抑制的转换能力越强，人体两腿交换频率越高，位移速度就越快。速度还与步幅、步频及二者的比例，肌肉放松能力和运动技能巩固程度有关。

总之，构成速度素质的反应速度、动作速度、位移速度之间的关系既密切又相互区别。就位移速度而言，反应速度是前提条件，动作速度则是基础。

3. 影响速度素质的因素

反应速度、动作速度和位移速度三者之间既相互联系又相互区别。相互区别表现在内部机制方面，反应速度表现为神经活动方面，而动作速度和位移速度表现在肌肉活动方面。

（1）影响反应速度的因素

①反应时。反应速度的快慢取决于兴奋通过反射弧所需要的时间，即反应时的长短。在构成反射弧的五个环节中（见图 13-2），中枢延搁是最重要的，反射活动越复杂，历经的突触越多，反应时越长。

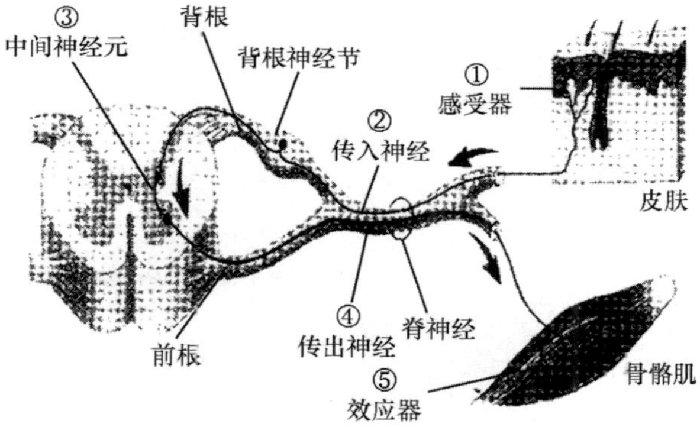

图 13-2　反射弧的构成

②中枢神经系统的灵活性与兴奋性。中枢神经系统的机能状态与反应速度有密切关系，良好的兴奋状态及其灵活性，能够加速机体对刺激的反应。实验证明，运动员处于良好的赛前状态时反应时缩短，如果大脑皮质的兴奋性或灵活性降低，反应时将明显延长，如人疲劳时，反应就慢。

③条件反射的巩固程度。随着运动技能的日益熟练，反应速度加快，通过训练，反应速度可以缩短 11%～25%。

（2）影响动作速度的因素

①肌纤维类型的百分比及其面积。肌肉中快肌纤维占优势是速度素质重要的结构基础之一，快肌纤维百分比越高且快肌纤维越粗，肌肉收缩速度则越快。

②肌肉力量。肌力越大，越能克服肌肉内部及外部阻力，以完成更多的工作。因此，凡能影响肌肉力量的因素也必将影响动作速度。

③肌肉组织的兴奋性。肌肉组织兴奋性高时，刺激强度低且作用时间短，就能引起肌组织兴奋。

④条件反射的巩固程度。在完成动作过程中，运动技能越熟练，动作速度也就越快。

⑤与神经系统对主动肌、协同肌和对抗肌的调节能力，以及与肌肉的无氧代谢能力有密切关系。

此外，气候、温度和外部环境等也在一定程度上影响动作速度。

(3) 影响位移速度的因素

①周期性运动的位移速度主要取决于步长和步频两个因素及其协调关系（见图 13-3）。步长主要取决于肌力的大小、肢体的长度以及髋关节的柔韧性；而步频主要取决于大脑皮质运动中枢的灵活性和各中枢间的协调性，以及快肌纤维的百分比及其肥大程度。神经过程的灵活性好，兴奋与抑制转换速度快，是肢体动作迅速交替的前提；各肌群间协调关系的改善，可以减少因对抗肌群紧张而产生的阻力，有利于更好地发挥速度。所以，在周期性运动项目中肌肉放松能力的改善，也是提高速度的一个重要因素。

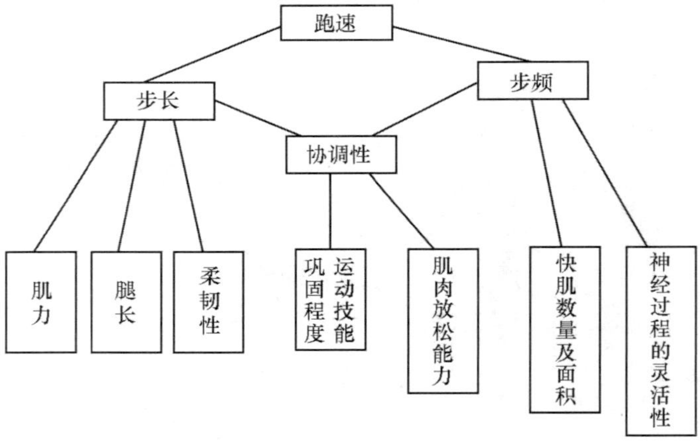

图 13-3　周期性运动位移速度的影响因素

②速度素质练习时，肌肉工作时间短，主要依靠 ATP－CP 系统供能。因此，肌肉中 CP 的含量是速度素质重要的物质基础。研究发现，通过速度训练，肌肉中 CP 的储备量随训练水平的提高而增加。

（二）练习方法

1. 一般性速度练习方法

以下为一般性速度素质的练习方法，经常变换速度练习的方式，在提高速度素质的同时，可以提高运动员学习的兴趣。

(1) 反应速度练习

①反应起跳：运动员围在教练员四周，教练员手持一根竹竿（长度超过运动员移动的半径）在运动员脚下画圈（可突然改变方向），运动员判断竹竿到脚下后，快速起跳。练习时要注意安全。

②圈地围猎：运动员在一个规定的活动范围内，教练员在圈子外面将网球掷运动员的膝关节以下部位，直到将所有运动员“消灭”干净。

③伙伴组合：数个运动员绕圈跑，听到教练员报某数字的口令后，运动员即以规定的几个人组合在一起，其他的运动员做俯卧撑。

④快速抢球：让运动员绕圈跑，圈内放置的球比运动员的人数少一个。运动员跑动中听教练员的口令后抢球，未抢到者做俯卧撑。

⑤反向动作：运动员听教练员的口令做反向动作，如立正时稍息，而稍息时立正，向左转时则向右转等。

⑥转向起跑：运动员背对跑动方向，听到教练员的掌声后转体 180°，快速跑 6～8 米。运动员也可以从俯卧撑动作、侧身动作等或蹲踞式姿势开始起跑。

⑦信号变速：运动员成一排在底线后原地小垫步，听教练员的口令或看教练员的手势做向各个方向的快速移动，移动距离为 3～4 米。

⑧时间测定：运动员听教练员的口令，按照确定的距离跑动，记录 3 次跑动的时间，并告知运动员。随后运动员跑动时自己估计时间。如果时间准确，则按照既定的时间继续练习。移动的速度要快，全速跑动。运动员可侧向滑步移动。

⑨脚尖踩踏：运动员面对面站立，手放背后，设法用脚尖踩踏对方的脚，也可以只用手去拍对方的大腿。

⑩黑白游戏：两位运动员相对站立或躺在地面并保持适当的距离，当教练员喊白色时，被命名为“白色”的运动员迅速跑动；而被命名为“黑色”的运动员则去抓白色的运动员，触碰到身体就赢得比赛。移动距离最多为 10 米，可以增加跑动的距离或任意方向的跑动。

⑪信号疾跑：运动员按照确定的线路和方向，根据视觉、触觉或听觉的信号快速跑动。运动员启动时身体重心降低，移动的速度要快，并全速跑动。运动员可以采用俯卧、背对或侧对跑动方向的启动方式。

（2）动作速度练习

①变速摆臂：运动员成弓箭步站立，动作正确，听教练员口令有节奏地快慢变速摆臂。

②支撑抬腿：运动员原地、斜靠墙或球网支撑，听信号快速高抬腿到水平位置，上体不后仰或团身。

③空中抬腿：运动员仰卧或在单杠上悬垂高抬腿，速度越快越好。

④变化抬腿：运动员快速小步跑 1～2 米，然后接快速高抬腿跑 3～5 米。

⑤变速疾跑：运动员小步跑或高抬腿跑 1～2 米后，接 5～8 米快速疾跑。

⑥台阶快跑：运动员开始在台阶前原地单腿支撑向上跳，听口令后快速逐级跑上台阶，不能跨越。

⑦连续跳栏：放置 6～8 个栏架，调到最低高度 1 米，栏间距 0.5 米以上，做连续跳栏练习。

⑧助跑起跳：运动员疾跑 3～5 步后全速向上起跳，连续跑跳 5～10 次。

⑨交叉起跳：运动员沿一条直线向前跑动，左右腿交叉起跳 10～12 米。要求快速转髋，动作快。

⑩单脚后跳：运动员两手侧平举单脚向后跳，跳动的距离为 8～10 米。

⑪起跳收腿：运动员两脚分开，快速起跳并在空中体前屈，手触碰脚尖。

⑫纵跳转体：原地起跳，空中转体360°，要求转体动作快。连续跳5～7次。

⑬篮球绕障：在篮球场上放置5个障碍物，间距2米。运动员蛇形运篮球过障碍后返回。每组往返2～3次。

⑭足球绕障：在球场上放5个障碍，间距2米。运动员盘带足球或网球过障碍，不能碰到障碍物。每组往返2～3次。

⑮运球断球：两名运动员相距1米左右，一名队员运篮球并护球，另一名断球。计时5～10秒，看是否能碰到对方的球。

（3）位移速度练习

①变换快跑：运动员小步跑，或高抬腿，或后蹬跑，或交叉步跑，或单足跳，或后退跑等，听信号后变换为快速向前冲刺跑10～12米。要求小步跑或高抬腿的动作规范。

②加速惯性：运动员逐渐加速跑到最高速度，保持这一速度20～30米，随后惯性跑；或逐渐加速跑20米达到最高速度后继续跑8～10米，随后惯性慢跑30米。接着第二次逐渐加速跑。

③变姿势跑：运动员采用站立、半蹲、蹲踞式、俯卧撑等各种姿势，听到信号后变向180°跑动，全速向前冲刺跑20～30米。

④重复快跑：以95%以上的强度连续跑12～20米，8～15次。

⑤上下坡跑：在7°～10°的坡度上，下坡跑30～50米，或上坡跑30～50米，或上下坡结合跑30～60米。

⑥三角转跳：用橡皮筋拉一个三角形固定在三条凳腿上（边长约1米），高度8～12厘米。运动员单脚快速向不同方向跳越橡皮筋。也可以用一根橡皮筋固定在一定高度，运动员双脚左右或前后跳跃，或单脚跨越。

⑦快速跳绳：以最快的速度跳绳。前脚掌落地，落地瞬间膝关节适度弯曲，上体保持紧张。可以单跳，也可以“双飞”。

⑧牵引跑：用绳子拴住运动员腰部，另一端拴杠铃片（重量适宜）。快速跑20～30米。

⑨让距追击：2～3名运动员拉开一定的距离，听到信号后全速起跑，后者追前者。跑动距离30～50米不等。

⑩固定步幅跑：在一定的距离内（30～50米），要求运动员按确定的步数跑完，并计时。

⑪楼梯快跑：听口令后全速跑上楼梯2～3层，要求手不能扶把手，不能越级跳跃跑。

⑫快速上篮：运动员运球，从篮球场地一边端线向另一边端线全速跑动，三步上篮，每次计时。

⑬传球上篮：两名运动员从篮球场的底线同时开始快速向前跑动，行进间传球。中途不能运球和走步，快速传球后投篮。随后返回起点，并记录时间。

⑭抛球上篮：教练员在端线向中场空中抛一个篮球，底线的运动员快速向前跑进，追上球后运球上篮。

⑮变向带球：根据教练员的手势和口令，运带足球向不同方向快速移动或急停，要求球不能离开人3米，移动距离为20米后返回。

⑯后退传球：两名运动员面对面，相距4～6米，一个后退接球（后退的速度越快越好），一个前进抛球，向同一个方向移动传接球，快速移动10～12米后返回起点。

2. 网球专项速度素质的练习方法

网球比赛中需要运动员快速移动击球。根据统计，在硬地场地上平均每得一分的时间是 5～7 秒；在红土场地上每得一分持续时间也就是 7～10 秒。另外，运动员在每分之间有 20 秒的间歇，每局之间有 90～120 秒的间歇。作为一个全年都可能有比赛的运动员，网球速度训练应遵循以下原则：

一是全年进行训练。在一般训练期、专项训练期和赛前训练期都应进行速度训练。每周可进行两次，并安排在力量和耐力训练之前。

二是在专项技术训练（特别在网前）时加入反应速度的练习，训练方法既要提高速度能力，还要同时提高灵敏、协调、无氧耐力等能力。

三是连续动作训练是提高网球运动各项身体素质的理想方法。设计连续动作训练时要注意动作顺序的正确安排，确保各部分的肌肉得到锻炼。

四是实施训练计划前，教练员应通过已制定的专项素质测试法评估运动员的身体素质水平。训练结束后，每 3 个月应对运动员进行一次定期测试，以对运动员的身体素质进行评估，同时可以让运动员了解自己并自我激励。

（1）反应速度和动作速度训练

根据网球运动的特点，网球的反应速度和动作速度训练可参考以下建议。①练习强度：100%最大强度或次极限强度。②练习负荷：时间最多 8 秒，练习重复 8～15 次。③重复组数：3～5 组。④组间休息：2～3 分钟。⑤每周训练：1～3 次。⑥训练周期：4～6 周训练，随后 1～2 个月休整，接着又是 3～5 周以上训练，以此方式循环进行。

练习 1：墙前快速阻击

练习方法：运动员面对墙前 1.5 米站立，教练员在运动员身后 1 米连续快速对墙抛球，运动员用手快速阻击球。这是无预判情况下提高反应速度和动作速度的练习，其难度使运动员有 1/4 的球不能碰到。

练习变化：教练员可以控制抛球的速度和不同高度，在地面反弹一次，或用一个墙角的反弹。运动员仅能用脚或手，或手脚并用，或使用球拍阻击球。

练习 2：仰卧快速阻击

练习方法：这是提高反应速度和动作速度的练习，在无预判情况下，运动员躺在垫子上，手和脚离开地面，教练员对着运动员抛球，运动员用手或手脚并用快速阻击球。

练习变化：教练员可以控制抛球的速度和方向。

练习 3：快速接球

练习方法：运动员站在网前并背对球网，教练员在运动员身后抛球过运动员头顶，运动员看到球后快速向前跑动并接球。运动员启动前要降低身体重心，用前脚掌跑动。

练习变化：运动员可以直接接球或在球反弹一次后接球；教练员在抛球时可给运动员声音信号提示。

练习 4：影子移动

练习方法：一名运动员按特定路线，或自由地移动，或跑动并完成滑步、上步、交叉步等移动，或转身、急停、做各种击球动作的练习。另一位运动员跟在其身后模仿前面运动员的动作。运动员保持身体的低重心，移动的速度要快。

练习变化：可以确定相互间的距离；运动员之间可以用一根绳子拴着。

练习 5：连续拦截

练习方法：运动员和教练员隔网站立，教练员连续快速给运动员送 10 个球，运动员尽可能地用球拍拦截球。教练员控制击球的方向，并控制在运动员可能的移动范围内。

练习变化：教练员利用手腕很隐蔽地击球给运动员。

练习 6：网前射击

练习方法：教练员在网前，运动员隔网站立在 T 线附近。教练员对着运动员的身体快速击球，运动员用球拍拦截来球，尽可能地拦截过网。教练员控制击球的高度，注意安全。

练习 7：一对二截击

练习方法：一名运动员在网前，另两名隔网站立并距离很近，一对二截击。同一方的两名运动员要果断截击中间位置的球。截击 15～20 次后运动员变换位置。

练习 8：发球活靶

练习方法：一名运动员在发球区内（至少在发球线上），另一名在隔网对面的底线后。底线后的运动员对网前的运动员发球，并不确定击球的方向，而网前的运动员要拦截来球，不能后退。

练习变化：开始时网前运动员要拦截，此后运动员要截击过网。练习数次后要交换位置。

练习 9：截击挑高球和高压

练习方法：4 名运动员在网前进行双打截击练习，教练员给运动员喂球。运动员截击数次后，一方突然挑高球，另一方则立即后退高压。挑高球不能太远。一方高压时，另一方不能后退或躲避。

练习变化：运动员按顺时针方向交换位置。

练习 10：波浪式攻击

练习方法：一对运动员在网前，另三对运动员在底线。底线运动员攻击网前运动员，网前运动员截击，如果底线运动员攻击失误，则换成另外一对运动员击球。以比赛的形式进行练习。网前运动员在网前拦截 10～15 次失误后交换位置。

练习 11：快速接球

练习方法：教练员站在发球线前背对球网，运动员在底线后面对教练员，双方相距 3 米左右。教练员双手各拿一个球，向侧方向抛球，运动员判断抛球的方向，快速向侧前移动接球，接球后抛回给教练员并回到原位。教练员要隐蔽抛球，运动员要判断并快速移动。

练习变化：

①教练员和运动员之间的距离可以加大，并可让球在地面反弹一次。

②教练员和运动员面对相距 4～5 米站立。教练员向两侧 45°方向的地面滚球，运动员向侧前方以交叉步移动 2～3 米，跨步捡球并抛回给教练员后回到起点。整个动作过程保持身体的正直。

练习 12：穿越和截击

练习方法：一名运动员在底线，另一名在网前。教练员送球给网前运动员，网前运动员截击球到底线，底线运动员则穿越击球，双方以比赛的方式结束这一分。

练习 13：挑高球和高压

练习方法：一名运动员在底线，另一名在网前，教练员送球给网前运动员。网前运动员截击球到底线，底线运动员则挑高球，此后双方以高压和挑高球比赛的方式结束这一分。底线的运动员要快速移动，尽可能碰到球。10 次练习后运动员换位。

练习 14：发球和接发球

练习方法：一名运动员在发球线后发球，另一名接发球。接发球运动员站在发球线和球网之间，以增加接发球的难度，强化预测和判断能力。练习 20～30 次后运动员交换位置。

练习 15：发球上网

练习方法：一名运动员发球后上网截击，另一名接发球并穿越。10～15 次练习后交换位置。

练习 16：网前截击

练习方法：4 名运动员在网前截击，以比赛的方式决出每一分。教练员在运动员的身后喂球。

练习 17：底线击球

练习方法：

①教练员喂底线深球：运动员必须向后退，回击直线球穿越网前的运动员。

②教练员喂短球：运动员快速向前移动。当击球点高于球网时，回击直线穿越球；当击球点低于球网时，回击斜线穿越球。

③教练员喂中等距离的球：运动员快速移动，大幅引拍，大力击球，直线穿越网前运动员。

（2）位移速度练习

根据网球运动的特点，网球位移速度的训练可参考以下建议。

①练习强度：最大或次最大强度。②练习负荷：依练习而定。③练习变化：根据训练的最大强度和次最大强度，或通过练习方法、时间和空间而变化。④重复组数：3～5 组，组间休息 2～3 分钟。⑤每周次数：1～3 次。⑥训练时间：4～6 周训练后休整 1～2 个月，然后再训练 4～6 周，依此方式循环进行。⑦训练方式：在网球专项技术中练习。

练习 1：快速蹬踏

练习方法：运动员降低身体重心，上体保持紧张，踝关节收紧，两脚连续交替，以极限的快速度频率蹬地。

练习变化：可以平躺练习，双脚在空中蹬踏。

练习 2：小步跑

练习方法：运动员上体保持正直，抬高重心，连续交替抬起或降低脚后跟，即用前脚掌扒地小步跑，以提高移动速度。练习中保持身体的平衡，不能晃动。膝关节抬起不能太高或太低。

练习变化：可以用拍手掌来控制速度变化；可以穿沙袋背心练习。

练习 3：高抬腿

练习方法：运动员上体保持正直，抬高重心，连续交替抬起或降低两腿，膝关节抬起至少要到达水平面的高度。支撑腿要伸直，两腿交换速度要尽可能快。

练习 4：抬腿组合

练习方法：将上面的练习 1、2、3 按一定顺序组合起来，听信号变换练习。

练习 5：后踢腿

练习方法：运动员上体保持正直，膝关节弯曲，用脚后跟向后踢。两腿后踢交换速度要尽可能快。

练习 6：交叉步

练习方法：运动员上体保持正直，两腿在体前交叉，快速向侧面移动。

练习变化：侧向移动时只是一条腿在另一条腿前交叉，前后腿可以不交替。

练习 7：滑步

练习方法：运动员上体保持正直，一条腿并向另一条腿，快速向侧面滑动。两腿滑动的速度要尽可能快。

练习变化：可以右脚在前，也可以左脚在前滑步。

练习 8：侧向移动组合练习

练习方法：将两个侧向移动的练习组合（一般不超过两个），如果运动员的速度下降，则要缩短练习时间。可通过视觉或触觉信号改变练习。

练习 9：跑梯子

练习方法：将布梯子放在地面（约 20 格，每格约 30 厘米），运动员降低重心，膝关节稍稍弯曲，快速跑过梯子。

练习变化：可以后退跑、交叉步跑、单脚前跳或后跳。

练习 10：抗阻力跑

练习方法：教练员用一根橡皮筋套在运动员的腰上，运动员听到教练员口令后快速向前跑动，教练员用一定的力量牵引并跟随跑动。

练习变化：运动员可以后退跑，侧向滑步。

练习 11：拳击练习

练习方法：运动员跪在垫子上，腰腹部保持紧张。运动员用冲拳、左右勾拳、上勾拳快速击打前方。

练习 12：手拍桌子

练习方法：两手掌交替以最快的速度轻轻拍击桌面。身体重心降低（坐在凳子上），上臂保持紧张。

练习变化：可以双手在体前交叉练习。

练习 13：手投发球

练习方法：运动员跪在垫子上，腰腹部保持紧张，以发球动作向前上方投掷球，掷球的速度要快。球的重量在 50～200 克，并要保持一定数量。

练习变化：可减轻或加重投掷球。如运动员投掷 1 000～3 000 克的球 6～10 次，速度尽可能地快，随后用球拍发球（中枢神经系统适应原来的速度）。或运动员先投掷 50～200 克重的球 10～12 次，速度尽可能地快，再用 300 克的球拍发球，就可以产生速度延缓的作用（中枢神经系统适应记录或储存原来的速度），提高肩关节和手臂加速的能力。

练习 14：对墙拍球

练习方法：运动员手持排球、健身球等，手上举伸直，对墙近距离拍球。

二、力量素质

（一）内涵概述

1. 力量素质的概念

力量素质是人体或机体的某一部分工作（收缩或舒张）时克服内外阻力的能力。内部阻力是指肌肉的黏滞力、关节的加固力、各肌肉间的对抗力等；外部阻力是指物体的重量、摩擦力、支撑反作用力、空气或水的阻力等。利用外部阻力是发展力量素质的主要手段，人体克服外部阻力是提高和发展自身力量素质的有效方法。

2. 力量素质的种类和特点

（1）力量素质的种类

根据不同项目对力量素质的要求及力量的不同表现形式，可将力量素质分为多种类型，见表 13-1。

表 13-1　力量素质的分类

分类依据	分类划分
依据肌肉的收缩形式	静力性力量，动力性力量
依据力量和体重的关系	绝对力量，相对力量
依据力量的表现形式	最大力量，速度力量，力量耐力
依据与专项的关系	一般力量，专项力量
依据通常训练的特征	最大力量，相对力量，速度力量（启动力、爆发力、制动力），力量耐力（动力性力量耐力和静力性力量耐力）

（2）力量素质的特点

①最大力量是指人体克服最大阻力的能力，它是其他力量的基础。

②相对力量＝最大力量/体重，是指肌肉单位生理面积肌纤维做最大收缩所产生的肌张力。

③速度力量也叫快速力量，是指人体运动时以最短的时间发挥出肌肉力量的能力，或运动员在特定的负荷下所表现出来的最大动作速度。速度力量取决于人体肌肉的收缩速度和最大力量水平，是速度和力量的结合。速度力量包括：启动力、爆发力、制动力（反应力）。启动力是在最短时间内（0.15 秒）最快地发挥出肌肉力量的能力；爆发力是在最短时间内（0.15 秒）以最大的加速度克服一定阻力的能力；制动力是指以较高的加速度朝相反的方向运动的能力。速度力量对网球有重要的意义。

④力量耐力是指长时间或重复多次克服外部阻力的能力，即长时间保持肌肉紧张用力而不降低工作效率的能力。肌肉耐力水平取决于神经过程的强度、灵活性和延续性，以及肌肉供能过程的顺畅性。力量耐力分为动力性力量耐力和静力性力量耐力，而动力性力量耐力又可分为最大力量耐力和快速力量耐力（见图 13-4）。网球的每一分争夺都需要在各个方向连续多次跑动，手臂连续击球，所以快速力量耐力在网球中有很重要的意义。

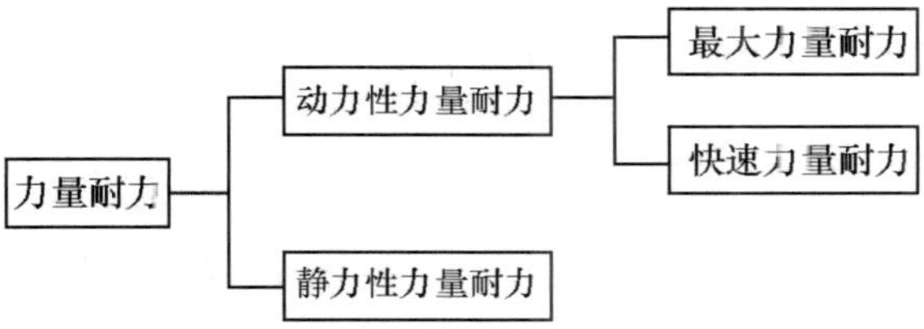

图 13-4　力量耐力的分类

（二）练习方法

1. 肩和手臂力量练习

练习 1：俯卧撑快推击掌

练习方法：运动员保持俯卧撑姿势，手臂弯曲，用力完成推手动作，在最高点击手掌，重复同样的动作并保持节奏。练习中保持躯干正直和紧张。

练习变化：

（1）运动员以膝关节和手掌为支撑点俯卧在垫子上面，小腿抬起，手的距离比肩宽，手指朝前，手臂弯曲。运动员快速推地面伸直肘关节，使上体远离地面，并保持身体平衡。

（2）运动员面对墙站立并保持一定的距离。身体向墙倾斜，弯曲肘关节，用力快速推墙，使身体离开墙面保持直立状态，接着重复下一次练习。

练习 2：仰卧推举

练习方法：运动员仰卧在凳子上，手持杠铃于胸前，随后快速弯曲和伸直手臂。在手臂伸直时要呼气。

练习变化：可改变握距，如果双手握杠铃的距离大则重点练习的是胸肌；如果窄握则主要练习肩部肌肉和三角肌。

练习 3：斜卧推举

练习方法：运动员仰卧在斜放的凳子上，手将杠铃垂举在空中，随后慢慢放下杠铃到达胸前。如果双手握杠铃的距离大则重点练习的是胸肌；如果窄握则主要练习肩部肌肉和三角肌。凳子的坡度越大，则练习胸部的肌肉越靠上方。

练习 4：仰卧飞鸟

练习方法：运动员仰卧在凳子上，手持哑铃，手臂适度弯曲。快速举起哑铃，使两个哑铃相互碰到，随后缓慢回到原位准备下一次练习。练习中保持呼吸的节奏。

练习变化：

（1）运动员可以坐在专门的器械上练习。

（2）可以做一只手上举，另一只手放下的单侧飞鸟。

练习 5：仰卧提拉杠铃

练习方法：运动员仰卧在凳子上，头和凳子的边缘对齐，手持杠铃于头后上方。快速用力将杠铃拉到垂直身体的位置，放在胸前。随后慢慢放回进行下一次练习。

练习 6：坐姿划船

练习方法：运动员坐在拉力器的前方，手心向下抓住把手，膝关节稍稍弯曲。用力拉把手，直到手到达自己的身体侧面，回去时要慢慢释放力量。练习中，上体始终保持正直。

练习 7：单腿跪划船

练习方法：运动员单腿跪在凳子上，手持哑铃自然下垂。向后上方拉哑铃，使哑铃到达自己的腹前。调节呼吸节奏，上拉时吸气，到腹前时呼气。注意左右手交换练习。

练习 8：杠铃划船

练习方法：膝关节弯曲，身体伸直并向前倾斜，手伸直抓杠铃的一端。随后身体保持原来的姿势，手拉杠铃到胸前。

练习 9：直立胸前推举

练习方法：运动员站立，双手抓杠铃在胸前，膝关节稍稍弯曲，快速将杠铃举到自己的头顶，并伸直手臂。

练习 10：直立胸前提拉

练习方法：运动员站立，双手正握杠铃，握距约 10 厘米，将杠铃提拉到胸以上的高度，使杠铃靠近自己的身体，在最高点时，肘关节朝外。双手握杠铃的距离越近，练习的效果越好。

练习 11：颈后推

练习方法：运动员站立，下肢始终保持直立（最好坐在凳子上），上体保持正直，通过手臂的屈伸，将杠铃从颈后举到头上方。

练习变化：可以坐姿胸前上推举。

练习 12：颈后下拉

练习方法：运动员身体正直，手臂伸直，手心向前抓住器械把手。用力拉把手，低头的同时将把手拉到头颈的后面，回去时要慢慢释放力量。练习中上体始终保持正直。

练习变化：运动员可以拉把手到胸前，并保持身体正直。

练习 13：俯卧飞鸟

练习方法：运动员俯卧在凳子上，手持哑铃自然下垂。双手平举，直到水平面位置。手举高度不要超过水平面，并调节呼吸的节奏。

练习变化：

（1）运动员可以俯卧在斜放的凳子上。

（2）运动员俯卧在凳子上，肘关节弯曲呈 90°，向上举，锻炼肘关节的肌肉力量，达到肌肉前后部的力量平衡。

练习 14：肩肘外旋

练习方法：运动员坐在凳子上，屈肘，手持小哑铃放在凳子或桌子上。以肘关节为支撑点，手举哑铃向外转动。

练习变化：运动员可以更换左右手进行相同的练习。

练习 15：侧卧肩部外旋

练习方法：运动员侧卧在凳子上，肘关节弯曲，手持小哑铃放在身体侧面，手举哑铃向后上方转动。可以更换左右手进行相同的练习。

练习 16：体前拉举

练习方法：运动员站立，手持杠铃自然下垂，上体保持正直。双手伸直快速拉起杠铃到水平位置，并轻缓放回到起始位置。

练习 17：侧平拉举

练习方法：运动员站立，手持哑铃自然下垂，上体保持正直。双手伸直快速拉起哑铃到两侧水平位置，并缓慢回到起始位置。练习中，身体保持正直。

练习 18：颈后屈伸

练习方法：运动员坐在凳子上，上体保持正直。两手臂抬起，肘关节弯曲，握杠铃于脖颈后，通过肘关节的屈伸，将杠铃举到头上方。

练习变化：

（1）可用哑铃代替杠铃。

（2）可单手持哑铃屈伸。

练习 19：手臂绕环

练习方法：运动员手持小哑铃或小杠铃片，手臂在体侧伸直到水平面上，完成肩环绕练习。可以向前，也可以向后，也可以一前一后地绕环。注意哑铃的重量要适宜。

练习 20：反握肘屈伸

练习方法：运动员站立，两手反握杠铃或哑铃同肩宽，做肘屈伸运动。

练习变化：可坐姿屈肘。

练习 21：正握肘屈伸

练习方法：正握杠铃或哑铃屈肘。

练习 22：手臂内旋和外转

练习方法：运动员手持小哑铃仰卧在垫子上，上臂和身体垂直，前臂和上臂呈 45°/120°角，上下举动哑铃。注意哑铃的重量要适中。

练习 23：腕屈伸

练习方法：两手正握或反握杠铃，前臂固定在凳子或膝上，做腕屈伸运动。

练习变化：

（1）可用哑铃或杠铃片代替杠铃，可单手练习。

（2）可将杠铃放在身体后方，双手正握或反握练习腕屈伸。

练习 24：转动侧上举

练习方法：单手持哑铃在体侧，手臂伸直，大拇指朝前。随后手侧平上举约 30°，大拇指朝下或朝上。放回时动作缓慢，可左右手交换练习。

练习 25：前挑手腕

练习方法：手握锤子柄端，锤头朝前，手自然下垂并伸直，手腕向前上挑。

练习变化：反握锤子，锤头朝后，手向后上挑。

练习 26：抓球练习

练习方法：肘关节弯曲 90°，手抓网球，握紧 3～5 秒后放松，连续 5～7 次，做 3～5 组。

2. 躯干力量练习

练习方法和建议：重复 8～15 次，3～5 组，组间休息 2～5 分钟（一般力量练习组间间歇短些，爆发力训练组间间歇长些），强度依据练习的要求确定。速度和爆发力训练时动作要快，特别是爆发力训练要尽可能地快。

练习 1：背部翘起（平地上）

练习方法：运动员俯卧在地面上，身体正直并和地面接触，脚尖触地，手前平举。举起手臂同时振起上体尽可能地高，连续重复动作。

练习变化：运动员俯卧在地面上，双手抱在颈后并负重在肩上或无负重双臂伸直，踝关节由队友按住。后振展腹上体尽可能快地抬高，在空中停 1～5 秒。

练习 2：背部翘起（器械上）

练习方法：运动员俯卧在长凳/桌子/跳箱上面，髋关节以下的身体部分伸出凳子外面，手扶固定点。双脚并拢，腿举起、放下。

练习变化：运动员俯卧在长凳/桌子/跳箱上面，髋关节以上的身体部分伸出凳子外面，并手抱杠铃片在胸前，踝关节由队友按住，身体快速向上振起达到最高点。振幅的大小对肌肉力量的发展有不同的影响。

练习3：对侧举起

练习方法：运动员用手和膝关节支撑地面，随后对侧的手和大腿缓慢举起到水平位置。

练习变化：运动员可以手抓1～3千克的重物练习，在空中停止2～5秒。

练习4：髋抬起

练习方法：运动员仰卧在垫子上面，手伸直水平放置在身体侧面。髋部（骨盆）缓慢举起随后下降。

练习变化：髋部（骨盆）缓缓举起时，抬起一条腿。

练习5：抱腿团屈

练习方法：运动员仰卧在垫子上面，收起大腿和小腿，双手抱膝关节。抱紧小腿，抬起上体和头部，尽可能使头和膝关节靠在一起。

练习建议：此练习可以作为柔韧性练习。

练习6：仰卧起坐

练习方法：运动员仰卧在垫子上面，手抱头颈后方，腿抬起放在凳子上方，大腿和地面垂直。快速做仰卧起坐，身体团到45°或90°左右，随后缓慢回到原位。

练习变化：

（1）运动员在上体团起的同时，上体向左或右侧面转动。

（2）运动员仰卧连续做头脚启动作，双手碰脚尖。

（3）运动员腿交叉团身起坐。练习腹内外斜肌。

（4）运动员可头朝下斜仰在倾斜的凳子上练习。

练习7：收腹举腿

练习方法：运动员仰卧在垫子上面，手放置身体侧面。收腹的同时举起双腿到垂直位置。收腿的速度要快，随后缓慢放下双腿到起始位置。

练习变化：

（1）背靠肋木，双手抓住横木，两脚负重收腹举腿。

（2）仰卧，两脚负重收腹举腿。

（3）仰卧，手举过头顶抓住同伴的双脚，脚举起后同伴将其推回，发展腹直肌、腹斜肌和髋关节屈肌群力量。

练习8：空中转腿

练习方法：运动员仰卧在垫子上面，双手伸直，双脚并拢抬起和地面垂直，快速转动髋关节，使双脚接触左右两侧的地面。练习中，要保持肩关节贴着地面。

练习9：腰回环

练习方法：运动员双脚站立与肩同宽，双手抓杠铃片，上体转动360°，既可以向左转，也可以向右转。

练习 10：侧身起

练习方法：运动员侧卧在垫子上面，膝关节伸直，踝关节由同伴按住，手抱杠铃片。身体向上抬起尽可能到最高点。按照能力水平确定速度的快慢和手中负重的大小。左右两侧交换练习。

练习 11：负重体侧或体转

练习方法：运动员肩负杠铃，两脚站立与肩同宽，做体侧或体转运动。

练习 12：空中自行车

练习方法：单脚做自行车蹬踏动作，大腿抬起到胸前。练习中，身体始终靠在垫子上面，并保持呼吸畅通。

3. 下肢力量练习

练习 1：负重半蹲

练习方法：运动员将杠铃放在颈后，上体保持正直，两脚分开同肩宽，脚尖稍稍向外。下蹲后保持大腿和地面平行，抬头挺胸，下蹲时吸气，蹲起时呼气。

练习变化：可以采用两脚站立的距离比肩宽或双脚并拢的方式练习。

练习 2：负重蹬起

练习方法：运动员将杠铃放在颈后，上体保持正直，一只脚放在约 30 厘米高的箱子/凳子上。通过在箱子/凳子上大腿的用力伸直，另一条腿离开地面站在箱子/凳子上并保持身体平衡。随后箱子上的腿先落地，开始下一次练习。

练习变化：可采用双手在胸前抱杠铃片，或侧面一只手提哑铃的方式练习。箱子/凳子高时则练习臀部和腿部后部的肌肉力量，而箱子/凳子低（约 10 厘米高）则锻炼大腿前部肌肉的力量。

练习 3：负重提踝

练习方法：运动员将杠铃放在颈后，上体保持正直，两脚分开站立同肩宽，脚尖朝前。运动员连续快速提脚跟。

练习变化：运动员可肩负杠铃，前脚掌下面垫木条或杠铃片等，蹬地提踵。

练习 4：坐姿伸腿

练习方法：运动员坐在凳子上，膝关节放在凳子的边缘外侧，小腿负重并伸屈。练习中膝关节应以最快的速度屈伸，练习重量要适宜。

练习 5：45°跨步

练习方法：运动员保持站立姿势，将杠铃放在颈后。将左脚向右脚侧前方 45°方向跨弓箭步，跨步后重心下降，脚尖适当朝外。随后左腿蹬地起立，回到起始位置，继续右脚向前跨步。练习时为保证安全，膝关节的位置不要超过前脚踝关节前面。

练习 6：侧跨步

练习方法：运动员保持站立姿势，将杠铃放在颈后。将左脚向左侧跨步，脚尖朝跨步的方向，并下降身体的重心。随后起立到起始位置，换右脚向右侧跨步。

练习 7：弓箭步跨步走

练习方法：运动员保持站立姿势，将杠铃放在颈后。用弓箭步跨步向前走动，并下降身体的重心，保持低重心位置。

练习变化：运动员可以向后跨步，后腿的膝关节弯曲几乎接触到地面，重量全部在前脚，随后起立重复练习或换腿后退跨步。

练习 8：硬拉

练习方法：运动员全蹲，手抓杠铃同肩宽。用力蹬地面使身体直立，随后慢慢放下杠铃。整个练习过程中手臂伸直。

练习 9：弓箭步推手

练习方法：两名运动员弓箭步相对站立，双手屈臂相握，然后相互用力做推手动作。力量应由小到大，有节奏地进行。

练习 10：背靠背转体

练习方法：两名运动员背靠背站立，全身挺直，手伸直侧平举相互拉住，围绕身体纵轴做连续转动。

练习 11：抓举练习

练习方法：做标准的抓举动作练习。

练习 12：挺举练习

练习方法：做完整的挺举动作练习。

三、耐力素质

（一）内涵概述

1. 耐力素质的概念

耐力素质是指人体在长时间工作或运动中克服疲劳的能力。疲劳是一种生理现象，有机体经过长时间的活动产生疲劳，工作能力下降，这虽限制了运动时间及运动水平的发挥，但也可使有机体自我保护。

2. 耐力素质的种类和特点

根据分类的方法，一般将耐力素质按持续时间、与专项的关系、器官系统机能、肌肉工作方式分为四种类型，见表 13-2。

表 13-2　耐力素质的种类与特点

分类依据	类别	特点
持续时间	短时间耐力	持续时间 45 秒～2 分钟运动项目所需求的耐力。运动中的能量供应主要通过无氧过程提供，氧债很高，如 400 米（80%）、800 米（70%）是无氧系统供能
	中等时间耐力	持续时间 2～8 分钟运动项目所需求的耐力。1500 米（50%）、3000 米（20%）为无氧供能，其余为有氧供能，是有氧和无氧的混合供能
	长时间耐力	持续时间 8 分钟以上运动项目所需求的耐力。在运动过程中，人体心血管和呼吸系统高度动员，心率、每分钟心输出量、肺通气量达到相当的程度，来保证运动的有氧供应
与专项的关系	一般耐力	一般耐力是指运动员机体各器官系统长时间协调工作的能力，其特征是持续时间长，不间断，大肌肉群参加工作，运动强度相对不大，心血管系统的功能与活动形式及时间相适应
	专项耐力	专项耐力是指运动员机体为提高专项成绩，最大限度动员机能能力，长时间承受专项负荷并保持工作的能力，其特点是满足专项的需求。无论专项特点如何，良好的一般耐力水平有助于运动员在专项耐力的发展中获得成功，是专项耐力的基础

续表

分类依据	类别	特点
器官系统机能	心血管耐力	心血管耐力是循环系统保证机体长时间肌肉活动时营养和氧的供养以及运走代谢废物的能力，心血管耐力是影响耐力素质最重要的内在因素
	肌肉耐力	肌肉耐力是指运动员肌肉系统在一定的内部和外部负荷情况下，能坚持较长时间或重复多次工作的能力。肌肉耐力和力量水平的发展关系极为密切，发展肌肉的最大力量能有效地促进肌肉耐力水平的提高。根据运动时参与肌肉群数量和身体活动部位，肌肉耐力可分为局部耐力和全身耐力
肌肉工作方式	静力性耐力	静力性耐力是机体在较长时间的静力性肌肉工作中克服疲劳的能力
	动力性耐力	动力性耐力是机体在长时间的动力性肌肉工作中克服疲劳的能力

根据运动中氧参加的程度，心血管耐力可分为有氧耐力、无氧耐力、有氧无氧混合耐力和缺氧耐力，见表 13-3。

表 13-3　心血管耐力的分类及特点

类别	特点
有氧耐力	机体在氧供应比较充足的情况下的耐力
无氧耐力	无氧耐力是机体在氧供应不充足有氧债情况下的耐力。无氧耐力又可以分为：乳酸供能（糖原无氧酵解供能）无氧耐力；非乳酸供能（ATP、CP 分解供能）无氧耐力
有氧无氧混合耐力	机体在有氧和无氧双重情况下的耐力
缺氧耐力	机体在严重缺氧或憋气状态下的耐力

（二）练习方法

1. 一般性耐力的练习方法

（1）肌肉耐力训练

肌肉耐力练习的内容与力量练习大致相关，只是负荷的强度较小，练习持续的时间、反复次数要长且多些。在选择这些练习时，应针对网球运动专项的特点、要求，选择不同的练习、持续时间（或重复距离、次数）以及强度。

练习 1：原地间歇高抬腿跑

练习方法：原地或前支撑做高抬腿跑。要求动作规范，不间断地完成。

练习负荷：每组单脚抬起 50～100 次，5～6 组，组间歇 2～3 分钟，强度为 60%～70%。

练习变化：可负重做练习，适当减少每组练习次数及组数。

练习 2：重复爬坡跑

练习方法：在 15°的斜坡或 15°～20°的山坡上进行上坡跑。

练习负荷：跑距 50～80 米，重复 5～10 次，每次间歇 2～3 分钟，强度为 60%～70%。

练习变化：可以心率控制运动强度。可穿沙袋背心跑。

练习 3：连续台阶跑

练习方法：在楼梯台阶上连续跑 30～50 步。要求动作不能间断，向下走时尽量放松，心率恢复到 100 次/分，开始下一次练习。

练习负荷：重复 4～6 次，每次间歇 2～3 分钟，强度为 55%～65%。

练习变化：可穿沙袋背心练习。

练习 4：后蹬跑

练习方法：后蹬跑 50～100 米或负重后蹬跑 30～50 米。

练习负荷：5～7 组，每组间歇 3 分钟，强度为 50%～60%。

练习 5：连续半蹲跳

练习方法：在草地上连续做向前双脚跳，落地成半蹲（膝关节为 90°～100°），落地后迅速进行第二次跳跃。

练习负荷：每组 10～20 次跳跃，重复 3～4 组，每组间歇 3 分钟，强度为 55%～60%。

练习变化：原地分腿站立，连续做原地深蹲跳起或在草地上向前深蹲跳，要求落地即跳起。

练习 6：前后跳橡皮筋

练习方法：面对橡皮筋站立，双脚正面跳过橡皮筋后，迅速背对橡皮筋跳回，往返连续跳。橡皮筋离地面高 20 厘米左右。

练习负荷：每组 30～50 次，4～5 组，每组间歇 3 分钟，强度为 50%～60%。

练习变化：可以侧跳。

练习 7：连续纵跳摸高

练习方法：在摸高器或篮球架下站立，连续纵跳双手摸高。

练习负荷：每组 20 次，4～6 组，每组间歇 2～3 分钟，强度为 50%～60%。

练习变化：排球场上两人隔网相对站立，原地或移动中完成同时跳起，在网上方相互击掌。

练习 8：立卧撑

练习方法：直立姿势开始，下蹲两手撑地，腿伸直成俯卧撑，然后收腿成蹲撑，再还原成直立。要求动作规范，必须站起来才算完成一次练习。

练习负荷：每次做 1 分钟，4～6 组，每组间歇 2～3 分钟，强度为 60%～70%。

练习变化：可以穿上沙袋背心做该练习。或做立卧撑接蹲跳起，加大强度，20～30 次为一组，每组间歇 2～3 分钟。

练习 9：负重连续转跳

练习方法：肩负杠铃杆等轻器械做连续原地轻跳或提踵练习。

练习负荷：每组 20～30 次，重复 6～7 组，每组间歇 3～5 分钟，强度为 50%～60%。

练习 10：双摇跳绳

练习方法：连续做原地双摇跳绳。该练习必须熟练掌握双摇跳的技巧，心率必须恢复到 120 次/分以下时，方可进行下一组练习。

练习负荷：每组 30～50 次，4～6 组，每组间歇 5 分钟，强度为 60%～70%。

练习 11：连续跳起投篮

练习方法：在篮下持球站立，听口令跳起投篮，接球后再投。

练习负荷：每组 20～30 次，做 3～5 组，每组间歇 2～3 分钟，强度为 50%～60%。

练习变化：在篮下站立，双手持球跳起将球掷向篮板，待球弹回后跳起，在空中接球再掷向篮板，连续进行，要求动作连贯、放松。

练习 12：连续跳栏架

练习方法：纵向排列 10～15 个高 30～40 厘米的跨栏架，每个栏架相距 0.5～1 米，做双脚起跳连续过栏架练习，往返一次为一组。

练习负荷：6～8 组，每组间歇 3 分钟，强度为 60%～70%。

练习 13：仰卧起坐

练习方法：仰卧两手抱头起坐，起坐时要快，仰卧时要缓慢，连续进行。连续做 30～50 次为一组。

练习负荷：重复 5～6 组，每组间歇 3 分钟，强度为 50%～60%。

练习变化：

①起来时肘可以碰对侧的膝关节；可以做半起，可以全起；可以负重，等等。

②可以仰卧，背翘起做背部力量练习。

（2）无氧耐力练习

练习 1：原地间歇高抬腿跑

练习方法：原地快速高抬腿跑。要求动作规范。

练习负荷：如发展非乳酸性无氧耐力，可做每组 5 秒、10 秒、30 秒快速高抬腿练习，6～8 组，每组间歇 2～3 分钟，强度为 90%～95%。如发展乳酸性无氧耐力，则可做 1 分钟练习，或 100～150 次为一组，6～8 组，每组间歇 2～4 分钟，强度为 80%～90%。

练习变化：行进间高抬腿转加速跑 80 米（时间控制在 10～30 秒内为无氧耐力训练）。重复 5～8 次，每次间歇 3～5 分钟，强度为 85%～90%。

练习 2：间歇后蹬跑

练习方法：后蹬跑，每组 20～30 次或 30～50 米。训练和间歇的时间控制在 1∶1 或 1∶2。发展非乳酸性无氧耐力。

练习负荷：重复 6～8 次，每次间歇 2～3 分钟，强度为 90%～95%。

练习 3：计时跑

练习方法：根据运动员水平确定跑动距离和强度——距离短，强度大些，一般为 20～50 米。

练习负荷：重复 4～8 次，每次间歇 2～3 分钟，强度为 70%～90%。

练习 4：反复变向跑

练习方法：在场上听口令或看信号做向前、后、左、右的变向跑，时间 2 分钟。变向跑的每一段落均为往返跑，即跑出去后，返回起点。间歇后心率恢复到 120 次/分以下，再继续练习。发展乳酸性无氧耐力。

练习负荷：重复 3～5 次，每组间歇 3～5 分钟，强度为 80%～90%。

练习 5：变速越野跑

练习方法：在公路、树林、草地、山坡等地进行越野跑，在越野跑中做 50～100 米的加速跑或冲刺跑。发展有氧无氧混合耐力。

练习负荷：加速或冲刺跑的总距离为 1000～1500 米，强度为 70%～80%。

练习 6：连续侧滑步跑

练习方法：在跑道上，身体侧对前进方向，做侧向滑步跑 50～100 米。发展无氧耐力。

练习负荷：重复 5～6 组，每组间歇 3～5 分钟，强度为 70%以上，每次心率达 160 次/分。

练习 7：综合跑

练习方法：在跑道上，按一定的顺序做向前跑、倒退跑及左右滑步跑，每种方式跑 50～100 米，每次跑 400 米。发展无氧耐力。

练习负荷：重复 3～5 组，每组间歇 3～5 分钟，强度为 70%～80%。

练习 8：分段变速游泳

练习方法：以 50 米为一段落进行变速游泳，每组 300 米。

练习要求：快速段落要达到本人最快速度的 80%以上，放松段落根据水平要求。

练习负荷：4～5 组，每组间歇 5～10 分钟，强度为 70%～90%。

练习 9：双人追逐跑

练习方法：根据运动员的水平，跑道上两人一组相距 3～5 米，听口令后起跑，后面的人追赶前面的人，50 米内追上有效。

练习负荷：重复 4～6 次，每次间歇 3～5 分钟，强度为 90%～95%。

练习变化：可以在场地上连续跑，即 50 米追逐跑，50 米慢跑，总时间 30 分钟。

练习 10：上下坡变速跑

练习方法：在 7°～10°的斜坡跑道上做上坡加速快跑 100～120 米，下坡放松慢跑回起点。

练习负荷：每组 4～6 次，3～5 组，每组间歇 10 分钟，强度为 65%～75%。

练习 11：篮球场往返跑

练习方法：篮球场端线站立，听口令起跑至对面端线后再转身跑回。

练习负荷：每组往返 3～5 次，重复 4～6 组，强度为 70%～80%。

练习变化：篮球场内由一端线运球至另一篮下，投篮后，再运球返回投篮。投篮方式不限，但必须投中后返回。往返运球投篮是无氧耐力练习。

练习负荷：每组往返 4 次，4～6 组，每组间歇 3 分钟，强度为 70%～90%。

练习 12：运球绕障碍

练习方法：篮球场上纵向放置 5～10 个障碍物，间距 2 米，听信号后做快速运球绕过障碍物往返跑，但不得触碰障碍物，可以竞赛方式计时。

练习负荷：每次往返 2～3 个回合，3～5 组，每组间歇 5 分钟。

练习 13：跳绳跑

练习方法：在跑道上跳绳跑，每次跑 200 米。要求每次结束时心率达 180 次/分，间歇恢复到 120 次/分以下时开始第二次练习。

练习负荷：5～8 次，每次间歇 5 分钟，强度为 60%～70%。

（3）有氧耐力练习

练习 1：越野跑

练习方法：最好在树林、草地、山坡上进行。

练习负荷：距离一般在 4 000 米以上，多可达 10 000～20 000 米。如果以时间计算，一般在 20 分钟以上，长时可达 1 小时，强度为 40%～50%。

练习 2：定时跑

练习方法：在公路或树林中 20 分钟以上时间的定时跑。

练习负荷：强度为50%～60%。

练习3：重复跑

练习方法：在跑道上进行，重复跑的距离、次数与强度应根据网球专项任务与要求而定。强度不应大，跑距应较长些。一般重复跑距为600米、800米、1 000米、1 200米等。

练习负荷：重复次数一般为3～5次，强度为50%～60%。

练习变化：篮球场上打半场或全场比赛30分钟以上，强度为50%～60%。

练习4：滑雪、滑冰、划船

练习方法：连续不间断地进行30分钟以上的滑雪、滑冰或划船。

练习负荷：强度为40%～60%。

2. 网球专项耐力素质的练习方法

网球耐力训练强调的是有氧耐力和无氧耐力的混合练习，其方法如下：

练习1：法特莱克训练法之一

法特莱克法是变换练习法的一种形式，是一种由持续练习法和变换练习法综合而成的组合练习。其特点是在各种变化的外界自然条件下进行持续、变化的跑动练习，时间可达1～2小时，强调自我调节、有节奏的变化。练习中可把间歇跑、重复跑、加速跑和走等方法有机地结合起来。法特莱克法练习对过程没有特别的限制，可自由选择地形、路线和速度等，以提高练习的兴趣，提高耐力水平。

练习方法：准备活动慢跑及柔韧练习5分钟。快速跑1分钟→匀速跑3分钟→竞走5分钟→慢跑1分钟→逐渐加速跑3分钟，直到极限后再坚持1分钟→放松跑5分钟→极限跑100米→慢跑5分钟。练习2～3组。

练习2：法特莱克训练法之二

练习方法：绕网球场地慢跑5分钟。快速从场地的双打边线移动到另外一条双打边线跑1分钟，85%强度→轻轻跳跃5分钟→慢跑5分钟→上网截击放小球和往后跑高压或回击穿越球总计3分钟（速度不能下降）→慢跑5分钟。练习2～3组。

练习3：组合式间歇跑

练习方法：30秒慢跑→15秒75%强度跑→5～8秒100%极限速度跑→30秒慢跑，连续不间断循环跑，总计跑30分钟后休息并做整理活动。或加速跑30米，慢跑30米→加速跑50米，慢跑50米→加速跑80米，慢跑80米→加速跑100米，慢跑100米。注意练习中只能慢跑，不能走动。总距离2 000米或总时间10～30分钟，练习结束后休息10分钟以上恢复体力。

练习4：渐增式间歇跑

练习方法：慢跑30米后冲刺跑10米，重复10次→慢跑40米后冲刺15米，重复10次→慢跑50米后冲刺20米，重复10次→慢跑60米后冲刺25米，重复10次。

练习5：阶梯变速跑

练习方法：在场地、田野或公路上，用不同的速度跑3 000→4 000米。采用阶梯式变速方法，如10米快+10米慢跑回、20米快+20米慢返回跑→30米快+30米慢返回跑。

练习负荷：强度为60%～70%，总时间为30～40分钟。

练习6：组合式间歇跑

练习方法：5个800米75%强度，组间休息3分钟→10个20米85%强度，组间休息3分钟→5 个 200 米 75%强度，组间休息 3 分钟→5 个 100 米 90%强度。

练习 7：变速跑

练习方法：运动员在田径场地内直道极限冲刺，弯道慢跑，总计跑 10～15 圈。

练习变化：运动员可以直道慢跑，弯道极限冲刺。

练习 8：极限跑

练习方法：准备活动 5 分钟→1 000 米极限跑，即从开始就以 100%的强度跑，直到最后。

练习 9：组合式间歇跑

练习方法：10 分钟匀速跑，心率为极限心率的 75%～5 分钟 100%强度冲刺跑→5 分钟各种姿势慢跑。重复以上练习 1～2 次。

练习 10：组合式间歇跑

练习方法：运动员在沙地上跑，50%强度跑 20 秒，慢跑 1 分钟→70%强度跑 20 秒，慢跑 1 分钟＋90%强度跑 20 秒，休息 1 分钟。连续 8～15 个循环跑。

练习 11：跑动抢球

练习方法：在田径场上，教练员和两名运动员相距 2～3 米，运动员仰卧在地面上。教练员大力将球抛到远方并喊口令，两名运动员快速起立以最快的速度跑动并捡球。随后运动员一起慢跑回来，将球交给教练员，并重复练习。连续重复 8～10 次。

四、柔韧素质

（一）内涵概述

1. 柔韧素质的概念

柔韧素质是人体关节活动幅度的大小以及跨过关节的韧带、肌腱、肌肉、皮肤及其他组织的弹性和伸展能力。其中跨过关节的韧带、肌腱、肌肉、皮肤及其他组织的弹性和伸展能力主要通过训练来获得，但肌肉和韧带力量的增长必须与所控制的关节活动范围相适应，不能因肌肉过分增大而影响关节活动幅度，也不能因为肌肉韧带过分伸张而造成关节松弛无力。

柔韧性包括四肢和躯干各关节的柔韧，主要是肩、肘、腕、髋、膝、踝及脊柱等关节，柔韧性的训练主要是针对上述关节的灵活性进行练习。不同的体育项目对各关节活动幅度要求的程度不同，但对任何一个体育项目来说，全身各关节的柔韧在每一个动作中都有具体作用，哪一个部位差都会影响动作的掌握和技术的发挥，因此各关节的柔韧是相互交替促进发展的。

2. 柔韧素质的种类和特点

柔韧的特点是既柔又坚韧，在动作中有幅度又有力量和速度。柔软则是只柔不硬，在动作中只有幅度而缺乏速度和力量，所以两者有很大的区别。

柔韧素质从专项来看，可分为一般柔韧与专项柔韧（见图 13-5）。

柔韧素质从其外部运动状态的表现可分为动力性柔韧和静力性柔韧。动力性柔韧是指肌肉、肌腱和韧带根据动力性动作需要，拉伸到解剖学允许的最大限度的能力，随即利用强有力的弹性回缩力来完成所需要完成的动作，这种冲击性的训练可引起肌肉紧张，引起牵张反射。静力性柔韧是肌肉、肌腱和韧带根据静力性动作需要，拉伸到动作所需要的位置角度，并控制一定时间所表现出来的能力，如体操中的造型。动力性柔韧建立在静力性柔韧的基础上，但需要力量素质来表现。静力性柔韧好，动力性柔韧不一定好。

柔韧素质从完成练习的表现上看，可分为主动性柔韧和被动性柔韧。主动性柔韧是指人主动运动中表现出来的柔韧素质水平；被动性柔韧是指在外力协助下（作用下）完成或表现出来的柔韧水平。主动性柔韧不仅反映对抗肌的可伸展程度，而且也反映主动肌的收缩力量。一般来说，主动性柔韧比被动性柔韧要差，这种差距越小，则柔韧素质的发展水平越均衡。柔韧素质从不同的身体部位，可以分为上肢、肩、躯干、髋和下肢等部位的柔韧。

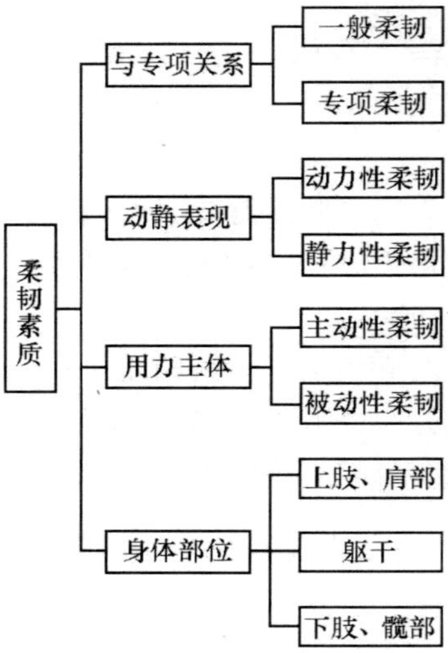

图 13-5　柔韧素质的分类

（二）练习方法

1. 颈部运动

练习 1：左右侧转

站立或坐立，头向侧面转动，看自己肩背的后部而身体不转动，停止 5～7 秒后转到另一侧。

练习 2：左右侧摆

站立或坐立，将耳朵向一侧的肩靠近，停止 5～7 秒后换到另一侧。

练习 3：前低后仰

站立或坐立，前低头时尽量将下颌靠胸，后仰时下颌尽量上抬。动作要缓慢，整个过程身体不晃动。

练习 4：左右旋转身体直立，以颈为转动轴，将头左右旋转，动作要缓慢。

2. 肩关节

练习 1：向上提肩

站立或坐立，双肩自然下垂。提肩到耳垂停 7 秒，慢慢放下。可以单肩提，可以双肩同时提。

练习 2：侧面绕肩

以肩为轴，双手直臂前后环绕。既可以左右手同时向前或向后，也可以一前一后反向环绕。

练习 3：体侧拉肩

直立时一只手自然放松，另一只手侧平举扶固定物。向前挺胸 7～10 秒，交换另一只手。此练习也可以拉伸胸部肌肉。

练习 4：体侧伸展（PNF）

运动员体侧伸展，一只手在侧面放松，另一只手抬起侧举过头顶。同伴侧面一只手搂住运动员的腰，另一只手推上臂。

练习 5：肩臂伸展（PNF）

运动员坐在地上，双腿并拢伸直，双手上举（或双手伸直呈 45°角），同伴在身后抓住练习者的双手并用腿蹬顶其背部。

练习 6：抬肩屈肘

站立，抬臂屈肘在头上方，另一只手抓肘部向内后牵引，直到上臂得到充分牵拉。停 7～10 秒，换另一只手练习。此练习是伸展肱三头肌。或将一只手搭在另一侧的肩上，用另一只手按压肘部横向牵引，持续 7～10 秒。此动作可以一手臂伸直侧平举，掌心朝外，大拇指朝下牵引。

练习 7：肩部侧拉

站立，一只手在头后上方，另一只手握住肘关节，向侧面拉开肩部。

练习 8：直臂后拉

站立，双手在身后伸直并握住。向上抬手 7～10 秒并保持身体直立，直到上臂前部感到伸展。此练习为伸展肱二头肌、肩和后背。

练习 9：体前压肩

手扶球场挡网、肋木等物体，或双人面对俯背相互压肩，体前弯曲压肩，静止 7 秒。

练习 10：背对拉肩

背对球场挡网、背对肋木或双人背对等，拉肩或背弓 5～7 秒。也可以侧对球网等单手侧拉肩关节。

练习 11：吊肩

以各种握法，在单杠、肋木等上做悬垂或悬垂摆动。

练习 12：直臂后振

双手抓球拍、绳子等做直臂后振或背后拉肩。

3. 手腕和肘关节柔韧练习

练习 1：握掌伸展

手握紧拳头后伸展五指。

练习 2：手指推墙

靠墙前半米站立，身体前倾，用张开的手指连续缓慢推墙。

练习 3：手腕翻转

双手五指在胸前交叉，手臂伸直，掌心向外翻腕，或屈肘做腕关节绕环。

练习 4：直臂压腕

手臂前平举，掌心朝前，手指向上或向下，另一只手抓住手指向内掰手腕，持续 5～8 秒，重复 3～5 次。或手臂伸直掌心朝内，另一只手抓住手掌向内掰。

练习 5：肘内外转

手臂前伸，屈肘（也可以伸肘）。手掌向内或外转使手臂向内或外转，同时另一只手抓住手掌，协助手腕和肘关节（整个手臂）向内或外转。

4. 躯干练习

练习 1：俯卧伸背

俯卧双手伸直支撑地面，腹部着地。上体尽力上抬持续 5～7 秒，3～5 次，髋部和腿放松。

练习 2：对墙挺胸

面对墙半米站立，双手上举。抬头挺胸，让下颌贴到墙上，幅度由小到大，持续 10 秒，3～5 次。

练习 3：屈身触地

两腿伸直，一条腿在另一条腿前交叉，身体前屈，手尽可能触脚前最远的地方。

练习 4：腰部伸展（PNF）

坐在地面上，双腿伸直并拢，双手前伸抓住脚踝，同伴在身后推其后背。或坐在地面上，双腿伸直分开，双手前伸抓住脚尖，同伴在身后推其后背，伸展腰腿。

练习 5：反向转体

身体直立，脚左右站立，双手抬起平举。一只脚向另一只脚的前方交叉跨步，同时上体向另一侧转动。保持平衡，持续 5～10 秒。

练习 6：转腰压腿

弓箭步跨步，上体正直，双手左右摆动做体转运动。

练习 7：背对转体（PNF）

两运动员背对站立双手侧平举，相互挽手，同时转体。

练习 8：俯身转体（1）

双脚左右站立，双腿呈 45°角左右，上体前倾到水平位置，双手侧平举。以脊柱为轴做左右转动。

练习 9：俯身转体（2）

双脚左右站立，俯身双手向前摸一侧的脚踝或向前碰地面，持续 5～7 秒，3～5 次。

练习 10：俯卧背弓

俯卧，屈膝抬腿。手抱脚踝，身体背弓。

练习 11：体侧伸展

双脚左右站立，一手叉腰，另一只手上举，用力向叉腰一侧做体侧运动。或上举的手扶肋木、球场的挡网等做体侧拉伸练习。

练习 12：叉腰伸展

双脚左右站立，两手叉腰，膝关节伸直。尽量向前送髋和上体后倾，使腰部得到伸展，拉伸背脊。

练习 13：后桥伸展

双脚左右站立，手向上伸。后仰使双手着地，身体呈弓形，并逐渐减小手和脚的距离。

练习 14：分腿屈体

分腿坐姿，膝关节弯曲，双手从腿中间后伸。尽量将身体向后下顶。

练习 15：肩肘倒立

用肩肘支撑倒立。

练习 16：髋部转动

仰卧，躯干挺直贴地面，大腿抬起和地面垂直，膝关节可以伸直也可以弯曲。转动髋使大腿贴地面，随后转动到另一边，转动过程中肩要贴着垫子。

练习 17：团身

仰卧，双手抱住小腿，上体尽可能向大腿处靠近。

练习 18：挺胸拥抱

先双手侧平举，向前挺胸。随后含胸，双手交叉抱紧。

5. 下肢（髋部和膝关节）

练习 1：劈踢摆腿

脚搁在固定物上劈腿，或手扶固定物做各个方向的踢或摆腿。

练习 2：后腿伸展

后腿伸展是被动柔韧练习的一种表示方式，即相关的肌肉群在对抗外力给予的静力阻止时等长收缩。它不会激起牵张反射和引起疼痛，能发展和柔韧肌肉力量。练习时收缩 6～10 秒，是网球训练中极力推荐的柔韧练习方法。

运动员仰卧，手脚伸直，抬起一条腿。同伴按住其地面的腿，将抬起的腿往身体方向推。

练习 3：体后拉腿（PNF）

单脚支撑站立，手扶固定物。同伴抬起其另一只脚，向上拉。

练习 4：箭步压腿

弓箭步姿势，上体保持正直，后腿膝关节伸直，双手扶前腿，降低重心。

练习 5：侧步压腿

一腿膝关节弯曲，另一腿向侧面伸直，上体保持相对正直，降低重心，拉胯压腿。

练习 6：剪刀腿坐

坐立，屈膝，脚掌相对，尽量靠近腹股沟。双膝慢慢向下压，感受大腿内侧的伸展，持续 10 秒，重复 3～5 次。

练习 7：直腿体前屈

坐在地面上，双腿伸直并拢，上体前屈抓脚尖。

练习 8：跨栏攻步

坐在地面上，一腿弯曲外展，另一腿向前伸直，脚尖和膝关节向上。身体挺直并向前摆动。

练习 9：俯卧背弓

俯卧，髋碰地面。一腿屈膝，手抓脚背，向前压踝关节到臀部。最好手抓对侧的脚。

练习 10：单脚屈膝

手平举或扶固定物，单脚站立。另一条腿屈膝（膝关节始终对着地面），并用同侧或异侧的手拉脚踝，到达臀部。拉伸股四头肌及大腿的肌肉。

练习 11：小腿伸展

手扶固定物，双脚前后站立，后腿伸直或稍稍弯曲，身体向前倾，重心移到前脚，保持脚后跟不离开地面，拉伸后腿的小腿和跟腱 7～10 秒，两腿交换，重复 3～5 次。

练习 12：叉腿侧腰

手侧扶固定物，外侧腿向内侧腿前交叉，内侧腿承重，另一只手向固定物方向推腰，使髋关节和腰侧面伸展，并提高力量。

练习 13：坐姿转体

坐姿，一腿伸直，另一腿屈膝，并交叉在另一腿的上方。一手支撑地面，另一手拉膝关节向内转，而上体向外转。

练习 14：仰卧转体

仰卧，手侧平放，一侧的大腿向另一侧转动，肩不离地，静止 5 秒。双腿交换练习，重复 5～7 次。

练习 15：仰卧抱腿

仰卧，上体保持正直，手抱一侧的小腿，尽量用膝触胸。

练习 16：提踵抬腿

单腿支撑站立，手抱小腿，用力向上拉腿的同时提踵。左右腿交换练习，各 4～6 次。

练习 17：转体摸脚

弓箭步跨步，身体转动，前脚同侧的手去摸脚后跟。

练习 18：抬腿后跨步

抬大腿，尽可能高，向后跨步，两脚交替跨步。

6. 踝关节和足背部

练习 1：各种跳绳。

前脚掌着地进行各种跳绳练习。

练习 2：各种姿势行走做脚内侧、外侧、脚跟或脚尖支撑或前脚掌着地的各个方向和速度的行走练习。

练习 3：踝部转动，踝关节左右转动。

练习 4：跨步伸展，双脚前后开立，双手撑地，伸展前后腿和踝关节。

五、灵敏素质与协调能力

（一）灵敏素质

1. 内涵概述

（1）灵敏素质的概念。灵敏素质是人体在各种突然变化的条件下，快速、协调、敏捷、准确完成动作的能力。它是人的运动技能、神经反应和各种身体素质的综合表现能力。

人体的各项素质之间是相互关联的，通过力量控制身体运动的加速和减速；通过速度，控制身体的移动、变换方向和躲闪；通过柔韧保证力量、速度的发挥；等等。这些素质的综合运用才能保证动作的熟练程度。

（2）灵敏素质的种类。通常将灵敏素质分为一般灵敏素质和专项灵敏素质。

一般灵敏素质是人在各种活动中，在突然变换的条件下，迅速、合理、准确地完成各种动作的能力，它是专项灵敏素质的基础。

专项灵敏素质是运动员在专项运动中，迅速、准确、协调自如地完成专项技术动作的能力。

不同的项目对灵敏素质有不同的要求，所以灵敏素质有明显的项目特点。

2. 练习方法

灵敏素质是人体的综合能力，受遗传因素的影响。训练中可以通过逐步提高动作技术和训练条件的复杂程度和难度来培养和提高运动员的技术、反应能力、平衡能力、观察能力、节奏感等。提高运动员灵敏素质的主要手段有：

（1）在跑、跳中做迅速改变方向的各种跑、躲闪、突然启动，以及各种快速急停和迅速转体等练习。

（2）做各种调整身体方位的练习。

（3）做专门设计的各种复杂多变的练习。如用蛇形跑、躲闪跑、穿梭跑和立卧撑四项组成的综合性练习。

（4）以非常规姿势完成练习。如侧向或倒退跳远、跳深等。

（5）限制完成动作的空间。如在缩小的球类运动场地进行练习。

（6）改变完成动作的速度或速率。如变换动作频率或逐步增加动作的频率。

（7）做各种变换方向的追逐性游戏和对各种信号做出应答反应的游戏等。

（二）协调能力

1. 内涵概述

（1）协调能力的概念。协调能力是指运动员在运动中，身体各运动器官、各运动部位配合一致完成动作的能力。它并非是一种单纯的身体素质，而是运动员各器官功能、运动素质、心理品质和个性特征及技能储备的综合表现。

从生理学上讲，运动技术的形成是条件反射的建立与巩固。协调能力强就是合理运用已掌握的各种技能储备，使大脑皮质的暂时性神经联系较快建立起来，加快对新技术的掌握。从运动学上讲，运动技术的形成是运动员按照动作的时间、空间、节奏等要素进行练习的结果。协调能力就是把掌握动作的要素与特征配合得当，从而更快地掌握和发挥技术。

（2）协调能力的分类。协调能力可以分为一般协调能力和专项协调能力。

一般协调能力支配各种运动技能的形成和发展，是专项协调能力的基础。

专项协调能力是运动员迅速、经济、准确、流畅地完成各专项运动动作的能力，包括各专项运动特殊要求的协调性。

2. 练习方法

（1）以非常规姿势完成动作，用非常规条件进行项目的练习。

（2）锻炼对侧肢体的能力。

（3）改变完成动作的速度或频率。

（4）限定完成动作的空间。

（5）改变技术环节和动作，增加辅助动作，提高动作难度。

（6）已掌握的技能和新技术相结合。

（7）增加练习中与同伴的对抗和阻力。

（8）进行相关和非相关项目练习。

第二节　网球运动心理素质训练

一、网球运动心理训练概述

（一）网球运动心理训练的内容

网球训练和比赛的实践证明，运动员要想取得优异的成绩必须具有良好的心理素质。运动员的运动能力与其各方面都有着密切的联系，包括智力、个性特征、训练和比赛的心理状态、心理特点、心理障碍、心理自我调控能力等。优秀的网球运动员尤其要具备良好的心理品质，包括动机行为、情绪控制、自信心和注意力。这些良好心理品质的培养主要依靠长期有计划的心理训练，以及在训练和比赛实践中逐步改善。

通常，心理训练分为两种：一种是一般心理训练。指的是在专项训练中改善运动员的心理过程，对运动员的心理潜力进一步挖掘，从而使运动员的个性心理特征得到改善，提升心理自我调节控制的能力。一种是比赛心理训练。指的是以完成比赛为目的，激发运动员的参赛动机，提高运动员合理运用体能、技战术意识。同时，运用心理自我控制调节的技术和手段，形成良好的心理状态，以取得优异的比赛成绩。一般心理训练是准备比赛的心理训练的基础；准备比赛的心理训练是一般心理训练的进一步深化。两者互为条件，相互依赖。

（二）网球运动心理训练的功能

1. 促进运动员心理过程的完善

人的心理过程包括三个方面的内容：一是认识过程；二是情感过程；三是意志过程。在网球运动的过程中，运动员要取得优异的成绩必须具备以下几个方面的条件：第一，精确的运动感知、清晰的运动表象能力、高度发展的思维敏捷性和灵活性；第二，快速的反应能力和快速分析对手的意图、有效地做出行动决定的能力；第三，长时间注意力集中的能力；第四，具有坚强的意志品质、不断克服训练和比赛中可能遇到的困难的能力，并能较好地控制运动中千变万化的情感体验。例如，一个好球被判出界；一个出界球被判界内。这一切能力都可在心理技能的培养中得到不断的增强和完善。

2. 促使运动员形成适宜的心理状态

在网球运动的过程中，运动员心理过程的稳定性，以及在极度紧张的训练和比赛过程中控制自己心理状态的能力，不仅受到运动员网球技术水平的影响，运动员的心理状态特点也是其直接影响因素。网球运动心理技能的培养对运动员形成参加训练和比赛的适宜的心理状态有着积极的促进作用。所以说，网球运动心理技能的培养能促使运动员形成适宜的心理状态。

3. 促进运动员个性心理特征的形成和发展

个性心理特征包括许多方面。在网球运动训练、比赛等极度紧张的情况下，决定运动员行为特点的重要因素包括对比赛及训练的兴趣程度、动机、个人的性格特征和气质等。网球运动心理技能的培养，可以使运动员的个性心理特征更加适应网球运动。所以说，网球运动心理技能的培养能促进运动员个性心理特征的形成和发展。

二、网球运动心理训练方法

（一）暗示训练法

1. 暗示训练法的含义

暗示训练法，也称自我暗示训练法。指的是利用言语等刺激对人的心理施加一定的影响，进而控制其行为的过程。

研究表明，具有良好的自我暗示，往往就会取得理想的结果。自我暗示能提高运动员技术动作的稳定性和成功率。如网球运动员在接发球时信心十足，那么其握拍、挥拍的技术动作就会更加流畅连贯。

语言暗示是常用的一种暗示方法。通过语言，人能在各种情况下接受暗示和自我暗示，通过代表外部或内部环境的一切事物和现象的言语都可以调节认知、情感和意志过程。巴甫洛夫认为“暗示训练就是通过语词，即第二信号系统的作用来调节中枢神经系统兴奋水平，从而调节人体内部过程”。如调节人的情绪、信心、心境、意志等，改变内脏活动，提高或降低体温，加速或减缓新陈代谢过程等。

2. 暗示训练法的运用

运用暗示训练法应遵循以下几个步骤。

（1）使运动员认识语言对情感和行为的决定作用。在网球心理素质训练中，通过一定的语言诱导，使运动员对网球训练产生极大的兴趣。

（2）网球比赛过程中，突发状况或者不利于己方的局面时有出现，此时运动员出现消极想法是正常现象。应针对这种消极想法采取积极的措施加以消除，充分运用自我暗示，增强自信心，力争打好每一分球。在网球教学训练时，教练员要主动帮助运动员找出消极想法并予以消除。

（3）确定取代运动员消极想法的积极提示语。让运动员将各个步骤的内容写在卡片上，每张卡片涉及一个问题。卡片正面为常出现的消极想法，背面上方为对消极想法的认识，下方为对抗消极想法的积极提示语。

（4）重复提示语。视具体情况规定重复的时间。

（5）定时检查，举一反三，在生活中养成克服困难的积极态度和良好习惯。

（二）模拟训练法

1. 模拟训练的含义

模拟训练是针对网球比赛中可能出现的情况或问题模拟实战的练习过程，以使运动员适应各种比赛条件，保证运动员技战术水平的正常发挥为目的。模拟训练的核心思想是适应，模拟训练的主要作用包括两个方面的内容：第一，提高运动员对比赛应激情境的适应能力；第二，使运动员在头脑中建立合理的动力定型结构。模拟训练可分为以下两类。

（1）实景模拟：设置特定的比赛情境和条件对运动员进行训练的方法，包括模拟比赛的天气，比赛使用的场地，对手可能采用的技术、战术，赛场上可能出现的意外情况、观众行为等。

（2）语言、图像模拟：利用语言或图像描述比赛情境，如描述裁判的误判、对手的行为、自己的行动等，并通过电影、录像及播放录音来显示对手特征、比赛气氛，以便使运动员适应比赛情景。

2. 模拟训练的运用

运用模拟训练方法时，应注意将运动员的特点同比赛的具体情况相结合。常用的模拟训练法有以下三类。

（1）比赛对手的模拟：不同对手的技战术特点和比赛风格不同，在训练时，可以让队友模拟对手的各种活动，以便于运动员更深入地了解对手的技战术特点和比赛风格，为正式比赛做好准备。

（2）错判与误判的模拟：通过对错判与误判的模拟训练，可以帮助运动员将注意力集中在技战术水平的充分发挥上，避免裁判的错判、误判等不良现象的干扰。

（3）观众行为的模拟：网球比赛中，一些观众会发出震耳欲聋的加油声或做出激烈的表情动作，这些都给运动员造成极大的压力和干扰，使运动员感到激动和紧张，从而影响运动水平的正常发挥。通过在模拟训练中组织一些观众，有意识地给运动员制造一定的观众干扰，有助于减少运动员在实际比赛中的应激反应，使运动员从容面对比赛。

（三）表象训练法

1. 表象训练的含义

表象训练指的是在暗示语的指导下，在头脑中反复想象动作或情景，从而提高运动技战术能力的过程。作为网球心理技能培养的核心环节，表象训练的作用体现在以下几个方面：第一，可以帮助运动员建立和巩固正确动作；第二，能有效加深运动员的动作记忆和动作的熟练程度；第三，动员运动员体验成功的动作表象，使其坚定必胜的信念，达到最佳竞技状态等。

表象训练的主要依据包括两个方面的内容：一是念动现象。念动是指当产生一种动作表象时会引起神经冲动，大脑的神经中枢就会兴奋，这种兴奋会引起相应的肌肉进行难以察觉的动作；二是心理神经肌肉的相关理论。心理神经肌肉理论认为，人脑运动中枢和骨骼肌之间存在双向的神经联系，人们可以主动想象做某一运动动作，从而引起相关的运动中枢神经兴奋，这种兴奋经传出神经传至有关肌肉，会引起难以察觉的运动动作。

2. 表象训练法的运用

（1）建立动觉表象。建立动觉表象要遵循以下三个步骤和规律：首先，教练员在教授新的技术动作时，要准确示范，使运动员感知完整的动作形象；其次，要鼓励运动员想象示范动作，在大脑中建立清晰的视觉表象；最后，通过实际动作练习，使运动员形成和完善运动动作的肌肉运动表象。

（2）运用语言提示。语言在运动表象形成和完善的过程中起着集中和强化的作用。运用语言提示要求教练员在网球运动心理技能培养的过程中注意两个方面的问题：第一，选择简练的语言说明技术动作的特点和要点；第二，要求运动员记住这些语言，并借助这种语言提示和巩固动作表象。

三、网球运动心理训练手段

（一）心理品质训练

1. 集中注意力训练

集中注意力训练要以提高网球运动员注意力的集中能力为目的。由于网球运动员的年龄、个性、训练水平等在影响注意力的集中上存在很大的差距，教练员提出训练要求应具有针对性。

如在启蒙和基础训练阶段，要求运动员眼睛盯住来球，全部注意力集中在球上。运动员容易兴奋，疲劳时注意力容易分散，因此可安排竞赛和游戏的内容，提高运动员的兴奋点，使其继续把注意力集中在球上。为了强化集中注意力的训练，针对一些运动员在训练后期的体力下降，可安排一些速度快、精确度高的练习内容，让运动员进行反复训练，使运动员注意力集中的能力逐渐提高。

集中注意力训练主要包括视物法、看表法、发令法等，具体训练手段如下。

（1）视物法

训练手段：选择一个对象，仔细观察几秒后，闭目回忆所观察物体的形象，如果不清楚，再观察。反复进行，直至回忆观察对象清晰为止。每天练习数次。

（2）看表法

训练手段：注视手表秒针的移动。如能连续注视秒表针移动 5 分钟，则说明运动员已经具备了较高的注意力集中的能力。每天白天和晚上临睡前各练一次，每次练习重复 3～4 遍，练习间隔 10～15 秒。

（3）发令法

训练手段：教练员用较弱的特定信号指挥运动员行动，运动员需集中注意力观察或聆听教练员发出的信号。注意练习持续时间不要过长。

2. 意志品质训练

意志品质训练要以提高运动员克服困难的能力为目的。意志品质训练的方法包括克服困难练习、设置困难练习、情绪调节练习、培养意志能力练习等，其具体内容如下。

（1）克服困难练习

困难可分为两种：一种是客观因难。指气候、场地、日照等。克服的办法多用自我暗示法以及在不同外界环境里参加训练和比赛的方法；一种是主观困难。指的是网球运动员对训练和比赛的消极态度。

训练手段：多用自我暗示、教育、榜样作用，以及在训练和比赛中树立正确的态度和动机，重点培养运动员冷静的自制能力。

（2）设置困难练习

设置困难练习指的是有意识地在训练过程中设置困难、培养运动员克服困难的能力。良好的技战术水平是克服困难的重要保证。

训练手段：教练员在日常的训练中，给网球运动员适当提出一定的难度要求，使其通过一定的努力完成训练任务。注意设置的困难不能是运动员能力所不及的。

（3）情绪调节练习

网球运动比赛节奏快、对抗双方极度紧张，只有具备较强的自制能力，运动员才能在网球比赛中充分发挥自己的技战术水平。因此，运动员在心理素质训练中要重视培养自己调节和控制情绪的能力，有助于在比赛中形成较好的情绪兴奋状态。

训练手段：可采用自我鼓励、自我说服、自我命令、自我暗示、放松训练等培养网球运动员自我调节情绪的能力。

（4）培养意志能力练习

运动员心理品质的培养不仅要在训练课中进行，还要在日常的学习、生活中，自觉培养克服困难的能力。

训练手段：多用教育、榜样、鼓励的方式方法，培养网球运动员对待困难的积极态度和乐观的心态。

（二）技战术水平心理训练

网球运动技战术水平心理训练主要包括意念训练、生物反馈训练两种，具体训练手段如下。

1. 意念训练

意念训练指的是在训练和比赛前想象要完成动作的要领和要点的训练方法。

训练手段：总结教练员对自己的评价，通过语言纠正自己的不足，控制自己的情绪。在意念训练中重视语言的重要作用。

2. 生物反馈训练

生物反馈训练指的是借助现代化科学仪器，把训练中机体的生理信号传递给运动员，使其反复练习，学会调节自己生理、心理机能的方法。

训练手段：首先，利用肌电仪可使运动员在示波器上观察到自己肌电状态的变化，帮助提高运动员对肌肉的感觉，使其准确区分动作的用力时机和用力程度，以便更准确、更快、更好地掌握技术动作；其次，通过心率仪及时了解并调节运动员的情绪，使其以最佳的心理状态参与到训练和比赛中。

生物反馈训练法的潜力很大，正确掌握和运用生物反馈法进行训练和比赛，是提高网球运动员技术水平的有效手段。

（三）赛期心理素质的训练

1. 赛前心理素质的训练

（1）放松思想

适当的紧张可以提高网球运动员在比赛过程中的兴奋性，但要注意紧张的度，不要过分、持续紧张。放松思想，以积极淡定的心态面对对手，保持饱满的情绪和精神状态，才能克服紧张的情绪，高质量地发挥技战术水平。

一方面，比赛前要做好充分的准备活动，有利于运动员的肌肉发热、放松心情，缓解赛前紧张情绪。应注意的是，比赛前的准备活动应尽可能避免与网球比赛联系在一起。另一方面，可以通过看电视、听广播、读小说，以及与其他人谈论轻松的话题，消除赛前紧张的情绪。

（2）观察对手

利用赛前的准备活动观察对手的一举一动，是比较实用的发现对手优势和弱点的好方法。

虽然网球比赛前准备活动的时间比较短暂，在该时间段内不可能对对手了解太多，但还是可以辨别出一些对比赛有用的情况。例如，对手在准备活动时打出许多正手失误球，很可能正手是对手的弱点；如果在挑高球让对手练习高压球时，对手打的每一个高压球都落在特定的点上，就应将落球点牢记于心。

2. 赛中心理素质的训练

（1）集中精神

在网球比赛一开始，运动员就应将一切注意力集中到比赛中。时刻注意球、场地以及比分的变化，同时，注意对手的优缺点。如果在情绪、记忆、注意力方面有干扰时，要设法集中思想，阻止一切干扰，将思想集中在比赛上。即使丢了一分球，也不要受它的干扰，将注意力集中到下一分的争夺中。

（2）培养自信

充足的自信心能让网球运动员在比赛场上发挥出最佳的技战术水平。无论是在比赛中还是训练中，都应始终保持高度的自信，信心十足地参加训练和比赛。

（3）量力而行

量力打球是打好网球比赛的关键，不要因客观局势的改变而做无谓的努力。如果是一名底线型打法的球员，就不要突然发球后上网截击空中球；反之亦然。

需要注意的是，有时候运用一些不是自己擅长的打法，会起到意想不到的效果。

总之，运动员要清楚自己技战术的优点和缺点，在比赛中根据自己的实际情况进行攻击和防守，做到量力而行。

（4）决胜局心理

在网球比赛中，打好决胜局的关键是集中注意力，不要紧张。网球运动决胜局的每一分都很重要，因此，要重视对每一分的争夺。

在网球比赛中，要得 7 分并且净胜对手 2 分才能赢得该盘比赛。因为发球占据一定的优势，所以一定要把握好发球机会并取得第一分。如果是对方发球，也要积极争取主动，力争破发，改变被动局面。

如果运动员在决胜局落后，不要气馁，因为要扳回来也就是一两分，不要对打法做太大的改变，做好面对对手在决胜局会表现出某些特别打法的心理准备，采取一些更强有力的、与对手不同的打法，争取进攻得分。如果对手击球比自己好或打出特别好的一局使自己失利，要敢于面对失利，及时分析原因并找出对策，顶住压力争取反击。

（5）关键比分时的心理

①“第一分球”的心理调节

在网球比赛中，“第一分球”采取何种打法非常重要，因此应在一开始就养成正确的比赛习惯，形成正确的第一分球打法的习惯。

在网球比赛中，无论是发球还是接发球的第一分都是很重要的分数，要做好充分的准备。如果得了第一分，赢得这一局的可能性就很大，因此，应集中注意力努力破发，打好第一分球，以动摇对手的信心。

②“30：30”的心理调节

在网球比赛中，比分到 30：30 时，比赛双方的心理都会有一点紧张。优秀的网球选手在出现 30：30 的比分时，会鼓励自己接发球不失误并力争赢得一分，打破比赛的均势，以便在心理上占据较大的优势。如果 30：30 是己方发球，一定将一发发在界内，不要做出不同的发球动作，坚持自己正常的打法。

③“40：30”的心理调节

己方发球时，不要急于拿下比赛而冲动。可以采取混合发球的打法，给对手施压；最重要的是，对比分不要想得太多，进入赛场就应决定好怎么打，学会控制比赛。

④“30：40”的心理调节

在网球比赛进行到 30：40 的关键比分时，优势方再得一分就会取得本局（本盘）的胜利。

如果是己方接发球，要努力破发球，摆脱落后局面。很多运动员迫于心理压力，急于将比分扳平而采取不同于以往的技战术打法，因此常常会发生失误。

在30：40的比分形式下，正确的做法是坚持可以打破比分的相同接发球。击球一定要有目标：如果对手发球到正手就应打斜线；如果对手发球到反手就打直线。如果接发球的效果不好，可以挑高球或打不同球，但不宜多用。如果30：40时己方发球，要坚持自己擅长的技战术打法。底线打法的选手要采取中速发球，然后从底线得分；发球上网的选手应在发球后进入场内，以争取比赛的主动权。

（6）比分领先时的心理调节

比分领先时，不要想着保持领先，否则会产生保守心理，以致过于紧张和击球失误。应想着一局有4分，要一分一分地拿。比分领先时要保持相同的打法，不要改变比赛节奏，也不要试图尽快结束战斗，否则就会“欲速则不达”。

（7）比分落后时的心理调节

己方比分落后时，多数运动员反而没有压力，打得比原来要好得多。虽然这时处于落后地位，但仅仅是一个接发球局得分的问题，如果在发球局拿回一分，在下局接发球时得分，然后再得一分，就能扳回到比分。即使以2：6失去一盘，也可以在下一盘的第一局奋起直追，扳平比分。因此，比分落后时放轻松就好。

第三节　网球运动专项素质训练

过去有一种训练理论是：只要进行一定时间、一定强度的训练后，技战术就可以自然而然地提高。其实，训练时间不可能是无限的，而要有效地利用时间，在注意训练量的同时，更要注意训练的效果。要避免过度训练，过度训练只会带来负面影响，容易造成事倍功半。

一、熟悉球感练习

（一）基本球感练习

（1）接抛球。和一个同伴做来回抛球，并在球反弹前接住它。

（2）接反弹球。在两个人之间抛反弹球，当球落在膝和腰之间的高度，准备第二次反弹时接住。

（3）手掌击球。用手掌击球，对着墙或和同伴在网上用手掌打来回球。

（二）手眼协调练习

（1）往空中抛一个球，并在球落下时接住。先用双手接，然后用击球手接。

（2）用左手朝上抛球，并用右手接球；反之亦然。

（3）朝地上掷反弹球，并在球下落时接住。开始用双手接，然后试着用单手接。

（4）把球朝地上反弹得更高一点，接球前做一个转身动作。

（三）动作反应

让一个同伴背朝你，叫他的名字并朝他扔一个球，他听到后迅速转身，对球做出反应并接住球。两人轮流做。

（四）控制球练习

（1）握拍，拍面与地面平行，在拍面中间（甜点）部位反弹球。

（2）同上练习，在反弹一次球后，翻转拍面用另一面击球，在两次击球间保持翻转拍面。

（3）同上练习，只是用球拍边框代替拍面击球。

二、对墙练习

对墙进行网球技术练习，不需要正规的场地，只要有一面平整的墙面，墙面正面有块平整的空地即可。对墙练习不需要同伴或陪练，可以独立进行。对墙练习可以多触球，以发展击球感，对尽快提高网球技术十分有利。方法如下。

（一）正反手击落地球练习

（1）练习者距墙5～6米，将球击向墙面约1.4米处，等球反弹落地后再连续击球（见图13-6）。逐渐加大击球力量，同时逐渐升高向墙面的打击点，也逐渐加长练习者与墙的距离。先练正手击球，再练反手击球。

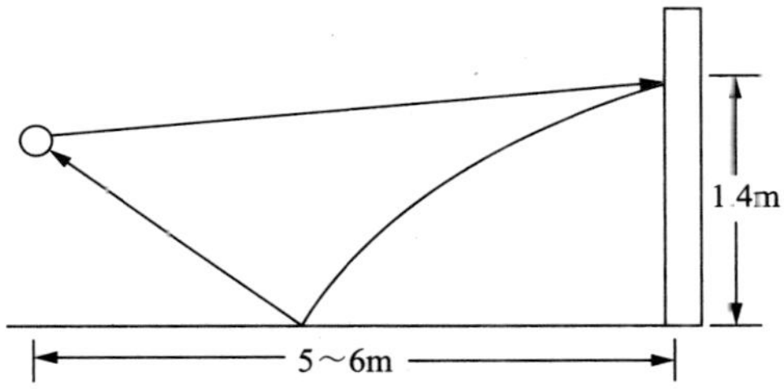

图13-6　“一跳”击球打墙练习法

（2）练习者距墙约13米，将球击向墙面1.8米处，等球反弹落地两跳后再连续击球（见图13-7）。先练习正手击球，熟练后再练习反手击球，最后练习正反手交替运用击球。此练习的击球距离相当于球场上底线抽球，击球不需要十分用力，有充分的时间做好下一拍击球的准备姿势，便于纠正动作。

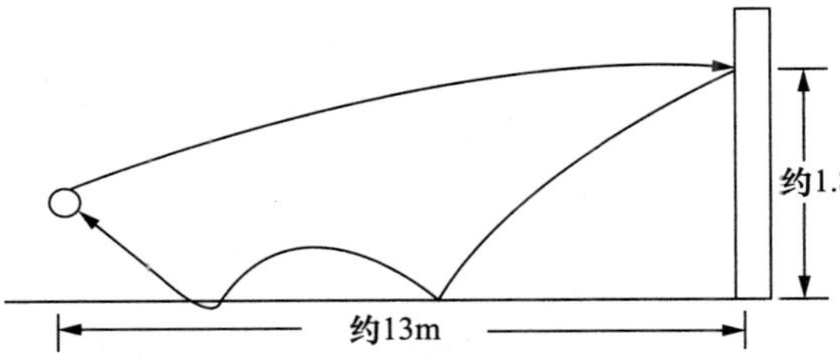

图13-7　“两跳”击球打墙练习法

（二）截击球练习

练习者距墙约4米，连续对墙约1.6米处练习凌空球，反弹回来的球较低，要降低重心击球（见图13-8）。熟练后可以距墙远一些练习，还可以正反手交替练习。

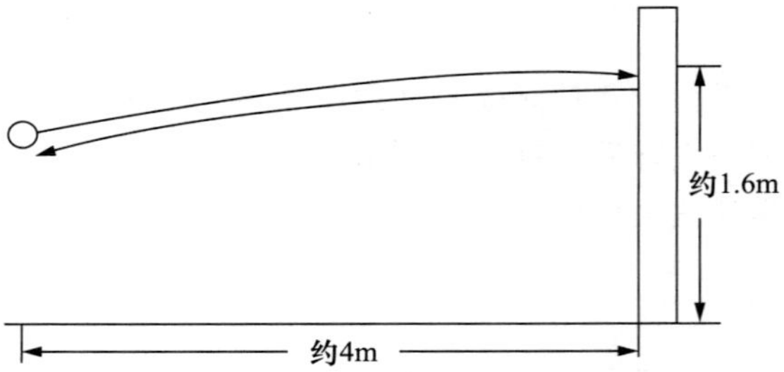

图 13-8 “截击球”打墙练习法

（三）发球练习

练习者距墙 12 米，将球发向墙上所画目标，墙上一横线是网高，约 1 米，目标小方块边长 40 厘米。站位 a1，练习在右场区发球；站位 a2，练习在左场区发球（见图 13-9）。初学者宜学侧旋发球，上旋发球弧度大，击墙目标可稍稍增高。

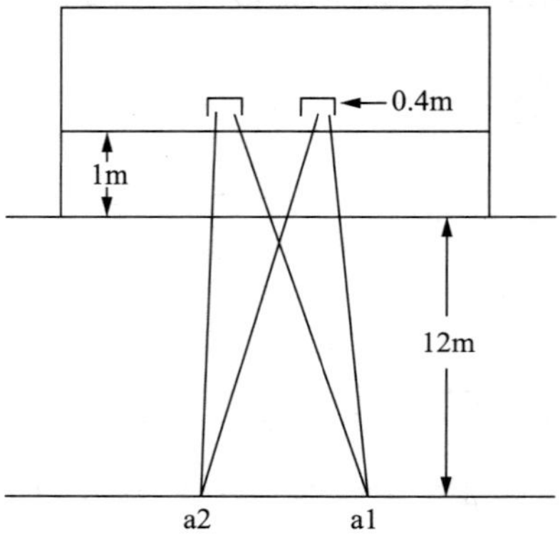

图 13-9 “发球”打墙练习法

（四）高压球练习

练习者距墙 7 米，向上抛球后，向距墙 1.5 米处的地面高压扣球，球从墙上高高地反弹回来后，连续练习高压球（见图 13-10）。

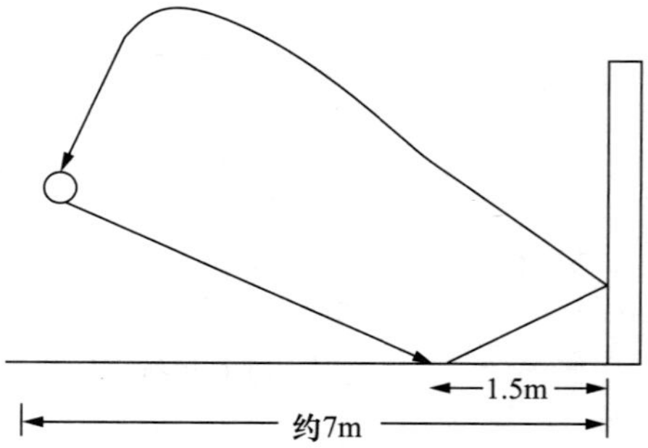

图 13-10 “高压球”打墙练习法

（五）反弹球练习

练习者距离墙 6 米，向墙上 1.8 米处击球，球反弹落地后刚刚跳起，就将球击回（见图 13-11）。

该练习要求练习者眼睛盯住球，引拍动作小，下降重心击球。

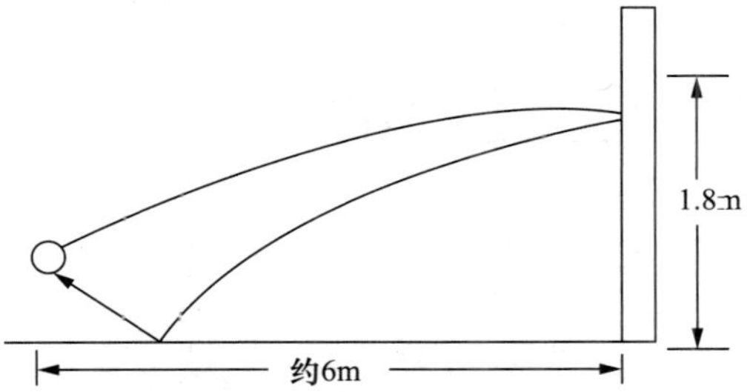

图 13-11　“反弹球”打墙练习法

（六）放小球练习

练习者距离墙 6 米，采用正反手削球技术，轻轻击向墙面 1.2 米处，球反弹落地两跳后连续练习放小球（见图 13-12）。

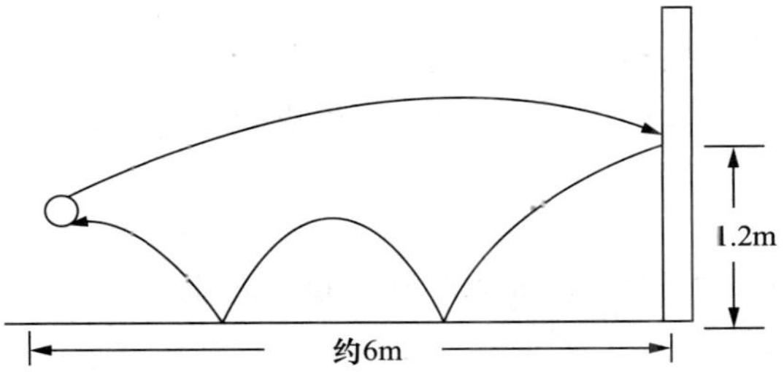

图 13-12　“放小球”打墙练习法

（七）正反手交替直、斜线击球练习

第一，采用正反手交替运用击球技术，并且在移动中进行（见图 13-13）。第二，击球 1，正手击直线球；击球 2，正手击斜线球；击球 3，反手击直线球；击球 1，反手击斜线球，如此反复连续进行。反复来回的次数较多以后，可以逐渐增加左右移动的距离，以增加击球难度并提高移动能力（见图 13-14）。

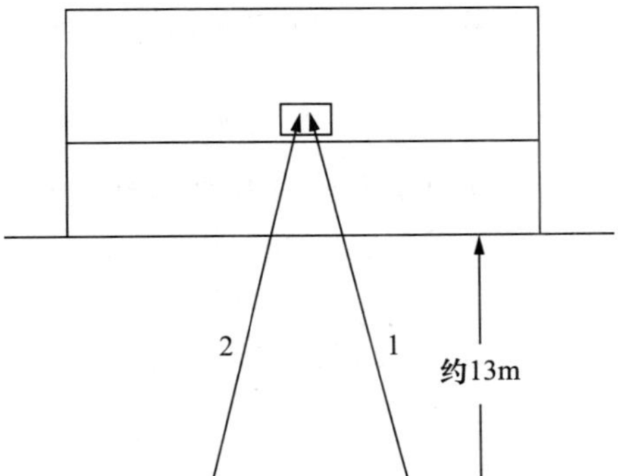

图 13-13　移动中正反手交替直、斜线打墙练习

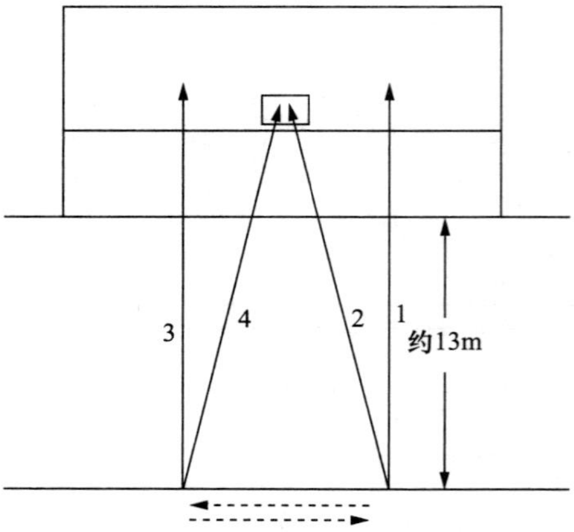

图 13-14　移动中正反手交替斜线打墙练习

（八）正反手交替斜线击球练习

与练习 7 相似，但不击直线球，只击斜线球，可以进一步增加击球难度和提高移动能力。

三、场地练习

在每天的训练中，不能集中地单单训练自己所擅长的打法和不擅长的打法，应循序渐进地根据实际情况进行场地的有球练习。

（一）训练课例

1. 网前相互截击

作为热身活动的一个重要环节来进行。通过这个活动，使身体适应过来，将肌肉伸展到适合大运动量的程度。训练时间 5 分钟左右。

2. 中间连续对打

延长球与球之间的间距，有意地打出使对方容易回击的球。训练时间 15 分钟左右。

3. 对角连续对打

这种训练是围绕网球的基本技术展开的。分别进行正手击球和反手击球。正反手各练 10 分钟，合计 20 分钟。

4. 网前球与高压球

教练使用半场，选手使用全场，分别就网前球和高压球进行训练。进行这个训练，当机会球来临时，就能很容易将球击到空当。正反手各练 5 分钟，共计 10 分钟。

5. 得分球

让教练在网前发浅球，选手用正反手交替击球，力争一球得分。正反手各 20 个球，击 40 个球。

6. 击球与截击

教练击球，选手截击。作为下一步上网截击训练的热身运动。训练 10 分钟。

7. 击球与上网截击

教练站在后半场，选手练习上网击球。正反手各练 5 分钟，共计 10 分钟。

8. 截击和扣杀的混合式连续对打

教练站在后半场，交替抽击球和挑高球，选手运用截击球和扣杀技术回击。正反手各 3 分钟，共计 6 分钟。

9. 接发球

教练从底线往里上一步，大力发快球，选手进行正反手接发球的练习。

10. 发球

中央、边线、对角三个地方立标靶，集中注意力，瞄准不同的标靶进行发球练习。一组训练 10 个球。

注意事项：

（1）各项目间可加入 3 分钟的休息时间。

（2）距比赛一星期前开始进行全套练习时，各种连续对打的时间减半。

（二）训练方法举例

1. 小场地练习正反拍交替打

小场地练习是最常用的热身方法，可以在较短的时间内保证很多次的来回击球。选手要想做好这个练习，双脚必须不停地移动来控制球拍和调整身体姿势，这对于提高击球的准确性以及球员的灵敏性、反应能力有较好的帮助。

2. 打两球

同样是小场地练习，但使用两个球，这样击球的准备时间减少了，球员不得不更专注地对待来球，而且也是个很趣味的练习，并对纠正引拍太大的毛病有显著的效果。

3. 两手握拍小场地打反弹球

在小场地对打中，每个球都抢反弹球来击打是困难的，只有快速而精确地移动才有可能做到这点，而且正反拍都用双手握拍，这样球拍控制的范围就很小了，这更提高了对脚步移动的要求，谁都不能在这个练习时放松。

4. 一人网前半场、一人底线全场

一人在前场截击，但只要保护单打半场就可以了，一人在底线试图穿越网前的对手，同时要保护单打全场。网前的球员不能放小球，但可以在底线全场的范围内任意地调动对手，这样可以练就细腻的截击落点，而底线球员则锻炼跑动和破网的能力。底线球员的体力消耗无疑会比网前选手大得多，可以规定底线球员突破达到一定次数才可以稍事休息，如果总是打不够就只能咬紧牙关，再坚持一下。

（三）击球准确性训练

选手一边想象自己击出的球一边牢牢地盯住目标，在保持良好想象的同时把球击出去。在提高集中注意力和准确性的同时，对同一个目标反复练习是很必要的。临近比赛时，往往会过于敏感，因此尽量不要做太多自己不擅长的打法。一般在赛前只练习自己擅长的打法，这样才能保持集中注意力和击球的准确性，达到很好的训练效果。

1. 立标靶的方式

为具备在场地中保持集中注意力、控制力和击打的稳定性，标靶不应设在边角里，而应放置在离边线 30～50 厘米的地方。在所有的反复练习中均以此靶为目标击球。

2. 连续对打练习中的标靶

双方都瞄准标靶进行对角线的连续对打，如果球比较低就打直线球。一边练习5分钟。

3. 发球练习中的标靶

分别在中线、中线与对角线之间、对角3个地方竖标靶，不断提高注意力，瞄准不同的标靶进行发球练习。1个目标10个球×3种×两边。

第十四章　高校网球技战术训练的科学保障

第一节　网球运动训练中常见的运动损伤

一、运动损伤概述

（一）运动损伤的概念与分类

1. 运动损伤的概念

运动损伤是指人们在运动过程中对身体组织或器官造成的伤害，它是运动医学的重要研究内容。运动损伤对运动参与者造成的影响十分严重，轻则妨碍日常工作和生活，严重者可使人残疾甚至危及人的生命，给人们带来极坏的心理、生理影响。因此，积极开展运动损伤的研究，探索运动损伤发生的原因、机理和规律，提出有针对性的预防和治疗措施，降低运动损伤的发生率，减轻运动损伤的危害性具有十分重要的意义。运动员要认识到运动损伤造成的危害，加强预防意识，在参加课外体育锻炼时要采取相应的预防措施，避免出现运动损伤。

2. 运动损伤的分类

（1）按受伤部位的皮肤或黏膜完整与否分类

运动损伤可分为开放性损伤（外伤）与闭合性损伤（内伤）。开放性损伤即受伤处皮肤或黏膜的完整性受到破坏，有明显外伤，容易出血或感染，如刺伤、擦伤、撕裂伤等。闭合性损伤即受伤处皮肤或黏膜无破损，无裂口与外界相通，如挫伤、肌肉筋膜拉伤、关节囊和韧带扭伤、肌腱腱鞘和滑囊损伤等。

（2）按受伤的组织结构分类

运动损伤可分为肌肉与肌腱损伤、皮肤损伤、关节损伤、骨损伤、滑囊损伤、神经损伤、内脏损伤和血管损伤等。

（3）按病情的轻重分类

①受伤后仍能继续工作劳动的为轻伤。

②受伤后停止运动或丧失工作劳动能力 24 小时以上，并需要治疗的为中伤。

③受伤后需要住院治疗而不能参加工作劳动的为重伤。

（4）按发病的缓急分类

运动损伤可以分为急性损伤和慢性损伤。急性损伤是指瞬间遭受直接或间接暴力而造成的损伤。慢性损伤是指因急性损伤迁延成的损伤或由于局部长期负担过度积累而成的损伤。

（二）运动损伤的成因与预防

运动损伤是指运动过程中发生的各种损伤。其损伤部位与运动项目以及专项技术特点有关。

如网球肘多发生于网球运动员和标枪运动员。损伤的主要原因是：训练水平不够，身体素质差，动作不正确，缺乏自我保护能力；运动前不做准备活动或准备活动不充分，身体状态不佳，缺乏适应环境的训练，以及教学、竞赛工作组织不当。运动损伤中急性多于慢性，急性损伤治疗不当、不及时或过早参加训练等可转化为慢性损伤。

1. 运动损伤的成因

在运动锻炼过程中，不管是直接的还是间接的身体损伤，都统称为运动损伤：造成运动损伤的原因是非常复杂的、多方面的，既与运动者的运动基础、体质水平有关，也与运动项目的特点、技术难度以及运动环境等因素有关。据国内外大量综合研究分析，可以分为以下几个方面的原因。

（1）思想认识因素

在运动时对运动损伤的认识和理解不足，不重视运动损伤的危害性，麻痹大意，盲目蛮干，急于求成，这是引起运动损伤的主要因素。因此，应重视运动损伤的危害性，充分做好防范损伤的措施，锻炼前做好器械的检查工作。

（2）准备活动不充分

准备活动可以提高中枢神经系统的兴奋性，增强各器官系统的功能，提高关节肌肉的黏滞性，可以使人快速进入紧张的活动状态。不做准备活动、准备活动不充分、准备活动量过大、准备活动时间与正常运动时间的间隔过大等因素都有可能导致运动损伤的发生，这是引起运动损伤的第二大因素。因此，运动前要做好针对性的准备活动，使人体器官、关节肌肉迅速达到运动状态。

（3）身体状况和情绪不佳

身体处于疲劳状态或者运动情绪低落，以及伤病刚刚痊愈时，人体生理机能和运动能力都会下降，身体的协调性和动作的准确性不高，反应迟钝，注意力减退，在这种情况下参加剧烈的运动，就可能引发运动损伤。因此，运动前应及时调整身体状态，调节情绪，遵循循序渐进的原则参加体育活动。

（4）组织方法不当或运动负荷过大

进行身体锻炼时，缺乏必要的动作示范和耐心地讲解，理解动作结构不透彻，违反人体结构功能的特点及运动时的力学原理，采取的辅导方法不正确，缺乏保护和自我保护，或者动作粗野，违反比赛规则，以及运动量和运动负荷过大，超过了锻炼者的生理负荷，就容易引起运动损伤，在锻炼时要理解动作结构，规范教学方法，采取正确的保护措施，运动量和运动负荷适中，循序渐进地进行体育练习。

（5）场地和服装因素

运动场地地面不平整或者太滑，器械安装不牢固，存在严重的安全隐患，场地周边缺乏安全设施，运动参与者缺乏必要的防护用具，运动时佩戴戒指、耳环等首饰，服装不符合运动要求等都会引起运动损伤。所以，运动时要注意场地、器械的安全性，佩戴必要的防护用具，按照运动的要求穿戴服饰。

（6）运动项目特点因素

不同的运动项目有着不同的技术特点，运动项目对运动参与者的要求不同，锻炼时身体各部位所承担的负荷也不同。因此，在运动时，承受力量较大的部位容易引起运动损伤，如网球运动员的肘部容易受伤等。所以，运动时要加强对容易受伤部位的保护，尽量避免运动损伤的发生。

（7）人体解剖生理因素

从解剖和生物力学的角度来看，人体的部分组织在结构上较为薄弱，或在某个角度时比较薄弱，存在不适宜运动的关节，而这些关节在运动时容易发生损伤，如肩关节、肘关节在承受巨大的力量时容易脱臼。所以，平时应加强薄弱关节或组织周边的肌肉力量，增加韧带的弹性，做好自我保护，避免突然用力。

（8）环境气候因素

在气温过高或过低，以及在空气污浊、光线不足、噪声分贝过大的环境中进行体育锻炼时容易引起运动损伤。气温过高容易引发机体疲劳和中暑；气温过低容易冻伤或拉伤；空气污浊容易引发呼吸道疾病；光线不足影响视力，造成反应迟钝、兴奋性降低而导致受伤。因此，应选择在光线充足、空气清新、环境怡人的地方进行体育锻炼，避免在高温和低温环境下长时间运动，并做好必要的防范措施。

2. 运动损伤的预防

参加运动锻炼的目的是增强体能，促进身心健康，而运动损伤的发生往往会使运动者的身心都受到一定的损害，因此，防患于未然就显得特别重要。运动者应采取一些预防措施，从而使运动锻炼既健康安全又富有成效。

（1）克服麻痹思想

运动者要重视提高预防运动损伤的意识，尊重运动锻炼的原则，切不可随心所欲。同时应加强身体的全面锻炼，提高机体对运动的适应能力。

（2）做好准备活动

准备活动不仅能使基础体温升高、血液循环增加、肌肉的应激性提高和关节柔韧性增强等，也能减少锻炼前的紧张感和压力感。要根据个人的机能情况和运动特点，有针对性地做好准备活动，对可能发生运动损伤的环节和易伤部位，及时做好预防措施。

（3）加强保护与自我保护，提高自我保护能力

如摔倒时，要顺势做好屈膝、弯腰、低头、含胸、团身滚动，切不可用直臂或肘部撑地。平时要加强跳跃、滚翻等动作练习，以提高身体的灵敏和应变能力。

（4）合理地组织

在教学、训练、比赛中，要根据运动员的年龄、性别、健康状况和运动技术水平，严格做好预防措施。

（5）重视科学运动

科学运动包括五个要素，即全面性、个别性、渐进性、量力性以及医务监督。特别是当身体出现不良反应时，要分析原因，采取必要的保健措施。必要时要经过医生诊治后，确定是否参加锻炼和适合多大的运动量。

（6）要创造安全、适宜的运动环境

运动器具、设备、场地等都应进行严格的安全检查，包括运动场地平坦，运动器材设备坚固、安全，以及个人衣着适宜，等等。

二、网球运动常见损伤的处理

（一）水泡

网球运动是用手持球拍的一种持器械运动，球拍与手掌表面经常要转动摩擦，所以，有些人的手部皮肤下面会摩擦出淤水小水袋。但是，如果打球时特别容易磨出水泡，则存在其他原因，要找出预防的办法并对已磨出的水泡进行及时处理。

1. 磨出水泡的原因

拇指关节内侧、掌际与拍柄后部相接触的部位、前脚掌等都是容易起水泡的地方。初学网球的人很容易磨出水泡，主要原因是平时练习较少，握力较差，手掌皮肤细嫩，当不能有效击球而使球拍被动转动时，增加了手掌皮肤与拍柄的转动摩擦，从而产生水泡。有些人在打球时特别容易磨出水泡，其原因首先是技术动作不准确，经常将球打在球拍的甜区外或拍框边缘等处，增加了手掌与拍柄的摩擦强度；其次是在击球准备、引拍、挥拍的整个过程中手腕过于紧张，握拍太紧、太死；最后是拍柄不合适，太短或太细，表面太硬或不吸汗而太滑。

2. 水泡的预防方法

对于因皮肤细嫩而磨出水泡的正常原因，只要不断加强练习，增加常与拍摩擦的皮肤厚度，让其生成“茧”即可解决。而对于其他非正常原因造成的水泡，主要的预防方法有：

（1）选择拍柄合适的球拍打球，粗细要以自然握住拍柄、手指与手掌的缝隙恰好能放入一只手的食指为准，拍柄表面要软，有吸汗和减震的作用为最佳。也可以在把柄上缠一层柔软防滑的吸汗带或在球拍上拍粉，这样可以避免手心流汗。

（2）握拍时，就像握住一只小鸟一样，只有在球拍击球的瞬间，才用力握住球拍。

（3）提高击球技术动作的准确性，增加击球效果，固定球拍的击球点在甜区内。

3. 治疗水泡的方法

如果手掌磨出了水泡，对它的处理以保守、避免感染为原则，保持其周围皮肤的干燥、清洁、无菌。一般小的而且没有破裂的水泡，经过一段时间之后会自然收干，无须特别照顾。对于一些大水泡，需要用消毒的针头刺穿水泡边缘，轻轻挤出水质，再盖上消毒纱布，进行简单包扎。为避免水泡下的真皮感染，应尽量保留形成水泡时松弛的表皮，千万不要随意撕掉表皮。

（二）肌肉痉挛

俗称抽筋，痉挛部位的肌肉突然伴有疼痛和无法控制的僵硬，最易发生于小腿及足底。小腿抽筋，学名叫腓肠肌肌肉痉挛，是小腿的腓肠肌发生不能控制的强力收缩所表现出的一种生理现象。

1. 肌肉痉挛发生的原因

（1）冷塞闭藏。肌肉受到低温的影响，兴奋性会提高，易导致痉挛。在气温较低的环境中运动，如果未做准备活动或做得不充分以及未注意保暖，肌肉痉挛就更容易发生。

（2）电解质丢失过多。电解质与肌肉的兴奋性有关，运动中大量排汗，特别是在长时间的剧烈运动后或在高温季节运动时，电解质随汗液大量流失会使肌肉的兴奋性提高，继而容易发生肌肉痉挛。

（3）肌肉连续过快收缩而放松不够。在练习或比赛中，肌肉过高频率地连续收缩而放松时间又太短，收缩与放松不能协调地、成比例地交替进行，很容易引起肌肉痉挛，这在训练水平不高的新手中比较多见。

(4) 疲劳。主要是身体疲劳，会影响肌肉的正常生理功能。疲劳的肌肉往往使血液循环和能量物质代谢有改变，肌肉中会有大量的乳酸堆积，乳酸不断地对肌肉的收缩物质起作用，致使痉挛产生，特别是局部肌肉疲劳状态下再进行剧烈运动或做些突然紧张用力的动作时容易引起肌肉痉挛。

2. 肌肉痉挛的预防方法

(1) 运动前，一定要充分做好热身准备活动，特别是腓肠肌的伸缩练习。

(2) 加强身体素质锻炼，提高肌体的耐寒力和耐久力，防止因一般疲劳而抽筋。

(3) 控制好运动量，不要使肌肉过度疲劳。

(4) 疲劳和饥饿时不宜进行剧烈运动，运动后要注意做好肌肉的放松活动，防止肌肉僵硬，以免造成肌肉紧张与放松不协调。

(5) 在夏季打球尤其在长时间的运动时，应注意多喝水和运动饮料，及时保证体内水分、电解质和维生素的摄入。

(6) 在冬季室外打球时应注意保暖，衣服不可穿太少而使肌肉迅速冷却。必要时，可戴上护腿或穿上网球袜来保护小腿。

(7) 经常发生小腿抽筋的人，在上场之前除了充分地伸展小腿肌腱外，还要对小腿肌肉做适当的按摩。

3. 治疗肌肉痉挛的方法

发生抽筋时，应保持冷静放松，不要太紧张，原地坐下，伸直膝关节，以相反的方向牵引痉挛的肌肉，一般都可使其缓解。自己用同侧手拉住脚尖，慢慢地尽力向后拉；或者由同伴帮助，握住脚尖固定，将双手放在身后，撑住地面防止身体后移，同时慢慢用力向前蹬、伸小腿。牵引切忌暴力，用力宜均匀、缓急适中，以免造成肌肉扭伤。同时配合局部按摩，如按压、揉捏等。有条件时，可用毛巾热敷小腿，促进血液循环，加快恢复正常。

(三) 网球肘

网球肘的学名为“肱骨外上髁炎”，其特点是肘及肱骨外上髁的创伤性炎症，因多见于网球运动员而得名，大多数属慢性劳损。在网球运动中，经常反复伸屈腕关节，尤其是用力伸腕而又同时需要前臂旋前、旋后的动作，非常容易引起这种损伤。在用下旋、反手回击急球时，由于固定拍型的需要，腕、肘（前臂）部肌肉必须高度紧张（特别在击球点一瞬间达到极点）才能与来球的强大力量对抗，经常如此，就使得腕、肘部肌腱纤维受到反复牵扯而发生劳损，肌腱的牵扯损伤发生后，操作性炎症反应引起疼痛。

网球肘产生初期的症状主要表现为前臂肌肉的两端肌腱之间产生红肿和疼痛，尤其是靠近肘部外侧和内侧肌腱上端的骨附着点。肘关节外侧会出现酸胀和轻微疼痛，用力背伸手腕和前臂向内、向外顺转时，局部疼痛感加强。

如果没有得到控制，网球肘病情发展时，肱骨外上髁部发生持续性疼痛，局部疼痛会加强，并由肘部向前臂外侧扩散，患者侧手的力量减低，持物不牢，端提重物、拧毛巾、反手击球时，肘外侧疼痛显著加强，在肘部的外侧或内侧有明显的压迫痛点。如果症状严重到徒手挥拍都很痛时，就须停止任何肘部的活动，立即就医。

1. 网球肘形成的原因

（1）从击球动作分析，挥拍姿势不正确，用力不合理，是造成网球肘的主要原因。

①反手击球动作不正确，没有有效地运用身体力量，而手臂过于发力，肘部过于急速伸直。

②直臂击球、正手击球时，没有靠转腰、转身的力量，而用手臂强直打球。

③一味地模仿职业球员的暴力打球动作，而没有根据自己的身体条件特点选择恰当的击球方式。

④打球不能经常击中甜区，击球的时候肘部常常远离身体腋下。

⑤对于一些比较容易的“软”球，过于用力地回击。

（2）从机体的生理特性分析，打球时肘部所承受的冲击和震动是造成网球肘的根本原因。每个人的肌肉、关节、韧带的运动能力都有一定的极限，当击球动作的力量、旋转超过了手臂的正常承受能力时，长期练习就会使前臂的肌腱因反复过度牵扯而劳损，形成网球肘。

（3）网球拍的减震效果差，穿线磅数过大或是球拍过重，容易造成前臂肌肉紧张过度，增加了前臂的负担，从而形成了网球肘。

（4）超负荷练习

想提高网球水平，增多练习次数并不是唯一的办法，当然也不是最好的办法，只有在保证练习质量、提高练习效率的基础上增加练习才有意义。业余网球爱好者每次练球1～2小时，练习质量最好，最有感觉，心理愉悦程度最高，疲劳感觉也最适宜。

2. 预防网球肘的方法

（1）根据自己的击球特点，选择软硬适当的球拍。不同击球方式的人如不慎重选择软硬适当的球拍，都有可能造成网球肘。

（2）加强手腕、手臂的力量练习和柔韧练习。

（3）防止手臂肌肉疲劳积累，练习时应注意运动强度要合理，不可使手臂过度疲劳。

（4）选择甜区大、重量轻、拍柄合适、穿弦松的球拍，也能有效地减少网球肘的产生。穿弦时减小磅数并选择细一些的弦、松软一些的拍面，可以帮助击球者吸收一些因拍、球对抗所产生的振动之力，也可以帮助练习者更省力地击出落点较深的球。

（5）纠正错误的击球动作，这是根治网球肘的最好办法。单手反拍击球时，一定要靠转体转肩的力量带动手臂去打球。正手击球时，应避免手腕、手掌的翻转动作，让大臂和小臂无论后摆还是前挥的时候都保持一个固定且具弹性的角度，不要直臂打球。

（6）做好准备活动及练习后的放松环节。打球前，要充分做好热身活动，特别是手臂和手腕的内旋、外旋、背伸练习。打球后，要重视放松练习，最好是按摩手臂，使肌肉更加柔软而不僵硬，保证手臂肌肉紧张与收缩的协调性，减少网球肘的产生。

（7）不要在太硬的球场上强力打击速度很快的球，不要打湿重的球。

（8）用支撑力较强的护腕和护肘把腕、肘部保护起来。限制腕、肘部的翻转和伸直，有效地使用弹力绷带和护肘，对慢性网球肘的伤情扩展有一定的限制效果。

（9）肘部出现疼痛后应立即休息，否则病情会复杂化。

3. 治疗网球肘的方法

根据网球肘症状的轻重、疼痛程度的不一，应采取不同的治疗方法。

（1）早期症状轻微时，疼痛较轻，可采用按摩和理疗的治疗手段，效果较好。疼痛加重后可采用中药、针灸疗法。继续打球时，要在肘部缠绕弹力细带或者戴上护肘，这样就可以减少疼痛的发生。

（2）急性发作期，疼痛剧烈，应以静养、休息为主。不要临时绑上绷带或戴上护肘继续上场打球，那样只会使病情加重。有条件的话最好使用冰敷来缓解疼痛，但要注意冰敷的时间以10～15分钟为宜，不要太长，以免冻伤皮肤。

（3）一般急性发作期，待疼痛减轻后，就可恰当、慢速、多次地做橡皮带的恢复练习，但应注意，在受伤后的3个星期内保证不重复做造成肘部损伤的动作，以后可逐渐练习改进过的技术动作，2个月后方可参加正常练习。

（4）一般性网球肘的治疗，多采用手臂的各种伸展运动练习来缓解伤痛。

（四）脚踝扭伤

网球运动有时需要做大幅度的动作，这可能会导致关节受伤。一般而言，当关节受到压力作用时会产生扭伤，扭伤属于突发性的意外事故。打网球最容易扭伤的部位是脚踝、膝盖和腰部。脚踝扭伤多数是急停或奋力奔跑时以脚外侧先触地面，而单侧脚踝难以承受身体因惯性或制止惯性所产生的强大力量，从而导致踝关节韧带、肌肉以及骨骼的损伤。膝部扭伤多数要归于侧向的急跑和急停，这与脚部比较相像。腰部突发性扭伤往往发生于球员急停并变向（尤其是向后变向）转身跑的时候，发球时的背弓及反弹背弓发力的动作也容易使腰部吃不消而导致损伤。网球场上最常见的扭伤就是脚踝扭伤（扭脚）。有些比较严重的扭脚，当时就可以听到较响的韧带撕裂声，之后踝关节开始充血、肿胀，并且脚踝疼痛感剧烈，在踝关节韧带损伤处有明显的压迫感。

1. 脚踝扭伤的原因

（1）踝关节力量较差，打球跑动时急起和急停动作过于短促、用力。

（2）准备活动不充分，踝关节的韧带未得到充分伸展就迅速进入激烈的运动状态。

（3）思想麻痹大意，常做一些无谓、盲目、多余的危险动作，如跳过球网。

（4）对打球环境的不适应，如球场太硬、太湿、太涩，或者不平整，还有球鞋不合脚等原因。

（5）打球的运动量过大，脚踝的紧张时间过长。

（6）身体出现疲劳尤其是脚踝的疲劳，此时精神状态不佳且疲劳未彻底消除，在这种情况下仍然在球场上强迫式地激烈打球。

2. 脚踝扭伤的预防方法

（1）加强脚踝周围肌肉的力量练习和踝关节的柔韧性练习，适当限制关节的活动范围。

（2）对易伤脚踝部位进行固定保护，如包扎弹性绷带等。

（3）认真做好准备活动，上场打球时应由近到远，由慢到快，运动强度逐渐加大。

（4）掌握正确的用力方法并通过练习使之熟练化、自动化。

（5）加强安全意识教育，不要在疲劳状态下打球，不做危险的动作，不过分急于求成。

（6）穿合适的网球鞋，网球鞋应轻便、舒适、大小合适、有弹性，并与场地相适应。

（7）清除场地内的杂物，如暂时不用的球等。

3. 治疗脚踝扭伤的方法

脚踝扭伤的当下，要先控制关节内充血，立即抬高踝关节，并进行冷敷。如果特别严重，应及时送到医院就诊。一般的脚踝扭伤应在 24 小时内禁止在扭伤部位有任何活动，迅速冷敷，防止关节内继续出血、肿大，并减轻痛苦。若使用冰块冷敷，应用毛巾包住冰块，不要直接将冰块放在脚踝上，防止冻伤皮肤。若在水龙头下用冷水冲洗伤处，应保持踝关节的适当高度。

伤情稳定后，要有效地进行消肿。取一盆较热的水和一盆凉水，分别把受伤的踝关节浸泡在热水中 15 秒钟，然后迅速移至凉水浸泡 5 秒钟，再反复更换，利用温度的变化产生热胀冷缩，促进踝关节的血液循环，使肿胀最有效、最快速地消失。在脚踝扭伤没有彻底痊愈前，还需要经常裹上护踝或弹力绷带来保护踝关节。

4. 脚踝扭伤后的恢复

脚踝扭伤后，为了尽快痊愈，不让停止打球的时间过长，同时也为了日常生活的需要，一定要重视伤后的脚踝康复练习，尽早地恢复到原来状态，保持原有的网球运动水平。脚踝扭伤积极恢复时要注意：

（1）尽快利用各种方法去瘀血、消肿胀。

（2）根据具体伤情，在损伤早期的一定时间内，应禁止踝关节的任何活动，保持静养状态。

（3）待伤情有所好转、症状有所减轻之后，要尽量进行踝关节的功能练习，可开始缓慢地做踝关节的屈、伸、内绕环、外绕环等静力或阻力练习。

（4）根据功能练习的效果，判断踝关节的具体恢复情况，适当地、循序渐进地上场练习，这有助于踝关节的恢复。刚开始上场练习时，一定要戴护踝或弹力绷带来保护踝关节。打球时，运动的强度要小，运动量要少，应从网前原地慢球练习开始。

（五）肌肉拉伤

肌肉主动强烈地收缩或被动过度地拉长超过了肌肉本身的负担能力，所造成的肌肉细微损伤、肌肉部分撕裂或完全断裂，称为肌肉拉伤。它在网球运动中极为常见，应引起足够的重视。

1. 肌肉拉伤形成的原因

（1）疲劳或过度负荷时，肌肉的机能下降、力量减弱、协调性降低，此时最易出现肌肉拉伤。

（2）三头肌损伤是由于肘关节的突然伸直或食指和拇指握拍太紧，妨碍手腕的运动，肘关节快速伸直所致。

（3）背肌损伤是在下蹲击球或转体动作时造成的。

（4）腹部肌肉损伤是用力过猛发球或打高压球所致，或者肌肉负担过重而引起的。

2. 肌肉拉伤的预防方法

（1）做好准备活动，使全身肌肉放松，各部分肌肉的生理机能达到适应运动所需的状态。

（2）注意加强易伤部位肌肉的力量和柔韧性练习，使屈肌和伸肌的力量达到相对平衡，这是防止肌肉拉伤的有效措施。

（3）掌握正确的技术动作，击球不要过猛或粗暴。

（4）对打球的环境要适应，如气温过低、湿度太大、场地或器械的质量不良等都可以引起肌肉扭伤。

3. 治疗肌肉拉伤的方法

(1) 肌肉轻度拉伤用针刺疗法会取得显著疗效，不同的针刺强度和针刺频率，使受伤的肌肉能够在适度的范围内按照不同的节奏和强度进行舒张和收缩，从而有助于恢复肌肉的弹性。

(2) 肌纤维部分断裂者，早期用冷敷、加压包扎来治疗，还要把患肢放在使受伤肌肉松弛的位置以减轻疼痛。

(3) 怀疑有肌肉、肌腱完全断裂者，应在局部加压包扎，固定患肢，立即送医院确诊，必要时还要接受手术治疗。

(4) 48 小时后开始按摩，手法要轻缓。

(5) 肌肉拉伤后的练习应量力而行，一般以不感觉伤处疼痛为准。

(六) 肌肉酸痛

打网球的人都有过这样的体会：当尽情地在网球场上潇洒挥拍后，第二天总会觉得浑身肌肉酸痛。这种肌肉酸痛一般发生在运动之后的一两天，并且有时会持续好几天才能自然消退，恢复正常。这种现象因为不是发生在运动过程中或在运动后立即产生，所以也把这种肌肉酸痛称为肌肉延迟性疼痛。肌肉酸痛是人体的一种正常生理反应，虽然不是严重的运动损伤，但是在每次打球之后，都有这种情况发生，会对日常的工作生活产生一定的影响。对于不同人群，有的人就会出现肌肉酸痛，有的人则不会。通常职业选手或水平较高的业余球员，由于能保证一定的打球次数和运动强度，使肌肉不断地得到锻炼，提高了身体素质，所以很少发生这种肌肉酸痛的现象。但对于一般的网球爱好者，因每个星期只在周末打一次球，或一两个月才打几场球，不能保证打球的次数和频率，就难免在每次打球之后感觉浑身肌肉酸痛。

1. 肌肉酸痛的原因

造成肌肉酸痛的具体原因是较长时间不打球或某次打球的运动量突然增加很多，使肌肉对偶尔的上场打球和大运动量没有完全适应，从而引起局部肌肉纤维及结缔组织的细微损伤，以及小部分的肌肉细微产生痉挛。由于这种肌肉细微损伤和痉挛是局部的、少数的，相对整块肌肉来说，仍然不会影响其完成动作。肌肉一旦产生酸痛后，经过肌肉内部细微组织的自我修复，还会提高它的质量。如果接着在一定时间内肌肉质量尚未退化时继续打球，就不会再发生肌肉酸痛了。

2. 预防肌肉酸痛的方法

(1) 保证打球计划的合理性，尽可能做到每周打球 2～3 次。如条件有限，也要保证每周用其他运动方式来刺激肌肉活动 2～3 次。

(2) 打球前要做好充分的准备活动，特别是对击球用力的局部肌肉、韧带要充分活动开。

(3) 刚上场打球时，一定要由近到远、由慢到快地增加速度和力量，待身体完全适应后，方可进入正常练习状态。

(4) 在网球场上，尽量避免全力击打球。

(5) 避免练习时间过长、肌肉过度疲劳，当感觉确实有些累时，就要停下来。

(6) 打球时应注意多喝水和深呼吸，可增加肌肉的持久力。

(7) 打球结束后一定要做好放松练习，要彻底放松全身肌肉，并适当做些肌肉再伸展练习，提高韧带的柔韧性。

3. 治疗肌肉酸痛的方法

(1) 对酸痛的局部肌肉进行热敷可促进血液循环，提高新陈代谢，加速肌肉酸痛的缓解和消除。

(2) 对酸痛局部进行静力性伸展练习，保持“较劲”状态2分钟，放松1分钟。反复练习，每天坚持3～4次，可较好地缓解肌肉酸痛。

(3) 按摩局部酸痛肌肉，使之彻底放松。

(4) 利用电疗、针灸等手段也可以适当缓解肌肉酸痛。

(七) 腰部筋膜炎

1. 腰部筋膜炎产生的原因

腰肌筋膜炎，即腰肌劳损，其病理改变是多种多样的，包括神经、筋膜、肌肉、血管、脂肪及肌腱的附着区等不同组织的变化。通常多为急性扭伤腰部后，治疗不彻底即参加运动，逐渐劳损所致。另外，网球运动过程中运动者出汗受凉也是重要成因之一。其症状主要有局部酸痛发沉等自发性疼痛，最常见的疼痛部位是腰椎3、4、5两侧骶棘肌鞘部，不少患者同时感觉有疼麻放射到臀部或大腿外侧；大部分伤者尚能坚持中小运动量的网球运动，一般表现为运动前后疼痛；在脊柱活动中，尤其是前屈时常在某一角度内出现腰痛。

2. 腰部筋膜炎处理方法

可采用理疗、按摩、针灸、封闭、口服药物、用保护带及加强背肌练习等非手术治疗手段。对顽固病例可手术治疗。

(八) 脑震荡

1. 脑震荡发生的原因

头部受到外力打击或撞击后，使大脑管理平衡的膜半规管、椭圆囊、球囊等感受器官功能失调，并引起大脑暂时的意识功能障碍，叫作脑震荡。发生脑震荡的主要表现是神志不清、肌肉松弛、脉搏徐缓、瞳孔放大、神经系统反应减弱或消失等。清醒后，常伴有头痛、头晕、恶心、呕吐感，情绪烦躁、注意力不集中、失眠等症状。

2. 脑震荡处理方法

网球运动者受伤后应立即做到两点：其一，让伤者平卧，头部冷敷，若有头昏应立即指压人中、内关、合谷穴；其二，若伤者呼吸发生障碍，则应立即进行人工呼吸。在上述处理后，如出现反复昏迷，或耳鼻口出血、瞳孔放大且不对称，表明病情严重，应立即送往医院。在运送的过程中，要让伤者平卧，头部固定，谨防颠簸。脑震荡一般都可自愈，无须住院，但是要注意休息和必要的药物治疗，保持情绪上的稳定，减少脑力劳动。在恢复的过程中可以定期或不定期地做脑震荡痊愈实验。其方法是：闭目，单腿站立，两臂平举，如果能保持平衡，表明基本痊愈。这时，可以适当地参加网球运动，但要避免翻滚和旋转性动作，以防复发。

(九) 膝关节急性损伤

膝关节急性运动创伤较常见。膝关节韧带损伤、半月板损伤、髌股关节损伤、肌肉断裂及关节内骨折等损伤均需要紧急处理。轻、中度膝关节运动创伤，可通过保守治疗治愈。严重的运动创伤往往需要手术治疗。关节内积血往往是关节内韧带或半月板撕裂，应积极处理，必要时进行关节镜检查与治疗。膝关节韧带损伤常为复合伤，即两组以上韧带同时损伤，多由接触性暴力（如内翻损伤、外翻损伤、过伸损伤、前后损伤等）或非接触暴力导致，若处理不当将导致膝关节不稳定，影响网球运动训练甚至继发其他组织损伤或创伤性关节炎发生。常见的膝关节损伤有以下几种。

1. 膝关节胫侧副韧带损伤

直接或间接外翻位暴力为常见损伤原因。轻度外翻位暴力常导致胫侧副韧带浅层损伤，可发生股骨内上髁内侧副韧带止点撕脱骨折或胫骨内髁处韧带撕脱；严重外翻暴力可导致内侧副韧带深层、前交叉韧带及半月板损伤，称为“三联伤”。少数导致胫骨外侧平台骨折，甚至半腱肌及缝匠肌断裂或撕脱骨折。大多数可致股骨骨骺处发生骨折。通常将内侧副韧带损伤分为部分损伤、完全损伤及联合损伤（合并半月板或前交叉韧带）。

主要临床表现：受伤后膝内侧部突然出现剧烈疼痛，关节强迫于屈曲位，腘绳肌产生保护性痉挛，拒绝任何活动，勉强用足尖行走。轻中度韧带损伤，如不损伤关节内结构，一般不引起膝关节肿胀，经过简单固定可继续参加比赛；严重的内侧副韧带损伤，内侧副韧带深层损伤，特别是合并有半月板损伤、交叉韧带损伤或关节骨折，膝关节可出现关节肿胀、积血，功能障碍更加明显。

处理方法：损伤早期主要防止损伤加重、固定、止痛。局部立即给予氯乙烷麻醉、降温或冷敷，松软敷料及弹性绷带加压包扎止血固定，抬高患肢，减轻肿胀。3 天后局部热敷或应用中药外敷，并进行股四头肌训练。3 周内局部在支持带或支具辅助下扶拐杖行走。6 周后去除支具或拐杖，膝关节屈伸活动，渐进性抗阻锻炼。3 个月后恢复日常活动。如患膝疼痛，肿胀明显，外翻应力试验阳性，X 线片有骨折，原则上需手术修复。手术修复断裂的韧带止点或缝合撕裂的内侧副韧带，术后康复训练。合并内侧半月板及前交叉韧带损伤者，也需手术修复。

2. 膝关节外侧副韧带损伤

外侧副韧带在膝关节的外侧，起于股骨外上髁，止于腓骨小头。伸直位韧带最为紧张，屈曲位松弛，不与半月板相连，具有防止小腿内收及旋转功能。膝关节外侧副韧带损伤较内侧副韧带损伤少。因为膝关节完全伸直位，保护膝关节的韧带、肌肉及关节囊均紧张，不易损伤。外侧副韧带损伤常由于内翻暴力所致，膝关节内侧的直接碰撞最为常见。损伤程度取决于外力大小，外侧副韧带最早承受牵拉暴力，暴力持续下去，前交叉韧带、腘肌腱、后外侧关节囊、后交叉韧带甚至髂胫束、腓肠肌外侧头、股二头肌都会被损伤。腓总神经可被牵拉或撕裂伤。外侧副韧带根据损伤程度分为部分损伤、完全损伤及联合结构损伤。

主要临床表现：网球运动者膝关节外侧部局限性疼痛、肿胀。如未损伤至关节囊、半月板、交叉韧带，一般不出现关节积液。关节外方的压痛点对判断韧带损伤部位有意义。如若存在联合结构损伤（关节囊、交叉韧带及外侧肌肉），膝关节内翻异常活动增大，抽屉试验阳性，甚至出现膝关节后外侧不稳定。合并腓总神经损伤可出现足下垂。

处理方法：单纯外侧副韧带部分损伤可保守治疗。包括支持带、石膏或支具制动 3～6 周，股四头肌等长收缩，下肢功能康复训练。外侧副韧带完全性损伤及联合损伤均需手术修复。早期全面修复外侧副韧带或联合结构可取得满意的治疗效果，合并腓总神经损伤也需要同时修复。

3. 半月板损伤

半月板是位于胫股关节间隙内的纤维软骨，内侧半月板呈“C”形，外侧半月板呈“O”形，具有传导载荷，维持关节稳定，协调膝关节伸屈及旋转运动，协助滑润关节等功能。在剧烈的网球运动中，从蹲位站起时双脚在地面上未动，膝关节扣锁机制出现障碍导致半月板损伤。在正常关节运动中，半月板是随着股骨的移动而活动，不与胫骨一起移动。只要膝关节伸直时胫骨能够外旋，膝关节屈曲时胫骨能够内旋，半月板就会自由运动，不会受到牵拉和张力，此即扣锁机制。如果膝关节伸直或屈曲时没有胫骨的外旋或内旋，半月板的自由活动消失，在关节中出现了矛盾运动，在剪力与压力的作用下会导致损伤而撕裂。

其主要症状有：受伤当时患者膝关节疼痛，出现肿胀、关节功能障碍。疼痛常在外伤当时出现，位于关节的一侧，位置较固定，常在膝关节的某一角度发生，活动后加重，休息减轻。半月板本身无神经末梢，疼痛主要来自关节囊的刺激，或活动时机械牵拉刺激周围组织的感觉神经所致。急性期过去后，关节活动时膝关节疼痛同时发出“咔嗒”声，或单独出现弹响声音，部分患者伴有膝关节伸直或屈曲受限。

处理方法：该损伤的治疗方案取决于损伤是急性还是慢性，需了解伤者的意愿做出选择。对于急性半月板损伤的初期患者，慢性半月板损伤症状、体征不肯定者，经关节镜检查适合保守治疗者，应采取非手术治疗，目的是保护撕裂的半月板组织，减轻疼痛与肿胀，恢复肌肉张力和关节活动范围。方法：受伤当时给予加压包扎与抬高患肢，具有止血与缓解症状的作用；冷敷在受伤当时立即进行，具有止血、消肿和组织麻醉的作用；关节穿刺抽液适用于关节肿胀严重患者；利用红外线、磁疗仪等理疗方法促进肿胀消退和淤血吸收；石膏或支具固定具有止痛和利于组织撕裂修复的作用；抗炎止痛治疗缓解症状，为康复训练创造条件；功能锻炼在疼痛得到控制的情况下进行，早期可进行股四头肌等练习，主动锻炼在疼痛能忍受时进行。保守治疗 6 周，如果症状消失，股四头肌能达到正常侧的 80%～90%，可开始正常活动。如仍有明显的半月板损伤症状，应手术治疗。手术治疗半月板损伤的方式有半月板缝合术、半月板切除术、异体半月板移植术。

第二节　网球运动训练中的常见运动疾病

网球运动者的运动疾病是指因运动者的身体对运动不适应，引发运动者体内调节平衡的功能紊乱，进而出现的疾病、综合征或功能异常等。常见的运动疾病包括过度紧张、过度训练、运动性心律失常、运动性高血压、运动性贫血、运动性尿蛋白、运动性血尿、运动性腹痛、运动性中暑以及肌肉痉挛等。

一、过度紧张

过度紧张是指网球运动者在比赛或训练时，运动负荷超过了机体的承受能力而引起的生理功能紊乱或病理现象。

（一）发病原因

以下几类网球运动者出现过度紧张疾病的可能性较大：训练水平低、经验较少的新手；因伤病长期中断网球运动训练的运动者；突然进行剧烈的运动或比赛的网球运动者；受巨大精神刺激后的高水平网球运动者。一般认为昏厥型的产生是脑缺血造成的，是由于供血量的减少或脑血管痉挛而引起。脑血管痉挛型发病机理可能与某些脑血管先天畸形或运动时脑部供血障碍有关。急性胃肠道综合征的病理机制可能与胃局部血液循环障碍有关。急性心功能不全和心肌损伤发病者，可能因胸部受到直接打击，血管运动神经反射作用引起心脏循环系统休克，也可能是原患有某些心脏病。还有的认为是运动直接引起心肌出血、水肿、炎症、心脏急性扩张等变化而导致心肌缺血、心肌梗死、急性心力衰竭。

（二）处理措施

网球运动者出现过度紧张后，应立即中止运动。病情较轻者，应让其平卧，注意保暖，进食易消化的食物；发生急性胃肠道综合征者尤其发生胃出血后，应休息观察，进流质、半流饮食或软饮食，必要时可用止血药；出现急性心功能不全者，应立即采取半卧位，现场给予吸氧；伴昏迷者，应针刺或点掐人中、百会、涌泉等穴；伴呼吸、心跳停止者，应立即进行人工呼吸和心脏叩击或胸外心脏挤压，并同时呼救、转送医院进一步抢救。

（三）预防措施

（1）运动前先作身体检查，心血管机能不良的网球运动者，患有感冒、扁桃体炎、急性肠胃炎等急性病的网球运动者，均不应进行剧烈运动或参加比赛。

（2）网球运动者和教练员遵守循序渐进的原则。避免缺乏锻炼就参加剧烈比赛，避免伤病初愈或未完全恢复就参加比赛。

（3）加强运动时的医学观察和自我监督，坚持网球运动原则，不过分追求比赛分数和成绩。

（4）锻炼和比赛前要作充分的准备活动，运动后要使身体各部分达到充分放松。

二、过度训练

目前国内外对过度训练的定义尚不明确。国外已发表的文献中多数定义为：过度训练是训练与恢复、运动与运动能力、应激与耐受能力之间的一种不平衡。我国学者认为，过度训练是运动负荷与机体机能不相适应，以致疲劳连续积累而引起的一系列功能紊乱或病理状态或疲劳伴有健康损害。

（一）发病原因

1. 训练安排不当

在网球运动教学和训练中未遵守循序渐进、全面性和系统性训练原则，连续进行大运动量负荷训练，训练内容单一，缺乏全面身体素质和心理素质的训练，没有依据网球运动者的个体特征、机体状况、季节、地理环境等对训练计划进行适当调整。

2. 比赛安排不当

比赛安排不当是指网球运动者在连续比赛后缺乏调整、缺少足够的休息，赛后体力未完全恢复就进行大运动量负荷训练，伤病后过早参加比赛等。

3. 其他原因

网球运动者的生活制度遭到破坏、精神遭受创伤、心理压力过大、营养不良等。

（二）处理措施

1. 调整训练

对轻度的过度训练者，主要是调整训练内容和改变训练方法，如减少运动量、控制训练强度、减少力量性练习等，一般经过两周左右的时间症状基本消除，可以恢复正常训练；对比较严重的过度训练者，除减少运动量外，宜避免大强度、大力量性训练，暂停专项练习，做一般小强度的身体训练，持续几周到几个月；对严重过度训练者，需完全终止训练，并改换环境进行一段时间的疗养和药物治疗。

2. 恢复措施

恢复措施一般包括高能量物质、高糖、各种微量元素和维生素、动物性蛋白质等营养物质的补充。

3. 对症治疗

对症治疗主要是改善睡眠，服用镇静药、安眠药或者中成药。减轻神经、精神负担，辅以放松性练习、文艺欣赏、温水浴、按摩等。在医务人员监督下，还可酌情采用小剂量激素治疗，多数过度训练者经过治疗后可以恢复健康。

（三）预防措施

1. 合理安排运动训练

过度训练综合征发生的主要原因是训练安排不当，因此预防的关键在于根据网球运动者的性别、年龄、身体发育状况、训练水平和训练状态等具体情况，制订合理的、切合实际的训练计划，即制定逐渐增加训练量、节奏明显、避免骤然增量的方案。对于训练水平较高的网球运动者，常常处于训练最佳状态与过度训练的边缘，为了察觉过度训练综合征的早期信号，并及时采取措施，有效预防过度训练综合征，加强网球运动者与教练员之间的交流与配合是十分必要的。

2. 遵循最佳训练负荷的原则

最佳负荷取决于多种因素，如遗传特性、生活方式、健康状况等。为了及时调整训练量，应注意以下几点。

（1）注意调整训练节奏，遵守循序渐进、系统训练、全面训练以及区别对待的原则。

（2）网球运动者合理安排生活作息制度。

（3）网球运动者在伤后、病后应积极治疗，不宜过早恢复训练和比赛。

（4）长年坚持适当的有氧训练：提高网球运动者的心肺机能以提高运动者对训练的承受力；提高运动者的抗疲劳能力和对外界环境的适应能力。

（5）为了让网球运动者能够充分适应训练并恢复，在训练的大周期中，每周训练量增加不能超过5%。此外，训练强度与训练量不应同步增加。

（6）不要采用过多的指标评价运动强度和运动量，指标过多会使训练负荷量化困难。在训练过程中，网球运动者除详细记录对训练的主观反应和感觉外，还应记录其他有关情况，如睡眠时间和质量、营养及其他应激因素等，进而有助于及时发现导致过度训练综合征的原因。

3. 及时发现过度训练综合征的早期表现

过度训练综合征早期常见以下症状，且这些症状常常同时出现。网球运动者和教练员应警惕这些早期症状，并积极促进恢复。

（1）网球运动者完成训练课或定时跑或比赛时感觉非常费力，两组训练间的恢复时间延长。

（2）训练课后，网球运动者有持续疲劳感和恢复不足感，并伴有睡眠不良和晨脉增加现象。

(3) 网球运动者处理日常事物时易怒和情绪化。

(4) 网球运动者缺乏训练热情，训练效果不佳。

(5) 女运动者月经周期改变，甚至出现闭经。

以上这些早期症状作为警戒信号，提示网球运动者和教练员必须较大幅度地调整训练计划。它对于医生明确诊断和制订恢复计划有着重要作用，有助于发现和避免潜在的过度训练危机。

三、运动性心律失常

心律失常是一种常见的临床现象，多发生于如心脏病、内分泌疾病、电解质紊乱、药物中毒、手术麻醉等病人中，也可发生在健康人中，运动者中出现心律失常的机会比病人少，但比健康人多。

(一) 发病原因

正常心律起源于窦房结。窦房结发出的冲动通过正常房室传导系统顺序激动心房和心室，按一定范围的频率不停地、有规律地搏动。健康成人的心脏搏动频率为每分钟60～100次。心律失常按发病机理可分为两大类，即冲动起源异常和冲动传导异常。冲动起源异常包括窦性心律不齐、窦性心动过缓、窦性心动过速、房室交界性逸搏、房室交界性心律、过早搏动、阵发性心动过速、心房颤动等；冲动传导异常包括窦房传导阻滞、房室传导阻滞和心室传导阻滞。

(二) 处理措施

针对运动性心律失常的不同病症，可采取以下不同的方法。

窦性心律不齐一般不需特殊治疗。窦性心动过缓其本身多不需治疗，如患者有头晕等症状，对症治疗可用阿托品、麻黄素。窦性心动过速其本身多不需特殊治疗，如患者有心悸不适，对症处理可用镇静剂。房室交界性心律短暂发作多无严重性，用阿托品治疗可能有效。持久地发作提示心肌损害，需用药物治疗。

过早搏动无器质性心脏病，大多无须特殊治疗，但必须向病人解释清楚，消除顾虑，与疲劳及消化不良有关，网球运动者应予以恢复和治疗。情绪紧张或伴有自觉症状显著者，可试用小剂量镇静剂。发作频繁、症状显著者或伴有器质性心脏病者，可用药物治疗。室上性、阵发性心动过速急性发作时，可先试用刺激迷走神经的各种机械方法（即患者深吸气后屏住气用力做呼气运动，刺激咽喉引起恶心、呕吐，患者闭眼向下看，用手指轻压眼球上部等）。还可用药物治疗，如洋地黄、地高辛等。

心室性心动过速，需要紧急处理，尤其是并发于急性心肌梗死等严重的心脏病等，往往是致命的心室颤动的前奏。可用利多卡因等药物治疗。阵发性心房颤动，如发作短暂，心率不太快，无显著症状者无须特殊治疗。心率快而显著症状者应选用控制心室率、中止心房颤动发作的药物和方法。如果心律失常与过度训练、过度疲劳有关，要注意调整运动量，不宜参加剧烈的运动训练。

(三) 预防措施

(1) 科学选材，排除心脏病发病的危险因素。

(2) 科学训练，避免过度训练、过度疲劳。

(3) 养成良好的卫生习惯，禁止吸烟、酗酒。

(4) 加强医务监督和健康检查，早发现、早诊断、早治疗。

四、运动性高血压

高血压分为两类，即原发性高血压和继发性高血压（症状性高血压）。原发性高血压是以血压增高为主要临床表现的一种疾病；继发性高血压指在某些疾病中作为症状之一而出现的高血压，如肾脏、内分泌、血管疾病等。运动性高血压为症状性高血压，高血压与运动者特有的运动条件有直接的关联，多数人高血压持续几周到几个月，有的可持续多年。

（一）发病原因

运动性高血压的发病机制主要有：交感神经系统兴奋性增高，肾素血管紧张素系统异常激活，内分泌及体液中调节血管紧张性的多种活性分子间的平衡失调，血管内皮结构和功能的改变等。

1. 青春期高血压（青年性高血压）

青春期高血压主要与性腺和甲状腺分泌旺盛及心血管发育落后于心脏有关。大负荷运动时，收缩压可高达150～160毫米汞柱，而舒张压大多为正常。青春期高血压偶尔伴有轻微头晕、头痛。

2. 运动训练量过大

专项运动训练量过大，连续大运动量训练且缺乏必要的节奏，网球运动者从事力量性运动项目或在一段时间内从事其他项目的力量练习较多，都可引起收缩压和舒张压升高，尤其以舒张压升高多见，可高达100～110毫米汞柱。

3. 过度训练或过度紧张

患有运动性高血压的网球运动者都有较明显的过度训练或过度紧张的运动史和有关症状。一般收缩压和舒张压均升高，多数人的血压比正常人偏高10～20毫米汞柱。

以上因素可以单独出现或几个因素同时存在。除血压增高外，心、肺功能等检查均有功能下降的表现。

（二）处理措施

（1）对少年高血压者通常不必禁止运动，但要适当控制运动的强度、密度，适当控制训练和比赛的次数，控制力量性练习。

（2）对专项训练所致高血压患者，要适当调整力量训练的比例，增加一些放松性练习，避免急于求成。

（3）对过度训练或过度紧张所致的高血压患者，主要是调整运动量。

（4）一般治疗注意饮食，选用低盐、低脂肪和较低热量饮食，避免进食富含胆固醇的食物。

（5）对于治疗措施的选择：症状不明显的网球运动者，可进行医疗体育、太极拳和气功练习，用药物治疗并非唯一的途径；症状明显的网球运动者可在医嘱下选用镇静剂、中草药或针刺治疗或降压药、利尿剂治疗，并针对其原发病因进行治疗。

（三）预防措施

（1）科学选材，排除有关病因。

（2）制订科学的训练计划，避免过度训练、过度紧张的发生。

（3）注意饮食，并注意劳逸结合，加强医务监督。

五、运动性贫血

运动性贫血是从事长时间、大强度训练的网球运动者常见的一种运动性疾病，是直接由运动训练所造成的血红蛋白量低于正常值的贫血。

（一）发病原因

贫血的原因很多，如营养、感染、肿瘤、药物、免疫性疾病、肾脏病、胃肠病以及内分泌遗传性等疾病都可以引起贫血。运动性贫血的原因与发病机理，多数学者认为与下述因素有紧密联系。

1. 红细胞破坏增加

在剧烈运动时，由于体温升高，血酸度增加，儿茶酚胺分泌增多等，可引起红细胞的滤过性和变形性改变，使红细胞的脆性增加，红细胞易于破裂、溶血；又由于肌肉的极度收缩，血流加快，挤压或牵伸造成相应部位微细血管、红细胞与血管壁之间撞击摩擦加剧，红细胞破坏增加。剧烈运动时，由于脾脏收缩释放较多溶血卵磷脂，使红细胞破坏增多。

2. 血红蛋白合成减少

铁、蛋白质、维生素 B_{12} 和叶酸等都是合成血红蛋白必需的物质。当剧烈运动时，能量大量损耗，体内的无机盐、蛋白质、维生素消耗增加。铁、蛋白质、维生素 B_{12} 和叶酸的摄入量不足影响血红蛋白的合成。更容易导致运动性贫血的情况还包括大量排汗，耐力性运动项目中出现运动性血尿，女运动者月经期铁的丢失，以及大便中铁的丢失。

3. 血浆稀释引起相对贫血

网球运动者发生溶血或血红蛋白尿，使得血浆容量明显增加，出现相对的血液稀释状态，进而引起相对贫血。

4. 失血

网球运动者在剧烈运动时，胃肠道出血、血尿、血红蛋白尿、痔疮、组织或内脏损伤、女运动者月经过多等都会造成不同程度的急、慢性失血，从而导致运动性贫血。

（二）处理措施

1. 饮食疗法

饮食治疗是治疗贫血的传统方法，具体是指通过补充铁、蛋白质、维生素等造血原料来纠正贫血。

2. 合理安排运动量

当女运动者血红蛋白＜90 克/升，男运动者血红蛋白＜100 克/升时，大、中强度的训练应当终止，以治疗为主，待血红蛋白值上升后，再逐渐恢复运动强度。当女运动者血红蛋白在 90～110 克/升，男运动者血红蛋白在 100～120 克/升时，方可将治疗与训练同步进行，但在训练中应降低运动强度。

3. 药物治疗

常用治疗贫血的药物有硫酸亚铁、富血铁、叶酸等。此外，我国还设计了“生血 1 号”治疗运动性贫血。生血 1 号的成分含党参 30 克、红枣 10 枚、生地黄 30 克、地骨皮 1.5 克、白芍 12.5 克、乌梅 5 枚、鸡血藤 30 克、地榆 30 克、仙茅 10 克、硫酸亚铁 2.05 克。目前一批新的补血剂（如红桃 K、健脾补血剂等）治疗贫血也有较好的疗效。

（三）预防措施

（1）合理安排运动量和运动强度，遵守循序渐进和个别对待的原则。

（2）定期检测血红蛋白和血清铁蛋白，做到早发现早治疗。

（3）加强对网球运动者中贫血易感人群的全面营养，膳食要合理，营养要丰富，尤其富含蛋白质和铁，食物烹调加工要科学。网球运动者每天每千克体重至少保证摄入蛋白质 2 克以上，其中 1/3 以上是优质蛋白，克服偏食和吃零食的习惯。

（4）网球运动员合理安排生活制度和膳食制度。

六、运动性蛋白尿

运动性蛋白尿是指健康人在运动后出现的一过性蛋白尿，属于功能性蛋白尿（良性蛋白尿）。运动性蛋白尿的发生率较高，其成分与白浆蛋白相似，以白蛋白为主（可见运铁蛋白、珠蛋白、球蛋白等）。

（一）发病原因

1. 外伤

由于运动时肾脏受挤压、牵扯甚或打击，可造成肾组织和血管的微细外伤。这时可出现血尿伴随蛋白尿。

2. 肾血流量减少

运动时肾上腺素和去甲肾上腺素分泌增加，造成肾血流量减少，可减少 5%～60%，甚至 75%，造成肾缺血、缺氧，血管壁的营养发生障碍，血浆蛋白通过肾小球膜进入得以较多地排出。

3. 肾小球通透性增加和肾小管重吸收功能降低

剧烈运动时增加了血浆蛋白的排出，同时剧烈运动时血浆肾素活动增加。有人认为，一方面为肾小球对蛋白的渗透性增加；另一方面为肾小管对蛋白质的重吸收达到“极限”。提出尤其在短时间剧烈运动时产生的运动性蛋白尿属混合型——肾小球通透性增加和部分肾小管抑制某些蛋白质的重吸收。

（二）处理措施

网球运动者在正常训练过程中出现运动性蛋白尿，大多数情况下是机体对负荷量的一种暂时性反应，一般无须特殊治疗处理，运动者经休息、调整负荷量或身体逐渐适应后，尿蛋白的排出量可明显减少，甚至消失。应排除适应能力差和器质性疾病的情况是网球运动者在小运动量后仍出现大量蛋白尿，针对这种情况则应严密观察。

（三）预防措施

（1）运动负荷要循序渐进地增加，尤其在初春和春夏之交（好发季节）安排训练时更需注意。

（2）网球运动者在进行网球比赛前，必须进行充分的体力准备。

七、运动性血尿

健康人的尿液中没有红细胞或偶见个别红细胞。如果在光学显微镜下，每高倍视野内有2个或2个以上的红细胞，则称为血尿。运动性血尿又称行军性血红蛋白尿，是指健康人在运动后出现的一过性血尿。

（一）发病原因

运动性血尿的原因和发病机理至今还不完全清楚，多数学者认为与下列因素有关。

1. 泌尿系统损伤

在剧烈运动时，由于肾脏血管收缩，导致肾小球基底膜细胞间隙加大，通透性增强，血液中的红细胞过滤到肾小球囊腔内而引起的。网球运动者在运动时肾脏受打击、挤压或牵扯、震动都可造成肾组织和血管的微细损伤，从而引起血尿。

2. 肾脏缺血、缺氧

网球运动者在剧烈运动时全身血液再分配，大量血液流向心肺系统和运动系统，肾脏血流量减少，加之肾上腺素和去甲肾上腺素分泌增加，肾血管收缩，肾缺血、缺氧，肾小球通透性增加，出现红细胞外溢，形成运动性血尿。

3. 肾静脉压增高

网球运动者在直立位下连续长时间的蹬地动作，加之肾周围脂肪较少，使肾脏位置下移，肾静脉与下腔静脉之间的角度变锐，在两静脉交叉处容易发生扭曲，引起肾静脉压增加，红细胞溢出，出现血尿。

（二）处理措施

对网球运动者运动后出现肉眼血尿者，应暂时停止剧烈运动，一般血尿可消失。对镜下血尿者，可合理调整运动量，进行观察，一般血尿可消失。除合理安排运动训练外，可试用一般止血药。针对特发性肾出血的网球运动者，国内采用车前子加红糖治疗，效果显著。由于运动性血尿病因机理还不完全清楚，故药物治疗均为对症性或试验性的。

（三）预防措施

（1）遵守网球运动训练的科学原则，负荷量和训练强度要循序渐进，避免骤然加大负荷量和训练强度。网球运动者在运动前应充分做好全身和腰部的准备活动。

（2）在训练和比赛过程中要适当补充水分。

（3）注意外界环境变化，调整好运动节奏。

八、运动性腹痛

运动性腹痛是指由运动引起或诱发的腹部疼痛，其具体表现是网球运动者在训练和比赛时出现恶心、呕吐、腹痛、腹泻、便秘和出血等症状。

（一）发病原因

1. 腹外疾病

常见有右下肺炎、胸膜炎等腹外疾病引起反射性或牵扯性腹痛（临床上不典型心绞痛的表现常为腹痛）。

2. 腹内疾病

胆道蛔虫、肠道蛔虫、肝炎、胃炎、阑尾炎、胆囊炎、泌尿系结石等腹内的某些急、慢性疾病，由于运动时内脏血管的收缩、缺氧、新陈代谢产物的刺激，被膜炎症、胆道平滑肌的痉挛性收缩，腔道过度膨胀以及炎症或出血的刺激等因素引起腹部疼痛。在剧烈运动时更容易出现腹痛的是患有肝胆疾病的网球运动者。

3. 胃肠功能紊乱

网球运动者在运动时体内血流量重新分配，胃肠道血流量相对减少，约为安静时胃肠道血流量的30％～40％，运动前饮食不当（如过饥、过饱、含纤维素过多食物、过量冷饮等），运动时腹部受凉等都会引起胃肠道蠕动紊乱，使胃壁、肠壁和肠系膜神经受到牵扯，胃肠道平滑肌发生痉挛，因而引起腹痛。

4. 腹部挫伤

足踢、人与人或人与器械的冲撞等钝性暴力作用于腹部，造成单纯腹壁挫伤（腹壁深浅血管破裂）而出现腹痛和腹肌强直等。或因损伤的程度相当严重，同时累及腹部脏器，合并腹腔内脏损伤，如胃穿孔、肠穿孔和实质脏器破裂（肝、脾破裂）。腹腔脏器穿破时，胃肠道内容物进入腹腔，引起腹膜炎，出现局部持续性腹痛。实质脏器破裂时，内出血引起腹膜刺激征而腹痛（以上两者均伴全身症状）。

5. 其他

据文献资料报道，运动性腹痛中约有30％的人原因不明，在这些未查明病因的运动者中，运动性腹痛的诱因可能是运动时呼吸节奏不好、速度突然加得过快、宿便等。

（二）处理措施

（1）对因腹内、外疾病所致的腹痛，主要对原发疾病进行药物治疗、手术治疗、理疗等。

（2）对仅在运动时加快速度后才出现腹痛的网球运动者，可适当减慢跑速，调整呼吸和运动节奏，用手按压疼痛部位，通常有助于缓解疼痛。如果无效，疼痛剧烈时应停止运动，服用阿托品等解痉止痛药或者针刺（指针）内关、足三里等穴位。

（三）预防措施

（1）遵守训练的科学原则，循序渐进地增加运动量，加强全面身体训练，提高生理机能水平。在训练和比赛时要调整好动作与呼吸节奏，合理地分配运动速度。

（2）运动前要做好充分的准备活动。

（3）合理安排膳食，网球运动者在剧烈运动前不要吃得过饱，不要大量饮水，特别是冷饮，不吃平时不习惯的食物；不要在饥饿状态下参加训练和比赛；餐后经过一个半小时才能参加网球运动。

九、运动性中暑

中暑是指在高温环境下，人体体温调节功能紊乱而引起的中枢神经系统和循环系统障碍为主要表现的急性疾病。运动性中暑属于中暑的一种，是由外界环境中的物理因素（高温）影响人体器官和系统的机能活动而引起的急性疾病。多见于年少的网球运动者以及在炎热季节进行长时间训练和比赛的网球运动者。

（一）发病原因

健康人的体温经常保持在37℃左右，受体温调节中枢控制。人体的热源一是来自机体代谢生热，二是来自环境。人体与外界环境间热交换的形式主要有传导、辐射、对流和蒸发等。周围环境的温度越高，人体通过辐射散热的作用越少，当气温达到35℃或35℃以上时，人体即不可能利用辐射和对流散热，蒸发出汗是唯一的散热途径。蒸发的快慢又与空气的湿度及流动的速度有直接关系，在温度相对高的条件下，仅有的蒸发散热方式也大受影响，这时如果运动量很大，体内产热较多，热量积累的结果使体温明显升高，有时可升至41～42℃，从而影响人体生理活动。体温调节功能失调、汗腺功能衰竭致汗闭，发生热射病。高温环境下运动时日光直接照射头部，阳光中的射线长时间作用头部，可穿透颅骨引起脑膜充血、水肿而发生日射病。剧烈运动时，出汗过多，水盐代谢紊乱，血中氯化钠浓度降低，引起肌肉兴奋性增高，导致肌肉痉挛。在这种情况下，如果未及时补充水盐饮料，继续出汗，可导致脱水、血液浓缩，血液黏稠度增高，血容量不足，引起周围循环衰竭而发生中暑。

（二）处理措施

1. 中暑轻微者

针对中暑轻微的网球运动者，处理方法是将其转移至阴凉通风处休息，饮用含盐的清凉饮料、茶水、绿豆汤，在患者额部、颞部涂抹清凉油、风油精，或者服用人丹、藿香正气水等中成药。

2. 热射病者

针对热射病者，应对全身进行迅速有效的降温，积极使用物理降温和药物降温方法。物理降温可用温度保持在10℃左右的冷水浴和冰水浴、冰帽、酒精擦浴（50%酒精溶液，擦洗全身较大动脉行走部位，面部、胸部、腹部、外生殖器不宜擦浴）等。药物降温可选用复方氨基比林。严重者可转送医院，采用盐酸氯丙嗪25毫克与生理盐水300毫升配伍静脉滴注等。对呼吸困难者应给氧，昏迷者可针刺（指针）人中、涌泉等穴。

3. 日射病者

此类患者应取头高足低位，头侧向一边，对头部用冰袋或冷水湿敷。

4. 中暑痉挛与中暑衰竭者

纠正水盐代谢紊乱，静脉注射生理盐水或5%葡萄糖盐液。神志清醒者可口服含氯化钠饮料，神志昏迷者可针刺（指针）人中、涌泉等穴，肌肉痉挛者可牵伸痉挛的肌肉使之缓解，在四肢做向心重推摩。在条件允许的情况下，应将患者送往医院进行治疗。

经上述处理后，较轻的中暑痉挛、中暑衰竭、日射病的预后良好。严重的热射病患者若抢救不及时，有死亡的危险。体温超过42℃或昏迷的患者，死亡率亦高。因此，在网球运动过程中，网球运动者和教练员要有效预防运动性中暑的发生，并正确掌握处理措施和预防措施。

（三）预防措施

（1）在炎热的夏天，教练员和网球运动者要安排好训练时间，避免在一天中最热的时间里进行训练。热天运动时，宜穿浅色衣服，保证充足的睡眠，加强常规医务监督。

（2）安排好炎热天气训练和比赛时的营养和饮水，注意补充蛋白质，额外增加维生素 B_1、

维生素 B_2、维生素 C 供给量。组织合理的水盐供应，教练员应指导网球运动者采取少量多次饮水的原则，训练或比赛后的氯化钠供给量宜从常温下的 10～15 克增加到 20～25 克，所需氯化钠可通过含盐饮料、菜汤和盐渍食品提供。

(3) 对不耐热的网球运动者要加强预防措施。对炎热的低耐受性的诱因有脱水、肥胖、体能水平低、疾病、皮肤因素等，有诱因存在时应减少或避免炎热天气时的剧烈运动。此外，教练员也应对曾发生过中暑的网球运动员倍加重视。

第三节　网球运动训练中的营养膳食指导

一、营养的基本理论概述

(一) 营养素的概念与功能

1. 营养素的概念

机体通过食物与外界联系，以保持内在环境的相对恒定，并完成内外环境的统一与平衡。我们将食物中的有效成分称为营养素，即能在体内消化吸收，能供给热能，构成机体组织和调节生理机能，为机体进行正常代谢所必需的物质。

现在认为，人体所需要的营养素包括七大类：蛋白质、脂肪、糖类（亦称碳水化合物）、维生素、无机盐、水和膳食纤维。其中，糖、蛋白质、脂肪称为三大营养素。在这些物质的共同作用下，生命活动得以有条不紊地进行。归纳起来，七大营养素在人体内的总生理功能主要有以下三种：

(1) 供给热能、维持体温，并满足生理活动、从事生活劳动和运动训练的需要。

(2) 构成细胞组织，供给生长、发育和自我更新所需要的材料，并为制造体液、激素、免疫抗体等创造条件。

(3) 保护器官机能，调节代谢反应，使机体各部分工作能协调地正常运行。运动员由于训练、比赛等活动，各类物质的消耗较一般人要多，因此，对营养素的需要量相对较高。

2. 营养素的功能

“人是铁，饭是钢”，摄食是人类的本能需要，也是生活的第一需要。人类文明发展到今天，吃东西不单单是出于求生的本能，更多的情况下是为了从食物中获得合理的营养，从而使身心更加健康。食物的营养功能是通过食物所含的营养成分来实现的，这些有效的营养成分被称为营养素。对于一个从事运动的人来说，首先要了解自己一天摄入了多少热量和食物中是否含有足够的各种营养素。因为热量摄入过量或不足会使体重增加或减少，营养素的缺乏将影响运动能力和运动健身的效果。人体所需的营养素近 50 种，通常将其分为几大类，即蛋白质、脂肪、糖（碳水化合物）、维生素、无机盐、水和膳食纤维。

现代营养科学研究表明，营养科学与人的健康，尤其是人类寿命密切相关。同时，人类的营养状况还受到政治环境、社会经济、科学技术以及文化教育等条件的制约。因此，讲究科学的食物营养摄取，注重合理的体育锻炼，已成为现代生活的重要组成部分。

(1) 均衡的营养可使身心健康

一个人的健康情况，取决于先天与后天的诸多条件因素，例如先天遗传、食物营养、生活环境、卫生条件、体育运动、精神状态及习惯嗜好等。但是在这些条件因素中最直接的还是食物营养，营养是健康之本。

合理的营养状态，不仅有利于身体的健康，还有利于心理健康，因为体内各种营养素供给的均衡，使神经、内分泌等处于优良状态，可使人心情愉悦、精神振奋、情绪高涨，这对消除人们不良的心境，缓解心理上的压力，增添生活情趣，怡情养性均大有益处。

（2）均衡的营养有利于智力发展

脑是人体中机能最复杂、活力最旺盛的器官。大脑每天需要充足的能量供给，才能维持正常的活动。人的大脑生长发育及其生理功能发挥均需要各种营养成分的供应。

现代医学研究表明，虽然人的大脑重量仅为人体重的1/50，但大脑每日所需的血液量却占人体的1/5，说明大脑对各种营养物质和氧的需求量很大，如果不能保证大脑的各种营养成分的供应，则会导致大脑结构及功能异常、智力下降、记忆力退化、注意力分散、甚至精神异常等症状发生。所以通过供应各种食物来补充不同的营养成分，从而使大脑始终处于最佳状态，这对于提高与改善大学生的智力情况是十分重要的。

（3）均衡的营养可保持青春活力

大学生时期的活动最多，活动量也最大。大多数大学生都喜欢参加各种体育锻炼、文化娱乐以及各种社交活动，为了在各种活动中保持身心愉悦、精力充沛，就必须有足够的营养。若营养不足，会造成疲劳、消瘦和抵抗力降低，具体表现为面色苍白、全身无力、精神萎靡，甚至疾病缠身，丧失青春活力。可见，均衡全面的营养是青年保持旺盛青春活力的基础和保障。

（4）均衡的营养可保持健美的体形

大学生时期正处于青春发育的后期。在这个阶段，身体仍要长高，肌肉变得丰满健壮，内脏器官要进一步发育成熟，第二性征的表现和性器官的成熟等都需要充足的营养支持。只有在此阶段摄入营养充足，才能使皮肤、肌肉进一步生长发育，并使人体肤色鲜明，富有光泽，毛发黑润，男性身材高大，体格强壮，女性身材匀称，曲线圆润，充分体现青春的健与美。

（5）均衡的营养是提高运动成绩的保证

运动的动力来源于肌肉，肌肉收缩是需要能量的，肌肉中重要的能源物质是三磷腺苷（ATP）、磷酸肌酸（CP）、肌糖原和脂肪。ATP是人体运动时能量的直接来源，ATP来自大自然食物在人体内的消化吸收与氧化分解。因此，专家认为：科学全面地补充营养，不仅可以明显提高一般人的能力，还可以大大提高体育运动成绩。

同时大学生脑力劳动紧张，体力活动较多，能量消耗大，这些都需要由食物营养来补充。若此阶段营养摄取不均衡，机体会出现疲劳、精力不足、学习不能持久、学习效率低，甚至出现神经衰弱、视力减退、注意力不集中和容易患病等现象。

大学生的营养特点主要体现在两个方面：一是大学生时期主要以用脑力学习知识为主，大脑的思维、记忆、理解等活动十分活跃，脑力消耗量大，故大脑对各种营养素的需要量也应随之大幅度增加；二是大学生正处于青春发育期的顶峰时期，人体的生长发育需要大量的全面的营养素，以促进青春发育的完成。

因此，从营养学角度讲，大学生的膳食除保证足够的糖以外，还要特别注意蛋白质、磷脂和维生素B_1、B_2、烟酸的充分供给，以为脑细胞提供营养，保持记忆力，提高注意力和理解能力，促使大脑机能的活跃、思维敏捷，提高学习效果。

（二）七大营养素的主要生理作用

1. 糖的生理作用

糖（亦称碳水化合物）是自然界中广泛存在的一大类具有广谱化学结构和生物功能的化合物，是多羟基醛或多羟基酮及其衍生物、聚合物的总称，由碳、氢、氧三种元素组成。此类化合物的分子式中氢和氧的比恰好是 2∶1，类似于碳和水的化合，故亦称碳水化合物。

（1）作为供能物质

糖是人体从膳食中取得能量的最经济、最主要的来源。人体内糖的含量虽然不多，但正常生理活动中 60%～70%的能量来自糖氧化的过程。它在人体内消化后，主要以葡萄糖的形式被吸收，葡萄糖能迅速氧化给机体供能。每 1 克葡萄糖完全氧化可释放热量 4 千卡。人体充足的糖原储备是短时间大强度间歇运动和长时间持续运动能量的主要来源，尤其是 60 分钟左右的运动项目，更是以糖的有氧代谢来维持人体大部分的能量供给。

人体大脑中糖的储量很小，所以大脑主要是依靠血糖供能。运动中保持血糖浓度相对稳定，将有利于保证中枢神经和红细胞等持续获得葡萄糖。运动中血糖浓度降低会出现疲劳的现象。人体血糖正常浓度为 4.4 摩尔/升～6.6 摩尔/升，空腹时间长时，大脑供能不足，会出现头晕的现象，血糖降低是大脑供糖不足及长时间运动引起中枢疲劳的主要原因。

（2）构成人体的重要物质

细胞膜的糖蛋白、结缔和黏蛋白、神经组织的糖脂以及传递遗传信息的核糖核酸和脱氧核糖核酸都含有糖类，某些糖类还是一些具有重要生理功能的物质（如抗体、酶、血型物质和激素等）的组成成分。

（3）运动中供能

糖的无氧代谢（糖酵解）是短时间剧烈运动的主要供能物质。糖的有氧代谢则是短时间中等强度运动的供能物质之一。

（4）参与蛋白质和脂肪代谢的调节

①对蛋白质代谢的调节：当蛋白质与糖一起被摄入时，糖对蛋白质起保护作用。

②对脂肪代谢的调节（抗生酮作用）：体内糖代谢正常进行，将会减少酮体的生成（抗生酮作用），故脂肪在体内完全氧化必须有糖代谢参与。

（5）护肝作用

肝脏中的糖原储备充足时，对某些化学毒物（如四氯化碳、酒精、砷等）和各种致病微生物产生的毒素有较强的解毒能力。摄入足够的糖可使肝脏中肝糖原丰富，在一定程度上既可保护肝脏免受有害物质的损害，又能保持肝脏正常的解毒功能。

2. 脂类（脂肪）的生理作用

脂类包括中性脂肪和类脂质。脂肪仅指中性脂肪，是甘油和三分子脂肪酸组成的酯（甘油三酯）。脂肪在常温下有固态脂肪和液态脂肪的区别，动物脂肪为固态，植物脂肪为液态；植物脂肪的营养价值高于动物脂肪。

（1）供给和储存能量

一般膳食中所含的总热量有 17%～30%来自脂肪。脂肪与糖或蛋白质相比，同样质量下产生的能量最多，每 1 克脂肪可产生 37.66 千焦耳的能量，而 1 克糖产生 17.35 千焦耳的能量，1 克蛋白质产生16.74千焦耳的能量。而且因其具有疏水性，可以以能源的储存形式蓄积在体内。

脂肪提供长时间低强度运动（如马拉松跑和铁人三项等）时机体所需的大部分能量。但是脂肪酸氧化时的耗氧量高，与糖相比，产生相同能量时脂肪的耗氧量要比糖高出11%，脂肪氧化功能具有降低蛋白质和糖消耗的作用。当脂肪氧化供能提高时，则与糖一样具有降低蛋白质消耗的作用。高水平耐力性运动员对脂肪氧化分解的能力也高，运动时机体增大脂肪供能的比例，同样可降低糖的消耗，有效地提高运动成绩。

（2）防震和隔热保温作用

脂肪层由于具有弹性，所以具有缓冲和保护作用。皮下和体内重要的脏器等都有脂肪层附着和包裹，它们可以起到防震作用，在一定程度上使人体避免由于跑动、跳跃、翻腾、滚动而对身体和内脏器官因震动而造成伤害。又因脂肪是热的不良导体，所以具有保温作用。皮下脂肪层对防止体温过分散失起重要作用，这对水上运动项目的运动员来说具有积极意义。

（3）促进脂溶性维生素的吸收

维生素A、D、E、K等不溶于水而溶于脂肪，称为脂溶性维生素，脂肪中往往含有一定数量的脂溶性维生素，膳食中含有一定数量的脂肪，可以促进这些脂溶性维生素的吸收。

（4）食物中具有的特殊属性

脂肪能赋予食物特殊的风味，改善食物的色、香、味等感官质量，并可激发人的食欲。含油脂较多的食物在进入十二指肠后，可刺激机体产生肠抑胃素，使肠道蠕动刺激延缓，从而延迟胃排空时间，故可给人以饱腹感。

3. 蛋白质的生理作用

蛋白质是一切生命的物质基础，可以说没有蛋白质就没有生命。蛋白质是一类复杂的高分子有机化合物，主要含有碳、氢、氧、氮元素，及少量硫、磷、铁、铜、碘、钴等元素。与其他供能营养素相比较，含有氮元素是其最突出的特点，它是人体氮元素的唯一供源。一般蛋白质中氮的平均含量为16%。人体内蛋白质的种类很多，性质、功能各异，但都是由二十多种氨基酸按不同比例组合而成的，并在体内不断进行代谢与更新。

（1）构成人体组织的主要成分

蛋白质是一切有机体的主要构成成分，人体在生长过程中，就包含着蛋白质的不断增加。人体的瘦体组织中，如肌肉、心、肝、肾等器官都含有大量蛋白质。具有高抗张强度的纤维蛋白是主要的细胞外结构蛋白，参与皮下、结缔组织和骨髓的组成，是身体的机械支架。骨骼和牙齿中含有大量的胶原蛋白；指、趾甲中含有角蛋白；组成肌原纤维的肌球蛋白和肌动蛋白是肌肉收缩复合体的基本结构成分；而有机体的最基本单位——细胞，亦主要是由蛋白质构成。

（2）运输功能

生物体不少物质的转运需要载体，这些载体大多是蛋白质。如氧气的输送载体是血红蛋白（Hb）；铁离子的运输需要运铁蛋白；铜在血液中的运输需要血浆铜蓝蛋白等。

（3）催化功能

生物体内的反应几乎都是在酶的催化下进行的，由于酶的存在，许多在一般化学条件下难以发生的反应在生物体内却很容易进行。而目前发现的1000余种酶的化学本质都是蛋白质。

（4）运动功能

肌肉的主要成分是蛋白质，肌肉的收缩就是通过肌动蛋白和肌球蛋白的滑动来完成的，而肌肉的收缩和舒张与生物的运动和各器官的活动密切相关。

（5）防御和保护功能

在生物体内存在一类可以防御异体侵入功能的蛋白质，如各种免疫球蛋白，它能识别外源物质如病毒、细菌和异种蛋白等，并能与之结合，使这些异体物质失去活性。这样可以防御各种疾病发生。血纤蛋白原是另外一类具有保护功能的物质，它在动物体皮肤破伤时，可以迅速转变成血纤蛋白，封住伤口，防止液体大量流失和异体物质侵入。

（6）激素功能

蛋白质、多肽激素是动物体内一类重要的激素，它们对动物体的生理活动起着调节控制作用。如胰岛素可以加速葡萄糖的利用和抑制葡萄糖的生成，从而降低血糖；而胰高血糖素的作用和胰岛素恰恰相反，可以促进糖原分解和糖异生作用，提高血糖浓度。

（7）传递信息功能

不少蛋白质具有接受和传递信息的功能。如存在于细胞膜上的蛋白质、多肽激素受体，存在于细胞内的固醇类激素受体等，它们的化学本质都是蛋白质。接受外界刺激的受体也是蛋白质，这类蛋白质可称为感觉蛋白。如视网膜上的视色素，味蕾上的味觉蛋白。这些感觉蛋白接受刺激后，可将神经冲动传导至中枢神经，就可产生视觉或味觉反应。

（8）参与能量代谢

在饥饿或长期低糖膳食时，体内糖储备会大量消耗，此时蛋白质分解加速，参与供能。在长时间大强度运动引起肌糖原大量消耗时，肝脏和运动肌内蛋白质分解明显加快，尤其是肝脏内保存大约 300 克的生理上可变的储存蛋白，是运动时蛋白质氧化供能的主要来源。但是，蛋白质供能在运动过程中所占的比例不高。

4. 维生素的生理作用

维生素是人和动物为维持正常的生理功能而必须从食物中获得的一类微量有机物质，在人体生长、代谢、发育过程中发挥着重要的作用。人体所需的维生素有十多种，按其溶解性分为脂溶性维生素和水溶性维生素两大类。

脂溶性维生素主要有维生素 A、D、E、K，它们溶于脂肪而不溶于水，能在体内储积，与机体对脂肪的消化吸收有关；水溶性维生素主要有维生素 B_1、B_2、B_6、B_{12} 和维生素 C 等，它们溶于水而不溶于脂肪，在体内不能储积，比较容易在烹调加工过程中损失。

各种维生素在体内有其特殊的作用，总的来说都是调节物质代谢，保证生理功能，它们不是构成机体组织的原料，也不供给热能。关于各种维生素的不同作用可以参照下表进行了解（见表 14-1）。

表 14-1　各种维生素的生理功能

名称	主要生理功能	来源	缺乏症
维生素 A	维持正常视力所必需，防癌，促进骨骼、牙齿正常发育	动物肝脏、胡萝卜、菠菜等	夜盲症、干眼病
维生素 D	促进肠道钙、磷吸收，促进生长和骨骼钙化	肝、乳、蛋黄等；皮肤经日光照射合成	儿童：佝偻症 成人：骨软化病
维生素 E	与生殖功能有关，抗氧化作用	植物油、蛋、奶等	不育症

续表

名称	主要生理功能	来源	缺乏症
维生素 B_1	参与糖代谢，维持神经系统正常功能	谷类、杂粮、瘦肉、蛋类	食欲差、疲劳、脚气病
维生素 B_2	参与氨基酸、脂肪酸和糖类代谢，与肾上腺功能有关	动物肝、肾脏，青菜	口角炎、舌炎、唇炎
维生素 B_{12}	与细胞呼吸有关，形成和维持骨胶原	动物肝、蛋奶类、谷类	糙皮病
维生素 C	促进伤口愈合，参与解毒，增强机体的免疫功能，促进造血	水果、叶菜类、谷类等	齿龈肿胀、疲劳、体重下降、抵抗力下降

5. 无机盐的生理作用

无机盐是构成机体的必不可少的成分，人体内的各种元素达 20 多种，其中 C、H、O、N、S 五种作为机体有机物质的构成元素，而其他一些元素则作为无机物质存在，就是我们通常所说的矿物质或无机盐。

（1）钙

钙是体内含量最多的金属元素，也是身体内最多的一种阳离子，约占体重的 2%。它不仅是构成骨骼组织的重要矿物质成分，而且在机体各种生理学和生物化学过程中起着重要作用。钙元素在人体内的作用主要有：

①形成和维持骨骼、牙齿的结构；

②维持细胞的正常生理状态；

③参与血液凝固过程。

（2）磷

磷是人体含量较多的元素之一，在体内的含量仅次于钙，是机体所有细胞中核酸的组成成分，是细胞膜必需的构成物质，也是物质代谢产能反应以及骨骼、体液构成等不可缺少的成分。磷元素在人体内的作用主要有：

①构成骨骼和牙齿的原料；

②细胞构成成分；

③储存能量；

④参与能量代谢；

⑤调节酸碱平衡。

（3）钠和氯

钠和氯元素在人体内的作用主要有：

①调节水分；

②维持酸碱平衡；

③维持血压正常；

④钠加强神经肌肉的兴奋性；

⑤氯是胃酸的主要成分。

（4）铁

人体内铁的总含量为 4～5 克，其中 70%是运输氧的血红蛋白，约 30%是作为肌红蛋白或其他血清铁、脏器铁存在。铁的吸收以动物性食品的 Fe^{2+} 为宜。缺乏时引起贫血。

6. 水的生理作用

水分约占成人体重的50%～70%。一般女子体内的含水量多于男子，年龄愈小，体内含水比例愈高。人体内的水与蛋白质、碳水化合物或脂肪相结合，形成胶体状态。机体总含水量的55%是细胞内液，16%是细胞间液，7.5%在血浆中，其余的分布在骨骼、软骨及结缔组织之中。

（1）构成身体组织

水是身体构造所不可缺少的材料，所有组织中都含水。如血液的含水量高达90%，肌肉含水70%，坚硬的骨骼中亦含水22%。

（2）水可作为各种物质的载体

许多物质都能溶于水，并解离为离子状态，发挥其重要的生理功能。即便是不溶于水的蛋白质和脂肪分子亦可悬浮水中形成胶体或乳融液，便于机体消化、吸收和利用。水在体内直接参与物质代谢，并作为载体输送营养物质和排出代谢废物。

（3）调节体温

水的比热比其他物质高，能吸收体内分解代谢活动不断产生的热量，以使体温保持不变。当外界温度≥30℃或体内产热过多时，通过蒸发或出汗使体温保持恒定；环境温度降低时，则人体可通过减少蒸发量而保持温度。

（4）润滑作用

水是机体的润滑剂。如泪液、唾液、关节囊液、浆膜腔液等都能在局部组织器官工作时起到润滑作用，以减少摩擦，维持正常生理功能。

7. 膳食纤维的生理作用

1999年11月2日，在第八十四届美国临床化学协会（AACC）年会上举行的专门会议对膳食纤维作了确定的定义：膳食纤维是指能抗人体小肠消化吸收，而在人体大肠能部分或全部发酵的可食用的植物性成分、碳水化合物及其相类似物质的总和，包括多糖、寡糖、木质素以及相关的植物物质。

（1）促进肠道蠕动：膳食纤维是不能被消化的体积较大的物质，可刺激肠道蠕动，此外，可吸收水分，稀释和增加粪便体积，使粪便变软，防止便秘。

（2）预防结肠癌：膳食纤维可以缩短粪便在结肠中停留的时间，还可使便量增多，这样对肠中致癌物质有稀释作用，有助于预防结肠癌。

（3）刺激消化液分泌：膳食纤维在口腔里增加了咀嚼时间，刺激唾液分泌，并增加其缓冲酸碱的能力，减少附在牙齿上的食物残渣，有利于预防牙周病和龋齿。咀嚼时间长，还可增加胃液和胆汁分泌，吸附胆汁酸。

（4）预防心血管病：膳食纤维在肠道中吸附胆汁酸，使之由粪便排出，所损失的胆汁酸，则由血中的胆固醇经肝转化予以补偿，从而降低了血清胆固醇，预防动脉硬化和冠心病。

（5）预防和治疗糖尿病：膳食纤维能延缓胃排空，减慢糖类的消化和吸收，有降低血糖的作用，减少糖尿病患者对口服糖尿病药物和胰岛素的需求，并使患者产生饱腹感。

（6）解毒：膳食纤维能对抗药物、化学物质及食物添加剂的毒害作用。

（7）控制体重：膳食纤维可延缓胃排空，增加饱腹感，防止摄入能量过多。

二、网球运动员的营养消耗与补充

（一）网球运动员的营养消耗

在网球运动中，对网球运动者的力量、速度、耐力、灵敏性、柔韧性有较高的要求，因此在为运动者提供膳食时，应注重蛋白质、糖以及维生素 B_1、维生素 C、维生素 E、维生素 A 的摄入。球的体积越小，则对运动者机体维生素 A 的需求量要更高一些。网球运动作为小球运动项目，在力量、速度、耐力、灵敏性、柔韧性等方面对运动者有较高的要求。因此，食物中要含丰富的蛋白质、糖类以及维生素（维生素 B_1、维生素 C、维生素 E、维生素 A）。同时，当运动者在进行网球锻炼时体内物质代谢变化很大，大量出汗使能耗增加，并使钙、钠、钾及维生素大量消耗和丢失，所以该运动的膳食要求是及时合理地补充水、电解质及维生素等，其中维生素包括维生素 B_1、维生素 B_2、维生素 C、维生素 B_6、维生素 A、叶酸等，同时需注意胆碱、泛酸等的摄入。

网球运动的营养消耗：持拍运动是间歇运动，包括上下肢肌肉参与相对短时间的爆发性活动，并伴有随后的休息。持拍比赛的比赛时间并不确定，比赛时间的长短取决于比赛中局数的多少，局数少可能一小时内完成，局数多则需要几个小时，运动者每争夺 1 分往返击拍的平均持续时间为 4～12 秒。网球运动的持拍运动，根据运动强度可以划分为中等强度和大强度两种，最大心率的范围为 60%～90%，最大摄氧量为 50%～80%。

在训练和比赛中，非乳酸性无氧代谢供能占主要地位，并有适当的乳酸性有氧供能。能量代谢方式为无氧、有氧混合型供能。如果比赛时间长，持拍运动的肌肉代谢则主要依赖于肌糖原。根据网球运动者训练量大、能量消耗大的特点，建议网球运动者每日热能供给的最佳值为 2 700～4 200 卡路里（平均 3 500 卡路里）。

（二）网球运动员营养的补充

网球运动者的营养摄入对运动者的训练成效和比赛成绩有很大的影响。运动者在训练中消耗的营养，需要在运动后通过科学的膳食搭配来补充。如果缺乏合理的营养保证，消耗后没有得到及时补充，机体会处于一种亏损状态。久而久之，对网球运动者的机体健康不利，会使运动者生理功能及运动能力下降，出现乏力、疲劳甚至疾病状态，所以保持并不断提高健康水平的两个必不可少的条件是科学全面的营养补充和适量的运动锻炼。

1. 网球运动的营养补充

（1）热源营养素的补充

糖类的分解反应简单，容易氧化燃烧；脂肪和蛋白质的分解反应复杂，不易氧化，因此在体内不能完全燃烧，蛋白质的代谢产物——硫化物可使体液变成酸性，加速疲劳的产生。所以，建议网球运动者在补充营养时，应以谷类和动物性食物为主，这两类食物供给热量的效率最高。一般来说，糖类的来源是粗粮、水果、蚕豆、小扁豆、坚果以及植物种子。网球运动者可以在食用水果时搭配一些坚果，或在食用糙米的时候搭配一些鱼和坚果等。

（2）蛋白质的补充

对于运动者在训练结束后有无必要增加蛋白质营养，目前意见还不统一。但是运动者在生长发育期、运动量加大期和体重减轻期，如果出现热能及其他营养水平下降等情况时，应增加蛋白质的补充量，而且应补充优质蛋白。在补充蛋白质的同时，也必须补充适量的蔬菜、水果等碱性食物，防止蛋白质的代谢产物硫化物使血液变为酸性而使运动者产生疲劳感。

（3）无机盐的补充

与正常健康人相比，网球运动者对无机盐的需求量并没有明显的差别，但当运动者在高温环境下训练或者运动量大时，则应注意是否有因体内无机盐不足引起的无力和运动能力下降的表现。一般运动者每天每人食盐的需要量为 6～10 克，钙的需要量为 1 000～1 200 毫克，铁的需要量为 20～25 毫克。

（4）维生素的补充

在网球运动者的运动过程中，运动者自身所需要的能量、氧的摄入量和消耗量均有所增加，致使运动者体内的自由基也在成倍地增多，最多时可达到平时的千倍。伴随着自由基的不断增多，运动者的机体需要消耗大量的抗氧化物质——维生素 B、维生素 C、维生素 E 来消除成倍增长的自由基。因此，食品营养专家提示，网球运动者在高强度运动后最好服用适量的维生素 E 补充剂和富含维生素 E 的食品。除此之外，维生素 E 补充剂和富含维生素 E 的麦胚及其制品，还有帮助运动者减轻肌肉酸痛、消除疲劳、恢复体力的作用。

（5）水分的补充

人在剧烈运动时，由于消耗能量而发热，使得体温上升，出汗成为调节机体热平衡主要的途径。运动中的排汗率和排汗量与很多因素有关，运动强度、密度和持续时间是主要因素，运动强度越大，排汗率越高。此外，外界气温、湿度、运动者的训练水平和对热适应等情况都会影响排汗量。因此，假如网球运动者不能及时补充水分，则会增加脱水的可能性，同时也会加大心血管负担，甚至会损伤肾功能。

2. 网球运动营养补充的误区

（1）强调特殊营养的补充，忽略基础营养的摄入

在营养补充的过程中，网球运动者常常进入一个误区：过分关注特殊营养的补充，认为特殊营养补充可以提高身体机能，而忽视了基础膳食营养的作用，造成基础膳食营养和特殊营养摄入的失衡。事实上只有在保证基础营养的前提下，再根据运动项目的特点，补究特殊营养，才能充分发挥强化营养的作用。

（2）强调宏量营养素摄入，忽略微量营养素的摄入

在宏观营养素的摄入方面，网球运动者一味通过吃一些高脂肪、高蛋白、高热量的食品来加强营养，但是脂肪和蛋白质摄入过多对运动能力却是有害的。高蛋白质和高脂肪膳食不仅造成热能摄入过剩，还会对机体的内脏器官造成负担，影响机体对其他营养素的吸收。同时还会造成运动者体质酸化，影响机体的恢复。部分运动者存在维生素 A、维生素 B、维生素 C 摄入不足以及钙、铁、锌摄入不足，造成运动能力和身体功能下降的问题，影响身体健康。

（3）强调蛋白质补充，忽略碳水化合物摄入

由于蛋白质是维持生命活动最重要的营养素，所以运动者力求通过摄入更多的蛋白质来促进身体机能的恢复。运动者普遍持有的观点是膳食中摄入的肉越多，越有营养；相反，主食如米、面和一些新鲜的含碳水化合物的食物摄入则几乎被忽略。研究表明，中国运动者膳食中碳水化合物提供的热能仅为总热能的 32％～52％。碳水化合物摄入严重不足不仅会严重影响运动者训练质量和运动能力，同时会影响其他物质的正常代谢。

(4) 强调晚餐的丰盛，忽略早餐的多样性

一日三餐热能分配应与运动者的训练相统一，但是早餐的重要性却往往容易被网球运动者忽视，有些网球运动者甚至不吃早餐，存在“早简晚盛”的现象。运动者早餐的热能仅占全天的19%，而晚餐的比例远远高于合理的摄入比例。早餐和午餐比例不合理导致机体各种营养素的摄入不足，使各种营养物质得不到及时恢复，明显影响运动者训练期的能量供应和训练质量。因此无论从营养角度还是从运动角度，都应重视早餐的多样性。

(5) 强调口渴补水，忽略补液的科学性

研究表明，运动中脱水会引起血容量下降、增加心脏的负担，一旦体液丢失达到体重的2%～3%，运动能力就会受到损害。部分网球运动者缺乏合理补水的知识，把口渴作为脱水的指征，然而当一个人感到口渴时，其体液丢失已经达到体重的2%～3%，此时运动能力也已受到损害。此外，运动者在补充水分的过程中，应多补充一些含矿物质、维生素和碳水化合物的水。

(6) 强调食物的品种，忽略食物的相克现象

食物相克是指食物中各种营养素和化学成分存在相互拮抗、相互制约的关系。膳食中由于营养素的搭配不当，往往会影响人体对这些营养素的消化吸收，以及在代谢过程中造成某些营养缺乏，从而影响运动者的运动能力和锻炼效果。如葱配豆腐、菠菜配豆腐，豆腐中含有硫酸钙、氯化镁等无机盐类，如和蔬菜中的草酸相遇，则化合为草酸钙和草酸镁，这两种化合物产生白色沉淀，不能被人体吸收，从而破坏豆制品中的钙营养。当前网球运动者和教练员对食物相克方面的认知相对薄弱，在日常膳食中没有避免相克营养素共同摄入的问题，出现了运动者的伙食水平不断提高，但营养素却不平衡的现象。

3. 网球运动者膳食营养的总体安排

(1) 食物的数量与质量应合理

在食物搭配上，应关注大米、面和馒头等主食的科学摄入。主食中含有丰富的糖类，能供给运动者充足的能量。快速释放能量的糖类会在人体内制造压力，刺激皮质醇的产生。因此网球运动者在锻炼时，不应将食用葡萄糖、糖果以及其他添加糖分的食品作为首选，同时要避免选食过多的肉类。目前国内的网球运动者缺乏蛋白质的现象已很少见，吃过多的肉食不仅不会给人体提供高能量，反而会给身体带来许多负担和危害，例如高脂血症和冠心病等疾病的发生。动物性蛋白质和植物性蛋白质的比例要适宜，应多食牛奶和豆制品以代替部分肉类，吃各种各样蔬菜和水果，特别应强调增加生食的蔬菜，以减少营养素的损失。少吃或不吃油炸食物、肥猪肉、烤鸭、腊肉、奶油等，它们可能带入体内过多的脂肪，引起肥胖。

(2) 食物应营养平衡和多样化

酸性食物或碱性食物不是指味道酸或碱的食物，而是指食物经过消化吸收和代谢后产生的阳离子或阴离子占优势的食物。因此，不能把食物的味道作为区分酸性或碱性食物的依据，因为运动后人体内的糖类、脂肪、蛋白质被大量分解，产生乳酸、磷酸等酸性物质。这些酸性物质会刺激人体组织器官，使人的体液更加酸性化，不利于肌肉、关节和身体功能的恢复，严重时还会引起酸中毒而影响健康。所以，在运动后不宜大量食用大鱼大肉等酸性食物，而应多食一些蔬菜、豆制品、水果等碱性食品，以保持人体内的酸碱平衡，从而达到消除运动疲劳的目的。

(3) 重视一日三餐的合理营养

网球运动者应根据每天的锻炼量，科学搭配三餐食物种类和数量，不能根据自己的喜好来

选择食物。同时，网球运动者应合理规划两餐之间的间隔和每餐的数量与质量，使进餐与日常生活制度和生理状况相适应，并使进餐与消化吸收过程协调一致。合理的膳食制度，有助于提高劳动和工作效率。遵循我国人民的生活习惯，两餐的间隔以 4～6 小时为宜。各餐数量分配要适合锻炼的需要和生理状况，较适宜的分配是早餐占全天总热能的 25%～30%，午餐占全天总热能的 40%，晚餐占全天总热能的 30%～35%。

（4）健身者要养成合理的饮食习惯

如果网球运动者在空腹和刚进食后就开始运动，那么对其身体健康是非常不利的。在运动前 30 分钟应食用少量食物，可以避免因体力活动而导致的功能紊乱，同时还可以增强运动效果。进食后 30 分钟之内不要进行体力活动。如果是晨练，早餐最好食用少量的奶制品、谷类食品、水果饮品及运动营养食品，但一定要避免食用难以消化吸收的食物。

（5）合理补水

网球运动者的水分摄取量应坚持满足机体失水量、保持水分平衡的原则，不能把有无口渴作为判断是否补水的依据。在日常锻炼无明显出汗的情况下，每日水分的需要量为 2 000～3 000 毫升。大量出汗时，应采取少量多次补给，长时间大量出汗时，应每隔 30 分钟补液 150～250 毫升。运动前也应补液 400～700 毫升，因为运动中水分的最大吸收速率是 800 毫升/小时。在运动过程中，应根据运动时间的长短及时补充水分，如果运动时间不超过 1 小时，每 15 分钟应饮水 150～300 毫升；如果运动时间在 1～3 小时，应及时饮用糖水，以免出现低血糖。但切记，运动时一定不要饮用冰水。如果运动者剧烈运动时，饮用冰水则引起消化系统的不良反应。

（6）合理地选择运动营养保健品

运动营养保健品，亦称强壮食品或功能食品，是专为从事运动的人群而设计的一类特殊营养品。为保证网球运动的有效性，网球运动者在合理膳食的基础上，可以科学合理地选用运动营养保健品。

参考文献

［1］平安，王锋．小球运动实用技术教程［M］．天津：天津科学技术出版社，2019.

［2］方成军．现代小球运动课程教学探讨与训练研究［M］．北京：中国商务出版社，2016.

［3］崔文惠，文芳，孙剑强．小球运动与大学生运动健身［M］．哈尔滨：哈尔滨地图出版社，2010.

［4］李明清，任斌，唐进松．小球运动技战术分析与训练方法［M］．西安：西安地图出版社，2009.

［5］项正兴．小球运动［M］．长沙：湖南师范大学出版社，2007.

［6］李恩荆，曹东平，王大平．太极柔力球与小球运动［M］．武汉：华中师范大学出版社，2007.

［7］韩永玺，蒙鹏君．小球运动技战术理论与实践［M］．北京：光明日报出版社，2017.

［8］颜秉峰．小球运动专业体能训练的理论研究［M］．卢青，译．长春：吉林大学出版社，2016.

［9］金京春，王敏婷，桑云鹏．小球运动理论与实践训练研究［M］．长春：吉林大学出版社，2014.

［10］穆健鹰，刘昊，李晓伟．高校小球运动教学理论与训练实践指导教程［M］．北京：现代教育出版社，2017.

［11］张博，王振，乔云峰．乒羽网小球运动技战术实用解析［M］．北京：中国原子能出版社，2014.

［12］张辉，付辉，许淑萍．小球运动健身技能研究与练习实践［M］．北京：中国商务出版社，2012.

［13］骆寅．现代乒乓球运动理论与实践的再剖析［M］．北京：中国原子能出版社，2018.

［14］张伟峰．现代乒乓球运动的多维探索与实战训练研究［M］．北京：中国纺织出版社，2018.

［15］张燕晓．现代乒乓球运动多维度探究举要［M］．北京：科学技术文献出版社，2018.

［16］杜放．乒乓球运动教程［M］．长春：东北师范大学出版社，2018.

［17］李慧．大学生乒乓球运动教程［M］．哈尔滨：哈尔滨地图出版社，2018.

［18］华斌．新编乒乓球入门与提高［M］．赤峰：内蒙古科学技术出版社，2017.

［19］黄安平．乒乓球文化与技术研究［M］．北京：光明日报出版社，2017.

［20］刘同众．看图学打乒乓球［M］．合肥：安徽科学技术出版社，2017.

［21］李颖．乒乓球文化与乒乓球训练研究［M］．长春：吉林大学出版社，2017.

［22］李荣芝，顾楠．乒乓球运动的历史与文化［M］．上海：同济大学出版社，2016.

[23] 吴健，洪国梁，刘纯献，等．高等学校体育学类本科专业系列教材：乒乓球［M］．重庆：重庆大学出版社，2016.

[24] 张诗雄，肖兵，窦少文．乒乓球、羽毛球、毽球［M］．西安：西安电子科技大学出版社，2016.

[25] 佟强．乒乓球与保龄球技法与指导［M］．长春：吉林出版集团有限责任公司，2015.

[26] 严鸣，马德厚．“十三五”体育俱乐部系列丛书 乒乓球［M］．西安：西安电子科技大学出版社，2015.

[27] 郑其适．羽毛球［M］．杭州：浙江大学出版社，2017.

[28] 夏云建．羽毛球基础技术教程［M］．武汉：华中科技大学出版社，2019.

[29] 李鑫．羽毛球文化的传承与运动科学［M］．北京：冶金工业出版社，2018.

[30] 刘冉．羽毛球运动教学体系构建与创新研究［M］．北京：中国书籍出版社，2018.

[31] 余峰．现代高校羽毛球运动教学与训练策略［M］．北京：九州出版社，2018.

[32] 赵彬彬．羽毛球运动与实践［M］．长春：吉林人民出版社，2017.

[33] 蒋湘之．羽毛球教学和训练［M］．北京：九州出版社，2017.

[34] 梁福生，孟令滨．羽毛球教学与训练教程［M］．哈尔滨：东北林业大学出版社，2016.

[35] 付辉，王锋．网球运动教程［M］．天津：天津科学技术出版社，2018.

[36] 尹树来，蒋宏伟．网球运动理论与实践指导［M］．北京：中国书籍出版社，2018.

[37] 赵溢洋．大学网球运动教程［M］．北京：北京体育大学出版社，2018.

[38] 张长俊．新时代网球运动文化解读与学练实践指导［M］．北京：中国水利水电出版社，2017.

[39] 陈德志，陈祺．网球运动教程［M］．广州：中山大学出版社，2017.

[40] 谢成超，杨学明．大学网球教程［M］．北京：化学工业出版社，2016.

[41] 王泽刚．网球运动实训教程［M］．武汉：武汉大学出版社，2016.

[42] 史芙英．网球技术与教法［M］．上海：同济大学出版社，2016.

[43] 吴松伟．网球运动简明教程［M］．北京：知识产权出版社，2016.